ACCESO GRATIS *a la Lectura en la Nube*

Para visualizar el libro electrónico en la nube de lectura envíe junto a su nombre y apellidos una fotografía del código de barras situado en la contraportada del libro y otra del ticket de compra a la dirección:

ebooktirant@tirant.com

En un máximo de 72 horas laborales le enviaremos el código de acceso con sus instrucciones.

AF617400

LA INSOLVENCIA DE EMPRESAS Y PARTICULARES TRAS DOS AÑOS DE VIGENCIA DE LA REFORMA CONCURSAL DE LA LEY 16/2022

(Libro de ponencias de los 2º Encuentros Tirant en materia societaria y concursal)

LA INSOLVENCIA DE EMPRESAS Y PARTICULARES TRAS DOS AÑOS DE VIGENCIA DE LA REFORMA CONCURSAL DE LA LEY 16/2022

(Libro de ponencias de los 2º Encuentros Tirant en materia societaria y concursal)

Directores:

JOSÉ LUIS FORTEA GORBE

JACINTO TALENS SEGUÍ

Coordinadores:

EDUARDO AZNAR GINER

JORGE LÓPEZ PARICIO

tirant lo blanch

Valencia, 2024

© TIRANT LO BLANCH
EDITA: TIRANT LO BLANCH
C/ Artes Gráficas, 14 - 46010 - Valencia
TELFS.: 96/361 00 48 - 50
FAX: 96/369 41 51
Email: tlb@tirant.com
www.tirant.com
Librería virtual: www.tirant.es
DEPÓSITO LEGAL: V-3378-2024
ISBN: 978-84-1071-765-7

Si tiene alguna queja o sugerencia, envíenos un mail a: *atencioncliente@tirant.com*. En caso de no ser atendida su sugerencia, por favor, lea en *www.tirant.net/index.php/empresa/politicas-de-empresa* nuestro procedimiento de quejas.

Responsabilidad Social Corporativa: http://www.tirant.net/Docs/RSCTirant.pdf

Listado de autores

Asier ETXEITA ESCOBAL
Alfonso MUÑOZ PAREDES
Carlos MARTÍNEZ DE MARIGORTA MENÉNDEZ
Carlos SALINAS ADELANTADO
César SUÁREZ VÁZQUEZ
David PASTOR GARCÍA
Eduardo AZNAR GINER
Esperanza GALLEGO SÁNCHEZ
Francisco CABRERA TOMAS
Francisco GIL MONZÓ
Guillermo FERNÁNDEZ GARCÍA
Ignacio EGUILIOR DE VICENTE
Jacinto TALENS SEGUÍ
Jaume MARTI MIRAVALLS
Jorge MONTULL URQUIJO
José Carlos GONZÁLEZ VÁZQUEZ
José Luis FORTEA GORBE
José María TAPIA LÓPEZ
José VELA PÉREZ
Josu ECHEVERRIA LARRAÑAGA
Juan Carlos PICAZO MENÉNDEZ
Juan Francisco TEJERO ALDOMAR
Laura MATILLA MAHIQUES
Leandro BLANCO GARCÍA-LOMAS
Lucas DELCLAUX ARANA
Manuel RUIZ DE LARA
Miguel MARTÍNEZ MUÑOZ
Moisés GUILLAMON RUIZ
Olga AHEDO PEÑA
Raúl GARCÍA OREJUDO
Salvador VILATA MENADAS
Vicente ZUBIZARRETA URCELAY

ÍNDICE

2. Supuestos problemáticos en la venta de unidad productiva

Juan Carlos Picazo Menéndez

3. La liquidación de créditos del deudor frente a terceros dentro del procedimiento especial para microempresas

EDUARDO AZNAR GINER

4. Convenio y liquidación concursal. Pre-pack. Venta de unidad productiva. Procedimiento especial de liquidación de microempresas

FRANCISCO GIL MONZÓ

5. El plan de viabilidad en los planes de reestructuración

VICENTE ZUBIZARRETA URCELAY
ASIER ETXEITA ESCOBAL

6. El artículo 224 bis TRLC: solicitud de concurso junto a oferta vinculante de compra de unidad productiva

JUAN FRANCISCO TEJERO ALDOMAR

7. El procedimiento de microempresa: cuestiones procesales. Tratamiento de los procedimientos sin masa en microempresa

JOSÉ VELA PÉREZ

12. La actuación del experto en la reestructuración durante el proceso negociador

David Pastor García

13. Breves reflexiones sobre la responsabilidad de los administradores sociales

Salvador Vilata Menadas

14. El afán recaudatorio y la derivación de la responsabilidad tributaria sobre la administración concursal

Francisco Cabrera Tomas

15. Experto en la reestructuración y procedimiento especial para microempresas

Eduardo Aznar Giner

16. Concurso de personas físicas y exoneración del pasivo insatisfecho en los supuestos de concursos sin masa. Algunas cuestiones

Raúl García Orejudo

17. Problemas interpretativos derivados de la formación de clases

Leandro Blanco García-Lomas

21. Sobre los planes de reestructuración

MANUEL RUIZ DE LARA

22. Procedimiento especial para microempresas: segunda lectura

ESPERANZA GALLEGO SÁNCHEZ

25. Los planes de reestructuración liquidativos y el caso Bianchezza
JOSU ECHEVERRIA LARRAÑAGA

26. La Liquidación Concursal Y La Vivienda Habitual Del Concursado
JOSÉ MARÍA TAPIA LÓPEZ

27. El convenio concursal después de la reforma de los planes de reestructuración realizada por la Ley 16/2022: dos filosofías distintas en una misma norma
CARLOS SALINAS ADELANTADO

28. Cuestiones generales sobre la exoneración del pasivo insatisfecho y el concurso sin masa de persona física
LAURA MATILLA MAHIQUES

31. La liquidación consecutiva al archivo del concurso sin masa: el bloqueo societario

ALFONSO MUÑOZ PAREDES

32. El procedimiento especial para microempresas

JACINTO TALENS SEGUÍ

PRESENTACIÓN

Durante los meses de noviembre de 2023 a julio de 2024, se ha celebrado en el Ateneo Mercantil de Madrid, la segunda edición de los Encuentros Tirant en materia societaria y concursal, ya conocidos como ENCUENTROS TIRANT MADRID, brillantemente organizados por la EDITORIAL TIRANT LO BLANCH y PROA FORMACIÓN.

Han sido ocho sesiones las de este curso, repletas de público, en las que se ha estudiado y debatido por los asistentes, con rigor y concienzudamente, las cuestiones más relevantes y de actualidad del derecho de sociedades y de la insolvencia, tanto de empresas como de particulares, poniendo el foco en el procedimiento especial para microempresas, la responsabilidad de administradores sociales, los planes de reestructuración, la venta de las unidades productivas, o la exoneración del pasivo insatisfecho, entre otros aspectos, y a la vista tanto del vigente Texto Refundido de la Ley Concursal, tras su reforma por la Ley 16/2022, de 5 de septiembre, como de la propuesta de nueva Directiva de Insolvencia. Y la Ley de Sociedades de Capital.

El presente libro reúne los estudios y ponencias presentadas a debate por especialistas del ámbito económico, financiero, mercantil, y de la insolvencia, todos de reconocido prestigio, y diversa procedencia (magistrados, economistas, profesores universitarios, y abogados), a los que solo nos queda agradecer su participación en esta segunda edición de los ENCUENTROS TIRANT-MADRID, y felicitarles por la brillantez de sus exposiciones y trabajos. Finalmente, esta presentación no puede finalizar sin nuestro expreso agradecimiento a la EDITORIAL TIRANT LO BLANCH y a PROA FORMACIÓN, por su constante apoyo, a KUALITTE AUCTIONS, por su colaboración en esta edición de los Encuentros, y a todos y a cada uno de los asistentes, llegados al Ateneo de Madrid desde diversos lugares de nuestro país, y que han apostado otro año más por recibir una formación rigurosa y ágil, dirigida a una intensa especialización en lo societario y concursal.

Esperamos que este trabajo contribuya a la mejora de nuestro Derecho sobre sociedades y de la insolvencia, y sea de utilidad a los profesionales en su quehacer diario.

En Valencia, hoy día quince de julio de 2024.

José Luis FORTEA GORBE
Magistrado Juez de lo Mercantil núm. 3 de Valencia

Jacinto TALENS SEGUÍ
Magistrado Juez de lo Mercantil núm. 2 de Valencia

1. APUNTES SOBRE LOS PLANES DE REESTRUCTURACIÓN

JOSÉ LUIS FORTEA GORBE
Magistrado-Juez de lo Mercantil núm. 3 de Valencia
Especialista en los asuntos propios de los órganos de lo mercantil
Doctor en Derecho (UA)

I. INTRODUCCIÓN AL NUEVO DERECHO PRECONCURSAL

I.1. Introducción

Los planes de reestructuración no son novedosos como tal figura, pues reestructuraciones ha habido siempre, y habrá, al margen de cualquier iniciativa legislativa. Los acuerdos entre acreedores y deudores son parte del ejercicio diario de la empresa. La peculiaridad de nuestro momento actual es que se integran ya dentro del Derecho preconcursal, por exigencia del legislador comunitario (Directiva (UE) 2019/1023, de 20 de junio de 2019, sobre marcos de reestructuración preventiva, exoneración de deudas e inhabilitaciones y mejora de la eficiencia de los procedimientos de insolvencia), con mayor o menor acierto.

De ahí que surja y se nos integre en una nueva práctica profesional y judicial, al respecto de este Derecho preconcursal, que destierra la fallida refinanciación de la anterior legislación; aunque, eso sí, soslayando toda la práctica judicial anterior, y despreciando toda la práctica judicial y forense surgida al hilo de la anterior regulación.

Se hace difícil pronosticar el acierto o desacierto de la reforma, pues nadie que no haya experimentado con el Derecho anglosajón puede afirmar un conocimiento predictivo, ni siquiera aproximado, del alcance de esta nueva regulación. Por ello, estimo que se debe afrontar el estudio de esta materia desde la prudencia, aprovechando la experiencia previa en materia de reestructuración que ya se viene dando en la práctica de los despachos profesionales, y no únicamente en materia de refinanciación; y sin perder de vista el principal objetivo de este proceso: salvar tejido productivo y puestos de trabajo, en forma acordada con los acreedores, a fin de evitar la desaparición de empresas viables mediante un efecto dominó.

Nuestro legislador ha regulado una nueva comunicación de negociaciones con los acreedores, ahora ya no para alcanzar ningún acuerdo de refinanciación, o un acuerdo extrajudicial de pagos o un convenio anticipado, sino un plan de reestructuración, o su homologación judicial. Posteriormente expondremos su nuevo diseño, pero antes dedicaremos unas líneas a los nuevos planes de reestructuración.

Este trabajo no pretende más que proporcionar una introducción comprensible de la materia tan compleja a la que nos enfrentamos, por lo que no se profundizará en muchos de sus aspectos, dejando simplemente esbozadas las líneas generales de la regulación. Sería muy difícil, por razones de espacio, el abordar en una ponencia toda la materia, aun resumida. Nos sentiremos satisfechos si el lector, una vez finalice una detenida lectura de este trabajo, consigue identificar las líneas generales de esta nueva materia, que, para su mejor exposición, hemos dividido en diez apartados.

I.2. Definición legal y marco normativo de los planes de reestructuración

No es ningún secreto que la implantación de los planes de reestructuración es una medida directamente derivada de la Directiva (UE) 2019/1023, del Parlamento Europeo y del Consejo, de 20 de junio de 2019 (Directiva sobre reestructuración e insolvencia). Todo el Título III del Libro Segundo, dedicado al Derecho preconcursal, se ocupa de los planes de reestructuración. Regulación que se encuentra en íntima conexión con la regulación de la Comunicación de apertura de negociaciones (Títulos I y II, arts. 583 a 613 TRLC 2022), y de la que posteriormente nos ocuparemos.

De conformidad con el art. 614, *«Se considerarán planes de reestructuración los que tengan por objeto la modificación de la composición, de las condiciones o de la estructura del activo y del pasivo del deudor, o de sus fondos propios, incluidas las transmisiones de activos, unidades productivas o de la totalidad de la empresa en funcionamiento, así como cualquier cambio operativo necesario, o una combinación de estos elementos»*.

A partir de esta norma, podemos establecer esta clasificación, pero teniendo presente que todo proceso de reestructuración puede venir apoyado en alguna o en varias o en todas ellas:

a) Reestructuraciones operativas, que son aquéllas que contemplan múltiples aspectos de la empresa: desde la revisión de los objetivos estratégicos (alineación estratégica) y de misión de la empresa (*core bussines*), hasta el redimensionamiento de todas las áreas productivas, pasando por el control de tesorería, la optimización de los recursos y el control de la gestión empresarial.

b) Reestructuraciones financieras, que busca la renegociación de la deuda bancaria, la búsqueda de financiación alternativa, nuevas políticas de financiación y redefinición de la estructura financiera futura.

c) Reestructuración comercial, que busca el acceso a nuevos mercados o la unión temporal con otras empresas.

d) La modificación estructural, al amparo de la Ley de modificaciones estructurales de las sociedades mercantiles (fusión, escisión, cesión global de activo y pasivo, etc), aprobada por RD-Ley 5/2023, de 28 de junio.

La reestructuración, a mi juicio, y a tenor del marco legal que se nos proporciona, debe concebirse como una "herramienta legal" que permite auxiliar a la empresa en etapas de crisis o de fracaso del proyecto.

La reestructuración también es un proceso, mediante el cual, una empresa se transforma y se adapta a una nueva realidad; y lo hace adoptando cambios internos y de modelo de negocio al nuevo entorno.

Como todo el mundo puede imaginarse, la decisión de realizar una reestructuración empresarial no es fácil, pues el éxito o el fracaso del modelo va a depender de un entorno cambiante; y a su vez, de la capacidad de adaptarse al entorno y a sus continuos cambios, depende la supervivencia de la empresa.

Puede no ser un cambio total, sino focalizado en determinados aspectos de la empresa que se consideran estratégicos para alcanzar ese nuevo modelo de negocio.

Ha de contemplar una renegociación de la deuda financiera y comercial en toda su extensión, y contemplar recortes de gastos superfluos.

En definitiva, se han de buscar alternativas de producción y financiación; y se ha priorizar el impacto en la gestión de caja frente al impacto en la cuenta de resultados.

Hay que buscar, sobre todo, aumentar la liquidez de la compañía, y visualizar la viabilidad y la sostenibilidad de la empresa.

Como en toda situación de gobernanza corporativa, en adoptar una decisión de reestructuración, pueden darse tanto causas externas, como causas internas que recomienden el hacerlo:

a) Causas externas: son aquéllas que escapan al control directo de la compañía, de modo que los gestores no pueden responder ante estos cambios, aunque perciban sus efectos, sin acometer la reestructuración. Como ejemplo, podemos citar las siguientes:

    i. Causas económicas: crisis inesperadas, como la pandemia COVID-19. No obstante, hay que precisar que toda crisis se engrandece por falta de prudencia. Así, en periodos de crecimiento, los errores de gestión se ocultan detrás de los buenos resultados, ya que existe exceso de liquidez, y hay superávit; en periodos de crisis, esos errores, si son mantenidos, se convierten en graves carencias de gestión.

    ii. Causas sociológicas: cambios en los gustos, preferencias y hábitos de consumo. Ejemplo: venta online.

    iii. Causas legales: constantes modificaciones en la normativa, que producen incertidumbres y exigen grandes inversiones para adaptar el negocio. Ej: modificación de la Ley sobre el consumo de tabaco en establecimientos públicos, que exigió reformas en los locales.

    iv. Causas tecnológicas: los avances en I+D+i, que dejan obsoletos los productos en periodos relativamente cortos.

    v. Causas relacionadas con la competitividad o *guerras de mercado*: entrada en juego de nuevos competidores, que ocasionan una pérdida de posicionamiento; o competidores de bajo coste, fusiones de competidores, que provocan, con sus nuevos productos, la obsolescencia de los procesos de producción.

b) Causas internas: son aquéllas directamente relacionadas con la mala gestión del equipo directivo, ya sea por acción o por omisión:

    i. Falta de respuesta adecuada a los cambios de mercado.

ii. Ausencia de controles operativos y financieros, que no permiten identificar amenazas con tiempo suficiente.
iii. Crecimiento excesivo en relación a la estrategia debida (nuevos mercados) u operacional (crecer a cualquier precio).
iv. Ignorar la evolución del flujo de efectivo y la rentabilidad del capital invertido.
v. Excesivo apalancamiento financiero, que deja sin margen de maniobra en caso de errores o problemas.

La reestructuración de la empresa debe responder a unas concretas necesidades previamente estudiadas, y todas las medidas a adoptar deben estar orientadas a mejorar el negocio, y a adaptar las estructuras empresariales a los objetivos futuros predeterminados.

Por ello, nos atrevemos a decir, que puede considerarse que todo proceso de reestructuración consta de tres etapas consecutivas:

– 1ª.- Diagnóstico de la situación: se ha de conocer y de reconocer el verdadero problema de la empresa, sus puntos débiles, y preparar los medios para corregir la situación; en definitiva, el objetivo es mejorar la liquidez y adoptar medidas correctoras: reducción de productos, supresión de costes y reducción de plantilla. Y, sobre todo, concluir acerca de la viabilidad de la empresa, tras la propuesta reestructuradora.

– 2ª.- Tratamiento del problema: es la fase más extensa y que presenta más dificultades, pues se inicia la implementación de las estrategias seleccionadas para corregir la situación.

– 3ª.- La recuperación y el crecimiento: es la etapa final, la ansiada y en la que se evidencia el éxito del proceso, lo que exige evaluación de los sistemas de control implementados, y la gestión del cambio para asegurar el futuro de la empresa.

Una vez adaptado el plan de reestructuración, condicionará en forma directa el devenir y la actividad de la empresa.

Vemos que es muy parecido a lo que hay que hacer en nuestras economías domésticas cuando aparecen nubarrones económicos o financieros.

En definitiva, la reestructuración debe adecuar la dimensión de la empresa a la actividad, mediante una organización centralizada y simplificada, optimizando los procesos de producción y los canales de distribución.

La reestructuración pasa también por ajustar los gastos. Ello va a deparar un doble efecto: de un lado, se reducen los costes muy rápidamente, gracias a la simplificación de los procesos; y de otra, se incrementa la rentabilidad, mediante una correcta utilización de los recursos.

Pueden salvaguardarse los patrimonios empresariales, desvinculando parte del patrimonio societario (el patrimonio no afecto al negocio) del riesgo y las contingencias empresariales, lo que proporciona mayor seguridad en la toma de decisiones.

Por último, razones de orden tributario pueden estar detrás —o complementar— la decisión de reestructuración, persiguiendo establecer grupos fiscales para reducir el impacto fiscal es una opción que cada vez está más extendida, aunque ello debe formar parte de una lógica dentro de la reestructuración, y no de un único objetivo.

A tenor de mi experiencia en el análisis de los convenios concursales que finalmente han salido adelante con el apoyo de los acreedores, puede decirse que, fundamentalmente, son dos las posibles determinaciones a contener: la primera, elaborar un *Plan de negocio* adaptado a las circunstancias que atraviesa la sociedad; y la segunda, un *plan de viabilidad* que ofrezca una detallada visión de la compañía, una radiografía de sus elementos y una visión del entorno, y la estrategia recomendable.

A) El *plan de negocio* debe contener, al menos, las siguientes determinaciones: el análisis de las capacidades de los administradores y directivos; la necesidad de aunar y dirigir esfuerzos en la generación de tesorería, para mejorar la liquidez; el replanteamiento de la estrategia de negocio en función de las condiciones de mercado; elaborar una previsión eficiente frente a las variables que puedan presentarse; establecer planes de reducción de costes y reorganización operativa; y establecer una estructura financiera viable en función del análisis de las fases anteriores.

B) El *plan de viabilidad* contendrá, al menos, las siguientes componentes: la presentación del proyecto, la descripción de la actividad y la del producto; el estudio del mercado; un plan de organización de la empresa y la planificación estratégica; un plan de ventas, marketing y comunicación; plan sobre procesos productivos; planes de inversión y de desinversión en líneas de negocio poco rentables de escaso margen; planificación de tesorería; planificación de la financiación y la refinanciación; y conclusiones sobre la viabilidad económico-financiera.

El plan de negocio y el de viabilidad, así configurados, ha de ser realistas, a corto, medio y largo plazo, con estimaciones creíbles de flujos de efectivo; y han de servir, en definitiva, como una *hoja de ruta* durante su duración prevista. Y como última exigencia, la plantilla ha de adaptarse a las nuevas capacidades de producción.

Por último, ha de decirse que una reestructuración lleva aparejada ventajas e inconvenientes; ahora bien, una reestructuración siempre lleva aparejada más ventajas que desventajas. Entre las ventajas, se encuentran las siguientes: la principal, la supervivencia de la compañía y el mantenimiento de la competitividad frente a los competidores; también, la segregación del patrimonio no afecto a la actividad, mediante la creación de una sociedad operativa, permitirá preservar el patrimonio empresarial y la mejora de la financiación entre una y otra sociedad del grupo; así mismo, la optimización de los procesos, mediante la estandarización o la automatización, con la consiguiente simplificación de tareas; puede diseñarse igualmente un fraccionamiento de la empresa en varias unidades productivas o de negocio, que incluso permita su transmisión como tal unidad productiva y la obtención de valor; la reestructuración de los costes, mediante su reducción y adecuación de los costes a la nueva operativa y la práctica de desinversiones de activos innecesarios para la nueva actividad; la mayor efectividad en la toma de decisiones; la preservación del patrimonio de la empresa; y la opción por la mejora constante del equipo humano.

Entre los inconvenientes, pueden citarse, y sin ánimo de ser exhaustivos, los siguientes: es un proceso largo y complicado jurídicamente, a pesar de las reformas legales; la reestructuración conlleva riesgos propios, tales como la desafección de acreedores y proveedores; y, por último, y nada desdeñable, toda reestructuración exige una fuerte inversión de partida, que no todas empresas pueden asumir.

Como todo proceso, su éxito residirá en el compromiso de la compañía en su realización. Pero ello exigirá haber acertado en la identificación correcta de las causas que han motivado la reestructuración, y del conocimiento del modelo actual y el previsto.

Igualmente, la capacidad de liderazgo del equipo directivo y la actitud positiva de los trabajadores es clave. Hay que adoptar mentalidad ganadora, pero, desde el primer momento, los administradores diligentes y legales tienen que tener previsto un futurible escenario de reestructuración. No hay que olvidar que el art. 19 de la Directiva (UE) 2019/1023, establece como obligación de los administradores sociales en la proximidad de la insolvencia, —y, por ello, ante una más que posible reestructuración,— el tomar en consideración no únicamente los intereses de la empresa, sino también, tener presentes los intereses de los acreedores, de los tenedores de participaciones y otros interesados; la necesidad de tomar medidas para evitar la insolvencia; y el evitar una conducta dolosa o gravemente negligente que ponga en peligro la viabilidad de la empresa.

Estas reflexiones no son gratuitas: la Directiva (UE) 1023/2019 establece la obligación de los EEMM de establecer mecanismos para la evaluación jurisdiccional de si debe considerarse a un administrador social responsable del incumplimiento del deber de diligencia. Sin perjuicio de la normativa nacional de los EEMM relativa a los procesos de toma de decisiones de las empresas (la regla *business judgement rule*).

Consecuentemente, <u>no habrá responsabilidad del administrador</u> si la decisión de continuar la actividad o solicitar la reestructuración se ha adoptado 1º.- de buena fe, por la expectativa de revertir la situación; 2º.- Con información suficiente acerca de las posibilidades de continuación viable, previo análisis razonado, mediante test de viabilidad, solvencia, plan de negocio y opción por la reestructuración (remisión al art. 225 TRLSC); 3º.- Adoptando la decisión con arreglo a un procedimiento de decisión adecuado, siguiendo los protocolos de actuación del órgano de administración, y tras dedicar a la cuestión el estudio suficiente y asesorarse si la decisión resulta de relevancia o no; y 4º.- Sin interés personal, entendiendo que la continuación de la actividad era lo más conveniente para la empresa y los acreedores (remisión a los arts. 228.e) y 229 TRLSC). Contrariamente, sí habrá responsabilidad del administrador si la decisión de continuar la actividad o solicitar la reestructuración se ha adoptado: 1º.- De mala fe, identificada con la inexistencia de perspectivas razonables de recuperación (como por ejemplo, empresas con mala o deficiente evolución financiera pre-COVID o que por razón de la pandemia han devenido inviables, o se amparan en la moratoria contable para sobrevivir); 2º.- Cuando se adopta la decisión de continuar sin información que permita concluir con garantías la viabilidad, o que pudiera haber evidenciado la inviabilidad económico-financiera de la empresa. Y sin seguir los procedimientos adecuados, atendiendo a la naturaleza de la sociedad y del órgano de administración; 3º.- Cuando no se hayan adoptado medidas de saneamiento financiero.

En todo caso, el tercero o la sociedad demandante, según sea una acción individual (art. 241 TRSLC) o social (art. 238 TRLSC), deberá realizar en su demanda un esfuerzo argumentativo para acreditar la existencia de un incumplimiento de un deber legal cualificado que haya tenido incidencia directa en la falta de satisfacción de los créditos o en el daño al patrimonio social, respectivamente para cada una de las dos acciones (STS de 10 de diciembre de 2020).

El fracaso del proceso de reestructuración puede darse si se realiza una gestión ineficiente del proceso, tanto por la incapacidad del equipo directivo para aguantar la presión del trabajo, como por realizar una gestión desapegada del proceso. Igualmente, una insuficiencia de fondos destinados al proceso. Y por último, optar por una estrategia desacertada, desde el punto de vista del negocio.

La clave está en la diligente reacción ante crisis de solvencia. De los administradores se espera su diligente reacción ante los problemas derivados de la probabilidad de insolvencia, con un horizonte temporal de dos (2) años (art. 584.2 TRLC, probabilidad de insolvencia), y la nueva realidad jurídica de la reestructuración. Igualmente, sobre los administradores se mantiene una expectativa razonable de buena administración y, por ello, una reacción temprana ante la insolvencia. Hemos de recordar que la Directiva (UE) 1023/2019 ha determinado un giro legislativo hacia la preinsolvencia, a modo de cambio cultural hacia lo preconcursal, debiéndose tener en cuenta en la gestión ordinaria de la empresa. La reestructuración ofrece un ámbito de actuación innovador, pues permite reaccionar mediante una previsión de las dificultades y debe integrarse en el actuar habitual de los administradores; pero no es propio de la sociedad, ya que es un mecanismo en manos de los acreedores también. Evaluar la diligencia de los administradores es sencillo en condiciones normales. No lo es tanto en condiciones especiales, como las que exige la decisión sobre la reestructuración y su conveniencia.

A mi humilde entender, la viabilidad de la empresa debe convertirse en el criterio que debe presidir la actuación diligente del administrador, pues permite libertad de actuación en el corto y medio plazo. Por ello, la adopción de la decisión de reestructurar debe ser una acción que asuma como objetivo la viabilidad de la empresa. En todo caso, como ya hemos dicho, la reestructuración debe atender no únicamente al interés de los socios, sino también a intereses contrapuestos, especialmente de acreedores. Por ello, es un proceso que incide sobre el deber de diligencia, pero muy especialmente sobre el deber de lealtad, porque se toman en consideración intereses distintos a los de los socios, y en abierta contraposición. La jurisprudencia está obligada a elaborar un concepto más amplio de "interés social" que el identificado con la contractualidad, por lo que es posible que, en situaciones de probabilidad de insolvencia, se atienda a un concepto más institucional de interés social, identificado como el *"interés de la empresa"*, en los términos del art. 225.1 TRLSC, en la redacción dada por la Ley 5/2021, de 12 de abril.

Conforme a la Directiva (UE) 1023/2019 (Considerando 96) la reestructuración no puede verse comprometida por el Derecho de sociedades. Ello exige una acción decidida de los administradores sociales, que deben de ser conscientes de la trascendencia del proceso, para que no se considere su actuación como infractora de sus deberes de diligencia y lealtad. Pero no únicamente se exige decisión, sino también rapidez en la adopción de esa decisión, para obtener condiciones más benévolas del proceso de reestructuración, buscando la mayor eficiencia. Son, a mi juicio, manifestaciones precisas y concretas del deber de diligencia ante la probabilidad de insolvencia y la reestructuración, las siguientes: la experiencia, que implica conocimiento del negocio y sus riesgos, así como las situaciones que puedan afectar a la actividad de la empresa; la capacidad en la autoevaluación de riesgos, que pasará por un buen asesoramiento jurídico y económico externo, con orientación hacia la viabilidad. En definitiva, la diligencia es deber de informarse, estableciendo controles financieros adecuados, que proporcionen una visión clara sobre la marcha de la compañía a tenor de su ratio de endeudamiento.

Ahora bien, la diligencia es también el saber identificar clientes determinantes para la viabilidad futura de la empresa; y conocer a los acreedores y las clases en las que encuadrarlos en una eventual reestructuración (art. 623 TRLC). La diligencia pasa por una oportuna reacción ante eventuales cambios de ciclo económico, para lo que han de establecerse, además de los facilitados por las Administraciones públicas, indicadores propios a modo de alertas tempranas sobre la probabilidad de insolvencia.

Por último, estimo que el deber de diligencia incluye un deber de independencia: proponer un plan de reestructuración es un ejercicio de prudencia, pero también de independencia frente a socios, trabajadores y acreedores, que exige alejarse de conflictos de interés, para poder recurrir a acciones que sean —únicamente— garantistas de la viabilidad de la empresa. Si no pueden ser independientes en este proceso de reestructuración, deberán abandonar el cargo.

Como se evidencia, no hay una delimitación específica del deber de diligencia, sino que se integra por muchas situaciones de práctica profesional experta.

No obstante, las dificultades legales no son pocas, pues hay planes que, por su alcance y afectación a determinados acreedores contrarios al plan, o a los socios, pretendan resolver contratos en interés del concurso, y proteger la financiación interina y la nueva financiación concedida, frente a acciones rescisorias y reconocerles una preferencia en el cobro en el ulterior concurso, exigen de su homologación judicial (art. 635 TRLC 2022). Es decir, la libertad contractual se encuentra limitada legalmente, y ello hace muy complejo este proceso. Posteriormente ampliaremos este contenido que ahora dejamos simplemente invocado.

I.3. Presupuestos subjetivo y objetivo de los planes de reestructuración

– El presupuesto subjetivo viene regulado en el art. 682 TRLC 2022. La ley limita objetivamente el acceso al plan de reestructuración, pues su ámbito de aplicación se circunscribe al siguiente:

– Personas naturales o jurídicas que lleven a cabo una actividad empresarial o profesional, siempre que, de acuerdo con el balance del ejercicio anterior reúnan las circunstancias siguientes:

– 1º.- Número medio de trabajadores empleados durante el ejercicio anterior no superior a cuarenta y nueve (49) personas.

– 2º.- Que el volumen de negocios anual o balance general anual no supere los diez (10) millones de euros.

Consiguientemente, no pueden acogerse a tal procedimiento ni las empresas que superen esas cifras, ni, por exclusión legal, las personas naturales no empresarias; ni tampoco las microempresas (art. 682.3 TRLC 2022), que son aquellas empresas que hayan empleado en el ejercicio anterior una media de menos de diez (10) trabajadores, y no superen un volumen de negocio anual de setecientos cincuenta mil euros (750.000,00.-€) o presenten un pasivo inferior a trescientos cincuenta mil euros (350.000,00.-€) según las últimas cuentas (las del ejercicio anterior), tal y como dispone el art. 685.1 TRLC 2022, en sus ordinales 1º y 2º. Y tampoco cuando la sociedad a reestructurar pertenezca a un grupo obligado a consolidar cuentas (art. 682.3 TRLC 2022).

El resto de empresas —las que superen los límites cuantitativos de los arts. 682 y 685 TRLC 2022, respectivamente, así como las personas naturales no empresarias, deberán acogerse al procedimiento concursal ordinario, con posibilidad de convenio o, en su caso, de liquidación, o a las normas previstas para los concursos sin masa (arts. 37 bis a quinquies TRLC 2022).

I.4. El alcance objetivo de los planes de reestructuración

Conforme a un muy escueto precepto, el art. 615 TRLC 2022, se establece el *Ámbito objetivo* de esta materia, en la siguiente forma:

1. Se someterán a este título los planes de reestructuración que prevean una extensión de sus efectos frente a:

1º Acreedores o clases de acreedores titulares de créditos afectados que no hayan votado a favor del plan

2º Los socios de la persona jurídica cuando no hayan aprobado el plan.

2. Con independencia de que se prevea o no una extensión de los efectos del plan de reestructuración, también se someterán a este título los planes de reestructuración cuando los interesados pretendan proteger la financiación interina y la nueva financiación que proteja el plan y los actos, operaciones o negocios realizados en el contexto de éste, frente al régimen general de las acciones rescisorias, y reconocer a esa financiación las preferencias de cobro previstas en el libro primero (arts. 242.1.17ª créditos contra la masa, y 280.6º TRLC 2022, créditos con privilegio general). Posteriormente nos ocuparemos del blindaje de esta financiación frente a las acciones rescisorias (arts. 665 a 668 TRLC 2022).

I.5. El contenido del plan de reestructuración

El contenido formal de todo plan de reestructuración viene determinado en el art. 633 TRLC 2022, en el que se dispone que los planes de reestructuración sometidos al Título III contendrán, como mínimo, las siguientes menciones:

1.ª La identidad del deudor.

2.ª La identidad del experto encargado de la reestructuración, si hubiera sido nombrado.

3.ª Una descripción de la situación económica del deudor y de la situación de los trabajadores, y una descripción de las causas y del alcance de las dificultades del deudor.

4.ª El activo y el pasivo del deudor en el momento de formalizar el plan de reestructuración.

5.ª Los acreedores cuyos créditos van a quedar afectados por el plan, identificados individualmente o descritos por clases, con expresión del importe de su crédito que vaya a quedar afectado e intereses y la clase a la que pertenezcan.

6.ª Los contratos con obligaciones recíprocas pendientes de cumplimiento que, en su caso, vayan a quedar resueltos en virtud del plan.

7.ª Si el plan afectase a los derechos de los socios, el valor nominal de sus acciones o participaciones sociales.

8.ª Los acreedores o socios que no vayan a quedar afectados por el plan, mencionados individualmente o descritos por clases, así como las razones de la no afectación.

9.ª Las medidas de reestructuración operativa propuestas, la duración, en su caso, de esas medidas y los flujos de caja estimados del plan, así como las medidas de reestructuración financiera de la deuda, incorporando la financiación interina y la nueva financiación prevista en el plan de reestructuración, con justificación de su necesidad y, en su caso, las consecuencias globales para el empleo, como despidos, acuerdos sobre reducción de jornada o medidas similares.

10.ª La exposición de las condiciones necesarias para el éxito del plan de reestructuración y de las razones por las que ofrece una perspectiva razonable de garantizar la viabilidad de la empresa, en el corto y medio plazo, y evitar el concurso del deudor.

11.ª Las medidas de información y consulta con los trabajadores que, de conformidad con la legislación laboral aplicable, se hayan adoptado o se vayan a adoptar, incluida la información de contenido económico relativa al plan de reestructuración, así como las previstas en los casos de adopción de las medidas de reestructuración operativas.

12.ª En el caso de que se pretenda que el plan de reestructuración afecte al crédito público, se incluirá la acreditación de encontrarse al corriente en el cumplimiento de las obligaciones tributarias y frente a la Seguridad Social mediante la presentación de las correspondientes certificaciones emitidas por la Agencia Estatal de Administración Tributaria.

Como hemos dicho, se trata de un contenido mínimo, al que se puede anexar cualesquiera otros contenidos, como anejos o como apartados propios. En cualquier caso, tales apartados deberán ser especificados en forma clara, a los efectos de cumplir lo preceptuado.

I.6. La aprobación y la homologación de los planes de reestructuración

De la aprobación de los planes se ocupan los artículos 627 a 634 TRLC 2022, exigiéndose instrumento público; y de su homologación judicial, los artículos 635 a 652 TRLC 2022, sin contradicción previa;

y con fase contradicción previa, en los arts. 662 y 663 TRLC 2022; regulándose además un novedoso procedimiento judicial de impugnación del auto de homologación en los arts. 653 a 661 TRLC 2022. De todo ello nos ocuparemos en posteriores apartados, con mención especial a la nueva figura del Experto en reestructuración (arts. 672 a 681 TRLC 2022).

II. LA COMUNICACIÓN DE NEGOCIACIONES. PRESUPUESTOS DEL PRECONCURSO

II.1. Presupuesto subjetivo y objetivo: la insolvencia actual, inminente y probabilidad de insolvencia

– Presupuesto subjetivo: art. 583.1 TRLC 2022: cualquier persona natural o jurídica que lleve a cabo una actividad empresarial o profesional puede efectuar (1) la comunicación de apertura de negociaciones con los acreedores (art. 585 TRLC 2022) o (2) solicitar directamente la homologación de un plan de reestructuración (art. 636 TRLC 2022). No pueden reestructurar las personas naturales no empresarias, ni, en la forma determinada en la Ley, las personas jurídicas que superen los límites cuantitativos del art. 682 TRLC 2022, antes referidos.

Excepciones: art. 583.2 TRLC 2022: quedan fuera del presupuesto subjetivo del apartado 1, las empresas de seguros o reaseguros, entidades de crédito, empresas de inversión u organismos de inversión colectiva, entidades de contrapartida central, depositarios centrales de valores, y otras entidades y entes financieros; art. 583.3: entidades y organismos de Derecho público; art. 583.4 TRLC 2022: deudores microempresas del Libro Tercero (art. 685 TRLC 2022); art. 583.5 TRLC 2022: hay que excluir del Libro Segundo todo lo relativo a las normas de protección de los fondos de usuarios de servicios de pago y dinero electrónico.

– Presupuesto objetivo (art. 584 TRLC 2022): el deudor debe encontrarse en probabilidad de insolvencia, insolvencia inminente o insolvencia actual (art. 2 TRLC 2022). La probabilidad de insolvencia la define el apartado 2 del art. 584 TRLC 2022: se considera que existe, cuando sea objetivamente previsible que, de no alcanzarse un plan de reestructuración, el deudor no podrá cumplir regularmente sus obligaciones que venzan en los próximos dos (2) años.

II.2. Requisitos formales y materiales de la comunicación (arts. 585 a 593 TRLC 2022)

– Contenido de la comunicación: la existencia de negociaciones con acreedores con sus acreedores, o la intención de iniciarlas de inmediato, para alcanzar un plan de reestructuración que le permita superar la situación de insolvencia (art. 585.1 TRLC 2022). Si se encuentra en insolvencia actual, podrá efectuarla antes de que se haya admitido a trámite un concurso necesario (art. 585.2 TRLC 2022). En caso de persona jurídica, corresponde realizarla a su órgano de administración (art. 585.3 TRLC 2022).

– Debe realizarse a través de sede judicial electrónica, salvo caso de personas no obligadas (art. 586.1 TRLC 2022).

– Debe expresar (art. 586 TRLC 2022, apartados 2 a 4): razones justificativas, con referencia al estado de insolvencia en que se encuentra; competencia judicial; relación de acreedores (de posible modificación a lo largo de la comunicación), con detalle de los especialmente relacionados y devengo de los de Derecho público; circunstancias que pueden afectar al desarrollo de las negociaciones; actividad que desarrolla, importe de activo y pasivo, cifra de negocios, número de trabajadores; bienes o derechos considerados necesarios para la actividad, y detalle de ejecuciones que los afecten; contratos necesarios para la continuidad de la actividad; solicitud de nombramiento de experto en la reestructuración, en su caso; solicitud de carácter reservado de la comunicación, en su caso; y si afecta al crédito público, acreditación de encontrarse al corriente del cumplimiento de las obligaciones tributarias y de seguridad social; garantías intragrupo otorgadas; expresión del porcentaje de pasivo necesario para ejercitar los distintos derechos o facultades que se pretenden.

– Es posible realizar comunicación conjunta (art. 587 TRLC 2022, apartados 1 y 2), sin necesidad de incluir a la sociedad dominante ni a las de resto del grupo, con información desglosada por cada persona a la que afecte la comunicación, con expresión de relaciones existentes, créditos y deudas recíprocas. La competencia será del juzgado del lugar del centro de intereses principales del deudor con mayor pasivo, o el de la sociedad dominante, o el de la sociedad de mayor pasivo (apartado 3 del art. 587 TRLC 2022).

– Resolución (art. 588 TRLC 2022): por Decreto del LAJ, en dos días; con otros dos para posible subsanación, sin necesidad de acreditar situación de insolvencia. No producirá efectos si se ha admitido a trámite un concurso necesario, y hasta su resolución. Debe comprobarse de oficio la competencia internacional y territorial, con audiencia del Ministerio Fiscal y resolución por auto (art. 589 TRLC 2022). El contenido de la resolución se determina en el art. 590 TRLC 2022, apartados 1 y 2; y frente al Decreto cabe interponer recurso de revisión con motivos tasados (art. 590.3 TRLC 2022). El Decreto se debe publicar en el Registro Público Concursal salvo darse comunicación reservada (art. 591 TRLC 2022). Puede formularse declinatoria por cualquier acreedor en 10 días desde la publicación, que se decidirá conforme a la LEC (art. 592 TRLC 2022); el juzgado competente para conocer del concurso conocerá de la comunicación, efectos, prórrogas e impugnaciones (art. 593 TRLC 2022).

II.3. Efectos de la comunicación sobre el deudor, sobre los contratos y sobre los créditos. Duración; prórrogas; prohibición temporal de nuevas comunicaciones

– Efectos (arts. 594 a 606 TRLC 2022): se condensan en los siguientes:

1º. Regla general: no tienen efecto algún sobre las facultades de administración y disposición del patrimonio del deudor, aunque se nombre experto en la reestructuración (art. 594 TRLC 2022).

2º. Efectos sobre los créditos a plazo (art. 595 TRLC 2022). No se produce el vencimiento de los créditos, siendo ineficaces cláusulas contractuales contrarias.

3º. Efectos sobre las garantías de terceros (art. 596 TRLC 2022): la comunicación no afecta a las garantías de terceros, que pueden ser realizadas, sin que pueda oponerse la existencia de comunicación. Como excepción, sí impiden la ejecución de garantías intragrupo.

4º. Efectos sobre los contratos (arts. 597 a 599 TRLC 2022). Se establece el principio general de vigencia de los contratos, que no se verán afectados por la comunicación (art. 597 TRLC 2022), teniéndose por no puestas cláusulas contrarias; en cuanto a la resolución de contratos con obligaciones recíprocas pendientes de cumplimiento (art. 598 TRLC 2022), se establece la misma regla; si se trata, además, de contratos necesarios para la actividad (art. 599 TRLC 2022), no podrán ejercitarse acciones resolutorias, aunque con posibilidad de interponer recurso de revisión frente al Decreto que tenga por hecha la comunicación. En determinados acuerdos sobre compensación contractual, habrá de estarse a la normativa especial (RD-Ley 5/2005, de 11 de marzo), siendo que la comunicación no afectará tampoco a la facultad de vencimiento anticipado, resolución o terminación (apartados 1 y 2 del art. 599 TRLC 2022). No pueden vencer anticipadamente, resolver o terminar, en ningún caso, los contratos de suministro de bienes, servicios o energía necesarios para la actividad del deudor, salvo que hubieren sido negociados en mercados que permitan su sustitución.

5º. Efectos sobre las acciones y procedimientos ejecutivos (arts. 600 a 606 TRLC 2022). Se establece la prohibición legal de inicio de ejecuciones —ni judiciales ni extrajudiciales— hasta que transcurran tres (3) meses desde la *presentación* de la comunicación, sobre bienes y derechos necesarios para la continuación de la actividad (art. 600 TRLC 2022); se establece la suspensión de las ejecuciones —judiciales y extrajudiciales— en tramitación por los mismos tres (3) meses, sobre bienes y derechos necesarios para la continuación de la actividad, salvo prórrogas posteriores (art. 601 TRLC 2022). Es posible extender ese efecto sobre otras ejecuciones sobre bienes no necesarios, a petición del deudor, con informe favorable del experto en la reestructuración, y se acordará con auto, recurrible en reposición, de obligada publicación en el RPC (apartados 1, 2 y 3 del art. 602 TRLC 2022).

En cuanto a la ejecución de garantías reales (art. 603 TRLC 2022), pueden iniciarse tras la comunicación, que se suspenderá si recaen sobre bienes necesarios; no se impedirá la ejecución de garantías financieras sujetas al RD-Ley 5/2005, de 11 de marzo.

Sobre la posibilidad de iniciar o reanudar las ejecuciones (art. 604 TRLC 2022), se circunscriben (1) al transcurso de los tres (3) meses desde la realización de la comunicación, y (2) a la estimación del recurso de revisión frente al Decreto teniendo por efectuada la comunicación, al entender que no son bienes necesarios. De lo que se deduce que la apreciación de los bienes necesarios, en un primer momento, será del LAJ y ulteriormente, y de darse recurso, del Juez del concurso. Lo que contraviene el art. 147 TRLC 2020, que no ha sido objeto de reforma en 2022.

Los acreedores públicos no verán suspendidas sus ejecuciones singulares, como norma general; sólo se podrá suspender la fase de realización o enajenación judicial o extrajudicial sobre bienes necesarios, y por tres (3) meses, fecha a fecha desde la presentación de la comunicación (art. 605 TRLC 2022); lo que supone todo un privilegio a favor de los acreedores públicos.

Nunca quedarán afectadas por la prohibición de inicio de ejecuciones, o su suspensión, los créditos que no quedaren afectados por el plan de reestructuración (art. 606 TRLC 2022).

– Duración y prórrogas y prohibición temporal de nuevas comunicaciones (arts. 607 a 613 TRLC 2022).

De los efectos sobre los contratos, acciones y ejecuciones a que se refieren los artículos anteriores se deduce que los efectos de la comunicación, en los términos dichos, se extienden por tres (3) meses desde la presentación de la comunicación, no desde el Decreto del LAJ que la tenga por realizada.

Este plazo podrá ser prorrogado por otros tres (3) meses a petición (1) del deudor o (2) de los acreedores que representen más del 50% del pasivo al tiempo de solicitarse la prórroga, deducidos los subordinados, que deberá motivarse y acompañarse con informe favorable del experto en reestructuración si hubiera sido nombrado; se acordará por auto, que sólo podrá recurrirse en reposición si se concede (art. 607 TRLC 2022).

Los tres (3) meses son un plazo máximo, y puede solicitarse la prórroga por un plazo inferior, conforme la expresión "*un periodo de hasta tres meses*" del apartado 1 del art. 607 TRLC 2022.

La prórroga podrá ser dejada sin efecto por el juez a solicitud (1) del deudor, (2) del experto en la reestructuración, (3) de los acreedores que representen el 40% del pasivo afectado por el plan, excluidos los subordinados, y (4) por cualquier acreedor que demuestre que la prórroga no favorece las negociaciones (art. 608.1 TRLC 2022); cualquier acreedor puede solicitar ser excluido de la prórroga si acredita que ésta la causará un perjuicio injustificado, tal como su insolvencia actual o una disminución del valor de su garantía, o cuando los bienes hubieran perdido su carácter de necesarios (apartado 2 del art. 608 TRLC 2022). Todas estas peticiones se canalizarán mediante recurso de reposición en cualquier momento mientras esté vigente la prórroga (apartado 3 del art. 608 TRLC 2022); lo que no deja de ser una abigarrada forma de hacerlo. Dándose excepciones, como veremos, en materia de plan de reestructuración, en el art. 683.3 TRLC 2022.

De conformidad con el art. 609 TRLC 2022, una vez formulada una comunicación, no podrá presentarse otra por el mismo deudor en el plazo de un (1) año a contar de la fecha de presentación.

Tanto durante los tres (3) meses iniciales, como la prórroga de hasta otros tres (3) meses, se establece la no admisión a trámite de los concursos necesarios que se presenten con posterioridad, quedando en suspenso las presentadas antes, pero no admitidas a trámite (art. 610.1 y 2 TRLC 2022), que sólo se proveerán si tras los 3 (+) 3 meses, no se presenta solicitud de declaración de concurso durante el mes siguiente al de la finalización del plazo si no se ha presentado solicitud de concurso por el deudor; si se presenta, se acumularán las solicitudes, teniendo por comparecido a los solicitantes; sin perjuicio de la adopción de medidas cautelares

II.4. El deber de solicitar declaración de concurso y su suspensión. La suspensión de la causa de disolución por pérdidas cualificadas

Tras la finalización del plazo de comunicación de negociaciones (y, en su caso, de sus prórrogas), el deudor que no hubiera alcanzado un plan de reestructuración, tiene el deber de solicitar la declaración de concurso dentro del mes (1) siguiente, salvo que no se encontrara en insolvencia actual (art. 611 TRLC 2022).

Vigentes los efectos de la comunicación, la solicitud de concurso del deudor podrá ser suspendida por el Juez, a instancia (1) del experto en reestructuración, de haber sido nombrado, (2) de los acreedores que representen más del 50% del pasivo afectado por el plan a la fecha de la solicitud, si acreditan la presentación de un plan con posibilidades de ser aprobado, y que deberá ser presentado a homologación. Ello no puede ser aplicado ni al deudor persona natural, ni a las sociedades cuyos socios sean legalmente responsables de las deudas sociales (art. 612 TRLC 2022). Posteriormente veremos las excepciones en materia de plan de reestructuración —art. 683.2 TR-CL 2022.

Mientras estén en vigor los efectos de la comunicación, quedará en suspenso el deber legal de acordar la disolución de la sociedad por pérdidas cualificadas del art. 363.1.e) TRLSC (art. 613 TRLC 2022).

II.5. Especialidades en materia de comunicación para alcanzar un plan de reestructuración

A pesar del claro tenor del art. 585 TRLC 2022, el art. 683 TRLC 2022 establece las siguientes especialidades en materia de comunicación de la existencia de negociaciones con sus acreedores, o la intención de iniciarlas de inmediato, para alcanzar un plan de reestructuración:

1ª.- El deudor deberá especificar en la comunicación que concurren las circunstancias del art. 682 TRLC 2022 (ámbito subjetivo de aplicación); con la grave sanción de que, aunque se acreditara su concurrencia, no se hubiera especificado, la comunicación quedará sin efecto, y no podrá efectuarse otra hasta un año contado fecha a fecha de la presentación de la anterior.

2ª.- Efectuada la comunicación, la tramitación de la solicitud de declaración de concurso efectuada por el deudor no se podrá suspender a instancia de los acreedores, ni del experto en reestructuración.

3ª.- Únicamente se admitirá una única prórroga de sus efectos, y únicamente será el deudor el único legitimado para hacerlo.

III. LA DEUDA Y LOS CONTRATOS AFECTADOS EN EL PLAN DE REESTRUCTURACIÓN

III.1. Créditos y contratos afectados

– En materia de créditos, el art. 616.1 TRLC 2022 considera bajo la definición de *créditos afectados en virtud del plan de reestructuración* todos aquellos que *sufran* una modificación de sus términos o condiciones, en particular: (1) fecha de vencimiento; (2) modificación del principal o los intereses; (3) la conversión en crédito participativo o subordinado, acciones o participaciones sociales; o cualquier otro instrumento de características o rango distintos de aquéllos que tuviese el crédito originario, (4) la modificación o extinción de las garantías, personales o reales, que garanticen el crédito; (5) el cambio en la persona del deudor; o (6) la modificación de la ley aplicable al crédito.

No podrán ser créditos afectados (art. 616.2 TRLC 2022) (1) los créditos de alimentos derivados de una relación familiar, de parentesco o de matrimonio; (2) los derivados de responsabilidad civil extracontractual y (3) los créditos derivados de relaciones laborales distintas de la del personal de alta dirección; así como tampoco los créditos futuros que nazcan de contratos de derivados en vigor;

Los créditos por repetición, subrogación o regreso quedarán afectados en la misma forma que el crédito principal si así lo establece el plan de reestructuración; si dispone de garantía real, será tratado como crédito garantizado.

Y los de derecho público, solo en la forma prevista en el art. 616 bis TRLC 2022, sólo si: 1º.- el deudor acredita en el momento de hacer la comunicación u homologar el plan, estar al corriente de las obligaciones tributarias y de seguridad social, 2º.- Los créditos sean de una antigüedad inferior a dos años, fecha a fecha del devengo hasta la de la comunicación; y con el siguiente alcance:

– El plan de reestructuración no puede reducir ni su importe, ni el cambio de la ley aplicable, ni el deudor, sin perjuicio de tercer asuntor sin liberación de pago; ni la modificación o extinción de garantías, ni la conversión en acciones, participaciones sociales, crédito o préstamo participativo o instrumento de características o rango distinto del originario. Además, hay que satisfacerlos en los siguientes plazos: 1º.- doce (12) meses a contar del auto de homologación, o 2º seis (6) si había concedido un previo aplazamiento o fraccionamiento; 3º.- En todo caso, en dieciocho (18) meses desde la fecha de comunicación de la apertura de negociaciones.

– Sobre los contratos, el art. 618 TRLC 2022 establece el *Principio general de vigencia de los contratos*, estableciendo que la ni la presentación de solicitud de homologación del plan o su admisión a trámite, o cualquier otra circunstancia análoga no afectará a los contratos con obligaciones recíprocas pendientes de cumplimiento, y se sanciona con nulidad las cláusulas contractuales que permitan su resolución o suspensión o modificación. Expresamente se establece que los *contratos necesarios* para la continuidad de la actividad empresarial o profesional del deudor no podrán suspenderse, modificarse, ni resolverse ni terminarse anticipadamente por el mero hecho de que el plan de reestructuración conlleve un cambio de control de deudor. Expresión que, sin duda, no es muy afortunada, por limitar su ámbito a esa situación, y que, sin duda, exigirá de una interpretación integradora.

Igualmente, se establecen disposiciones especiales en materia de acuerdos de compensación extracontractual del RD-Ley 5/2005, en el art. 619 TRLC 2022; precepto en el que igualmente se establece la prohibición de vencimiento anticipado, resolución o terminación de contratos de suministros de energía, bienes o servicios necesarios para la continuidad de la actividad, salvo los negociados en mercados susceptibles de sustitución.

Y también, la posibilidad de resolver los contratos con obligaciones recíprocas pendientes de cumplimiento por ambas partes en interés de la reestructuración (art. 620 TRLC 2022), que puede ser impuesta en el plan a falta de acuerdo, con previsión de crédito indemnizatorio; al igual que los contratos sobre derivados; resolviéndose todas esas controversias mediante la impugnación del plan.

III.2. Reglas de cómputo de los créditos a efectos de atribución del voto

A los efectos del plan de reestructuración, el art. 617 TRLC 2022 establece que cada crédito —incluidos los sujetos a condición resolutoria— se computará por el principal más los recargos e intereses vencidos hasta la fecha de formalización del plan en instrumento público. Y se establecen las siguientes normas especiales:

– En los contratos de crédito sólo se computará la parte del crédito dispuesta en el momento de la formalización del plan en instrumento público.

– Los créditos expresados en otra moneda se computarán en euros según el tipo de cambio oficial en la fecha del instrumento público en que se hubiese formalizado el plan.

– Los créditos contingentes, litigiosos o sometidos a condición suspensiva se computarán por su importe máximo, salvo que en el plan de reestructuración se hubieran incluido por una cantidad inferior. Si finalmente se materializaran, sólo se verán afectados por la cuantía correspondiente al importe incluido en el plan.

– En el caso de créditos garantizados con garantía real, cuando el valor de la garantía sea inferior al de la obligación garantizada, el crédito por el exceso será tratado como no garantizado, conforme a la clase que le corresponda según esta ley. La parte del crédito cubierta por el valor de la garantía se considerará como crédito garantizado. Para determinar el valor de la garantía se estará a lo establecido en el título V del libro primero. Las certificaciones emitidas por el organismo rector del centro de negociación o del mercado secundario de que se trate, en caso de garantías sobre valores mobiliarios cotizados, o por una sociedad de tasación homologada e inscrita en el registro especial del Banco de España, en caso de bienes inmuebles, se unirán al instrumento público como anejo.

– Por último, en referencia a los contratos de alta dirección y de consejeros ejecutivos, el art. 621 TRLC 2022, si resulta necesario para el buen fin del plan, éste puede prever su suspensión o su extinción, con posibilidad de moderación judicial de la indemnización; así como la extinción en caso de suspensión, a instancia del directivo, con posibilidad de planteamiento de incidente concursal, y ulterior recurso de suplicación.

III.3. La formación de clases de créditos y su validación judicial: procedimiento

La formación de clases de créditos es clave en la aprobación de los planes de reestructuración, por cuanto que se dispone en el art. 622 TRLC 2022, que los acreedores titulares de créditos afectados por el plan de reestructuración votarán por clases, es decir, agrupados, y dentro de cada grupo, en la forma dispuesta en los arts. 628 y ss., que posteriormente comentaremos.

El art. 623 TRLC 2022 nos proporciona los criterios generales de formación de clases de créditos, que deben atender siempre a la existencia de un interés común a los integrantes de cada clase, determinados conforme a criterios objetivos.

Se considera que existe interés común entre los créditos de igual rango determinado por el orden de pago en el concurso de acreedores.

A su vez, los créditos de un mismo rango concursal podrán separarse en distintas clases cuando haya razones suficientes que lo justifiquen. A estos efectos se podrá atender, en particular, a la naturaleza financiera o no financiera del crédito, al conflicto de intereses que puedan tener los acreedores que formen parte de distintas clases, o a cómo los créditos vayan a quedar afectados por el plan de reestructuración. Cuando los acreedores sean pequeñas o medianas empresas y el plan de reestructuración suponga para ellas un sacrificio superior al cincuenta por ciento del importe de su crédito, deberán constituir una clase de acreedores separada.

A efectos de lo dispuesto en este artículo, se consideran créditos financieros: 1.º Los derivados de contratos de crédito o préstamo, con independencia de la condición de su titular. 2.º Los que sean titularidad de entidades financieras, estén o no sujetas a supervisión prudencial, y con independencia de cuál sea el origen del crédito, incluyendo entre esas entidades, en su caso, a las aseguradoras respecto al seguro de crédito o al seguro de caución. 3.º Los derivados de contratos de naturaleza análoga como los arrendamientos financieros o las operaciones de financiación de bienes vendidos con reserva de dominio, aval o contra-aval, factoring y confirming. No se considerarán como créditos financieros los derivados de operaciones comerciales, aunque tuvieran aplazada su exigibilidad, salvo que hayan sido cedidos a una entidad financiera.

En cuanto a los créditos con garantía real sobre bienes del deudor, el art. 624 TRLC 2022 establece que constituirán una clase única, salvo que la heterogeneidad de los bienes o derechos gravados justifique su separación en dos o más clases.

Y en relación a los créditos de derecho público, éstos constituirán una clase separada entre las clases de su mismo rango concursal (art. 624 bis TRLC 2022).

La correcta formación de las clases puede ser confirmada judicialmente, a petición del deudor y de los acreedores que representen más del 50% del pasivo afectado por el plan, con carácter previo a la solicitud de homologación (art. 625 TRLC 2022). Nada se establece si no hay voluntad de homologar.

El procedimiento para la confirmación judicial de las clases de créditos lo establece el art. 626 TRLC 2022, que seguirá los siguientes pasos:

1. Cualquiera de los legitimados podrá solicitar la confirmación de una o varias clases al juez competente para conocer de la homologación del plan. A la solicitud deberá acompañarse la acreditación de la comunicación de la propuesta de formación de la clase o clases a las partes afectadas por la confirmación judicial, donde se les haya anunciado la presentación de esta solicitud.

2. El juez, si considera que posee competencia internacional y territorial, dictará providencia admitiendo la solicitud a trámite. La providencia se publicará en el Registro público concursal.

3. Los acreedores que puedan verse afectados por la formación de clases solicitada podrán presentar escrito de oposición dentro de los diez días siguientes a la publicación de la providencia.

El juez resolverá por medio de sentencia dentro de los cinco días siguientes a la conclusión del plazo de oposición. Y la resolución judicial que se dicte no será susceptible de recurso alguno.

4. En el caso de que se hayan confirmado las clases propuestas por el solicitante, la formación de clases no podrá invocarse como motivo de impugnación u oposición a la homologación judicial del plan.

IV. LA APROBACIÓN DEL PLAN POR LOS ACREEDORES

IV.1. Comunicación de la propuesta de plan de reestructuración a los acreedores

La propuesta de plan de reestructuración debe ser comunicada individualmente a los acreedores que titulen créditos que puedan quedar afectados, ya sea por vía postal o electrónica, o por anuncio en la página web de la sociedad, con indicación de lugar de examen del documento; pudiéndose publicar edicto con tal indicación, a instancia del experto en la reestructuración, si hubiera sido nombrado, o de los acreedores que vayan a pedir la homologación del plan. Los acreedores públicos deberán ser notificados en su sede electrónica. En cuanto a los acreedores vinculados por un pacto de sindicación, deben aplicarse las reglas contractuales sobre comunicación del deudor con los acreedores, si las hubiera en el plan. Todo ello, conforme al art. 627 TRLC 2022.

Cualquier modificación o extinción de la relación laboral derivada del plan de reestructuración, debe realizarse conforme a la legislación laboral, incluyendo las normas sobre información y consulta de los trabajadores (art. 628 bis TRLC 2022).

IV.2. Derecho de voto: legitimación para ejercerlo

El derecho de voto es de todos los acreedores que pudieran quedar afectados por el plan. En los casos de créditos con garantía personal o real de tercero, la legitimación para ejercitar el derecho de voto corresponde al acreedor principal, rigiéndose las relaciones entre el acreedor y el garante por los pactos establecidos y en su defecto, por las normas aplicables a la obligación contraída (art. 628 TRLC 2022).

IV.3. Mayorías exigibles para la aprobación del plan y pactos de sindicación

– El plan de reestructuración se considerará aprobado por una clase de créditos afectados por el voto a favor de más de los dos tercios (2/3) del importe del pasivo de esa clase. Si se trata de una clase de créditos con garantía real, el porcentaje se eleva a los tres cuartos (¾) del pasivo correspondiente a esa clase. Todo ello, conforme al art. 629 TRLC 2022.

– En cuanto a los pactos de sindicación de voto, el art. 630 TRLC 2022 establece que:

1. Cuando el plan de reestructuración afecte a créditos vinculados por un pacto de sindicación, se respetarán los pactos contractuales sobre procedimiento y ejercicio del derecho de voto y se aplicarán las mayorías establecidas en el artículo anterior, salvo que el propio

pacto de sindicación prevea una mayoría inferior para aprobar esos efectos.

2. En ambos casos, y si vota a favor la mayoría necesaria, se entenderá que aceptan el plan de reestructuración la totalidad de los créditos sindicados. Si no se obtiene la mayoría necesaria, se computarán los votos individualmente, salvo que los créditos sindicados formen una única clase, en cuyo caso se considerará que el plan de reestructuración no ha sido aprobado por esa clase.

3. Salvo que hayan quedado afectados en virtud de las cláusulas contractuales del propio pacto de sindicación, los acreedores que no hayan votado a favor del plan podrán oponerse o impugnarlo de conformidad con lo previsto en este título.

IV.4. La decisión de los socios sobre la aprobación del plan de reestructuración

Los socios ocupan una posición central en todo proceso de cambio en la vida de una sociedad, y especialmente, en todo proceso de modificación estructural, antes realizado al amparo de la derogada Ley 3/2009, y, actualmente, bajo las disposiciones del RD Ley 5/2023. Ahora bien, dentro de una reestructuración, y si la empresa excede los límites legales establecidos en el art. 682 TRLC 2022 para empresas de menor dimensión —masa laboral inferior a 49 personas, volumen de negocios o balance general anual inferior a los 10 millones de euros, y que no forme parte de un grupo obligado a consolidar— el socio puede ver cómo se aprueba un plan de reestructuración con su oposición, ya que a diferencia del régimen para esas empresas de menor dimensión, o para microempresas, no se necesita el consentimiento de la sociedad para que el plan se apruebe.

Ello explica que la Ley 16/2022, de 5 de septiembre (BOE núm. 214, de 6 de septiembre de 2022) que transpone a nuestro ordenamiento la Directiva 2019/1023, sobre reestructuración e insolvencia), opte por atenerse al mandato contenido en su Considerando (96), que proclama que "*La eficacia del proceso de adopción y ejecución del plan de reestructuración no debe verse comprometido por el Derecho de sociedades*".

La clave es tener presente que una empresa viable es aquélla que determinan un valor en funcionamiento tras la reestructuración superior al valor de liquidación; y pueden/deben mantener por ello la actividad, manteniendo empleo y generando, con su actividad, creación de riqueza y sin mayor perjuicio a los acreedores.

La Exposición de Motivos de la Ley 16/2022 remarca que "*El término «plan», en lugar de «acuerdo», es el utilizado por la Directiva y refleja la posibilidad de imponerlo, bajo ciertas condiciones, incluso a los socios del deudor*". El legislador declara en la Exposición de Motivos de la Ley 16/2022, de 5 de septiembre, que estamos ante una de las "*cuestiones más complejas*", cual es la de la "*posición de los socios de la sociedad deudora cuando el plan de reestructuración afecta a sus derechos, esto es, conlleva medidas como ampliaciones de capital, modificaciones estructurales o disposición de activos esenciales que, bajo las reglas generales del derecho societario, requieren su consentimiento. También aquí la Directiva deja varias opciones a los Estados miembros. La ley opta por una solución que se aparta de la solución hasta ahora vigente en el derecho español, y reconoce el derecho de voto de los socios cuando el plan de reestructuración afecta a sus derechos, pero permite que, en caso de insolvencia actual o insolvencia inminente, el plan de reestructuración se homologue en contra de su voluntad, evitando así ciertas conductas abusivas que, en la práctica, comportan una redistribución de valor en su beneficio y en perjuicio de los acreedores sin justificación económica alguna*".

– El **Considerando (96)** de la Directiva es de una extensión nada comparable con las normas contenidas en las Disposiciones, y establece lo siguiente:

> *(96) «La eficacia del proceso de adopción y ejecución del plan de reestructuración no debe verse comprometida por el Derecho de sociedades. Por tanto, los Estados miembros deben poder establecer excepciones a los requisitos establecidos en la Directiva (UE) 2017/1132 del Parlamento Europeo y del Consejo (21) por lo que respecta a las obligaciones de convocar una junta general y ofrecer acciones con carácter preferente a los accionistas existentes, en la medida y durante el período necesario para garantizar que los accionistas no frustren los esfuerzos de reestructuración abusando de sus derechos con arreglo a dicha Directiva. Por ejemplo, los Estados miembros pueden necesitar establecer excepciones a la obligación de convocar una junta general de accionistas o a los plazos normales, cuando la dirección deba adoptar una medida urgente para proteger los activos de la empresa, por ejemplo solicitando la suspensión de ejecuciones singulares y cuando exista una pérdida grave y repentina de capital suscrito y un estado de insolvencia inminente. También pueden ser necesarias excepciones al Derecho de sociedades cuando el plan de reestructuración establezca la emisión de nuevas acciones que podrían ofrecerse*

con prioridad a los acreedores como conversión de deuda en capital o la reducción del importe de capital suscrito en caso de que se traspasen partes de la empresa. Dichas excepciones deben ser limitadas en el tiempo en la medida en que los Estados miembros las consideren necesarias para el establecimiento de un marco de reestructuración preventiva. Los Estados miembros no deben estar obligados a establecer excepciones a las disposiciones del Derecho de sociedades, total o parcialmente, durante un período indefinido o determinado, si se garantiza que sus requisitos de Derecho de sociedades no ponen en peligro la efectividad del proceso de reestructuración o si los Estados miembros disponen de otros instrumentos igualmente eficaces para garantizar que los accionistas no impidan injustificadamente la adopción o la ejecución de un plan de reestructuración que permita restablecer la viabilidad de la empresa. En este contexto, los Estados miembros deben conceder una importancia particular a la eficacia de las disposiciones relativas a la suspensión de las ejecuciones singulares y la confirmación de que el plan de reestructuración no debe verse indebidamente perjudicado por las convocatorias o los resultados de las juntas generales de accionistas. Procede modificar, por tanto, la Directiva (UE) 2017/1132 en consecuencia. Los Estados miembros deben disponer de un margen de apreciación para determinar qué excepciones son necesarias en el contexto del Derecho de sociedades nacional para aplicar de manera efectiva la presente Directiva y también deben poder establecer excepciones similares por lo que respecta a la Directiva (UE) 2017/1132 en el caso de procedimientos de insolvencia no cubiertos por la presente Directiva que permitan tomar medidas de reestructuración».

A lo largo de la Directiva se contienen considerandos y normas que contienen mención o afectan al Derecho societario: son los Considerandos (43) y (57), así como los artículos 4.7, 4.8, 5.1, 9, 12 y 19. Nos limitaremos ahora a su reseña, pero sin renunciar a su cita y comentario posteriores cuando entremos de lleno a comentar las previsiones contenidas en el art. 631 TRLC.

En esta materia ha de estarse al art. 631 TRLC 2022. Dado que estamos ante una sociedad en funcionamiento, y que no está inmersa en un procedimiento concursal, sino preconcursal, la afectación de la misma por el plan de reestructuración exige una modulación de las normas de derecho societario —legales y estatutarias— para facilitar la aprobación del plan de reestructuración. Ello conlleva el establecimiento de una serie de excepciones legales cuando el plan contenga medidas estructurales que exijan la aprobación por parte de los socios. Para identificar tal situación, habrá de estarse a la norma societaria, en cuanto a la competencia decisoria de la junta general de socios (arts. 160 a 162 TRLSC) y, muy específicamente, a la vigente normativa reguladora de las modificaciones estructurales de las sociedades de capital (RD Ley 5/2023).

Así, se parte de que cuando el plan de reestructuración contenga medidas que requieran el acuerdo de los socios de la sociedad deudora, se estará a lo establecido para el tipo legal que corresponda. Por lo que, como punto de partida —lógico—, ha de estarse a la normativa societaria que corresponda —TRLSC, Leyes de cooperativas, Código de Comercio, Código Civil y Ley 3/2009, de modificaciones estructurales de las sociedades de capital. Ello viene remarcado en el apartado 3 del art. 631 TRLC 2022, que dispone expresamente que:

«3. Salvo por lo que respecta a la formación de la voluntad social de conformidad con lo previsto en este artículo y a la protección de los acreedores, cualquier operación societaria que prevea el plan deberá ajustarse a la legislación societaria aplicable. En particular, en el caso de que el plan prevea una modificación estructural, los acreedores a los que afecte el plan no tendrán derecho de oposición».

Ahora bien, la decisión de los socios no impedirá la homologación judicial del plan en situaciones de insolvencia actual o inminente. Por lo que desde este momento puede decirse que estaremos ante dos clases de planes de reestructuración de personas jurídicas: aquellos consensuados con los socios, y los no consensuados o impuestos a los socios. Los Considerandos (57) y (96) de la Directiva (UE) 2019/1023 ya lo dejaron muy claro. El Considerando (57) de la Directiva es tajante:

> *(57) «Si bien deben estar protegidos los intereses legítimos de otros accionistas o tenedores de participaciones, los Estados miembros deben garantizar que no puedan impedir injustificadamente la adopción de planes de reestructuración que permitirían que el deudor recuperase su viabilidad. Los Estados miembros deben poder utilizar distintos medios para lograr ese objetivo, por ejemplo, no concediendo a los tenedores de participaciones derecho de voto en relación con un plan de reestructuración y no supeditando la adopción de un plan de reestructuración al acuerdo de aquellos tenedores de participaciones que, sobre la base de una valoración de la empresa, no recibirían ningún pago ni ninguna otra retribución si se aplicara el orden normal de prelación en la liquidación. No obstante, en caso de que los tenedores de participaciones tengan derecho de voto en relación con un plan de reestructuración, la autoridad judicial o administrativa debe poder confirmar el plan aplicando las normas de reestruc-*

> *turación forzosa de la deuda aplicable a todas las categorías no obstante la oposición de una o más categorías de tenedores de participaciones. Los Estados miembros que excluyan a los tenedores de participaciones de las votaciones no deben estar obligados a aplicar la regla de prelación absoluta en la relación entre acreedores y tenedores de participaciones. Otro método posible de garantizar que los tenedores de participaciones no impidan injustificadamente la adopción de planes de reestructuración sería garantizando que las medidas de reestructuración que afecten directamente a los derechos de los tenedores de participaciones y que necesitan la aprobación de la junta general de accionistas con arreglo al Derecho societario no estén sometidas a requisitos de mayorías injustificadamente altas y que los tenedores de participaciones no tengan competencias en términos de las medidas de reestructuración que no afecten directamente a sus derechos».*

Si bien los intereses legítimos de los socios o accionistas han de estar protegidos, los Estados miembros deben garantizar que aquéllos no puedan impedir injustificadamente la homologación de un plan de reestructuración que permita que el deudor recupere su viabilidad (o lo que es lo mismo, evitar el «*hold-out behaviour*»).

La Directiva (UE) 2019/1023 propuso diversos modelos en relación al Derecho societario; todos se deducen de la atenta lectura de los Considerandos (57) y (96); y tuvieron su plasmación en los artículos 9.3.a), sobre privación de derecho de voto a los tenedores de participaciones, aun siendo afectados por el plan de reestructuración, en situación de insolvencia definitiva, sin percepción del valor residual; el art. 9.2, regulador del derecho de voto y la posibilidad de arrastre o «*cramdown*»; y la previsión contenida en el art. 12, sobre exclusión de los arts. 9 a 11, introduciendo reglas para mitigar la actuación impeditiva u obstaculización injustificada del plan de reestructuración, atendiendo a determinados factores, tales como la naturaleza de pyme o de gran empresa, o si las medidas de reestructuración afectan o no los derechos de los tenedores de participaciones; o si los socios tienen responsabilidad limitada o ilimitada.

Ello se traspuso a nuestro ordenamiento. La Exposición de Motivos de la Ley 16/2022 así lo recoge: *"La Ley opta por una solución que se aparta de la solución hasta ahora vigente en el Derecho español, y reconoce el derecho de voto de los socios cuando el plan de reestructuración afecta a sus derechos, pero permite que, en caso de insolvencia actual o de insolvencia inminente, el plan de reestructuración se homologue en contra de su voluntad, evitando así ciertas conductas abusivas que comportan una redistribución de valor en su beneficio y en perjuicio de los acreedores sin justificación económica alguna".*

Y a tal efecto, la reforma del TRLC llevada a término por la Ley 16/2022, de 5 de septiembre, establece en este art. 631 las concretas normas especiales en materia de convocatoria de la junta, derecho de información, orden del día, pero no altera el régimen competencial para la adopción de acuerdos sociales de contenido reestructurador. Lo cual, lejos de ser considerada como una transposición respetuosa con el régimen de gobernanza actual de las sociedades de capital, supone una excepción del normal régimen societario, y ya se oye hablar del nacimiento de un nuevo "*Derecho societario preconcursal*". Personalmente estimo que no podemos calificar estas reformas como una rama específica ni del Derecho societario, ni del Derecho concursal, sino que debemos considerar estas normas como especialidades del Derecho societario exigidas por la nueva concepción del Derecho preconcursal, diseñado exclusivamente en torno a los planes de reestructuración.

Ahora bien, la adopción de un plan de reestructuración en contra de una mayoría de los socios siempre deberá realizarse con fundamento en normas no societarias, sino preconcursales; y además, su impugnación no se tramitará como un incidente concursal, sino como un procedimiento *sui generis* (art. 656, 658, 659, 660 y 661 TRLC). En esta materia sí se da total un desplazamiento de las normas societarias, pues los motivos de impugnación son puramente de Derecho preconcursal (art. 656.1 TRLC 2022), sin que puedan alegarse los propiamente contenidos en el art. 204 TRLSC.

No obstante, comienzan las especialidades; conforme al apartado 4 del art. 631 TRLC 2022, cuando se solicite la homologación de un plan de reestructuración en estado de insolvencia actual o inminente de la sociedad deudora —no en probabilidad de insolvencia—, se establece que los socios no tendrán derecho de preferencia en la suscripción de nuevas acciones o en la asunción de las nuevas participaciones; en particular cuando el plan prevea una reducción del capital social a cero o por debajo de la cifra mínima legal y simultáneamente el aumento del capital. Ello supone una excepción al art. 304.1 TRLSC, *Derecho de preferencia*, y del art. 343.2 TRLSC, *Reducción y aumento simultáneos.*

En el caso de las sociedades de capital —sociedades de responsabilidad limitada y anónimas—, y con independencia de la insolvencia actual, inminente o probabilidad de insolvencia de la sociedad, serán aplicables las reglas generales, pero con las siguientes especialidades:

– 1.ª Entre la convocatoria y la fecha prevista de celebración de la junta general deberá existir un plazo de diez (10) días, salvo que se trate de sociedades con acciones admitidas a negociación en un mercado regulado, en cuyo caso el plazo será de veintiún (21) días. Se excepciona así el art. 176 TRLSC, sobre *Plazo previo de la convocatoria*, que establece un mes en anónimas y quince (15) días en sociedades de responsabilidad limitada. Ninguna especialidad se establece sobre la segunda convocatoria que se refiere el art. 177 TRLSC, entre las que debe mediar al menos, 24 horas.

– 2.ª Si la junta no se hubiese celebrado con anterioridad a la fecha de solicitud de la homologación del plan, se podrá celebrar después, siempre que hubiera sido convocada antes de esa fecha o el mismo día de presentación de la solicitud.

Si la junta no hubiera sido previa o simultáneamente convocada, el solicitante de la homologación podrá instar del juez que en la resolución de la admisión a trámite de la homologación convoque a la junta para su celebración en el plazo mencionado.

Y si la junta no hubiera sido convocada, no llegase a constituirse, o no aprobara en todos sus términos el plan de reestructuración propuesto, como máximo, en el plazo de los diez o veintiún días desde la admisión a trámite de la solicitud de homologación, el plan se entenderá rechazado por los socios. Hasta que transcurran esos plazos, el juez no adoptará resolución alguna sobre la homologación.

Aquí la norma introduce tres normas especiales sobre la homologación judicial del plan, que se regula en los arts. 635 y ss, y que posteriormente comentaremos.

3.ª En la convocatoria de la junta, el orden del día se limitará exclusivamente a la aprobación o al rechazo del plan en todos sus términos, sin que se puedan incluir o proponer otros asuntos. El derecho de información del socio se ejercerá exclusivamente respecto a este punto del orden del día, incluso si se trata de una sociedad cotizada.

El orden del día ha de ser único, conforme a esta norma especial, lo que supone una excepción al art. 174 TRLSC, *Contenido de la convocatoria*. Queda claro que únicamente podrán añadirse a ese punto único del orden del día, los ruegos y preguntas; o tal vez, ni ello.

Igualmente, la limitación del derecho de información del socio igualmente establece una nueva configuración de éste, en relación a su normativa reguladora, los arts. 196 TRLSC, en cuando al derecho de información en la sociedad de responsabilidad limitada, y art. 197 TRLSC, sobre el derecho de información en la sociedad anónima.

4.ª El acuerdo se adoptará con el quórum y por la mayoría legal ordinarios, cualquiera que sea su contenido, sin que resulten aplicables los quórums o las mayorías estatutarias reforzadas que pudieran ser de aplicación a la aprobación del plan y a los actos u operaciones que deban llevarse a cabo en su ejecución.

Se establece aquí una excepción a las normas estatutarias, en el supuesto de que hubieran previsto quórums o mayorías reforzadas, y se recupera la vigencia de las normas legales de aplicación en cada caso; lo que supone todo un desapoderamiento de la sociedad, pues ha de recordarse que los estatutos son la norma institucional básica en el funcionamiento de la sociedad (art. 23 TRLSC).

5.ª El acuerdo de la junta que apruebe el plan de reestructuración será impugnable exclusivamente por el cauce y en el plazo previstos para la impugnación u oposición a la homologación. En el caso de que la junta se haya celebrado con posterioridad a la solicitud de homologación del plan, el plazo de impugnación comenzará para los socios en el momento en que se hubiese celebrado la junta. Las impugnaciones del acuerdo de la junta se acumularán a la impugnación u oposición al plan por parte de los acreedores, si las hubiese, y se tramitarán como cuestión incidental de previo pronunciamiento.

Las impugnaciones del acuerdo de la junta de socios se reconducen a los mismos trámites previstos para la impugnación u homologación del plan, a la que luego nos referiremos; y para el caso de que la solicitud de homologación fuera anterior a la junta, las impugnaciones del acuerdo de junta de socios —una o varias— se acumularán a la impugnación u oposición al plan por parte de los acreedores, si las hubiese, y se tramitarán como cuestión incidental de previo pronunciamiento.

Se establece en esta regla una norma propia para la impugnación del acuerdo adoptado en junta de socios, y también, una norma para el caso de impugnación del acuerdo social y de su homologación, tramitándose en forma acumulada a la impugnación u oposición a la homologación, y como cuestión de previo pronunciamiento. Esta disposición recuerda al art. 204.3 TRLSC, último párrafo, que trata como cuestión de previo pronunciamiento la cuestión sobre el carácter esencial o determinante de los motivos de impugnación previstos en el propio apartado (a saber, infracciones procedimentales, incorrección o insuficiencia de la información facilitada, participación de personas no legitimadas, y la invalidez de uno o varios votos o el cómputo erróneo de los emitidos), pero únicamente por la tramitación, que no por el objeto de la impugnación. Habrá de estarse a los arts. 387 a 394 LEC, en cuanto al planteamiento, sustanciación y decisión de las cuestiones incidentales.

Por último, se establece en el art. 632 TRLC 2022 una norma sobre el *Régimen especial de la conversión en acciones o participaciones sociales*, en la que se dispone, como excepción al art. 301 TRLSC, regulador del aumento de capital por compensación de créditos, que se entenderá, "*A los efectos de la conversión de créditos en acciones o participaciones sociales, con o sin prima, se entenderá que los créditos a compensar son líquidos, vencidos y exigibles*". Recordemos que, contrariamente a lo exigido en las sociedades de responsabilidad limitada, en las sociedades anónimas únicamente se exige que los créditos sean líquidos, vencidos y exigibles en, al menos, un 25%, y que el vencimiento de los restantes no sea superior a cinco años.

Es de destacar que no se establecen normas especiales para ningún otro tipo de sociedad mercantil, por lo que ha de recordarse que estas normas especiales para sociedades de responsabilidad limitada y anónimas, no pueden trasladarse fuera del ámbito que les es propio, siendo que el resto de sociedades mercantiles —cooperativas, civiles con objeto mercantil, y mercantiles del Código de Comercio, AIE— se regirán por sus propias normas, legales y estatutarias.

V. LA HOMOLOGACIÓN JUDICIAL DE LOS PLANES DE REESTRUCTURACIÓN

V.1. Introducción. La solicitud de homologación judicial del plan de reestructuración: requisitos formales. Legitimación para su presentación

La libertad contractual —y la ausencia de la judicialización— en materia de planes de reestructuración no es absoluta. En ocasiones, no es suficiente con acordarlos y formalizarlos en instrumento público (art. 634 TRLC), con informe del experto en la reestructuración, de haber sido nombrado, y/o, en otro caso, del auditor de cuentas, acreditativos de la suficiencia de las mayorías que se exigen para aprobar el plan. Hay planes de reestructuración que, en forma preceptiva, han de homologarse judicialmente.

De esta distinción se ocupa el art. 635 TRLC 2022, que establece que la homologación judicial es necesaria en cualquiera de los siguientes supuestos:

1.º Cuando se pretenda extender sus efectos a acreedores o clases de acreedores que no hubieran votado a favor del plan o a los socios del deudor persona jurídica;

2.º Cuando se pretenda la resolución de contratos en interés de la reestructuración;

3.º Cuando se pretenda proteger la financiación interina y la nueva financiación que prevea el plan, así como los actos, operaciones o negocios realizados en el contexto de este frente a acciones rescisorias en los términos previstos en este título, y reconocer a esa financiación las preferencias de cobro previstas en el libro primero.

Puede apreciarse que se reserva la homologación judicial para aquellos planes que conllevan mayores sacrificios para los socios y acreedores. Y para realizar esta afirmación, únicamente hay que remitirse a los motivos de impugnación del auto de homologación, que establecen los arts. 654, 655 y 656 TRLC 2022, que son los que realmente definen la trascendencia de estos planes de necesaria homologación judicial. Posteriormente nos ocuparemos de los motivos de impugnación más extensamente.

Como presupuesto objetivo, el art. 636 TRLC 2022, establece que la homologación judicial se podrá solicitar cuando el deudor se encuentre en probabilidad de insolvencia o en insolvencia inminente. Y también en insolvencia actual, cuando no se hubiera admitido a trámite una solicitud de declaración de concurso necesario.

Para el caso de que se estuviera negociando un plan de reestructuración sin haber formulado comunicación previa, la solicitud de declaración de concurso presentada por el deudor podrá ser suspendida por el juez, a instancia del experto en la reestructuración, si hubiera sido nombrado, o de los acreedores que titulen más del 50% del pasivo afectado por el plan, conforme se establece por el art. 637 TRLC 2022, en su apartado 1. Esta suspensión se levantará transcurrido un mes, si los acreedores no hubieran solicitado la homologación del plan (apartado 2 del art. 637 TRLC 2022). Esta disposición no será aplicable cuando el deudor sea persona natural, o sociedad cuyos socios sean legalmente responsables de las deudas sociales (apartado 3 del art. 637 TRLC 2022).

V.2. Requisitos para la homologación del plan de reestructuración

Conforme al art. 638 TRLC 2022, El plan de reestructuración, para ser homologado, deberá reunir los siguientes requisitos:

1.º Que el deudor se encuentre en probabilidad de insolvencia, insolvencia inminente o actual y el plan ofrezca una perspectiva razonable de evitar el concurso y asegurar la viabilidad de la empresa en el corto y medio plazo.

2.º Que cumpla con los requisitos de contenido y de forma exigidos en este título.

3.º Que haya sido aprobado por todas las clases de créditos de conformidad con las previsiones de este título, por el deudor o, en su caso, por los socios.

4.º Que los créditos dentro de la misma clase sean tratados de forma paritaria.

5.º Que haya sido comunicado a todos los acreedores afectados conforme a lo establecido en esta ley.

Sentado este principio general, a continuación, el art. 639 TRLC 2022 establece una excepción para el caso previsto en el ordinal 3º anterior, esto es, que el plan de reestructuración no haya sido aprobado por todas las clases de créditos, permitiéndose su homologación judicial si:

1º.- Una mayoría simple de las clases, siempre que al menos una de ellas sea una clase de créditos que en el concurso habrían sido calificados como créditos con privilegio especial o general; o, en su defecto, por

2.º Al menos una clase que, de acuerdo con la clasificación de créditos prevista por esta ley, pueda razonablemente presumirse que hubiese recibido algún pago tras una valoración de la deudora como empresa en funcionamiento. En este caso, la homologación del plan requerirá que la solicitud vaya acompañada de un informe del experto en la reestructuración sobre el valor de la deudora como empresa en funcionamiento.

Igualmente, si el deudor fuera persona natural, la homologación judicial exige su aprobación (art. 640.1 TRLC 2022). Si el deudor es persona jurídica, el apartado 2 del art. 640 TRLC 2022 dispone que la homologación requerirá que el plan haya sido aprobado por los socios legalmente responsables de las deudas sociales, en aquellos tipos societarios en que así se disponga.

Para el caso de que estos socios no existieran, y el plan contuviera medidas que requieran el acuerdo de la junta de socios, y ésta no lo aprobara, el plan de reestructuración se podrá homologar si la sociedad se encuentra en situación de insolvencia actual o inminente, pero nunca en situación de probabilidad de insolvencia, como así establece el último inciso del apartado 2 del art. 640 TRLC 2022.

V.3. Procedimiento de homologación: competencia e impugnación, planes conjuntos, solicitud de homologación, admisión a trámite

Como todo procedimiento, el TRLC 2022 establece normas sobre competencia, requisitos de la solicitud para que sea admitida a trámite.

– En cuanto a la competencia para la conocer de la homologación del plan de reestructuración, el art. 641 TRLC 2022 dispone que corresponderá al juez de lo mercantil que fuera competente para la declaración del concurso del deudor; y si el deudor o deudores hubieran efectuado la comunicación de inicio de negociaciones con los acreedores, la competencia corresponderá al juez titular actual del juzgado que hubiera tenido por efectuada esa comunicación. por lo que habrá de estarse a las normas generales establecidas en los arts. 44 y ss TRLC 2022, y a la posibilidad de formular cuestión de competencia por declinatoria.

– En cuanto a las solicitudes de homologación de planes conjuntos de reestructuración, el art. 642 dispone en su apartado 1 que los deudores que hubieran efectuado una comunicación conjunta podrán solicitar bien la homologación individual o conjunta de los respectivos planes de reestructuración o de alguno de ellos, bien la homologación de un plan conjunto de reestructuración. Y el apartado 2, que los requisitos para la homologación deberán cumplirse en relación con cada uno de los deudores.

– De la solicitud de homologación del plan de reestructuración se ocupa el art. 643 TRLC 2022. Ésta podrá ser presentada por el deudor o por cualquier acreedor afectado que lo haya suscrito e irá firmada por procurador y abogado.

En la solicitud se indicará el lugar donde el plan esté a disposición de los acreedores que acrediten su legitimación y, en su caso, del deudor, con posibilidad de acceder a su contenido por medios telemáticos.

La competencia para solicitar la homologación del plan de reestructuración de una persona jurídica corresponde al órgano de administración.

A la solicitud se acompañará copia íntegra del instrumento público en el que se haya formalizado el plan, incluida la certificación de auditor sobre la suficiencia de las mayorías que se exigen para que se homologue el plan, de acuerdo con lo previsto en esta ley, del informe que, en su caso, haya sido emitido por el experto en la reestructuración; y, en el caso de que se pretenda que el plan de reestructuración afecte al crédito público de las certificaciones emitidas por la Agencia Estatal de Administración Tributaria y la Tesorería General de la Seguridad Social que acrediten el cumplimiento del requisito previsto en el artículo 616.2.1.º TRLC 2022, y que ya comentamos anteriormente.

– Una vez recibida la solicitud de homologación, el juez, de considerarse competente, dictará providencia admitiéndola a trámite (art. 644 TRLC 2022). Se mantiene el mismo formato de resolución que para los derogados acuerdos de refinanciación.

En la providencia expresará los motivos en los que se base su competencia, en particular si se basa en la localización del centro de los intereses principales o de un establecimiento del deudor en su territorio, y decretará la prohibición de iniciar ejecuciones judiciales o extrajudiciales sobre los bienes del deudor y la paralización de las ejecuciones ya iniciadas hasta que se resuelva sobre la homologación.

Si, de oficio, el Juez considera que carece de competencia internacional o territorial, el juez, previa audiencia del solicitante y del Ministerio Fiscal por el plazo común de cinco días, resolverá al siguiente mediante auto. Contra el auto que declare la falta de competencia, el solicitante podrá interponer recurso de apelación.

– En cuanto a la publicidad de la providencia de admisión a trámite, el art. 645 TRLC 2022, dispone que el letrado de la Administración de Justicia ordenará su publicación en el Registro público concursal, por medio de edicto, que contendrá los datos que identifiquen el deudor, el órgano jurisdiccional competente y el fundamento de su competencia, el número del procedimiento judicial de homologación, la fecha del plan de reestructuración, con la indicación de que el plan está a disposición de los acreedores en el juzgado competente para conocer de la homologación, con posibilidad de acceder a su contenido por medios telemáticos o indicará el lugar donde el plan está a disposición de los acreedores que acrediten su legitimación y, en su caso, del deudor, con posibilidad de acceder a su contenido por medios telemáticos.

La competencia territorial o internacional habrá de ser impugnada por declinatoria, conforme establece el art. 646 TRLC 2022; y podrá hacerse por cualquier acreedor, o el propio deudor si no hubiera solicitado la homologación del plan de reestructuración, en el plazo de diez días a contar desde la publicación de la providencia en el Registro público concursal. La declinatoria se tramitará y decidirá de conformidad con lo previsto en la legislación procesal civil

V.4. Procedimiento de contradicción previa a la homologación: tramitación

Expresamente se prevé un procedimiento de contradicción previa a la homologación al plan que, si bien judicializa su formación, puede dotar de mayor seguridad jurídica al proceso, y evitar dilaciones innecesarias y mayor perjuicio a los acreedores.

Por ello, el art. 662 TRLC 2022 —ubicado en una Sección distinta, la 4ª— establece que, en la solicitud de homologación, el solicitante podrá requerir que, con carácter previo a la homologación del plan de reestructuración, las partes afectadas puedan oponerse a ésta.

La oposición de las partes afectadas se tramitará por los cauces del incidente concursal con las especialidades siguientes (art. 663 TRLC 2022):

1.ª La providencia que admita a trámite la solicitud de homologación se publicará en el Registro público concursal con indicación del lugar donde el plan queda a disposición de los acreedores afectados y, en su caso, de los socios, para que en un plazo de quince días desde su publicación registral puedan formular oposición.

2.ª La legitimación y los motivos de la oposición se sujetarán a las normas previstas para la impugnación del plan en la sección 3.ª de este capítulo, incluyendo la falta de competencia internacional o territorial.

3.ª Todas las oposiciones, incluidas las fundadas en la falta de competencia judicial, se tramitarán conjuntamente, y se dará traslado de todas ellas al solicitante de la homologación para que, en un plazo común de quince días conteste a la oposición.

4.ª La sentencia que resuelva sobre el incidente se dictará en un plazo de un mes y no será susceptible de recurso.

Esta vía, en apariencia, evitará la ulterior impugnación del plan a que se refieren los artículos 653 a 661 TRLC 2022, y de los que posteriormente nos ocuparemos.

V.5. Auto de homologación. Publicidad de la homologación, eficacia y ejecución. Prohibición de nuevas solicitudes

El margen de apreciación del Juez en la homologación es el que se corresponda con la validación documental de la solicitud de homologación. Por lo tanto, muy estrecho. Así se establece en el art. 647 TRLC 2022, por el que se establece que, salvo que de la documentación presentada se deduzca *manifiestamente* que no se cumplen los requisitos exigidos en la sección 1ª de este capítulo, el juez homologará el plan de reestructuración.

El único control judicial específico del trámite de homologación, distinto del anterior, se establece en el art. 669 TRLC 2022, al respecto de la verificación de que concurren los requisitos y las mayorías previstas en los artículos anteriores y que la nueva financiación no perjudica injustamente los intereses de los acreedores, como posteriormente comentaremos.

La homologación tendrá lugar mediante auto, que se adoptará dentro de los quince días siguientes a la publicación de la providencia de admisión a trámite de la solicitud en el Registro público concursal.

En el auto, se identificarán los acreedores con garantía real que hayan votado en contra del plan y que pertenezcan a una clase que no lo haya aprobado.

El auto de homologación determinará el alzamiento de la suspensión de los procedimientos de ejecución de créditos no afectados por el plan de reestructuración, así como el sobreseimiento de los restantes procedimientos de ejecución.

Si el propio plan de reestructuración conllevase alguna operación societaria, el control de legalidad lo realizará el juez y dejará constancia de ello en el auto.

En cuanto a la publicidad del auto de homologación, el art. 648 TRLC 2022 dispone su inmediata publicación en el Registro público concursal.

Y en cuanto a su eficacia, el art. 649 TRLC 2022 dispone que una vez homologado, los efectos del plan de reestructuración se extienden inmediatamente a todos los créditos afectados, al propio deudor y, si fuera sociedad, a sus socios, aunque el auto no sea firme.

Como novedad frente al silencio de la anterior normativa acerca de los autos que aprobaban la refinanciación, en la reforma sí se establece la ejecución de la resolución de homologación en el art. 650 TRLC 2022.

Así, los actos de ejecución del plan que sean inscribibles en los registros públicos se inscribirán en éstos, conforme a la legislación que les sea aplicable.

Cuando el plan contuviera medidas que requirieran acuerdo de junta o asamblea de socios y ésta no las hubiera acordado, los administradores de la sociedad y, si no lo hicieren, quien designe el juez a propuesta de cualquier acreedor legitimado, tendrán las facultades precisas para llevar a cabo los actos necesarios para su ejecución, así como para las modificaciones estatutarias que sean precisas. En estos casos, el auto de homologación será título suficiente para la inscripción en el Registro mercantil de las modificaciones estatutarias contenidas en el plan de reestructuración.

Cuando el plan contuviera medidas de reestructuración operativa, éstas deberán llevarse a cabo de acuerdo con las normas que les sean aplicables. Las controversias que se susciten en relación con las mismas se sustanciarán ante la jurisdicción competente.

Además —y ello es de agradecer— la nueva regulación clarifica la situación de los titulares de derechos de garantía real y personal en los arts. 651 y 652, en la siguiente forma:

– Los <u>acreedores titulares de derechos de garantía real</u> que hayan votado en contra del plan, y pertenezcan a una clase en la que el voto favorable hubiera sido inferior al voto disidente, tendrán derecho a instar la realización de los bienes o derechos gravados en el plazo de un mes a contar desde la publicación del auto de homologación en el Registro público concursal. La ejecución podrá iniciarse sin testimonio del auto de homologación, pero deberá aportarse al procedimiento en cuanto se le facilite. El ejercicio de este derecho producirá el vencimiento del crédito originario garantizado.

No obstante, el plan podrá prever la sustitución de este derecho por la opción de cobrar en efectivo, en un plazo no superior a ciento veinte días, la parte del crédito cubierta por el valor de la garantía conforme a lo establecido en el título V del libro primero. En caso de falta de pago del crédito, el acreedor tendrá derecho a la ejecución de la garantía.

Si la cantidad obtenida en la realización de los bienes o derechos gravados fuese menor que la deuda garantizada, pero mayor que el valor de la garantía recogido en el plan de reestructuración, el ejecutante hará suya toda la cantidad resultante de la ejecución. La diferencia entre esa cantidad y el valor de la garantía se deducirá de lo que, en su caso, hubiese recibido o deba recibir conforme al plan de reestructuración por la parte del crédito no garantizada.

Si la cantidad obtenida fuese inferior al valor de la garantía, el acreedor hará suya toda la cantidad resultante de la ejecución, y la parte remanente quedará insatisfecha.

– En cuanto a los acreedores con garantía de terceros, establece el art. 652 TRLC 2022 que los acreedores afectados que no hubieran votado a favor del plan de reestructuración, mantendrán sus derechos frente a terceros que hayan constituido garantía personal o real para la satisfacción de su crédito.

Y respecto de los acreedores que hayan votado a favor del plan, el mantenimiento de sus derechos frente a los terceros obligados dependerá de lo que hubiesen acordado en la respectiva relación jurídica y, en su defecto, de las normas aplicables a ésta.

Y como excepción, los efectos del plan de reestructuración de una sociedad de un grupo, se pueden extender también, en las condiciones previstas en este, a las garantías personales o reales prestadas por cualquier otra sociedad del mismo grupo no sometida al plan de reestructuración, cuando la ejecución de la garantía pueda causar la insolvencia de la garante y de la propia deudora

Por último, el art. 664 TRLC 2022 establece la Prohibición temporal de nuevas solicitudes de homologación respecto del mismo deudor, hasta que transcurra un año a contar desde la fecha de solicitud de la homologación del plan anterior.

VI. EL NOVEDOSO PROCEDIMIENTO DE IMPUGNACIÓN DEL PLAN ANTE LA AUDIENCIA PROVINCIAL

VI.1. La impugnación del plan ante la Audiencia Provincial: distintos supuestos: aprobación por todas las clases o por la mayoría de las clases. Impugnación por los socios. Impugnación con efecto limitado

Siguiendo con las novedades procesales, la reforma parece desconfiar de los Juzgados de instancia, y por ello atribuye la competencia funcional para la impugnación de los planes de reestructuración homologados a las Secciones especializadas en materia mercantil de las Audiencias Provinciales, que se resolverá en única instancia. Así se pronuncia el art. 653 TRLC 2022.

Son tres las opciones de impugnación, que la reforma hace depender de si la homologación ha sido aprobada o no por todas las clases de créditos (art. 654 y 655 TRLC 2022), o no haya sido aprobada por los socios (art. 656 TRLC 2022); estableciendo particularidades procesales para cada una de ellas y, como no podía ser de otra forma, distintos motivos de impugnación. Igualmente, se establece una impugnación independiente cuando resuelvan los contratos en el plan en interés del concurso (art. 657 TRLC 2022). Y con efecto limitado, en materia de financiación interina o nueva financiación (art. 670 TRLC 2022).

Ello viene a configurar —aun negativamente— los requisitos legales de homologación, que no podrán ser de apreciación más que en caso de impugnación, y por la superioridad, visto el escaso margen de apreciación que se concede al Juez de primera instancia, que debe limitarse a validar formalmente el acuerdo, sin entrar a enjuiciar ni la viabilidad del plan, ni el interés superior de los acreedores.

Afortunadamente, conforme al art. 660 TRLC 2022, la impugnación del auto de homologación del plan de reestructuración carecerá de efectos suspensivos.

Nos ocuparemos de cada una de ellas a continuación.

– Primera (art. 654 TRLC 2022): Impugnación del auto de homologación del plan aprobado por todas las clases de créditos.

Dentro de los quince días siguientes a la publicación del auto de homologación en el Registro público concursal, los titulares de créditos afectados que no hayan votado a favor del plan de reestructuración aprobado por todas las clases de créditos podrán impugnar el auto por los siguientes motivos:

1.º Que no se hayan cumplido los requisitos de comunicación, contenido y de forma que se exigen en el capítulo IV de este título.

2.º Que la formación de las clases de acreedores y la aprobación del plan, no se hayan producido de conformidad con lo previsto en los capítulos III y IV de este título.

3.º Que el deudor no se encuentre en probabilidad de insolvencia, insolvencia inminente o actual.

4.º Que el plan no ofrezca una perspectiva razonable de evitar el concurso y asegurar la viabilidad de la empresa en el corto y medio plazo.

5.º Que sus créditos no hayan sido tratados de forma paritaria con otros créditos de su clase.

6.º Que la reducción del valor de sus créditos sea manifiestamente mayor al que resulta necesario para garantizar la viabilidad de la empresa. En caso de cesión de créditos, se presumirá que no concurre esta circunstancia cuando el acreedor impugnante haya adquirido el crédito con un descuento superior a la reducción del valor que este padece.

7.º Que el plan no supere la prueba del interés superior de los acreedores. Se considerará que el plan no supera esta prueba cuando sus créditos se vean perjudicados por el plan de reestructuración en comparación con su situación en caso de liquidación concursal de los bienes del deudor, individualmente o como unidad productiva. A los efectos de comprobar la satisfacción de esta prueba, se comparará el valor de lo que reciban conforme al plan de reestructuración con el valor de lo que pueda razonablemente presumirse que hubiesen recibido en caso de liquidación concursal. Para calcular este último valor, se considerará que el pago de la cuota de liquidación tiene lugar a los dos años de la formalización del plan.

8.º Que el deudor haya incumplido la obligación de encontrarse al corriente en el cumplimiento de sus obligaciones tributarias y frente a la Seguridad Social.

– Segunda (art. 655 TRLC 2022): Impugnación del auto de homologación del plan no aprobado por todas las clases de crédito.

En primer lugar, se establecen los mismos motivos de impugnación que los previstos en el art. 654 TRLC 2022, legitimando a los acreedores que no hayan votado a favor del plan, con independencia de que pertenezcan o no a una clase que haya aprobado dicho plan.

Además, el auto de homologación de un plan de reestructuración que no haya sido aprobado por todas las clases de créditos podrá ser impugnado por los titulares de créditos afectados que no hayan votado a favor del plan y pertenezcan a una clase que no lo haya aprobado también por los siguientes motivos:

1.º Que no haya sido aprobado por la clase o clases necesarias de conformidad con lo previsto en la sección 1ª de este capítulo.

2.º Que una clase de créditos vaya a mantener o recibir, de conformidad con el plan, derechos, acciones o participaciones, con un valor superior al importe de sus créditos.

3.º Que la clase a la que pertenezca el acreedor o los acreedores impugnantes vaya a recibir un trato menos favorable que cualquier otra clase del mismo rango.

4.º Que la clase a la que pertenezca el acreedor o acreedores impugnantes vaya a mantener o recibir derechos, acciones o participaciones con un valor inferior al importe de sus créditos si una clase de rango inferior o los socios van a recibir cualquier pago o conservar cualquier derecho, acción o participación en el deudor en virtud del plan de reestructuración. Por excepción a lo establecido en este ordinal 4.º del apartado anterior, se podrá confirmar la homologación del plan de reestructuración, aunque no se cumpla esa condición, cuando sea imprescindible para asegurar la viabilidad de la empresa y los créditos de los acreedores afectados no se vean perjudicados injustificadamente.

5.º En caso de que el plan afecte al crédito público, que el deudor haya incumplido la obligación de encontrarse al corriente en el cumplimiento de sus obligaciones tributarias y frente a la Seguridad Social.

– Tercera (art. 656 TRLC 2022): Impugnación del auto de homologación del plan no aprobado por los socios. Cuando los socios de la sociedad deudora no hayan aprobado el plan de reestructuración, podrán impugnar el auto de homologación por cualquiera de los siguientes motivos:

1.º Que el plan no cumpla los requisitos de contenido y de forma que se exigen en el capítulo IV de este título.

2.º Que no haya sido aprobado de conformidad con lo previsto en el capítulo IV de este título.

3.º Que el deudor no se encontrara en estado insolvencia actual o de insolvencia inminente.

4.º Que el plan no ofrezca una perspectiva razonable de evitar el concurso y asegurar la viabilidad de la empresa en el corto y medio plazo.

5.º Que una clase de acreedores afectados vaya a recibir, como consecuencia del cumplimiento del plan, derechos, acciones o participaciones, con un valor superior al importe de sus créditos.

En el caso de que la aprobación del plan requiera acuerdo de los socios y estos no lo hayan aprobado, sólo aquéllos que hayan votado en contra tendrán legitimación para impugnarlo.

– Cuarta (art. 657 TRLC 2022). Impugnación de la resolución de contratos.

Cuando en el auto de homologación del plan de reestructuración se hubiera acordado la resolución de un contrato con obligaciones recíprocas pendientes de cumplimiento, la parte afectada podrá impugnar esa resolución por cualquiera de los siguientes motivos:

1.º Que esa resolución del contrato no resulte necesaria para asegurar el buen fin de la reestructuración y prevenir el concurso.

2.º Que no sea adecuada la indemnización prevista en el plan por la resolución anticipada del contrato.

– Quinta (art. 670): impugnación u oposición de efecto limitado.

Además de los motivos establecidos en las cuatro impugnaciones anteriores, el art. 670 TRLC 2022 establece un nuevo motivo de impugnación u oposición de efecto limitado, cual es que cualquier acreedor afectado que no hubiera votado a favor del plan de reestructuración podrá impugnar u oponerse a la homologación del plan por cualquiera de los siguientes:

1.º Que no concurren las mayorías necesarias para proteger la financiación interina o la nueva financiación.

2.º Que la financiación interina, la nueva financiación o los actos, negocios y operaciones previstos para la ejecución del plan no cumplen los requisitos legales.

3.º Que la financiación interina, la nueva financiación o los actos, negocios y operaciones previstos para la ejecución del plan perjudican injustamente los intereses de los acreedores.

Cualquier acreedor no afectado por el plan de reestructuración podrá impugnar u oponerse a la homologación por los motivos a que se refiere el apartado anterior y, además, por el motivo de que el plan no resulte necesario para evitar el concurso y asegurar la viabilidad de la empresa en el corto y medio plazo.

VI.2. Tramitación de la impugnación del plan. Sentencia

La tramitación es sencilla, mediante un único incidente concursal, en el que se tramitará todas ellas (art. 658 TRLC 2022).

Al escrito de impugnación, que deberá tener la forma de demanda, se acompañará copia del auto de homologación.

La impugnación se interpondrá directamente ante la Audiencia Provincial, en la Sección que haya sido especializada en materia concursal, sin necesidad de comunicar nada al Juzgado que homologó el plan.

Si la impugnación hubiera sido formulada dentro de plazo, el letrado de la Administración de Justicia de la Audiencia Provincial acordará mediante decreto su admisión a trámite y lo comunicará al órgano jurisdiccional que hubiera dictado el auto impugnado a los efectos de que este remita las actuaciones a la Audiencia Provincial en el plazo de cinco días.

En caso de que la impugnación fuera extemporánea, el letrado de la Administración de Justicia dará cuenta a la Sala, que declarará mediante auto la inadmisión de la impugnación. Contra este auto podrá interponerse recurso de queja, que se tramitará conforme a lo establecido en la legislación procesal civil.

De las impugnaciones presentadas se dará traslado al deudor y a los acreedores adheridos al plan de reestructuración, para que puedan oponerse a la impugnación en un plazo de quince días.

La sentencia que resuelva la impugnación deberá ser dictada dentro de los treinta días siguientes a aquel en que hubiera finalizado la tramitación del incidente (art. 659 TRLC 2022); resolución a la que se dará la misma publicidad que el auto de homologación y sus efectos se producirán, sin posibilidad de suspensión o aplazamiento, el día siguiente al de su publicación en el Registro público concursal.

En cuanto a los efectos de la sentencia estimatoria de la impugnación (art. 661 TRLC 2022), ésta declarará la no extensión de los efectos del plan únicamente frente a quien hubiera instado la impugnación, subsistiendo los efectos de la homologación frente a los demás acreedores y socios. En este caso, si los efectos no se pueden revertir, el impugnante tendrá derecho a la indemnización de los daños y perjuicios por parte del deudor.

Como excepción a lo anteriormente previsto, cuando la estimación de la impugnación se haya basado en la falta de concurrencia de las mayorías necesarias o en la formación defectuosa de las clases, la sentencia declarará la ineficacia del plan.

La sentencia no perjudicará los derechos adquiridos por terceros de buena fe de acuerdo con la legislación hipotecaria.

En los casos de oposición o impugnación de efecto limitado a que se refiere el art. 670 TRLC 2022, la estimación de la impugnación o de la oposición tendrá como único efecto que, en caso de concurso de acreedores, la financiación interina, la nueva financiación y los actos, operaciones o negocios realizados en ejecución del plan quedarán sometidos a las normas sobre acciones concursales de rescisión contenidas en el libro primero y los créditos correspondientes serán clasificados conforme a lo establecido en ese libro.

La sentencia que resuelva la impugnación no será susceptible de recurso alguno.

VII. LA HOMOLOGACIÓN JUDICIAL DEL PLAN Y LA PROTECCIÓN DE LA NUEVA FINANCIACIÓN Y LA FINANCIACIÓN INTERINA FRENTE A LAS ACCIONES RESCISORIAS

Enlazando con el apartado anterior, que prevé una impugnación u oposición de efecto limitado en relación a la financiación interina o nueva financiación art. 670 TRLC 2022), los artículos 665 y 666 TRLC 2022 definen una y otra, así como la protección frente a las acciones rescisorias (art. 667 TRLC 2022), y prevención cuando ésta se concede por personas especialmente relacionadas con el deudor (art. 668 TRLC 2022).

Se considera *financiación interina* —art. 665 TRLC 2022— la concedida por quien no fuera acreedor o por acreedor preexistente si en el momento de la concesión fuera razonable y necesaria inmediatamente, bien para asegurar la continuidad total o parcial de la actividad empresarial o profesional del deudor durante las negociaciones con los acreedores hasta la homologación de ese plan, bien para preservar o mejorar el valor que tuvieran a la fecha de inicio de esas negociaciones el conjunto de la empresa o una o varias unidades productivas.

Y se considerará *nueva financiación* —art. 666 TRLC 2022— la concedida por quien no fuera acreedor o por acreedor preexistente que, estando prevista en el plan de reestructuración, resulte necesaria para el cumplimiento de ese plan.

En caso de concurso posterior —art. 667 TRLC 2022—, si los créditos afectados por un plan de reestructuración anterior que hubiera sido homologado representasen al menos el cincuenta y uno por ciento del pasivo total, no serán rescindibles, salvo prueba de que se realizaron en fraude de acreedores:

1.º Los actos u operaciones razonables y necesarios inmediatamente para el éxito de la negociación con los acreedores, siempre que se hubieran identificado expresamente como tales en el propio plan, y contemplarán, como mínimo, a su vez:

a) El pago de tasas y costes en relación con la negociación, la adopción o la confirmación de un plan de reestructuración

b) El pago de honorarios y costes de asesoramiento profesional en estrecha relación con la reestructuración;

c) El pago de los salarios de los trabajadores por trabajos ya realizados;

d) Cualquier otro pago y desembolso efectuados en el curso ordinario de la actividad empresarial o profesional del deudor.

2.° La financiación interina y la nueva financiación, incluida la concedida por personas especialmente relacionadas, de conformidad con lo previsto en el artículo 678 TRLC 2022.

3.° Los actos, operaciones o negocios que sean razonables e inmediatamente necesarios para la ejecución del plan.

En caso de concurso posterior, si los créditos afectados por un plan de reestructuración anterior que hubiera sido homologado representasen una proporción inferior a la prevista en el apartado 1, la financiación interina, la nueva financiación y los actos, operaciones o negocios mencionados en ese apartado, sí serán rescindibles conforme a lo establecido en el libro primero de esta ley, sin que sean de aplicación las presunciones relativas de perjuicio para la masa activa

Igualmente, en caso de concurso posterior, cuando la financiación interina o la nueva financiación hubieran sido concedidas por personas especialmente relacionadas con el deudor (art. 678 TRLC 2022), sólo gozarán de la protección prevista en el apartado 1 del artículo anterior si los créditos afectados, excluidos los créditos de que fueran titulares esas personas, representen más del sesenta por ciento del pasivo total. Si no concurriese esa mayoría, la financiación interina o la nueva financiación otorgadas por personas especialmente relacionadas con el deudor quedarán sometidas a las normas sobre acciones concursales de rescisión contenidas en el libro primero del TRLC 2022.

En el trámite de homologación, conforme dispone el art. 669 TRLC 2022, sí se establece un control judicial al respecto: el juez verificará que concurren los requisitos y las mayorías previstas en los artículos anteriores y que la nueva financiación no perjudica injustamente los intereses de los acreedores, como ya hemos visto anteriormente.

VIII. EL EXPERTO EN LA REESTRUCTURACIÓN: ESTATUTO JURÍDICO Y FUNCIONES

VIII.1. El estatuto jurídico del experto en la reestructuración: funciones, nombramiento y retribución

La figura del experto en la reestructuración es novedosa, y no vino específicamente exigida en la Directiva 2019/1023. Su configuración es compleja, pues aunque se torna en central en el proceso de reestructuración, una vez nombrado, puede no serlo, pues también habrá reestructuraciones en las que no se dará tal designación.

Ciertamente, se trata de una figura en continua contradicción con la del Administrador concursal, y se exige diferenciar sus funciones legalmente, aunque sus capacidades, en la práctica, sean las mismas; es más, la previa experiencia profesional como administrador concursal ayudará sin duda al desempeño de funciones de experto en la reestructuración, pues se trata de un ámbito profesional a desempeñar por los mismos profesionales, aunque ocupando roles distintos; y conforme se vaya asentando la actuación profesional de estos expertos, su experiencia profesional retroalimentará la de aquéllos que igualmente se dediquen, en otros concursos, a la administración concursal.

Se definen legalmente sus funciones en el art. 679 TRLC 2022, se identifican con las siguientes:

– Asistencia al deudor y a los acreedores en las negociaciones y en la elaboración del plan de reestructuración,

– Elaboración y presentación al juez los informes exigidos por esta ley y aquellos otros que el juez considere necesarios o convenientes.

Ciertamente, estas funciones seguramente que se verán ampliadas en su contenido en la práctica profesional, por la gran tarea que supone acometer una reestructuración.

De lo que sí se ocupa la nueva ley es de definir en profundidad la figura, pero por la vía de su caracterización, que viene determinada —y se infiere— de las distintas y concretas circunstancias de su nombramiento, de su retribución, de su condición subjetiva, de sus deberes y del régimen de su responsabilidad. Veamos a continuación todas ellas.

– En cuanto a su nombramiento, hay que distinguir entre el nombramiento obligatorio del art. 672 TRLC 2022, y el supuesto especial de nombramiento del art. 673 TRLC 2022.

Será obligatorio el nombramiento en los siguientes casos

1.º Cuando lo solicite el deudor.

2.º Cuando lo soliciten acreedores que representen más del cincuenta por ciento del pasivo que, en el momento de la solicitud, pudiera quedar afectado por el plan de reestructuración. En la solicitud, los acreedores, o algunos de ellos, deberán asumir expresamente la obligación de satisfacer la retribución del experto. La asunción de la obligación de pago quedará sin efecto si en el plan de reestructuración homologado por el juez se previera expresamente que la retribución del experto fuera a cargo del deudor.

3.º Cuando, solicitada por el deudor la suspensión general de ejecuciones singulares o la prórroga de esa suspensión, el juez considerase, y así lo razonara, que el nombramiento es necesario para salvaguardar el interés de los posibles afectados por la suspensión.

4.º Cuando el deudor o cualquier legitimado solicite la homologación judicial de un plan de reestructuración cuyos efectos se extiendan a una clase de acreedores o a los socios que no hubieran votado a favor del plan.

En estos supuestos de nombramiento obligatorio, a la solicitud de nombramiento de experto deberá acompañarse: 1.º Un escrito razonando que el experto reúne las condiciones establecidas en esta ley para el ejercicio del cargo. 2.º La aceptación de su nombramiento por el experto para el caso de ser designado, así como la aceptación del importe y los plazos de devengo de la retribución que se hubiese pactado. 3.º Copia de la póliza de seguro de responsabilidad civil o garantía equivalente que tuviera vigente para responder de posibles daños que el experto pudiera causar en el ejercicio de las funciones propias del cargo.

El nombramiento del experto se realizará por el juez mediante auto, que dictará a la mayor brevedad posible y, en todo caso, dentro del plazo de dos días a contar desde la solicitud. La designación del experto y su identidad se harán constar en el Registro público concursal.

En el caso de comunicación conjunta o de planes conjuntos de reestructuración, se podrá designar el mismo experto para todos los deudores afectados.

– El supuesto especial de nombramiento se da, conforme viene determinado en el art. 673 TRLC 2022, si no hubiera sido nombrado experto en la reestructuración, cuando lo soliciten los acreedores que representen, al menos, el treinta y cinco por ciento del pasivo que, en el momento de la solicitud, pudiera quedar afectado por el plan de reestructuración, y razonando en la solicitud las circunstancias concurrentes en el caso para que sea necesario ese nombramiento.

En la solicitud, que deberá acompañarse de los documentos referidos en el artículo 672 TRLC 2022, los acreedores solicitantes o algunos de ellos deberán asumir expresamente la obligación de satisfacer la retribución del experto. La asunción de la obligación de pago quedará sin efecto si en el plan de reestructuración homologado por el juez se previera expresamente que la retribución del experto fuera a cargo del deudor.

El juez dará traslado al deudor de la solicitud de los acreedores por plazo de dos días, quien podrá oponerse al nombramiento razonando que no es necesario o que no reúne las condiciones para el ejercicio del cargo. Igualmente, podrán solicitar el nombramiento de un experto distinto, en cuyo caso deberá asumir expresamente la obligación de satisfacer la retribución del que proponga.

El juez, mediante auto, determinará si, atendiendo a las circunstancias del caso, procede o no el nombramiento solicitado y, en caso afirmativo, procederá al nombramiento del experto propuesto por los acreedores.

Conforme igualmente remarca —ya innecesariamente— el art. 676 TRLC 2022, El nombramiento de experto deberá ser realizado por el juez y recaerá en la persona que, reuniendo las condiciones establecidas en esta ley, hubieran propuesto el deudor o los acreedores que hubieran formulado la solicitud.

Si el juez considerase, y así lo razonara, que el propuesto no reúne las condiciones establecidas en esta ley para el ejercicio de las funciones propias del cargo, solicitará a quien lo hubiera propuesto que, en el plazo de dos días, presente terna de posibles expertos de entre los que efectuará el nombramiento, siempre que reúnan esas condiciones.

En los casos en los que el nombramiento recaiga en alguno de los que figuren en la terna, el nombramiento del experto será comunicado por el juzgado al designado por el medio más rápido.

Dentro de los dos días siguientes a la recepción de la comunicación, el experto deberá comparecer ante el juzgado para aceptar o rechazar el cargo, con copia del documento en el que conste la retribución pactada y de la póliza de seguro de responsabilidad civil o garantía equivalente que tuviere vigente para responder de posibles daños que pudiera causar en el ejercicio de las funciones propias del cargo.

La aceptación es voluntaria. Si el nombrado no aceptara o no compareciera, el juez procederá de inmediato a nuevo nombramiento, sin que esta circunstancia tenga consecuencia alguna para el experto inicialmente designado.

El nombramiento puede ser impugnado —art. 677 TRLC 2022— si el experto no reúne las condiciones establecidas legalmente, o si incurre en alguna incompatibilidad o prohibición, o de quien no tenga cobertura o garantía adecuada. El nombramiento podrá ser impugnado en cualquier momento por quien acredite interés legítimo, tramitándose la impugnación se tramitará por los cauces del incidente concursal.

Y el experto nombrado a solicitud del deudor, o, en su caso, por una minoría de acreedores, puede ser sustituido —art. 678 TRLC 2022, a petición de los acreedores que representen más del cincuenta por ciento (50%) del pasivo que, en el momento de la solicitud, pudiera quedar afectado por el plan de reestructuración, sin necesidad de expresar causa legitimadora de la sustitución en la petición que se haga. La norma únicamente exige acompañar a la solicitud de los documentos exigidos en este título y del compromiso expreso de los acreedores, o de algunos de ellos, de satisfacer la retribución del experto. La asunción de la obligación de pago quedará sin efecto si, en el plan de reestructuración homologado por el juez, se previera expresamente que la retribución del experto sustituto fuera a cargo del deudor. El juez acordará la sustitución mediante auto, que podrá impugnarse por los motivos y por el cauce previsto en el artículo anterior.

VIII.2. Condiciones subjetivas del experto en la reestructuración

Como hemos visto anteriormente, la figura del experto viene configurada por su nombramiento y por su retribución, y no tanto por sus condiciones subjetivas —art. 674 TRLC 2022— sobre las que la norma no es en modo alguno tan procelosa. Afortunadamente, el tenor final de la norma es tan exigente al respecto de la configuración de la cualificación académica o del perfil profesional como el exigido para la Administración concursal y la auditoría de cuentas.

Y ello por cuanto que en el antecitado precepto se establece que el nombramiento de experto deberá recaer en la persona natural o jurídica, española o extranjera, que tenga los conocimientos especializados, jurídicos, financieros y empresariales, así como experiencia en materia de reestructuraciones o que acredite cumplir los requisitos para ser administrador concursal conforme a esta ley.

Además, cuando la reestructuración que se pretende conseguir tuviera particularidades, bien por el sector en el que opera el deudor, bien por las dimensiones o la complejidad del activo o del pasivo, bien por la existencia de elementos transfronterizos, estas particularidades deberán ser tenidas en cuenta para el nombramiento del experto. Es decir, se exige su nombramiento motivado en atención a su perfil profesional, experiencia internacional y habilidades, así como conocimiento de idiomas.

De las incompatibilidades y prohibiciones se ocupa el art. 675 TRLC 2022, determinando que no podrán ser propuestos ni nombrados expertos en la reestructuración y, en caso de ser nombrados, no podrán aceptar las siguientes personas:

1.º Quienes hayan prestado servicios profesionales relacionados con la reestructuración al deudor o a personas especialmente relacionadas con ésta en los últimos dos años, salvo que se prestaran como consecuencia de haber sido nombrado experto en una reestructuración previa.

2.º Quienes se encuentren en alguna de las situaciones de incompatibilidad previstas en la legislación en materia de auditoría de cuentas en relación con el deudor o las personas especialmente relacionadas con este.

A la inversa, el art. 62.4 TRLC 2022 establece como causa de imposibilidad de nombramiento como Administrador concursal, quien, en la negociación de un plan de reestructuración hubiera sido nombrado experto en la reestructuración.

VIII.3. Deberes y responsabilidad del experto en la reestructuración

La ley —art. 680 TRLC 2022— define la actuación del experto en la reestructuración mediante la exigencia del deber de diligencia en su actuación, propia de un profesional especializado en reestructuraciones, a desempeñar con independencia e imparcialidad tanto respecto del deudor como de los acreedores.

Tales exigencias son propias de todo administrador concursal, por lo que en este ámbito las figuras se aproximan mucho.

Como cierre de su configuración legal, el art. 681 TRLC 2022 establece su responsabilidad civil, determinando que el experto responderá por los daños y perjuicios causados al deudor o a los acreedores por infracción de los deberes de diligencia, independencia e imparcialidad; exigiéndosele igualmente la suscripción de un seguro de responsabilidad civil o garantía equivalente proporcional a la naturaleza y alcance del riesgo cubierto por cuya virtud el asegurador o entidad de crédito se obligue dentro de los límites pactados, a cubrir el riesgo del nacimiento a cargo del propio experto asegurado de la obligación de indemnizar por los daños y perjuicios causados en el ejercicio de su función. Cuando el experto sea una persona jurídica recaerá sobre ésta la exigencia de suscripción del seguro de responsabilidad civil o garantía equivalente.

La acción de responsabilidad se tramitará por los cauces del incidente concursal.

IX. EL INCUMPLIMIENTO DEL PLAN Y EL CONCURSO DE ACREEDORES POSTERIOR

La nueva ley únicamente dedica un precepto al incumplimiento del plan de reestructuración, el art. 671 TRLC 2022, que establece el siguiente escenario posible:

1. Una vez homologado, no se podrá pedir la resolución del plan de reestructuración por incumplimiento, ni la desaparición de los efectos extintivos o novatorios de los créditos afectados, salvo que el propio plan previese otra cosa.

De esta disposición se deduce que la mayoría de los planes de reestructuración, en la práctica, contendrán esa disposición que permita la resolución por incumplimiento.

2. No obstante, los acreedores de derecho público afectados por el plan de reestructuración podrán, en todo caso, instar la resolución de dicho plan en cuanto a los créditos de derecho público, en caso de incumplimiento.

Esta posibilidad resolutoria constituye un auténtico privilegio de los acreedores públicos, que ni siquiera tendrán que exigir que se incluyan cláusulas que permitan la resolución por incumplimiento.

3. El plan de reestructuración se entenderá incumplido tanto por el impago de cualquiera de los plazos de amortización de la deuda por créditos de derecho público en las condiciones previstas en el artículo 616 bis, como por la generación de deuda por cuota corriente tributaria y de seguridad social durante la vigencia del mismo.

Observamos que esta presunción *iuris tantum* constituye un nuevo privilegio del acreedor público, en clara consonancia con la definición del marco normativo de los créditos de Derecho público derivados del art. 616 bis TRLC 2022.

4. Si el incumplimiento del plan tuviera como causa la insolvencia, cualquier persona legitimada podrá solicitar la declaración de concurso.

Los planes de reestructuración no son ningún puerto seguro frente a la declaración de concurso, que podrá instar todo acreedor mediante concurso necesario.

2. SUPUESTOS PROBLEMÁTICOS EN LA VENTA DE UNIDAD PRODUCTIVA

JUAN CARLOS PICAZO MENÉNDEZ
Magistrado-Juez de lo Mercantil núm. 7 de Madrid
Especialista en los asuntos propios de los órganos de lo mercantil

SUMARIO: I. INTRODUCCIÓN. II. EXISTENCIA DE ACREEDORES LLAMADOS A SER PRIVILEGIADOS EN LA SOLICITUD INICIAL DE CONCURSO CON PROPUESTA DE VENTA DE UNIDAD PRODUCTIVA. III. PROCESO ESPECIAL DE MICROEMPRESA: SOLICITUD INICIAL CON VENTA DE UNIDAD PRODUCTIVA Y SIN DESIGNACIÓN DE ADMINISTRACIÓN CONCURSAL. IV. ASUNCIÓN POR EL ADQUIRENTE DE UNA UNIDAD PRODUCTIVA DE CRÉDITOS MASA COMO PARTE DEL PRECIO.

I. INTRODUCCIÓN

La temprana reforma del Texto Refundido de la Ley Concursal (TRLC) por la Ley 16/2022, de 5 de septiembre ha supuesto la introducción de la figura llamada a ser la reina de la insolvencia, la reestructuración, y la resucitación (parcialmente revivida ya en el año 2020) de otra clásica, como es la venta de la unidad productiva (VUP). Además, hemos de contar, como veremos, con la figura completamente novedosa de la microempresa y su procedimiento especial.

Respecto de la venta de unidad productiva, es cierto que era una figura ya regulada en la Ley Concursal. Pero las dudas sobre la competencia para determinar la existencia de la sucesión de empresa, la delimitación del perímetro de la unidad productiva y la asunción por el adquirente de todo el pasivo laboral y de seguridad social, mataron *de facto* la figura haciendo de las ventas de unidad productiva una *rara avis* en el ecosistema de la insolvencia.

La nueva regulación de septiembre de 2022, con la atribución expresa de la competencia al Juez del Concurso para *declarar la existencia de sucesión de empresa, así como para delimitar los activos, pasivos y relaciones laborales que la componen* (artículo 221.2 TRLC) y la concreción de que el adquirente de la unidad productiva sólo se subrogará en *los créditos laborales y de seguridad social correspondientes a los trabajadores de esa unidad productiva en cuyos contratos quede subrogado el adquirente* (artículo 224.1, 3º TRLC) ha supuesto una reactivación de la venta de unidades productivas (numerosas en comparación con el número de concursos de persona jurídica existentes, máxime si sólo computamos los que tienen algo de masa activa).

En efecto, después de incorporar la previsión general sobre la existencia de sucesión de empresa cuando tenga lugar la transmisión de unidades productivas de la concursada, el Texto Refundido regula, en el artículo 224, los efectos que produce la transmisión de una unidad productiva sobre los créditos pendientes de pago: en este último precepto se parte de la regla general consistente en que no llevará aparejada obligación de pago de los créditos no satisfechos por el concursado antes de la transmisión, ya sean concursales o contra la masa. A continuación, se establecen tres excepciones, en las que se incluye el número 3º, que impone la subrogación del adquirente de la unidad productiva respecto de las obligaciones laborales y de seguridad social contraídas por la concursada.

En conclusión: corresponde el juez del concurso determinar si existe sucesión de empresa. Si procede, es decir, si con la unidad productiva se ceden contratos laborales, se considerará, a los efectos laborales y de seguridad social, que hay sucesión de empresa, en los términos establecidos en el artículo 44 ET. Por tanto, el adquirente de una unidad productiva habrá de asumir únicamente la deuda laboral y de seguridad social que hubiese contraído el concursado y que se refiera a los trabajadores de esa unidad productiva en cuyos contratos quede subrogado, no en la totalidad de estos, concretamente, en los que no hayan sido objeto de cesión.

Pero dicha reactivación, en relación con la nueva regulación, ha traído algún problema de encaje entre la regulación específica de la venta de unidad productiva y el régimen legal de los procedimientos de insolvencia. La solución, al menos en instancia, se ha ido adecuando a cada uno de los procesos, dictándose autos que intentan dar una respuesta a los problemas planteados. Respuesta que, ni es definitiva, pues está sujeta a mejoras y/o cambios de adaptación al caso concreto, ni tiene porqué ser la más acertada, estando sujeta a los recursos que se pudieran plantear o a la plasmación de soluciones más adecuadas al marco legal de insolvencia.

II. EXISTENCIA DE ACREEDORES LLAMADOS A SER PRIVILEGIADOS EN LA SOLICITUD INICIAL DE CONCURSO CON PROPUESTA DE VENTA DE UNIDAD PRODUCTIVA

En el Auto 5 de mayo de 2023 del Juzgado Mercantil núm. 7 de Madrid, se analizó el supuesto de una solicitud inicial de concurso con propuesta de venta de unidad productiva al amparo del artículo 224 bis TRLC. La característica de dicho asunto fue la existencia, dentro del perímetro de la unidad productiva, de créditos llamados a ser privilegiados (hipotecas mobiliarias constituidas sobre marcas, es decir, derechos de propiedad industrial inscritos en la Oficina Española de Patentes y Marcas). A partir de dicho supuesto planteado, surgieron dudas sobre el engarce entre la regulación de la propuesta anticipada de venta de unidad productiva del artículo 224 bis TRLC y la regulación de la venta de unidad productiva comprensiva de bienes y derechos afectos a créditos con privilegio especial (artículo 214 TRLC).

Pues bien, en primer lugar, se han de tener en cuenta los principios que informan la venta de activos en sede concursal: la actuación en interés del concurso, que comprende la salvaguarda y ponderación de los distintos derechos de los distintos acreedores (en un caso de venta de unidad productiva como el que nos ocupa, tienen especial relevancia los derechos de crédito privilegiado y los laborales), además de la venta en conjunto de los establecimientos, explotaciones y cualesquiera otras unidades productivas de bienes o de servicios de la masa activa, conforme a lo establecido en los artículos 421 y 422 TRLC. Ello nos lleva a sopesar e interpretar la norma con la vista puesta en ambos principios informadores del sistema concursal, máxime en un supuesto como el que nos ocupa donde la ley guarda silencio sobre el procedimiento a seguir.

Dice el artículo 214 TRLC que *1. En todo caso, si los bienes y derechos de la masa activa afectos a créditos con privilegio especial estuviesen incluidos en los establecimientos, explotaciones o cualesquiera otras unidades productivas que se enajenen en conjunto se aplicarán las siguientes reglas:*

1.ª Si se transmitiesen sin subsistencia de la garantía, corresponderá a los acreedores privilegiados la parte proporcional del precio obtenido equivalente al valor que el bien o derecho sobre el que se ha constituido la garantía suponga respecto al valor global de la unidad productiva transmitida.

Si el precio a percibir no alcanzase el valor de la garantía será necesaria la conformidad a la transmisión por los acreedores con privilegio especial que tengan derecho de ejecución separada, siempre que representen, al menos, el setenta y cinco por ciento de la clase del pasivo privilegiado especial, afectado por la transmisión. La parte del crédito garantizado que no quedase satisfecha será reconocida en el concurso con la clasificación que corresponda.

Si el precio a percibir fuese igual o superior al valor de la garantía, no será preciso el consentimiento de los acreedores privilegiados afectados.

2.ª Si se transmitiesen con subsistencia de la garantía, subrogándose el adquirente en la obligación de pago a cargo de la masa activa, no será necesario el consentimiento del acreedor privilegiado, quedando el crédito excluido de la masa pasiva. El juez velará por que el adquirente tenga la solvencia económica y los medios necesarios para asumir la obligación que se transmite.

3.ª Cuando se trate de créditos tributarios y de seguridad social, no tendrá lugar la subrogación del adquirente a pesar de que subsista la garantía.

Se ha de tener en cuenta que en el caso analizado no fue objeto de discusión ni la existencia de acreedores privilegiados afectados por el perímetro de la unidad productiva, ni la existencia de un eventual derecho de ejecución separada. Ni siquiera se discutió el porcentaje de participación de los acreedores privilegiados financieros (como clase del pasivo privilegiado especial) a fin de conformar la mayoría del 75% favorable la transmisión sin subsistencia de la garantía si el precio a percibir no alcanzase el valor de la garantía.

Así pues, la única cuestión a determinar en dicho supuesto fue saber si era necesario el consentimiento de los privilegiados o no (derecho de veto) partiendo de la valoración del privilegio. Y, precisamente, fue la valoración del privilegio el objeto de discusión en aquella litis.

Por un lado, se ha de tener en cuenta que la dificultad en la tramitación de la autorización de venta al inicio del proceso concursal procedía de la ausencia de un trámite específico en la solicitud con oferta inicial de venta de unidad productiva con privilegiados afectados.

En el caso de venta de unidad productiva durante la tramitación del concurso, el artículo 214 TRLC, arriba transcrito, presupone la existencia del informe de la Administración Concursal (AC) del artículo 290 TRLC, comprensivo, en su caso, de los créditos privilegiados especiales, teniendo en cuenta que *el privilegio especial estará limitado al valor razonable del bien o derecho sobre el que se hubiera constituido la garantía, con las deducciones establecidas en esta ley* (artículo 272.1 TRLC), es decir, que se habrá realizado por la AC la labor de determinar el valor razonable conforme a los artículos 273 y ss. TRLC.

Pero en el caso de propuesta anticipada de venta de unidad productiva, antes de la terminación de la fase común, o en caso de solicitud de concurso con oferta de venta de unidad productiva, no contamos con dicho informe, es decir, con la valoración razonable del bien o derecho sobre el que recae la garantía (a la postre, el valor de ésta). Ello supuso un primer escollo que fue sustituido por el requerimiento al concursado y a los acreedores personados para que hicieran alegaciones y valoraran las garantías afectadas. La propia AC hizo suya la valoración realizada por la concursada, sin que por parte de los acreedores llamados a ser privilegiados se presentara una valoración alternativa a la presentada por la deudora. Conforme a la misma, el valor del privilegio era inferior a la cantidad ofertada en metálico, por lo que, conforme al artículo 214.1, 1ª TRLC no fue necesario el consentimiento expreso de los acreedores afectados por el perímetro de la unidad productiva.

Por otro lado, no se discutía si el criterio aplicable al caso, es decir, la valoración de la garantía a fin de determinar la necesidad o no del consentimiento del privilegiado, era el criterio del "precio garantizado al constituir la garantía" o el del "valor de la garantía como valor razonable", ya que directamente discutían la cuantía de este último, por lo que se podría haber decidido sin más argumentación.

Efectivamente, la distinción no era baladí: es cierto que en el artículo 210 TRLC, sobre realización directa de bienes afectos, la Ley hace referencia al precio relacionándolo con el *mínimo que se hubiese pactado al constituir la garantía* (identificando la jurisprudencia dicho mínimo con la previsión del artículo 682.2, 1º LEC referido al precio en que los interesados tasan la finca o bien hipotecado para que sirva de tipo en la subasta, y que se debe fijar en la escritura de constitución de la hipoteca). Sin embargo, en el artículo 214 TRLC, el precio se relaciona, en varios puntos de su texto, con el valor de la garantía. Por tanto, como ya hemos dicho, la valoración de la garantía, como determinación del valor razonable, le corresponde a la AC conforme a los artículos 198 TRLC en relación con el 201 del mismo Cuerpo Legal, teniendo en cuenta los artículos 273 y ss. TRLC. En caso de un concurso sin el informe de la AC comprensivo de un inventario y lista de acreedores, consideramos que era admisible que la AC, conforme consta en el informe de evaluación de la oferta de venta de la unidad productiva, hiciera suya la valoración propuesta por la concursada y por la ofertante (o incluso, por los acreedores, si se hubiera dado el caso, o una propia conforme a lo establecido en la Ley).

Se puede reprochar a dicho argumento, el del "valor razonable", que el Texto Refundido viene a aclarar cuál es el alcance de lo dispuesto en el artículo 272 TRLC, es decir, de la limitación del privilegio especial al valor razonable del bien o derecho sobre el que se hubiera constituido la garantía. Y que dicho ámbito de aplicación se circunscribe a los efectos del convenio, acuerdos de refinanciación y acuerdos extrajudiciales de pago, sin que pueda extenderse a nada más. Eso es cierto, pero se ha de recordar que en el caso del artículo 214 TRLC el derecho de veto del acreedor privilegiado, en el caso de ser varios, no se requiere el consentimiento de cada uno de ellos, sino el voto conjunto de una mayoría, con un eventual efecto arrastre de la minoría. Y dicha agrupación de acreedores en un solo criterio de voto con mayoría y arrastre de la minoría es propio del voto en las reestructuraciones y en el convenio. Por lo que la aplicación de las normas de determinación del valor razonable a la conformación del "valor de la garantía" del artículo 214 TRLC (concepto distinto al de "precio mínimo que se hubiere pactado") no es algo extraño. Máxime, como se ha dicho, cuando los privilegiados no han discutido tal cuestión, sino sólo la propia concreción de dicho valor razonable.

Finalmente, se ha de tener en cuenta que en el caso de existencia de privilegiados afectos al perímetro de la unidad productiva, el concepto de "precio" en caso de venta de una unidad productiva, más allá de posiciones doctrinales sobre lo que se debe considerar "precio" a tener en cuenta en el caso de que se tuvieran que valorar distintas ofertas concurrentes, es ciertamente ya que, conforme al artículo 430.1 TRLC *el pago de los créditos con privilegio especial se hará con cargo a los bienes y derechos afectos, ya sean objeto de ejecución separada o colectiva*, añadiendo el párrafo 3° que *el importe obtenido por la realización de los bienes o derechos afectos se destinará al pago del acreedor privilegiado en can-*

tidad que no exceda de la deuda originaria. El resto, si lo hubiere, corresponderá a la masa activa. Si no se consiguiese la completa satisfacción del crédito, la parte no satisfecha será tratada en el concurso con la clasificación que le corresponda. Ello es así porque como dice el artículo 214.11ª, párrafo primero, TRLC, si se transmitiesen sin subsistencia de la garantía, corresponderá a los acreedores privilegiados la parte proporcional del precio obtenido equivalente al valor que el bien o derecho sobre el que se ha constituido la garantía suponga respecto al valor global de la unidad productiva transmitida. Sin perjuicio de que se pueda adoptar una posición restrictiva (precio es igual al dinero en efectivo que entra en el concurso), moderada (dinero en efectivo y cantidades por créditos en los que se subrogue el adquirente por disposición legal) o amplia (dinero en efectivo y cualquier deuda o pago en la que se subrogue el adquirente o asuma el pago), la determinación del precio en el presente caso pudiera tener una trascendencia más allá de la autorización de venta.

Es por ello que, a los solos efectos de pago al privilegiado, no puede considerarse precio conceptos distintos al mero efectivo; de este modo, no sería precio, las cuantías relativas a la dotación de la caja operativa mínima en concepto de fondeo necesario para el funcionamiento de unidad productiva; tampoco los pasivos laborales asumidos por la adquirente, u otros pasivos existentes dentro del perímetro de la unidad productiva.

III. PROCESO ESPECIAL DE MICROEMPRESA: SOLICITUD INICIAL CON VENTA DE UNIDAD PRODUCTIVA Y SIN DESIGNACIÓN DE ADMINISTRACIÓN CONCURSAL

En caso de solicitud inicial de proceso de microempresa, con venta de unidad productiva y sin designación de Administración Concursal, surge un problema de relación internormativa entre el artículo 710.2 TRLC y el artículo 224 bis TRLC, que fue resuelto por el Auto del Juzgado Mercantil núm. 7 de Madrid de 5 de mayo de 2023.

El problema es que la solicitud inicial se realizó sin designación de Administración Concursal. Sin embargo, tenemos que la remisión del artículo 710.2 TRLC al 224 bis TRLC implica la necesidad de un informe de valoración de la propuesta o propuestas formuladas atendiendo al interés del concurso, además de informar sobre los efectos que pudiera tener en las masas activa y pasiva la resolución de los contratos que resultare de cada una de las propuestas.

Ello supuso, como solución a la aparente contradicción normativa, el necesario nombramiento, o bien de un AC o, al menos, de un experto para la valoración de la empresa o establecimientos mercantiles, conforme al artículo 714 TRLC. Cierto es que el nombramiento de uno u otro es facultativo del deudor y/o de los acreedores. Además del necesario informe del artículo 224 bis TRLC expuesto, la Disposición adicional segunda de la Ley 16/22, de 5 de septiembre señala que *6. Si surgiera la posibilidad de transmisión de la empresa o de sus unidades productivas en un momento posterior a la elaboración del plan de liquidación, se realizará una valoración por el administrador concursal, si ha sido nombrado uno. En caso contrario, se deberá solicitar el nombramiento de un experto para la valoración*. Es decir, que ya el legislador prevé expresamente, en algún caso, el nombramiento de experto para la valoración.

De este modo, sin perjuicio de la admisión a trámite de la solicitud de apertura del procedimiento especial como procedimiento de liquidación, y en el caso estudiado, se requirió al deudor para que solicitara, o bien un administrador concursal o bien un experto para la valoración de la empresa en los términos previstos en el artículo 714 TRLC, a fin de que emitiese informe de valoración de la propuesta o propuestas formuladas atendiendo al interés del concurso, además de informar sobre los efectos que pudiera tener en las masas activa y pasiva la resolución de los contratos que resultare de cada una de las propuestas. La solicitud debería producirse en cualquier momento de la tramitación del proceso de microempresas, si bien hasta que se verificara, no sería iniciada la tramitación de la autorización de la venta de unidad productiva en los términos solicitados, sin perjuicio de la continuación del proceso en los términos establecidos en los artículos 706 y ss TRLC y del deber de ejecución de las operaciones de liquidación del artículo 708 TRLC.

Es decir, aunque en el procedimiento de microempresa el nombramiento de AC es facultativo, sí que se impone como necesario su nombramiento, o el de un experto valorador, a los meros efectos de informar sobre la venta de la unidad productiva.

IV. ASUNCIÓN POR EL ADQUIRENTE DE UNA UNIDAD PRODUCTIVA DE CRÉDITOS MASA COMO PARTE DEL PRECIO

Otro de los supuestos planteados *ex novo* y que fue resuelto por Auto del Juzgado Mercantil núm. 7 de Madrid de 28 de abril de 2024, fue la propuesta de "asunción de créditos masa" como parte del precio en la venta de una unidad productiva. Es decir, como parte de pasivos asumidos dentro del perímetro de la unidad productiva, estaba el pago de determinados créditos masa. Sin embargo, la solución dada fue que no debía considerarse dicha propuesta como una asunción de pasivo, sino como un dinero en efectivo que entraría en el concurso y que sería destinado al pago de créditos masa por la propia AC conforme al criterio legal aplicable (con suficiencia de masa o en un escenario de insuficiencia, según proceda) en la prelación que corresponda, conforme a los artículos 244, 245 y 250 TRLC.

Ello es así porque consideramos que no debe trasladarse la responsabilidad de pago de los créditos masa, por subrogación, de la AC a un tercero (en este caso, adquirente de la UPA). Ello se deduce, además de los artículos referidos, del artículo 429 TRLC cuando dice que *antes de proceder al pago de los créditos concursales, la administración concursal deducirá de la masa activa los bienes y derechos necesarios para satisfacer los créditos contra ésta.* Dejar al albur de un tercero el pago de créditos masa supondría un riesgo de postergación en el pago de estos créditos con infracción de lo dispuesto en el artículo 245 TRLC, respecto de otros créditos masa en situación de suficiencia de masa o, incluso, de créditos concursales, si el nuevo deudor no pudiera hacer frente a su pago; o, en caso de insuficiencia, beneficiar a determinados créditos masa frente a los llamados a ser imprescindibles para la liquidación de la masa activa.

Por todo ello, consideramos más prudente que, dado que los créditos masa no derivan de contratos transmitidos con la unidad productiva, sino que, por ministerio de la ley, son consecuencia de la declaración de concurso, se procediera por parte del adquirente a ingresar en la cuenta intervenida del concurso la cantidad ofertada correspondiente a estos créditos y que fuera la AC la que procediera, en su caso, al pago con sujeción a los criterios legales que regulan el mismo.

Ello no supuso, bajo nuestro criterio, ni una alteración del precio de la venta, ni perjuicio alguno para la adquirente, cambiando únicamente la forma de pago, pasando de una subrogación en el pago por asunción de pasivo, a un pago en metálico.

3. LA LIQUIDACIÓN DE CRÉDITOS DEL DEUDOR FRENTE A TERCEROS DENTRO DEL PROCEDIMIENTO ESPECIAL PARA MICROEMPRESAS

EDUARDO AZNAR GINER
Abogado. Administrador concursal
Experto en reestructuraciones
Director de AZNAR & MONDEJAR ABOGADOS
Socio de AZPAL ADMINISTRADORES CONCURSALES

I. INTRODUCCIÓN

La Ley 16/2022, de 5 de septiembre, (LRTRLC, en adelante), formuló una radical y ambiciosa reforma del Real Decreto Legislativo 1/2020 de 5 de mayo, aprobatorio del Texto Refundido de la Ley Concursal (TRLC, en adelante), e introdujo un cambio de paradigma en el ámbito de la insolvencia, y una firme y decidida apuesta por la preconcursalidad, y consiguiente deprecio de lo concursal, como manera de afrontar la insolvencia de las empresas.

A los efectos que nos ocupa, la referida norma introdujo, a través de su libro III y en nuestro ordenamiento jurídico de la insolvencia, una figura novedosa, el procedimiento especial para microempresas, pensada y diseñada para un empresario ínfimo en cuanto a su actividad, medios y patrimonio, nominado microempresario, y tendente bien a su continuidad o liquidación, todo ello de forma simple, ágil, con extremo ahorro de tramites, tiempos e intervinientes en el proceso microempresario, fundamentado en un procedimiento de insolvencia impulsado por el propio deudor a base de formularios normalizados y centralizando la liquidación de su patrimonio a través de una grandilocuente plataforma electrónica de liquidación.

Todo ello fue diseñado con una absoluta ignorancia de la realidad de la insolvencia, esto es, de forma más teórica que practica, casi ingenua e infantil, desconociendo, además, la idiosincrasia del empresariado patrio, y de manera ajena a éste. El estropicio se acabó de "arreglar", dicho con sarcasmo, tras una tramitación de la norma tumultuosa, lamentable e infame.

Aquí no me resisto a traer uno de mis parajes preferidos de "La caída de la casa Usher", bellísima novela del ilustre literato Edgar Allan Poe y que dice "no sé cómo fue, pero, a la primera mirada que eché al edificio, un sentimiento de insoportable tristeza invadió mi espíritu". En marcha ya el edificio del procedimiento especial para microempresas, cualquier mirada que se efectúa al mismo, por más que se halle teñida de bondad y comprensión, no deja de producir tristeza, ante el lamentable y ruinoso espectáculo que ofrece, con una sistema de formularios normalizados absolutamente desastroso, y fallón hasta la sociedad, lento y relantizador del procedimiento, incluso de su mero inicio, del que todos los operadores jurídicos huyen y reniegan; donde brilla por su ausencia cualquier pretensión de continuidad de la empresa en favor de su liquidación, y con unos deudores que están utilizando el procedimiento para escaquearse de sus acreedores y responsabilidades. Y con una plataforma electrónica de liquidación que ha resultado ser un absoluto fiasco, y que obliga a acudir a los que saben de liquidaciones de activos: las empresas y plataformas especializadas en ello.

Por otro lado, quizás los tradicionales olvidados en las liquidaciones concursales suelen ser los créditos de la masa activa, siempre de imposible o difícil cobro, bien por desidia de la administración concursal, las circunstancias del crédito o del deudor, o los obstáculos de todo tipo puestos por este a efectos de impedir el cobro o su recuperación. Todo ello, en el mejor de los casos, dilatando la liquidación con interminables procedimientos judiciales o arbitrales.

Aquí voy a tratar de las operaciones de liquidación de los créditos frente a terceros de la masa activa en el procedimental especial de microempresas.

II. EL ART. 711.1 TRLC. SU UBICACIÓN Y FINALIDAD

Principiemos nuestro análisis transcribiendo el art. 711 TRLC, según el cual:

> "1. Salvo que los créditos se transmitan como parte de la empresa en funcionamiento, el deudor o el administrador concursal del procedimiento especial dispondrán de un plazo máximo de tres meses desde la apertura de la liquidación para obtener el pago de los créditos frente a terceros existentes en la masa activa. En su caso, este plazo se extenderá hasta la finalización de la calificación.
>
> 2. En cualquier momento, cuando esté debidamente justificado y siempre dentro de los tres meses siguientes a la apertura del procedimiento especial, el deudor o el administrador concursal deberán liquidar los créditos frente a terceros de la masa activa de alguna de las siguientes maneras:
>
> 1.ª La transmisión de los créditos a un tercero. Si el descuento es mayor del treinta por ciento del valor nominal actualizado será necesario presentar al menos tres ofertas por el crédito, debiendo ser al menos una de ellas de entidades financieras o de entidades de reconocida trayectoria en el mercado secundario del crédito.
>
> 2.ª El deudor o el administrador concursal del procedimiento especial podrán ceder el crédito o el conjunto de créditos que representen al menos el veinte por ciento del total del valor de la masa activa a un tercero, para que este gestione su cobro. La remuneración del cesionario consistirá en un porcentaje de la cantidad recuperada. Cuantos gastos y costas generen el recobro se entenderán incluidas en la remuneración del cesionario. La diferencia entre la cuantía cobrada y la retribución del cesionario se distribuirá entre los acreedores según quedará establecido en el procedimiento especial de liquidación. El pago lo realizará el cesionario, previa deducción de la comisión de cobro. Cada mes, el cesionario deberá informar a los acreedores del deudor con créditos aun insatisfechos del estado de la recuperación del crédito."

Esta norma, sistemáticamente, cabe ubicarla e integrarla en el TRLC dentro de la regulación del plan de liquidación de microempresas (libro III, Titulo III, arts. 705 y ss TRLC), y, más concretamente, en la reglamentación de la ejecución de las operaciones liquidativas de la masa activa contenida en su capítulo II TRLC, en especial, art. 708 TRLC, y constituye una regla diseñada, en exclusiva, específicamente, para la liquidación de créditos integrados en la masa activa del microempresario[1].

---

1 RECAMAN GRAÑA, A. "Comentario", pg, 1730.

Por otro lado, y desde la perspectiva de su finalidad, esto es, lo que pretende el legislador con su introducción en el proceso especial de liquidación microempresarial, una lectura apresurada y precipitada de la disposición contenida en el art. 711 TRLC conduce a una función meramente recaudatoria y liquidativa, esto es, recuperadora, monetizadora y convertidora en "cash", de los créditos frente a terceros de los que resulta titular la microempresa, y a los efectos del posterior pago a los acreedores.

Sin embargo, no deja de ser cierto que el contenido de la norma, desde el mero punto de vista perceptorio del importe o valor del crédito, nada nuevo aporta, pues, en síntesis, y en los términos del transcrito precepto, se limita a ordenar la obligación del encargado de la liquidación, como veremos, deudor o administrador concursal, de obtener a) el pago de los créditos de la masa, reseña que, por sí misma, me parece totalmente innecesaria, prescindible, y perogrullal, dado que cobrar lo que a uno le deben pienso que es lo natural, inserto en el ADN empresarial y lo propio de cualquier diligente empresario, recordando como me dijo un amigo, cuando empecé en el apasionante mundo de la abogacía y respecto a las minutas generadas por mi actividad, que cobrar, no se sabe cuánto, cuando, como y donde… pero hay que cobrar siempre; y/o b) la transmisión de los citados créditos a tercero, o su cesión en gestión de cobro, actuaciones éstas recuperadoras crediticias y procreadoras de liquidez para la empresa, absolutamente habituales en la práctica, no solo concursal, sino también mercantil, financiera y comercial.

Por ello, conviene efectuar una lectura más atenta de la norma, que permite conectar tales tareas cobradoras y monetizadoras de los créditos con determinados hitos temporales. Por un lado, la obtención del pago de los créditos (art. 711.1 TRLC), queda cosida al plazo de **tres meses** desde la apertura de la liquidación, más su posible extensión. Por otro, la trasmisión de créditos, o su cesión en gestión de cobro (art. 711.2 TRLC), ejercitable en cualquier momento y siempre dentro de los **tres meses** siguientes a la apertura del procedimiento especial. Plazos cortos y exigentes, no susceptibles de una libérrima extensión, sino raquíticamente limitada en el tiempo.

En esta línea, puede leerse en el preámbulo de la LRTRLC, apartado V, lo siguiente:

"...Es habitual que una parte importante de los activos de una microempresa, al menos de aquellos que no están sometidos a garantía real y por tanto su realización puede ser utilizada para satisfacer los créditos de los acreedores no privilegiados, sean precisamente los créditos por cobrar. Este tipo de activos a menudo requiere actuaciones procesales para su conversión en dinero que se acompasa con dificultad a los tiempos del procedimiento especial, que, como todo procedimiento de insolvencia, exige una rápida resolución. Con la finalidad de evitar que la recuperación de estos créditos y, por tanto, la conversión en dinero de este tipo de actuaciones liquidativas retrase enormemente la clausura del procedimiento de continuación, causando, con ello, un grave perjuicio al sistema, se incluye un sistema de monetización de los créditos que tiene una doble vertiente: por un lado, un sistema de enajenación de los créditos, y, por otro, un mecanismo de cesión de los créditos con gestión de cobro, cuya finalidad consiste en que el cesionario litigue en nombre y por cuenta del deudor. Esta cesión permitirá cerrar el procedimiento concursal, y el dinero obtenido con el éxito del pleito cedido llegará a los acreedores en un momento posterior según sistema seguro de distribución de lo recaudado. El cesionario, profesional de la materia, cobrará su retribución a través de un porcentaje de lo obtenido, sin perjuicio de que, si es necesario, el dinero de la masa activa se utilice para cubrir parte de los gastos procesales antes de haberse asegurado el éxito del pleito..."

Todo ello permite concluir que el legislador, a través del art. 711 TRLC, realmente pretende acelerar las operaciones de liquidación y que el cobro de lo debido al deudor micromepresario no ralentice ni demore las operaciones liquidatorias, como suele ser habitual en el procedimiento concursal, promoviendo con ello la finalización del proceso especial de microempresa, y la llegada de numerario a la masa activa con la que atender los créditos de los acreedores conforme a lo dispuesto en el TRLC.

En otras palabras, y con relación a los créditos titularizados por el microempresario, el art. 711 TRLC pretende, cuanto antes, y, en cualquier caso, durante un especio temporal muy acotado, cobrarlos o convertirlos en numerario, "pasta", en liquido contante y sonante, y así no frenar un célere desarrollo liquidatorio, y la pronta conclusión del procedimiento de microempresas[2]. Por ello, el precepto en cuestión no cabe observarlo, por sí solo, desde un punto de vista dotacional de las herramientas para liquidar los créditos, que son las

---

2 VELA PÉREZ, J. "Procedimiento", pág. 1082.

habituales en el mercado, sino de las condiciones para acudir a las mismas, en conexión con su temporalidad y en orden a la pronta finalización de las operaciones de liquidación, el pago a los acreedores y la conclusión del procedimiento especial de microempresas. Ello aunque cualquier esquelético plazo, como la experiencia demuestra, casa mal con una liquidación productiva, que requiere, según los casos, una maduración de los activos en orden a exprimir su valor y obtener el mayor precio o retorno posible, mucho más allá de esos tres meses.

Esta regla, en esencia, y como apunté arriba, concibe la liquidación de los referidos derechos de cobro mediante la obtención de su pago o, cuando esté debidamente justificado, a través de su transmisión y/o cesión en gestión de cobro. Todo ello con sujeción a determinadas exigencias, especialmente, temporales. Dichos escenarios no cabe entenderlos como alternativos, ni cumulativos. Ninguno goza de preferencia respecto a los otros, aunque cierto es que el cobro de lo adeudado se me antoja lo natural en una empresa, lo que debe hacer un cabal empresario, y, ciertamente, sólo las otras dos situaciones constituyen verdaderas herramientas de recuperación y monetización de los referidos créditos, convertidoras en pecunio, la primera, olvidándose de su cobro y mediante las transmisión de la propiedad del crédito por un precio, y el segundo, encomendando la gestión de su cobro a tercero a cambio de una comisión. Y a diferencia de la obtención del pago, y sin perjuicio de lo que más adelante señalaré, su uso requiere unos requisitos no peticionados respecto a la citada búsqueda pagatoria y su reseña en el oportuno plan de liquidación (art. 708.4 TRLC).

Pero ninguna de estas situaciones prevalece sobre la otra y, normalmente, concurrirán temporalmente, y el encargado de la liquidación hará uso de ellas, individual o conjuntamente, según convenga y lo demande ese requerimiento temporal, las circunstancias del procedimiento microempresarial, del crédito adeudado, o del acreedor.

Aunque dado lo constreñido y escuálido del lapso temporal habilitado para el cobro, peleado con cualquier reclamación judicial o extrajudicial, parece que la salida liquidatoria credictual se encaminará no tanto a lo natural y habitual en el tráfico mercantil, esto es, la obtención del pago, como a la transmisión de la propiedad de los créditos.

Y también ese escaso plazo liquidatorio, en conexión con una eventual transmisión de la titularidad de los créditos, parece peleado con cualquier pretensión revisora o comprobadora por el comprador, sea en forma de due dilligence o cualquier otra, de la calidad, existencia, legitimidad del crédito, y la viabilidad de su cobro, o la solvencia del deudor, impidiendo la misma o lastrando y capando el precio de la compraventa. Por ello, me temo que lo habitual en estos casos resultara ser la cesión del crédito para su gestión en cobro, y su percepción y posterior reparto por el cobrador una vez concluido el procedimiento especial de microempresas. Sobre ello vuelvo más adelante.

Pero el mandato del art. 711 TRLC no siempre resulta de aplicación, sino que viene dotado de un tamiz subsidiario, y solo opera cuando no esté activado el procedimiento especial de liquidación con transmisión de la empresa en funcionamiento, lo que requiere, art. 686.3 TRLC, insolvencia actual o inminente, si lo solicita el deudor, o solo la primera si lo peticiona otro legitimado distinto de éste, o, si lo estuviere en tanto en cuanto los créditos no se transmitan formando parte de la empresa en funcionamiento, o una unidad productiva ex. art. 710 TRLC.

Nótese como la referida exclusión de la aplicación de lo dispuesto en el art. 711 TRLC, no queda conectada a la transmisión de la empresa o de la unidad productiva, sino de los créditos integrados en la referida empresa o unidad. Dicho de otra manera, excluidos los derechos de cobro o crédito del perímetro de la unidad productiva, o de la empresa en funcionamiento objeto de transmisión, lo que suele ser bastante frecuente en la práctica de la insolvencia, el art. 711 TRLC y su regla liquidadora entran absolutamente en acción e impactan plenamente en el pago y realización de los créditos de la masa activa del microempresario y su liquidación.

La desafortunada redacción del art. 711 TRLC convida a entender que la reseñada excepción a su aplicación sólo afecta a la obtención del pago credictual (art. 711.1 TRLC), pero no a la transmisión de créditos a terceros, o su cesión en gestión en cobro (art. 711.2 TRLC). Esta conclusión cabría alcanzarla de un lectura literal y precipitada del precepto, y a la vista que la referencia exclusoria conectada al art. 710 TRLC solo se recoge en el primer apartado del art. 711.1 TRLC, referido al pago de los créditos, pero no en el segundo, relativo a la transmisión de los créditos, o su cesión en gestión de cobro. Sin embargo, desecho la referida interpretación, y entiendo que esa subsidiariedad aplicatoria impacta en los tres supuestos liquidativos de los créditos de la masa activa microempresarial contenidos en la misma, y no solo al reseñado en su apartado 1. Ello a la vista que el contenido global del art. 711 TRLC deviene inaplicable y carente de utilidad y sentido una vez producida la transmisión de la empresa, o la unidad productiva, con los créditos "atrapados", incluidos dentro del perímetro transmisorio, pues, con ello, ningún crédito del deudor resta pendiente de pago por el tercero-deudor, o susceptible de su transmisión, o gestión en cobro, al haber devenido titular de estos el adquirente de la referida empresa o unidad productiva[3].

Finalmente, y aunque creo no preciso recordarlo, la aplicación de la norma objeto del presente estudio tampoco procede en el supuesto de persona natural microempresario y desde la perspectiva de que solicite la exoneración del pasivo insatisfecho, a su sujeción a un plan de pagos sin previa liquidación de la masa activa (arts. 700 y 486.1° TRLC), y, por tanto, de los créditos frente a terceros obrantes en la misma[4].

III. DESTINATARIO DE LA ORDEN RECUPERADORA CREDICTUAL DEL ART. 711 TRLC: EL ENCARGADO DE LA LIQUIDACIÓN

El contenido del art. 711 TRLC tiene un destinatario principal, el deudor, y uno excepcional, el administrador concursal, y en ambos casos, en tanto en cuanto uno de ellos ostente la condición de encargado de la liquidación del activo del procedimiento especial de microempresas. Me explico.

El referido procedimiento especial para microempresas se concibe por el legislador sencillo y ágil, y desde una perspectiva simplificadora procesal del tratamiento de la insolvencia del microempresa-

3 SANJUAN Y MUÑOZ E. "Reestructuración", pág. 399. O VELA PÉREZ, J. "Procedimiento", pág. 1082.

4 GARCÍA GARNICA, M. C y ROJO ÁLVAREZ-MANZANEDA, R. "Comentario", pág. 435.

rio, tendente a ahorrar y reducir los tramites, sujetos intervinientes, tiempos y costes del procedimiento, potenciando así, se supone, la continuidad de la microempresa. Por otro lado, la tipología microempresarial objeto del referido procedimiento, esto es, empresarios de reducidísima dimensión y actividad, con frágiles y escuálidas estructuras patrimoniales, laborales y empresariales, permiten, también se supone, esa simplificación. Y finalmente, ya desde el punto de vista de la liquidación del activo del microempresario, esta apuesta simplificadora y expulsadora de los intervinientes profesionales en el procedimiento, se apoya en una pretendida sencillez de la liquidación, en esencia, a la vista de lo escuálido de su activo a liquidar, habitualmente impactado por toda suerte de garantías reales. Por ello, el impulso y gestión del procedimiento especial de microempresas, a golpe de formularios, incluida la liquidación de la masa activa, se confía, con excepciones, al deudor microempresario.

Tal opción legislativa se me antoja absolutamente errónea, y supone confundir, o, mejor dicho, asimilar indebidamente, lo raquítico y escuálido del patrimonio o la actividad empresarial del deudor, con una pretendida menor complejidad del tratamiento de su insolvencia. Y obvia y no tiene en cuenta el eventual analfabetismo jurídico, financiero y empresarial del microempresario, por lo general, vacante de medios materiales y humanos en el ejercicio de su actividad, y la posible falta de capacitación y aptitudes para pilotar el procedimiento especial de microempresas, y su liquidación, que, recordémoslo, pretende dar solución la situación de insolvencia que ha generado y le impacta.

Resulta paradójico que se ordene por el legislador la instauración de un sistema de alertas tempranas para la detección de la insolvencia a disposición del microempresario[5], en atención, a lo limitado de sus conocimientos y medios, y, por otro lado, una vez acaecida la insolvente tragedia, se le permita pilotar la misma y liquidar la masa activa. Y todo ello sin tener en cuenta la idiosincrasia del microempresario español, absolutamente distinta y ajena a los de otras latitudes europeas, y su perenne resistencia a la activación de las pa-

---

5 A tal efecto, me remito a los mandatos alarmatorios de la insolvencia contenidos al efecto en la DA 5ª LRTRLC, la DA 7ª LRTRLC y la DF 12ª LRTRLC.

lancas tratadoras de la insolvencia en favor del "persianazo" o cierre de hecho y el rescate, como sea, de lo que quede de su patrimonio en detrimento de sus acreedores, y su carácter pícaro y reticente a la aplicación de remedios y normas legales, todo ello puesto de manifiesto con los habituales retrasos en la entrada en juego de lo disolutorio empresarial, preconcursal o concursal, y las multiplísismas sentencias calificatorias del concurso como culpable, o declarando una responsabilidad de los administradores sociales o del empresario por incumplimientos societarios, mercantiles, fiscales, laborales o de seguridad social, etc en conexión con su insolvencia. Un auténtico dislate la opción del legislador.

Desoyendo todo lo anterior, señala el art. 707.1 TRLC:

> "En la solicitud de apertura del procedimiento especial de liquidación, el deudor deberá señalar su disposición para liquidar el activo o, por el contrario, solicitará el nombramiento de un administrador concursal."

Por lo tanto, como regla general, corresponde al insolvente deudor, cuando así lo solicite, la ejecución de las operaciones de liquidación, y en tal condición y en cumplimiento del encargo asumido, queda compelido para tener en cuenta lo establecido en el art. 711 TRLC en orden a la liquidación de los créditos de la masa activa. Solo recaerá tal trabajo en un administrador concursal, cuando solicite su nombramiento el deudor, o éste guarde silencio sobre el referido encargo liquidatorio, o rechace expresamente hacerse cargo del mismo. Esta designación del administrador concursal lo será a los efectos de llevar a cabo, en lugar del deudor, y no en unión a este, las citadas operaciones de liquidación de la masa activa empresarial, y el cobro o realización de los créditos de la masa activa microempresarial.

Sin embargo, cabe otra vía para el acceso de un administrador concursal, en lugar del deudor, a la capitanía ejecutoria de las operaciones de liquidación microempresarial. La prevista en el art. 713.1 TRLC, según el cual, en cualquier momento del procedimiento especial de liquidación, el deudor o los acreedores cuyos créditos representen al menos el veinte por ciento del pasivo total (o el diez por ciento en caso de paralización de la actividad empresarial o profesional del deudor), podrán solicitar el nombramiento de un administrador concursal que sustituya al deudor en sus facultades de administración y disposición, lo que en unión al resto de facultades que le asisten conforme al art. 713.2 TRLC (emitir opiniones técnicas relativas a la valoración de los activos y de las ofertas de adquisición de la empresa o de unidades productivas, a de las facultades de administración conferidas en el procedimiento y las facultades de disposición necesarias para proceder a la liquidación del activo, dentro del marco de la liquidación), permite mantener, sin lugar a dudas, el liderazgo exclusivo del administrador concursal nominado en orden a la liquidación de la masa activa, incluidos los créditos contra terceros comprendidos en ella. Incluso cabria su entrada a través de su nombramiento judicial a instancias de un solo acreedor y al amparo del art. 713.3 TRLC, planteándoseme aquí la duda, en este supuesto designatario, de su eventual actuación junto al deudor.

Pero, con las excepciones previstas, y aunque parezca de locos, será el deudor microempresario el encargado de las operaciones de liquidación, en cuya ejecución deberá tener en cuenta el mandato del art. 711 TRLC. Una última reflexión. Desde la mera perspectiva de la ejecución de las operaciones de liquidación de los créditos, parece un sarcasmo efectuar tal encargo al deudor que se halla en un estado de insolvencia esencialmente vinculada a la iliquidez para pagar regularmente sus obligaciones y, especialmente, a la falta de cobro de lo que se le adeuda. Encargar el cobro de lo adeudado a quien ha acreditado que no quiere o no sabe cobrar. Por otro lado, la opción legislativa, repito, desde la óptica de la reseñada liquidación credictual, supone obviar la realidad y la tozuda reticencia del deudor a cobrar los créditos que le son debidos por las personas vinculadas, y especialmente relacionadas con él, impagos, o falta de exigencia del pago, habitualmente acompañados de extrañas dotaciones provisionales, contratos con vencimientos anormales y larguísimos en el tiempo, y todo tipo de artimañas encubridoras, contablemente o no, del valor de los créditos, y tendentes a dificultar e impedir su cobro, que casi siempre le abocan a la insolvencia, y cuya exigencia provocaría, normalmente y en cadena, también la insolvencia de aquellos vinculados deudores. Sinceramente, no tiene mucho sentido la opción del legislador.

IV. REGLA NATURAL: COBRAR LO QUE SE ADEUDA AL MICROEMPRESARIO

Por lo tanto, a la vista del art. 711.1 TRLC, y salvo que los créditos se transmitan como parte de la empresa en funcionamiento, el deudor, o el administrador concursal del procedimiento especial, en cuanto encargado de la liquidación de los activos del microempresario, y en ejecución de las operaciones liquidatorias, dispone de un plazo máximo de tres meses computable "desde la apertura de la liquidación", que decreta el Juez mediante auto y los supuestos de los arts. 692 y 693 TRLC, y, en su caso, extendible hasta la finalización de la calificación, y tendente a la obtención del pago de los créditos frente a terceros existentes en la masa activa.

El referido plazo, y su eventual ampliación, no presenta un cariz iniciatorio del término para instar el cobro de lo debido al deudor microempresario, sino finiquitador de tal actuación cobradora, entendido no desde la perspectiva de instar durante el referido ámbito temporal las actuaciones precisas para obtener el pago de lo adeudado al deudor, sino de obtener el pago, total o parcial, de los créditos adeudados al microempresario, resultando indiferente que las referidas gestiones percibidoras se hayan iniciado con anterioridad o posterioridad a la apertura del proceso especial de microempresas o, incluso, de la liquidación, empresarial.

Igualmente, se me antoja indiferente el cauce cobratorio, judicial o extrajudicial, iniciado para el cobro de los créditos en cuestión, aunque ciertamente, dado lo escuálido del término perceptorio conferido, tres meses, cualquier batalla no amistosa, judicial o extrajudicial, al efecto se muestra absolutamente desaconsejable y condenada a su frustración, exhibiéndose más lógica en estos casos la asistencia al recurso transmisorio del crédito, o su cesión en gestión de cobro. Lo relevante en este término trimestral, por lo tanto, es conseguir el pago de lo debido al deudor: cobrar.

Desde la perspectiva del deudor credictual resulte indiferente que sea una persona natural o jurídica, de nacionalidad española o de otro país, su lugar de residencia en España o en extranjero, incluso que sea solvente, o declarado en concurso de acreedores, sea voluntario o necesario. O que guarde vinculación con el microempresario, o resulte persona especialmente relacionada con él en los términos de los arts. 282 y 283 TRLC, circunstancia esta que, como dije, suele devenir en una suerte de amnesia o parálisis recuperadora, o capadora, del referido crédito por parte del deudor, causante de su insolvencia habitualmente a costa de evitar la de aquellos. También su eventual condición de entidad pública o privada. Incluso, en el supuesto de persona jurídica da igual si debiera haberse acordado, o se hubiese acordado su disolución y abierto el periodo de liquidación societaria, o si presenta una situación de desbalance patrimonial.

Y desde el punto de vista del crédito a cobrar, resulta ajeno al referido fin perceptorio, su carácter público o privado, la cuantía del mismo, si es futuro o se halla vencido, líquido y resulta exigible. O si está constituido en mora, y reclamado extrajudicial o judicialmente, reconocido por el deudor o, por el contrario, presenta un carácter discutido o litigioso. O su sometimiento a condición suspensiva o resolutoria. También si lo detenta el microempresario por cesión del anterior titular, o goza de la protección de una garantía, real o personal, del propio deudor o un tercero. O su carácter dinerario o no dinerario (esto es, consistente en una obligación de dar, hacer o no hacer), su eventual representación en efectos cambiarios, títulos valores. O si el crédito deviene de una asunción de deudas, de la condición de avalista o fiador de un tercero por parte del deudor, de la exigencia de cualquiera acción de responsabilidad, contractual, extracontractual, o de administradores sociales etc. Y con independencia que se halle incorporado el crédito a título valor, efectos cambiarios, nominativos o al portador, endosables o no, documento público (escrituras notariales, pólizas etc), o reconocido en sentencia judicial, firme o no, laudo arbitral, resolución judicial aprobatoria u homologatoria de transacción, etc.

Aunque la referencia que se efectúa en el art. 711.1 TRLC al "pago de los créditos", inicialmente conduce a pensar que el objeto de esta regla son los créditos dinerarios, además, líquidos vencidos y exigibles, lo cierto es que el pago aquí perseguido viene conectado a cualquier tipo de créditos, con independencia de sus circunstancias y las del tercero deudor, que, obviamente, impactaran en dicha tarea, dificultando e imposibilitando el pago del crédito en cuestión, y convirtiendo en brumoso y enmarañado tal pago, no solo dentro del plazo trimestral reseñado (piénsese en el crédito que vence con posterioridad al mismo), sino en general (piénsese en el deudor declarado en concurso de acreedores, con la fase de liquidación aperturada y una masa activa yerma). Y normalmente, la recuperación de ese crédito contaminado o tarado, o de difícil cobro dentro del plazo previsto en el art. 711.1 TRLC, se encaminará a través de los remedios del art. 711.2 TRLC.

Pero, reitero, estas mayores o menores dificultades cobratorias, no empecen ni impiden que el ejecutor de la liquidación deba intentar la obtención del pago de lo que se le adeuda, pudiendo, incluso y a tal fin, llegar a los acuerdos oportunos al efecto con los deudores de la masa activa, pacto habitualmente consistente en una quita del importe, intereses, costas y gastos incurridos en la reclamación, etc. La norma no prohíbe tal actuación. Por otro lado, desde el punto de vista de la rebaja credictual reseñada, conviene recordar que las otras opciones solutorias de los créditos a favor del microempresario, esto es, la transmisión de los créditos o su cesión en gestión de cobro, lisian y lastiman, recortándolo, el importe o nominal del crédito. En el primer caso, por culpa del oportuno descuento de su valor, y en el segundo, mediante la bien ganada remuneración al exitoso tercero gestionador del cobro, y, en su caso, y así se acuerda, los gastos y costas de su cobro. Y finalmente, no cabe la menor duda que la referida acción cobratoria por el deudor resulta coherente con esa voluntad del legislador de acelerar y finiquitar cuanto antes la liquidación y el proceso especial de microempresas, antojándoseme evidente que el recobro por el encargado de la liquidación, pactando el pago directamente con el deudor creditual, puede resultar, según los casos, más ágil que si lo lleva a cabo mediante la intervención de terceros. Esta potestad negociadora y transaccionadora del pago de lo adeudado solo tendrá el límite de su constancia en el plan de liquidación (art. 707.3 TRLC) y su revisión con ocasión de la presentación del informe de liquidación (art. 719 TRLC, en especial su apartado 2).

El plazo para obtener el pago de los créditos de la masa activa, art. 711.1 TRLC, finaliza transcurridos tres meses desde la apertura de la liquidación, sea originariamente, a petición de un deudor, o un acreedor, o como consecuencia de la frustración del procedimiento de continuación, por no aprobarse o u homologarse un plan de continuación, u homologado hubiere sido incumplido, todo ello, en los términos del art. 705.1 TRLC. En su caso, el referido plazo trimestral se extenderá hasta la finalización de la calificación, ampliación esta, conectada al transcurso paralelo de la liquidación y la fase calificatoria. Tal extensión cabe entenderla automáticamente aplicable, sin necesidad de requerimiento, o aprobación judicial alguna, concurriendo por el mero hecho de la subsistencia de la calificación al tiempo de transcurrir y finiquitar el referido plazo trimestral cobratorio.

Fuera de esa extensión automática, la norma no alude a prorroga alguna en orden a la actuación obtentoria del pago de lo adeudado al microempresario. Quizás, cabría mantener la improrrogabilidad del referido plazo en conexión con esa furia aceleradora y finiquitadora, cuanto antes, de la liquidación y, por ende, del procedimiento especial de microempresas, que lo informa y fundamenta. Sin embargo, como señalé arriba, no cabe dejar de lado que el mandato cobratorio del art. 711.1 TRLC está integrado en la regulación del procedimiento especial de liquidación para microempresas, y más concretamente, dentro de las normas para la ejecución de las operaciones de liquidación en dicho procedimiento especial. Y que el art. 708.4 TRLC, prevé que la ejecución de las operaciones de liquidación previstas en el plan no podrá durar más de tres meses, plazo este coincidente con el aquí examinado para obtener el pago de los créditos de la masa adeudados por terceros, y prorrogable a petición del deudor o de la administración concursal por un mes adicional. Por ello, y de una lectura conjunta de los citados preceptos, cabe mantener que, acordada la prórroga mensual reseñada, el plazo cobratorio trimestral se amplia y extiende por ese mes adicional[6].

Como dije antes, y por cuestiones temporales, lo normal resultara que la obtención del pago se centre en aquellos créditos vencidos líquidos y exigibles, de percepción rápida y no discutida, y que la recuperación de aquellos otros más feos o entreverados se vehiculice a través de la transmisión del crédito, o su cesión en gestión de cobro.

---

6 RACAMAN GRAÑA, E. "Comentario", pág. 1730. En similiar sentido, conectando la posibilidad de prorroga con la conclusión del procedimiento y el contenido del art. 719.1 TRLC. GARCÍA GARNICA, M. C y ROJO ÁLVAREZ-MANZANEDA, R. "Comentario", pág. 439.

V. LA TRANSMISIÓN DE LOS CRÉDITOS DE LA MASA FRENTE A TERCEROS

Por lo tanto, lo ordinario y habitual en el tráfico mercantil resulta ser que el empresario, en este caso, microempresario, persiga y obtenga el pago de lo que se adeuda por la fabricación o venta de bienes, la prestación de servicios etc. Esta regla esencial de la vida empresarial, como acabamos de ver, también se refleja en el contenido del régimen específico liquidactual de los créditos frente a terceros del deudor en el procedimiento especial de microempresas, de manera genérica como no podía ser de otra manera, pero en conexión a la duración del plazo de obtención de ese cobro de lo adeudado y con la finalidad de evitar que esta actividad perceptora se alargue en el tiempo y dilate la liquidación y posterior conclusión del referido procedimiento microempresarial.

Por ello, junto a lo anterior, y con una función monetizadora de dichos créditos y aceleradora de la liquidación y conclusión del procedimiento especial de microempresas, el art. 711.2 TRLC contempla la cesión o transmisión de los créditos desde una doble perspectiva: por un lado, la transmisión de la titularidad del crédito; por otro, la cesión de este en gestión de cobro. Estas figuras, habituales y plenamente en funcionamiento en el normal y ordinario tráfico mercantil, y el mercado de la recuperación de deudas, se exhiben en el precepto aquí estudiado también de manera genérica, siéndole de aplicación a la citada transmisión su respectivo régimen legal, y limitándose a señalar la norma aquí estudiada y en el ámbito especial de microempresas, únicamente durante qué plazo y bajo qué condiciones cabe acudir al referido remedio liquidativo credictual.

Ya lo dije anteriormente. El ejecutor de la liquidación, en las condiciones reseñadas en el art. 711.2 TRLC, puede recurrir libérrimamente a los citados dos escenarios de transmisión de créditos, que no son alternativos, ni preferentes uno respecto del otro. A los dos cumulativamente o, a cualquiera de ellos. O ambos en unión a la obtención por su parte del pago de lo adeudado conforme al art. 711.1 TRLC. Tanto simultáneamente como de forma sucesiva. También cabe reiterar aquí y dar por reproducido a efectos de la transmisión de los créditos lo señalado anteriormente sobre las circunstancias de los créditos y los deudores, que en buena medida guiara la selección de la herramienta recuperadora por el guía y encargado de la liquidación, exhibiéndose la cesión de los créditos en gestión de cobro como la acción liquidativa credictual más habitual en la práctica de la insolvencia microempresarial a la vista de las limitaciones temporales impuestas en el art. 711 TRLC para su ejecución.

Pero esa transmisión de créditos queda conectada temporalmente a la contradicción que supone la alusión, en la misma frase, de su empleo "en cualquier momento ", expresión esta, y por definición, abierta y no sometida a límite temporal alguno, junto a la finiquitadora temporal "siempre dentro de los tres meses siguientes a la apertura del procedimiento especial". Una cosa y la contraria. En fin, consecuencias de la grosera forma de legislar y redactar las normas en estos tiempos.

Además, la conexión del periodo trimestral al "procedimiento especial", sin referenciarlo al de microempresas o al de liquidación, ambos nominados en el TRLC "procedimiento especial", también resulta sonrojante y lastimosa. La reseña que efectúa el art. 711.1 TRLC al cómputo del plazo de tres meses para obtener el pago desde "la apertura de la fase de liquidación", en contraposición a la mera reseña en el art. 711.2 TRLC, sin mayor indicación, del "procedimiento especial", podría llevar a la precipitada conclusión de unir tal referencia con el procedimiento especial de microempresas. Sin embargo, no cabe dejar de lado la sistemática del art. 711 TRLC y su ubicación e integración dentro del TRLC, en la regulación del procedimiento especial de liquidación de microempresas (libro III, Titulo III, arts. 705 y ss TRLC), y más concretamente, en la regulación de la ejecución de las operaciones de liquidación de la masa activa contenida en su capítulo II del TRLC, en especial, art. 708 TRLC, y constituye una regla diseñada, en exclusiva, para la liquidación de créditos de la masa activa del microempresario frente a terceros. Por ello, entiendo que la referencia que se efectúa en el art. 711.2 TRLC lo es al procedimiento especial de liquidación (arts. 705 y ss TRLC).

Esto es, la transmisión de créditos o su cesión en gestión en cobro debe verificarse dentro del plazo de tres meses a contar desde la apertura de la liquidación. Aunque el eventual cobro de lo cedido en gestión pueda obtenerse, y se obtendrá habitualmente, una vez transcurrido el referido plazo, y concluida la liquidación y el procedimiento especial para microempresas. E, igualmente, como señalé anteriormente respecto al plazo trimestral para obtener el pago de lo debido al deudor, y pese a lo tajante y silente de la norma, entiendo que una prórroga de la ejecución de las operaciones de liquidación por el mes adicional a que se refiere el art. 708.4 TRLC, conlleva a su vez la prórroga por idéntico termino mensual del plazo para la cesión de los créditos[7].

Pero ello no basta. Junto al requisito temporal, el legislador acota el remedio transmisorio a que su empleo "esté debidamente justificado", cuestión está que cabe examinar desde un doble punto de vista, esto es, por un lado, la causa justificadora, los motivos para acudir a la cesión de créditos, y, por otro su acreditación. Principiando, por esta última cuestión, pienso que tal justificación debe quedar amparada y resultar del oportuno plan de liquidación. En este sentido, recordar que el art. 707.3 TRLC señala que el plan de liquidación deberá exponer, motivadamente, los tiempos y la forma previstos para la liquidación del activo, de manera individualizada para cada bien o categoría de bienes genéricos. Ello va a permitir la reacción alegatoria o impugnatoria de los legitimados al efecto (apartados, 4, 6 y del art. 707 TRLC) y el control, confirmatorio o revisorio del Juez de todo ello (art. 707.8 TRLC). Y cualquier falta previsora en el plan de liquidación deberá ser colmada a través de su preceptiva modificación[8].

Y respecto al segundo aspecto, las causas o motivos que habilitan al ejecutor de la liquidación a efectos de acudir a la transmisión de los créditos reseñada en art. 711.2 TRLC, ante el silencio de la norma, cabe conexionarlas, tras su cotejo con la regla natural de la obtención del pago, desde una perspectiva mayor dificultad de la recuperación del crédito en conexión con el plazo temporal del plazo de tres meses previstos en el art. 711.1 TRLC y a la vista de las circunstancias del crédito en cuestión y del deudor del mismo. Piénsese en créditos litigiosos, futuros, discutidos, escasamente documentados, de tortuosa o más que dudosa recuperación, sometidos a condición, o adeudados por acreedores deslocalizados, insolventes o de dudosa solvencia etc. Créditos tarados y no fácilmente recuperables en el

---

7 RACAMAN GRAÑA, E. "Comentario", pág. 1731.

8 RACAMAN GRAÑA, E. "Comentario", pág. 1731. O GARCÍA GARNICA, M. C y ROJO ÁLVAREZ-MANZANEDA, R. "Comentario", pág. 440.

tiempo requerido por el art. 711 TRLC. Pero también aquellos cuyo cobro, pese a no presentarse dificultoso, se ofrece largo en el tiempo, excediendo el límite temporal trimestral antes examinado.

Por así decirlo, todo aquel crédito que por el encargado de la liquidación se estime justificadamente no cobrable dentro del plazo trimestral a que se refiere el art. 711.1 TRLC, debe ser objeto de cesión bajo cualquiera de las citadas modalidades que a continuación expondré y que aquí reseño:

a) Transmisión de créditos a un tercero.

b) Cesión de los créditos en gestión de cobro.

V.1. Transmisión de créditos

Una de las herramientas monetizadoras de los créditos de la masa activa a disposición de los encargados de la liquidación microempresarial es la transmisión de titularidad, de la propiedad plena, de los créditos a favor de un tercero, bien individualmente, o en forma conjunta (venta alzada, o en globo, de un conjunto de créditos, venta de cartera), siempre que sean susceptibles de ser objeto de transmisión, y se cumpla la normativa reguladora de tales cesiones de créditos y sus efectos (prohibición de transmisión, saneamiento y evicción, derecho de retracto del crédito litigioso etc), lo que nos lleva, entre otros, y a título de ejemplo, al régimen previsto en los arts. 1526 y ss CC respecto de la transmisión de créditos y demás derechos incorporales; los arts. 347 y 348 C.Com respecto de las transferencias de créditos no endosables; el art. 24 LCCH sobre la cesión ordinaria de la letra de cambio y la transmisión al cesionario de todos los derechos del cedente, en los términos previstos en los arts. 347 y 348 TRLC; o el art. 200 de la Ley 9/2017, de 8 de noviembre de Contratos Públicos.

Sin embargo, aunque el deudor o, en su caso, el administrador concursal, cumpla los requerimientos comunes temporales y de debida justificación antes examinados, el acceso a la transmisión del crédito, requiere, además, y en el supuesto que el descuento aplicable a la transmisión fuere mayor del treinta por ciento del valor nominal actualizado, la presentación de tres ofertas por el crédito, debiendo ser al menos una de ellas de entidades financieras o de entidades de reconocida trayectoria en el mercado secundario del crédito. Desmenucemos la citada limitación transmisora

La referencia a descuento no debe marear y despistar el correcto entendimiento de la norma, y, obviamente, no viene conectada al contrato de descuento bancario o financiero, en el sentido requeritorio que la transmisión se lleve a cabo a través del referido tipo contractual, sino a la fijación del precio de la enajenación partiendo del valor o nominal del crédito rebajado o reducido en un importe o porcentaje. Pero ello no empecé que la transmisión sea susceptible de ser vehiculizada a través de tal descuento financiero o factoring, siempre que lleve inserta la transmisión de la propiedad plena del crédito a tercero[9].

Cuando tal rebaja sea superior al treinta por ciento, no del nominal del crédito, sino del valor actualizado, entendiéndose por tal el resultante del descuento a un tipo de interés, el contractualmente pactado o el legal del dinero, y a valor actual de un crédito con vencimiento a futuro, y, por tanto, reduciendo su importe o nominal, el precepto exige "presentar tres ofertas por el crédito". Ciertamente la referencia resulta tosca. Las ofertas, obviamente, deben ser de compra. Por otro lado, lo que se dice presentar, nada se presenta realmente por el ejecutor de la liquidación. Ni en el Juzgado ni en ningún sitio. Por ello, cabe entender esta defectuosa expresión en el sentido de recabar con anterioridad a la transmisión del crédito, al menos, las referidas tres ofertas, de entre las cuales se extraerá al comprador o adquirente del crédito. La fijación de su número en tres no parece que responda a criterio alguno salvo el de garantizar, tímidamente en comparación a otros medios liquidatorios, una cierta transparencia y concurrencia en la enajenación del referido crédito, la búsqueda del mejor precio, sin que quede vetado que las ofertas recabadas sean superiores a tal número, que se configura como mínimo (al menos tres).

Pero ello tampoco basta. La totalidad de las citadas ofertas no podrán venir de cualquier interesado, sino que, necesariamente, por lo menos una de ellas, deberá venir de una entidad financiera, o de

---

9 GARCÍA GARNICA, M. C y ROJO ÁLVAREZ-MANZANEDA, R. "Comentario", pág. 440 y 441.

reconocida trayectoria en el mercado secundario del crédito. Esta exigencia entiendo que pretende dotar de seriedad al proceso enajenatorio, promoviendo la participación de profesionales de la venta de créditos cuando el precio ofertado es inferior a su valor actualizado, y evitando así operaciones torciteras y abusivas en la referida transmisión, y quedando en manos del ejecutor de la liquidación la determinación de a quien dirigirse al efecto, y en el último supuesto, la valoración de la concurrencia de dicha reconocida trayectoria, concepto este abierto e indeterminado, que abarca a cualquier profesional de la compra de créditos con presencia en el mercado, sin que sea preciso la designación nominal de dicha empresa en el plan de liquidación y, sin perjuicio de la justificación de la decisión en el correspondiente informe final de liquidación.

V.2. Cesión del crédito en gestión de cobro

La otra herramienta que se ofrece al deudor, o administrador concursal, a efectos de obtener el pago de los créditos de la masa activa micromepresarial consiste en su cesión en gestión de cobro. La llamada comisión para cobranza o mandato de cobro, en el que, a diferencia del supuesto anterior, no se trasmite la titularidad del crédito, aunque también es posible y la norma no lo prohíbe, sino que, simplemente, se apodera y autoriza al mandatario o comisionista para cobrar el crédito en nombre propio con la consiguiente liberación frente al acreedor del deudor que paga al mandatario de aquel, y a cambio de una comisión. Por razones de estricto cumplimiento del plazo liquidatorio credictual, me temo que tal cesión en gestión de cobro será la estrella realizadora de los créditos de la masa activa en la liquidación microempresarial.

En este caso, también existe un requisito específico para la activación de la presente palanca cobradora, conectado a elementales exigencias de eficacia económica: que el crédito o el conjunto de créditos que representen al menos el veinte por ciento del total del valor de la masa activa.[10]

---

[10] RECAMAN GREÑA, E. "Comentario", pág. 1732.

Esta comisión de cobranza se regirá por las normas que le son propias, y lo que pacten las partes, consistiendo la remuneración del cobrador, cuya selección corresponde en exclusiva al deudor o, en su caso, administrador concursal, en un porcentaje de la cantidad recuperada pactado por las partes. Esto es, una retribución a resultado, a éxito o buen fin de la gestión de cobro. Aunque parece preciso el reflejo en el plan de liquidación de los limites retributivos del comisionista de cobro.

La cuestión de los gastos y costas que generen el recobro se muestra más turbia. Por un lado, el art. 711.2.2º TRLC señala que se "entenderán incluidas en la remuneración del cesionario", quedando liberada la masa activa de su pago. Pero por otro, apartado V del preámbulo de la LRTRLC, indicará que cobrará su retribución "a través de un porcentaje de lo obtenido, sin perjuicio de que, si es necesario, el dinero de la masa activa se utilice para cubrir parte de los gastos procesales antes de haberse asegurado el éxito del pleito.". Esta aparente contradicción entiendo que no es tal, debiendo entenderse lo señalado en el art. 711.1.2º TRLC, en el sentido que salvo pacto en contrario, o silencio al respecto en el contrato, la remuneración del cesionario resulta comprensiva de los gastos y costas del recobro de los créditos. Pero ello no excluye que se pueda pactar su pago con cargo a la masa activa del procedimiento, circunstancia que también debe constar en el plan de liquidación.

Otra contradicción que se plantea entre la regla cobradora en cuestión y su reseña en el referido apartado V de la LRTRLC, resulta de la referencia que se efectúa en dicho apartado al carácter profesional del recobro del cobrador, cualificación esta que se omite en el art. 711.1.2º TRLC. Aunque tampoco creo que exista fricción alguna en este supuesto, pues la condición profesional del cobrador va ínsita y me resulta inescindible de cualquier gestión o comisión de cobranza, especialmente, en un ámbito liquidatorio y recuperador de créditos en un procedimiento resolutorio de la insolvencia del microempresario. La referencia a la remuneración del encargo, y sus costes, a riesgo y ventura del cobrador, coadyuva en la defensa de su carácter profesional.

La actuación del gestor de cobro es más amplia que la mera recuperación, total o parcial del crédito. Por un lado, queda obligado a repartir entre los acreedores concursales las cantidades recuperadas con su gestión, obviamente, una vez deducido su remuneración y, en su caso, los gastos y costas de recobro. El pago no lo efectúa ya el deudor o administrador concursal sino el cobrador, normalmente, una vez finiquitado el procedimiento especial de microempresas, distribuyendo la diferencia entre la cuantía cobrada y su retribución entre los acreedores según quedara establecido en el procedimiento de liquidación, esto es, en el orden de prelación de créditos pendientes de pago recogidos en el informe final de liquidación (art. 719.3 TRLC). Por otro lado, cada mes, el cesionario deberá informar a los acreedores del deudor con créditos aun insatisfechos del estado de la recuperación del crédito, no durante el desarrollo de las operaciones de liquidación sino hasta la completa realización y satisfacción de los créditos objeto de cesión en cobro, conclusión que alcanzo con el apoyo del art. 720.1.3º que prevé la continuación de las operaciones de liquidación de aquellos activos no liquidados tras la conclusión del procedimiento especial de microempresas[11].

VI. INCUMPLIMIENTO

Finalmente, y como acertadamente se resalta por nuestra doctrina[12], la norma se exhibe silente en torno a un eventual incumplimiento por el piloto de la liquidación del referido plazo, o de la obligación cobradora a su cargo. Si atendemos a una aplicación supletoria del Libro I TRLC, cabría aparcar la referida actuación en el supuesto de prolongación indebida de la liquidación del art. 427 TRLC, pero tal precepto no parece aplicable más que al administrador concursal, y no al deudor. No parece que ese incumplimiento afecte a la validez y eficacia del cobro en cuestión. Por ello pienso que cualquier anomalía en este ámbito se conducirá a través de la impugnación y rechazo del informe final de liquidación y el ejercicio de las oportunas acciones responsabilitatorias por daño en conexión con el encargo liquidatario credictual asumido.

---

11 GARCÍA GARNICA, M. C y ROJO ÁLVAREZ-MANZANEDA, R. "Comentario", pág. 447.

12 GARCÍA GARNICA, M. C y ROJO ÁLVAREZ-MANZANEDA, R. "Comentario", pág. 440.

VII. BIBLIOGRAFÍA

GARCÍA GARNICA, M. C, y ROJO ÁLVAREZ-MANZANEDA, R. "Comentario art. 711 TRLC" en "Comentarios al articulado del Libro II y III del Texto Refundido Ley Concursal", 1ª edición, Tomo II, AA.VV dirigidos por SANJUAN Y MUÑOZ, E. y PEINADO GRACIA, J. I. Editorial Sepín. Las Rozas, 2023.

NIETO DELGADO, C. "Procedimiento especial de microempresas: sobrevino el desastre", en Revista General de Insolvencias & Reestructuraciones", núm. 10, Julio de 2023.

RACAMAN GRAÑA, E. "Comentario art. 711 TRLC", en "Comentario a la Ley Concursal", 3ª edición, Tomo II, AA.VV, dirigidos por PULGAR EZQUERRA, J. y coordinados por GUTIÉRREZ GILSANZ, A., MEGIAS LÓPEZ, J., y RACAMAN GRAÑA, E. La Ley. Las Rozas, 2023.

SANJUAN Y MUÑOZ, E. "Reestructuración y liquidación de empresas en crisis. El procedimiento especial para microempresas y su régimen transitorio". Editorial Tirant Lo Blanch. Valencia, 2022.

VELEZ PÉREZ, J. "Procedimiento especial de microempresas", en Memento practico Concursal 2023. AA.VV. Editorial Francis Lefebvre. Madrid, 2022.

4. CONVENIO Y LIQUIDACIÓN CONCURSAL. PRE-PACK. VENTA DE UNIDAD PRODUCTIVA. PROCEDIMIENTO ESPECIAL DE LIQUIDACIÓN DE MICROEMPRESAS

FRANCISCO GIL MONZÓ
Magistrado-Juez de lo Mercantil núm. 4 de Valencia
Especialista en los asuntos propios de los órganos de lo mercantil

SUMARIO: I. INTRODUCCIÓN. II. SOBRE EL CONVENIO. III. SOBRE LA LIQUIDACIÓN CONCURSAL. IV. SOBRE EL PROCEDIMIENTOS ESPECIAL PARA MICROEMPRESAS.

I. INTRODUCCIÓN

Existe cierto consenso en el ambiente doctrinal acerca que los dos aspectos más reseñables de la reforma operada por la Ley 16/2022, de 5 de septiembre, de reforma del texto refundido de la Ley Concursal (en adelante, TRLC), aprobado por el Real Decreto Legislativo 1/2020, de 5 de mayo, para la transposición de la Directiva (UE) 2019/1023 del Parlamento Europeo y del Consejo, de 20 de junio de 2019, sobre marcos de reestructuración preventiva, exoneración de deudas e inhabilitaciones, y sobre medidas para aumentar la eficiencia de los procedimientos de reestructuración, insolvencia y exoneración de deudas, y por la que se modifica la Directiva (UE) 2017/1132 del Parlamento Europeo y del Consejo, sobre determinados aspectos del Derecho de sociedades (Directiva sobre reestructuración e insolvencia), han sido la introducción de los Planes de Reestructuración (arts. 614 y ss. TRLC), figura que sucede en la esfera preconcursal a los desaparecidos Acuerdos de Refinanciación (DA 4ª, de la Ley 22/2003, de 9 de julio, Concursal; y arts. 596 y ss. del viejo TRLC), y la creación *ex novo,* en tanto que carente de precedentes en la legislación derogada, del Procedimiento Especial de Microempresas, al que el TRLC dedica íntegramente del Libro III (arts. 685 y ss.).

Ello, no obstante, el legislador no ha querido dejar pasar la ocasión para enmendar algunos aspectos relacionados con el convenio y la liquidación concursales sobre los que tuvimos la ocasión de debatir con profusión a lo largo de la jornada.

II. SOBRE EL CONVENIO

Por lo que se refiere al convenio, los asistentes manifestaron sus dudas acerca de la vigencia práctica de la propia institución tras la reforma. Así, se dice, que la decidida apuesta del Legislador por los Planes de Reestructuración con la mirada puesta en tratar de evitar la declaración del concurso a través, entre otras soluciones que se suelen citar, de la ampliación de lo que puede constituir su objeto (que define el art. 614 TRLC, abriendo la puerta a una reestructuración del deudor en *sentido extenso,* es decir, no solo en relación cierta clase de pasivo —financiero—, sino al respecto del conjunto de las relaciones jurídicas que integran su masa activa y pasiva); del desarrollo de un nuevo sistema de mayorías que tiende a facilitar la aprobación y homologación judicial del Plan de Reestructuración, y con ello, el despliegue del conocido efecto *arrastre* del mismo respecto de los acreedores disidentes, incluidos, los titulares de créditos privilegiados (se abandona el principio de mayoritario por el de mayoría de clases de modo que es factible la aprobación del plan con el voto favorable de una mayoría de *clases* que no represente la mayoría del pasivo afectado por la reestructuración[13]); o de la posibilidad de que el Plan de Reestructuración sea aprobado sin el consentimiento del deudor[14], parece haber achicado el espacio real del convenio, puesto que si con todas las facilidades que se acaban de describir, resulta imposible a los acreedores alcanzar un acuerdo en sede preconcursal, qué cabe esperar de la negociación de un convenio con un deudor ya declarado en concurso.

---

13 Sobre el cambio de sistema de mayorías, entre otras, la SAP de Pontevedra, secc. 1ª, nº 179/2023, de 10 de abril, caso XELDIST; sobre el arrastre de acreedores privilegiados, AJM nº 5 de Madrid, nº 85/23, de 10 abril, caso SINGLE HOME).

14 SJM nº 2 de Barcelona, nº 26/2023, caso CELSA.

Sobre el régimen del convenio tras la reforma, sus diferencias con los planes de reestructuración y, en directa relación con este último aspecto, la eventual vigencia del convenio en el escenario actual, resultan más que interesantes las reflexiones realizadas por Javier Rubio Sanz (EL NUEVO CONVENIO TRAS LA REFORMA CONCURSAL. ¿UNA ALTERNATIVA PARA LA REESTRUCTURACIÓN?; 2022; Actualidad Jurídica Uría Menéndez, n.º 59[15]), que si bien es cierto que de la comparativa que plantea pudiera deducirse la existencia de incentivos superiores, especialmente para los acreedores, a efectos de lograr el acuerdo en sede preconcursal, tanto desde un punto de vista estrictamente *conceptual* (se negocia con más libertad y respecto un deudor sobre el que no pesa todavía el *estigma* y las limitaciones derivadas de la declaración de concurso), como en atención a los instrumentos para favorecer el acuerdo que dispone el Legislador (señaladamente, como se ha comentado con anterioridad, la mayor probabilidad de arrastrar a acreedores disidentes de toda especie al Plan de Restructuración que se homologa judicialmente por mor del abandono del principio mayoritario del pasivo y el juego que resulta de la configuración de las clases y la definición del perímetro afectado por la reestructuración), el autor no deja de poner de manifiesto como algunos particulares de la regulación del convenio pueden favorecer la utilidad y, con ello, la subsistencia del convenio como institución concursal. En este sentido, se cita el régimen de mayorías (menor en el caso del convenio, toda vez que asciende al 50% o 65% para acreedores sin garantía real, frente a los 2/3 por clase de los planes, o 60% o 75% frente a los 3/4 de los planes para los privilegiados especiales); la exclusión del derecho de voto en el convenio de ciertos acreedores a quienes se van a extender sus efectos como los subordinados (art. 352.1 TRLC, sobre los que no es dable localizar ninguna limitación equivalente en sede preconcursal), o los contingentes (art. 261.3 TRLC vs art. 617.4 TRLC); o la posible extensión de los efectos del convenio a los créditos públicos, lo que se haya severamente limitado en el contexto de la reestructuración (art. 616 bis TRLC, que, entre otros aspectos, excluye la posibilidad de quita, y reduce la espera a un máximo de dos años), extremo este

15 https://www.uria.com/es/publicaciones/8159-el-nuevo-convenio-tras-la-reforma-concursal-una-alternativa-para-la-reestructu

último en el que se incidió por varios de los asistentes como vía de revitalización del convenio.

Otras cuestiones relativas al convenio sobre las que se debatió ampliamente en el marco de la charla fueron las relativas al régimen transitorio, o la afectación que sobre la vigencia del convenio pudiera tener la aprobación en fase de cumplimiento de una modificación estructural.

En lo tocante al régimen transitorio, hay que señalar que los problemas giran en torno a la interpretación del ordinal 3º de la DT 1.3 de la Ley 16/2022, de 5 de septiembre, que, como excepción a la regla general deducible del ordinal 1º de la DT 1.1 (la reforma se aplica a los "*concursos declarados con posterioridad a su entrada en vigor*"), abre la puerta a la aplicación de la reforma a "*Las propuestas de convenio que se presenten después de su entrada en vigor, las adhesiones de los acreedores, y la tramitación de la propuesta.*" Por lo tanto, el hito que marca la aplicación del régimen resultante tras la reforma no es, en principio, la apertura de la fase de convenio sino la fecha de presentación de la propuesta de convenio. De este modo, podemos encontrarnos con un concurso declarado con anterioridad a la entrada en vigor de la reforma en el que, también con anterioridad a la reforma, se ha abierto la fase de convenio pendiente de que el deudor agote el plazo para la presentación de una propuesta de convenio (arts. 339 y 360 CC, y art. 527 TRLC, que vinculan el cierre de la fase común con la presentación de los textos definitivos, sin perjuicio de la excepción del art. 307 TRLC), supuesto en el que, en puridad, debiera someterse a la propuesta que eventualmente se realice dentro de dicho plazo al trámite y exigencias de todo tipo que resultan, no de la anterior (vgr. celebración de la Junta), sino de la nueva regulación (arts. 341 TRLC y ss.). En el punto 1.4 del Seminario los JJMM de Barcelona celebrado el 26 de septiembre de 2022 ("*Los plazos de presentación de las propuestas de convenio se regirán por lo establecido en el art. 296 bis, en la redacción dada por la Ley 16/22 si el informe del AC se presenta después de su entrada en vigor*") se viene a rechazar que dentro del concepto *trámite* al que hace referencia la DT se deduzca la obligación de presentar las propuestas de convenio relativas a concursos decretados con anterioridad a la entrada en vigor de la Ley 16/2022, de 5 de septiembre, dentro del plazo, mucho más reducido, que resulta del juego de los actuales arts. 296 bis, 337, 338 y 340, todos del TRLC, que toman como referencia al efecto un cierre de fase común vinculado con la presentación del informe provisional, no los textos definitivos.

También, en fin, se suscitó amplio debate en torno al novedoso art. 399 ter TRLC, cuya redacción ha sido modificada por la DF 4.1 del Real Decreto-ley 5/2023, de 28 de junio, de incorporación al ordenamiento jurídico nacional de la Directiva (UE) 2019/2121 del Parlamento Europeo y del Consejo de 27 de noviembre de 2019 por la que se modifica la Directiva (UE) 2017/1132 en lo que atañe a las transformaciones, fusiones y escisiones transfronterizas, que derogó la anterior Ley de Modificaciones Estructurales 3/2009, de 3 de abril. En particular, el citado precepto, bajo la rúbrica "Fusión, escisión o cesión global de activo y pasivo en ejecución del convenio", declara que:

> 1. *En el caso de que el convenio previera una modificación estructural los acreedores concursales no tendrán los derechos de tutela individual reconocidos en el libro primero del Real Decreto-ley 5/2023, de 28 de junio, por el que se adoptan y prorrogan determinadas medidas de respuesta a las consecuencias económicas y sociales de la Guerra de Ucrania, de apoyo a la reconstrucción de la isla de La Palma y a otras situaciones de vulnerabilidad; de transposición de Directivas de la Unión Europea en materia de modificaciones estructurales de sociedades mercantiles y conciliación de la vida familiar y la vida profesional de los progenitores y los cuidadores; y de ejecución y cumplimiento del Derecho de la Unión Europea.*
>
> 2. *La inscripción de la fusión, de la escisión total o la cesión global de activo y pasivo que produzca la extinción de la sociedad declarada en concurso, será causa de conclusión del concurso de acreedores.*

Como vemos, el art. 399 ter 1 TRLC, pensado para la hipótesis en la que el convenio incluya una modificación estructural del deudor (art. 317 bis TRLC), produce lo que JUANA PULGAR EZQUERRA (Los nuevos Planes de Reestructuración: un año de aplicación práctica; Diario LA LEY, Nº 10369, Sección Tribuna, 17 de Octubre de 2023) ha calificado de "*desplazamiento de los mecanismos individuales de tutela en Modificaciones Estructurales (derecho a obtener garantías, extensión de jurisdicción en transfronterizas) a favor de los mecanismos colectivos de tutela derivados de la impugnación de la homologación del plan de reestructuración, de continuación o del convenio concursal*", suscitándose la duda, no obstante, en torno al eventual *blindaje* de la inscripción del acuerdo de modificación estructural (art. 16. 2 de la LME) respecto de las acciones revocatorias (pauliana) a la vista de la interesante STJUE 30 de enero de 2020 que, en mi opinión, en línea con lo que ya había apuntado la anterior 21 de noviembre de 2016, permite excluir los efectos de la modificación a los acreedores impugnantes que no hubieran ejercitado los derechos que le reconocen los arts. 14 a 16 de la LME.

Por su parte, el art. 399 ter 2 TRLC, zanjando antiguas disputas (había quien apostaba en estos casos por una suerte de sucesión procesal de la absorbente o de la sociedad resultante la fusión en la posición de la concursada), introduce como causa de conclusión del concurso una no prevista en la relación contenida en el art. 465 TRLC. En particular, se polemizó entre los asistentes acerca de cómo entender la pervivencia de los efectos de un convenio (señaladamente, en lo relativo a las novaciones introducidas en los créditos afectados por el mismo) respecto de una sociedad ya extinguida cuyo concurso ha concluido así como, en caso de incumplimiento, si resulta de aplicación la previsión del art. 404.1 TRLC, según la que, a diferencia de los sucede en el ámbito de los Planes de Reestructuración (671.1 TRLC), la declaración de incumplimiento deja sin efecto las modificaciones introducidas en los créditos en virtud del convenio.

III. SOBRE LA LIQUIDACIÓN CONCURSAL

Como se ha apuntado, en la esfera de la liquidación concursal se han producido importantes modificaciones entre las que se suelen poner de relieve la supresión de los planes de liquidación o la específica regulación de un amplio abanico de escenarios en los que puede tener lugar la venta.

Por lo que se refiere a los planes de liquidación, hasta la fecha instrumento vertebrador de la liquidación concursal, definido, entre otros, por el ATS 24 de marzo de 2021 como "*el documento en el que la administración concursal expone los pasos que propone seguir para la realización de los activos y los plazos y medios necesarios para ello, en atención a las circunstancias que concurran en el concurso*", vemos que han sido desplazados por un compendio normativo que se haya distribuido a lo largo del TRLC, que se pueden agrupar del siguiente modo:

1. Las normas que resultan de imperativa observancia cualquiera que sea la fase del concurso en el que la enajenación se produzca, como son las ubicadas en la sección 2ª del Capítulo III del título IV del Libro I, rubricada *"De la enajenación de bienes y derechos de la masa activa"* (arts. 209 a 225 TRLC) y dentro de las cuales podemos distinguir entre: i) reglas generales de enajenación (Subsección 1ª); ii) reglas especiales para el caso de la realización de los bienes y derechos afectos a privilegio especial (Subsección 2ª); iii) reglas especiales para el caso de venta de la unidad productiva (Subsección 3ª); iv) y reglas sobre cancelación de cargas que graven los bienes enajenados (Subsección 5ª);

2. Las llamadas "Reglas especiales de liquidación", ubicadas en la sección 1ª del capítulo II del Título VIII del Libro I, rubricada (arts. 415 y 415 bis TRLC), que, respetando las anteriores, son susceptibles de ser introducidas por el juez previa audiencia de la administración concursal, bien en el propio auto de apertura de la liquidación, bien en resolución posterior, y que serán dejadas sin efecto si así lo solicitaren acreedores cuyos créditos representen más del cincuenta por ciento del pasivo ordinario o más del cincuenta por ciento del total del pasivo (415.4 TRLC);

3. Y, por último, las llamadas "Reglas Supletorias", recogidas en la sección 2ª del capítulo II del Título VIII del Libro I, que representan una serie de previsiones que operan en defecto de las reglas de imperativa observancia y especiales que se acaban de mencionar (así se deduce del art. 415.1 TRLC), esto es, las contenidas en los arts. 422 TRLC (que recoge la llamada regla del conjunto); 423 TRLC (que recoge, como método preferente para la realización de activos que tengan un valor superior al 5% del total, la subasta electrónica, ya sea a través del portal de subastas de la Agencia Estatal Boletín Oficial del Estado, ya sea a través de cualquier otro portal electrónico especializado en la liquidación de activos); y, en fin, 423 bis TRLC (relativo a la subasta sin postor, facultándose al titular del privilegio para que en este escenario promueva la adjudicación a su favor del bien gravado en los plazos y condiciones establecidos en la LEC —art. 423 bis 1 en relación con el 671—, o, para el caso en el que no hiciere uso de esta facultad, a que, según el valor del bien sea inferior o superior al de la deuda garantizada, se adjudique el bien a dicho acreedor o a la persona que el titular del privilegio señale, o se repita la subasta, en esta ocasión sin sujeción a precio mínimo).

En cuanto a la venta de la unidad productiva, respecto de la que se acaba de indicar que resultan de imperativa observancia las prescripciones contenidas en los arts. 215 y ss TRLC, se registran diversos escenarios según la venta tenga lugar:

1. dentro de un plan de reestructuración (art. 614 TRLC);

2. dentro de un plan de continuidad en microempresas (art. 694 bis TRLC);
3. mediante solicitud de nombramiento de experto supervisor para venta preempaquetada (arts. 224 ter a 224 septies TRLC);
4. mediante oferta vinculante de transmisión de unidad productiva presentada con la solicitud de concurso (art. 224 bis TRLC);
5. declarado el concurso, en la fase común (arts. 215 a 224 TRLC), convenio o liquidación.

A lo largo de la charla se discutió ampliamente acerca del contenido y sentido de las reglas especiales, advirtiéndose dos posturas en la práctica judicial, la digamos, *estricta*, que reduce el juego de tales reglas a aquellos casos en los que la naturaleza especialísima de los bienes del concursado ameriten la introducción de un régimen especial de liquidación, lo que, en la práctica, deja sin efecto la previsión, limitándose los juzgados que se alinean con semejante postura a remitirse en el auto de apertura de la liquidación, o en resolución posterior, al régimen general que se ha detallado; y aquella otra que con el propósito de aprovechar la experiencia atesorada en torno a los planes de liquidación acerca de cuestiones de interés sobre las que no se contiene una expresa mención en la Ley (vgr. duración de las fases; formalización de operaciones; distribución de gastos e impuestos), así como de ofrecer una cierta seguridad jurídica a aquellos que participan en el proceso de liquidación (deudor, acreedores, administración concursal, adjudicatarios de bienes y postores), y evitar la litigiosidad, se inclinan por una *visión más amplia* de las reglas especiales, dotándolas en algunos aspectos de un contenido similar al de los antiguos planes de liquidación, de modo que sigan actuando como guía de las operaciones liquidatorias.

De especial interés resultan los acuerdos en materia de liquidación adoptados por los JJMM de Andalucía sobre reglas especiales de liquidación de 10 y 11 de noviembre de 2022[16], que parecen acoger la última de las tesis que se acaban de expresar, o los acuerdos de los

16 https://www.poderjudicial.es/cgpj/es/Poder-Judicial/Sala-de-Prensa/Archivo-de-notas-de-prensa/Los-jueces-de-lo-mercantil-de-Andalucia–Ceuta-y-Melilla-acuerdan-reglas-especiales-de-liquidacion-para-aplicar-a-los-concursos-de-acreedores-que-se-tramiten-conforme-al-libro-I-del-TLRC

JJMM de Barcelona de diciembre de 2023[17], entre los que destacan los adoptados en relación a la venta de unidad productiva (punto 4º), que continúan la senda de otros anteriores (2011 y 2022), y que ofrecieron un interesante punto de partida para el debate en relación a cuestiones tales como: i) la posibilidad de introducir como elemento a valorar en la concesión de autorización para la venta de la unidad productiva el criterio del *interés superior de los acreedores* de modo que se justifique por la administración concursal, o el experto, que el precio ofertado por la unidad productiva es superior a la suma del valor de realización individual de los elementos incluidos en el perímetro de la unidad productiva (criterio, que en cierta medida, aparece recogido en el art. 710.4 TRLC respecto de las microempresas): ii) la posibilidad de excluir la aplicación de los efectos previstos en el art. 224.2 TRLC y 224 septies TRLC en caso de adquisición de la unidad productiva por parte vinculada (planteamiento que, en contra de la dicción literal de los preceptos que se acaban de citar, pudiera hundir sus raíces en el art. 32 de la propuesta de DIRECTIVA DEL PARLAMENTO EUROPEO Y DEL CONSEJO relativa a la armonización de determinados aspectos de la legislación en materia de insolvencia del año 2022); iii) o sobre la posibilidad de interponer recurso de reposición contra el auto que autorice la venta de la unidad productiva en la actualidad, aspecto sobre el que el nuevo art. 216 TRLC, a diferencia del anterior art. 216.4 TRLC, nada dice, siendo el parecer de quien suscribe que dicho auto sí es recurrible por aplicación del régimen general de recursos deducible del art. 546 TRLC.

Por último, en cuanto a la vivienda habitual, se consideró por los asistentes superadas, en tanto que innecesarias de acuerdo con el marco jurídico del que se dispone en la actualidad, aquellas iniciativas por medio de las cuales, abierta la liquidación, se trataba de justificar por distintas vías la no realización del bien, especialmente, en aquellos casos en los que el crédito hipotecario se hallase al corriente del pago, mediase el consentimiento del acreedor hipotecario, y el valor de realización del bien fuera inferior al del crédito garantizado (AAAP Barcelona, Sección 15ª, nº 131/2018, de 16 de octubre,

---

17 https://www.icab.es/es/actualidad/noticias/noticia/La-CRAJ-informa-Acuerdos-de-unificacion-de-criterios-en-Derecho-Concursal-de-los-Juzgados-de-lo-Mercantil-de-Barcelona/

entre otros; Zaragoza, Sección 5 ª, nº 48/2020, de 25 de mayo; Sevilla, Sección 5ª, nº 239/2017, de 28 de septiembre; Valencia, secc. 9ª, nº 196/2020, de 10 de noviembre, o de la AP Castellón, secc. 3ª, 110/2022, de 5 de mayo de 2022), toda vez que tras la reforma, es posible eludir la liquidación de la vivienda habitual, ya sea *ab initio* en el marco de un concurso sin masa (por hallarse la vivienda en la hipótesis del art. 37 bis c TRLC), ya sea fuera del mismo, por la vía de exoneración con plan de pagos (arts. 495 y ss. TRLC), lo que en ocasiones no resultará tan sencillo como en el caso anterior, toda vez que los acreedores pueden invocar como motivo de oposición a la aprobación del plan que mediante la liquidación de la vivienda pudieran obtener más de lo que van a obtener con la ejecución del plan de pagos (art. 498 bis 1. 1º TRLC).

IV. SOBRE EL PROCEDIMIENTOS ESPECIAL PARA MICROEMPRESAS

Como se ha indicado al principio de la presente recesión, ya en la órbita concursal (no preconcursal), la novedad de mayor peso de entre las introducidas por la Ley 16/2022, de 5 de septiembre, ha sido el desarrollo a lo largo del Libro III del Procedimiento Especial de Microempresas cuya implementación, prevista para el 1 de enero de 2023 (DF 19ª de la Ley), ha quedado en buena medida frustrada por las insuficiencias de los medios tecnológicos imprescindibles al efecto como son, en particular, el Servicio electrónico de Microempresas (DA 4ª de la Ley) y la Plataforma de Electrónica de Liquidación de Activos (DA 2ª de la Ley). La situación ha resultado hasta tal punto caótica que la puesta en marcha del procedimiento especial en estas condiciones, no solo ha sido durante criticada por algunos[18], sino que ha habido sugerentes y fundados llamamientos a negar su verdadera entrada en vigor en tanto no conste que los meritados medios se hallan activos y se llegase a garantizar su correcto funcionamien-

[18] CARLOS NIETO DELGADO, **PROCEDIMIENTO ESPECIAL DE MICROEMPRESAS: SOBREVINO EL DESASTRE ANUNCIADO,** *Revista General de Insolvencias & Reestructuraciones / Journal of Insolvency & Restructuring* 10 / 2023.

to[19]. De hecho, a juicio de quien suscribe, muchos de los esfuerzos argumentativos que se dirigen a justificar la inaplicación del procedimiento del Libro III, especialmente, respecto del concurso sin masa, y que han cimentado el camino del fenómeno conocido como "*huida del procedimiento de microempresas*"[20] , no se hubieran producido si los medios tecnológicos a los que se viene haciendo referencia hubieran funcionado correctamente desde un inicio. En cualquier caso, no parece que la línea emprendida por el legislador español sea de fácil retorno puesto que por los promotores del procedimiento especial se ha percibido como un espaldarazo al modelo español el hecho de que la propuesta de Directiva de 2022 recomiende a los Estados Miembros la inclusión en sus legislaciones de un tipo de procedimiento pensado para microempresarios que presenta rasgos similares a los desarrollados en el Libro III.

Sea como fuere, tenemos que el Libro III, sin perjuicio de disponer una serie de "Reglas Comunes" a lo largo del Título I (arts. 685 y ss. TRLC), distingue hasta dos tipos de procedimientos especiales, a saber, de liquidación, con o sin venta de unidad productiva (Título III, arts. 705 y ss. TRLC); y de continuación (Título II), pergeñando en este último caso una figura que podemos calificar de híbrido entre el convenio (por el trámite que sigue para su aprobación) y los Planes de Reestructuración (por el sistema de impugnación con contradicción *diferida*).

En la jornada se intercambiaron opiniones entre los asistentes al respecto de ciertas cuestiones que se mantienen como controvertidas como pudieran ser las siguientes.

Así, sobre la comunicación de inicio de negociaciones, se recordó que la misma puede tener objeto exclusivamente la negociación de un plan de continuación, o la venta de la unidad productiva, toda vez que los microempresarios que por cumplir los requisitos del art.

---

19 NURIA FACHAL NOGUER, ¿Y si no es técnicamente posible acudir al procedimiento de microempresas?; LA LEY Insolvencia, No 17, Enero de 2023, Editorial LA LEY.

20 Sobre la huida del procedimiento del Libro III, Carlos Martínez de Marigorta Menéndez Posibles «huidas» del procedimiento especial de microempresas. Reflexiones sobre «concursos sin masa» y microempresas insolventes sin actividad; Diario LA LEY, Nº 10241, Sección Tribuna, 6 de Marzo de 2023, LA LEY

685.1 TRLC caigan bajo la órbita del Libro III, tienen vedado el acceso a los Planes de Reestructuración (art. 682.3 y 690.1 TRLC).

Del propio modo, no obstante, las dudas concurrentes, se constató la existencia de un posicionamiento mayoritario en la práctica judicial de extender la suspensión de ejecuciones a las de derecho público, tanto en el marco de la comunicación de inicio de negociaciones, como en los casos de apertura de los procedimientos especiales de liquidación y continuación (arts. 690.4, 694.4, 701.1 y 712.1, todos del TRLC, en relación con el art. 605 TRLC).

También se puso de relieve como el procedimiento especial de liquidación (y lo mismo sucede con el de continuación) ha suprimido, incluso en la hipótesis de nombramiento de la administración concursal, la existencia de una suerte de fase común que culmine con la fijación de una lista de acreedores y un inventario producto de un debate contradictorio con los acreedores, de modo que, partiendo de la lista y el inventario declarado por el deudor, únicamente se dispone de un trámite de alegaciones (art. 706 TRLC, 20 días contados desde la publicación del auto de apertura en el Registro Público concursal de acuerdo con el art. 692.3 TRLC) de los acreedores por medio del cual pueden comunicar la concurrencia de un crédito de su titularidad que ha sido indebidamente preterido; promover la modificación de la cuantía y clasificación del crédito de su titularidad propuesta por el deudor; o solicitar la exclusión o inclusión de ciertos bienes, correspondiendo al juez la resolución de la hipotética controversia por medio de un trámite especial (con pretensiones de sustituir a un incidente concursal) que concluirá con una resolución contra la que no cabe recurso (art. 687.4 TRLC). Por alguno de los asistentes se planteó la interesante cuestión relativa a si es posible otorgar a la lista de acreedores resultante del procedimiento que se acaba de detallar el mismo valor que respecto de la lista acreedores predica el art. 484.2 TRLC, y cierta jurisprudencia que lo interpreta (vgr. STS nº 558/2018 de 9 de octubre).

Finalmente, en tanto que no se halla en funcionamiento la Plataforma Electrónica de Liquidación de Activos como verdadero instrumento de liquidación (no mera plataforma de publicidad de activos concursales), se concluyó por los asistentes que era dable incluir en el plan de liquidación los mecanismos alternativos de liquidación previstos para el concurso ordinario. Asimismo, se consideraron aplicables los plazos relativos a la duración de la liquidación (3 más 1 del art. 719.1 TRLC), sin perjuicio de constatar la irrealidad de su cumplimiento, máxime en ausencia de la plataforma, lo que abre la puerta a interpretar que el deudor o la administración concursal, en tanto que genuino órgano liquidador, pueda eludir eventuales responsabilidades o la reducción de sus honorarios solicitando una prórroga de la liquidación en los términos previstos en el concurso ordinario (arts. 87.1.3º c); 427 TRLC).

5. EL PLAN DE VIABILIDAD EN LOS PLANES DE REESTRUCTURACIÓN

VICENTE ZUBIZARRETA URCELAY
Economista. Auditor de cuentas. Administrador Concursal
Socio GRUPO ZUBIZARRETA

ASIER ETXEITA ESCOBAL
Economista. Auditor de cuentas. Experto en reestructuraciones
Socio GRUPO ZUBIZARRETA

I. INTRODUCCIÓN

Esta introducción se identifica con los objetivos pretendidos en su contenido en relación a los diversos terceros interesados, a los que va dirigido, si bien destacan entre los mismos los profesionales actuantes en el ámbito del Preconcurso, así como en el posible concurso y/o liquidación de la empresa deudora.

La reciente reforma introducida por la ley 16/2022, de 5 de septiembre, de reforma del texto refundido de la ley concursal (TRLC), ha originado un gran cambio de nuestro derecho preconcursal, constituyendo como fundamentos base del mismo: (i) Los acreedores constituyen una parte importante tanto en las oportunidades para beneficiarse del proceso preconcursal (sin su acuerdo favorable no es posible resolver con éxito el Plan de Reestructuración), como, incluso pueden "adueñarse" de la titularidad o propiedad de la deudora; (ii) El proceso preconcursal está dotado de mecanismos que permiten actuaciones ágiles y flexibles lo que permite acortar los tiempos para solventar y conocer la viabilidad del Plan de Reestructuración; (iii) En sí el Juzgado de lo Mercantil, si bien tiene una participación activa en determinadas autorizaciones y aprobaciones, en cambio se busca que la base del proceso preconcursal esté poco sujeto a las decisiones judiciales; (iv) y etc.

Sin embargo, el objetivo de este documento se centra en otras cuestiones distintas:

- La desaparición o infravaloración del informe del Plan de Viabilidad, como término, pero, aunque en el Libro Segundo no se hace mención al mismo queda englobado en el Plan de Reestructuración.
- La formación de clases se ha constituido en el instrumento fundamental para "sacar adelante" el Plan de Reestructuración, y no tanto la evidencia de que el deudor disponga de factores y características de ser económicamente viable a futuro.
- Por otro lado, la circunstancia normativa contenida en el TRLC (como referencia básica Art. 633, 10ª) que para la garantía de la viabilidad de la empresa sea suficiente presentar con razonabilidad la misma, en el corto y medio plazo (3 años), y evitar el concurso del deudor. Entendemos que tal objetivo de viabilidad de la empresa, debiera, para la mayoría de los casos, considerarse en un plazo superior a los tres años.
- Y, por último, un objetivo de este documento consiste en la presentación, si bien muy sintetizada, dadas las limitaciones del mismo, de lo que es y constituye el Plan de Viabilidad.

Es obvio y todos sabemos que todavía nos hallamos en el inicio del rodaje en la implantación del proceso preconcursal, y será necesario unos años para observar sus benévolos frutos, e incluso modificaciones correctivas legislativas si es el caso.

II. EL "PURISMO" Y LA PRACTICA PROFESIONAL

Hacemos referencia a la práctica "Profesional", por constituir el ámbito en el que desarrollamos nuestra actividad diaria, si bien los comentarios que siguen son asimismo extensibles al ámbito "Académico".

El término "purismo" me impresionó cuando el cantaor flamenco "José Menese Scott" (1942-2016) en una gira por el País Vasco, vino a actuar a VITORIA, y en una cena relajada y con contenido de energía positiva, se dirigió a mí y me dijo: "Bixente, yo soy "purista" en el cante jondo". José Menese es considerado como uno de los cantaores más puros y portentosos del cante andaluz, como cantaor ortodoxo, respetando los esquemas clásicos del flamenco, rehuyendo de las innovaciones que otros artistas introducían progresivamente, sin dejarse influenciar por nuevos estilos. Era un cantaor payo, pero vinculado con la excelencia de los grandes cantaores gitanos.

El término ortodoxo identificable a purismo, tiene como sinónimos: "purista", "puro", "legítimo", "auténtico", "íntegro", "fiel", "leal", "recto". Y ampliado con los requisitos de la Ley Concursal, se completaría con el término: "independiente".

Entendemos que el profesional que interviene en los Planes de Reestructuración (LIBRO SEGUNDO - Del Derecho Preconcursal) regulado por el TRLC (Ley 16/2022 de 5 de septiembre) artículos 583 a 684, inclusive, debe disponer de un "espíritu purista" según los cánones establecidos por las normas técnicas y de conocimiento, especialización y desarrollo continuo en su mejora profesional que lo exigen. Si bien el TRLC, no se considere en lógica práctica como lugar idóneo para tal menester, es preciso señalar que no desarrolla ni contiene normas con contenido aclaratorio suficiente (salvo lo establecido en el art. 680. Deberes de diligencia, independencia e imparabilidad) para que sirvan de guía a los profesionales en su ámbito de actuación con experiencia y ortodoxia, y ello en referencia a los comentarios que recogemos posteriormente sobre la proyección de razonabilidad de garantizar la viabilidad en el corto y medio plazo (¿proyección a 3 años?), con el fin de evitar el concurso.

III. EL CONTENIDO Y LOS PROCESOS DE ELABORACIÓN DEL PLAN DE VIABILIDAD

En el articulado (Libro Segundo) como en el Preámbulo de la Ley 16/2022, de 5 de septiembre, se echa en falta los básicos procesos sobre la naturaleza técnica que definan **lo que es y constituye** el Plan de Viabilidad. Desde un punto de vista profesional el Plan de Viabilidad es la pieza angular para determinar si el Plan de Reestructuración, que se acuerde y a posteriori se homologue, reúne los visos mínimos de credibilidad para mostrar que la empresa, en situación de insolvencia: Probabilidad de Insolvencia, Insolvencia Inminente o Insolvencia actual, se catalogue como empresa rentable, y con proyección de funcionamiento a futuro, una vez solventada su situación financiera de desequilibrio.

Y ello es así, dado que el TRLC no recoge, ni en su extenso Preámbulo ni en su articulado, específico del Libro Segundo párrafos destinados a definir: los objetivos, procesos de elaboración, implantación de acciones y el control y seguimiento, por lo que el profesional ha de recurrir a la experiencia y práctica diaria, complementado con las guías que le sirve el ámbito académico. Es decir, el TRLC obvia el tratamiento de lo que constituye la gestión empresarial, que en definitiva es la base en el que se sustentan las posibilidades de éxito del Plan de Viabilidad, es decir, la carta de presentación para considerar razonablemente la viabilidad de la empresa.

El preámbulo sí que reitera, en términos simples y generalistas, la idea y concepto de "actividades "económicamente viables", pero con "dificultades financieras", como requisito indispensable para poner en práctica el proceso de Reestructuración.

En el corto período de práctica de las normas del Derecho Preconcursal (Libro Segundo), a través de la jurisprudencia que se está creando, se ha derivado la idea de que la **formación de clases** se está constituyendo en la clave para lograr los acuerdos requeridos con los acreedores y proceder a la oportuna homologación judicial de los planes de reestructuración, derivando en los oportunos "arrastres", según se regula en el Título III De los Planes de Reestructuración, del citado Libro Segundo.

De la experiencia vivida hasta los momentos presentes, basándonos en las sentencias de los diversos Juzgados de lo Mercantil y del resultado de las apelaciones en las Audiencias Provinciales, recogemos los siguientes:

- XELDIST (Audiencia Provincial - Pontevedra).
- CELSA (Mercantil nº 2 - Barcelona)
- TELEPIZZA (Mercantil nº 5 - Madrid)
- SINGLE HOME (Mercantil nº 5 - Madrid) (Recurrida ante la Audiencia Provincial)

- EZENTIS (J.P.I. nº 1 - Sevilla) (Recurrida ante la Audiencia Provincial)

Se puede aseverar que como norma general la instrumentación "adecuadamente" organizada de las clases de acreedores (Artículos 622 a 626 del TRLC) ha facilitado homologaciones judiciales de Planes de Reestructuración, donde se han dictado las interpretaciones judiciales que han dado lugar a:

- Un apoyo minoritario (una oposición mayoritaria) no supone que el Plan de Reestructuración no tenga perspectivas razonables de cumplimiento ni de garantizar la viabilidad (Sentencia TRANSBIAGA).
- El incumplimiento por parte del Plan de Reestructuración de garantizar la viabilidad debe ser acreditado por el oponente (Sentencia TRANSBIAGA).
- La falta de un adecuado Plan de Viabilidad no invalida al Plan de Reestructuración (Sentencia CELSA).
- En caso del Plan de Reestructuración de un GRUPO no es necesario un análisis individualizado de la viabilidad de cada compañía (Sentencia CELSA).
- El período de análisis puede ser inferior al del Plan de Reestructuración, siendo 3 años un plazo razonable.
- Necesidad o no de analizar las posturas alternativas existentes (Sentencia CELSA: no hay necesidad de analizar las posturas alternativas existentes) (Así como en la Sentencia SINGLE HOME).

Todo ello señalado precedentemente ha supuesto una "sorpresa" por su novedad, pues hay que considerar que estamos al inicio de la aplicación de la nueva normativa preconcursal.

Nos tenemos que concienciar, en síntesis, a las siguientes conclusiones básicas según las sentencias de los juzgados disponibles hasta el momento:

i. Se hace primar los intereses de clase frente a las mayorías de pasivo (estamos habituados a las mayorías generales en las aprobaciones de refinanciación y de convenios).

ii. Incluso se puede imponer el interés de una sola clase frente a una mayoría de clases o de categorías, que no hayan apoyado el plan de reestructuración.

iii. Planes de reestructuración no consensuados: la mayoría del pasivo afectado sólo cuenta en la votación interclase, pero no para computar la mayoría simple de clase.

En documento preparado por parte de ASIER ETXEITA, socio de ZUBIZARRETA, para ARANZADI LA LEY - Formación, en la sesión de BILBAO (25 de Abril de 2024), se hace referencia a otras conclusiones, relativas a: los criterios de formación de clases; trato no paritario intraclase, sacrificios desproporcionados; interés superior de los acreedores; trato menos favorable que otros del mismo rango concursal; regla de prioridad absoluta; aprobación del Plan de Reestructuración por una única clase que se presuma que hubiese recibido algún pago en continuidad, etc.[21]

Por otro lado, la visibilidad y el protagonismo del Plan de Viabilidad queda "oscurecido" por el propio desarrollo de la normativa legal establecida en referencia al Plan de Reestructuración.

Sin embargo, cuando el legislador utiliza de forma específica el término de Plan de Reestructuración, hay que considerarlo correcto, puesto que, en el mundo profesional, así como en el académico, ha sido habitual el uso de este término, equiparándolo al de Plan de Viabilidad.

El apartado 4.1-Conceptos asimilables y/o equiparables al Plan de Viabilidad, de este documento, en el párrafo d) los términos, figura como término usual: Plan de Reestructuración.

Citamos y analizamos los artículos más relevantes del TRLC al respecto:

Uno Artículo 614. Concepto

"*Se considerarán planes de reestructuración los que tengan por objeto la modificación de la composición, de las condiciones o de la estructura del activo y del pasivo del deudor, o de los fondos propios, incluidas las transmisiones de activos, unidades productivas o de la totalidad de la empresa en funciona-*

[21] Se puede acceder a dicho documento en solicitándolo a: mmendez@grupozubizarreta.com.

miento, así como cualquier cambio operativo necesario, o una combinación de estos elementos".

La definición del concepto, sobre los planes de reestructuración y el ámbito de aplicación, se expresa en términos tan generalistas, que para su adaptación a la elaboración del Plan de Viabilidad es ambigua y posibilita a diversas alternativas de desarrollo práctico. En definitiva, recoge como objeto del plan de reestructuración: la modificación del activo y pasivo del deudor o de los fondos propios, incluidas las transmisiones de activos, unidades productivas o de la totalidad de la empresa en funcionamiento, así como cualquier cambio operativo necesario (el subrayado es nuestro).

Sin embargo, no es correcto denostar lo regulado por este artículo, que sí concreta literalmente que para que una empresa sea reestructurable, según el Libro Segundo, ha de estar en funcionamiento. No obstante, aunque sí hace mención a las acciones operativas o económicas (lo de económicas es añadido explicativo nuestro), en la realidad de los Planes de Reestructuración que hemos analizado, hasta la fecha tales acciones operativas no son reflejadas debidamente.

En sí este artículo 614 aporta novedades como el enfoque de posibilidad de las modificaciones en fondos propios y sobre las transmisiones de activos, unidades productivas y la totalidad de la empresa en funcionamiento. Añadiendo la posibilidad de "cualquier cambio operativo", si bien en términos muy genéricos, lo que exige la aplicación práctica de la gestión empresarial basada en las habituales y correctas actuaciones profesionales y empresariales al uso, adaptadas a las exigencias requeridas para la fase preconcursal.

Dos Artículo 633. Contenido del Plan de Reestructuración. Apartado 9º

"Las medidas de reestructuración operativa propuestas, la duración, en su caso, de esas medidas y los flujos de caja estimados del Plan, así como las medidas de reestructuración financiera de la deuda, incorporando la financiación interina y la nueva financiación prevista en el plan de reestructuración, con justificación de su necesidad y, en su caso, las consecuencias globales para el empleo, como despidos, acuerdos sobre reducción de jornada o medidas similares".

Técnicamente esta definición se puede considerar "perfecta"; lo dice todo, pero de una forma tal generalizada que se corre el riesgo de interpretaciones no debidamente al acorde con las correctas y adecuadas técnicas del desarrollo y elaboración del Plan de Viabilidad.

Recoge "... y los flujos de *caja* estimados en el Plan" (el subrayado es nuestro) no identifica al Plan de Viabilidad sino se refiere al Plan de Reestructuración. De lo que se deduce que el Plan de Viabilidad no constituye un documento separado o independiente del Plan de Reestructuración, hallándose integrado en éste.

Entendemos que el Plan de Viabilidad forma parte del Plan de Reestructuración, sirviéndonos como símil de referencia: El Plan de Viabilidad constituye la parte económica y financiera, que se integra en el conjunto del Plan de Reestructuración, y éste reviste las condiciones para catalogarlo como englobador, asimismo, de la parte jurídica.

Este apartado 9º o" mención 9ª (como lo apertura el artículo 633) junto con el complemento de la mención 10ª, tiene una connotación clara sobre el desarrollo y contenido de lo que en el mundo empresarial y en la profesión de consultoría empresarial, así como en el ámbito académico se configura como: Plan de Viabilidad. Término, cuya mención específica, reiteramos, el legislador elude; lo que lo oscurece o lo hace desconocido como término. En sí, no resulta vital que se recoja o no el término del Plan de Viabilidad, pero sí que lo que en la práctica se identifica con este importante y vital documento, para dar razonabilidad a la viabilidad de la deudora en su futuro empresarial, objetivo que señalan estas menciones (9ª y 10ª) del artículo 633 del TRLC.

Tres Artículo 633. Apartado 10º

"*La exposición de las condiciones necesarias para el éxito del Plan de reestructuración y de las razones por las que ofrece una perspectiva razonable para garantizar la viabilidad de la empresa, en el corto y medio plazo, y evitar el concurso de acreedores*".

Este apartado o mención (10ª) incide de lleno en el contenido de apartados básicos y que no deben faltar en su desarrollo en un Plan de Viabilidad. Nuevamente reiteramos que sus apartados son en plan generalista, pero opinamos que el legislador ha actuado de forma deliberada y racional por entender que una exposición y/o descripción de tales conceptos básicos, entrañarían una distorsionante desproporcionabilidad, tanto en la dimensión del contenido descriptivo como en el riesgo de mezclar conceptos muy técnicos, del ámbito de la gestión empresarial, y de la normativa jurídica, siendo esta última el objetivo primordial del legislador. Por ello, da la sensación de que el legislador ha confiado en el buen hacer de los expertos profesionales y empresarios en la elaboración, implantación y seguimiento de los planes de viabilidad.

En el apartado 4 de este documento se exponen las definiciones y la síntesis de las fases y procesos de la elaboración del Plan de Viabilidad, ello con el objeto de disponer de las bases, fundamentos y objetivos del mismo.

Como hemos señalado, esta mención 10ª hace referencia a las conclusiones y a los aspectos fundamentales de lo que constituye el Plan de Viabilidad. Sobre el mismo, exponemos a continuación nuestras opiniones, en un intento de aportar algunas nociones y conceptos de uso en la práctica profesional y empresarial.

a) **La exposición de las condiciones necesarias para el éxito del Plan de Reestructuración y de las razones de su razonabilidad.**

Se basa en evidenciar razonablemente la capacidad de la deudora para atender debida y puntualmente las deudas. Su capacidad proviene y se basa en lo referido por el anterior apartado 9º sobre las proyecciones razonadas de los flujos de caja a futuro que sustenten suficientes fondos financieros para atender tanto a los acreedores afectados y no afectados por el Plan de Reestructuración, así como a los acreedores futuros que se registren durante en el funcionamiento de su actividad empresarial.

Este objetivo loable, en la práctica profesional se establece con bases de cierta subjetividad, por lo que es preciso que los actores, tanto profesionales, empresarios, así como el Experto en la Reestructuración, intenten objetivizar al máximo las estimaciones sobre bases contrastables: estudios de mercado, plan de marketing, apoyos financieros concertados, etc.

En definitiva, el Plan de Viabilidad tiene que ser racional y coherente.

Es preciso salvar el dicho vulgarizado e inaceptable de "**EL PAPEL PUEDE CON TODO**". Este dicho se ha acuñado, desgraciadamente, por la falta de rigor en la elaboración de los objetivos contenidos, en épocas anteriores y no tan anteriores, de los Planes de Viabilidad elaborados en nuestro país. A su vez hay que añadir que muchos Planes de Viabilidad, desgraciadamente, se paralizan al elaborar el informe correspondiente, sin proceder, posteriormente, en la debida diligencia a su implementación y obviando las fases de control y seguimiento.

Desde otro punto de vista, todos sabemos que el futuro no se puede conocer con certeza, sólo hacer estimaciones y previsiones sobre los sucesos futuros. En consecuencia, no se puede aseverar una total fiabilidad de las previsiones y objetivos establecidos en el Plan de Viabilidad. Por ello, es necesario que las previsiones y estimaciones sean razonables, y en una parte importante esta razonabilidad se puede lograr con el intercambio de opiniones en los procesos de negociación del plan con los acreedores implicados en el mismo.

b) La determinación legal de: "**garantizar la viabilidad de la empresa, en el corto y medio plazo**

Esta cuestión es crucial para la resolución de los Planes de Reestructuración, además de no estar exento de polémica por las diferentes interpretaciones según el ámbito en el que operan los diversos actores actuantes en dichos planes.

El plazo limitativo de: "en el corto y medio plazo" como requisito parta sustentar y considerar que una empresa está consolidada como empresa viable, origina una disparidad de opiniones contradictorias, sobre todo desde el punto de vista del ámbito empresarial y de los profesionales (consultores) de la planificación estratégica de las empresas.

El profesor FRANCISCO JOSÉ GARCIMARTÍN ALFEREZ expuso de forma ilustrativa cuatro tipos de situaciones generales de empresas desde la perspectiva de insolvencia, que ha sido considerada como una referencia digna de análisis en los estudios preconcursales.

Las cuatro tipologías, que a continuación exponemos a examen, desde nuestro punto de vista, deben determinarse previa una realización de las posibilidades estratégicas de la empresa deudora (considerando obviamente los mecanismos operativos-económicos) y el test de razonabilidad bajo en enfoque de proyecciones financieras, es decir, tras un intento de buscar su factibilidad-viabilidad mediante la elaboración expresa de un Plan de Viabilidad.

Las cuatro tipologías del profesor GARCIMARTÍN:

i. Empresas viables tanto desde el punto de vista económico como financiero

   – Sería contrario a las normas legales y económicas su acceso a mecanismos de reestructuración, por considerar un aprovechamiento indebido de competencias legales, es decir, constituye una situación ilícita.

ii. Empresas que no son viables ni económica ni financieramente

   – La lógica señala se proceda, a la mayor brevedad al cese definitivo de su actividad: liquidación societaria o concursal.

iii. Empresas que son inviables económicamente, pero viables financieramente

   – Aunque parezca que este tipo de empresas puede perdurar en el tiempo, la realidad de su insolvencia llegará en un próximo futuro. Además, no tiene sentido el deterioro de valor patrimonial que han de soportar los socios o propietarios y a su vez derivará en contra de los diversos terceros intervinientes (personal, acreedores, clientes…).

   – La mejor opción es proceder a la oportuna liquidación societaria (art. 371 y ss LSC) y no por el cauce concursal (art. 406 y ss TRLC).

iv. **Empresas viables económicamente, pero inviables desde el punto de vista financiero**

   NOTA ACLARATORIA

   I. Es preciso reiterar, que a la conclusión de esta situación (así como de los tres anteriores) se llega previo examen y elaboración de un Plan de Viabilidad (avance y estudio) de las posibilidades de funcionamiento a futuro de la empresa. Aunque no resulte fácil más bien dificultoso, cabe que empresas con reiterados resultados económicos deficitarios y/o escasos pueden presentar a futuro posibilidades de viabilidad, mediante las oportunas decisiones estratégicas que den acceso al éxito.

II. Es de ingenuos (salvo que vivamos en "Disney-Landia") considerar que se dan circunstancias de encontrarnos con empresas que han registrado habitualmente márgenes económicos positivos y que adolecen únicamente de un desequilibrio financiero. Lo normal es que los datos históricos hayan reflejado niveles de resultados escasos y/o deficitarios, a la vez de un endeudamiento financiero excesivo.

III. Pero si nos encontramos con alguna empresa que haya registrado históricamente adecuados resultados económicos positivos, pero se hallen con desequilibrio financiero, en teoría, **la puesta en práctica de procesos de reestructuración (Preconcursal) se realizaría de forma ágil, y consensuada; en definitiva, en un corto espacio temporal, considerando la confianza en los resultados económicos acaecidos precedentemente. Sin embargo, caben situaciones distorsionantes, como se comenta en párrafos posteriores.**

IV. La situación ideal para proceder al inicio del estudio y entrar en el proceso de un Plan de Reestructuración es hallarse en situación de probabilidad de Insolvencia (margen de 2 años), habiendo asumido las alertas tempranas tomándolas en consideración y conciarse en ellas.

Por lo aclarado, únicamente las empresas, que presentan un razonable futuro económico viable, y que la carga actual financiera los sitúe en la insolvencia o próxima a la misma son las únicas que debieran acceder a los Planes de Reestructuración.

Como dato resaltable en este tipo de empresas, se constata que el valor como empresa en funcionamiento es superior a su valor de liquidación. Puede procederse a conservar su unidad o actividad productiva, bien mediante su venta a un tercero (liquidación mediante venta de la "empresa en funcionamiento), bien mediante una reestructuración de su pasivo" (art. 614 TRLC).

Ahora bien, considerando el específico período de garantizar la viabilidad **de la empresa en el corto y medio plazo**, desde nuestro punto de vista profesional no debiera ser adecuado para considerar la viabilidad de la empresa. En términos generales, si bien existen otras opciones interpretativas, el corto plazo, abarca hasta 1 año ó 18 meses y el medio plazo desde 1 año ó 18 meses hasta los 3 años. La interpretación literal del párrafo requiere que en el corto plazo se considera que se cumplen razonablemente con las obligaciones de pago a los acreedores y se continúa hasta la terminación del medio plazo (3 años), considerándolos a partir de la aprobación y formalización en escritura pública del Plan de Reestructuración.

Este limitado plazo temporal (hasta el medio plazo) entraña contradicciones lógicas con los objetivos que se aplican en ortodoxia ("purismo") en las actuaciones del ámbito profesional, donde al elaborar el Plan de Viabilidad con criterios de racionalidad y que la dotan de razonabilidad para situar a la empresa en un estadio de viabilidad y con futuro para el normal funcionamiento empresarial.

Para ello, la empresa debe disponer de resortes base que le permitan superar los riesgos normales que acaecen en los períodos de su funcionamiento, como son (citamos a modo orientativo):

- Disponer de claras ventajas competitivas respecto la competencia.
- Los ratios económicos y financieros de niveles aceptables y manteniendo la tendencia favorable.
- Perspectivas de atender las obligaciones de pago oportunamente.
- Etc.

Lo que en el fondo señalamos que la empresa, debe disponer de ALMA (véase el apartado 3- ACCIONES OPERATIVAS-ECONÓMICAS).

Sin embargo, al hallarnos en el ámbito de la insolvencia (Preconcurso y Concurso de Acreedores), nos posicionamos firmemente en que el Plan de Viabilidad contemple, con la debida razonabilidad, la viabilidad en el funcionamiento normal de su actividad empresarial cumpliendo debidamente con las obligaciones de pago acordadas en el Plan de Reestructuración, así como con el resto de obligaciones contraídas a posteriori. Por ello, el período temporal de garantizar la viabilidad ha de transcender al menos hasta el plazo de cumplimiento de las obligaciones acordadas con los acreedores afectados y no afectados por el Plan de Reestructuración. Éste debiera ser el plazo mínimo para considerar que el Plan de Viabilidad cumple con sus objetivos de hacer factible el requisito de empresa en funcionamiento - "going concern".

No obstante, por practicidad y con el orden legal establecido nos hemos de ceñir a la normativa legal establecida y a lo que la jurisprudencia vaya dictando.

Tres El plan de viabilidad como base para el cumplimiento de los requisitos legalmente establecidos para la homologación del Plan de Reestucturación y evidenciar la superación de las impugnaciones a la homologación del plan de reestructuración, por parte de acreedores disidentes

Este documento "camuflado" y no citado como tal en el proceso de los Planes de Reestructuración, que constituye el Plan de Viabilidad, ha de recoger con suficiente soporte primero el cumplimiento de los requisitos legales exigidos para la homologación del Plan de Reestructuración y las bases para evidenciar las exigencias legales que permitan salvar las impugnaciones a la citada homologación ante la Audiencia Provincial.

Cobra especial aplicación en las circunstancias de las impugnaciones el art. 661 (TRLC). Efectos de la sentencia estimatoria de la impugnación.

1. "*La sentencia estimatoria de la impugnación declarará la no extensión de los efectos del plan únicamente frente a quien hubiera instado la impugnación, subsistiendo los efectos de homologación frente a los demás acreedores y socios*". "*En este caso, si los efectos no se pueden revertir, el impugnante tendrá derecho a la indemnización de los daños y perjuicios por parte del deudor*".

2. "*Como excepción a lo previsto en el párrafo anterior, cuando la estimación de la impugnación se haya basado en la falta de concurrencia de las mayorías necesarias o en la formación defectuosa de las clases, la sentencia declarará la ineficacia del plan*".

3. "*La sentencia no perjudicará los derechos adquiridos por terceros de buena fé de acuerdo con la legislación hipotecaria*".

Una vez superado el requisito del artículo 647.1: “Salvo que de la documentación presentada se deduzca manifiestamente que no se cumplen los requisitos exigidos en los artículos 635 a 640 TRLC, el Juez homologará el Plan de Reestructuración”. En este sentido el contenido de este artículo 661, es de suma importancia, dado que el mismo concluye en dos aspectos básicos:

Uno La ineficiencia del Plan de Reestructuración, es decir, que sea inválida si la impugnación se basa en alguna de las siguientes circunstancias:

a) Que el Plan se haya basado en la falta de concurrencias de las mayorías necesarias para su aprobación, en referencia al capítulo IV del Título III del Libro Segundo, y de forma especial los artículos 629, 630 y 631.

b) Que la formación de clases haya sido defectuosa.

   Sin embargo, considerando la sentencia nº 179/2023, de 10 de Abril, de la Audiencia Provincial de Pontevedra (caso Xeldist), debe aplicarse un “test de resistencia”, donde la incorrección de la formación de clases, no afecta a las mayorías necesarias para la aprobación de la homologación, es decir, el defecto resultará irrelevante.

Dos Únicamente los impugnantes, en caso estimatorio de su impugnación se liberarán de los efectos del plan, subsistiendo los efectos para el resto de acreedores afectados y socios.

En conclusión, cabe resaltar las siguientes cuestiones:

- ¿Si no se da la presentación de impugnaciones al respecto (en relación a la falta de concurrencia de las necesarias mayorías o a la defectuosa formación de las clases) se salva la posibilidad de declarar la ineficacia del Plan de Reestructuración?

Por lo que podemos manifestar que, ¿si no hay impugnaciones el plan de reestructuración (usando el argot popular) “va a misa”?

A continuación, en combinación con lo regulado por los artículos del TRLC, correspondientes a los requisitos exigidos para la homologación del plan de reestructuración y los correspondientes referidos a las impugnaciones del auto de homologación, recogemos a modo de síntesis, los aspectos de los mismos, que por ser resaltables e ineludibles deben ser contemplados en el Plan de Viabilidad; todo ello para que éste sea eficaz en el proceso de la reestructuración. (Obvia señalar que el Plan de Viabilidad puede extenderse a otros requisitos coherentes con el Plan de Reestructuración).

a) Artículos: 638 - Requisitos para la homologación del Plan de reestructuración aprobado por todas las clases de acreedores y 654 - Impugnaciones (a salvar) del auto de homologación del Plan aprobado por todas las clases de créditos (el añadido "a salvar" es aportación nuestra), respectivamente.

i. Que el deudor se encuentre en: probabilidad de insolvencia, insolvencia inminente o actual.

ii. Que el plan ofrezca una perspectiva razonable de evitar el concurso y asegurar la viabilidad de la empresa en el corto y medio plazo.

iii. Que cumpla con los requisitos de contenido y de forma exigidos por el Título III del Libro Segundo del TRLC.

iv. Que haya sido aprobado por todas las clases de crédito de conformidad con las previsiones del Título III, del Libro Segundo del TRLC, por el deudor o, en su caso, por los socios.

v. Que los créditos dentro de la misma clase sean tratados de forma paritaria.

vi. Que hayan cumplido los requisitos de comunicación, contenido y de forma regulados por los artículos: 627 a 634, inclusive.

vii. Que la formación de clases de acreedores y la aprobación del plan, se haya producido de conformidad con lo previsto en los artículos: 622 a 634, inclusive.

viii. Que la reducción del valor de los créditos no sea manifiestamente mayor al que resulta necesario para garantizar la viabilidad de la empresa.

ix. Que el plan supere el "interés superior de los acreedores", en referencia a que el plan de reestructuración dé opción a recibir más valor que en el caso de la liquidación.

x. Que el deudor no haya incumplido la obligación de encontrarse al corriente en el cumplimiento de sus obligaciones tributarias y frente a la Seguridad Social (en connotación a los artículos 616 y 616 bis TRLC).

b) Artículos 639 - Requisitos para la homologación del Plan de reestructuración no aprobado por todas las clases de créditos, 655 - Impugnaciones (a salvar) del auto de homologación del plan no aprobado por todas las clases de créditos, respectivamente.

i. Que haya sido aprobado por la clase o clases necesarias de conformidad a los artículos: 639.1º y 2º.

ii. Que se superen los motivos señalados en el anterior apartado **a)**: i; ii; vi y vii.

iii. Que una clase de créditos no vaya a mantener o recibir, de conformidad con el plan, derechos, acciones o participaciones, con un valor superior al importe de sus créditos.

iv. Que la clase o la que pertenezca el acreedor o los acreedores impugnantes no reciban un trato menos favorable que cualquier otra clase del mismo rango.

v. Regla de Prioridad Absoluta (RPA).

Que la clase, asimismo, a la que pertenezcan los impugantes no reciban derechos, acciones o participaciones con un valor inferior al importe de sus créditos si una clase de rango inferior o los socios van a recibir pago o conservar cualquier derecho, acción o participación en el deudor (salvo en situaciones de que sea imprescindible para asegurar la viabilidad (art. 655.3).

vi. Que el deudor no haya incumplido las obligaciones de encontrarse al corriente en el cumplimiento de sus obligaciones tributarias y frente a la Seguridad Social (en connotación a los artículos 616 y 616 bis TRLC).

NOTA COMPLEMENTARIA AL ART. 639.2º

El Plan de Viabilidad constituye la base soporte para elaborar, el informe del Experto en la Reestructuración sobre el valor de la deudora como empresa en funcionamiento. Obvia señalar que los flujos de caja que sirven para evaluar la empresa deudora han de ser coherentes con lo recogido en el Plan de Viabilidad, contemplando lo que se desprende de los estados financieros previsionales: Cuentas de Pérdidas y Ganancias, Balances, Estado de Origen y Aplicación de fondos (o Plan Financiero) y Presupuestos de Tesorería.

En este sentido, los años de planificación contemplados en el Plan de Viabilidad (normalmente de 3-5 años) se identifica a efectos de proceder a la valoración de la deudora con el "Período de Planificación", y a partir del mismo se inicia la valoración del "Valor Residual".

El "Perito de Planificación" tiene dos bases para su determinación, que pueden ser incluso coincidentes:

i. El período que se requiere para que la empresa logre una consolidación de sus actividades y niveles normales de rentabilidad, y

ii. El período temporal de las previsiones y estimaciones, que se consideren válidas o presumiblemente cuantificables con cierto rigor, si bien nunca se pueden asegurar al 100 por ciento.

El "Valor Residual", que normalmente se considera ilimitado en el tiempo, y considerando tasas de descuento relativamente elevadas, del orden del 15% o 20%, este período de tiempo ilimitado no representa variaciones cuantificativas significativas respecto a períodos de 15 a 20 años de vida residual de la empresa.

c) Artículo: 640 - Requisitos del plan aprobado por el deudor y, en su caso, los socios.

i. Si el deudor fuera persona natural, la homologación el plan de reestructuración requerirá que haya sido aprobado por éste.

ii. Si el deudor fuera persona jurídica, la homologación requerirá que haya sido aprobado por los socios legalmente responsables de las deudas sociales. Si éstos no existieran, el plan se podrá homologar, aunque no haya sido aprobado por los socios si la sociedad se encuentra en situación de insolvencia actual o inminente, salvando lo descrito en los arts. 684.2 y 4 (**Régimen especial**). Y en microempresas, según lo regulado por el Libro Tercero, Título II - Capítulo II (artículos 698 a 698 quinquies).

d) Artículo: 656 - Impugnaciones (a salvar) del auto de homologación del plan no aprobado por los socios.

i. Que el plan de reestructuración cumpla los requisitos de contenido y de forma que se exigen en los artículos: 627 a 634, inclusive, y que haya aprobado de conformidad con dichos artículos.

ii. Que el plan ofrezca una perspectiva razonable de evitar el concurso y asegurar la viabilidad de la empresa en el corto y medio plazo.

iii. Que ninguno de las clases de acreedores afectados vaya a recibir, como consecuencia del cumplimiento del plan, derechos, acciones o participaciones, con un valor superior al importe de sus créditos.

Cuatro. *Conclusiones y expectativas a futuro*

Por lo que se observa en los procesos de los planes de reestructuración, en su reciente e iniciada andadura, el punto central de la homologación de los planes de reestructuración lo constituyen la fórmula de formar las clases de los acreedores afectados, y mediante una "ingeniería financiera - jurídica" encontrar la "llave" para conseguir que los acreedores permitan alcanzar la aprobación del plan de reestructuración y arrastren a los disidentes. A su vez, la determinación del reducido período que supone el corto y largo plazo (tres años) para evaluar en el futuro que la deudora pueda considerarse como empresa viable económicamente.

Todos los procesos complejos, como lo es la vivencia de una empresa u organización, requieren la toma de decisiones, en su grado estratégico oportuno, cuyas consecuencias se verán a futuro y no de inmediato, o incluso distanciados en el espacio o lugar.

Por ello, la historia del futuro nos mostrará, si el hecho de no considerar el plan de viabilidad como instrumento clave para establecer o vaticinar la viabilidad de la empresa en situación o proximidad probable de insolvencia puede ser fructífero ó de lo contrario se vayan a registrar un alto porcentaje de planes de reestructuración que hayan sido homologados y al cabo de un tiempo, ya sea antes o después del plazo a corto y medio plazo, vayan a abocar irremediablemente en procesos concursales. Todo ello por el laxo plazo para evaluar la viabilidad razonable: corto y medio plazo.

IV. LAS ACCIONES OPERATIVAS-ECONÓMICAS: ¿OTRAS DESCONOCIDAS?

a) Las acciones operativas-económicas, son vitales para un planteamiento integral en la reestructuración preconcursal

Según señalan acertadamente CARMEN ANSOTEGUI OLCOZ y JESÚS PALAU MONTAÑANA (LA VENTA DE LA UNIDAD PRODUCTIVA EN SEDE CONCURSAL - WOLTERS KLUWER - 2022) para conocer el valor de continuidad de una empresa en DISTRESS, es preciso proceder a la reestructuración en dos ámbitos:

- Reestructuración Económica (Operativa)
- Reestructuración Financiera

La reestructuración económica es imprescindible siempre, incluso en el caso de que parezca que no sea necesaria a corto plazo. La reestructuración financiera resulta asimismo ineludible para dar "oxigeno" para la continuidad de la empresa.

Como se ha señalado, es necesario, incluso en los planes aprobados por todas las clases de créditos, superar "el interés superior de los acreedores" y así alcanzar pacíficamente su homologación judicial, que sintetizando significa que con la homologación del plan de reestructuración los acreedores van a percibir derechos superiores a los resultantes de la situación del proceso de liquidación (art. 654.7º TRLC). Es decir, proviene de la comparativa del valor de la empresa en funcionamiento, una vez implementados los planes de reestructuración respecto al valor de la misma en un proceso de liquidación. El plan de viabilidad tiene como objetivo documentar con visos de razonabilidad mantener viva la empresa, mejorando las condiciones tanto para los acreedores como los socios o propietarios de la misma.

Por lo tanto, hay dos tipos de procesos a considerar:

- **Uno**. Interno, mediante la Reestructuración Operativa (Económica), cuyo proceso corresponderá normalmente a los socios o propietarios de la deudora y su objetivo es lograr la mejora en las condiciones económicas, es decir, incidiendo en la mejora de los márgenes de la cuenta de Pérdidas y Ganancias.

- **Dos**. Externo, mediante la reestructuración Financiera, que requiere la aprobación de los acreedores, sin la cual no será posible ningún paso positivo en el ámbito del Plan de Reestructuración. Por ello, es preciso obtener ventajas financieras: quitas, aplazamientos, etc., lo que mejora la estructura del balance de la empresa.

La reestructuración económica por sí sola no podrá salvar la situación de bancarrota, y ni la reestructuración financiera por sí sola (aunque a corto plazo alivie la situación de tesorería). Es decir, para consolidar el estado de viabilidad de la empresa, es preciso tanto la reestructuración económica como la reestructuración financiera.

En definitiva, los acuerdos que integran el plan de reestructuración se sustentan en las negociaciones entre partes, y se derivan las siguientes consecuencias:

- Los acreedores deben asumir las consecuencias de las decisiones pasadas.
- La continuidad no es posible sin que los acreedores lo permitan.

Los accionistas, ante un Plan de Reestructuración deben ser conscientes que deben sacrificar una parte importante de su titularidad en la empresa, para garantizar la supervivencia de la actividad de la misma.

La mera actuación en el ámbito económico-operativo aporta a la deuda un incremento de valor. Los citados autores: ANSOTEGUI y PALAU muestran la incidencia positiva en la reestructuración tanto desde la vertiente económica como desde la vertiente financiera (páginas 261 y ss).

b) Como hemos recogido en otras publicaciones que hemos llevado a cabo (Reestructuraciones e Insolvencia / Tirant Lo Blanch - 2023), "sólo las empresas con ALMA, son empresas con futuro... podemos aseverar que las empresas con ALMA disponen de una ventaja competitiva importante". En este sentido también se pronuncian ilustres autores y profesionales del ámbito empresarial, citando a los españoles: XAVIER MARCET y GUILLERMO ECHEGARAY.

A modo ilustrativo citamos a dichos autores: sobre la definición de ALMA en la empresa:

i. MARCET: "***No sabemos que es el Alma de una empresa, pero detectamos cuando el Alma no está. De la misma forma, creo que todos estamos de acuerdo en esa afirmación, según la cual, las empresas que sobreviven "tienen Alma***".

ii. ECHEGARAY: "***El Alma empresarial tiene que ver con las conexiones, con las personas con la forma en que todo lo que pertenece a la organización está ajustado, interrelacionado y en orden".***

La disposición de Alma por parte de la empresa u organización tiene relación directa y está centrada tanto con su adecuada situación económica como la financiera, lo que puede posibilitarse, mediante la oportuna reestructuración económico-operativo como la reestructuración financiera.

No obstante, la importancia parejada de los dos tipos de reestructuración, nos pronunciamos en considerar más acorde con la existencia de Alma en el proceso de reestructuración económico-operativo, debido a que el mismo corresponde, claramente, al ámbito interno de la organización: accionistas, directivos, organización de la empresa, cultura empresarial, valores personales, etc...

La aseveración anterior, nos hace ponernos en alerta, de la situación de la poca sensibilización de los planes de reestructuración, que actualmente se presenta a efecto del proceso preconcursal, para desarrollar y exponer los mecanismos centrados en el ámbito de la reestructuración económica.

Desde nuestro enfoque para evaluar la viabilidad consolidada de una empresa, resulta necesario la instrumentalización de las reflexiones y decisiones estratégicas, como base en los objetivos de mejorar progresivamente la rentabilidad de las organizaciones.

c) El reto de conceptuar la "empresa viable económicamente"

El análisis del concepto: "empresa viable económicamente", entraña su dificultad, puesto que las situaciones de las empresas son cambiantes, sus cambios pueden originarse con rapidez e incluso repentinamente.

Cabe de inicio considerar las siguientes dos cuestiones:

– Empresa con buen historial económico

¿Es suficiente que una empresa que históricamente ha registrado beneficios para calificarla viable económicamente?

- Empresa con historial económico deficitario

  ¿Y la empresa que históricamente no ha obtenido beneficios significativos, y, más bien, ha registrado pérdidas, es automáticamente catalogada como no viable económicamente?

Una- Empresa con buen historial económico

En un análisis de lógica simplista, la tendencia sería de considerar como afirmativo y entender que, en el futuro, seguirá siendo viable económicamente.

Sin embargo, y asimismo aplicando una lógica simplista, el hecho de que disponga de una estructura financiera desequilibrada (exceso de endeudamiento) puede asimilarse que sus directivos o gestores no han actuado con la suficiente habilidad y diligencia debido a las deficiencias financieras que registra.

Incluso, yendo a situaciones más favorables, el caso de la empresa con buen historial económico y con equilibrio financiero, puede que en el medio-largo plazo le surjan riesgos por cambios o puntos de inflexión negativos que la arrastren a déficit económicos y con el transcurso de los años, de seguir en esta línea negativa, afecte a su situación financiera, originándose desequilibrios financieros.

Los cambios suceden y están ahí, pero la problemática es que no se vean ni intuyan, debido a factores subyacentes que son invisibles. Ejemplo ilustrativo, la empresa XX, S.A., ha registrado históricamente resultados positivos, y a su vez, disfruta de una bonanza financiera. Manifestar categóricamente que esta empresa tiene consolidada su situación económica y financiera a largo plazo es un atrevimiento simplista, puesto que sus excelentes resultados económicos obedecen a que dispone de una ventaja competitiva sobre sus competidores. Pero las ventajas competitivas no son duraderas por tiempo indefinido, y puede perderse ese diferencial positivo por los riesgos que surjan a futuro: imitación, sustituibilidad del producto o servicio, cambio de legislación, barreras de entrada o salida del sector o industria cambiantes, ...

Para catalogarla de viable económica y financieramente es preciso proceder a un análisis y examen en profundidad, a modo de realizar y elaborar un racional plan estratégico. A través de este plan puede surgir que al cabo de 3 años se intuyan cuestiones de riesgo, impensables si creemos que las cosas favorables no van a cambiar. Pongamos como referencias varios supuestos de posibilidades de cambios negativos:

- Las ventajas competitivas, no son duraderas por tiempo indefinido.
- Entrada de productos sustitutivos
- No existe sucesión de empresa, típica cuestión a resolver en empresas familiares
- Etcétera.

Como hemos señalado precedentemente, la evaluación de la empresa es a futuro, por lo que previamente debe realizarse un Plan de Viabilidad (cuyo contenido, es de total similitud al concepto de desarrollo de un Plan Estratégico). Tras el correspondiente Plan de Viabilidad tendremos más y mejores bases para calificar a la empresa, en sus niveles de viabilidad económica, y por ende de su viabilidad financiera.

Dos- Empresa con historia económica deficitaria

Constituye el caso dispar al anteriormente descrito. Considerar a "vote-pronto" que la empresa con este historial negativo se considere, sin más, inviables económicamente es una superficialidad y frivolidad absoluta. El dicho de que "todo es superable en la vida menos la muerte", es aplicable también para este tipo de empresas.

En primer lugar, tras un profundo diagnóstico y proceder a la elaboración del oportuno Plan de Viabilidad, puede que se aprecien cambios favorables a futuro. Ahora bien, tampoco hay que descartar, que, si la situación está muy deteriorada, por mucho que se indaguen soluciones, éstas no resulten factibles y resolubles para salvar la actividad empresarial por vía de lograr su viabilidad económica, y verse abocada la empresa al proceso concursal.

Por ejemplo, si se constata que las empresas del sector o industria resultan, en su generalidad, rentables y la empresa objeto de nuestro asesoramiento empresarial no lo ha sido, existe un atisbo de esperanza para su salvación, mediante el oportuno plan de reestructuración donde se proceda al cambio en la gestión directiva de la misma, y progresivamente lograr enderezar su rumbo negativo y encauzar en la senda de la viabilidad. Si bien, todo hay que señarlo, no resultará una tarea fácil.

ASWATH DAMODARAN argumenta que empresas con dificultades económicas, pueden alcanzar estadios de viabilidad a través el cambio cultural en la gestión empresarial por parte de sus directivos, usual y esencialmente, a través del cambio en la Dirección de la empresa.

Desde otro punto de vista, en sí se precisa de dotar de "Alma" a la empresa u organización, para que prosperen y se consoliden los éxitos económicos.

En conclusión, la clasificación de una empresa como viable o inviable económicamente constituye un auténtico reto profesional. Sobre todo, si en los ejercicios pasados ha registrado reiteradamente pérdidas y resulta preciso buscar soluciones de viabilidad. Por ello resulta necesario profundizar en un PLAN DE VIABILIDAD que muestre, razonablemente, un futuro de la empresa exitoso económicamente. En caso contrario no tiene sentido iniciar el proceso de la reestructuración preconcursal, puesto que probablemente, a medio plazo, caerá en el proceso concursal.

V. SÍNTESIS DE LO QUE CONSTITUYE UN PLAN DE VIABILIDAD

Como hemos señalado, en apartados anteriores, el TRLC en su Segundo Libro (Del derecho preconcursal) no hace mención específica al término del PLAN DE VIABILIDAD.

Sin embargo, el Libro Primero (del concurso de acreedores) sí que hace referencia al Plan de Viabilidad, siendo una referencia básica el Art. 332 (El Plan de Viabilidad), aunque, por razones de proporcionalidad en lo articulado recoge conceptos generalistas, y más que nada enfocados al ámbito financiero. Esta referencia recogida en el Libro Primero, da sustancialidad al PLAN DE VIABILIDAD, aunque a posteriori el legislador no lo cita de forma expresa. En definitiva: El Plan de Viabilidad es un término con existencia, es decir, tiene vivencia en el conjunto de normas y reglas del proceso preconcursal, y obviamente en el proceso judicial del concurso de acreedores.

A continuación, exponemos a fines didácticos en qué consiste, qué objetivos tiene el Plan de Viabilidad, mediante tres apartados:

- Conceptos similares y/o equiparables al Plan de Viabilidad.
- Definiciones sobre el Plan de Viabilidad.
- Síntesis de los procesos y contenido del Plan de Viabilidad.

V.1. Conceptos asimilables y/o equiparables al Plan de Viabilidad

En el ámbito de algunos autores especializados en la Planificación Empresarial consideran que el término de PLAN DE VIALIDAD, hace referencia a empresas u organizaciones en crisis.

Sin embargo, en el fondo, todo Plan de Empresa (también se usa el término "Plan General de la Empresa"), cualquiera que sea la terminología, subyace una estructura, similar, tanto en el proceso de su elaboración, su contenido y los objetivos que persigue: rentabilidad, crecimiento, supervivencia...

A continuación, citamos la semántica variada para definir los planes de empresa:

a) **Plan de Negocio**: Término genérico que se identifica con todo tipo de proyección y planificación a futuro. Normalmente con proyecciones a largo plazo (de 3 a 5 años).

b) **Plan Estratégico**: Constituye el término más utilizado en la elaboración de los planes de empresa a largo plazo.

   El término se adapta a los planes referidos tanto a empresas consolidadas y de éxito como a las que se encuentran en situación de crisis (en similitud al del apartado a).

c) **Plan de Viabilidad**: Constituye un Plan a Largo Plazo que, por derivación del uso de su terminología, se suele identificar y aplicar, generalmente, a empresas en situación de crisis. Sin embargo, se suele identificar el término también de empresas que no presentan estado de crisis, básicamente referido a nuevos negocios y su puesta en marcha.

d) **Los términos**: **Plan de Reestructuración**, **Plan de Reflotamiento** y **Plan de Salvación**, se utilizan, en la práctica empresarial y profesional en total identidad con el término de Plan de Viabilidad, es decir, enfocadas para las empresas en crisis económica y/o financiera.

Ahora bien, los planes de viabilidad o planes de negocio, lo cierto es que su contenido y objetivos pueden ser distintos, según se refiera a un nuevo negocio o a un negocio ya existente que deba ser reestructurada.

Por otro lado, es preciso distinguir la diferencia entre:

- El plan financiero, y
- El plan de empresa (y/o sus similares)

El plan financiero se inserta dentro del plan general de la empresa, constituyendo parte de la misma, centrándose en los aspectos financieros relegando a un segundo plano, aunque no olvidando, los aspectos no financieros de la empresa.

Sin embargo, a medida que el plan financiero se extiende a un horizonte temporal más amplio los objetivos financieros se confunden con el objetivo general de la empresa. Es decir, un adecuado plan financiero a largo plazo se constituye en un adecuado plan general de la empresa.

La empresa es una realidad no sólo económica, sino también social, sobre la que incide de forma significativa el marco socio-económico en que se desarrolla su actividad. (Andrés S. Suárez Suárez).

V.2. Definiciones del PLAN DE VIABILIDAD o Plan General de la Empresa

El Plan de Viabilidad o Plan General de la Empresa es un término que en términos generales se entiende o se intuye con determinada facilidad. Pero concretar su definición, requiere hacer su referencia al proceso, contenido, objetivos, y el éxito de su planteamiento, lo cual requiere certeza en las expresiones para no llevarnos a confusiones.

Para este documento vamos a transcribir a dos fuentes:

Una NAVAS y GUERRAS (Fundamentos de Dirección Estratégica de la Empresa-Editorial Aranzadi 2023) recoge, tras considerar la evolución experimentada a lo largo del tiempo de la definición sobre la ESTRATEGIA, que ésta "***representa la dinámica de la relación de la empresa con su entorno y las acciones que emprende para conseguir sus objetivos y/o mejorar su rendimiento mediante el uso racional de recursos***".

Además de las ideas contenidas en esta definición de estrategia NAVAS y GUERRAS, señalan que el contenido de las decisiones estratégicas se refieren a las siguientes cuestiones:

- Orientación de la empresa **a largo plazo**.
- Generación, mejora y explotación de recursos y capacidades organizativas a partir de los que se construyan negocios que permitan **generar rentas**.
- Elección de los negocios en los que se va a competir y que, en su conjunto, definen el **campo de actividad**.
- **Gestión de la puesta en marcha** de la estrategia elegida en la organización implicada.

A su vez, muchos autores añaden, que las decisiones estratégicas conllevan determinadas **características**:

- **Naturaleza compleja**, en todo tipo de empresas, y sobre manera en empresas grandes, diversificadas o con un ámbito de actuación global.
- **Planteamiento integrado de la organización**, la referencia básica es la empresa en su conjunto y la **generación de sinergias**, un elemento clave.
- **Preponderancia sobre el resto de las decisiones** de la empresa a todos los niveles jerárquicos.
- Son adoptadas en **condiciones de alta incertidumbre**, dado el carácter de cada vez más dinámico y complejo del entorno.
- Suele requerir **cambios en las organizaciones** que no siempre son fáciles de gestionar debido a la inercia organizativa y a las consecuencias que los cambios puedan tener en distintos grupos de interés. Todo ello bajo el manido lema: "la estructura sigue a la estrategia".

Dos Las expresiones de definición del autor Gregorio LABATUT SERER, de la colección AECA-FRANCIS LEFEBVRE:

a) En términos generales, adaptable a todo tipo de empresas, señala que el Plan de Viabilidad "es un instrumento que tiene como objetivo exponer y explicar un plan de negocio analizando todas las circunstancias inherentes al mismo, con la finalidad de determinar si económica y financieramente puede ser viable y convertirlo en un proyecto empresarial concreto".

Constituye una simulación sustentada de la puesta en marcha del negocio, en el que se ponga de manifiesto los riesgos y problemas de su implementación.

Trata de explicar de forma comprensible que el negocio que se quiere poner en marcha o que se quiere reestructurar, y demostrar que el mismo es posible desde la perspectiva productiva y comercial y a su vez es rentable desde el enfoque económico-financiero. También cabe la elaboración de un plan de viabilidad no viable, y en este caso, normalmente, termina en el punto de su elaboración y obviamente no proceder a ninguna implantación, e iniciar el proceso de liquidación de la empresa.

Volviendo al plan de viabilidad posibilista, el documento elaborado debe contener la síntesis de la simulación del futuro, evidenciando razonablemente que las inversiones que se prevean llevar a cabo son necesarias y se van a recuperar en el futuro vía la rentabilidad obtenida, es decir, mediante la generación interna de fondos.

b) "Todo plan de viabilidad entraña ineludiblemente aspectos subjetivos, basándose parte de las previsiones en opiniones personales, es decir, con un grado determinado de subjetividad"

Nadie tiene la facultad de acertar o adivinar lo que deviene en el futuro, por lo que el contenido del plan de viabilidad no es seguro al 100%, tanto respecto a los objetivos establecidos como a las acciones a desarrollar y el resultado de las previsiones económico-financieras. Por ello, el empresario (deudor o no) y los profesionales asesores deben aplicar criterios objetivos en su pronósticos y previsiones, basándose en criterios de observaciones realistas sobre variables clave cuantificables: estudios de mercado y marketing, situación del mercado financiero..., como en los aspectos intangibles: alineamiento del personal (incluida la dirección) en los objetivos de la empresa.

c) El plan de viabilidad debe contener una descripción completa de la idea de negocio, de modo que contenga todos los aspectos relevantes para su total conocimiento.

Recogiendo una adecuada descripción de la viabilidad productiva, comercial y financiera, poniendo de manifiesto SUS FORTALEZAS Y DEBILIDADES.

Asimismo, debe recoger y explicar los riesgos que existen en el negocio y cómo van a ser los mismos neutralizados.

d) El Plan de viabilidad, además de los objetivos señalados, se valida como instrumento para la obtención de la adecuada financiación, dado que constituye la evidencia de los recursos necesarios para la puesta en marcha de las pertinentes estrategias establecidas.

Siempre debemos tener presente que "<u>no hay inversión sin financiación</u>", es decir, cualquier actividad empresarial debe ser respaldada con la financiación adecuada.

e) En una empresa en situación de insolvencia, próxima a la misma o en probabilidad futura de insolvencia, es necesario llevar a cabo una reestructuración para que el negocio vuelva a ser viable. En estos casos, el Plan de Viabilidad destinará un apartado especialmente destinado a evidenciar que los acreedores, previa: "quitas", "esperas", "capitalización de deudas", ... en lógica y coherencia, puedan recuperar parte de sus créditos y permitir la continuidad del negocio una vez reestructurado.

f) Un aspecto ignorado y/o no puesto en práctica, lamentablemente en muchos casos de la elaboración del Plan de Viabilidad, es utilizar dicho Plan como instrumento de gestión empresarial, desde su inicio y servirse del mismo, como guía de seguimiento, evaluando las variables clave del mismo y procediendo al análisis de las posibles desviaciones sobre lo previsto y planificado, a fin de proceder oportunamente con las medidas correctivas para intentar alcanzar los objetivos establecidos.

Por cuestiones de desidia y/o falta de actitud en las decisiones estratégicas por parte de los directivos, una vez terminado el informe, en muchos casos, viene el parón en las fases siguientes: la implementación, control y seguimiento y actualización estratégica que no son atendidas de forma eficaz.

V.3. Síntesis del contenido del PLAN DE VIABILIDAD

a) No existe un criterio único para la confección del Plan de Viabilidad.

   Ello es debido a la diversidad de objetivos que se persigan, del tipo de negocio, los intereses de las personas que dirigen la empresa, el sector o tipo de actividad empresarial, grado de inversiones requeridas, las personas a las que va dirigido, etc.

   Sin embargo, existen apartados que nunca pueden faltar en cualquier tipo de Plan de Viabilidad (reiteramos como símil del Plan Estratégico).

b) ¿Quienes deben participar en la elaboración del Plan de Viabilidad?

   Desde nuestro punto de vista la mayor participación activa en la elaboración del Plan de Viabilidad debe desarrollarla el equipo que lo tiene que llevar a cabo en el futuro. Es decir, los responsables del cumplimiento de los objetivos establecidos en el Plan. Para ello, nos basamos en la firme creencia que el conocimiento de la empresa, sector y su entorno corresponde en un 95% al empresario, sus directivos y personal clave y al conjunto de los asesores lo poseen sólo en el 5%.

   Sin embargo, ello no significa que se rechace el papel de los asesores externos (entre los que se incluye al Experto en la Reestructuración, aunque su papel queda limitado por la regulación del TRLC). Los asesores son expertos en coordinar planteamientos e ideas en los diversos hitos y fases del desarrollo del Plan. Es más, su participación es conveniente y necesaria para la coordinación del plan. Así como para mejorar el contenido y la función comunicativa del Informe, salvo que el deudor disponga de profesionales especializados en preparar informes y ser expertos en la comunicación.

c) Contenido básico del Plan de Viabilidad

   Identificando su contenido con el del Informe que ha de ser redactado, a modo de síntesis se recoge a continuación el listado de los apartados mínimos que constituyen la estructura básica del Plan de Viabilidad (para mayor enfoque y una mayor y más detalle de datos e informaciones consultar la obra:

REESTRUCTURACIONES E INSOLVENCIA de TIRANT LO BLANCH (2023) (Páginas 31 y siguientes). (Asimismo, FUNDAMENTOS DE DIRECCIÓN ESTRATÉGICA DE LA EMPRESA - JOSÉ E. NAVAS LÓPEZ y LUIS A. GUERRAS MARTÍN - CIVITAS - 2023):

0. INTRODUCCIÓN Y ALCANCE

1. ANTECEDENTES

2. VISIÓN, MISIÓN Y OBJETIVOS ESTRATÉGICOS

3. LOS VALORES DE LA EMPRESA

- **3.1** VALORES INTERNOS
- **3.2** LA SOSTENIBILIDAD, LA RESPONSABILIDAD SOCIAL, LA ÉTICA EMPRESARIAL

4. DIAGNÓSTICO DE SITUACIÓN

4.1 ANÁLISIS DEL ENTORNO

- **4.2** ANÁLISIS INTERNO
- **4.3** RESUMEN (MATRIZ DAFO)

5. ANÁLISIS DE ALTERNATIVAS ESTRATÉGICAS

- **5.1** CREACIÓN Y MANTENIMIENTO DE LA VENTAJA COMPETITIVA
  - **5.1.1** EN COSTES
  - **5.1.2** EN DIFERENCIACIÓN DE PRODUCTO
  - **5.1.3** EN DIFERENCIACIÓN SEGMENTADA
- **5.2** ESTRATEGIAS SEGÚN EL CICLO DE VIDA DE LA INDUSTRIA Y/O PRODUCTOS
- **5.3** ESTRATEGIAS DE CONSOLIDACIÓN DE LA EMPRESA
- **5.4** ESTRATEGIAS DE CRECIMIENTO Y DESARROLLO
  - **5.4.1** DESARROLLO INTERNO
  - **5.4.2** DESARROLLO EXTERNO

6. EVALUACIÓN Y SELECCIÓN DE ESTRATEGIAS

- TEST DE: ADECUACIÓN; FACTIBILIDAD Y ACEPTABILIDAD

7. OBJETIVOS ESTRATÉGICOS Y ACCIONES OPERATIVAS

8. PRESUPUESTOS ECONÓMICO-FINANCIEROS

8.1 CUENTAS DE RESULTADOS

8.2 BALANCES

8.3 PRESUPUESTO DE TESORERÍA

8.4 PLAN FINANCIERO

8.5 RATIOS ECOMÓMICO-FINANCIEROS

8.6 ANÁLISIS DE SENSIBILIDAD

8.7 LA COHERENCIA (TEST) ECONÓMICA-FINANCIERA

9. IMPLANTACIÓN DEL PLAN DE VIABILIDAD (ESTRATEGIAS)

9.1 NUEVO DISEÑO DE ESTRUCTURA ORGANIZATIVA

9.2 LIDERAZGO ESTRATÉGICO

9.3 ESTRATEGIA Y RECURSOS HUMANOS

9.4 LA CULTURA ORGANIZATIVA

10. CONTROL DEL PLAN DE VIABILIDAD

10.1 INDICADORES CLAVE DE RENDIMIENTO (KPI)

10.2 CONTROLES ECONÓMICOS Y FINANCIEROS

6. EL ARTÍCULO 224 BIS TRLC: SOLICITUD DE CONCURSO JUNTO A OFERTA VINCULANTE DE COMPRA DE UNIDAD PRODUCTIVA

JUAN FRANCISCO TEJERO ALDOMAR
Abogado. Administrador Concursal. Prepacker
Socio Director de JURISTAS Y ASESORES TRIBUARIOS TEJERO

I. LOS ANTECEDENTES. EL ARTÍCULO 191 TER LEY CONCURSAL. ARTÍCULO 530 TRLC

La primigenia Ley 22/2003, de 9 de julio, no contempló, siquiera de forma residual, la posibilidad que en una fase embrionaria del concurso, se procediera a la enajenación de la venta de la unidad productiva. De esta forma, las únicas referencias, se encontraban en los artículos 148 y 149 dedicados a la liquidación.

En la reforma operada por la Ley 38/2011, de 10 octubre se introdujeron los artículos 190.3 y 191 ter), que implementaron un sistema "ágil" para la enajenación de la UPA. De esta forma, el artículo 190 al regular el ámbito de aplicación del procedimiento abreviado, incluía los concursos en los que junto a la solicitud se hubiera acompañado plan de liquidación junto a oferta vinculante de compra de la unidad productiva. En el artículo 191 ter, que exponía las especialidades del procedimiento abreviado en caso de solicitud de concurso con presentación de plan de liquidación, se hacía una referencia a la venta de la unidad productiva en el apartado 4, exigiendo que en el caso de transmisión de la UPA, se deberían tener en cuenta las especialidades previstas en los artículos 146 bis y 149.

Finalmente, la refundición de la normativa concursal plasmada en el Real Decreto Legislativo 1/2020 mantuvo el contenido del artículo 191.ter en el nuevo artículo 530 del Texto Refundido.

De esta forma, el precepto contemplaba la solicitud de concurso, acompañando junto a ésta un Plan de Liquidación, en el que se acompañara una propuesta escrita vinculante de adquisición de la unidad productiva en funcionamiento.

En el mismo Auto de declaración del concurso, el Juez procedería a la apertura de la fase de liquidación, dando traslado del plan de liquidación junto a la oferta a la administración concursal al objeto que emitiera informe. En el mismo plazo, se procedía a dar traslado a los acreedores al objeto de poder formular alegaciones. Transcurrido el plazo, el Juez procedía, en su caso a dictar Auto autorizando la venta de la UPA.

Tal y como se configuraba el procedimiento, la venta de la unidad productiva podría producirse en un breve espacio de tiempo, atendiendo siempre al contenido del Plan de Liquidación.

II. LOS PROBLEMAS PRÁCTICOS DE SU APLICACIÓN

A pesar de la claridad del precepto, y que su aplicación supuso la transmisión de multitud de unidades productivas, éste sistema de enajenación no fue bien recibido por diversos operadores.

Por un lado los acreedores, consideraron que el breve espacio temporal, podría suponer un perjuicio para sus intereses. De esta forma, y dado que el plazo de días de traslado lo era para los personados, se daba con frecuencia transmisiones en las que la mayoría de acreedores no se encontraban personados, y por tanto difícilmente podrían formular alegaciones.

Igualmente, un importante número de magistrados consideraron que concurría una evidente falta de transparencia y de concurrencia de posibles licitadores en el procedimiento.

Por último, parte de los administradores concursales se veían limitados a la hora de emitir un informe de evaluación referido a una unidad productiva que consideraban que era merecedora de un análisis más exhaustivo y que en los escasos diez días concedidos por el precepto, era materialmente imposible exponer una opinión formada.

Como consecuencia de estas inquietudes, los Juzgados Mercantiles de Madrid aprobaron la Guía de buenas prácticas procesales en materia del art. 530 TRLC, en reunión de 22 de enero de 2021.

Comienza la guía, exponiendo los problemas prácticos de la aplicación práctica del artículo 530TRLC, considerando que la figura del pre-pack no era una solución plausible en tanto en cuanto en nuestra legislación no se encontraba referencia alguna a esta figura.

Estos acuerdos, esencialmente procesales, propusieron la regulación de procedimiento estableciendo diez directrices:

> 1. En el caso que el deudor interesara en su solicitud de concurso la liquidación y acompañara una oferta de compra, debería de reflejarse en el encabezamiento del escrito la urgencia de la solicitud, y ello con el fin que el Decanato pasara a su reparto lo más pronto posible.
>
> 2. Aun cuando no tenía carácter obligatorios, se recomendada que junto a la solicitud de concurso se acompañaran son solamente los documentos exigidos en los artículos 6 y 7 del TRLC, sino el formulario de solicitud de concurso aprobado por la Sala de Gobierno del Tribunal Superior de Justicia de Madrid, de 18 de mayo de 2020.
>
> 3. Una vez repartida por Decanato la solicitud de concurso, el procurador debería aportar dos juegos de copias, sin necesidad de que se le requiera para ello.
>
> 4. Los propios jueces se comprometían a declarar el concurso en un plazo máximo de dos días, siempre y cuándo se encontrara completa la solicitud, y aportadas las copias referidas anteriormente.
>
> 5. En el auto que declara el concurso, el juzgado mercantil designaría a la AC para que procediera a tomar posesión del cargo de manera inmediata.
>
> 6. En ese mismo auto, se acordará la apertura de la fase de liquidación, que seguirá el trámite ordinario. Igualmente se acordaría la apertura de una pieza separada para tramitar la venta de la unidad productiva, concediendo un plazo de común de 10 días a los acreedores, administración concursal y trabajadores.
>
> 7. Para el supuesto que la administración concursal, emitiera un informe desfavorable, o con reservas, debería justificar su decisión. Igualmente, si se planteara la apertura de un proceso público y concurrente, en sede concursal, o modificar las condiciones de la enajenación, deberá justificarlo.
>
> 8. Una vez presentado el informe por parte de la administración concursal, oídos, en su caso, a los acreedores con privilegio especial con

derecho de ejecución separada y de los legales representantes de los trabajadores, el juez del concurso dictará auto en el plazo de dos días (desde la dación de cuenta) autorizando o denegando la operaciones. En el caso que el informe de la administración concursal contuviera reservas, o propuestas de modificación se dará un plazo común de cinco días, al oferente, concursada y acreedores para formular, en su caso, alegaciones.

9. Frente al auto que apruebe la venta de la unidad productiva, no cabrá recurso alguno, mientras que en el caso que fuera denegatorio, cabrá recurso de reposición.

10. Si no se procediera a la venta de la unidad productiva, bien por denegación judicial o por cuanto ésta quedara frustrada, la enajenación de los activos se ajustará a las reglas generales de cualquier procedimiento concursal o en el plan de liquidación que se apruebe judicialmente.

III. REGULACIÓN ACTUAL. ARTÍCULO 224 BIS

La modificación operada en el Texto Refundido por la Ley 16/2022, ha supuesto entre otras una clarificación en el ´régimen de trasmisión de la unidad productiva, mediante la inclusión de un nuevo precepto, el artículo 224bis.

A nuestro juicio, el artículo indicado recoge parte de las sugerencias contempladas en la guía de buenas prácticas, mejorando la anterior dicción del articulo 530 y dotando al proceso de la publicidad, transparencia y concurrencia necesarias. No obstante, entendemos que existen lagunas en su aplicación, por lo que a continuación iremos exponiendo cada uno de los apartados del artículo 224bis y sus posibles problemas interpretativos:

III.1. Apartado 1

1. El deudor puede presentar, junto con la solicitud de declaración de concurso, una propuesta escrita vinculante de acreedor o de tercero para la adquisición de una o varias unidades productivas.

En la propuesta el acreedor o el tercero deberá asumir la obligación de continuar o de reiniciar la actividad con la unidad o unidades productivas a las que se refiera por un mínimo de tres años. El incumplimiento de este compromiso dará lugar a que cualquier afectado pueda reclamar al adquirente la indemnización de los daños y perjuicios causados.

Nada aclara el precepto, sobre si es necesaria o no la petición de la apertura de liquidación junto a la solicitud de concurso. Entendemos que a diferencia del derogado artículo 530, no resulta preceptiva la solicitud de liquidación para poder tramitar la venta de la unidad productiva. Esta petición de la apertura de la fase de liquidación será, en todo caso, voluntaria en base al 406TRLC, que faculta al deudor la apertura de esta fase en cualquier estado del concurso.

La obligación de mantenimiento de la actividad por plazo mínimo de 3 años, es divergente con la contemplada en el 224 ter, en los que la transmisión de la UPA se materializa mediante el nombramiento de experto, y en los que el plazo queda reducido a 2 años. El legislador no funda el distinto tratamiento que se otorga al adquirente dependiendo de si se opta por el 224 bis o el 224 ter, por lo que entendemos que debe tratarse de un error. En cualquier caso, en la futura Ley Orgánica de eficiencia organizativa del servicio público de justicia, que en la actualidad se está tramitando como Proyecto de Ley, es de prever la unificación del plazo.

En cuanto a la posible indemnización de daños y perjuicios en el caso que el adquirente incumpliera su obligación de mantenimiento, nos surge en primer lugar la duda de que naturaleza tiene esta responsabilidad. Entendemos que se trata de una responsabilidad puramente contractual de las reguladas en el artículo 1089 del código civil. En cualquier caso, parece lógico que la exigencia de estos daños y perjuicios se puedan exigir exclusivamente en el caso de acción dolosa o culposa por parte del adquirente.

Igualmente surge la duda de cuál es la jurisdicción competente para conocer de esta acción. Traemos a colación los acuerdos de unificación de criterios de los juzgados mercantiles de Barcelona de diciembre de 2023, han entendido que: "*2.2 Las acciones judiciales de daños y perjuicios derivadas del incumplimiento de este compromiso y que afecten exclusivamente a la masa activa del concurso*". Consideramos que esta previsión será de muy difícil aplicación, en primer lugar por cuanto el posible incumplimiento se producirá una vez concluido el concurso. Nos encontramos ante una transmisión de la UPA en un momento muy embrionario del concurso, y que la duración de este sea muy breve, dado que transmitida la unidad productiva, no es previsible la existencia de muchos mas activos a liquidar. Por otro lado, tampoco alcanzamos a advertir como puede resultar afectada la masa activa del concurso en una acción ejercitada por los acreedores frente a un tercero, ajeno al procedimiento concursal. A nuestro entender, la acción de daños y perjuicios deberá ventilarse extramuros del concurso.

También cabe plantearse si la jurisdicción será distinta dependiendo del acreedor que accione frente al adquirente de la unidad productiva. Así, parece pacífico que en el caso de "acreedores ordinarios" la competencia estará atribuida al orden civil, pero surgen más dudas en el caso que fueran los trabajadores los demandantes. En este caso, la posible reclamación por conceptos salariales e indemnizatorios, debería ser ventilada ante la jurisdicción social. En el supuesto que fuera la administración pública (por ejemplo la TGSS o la AEAT), cabría plantearse si procede la autotutela administrativa.

III.2. Apartado 2

2. En el auto de declaración de concurso, el juez concederá un plazo de quince días para que los acreedores que se personen puedan formular a la propuesta las observaciones que tengan por conveniente y para que cualquier interesado pueda presentar propuesta vinculante alternativa. En el mismo auto, el juez requerirá a la administración concursal para que, dentro de ese plazo, emita informe de evaluación de la presentada

En este apartado surgen dudas referidas al dies ad quo, del plazo para la emisión del informe, para la formulación de alegaciones y para la presentación de propuestas alternativas.

Comenzando por el informe a evacuar por la administración concursal, entendemos que no existe duda que el plazo deberá computarse desde la aceptación por parte de la Administración Concursal de su cargo.

Cuestión distinta es el plazo concedido a acreedores e interesados. Nada dice la norma, pudiéndonos encontrar ante tres interpretaciones distintas:

(I) El plazo coincidiría con el que cuenta la AC para evacuar su informe, y por tanto el dies ad quo se situaría en el momento de aceptación del cargo.

(II) Por aplicación analógica de lo dispuesto en el 28.1.4º TRLC, el plazo comenzaría en el momento de publicación del concurso en el BOE.

(III) El plazo comenzaría el día de publicación de la oferta en el Registro Público Concursal.

Parece evidente que debe rechazarse la primera de las interpretaciones, en tanto en cuanto los acreedores desconocerían cualquier oferta de compra al no encontrarse si quiera personados en el procedimiento. En el caso de optar por la fecha de publicación, deberíamos de atender a la realizada en el Registro Público Concursal. De esta forma, debe tenerse en cuenta que el apartado 9 de este mismo precepto establece la publicación en el RPC no solo de la declaración, sino la propia oferta de compra, por lo que es ésta la única oportunidad en la que cualquier interesado podrá acceder al contenido de la oferta.

En cualquier caso, en la práctica totalidad de procedimientos, el informe de la AC se evacuará antes que cualquier tipo de alegación por parte de los acreedores. A nuestro juicio, esta situación va a generar sin lugar a dudas distorsiones. Piénsese que el Juez de lo mercantil quien debe proceder al dictado del Auto por el que se autorice la venta, o por el contrario no acceder a la transmisión, y que el informe de evaluación de la AC, si bien no es vinculante, ilustrará al juzgador a la hora de tomar la decisión. Difícilmente el administrador concursal podrá emitir un informe valorado y razonado, sino conoce las alegaciones de los acreedores, que pudieran desvelar circunstancias que afectaran a la oferta. En definitiva, parecería más lógico, que existiera un plazo para alegaciones por parte de los acreedores, y para posibles mejoras, y que transcurrido éste, la administración concursal procediera a emitir su informe.

Por último, se echa en falta que la norma regule expresamente el traslado de la oferta a los representantes de los trabajadores, concediéndoles audiencia al objeto que se pronuncien sobre una oferta, que sin duda tendrá incidencia sobre la plantilla de trabajadores. En la práctica, ésta situación se soslaya, mediante la concesión de un plazo en el propio Auto de declaración, o con el correspondiente traslado por parte de la AC a los representantes de los trabajadores.

III.3. Apartado 3

3. La propuesta escrita vinculante de adquisición podrá ser realizada por personas trabajadoras interesadas en la sucesión de la empresa mediante la constitución de sociedad cooperativa, laboral o participada.

Podría entenderse que la inclusión de este apartado carece de sentido alguno, dado que fuera cual fuese la forma de transmisión de la unidad productiva (en fase común, en fase de liquidación, mediante pre-pack etc.), el oferente podrá ser cualquier trabajador o grupo de trabajadores.

No obstante, cobra sentido este apartado, si lo ponemos en relación con la previsión del apartado 6, en el que se establece una regla de preferencia a la oferta presentada por los trabajadores, frente a otras.

III.4. Apartado 4

4. Si se presentasen una o varias propuestas alternativas de adquisición, el juez requerirá a la administración concursal para que, en el plazo de cinco días, emita informe de evaluación.

Frente al plazo de quince días concedido para la valoración de la primera oferta, tan solo se concede un plazo de cinco días para emitir informe de las nuevas ofertas, lo que a todas luces puede resultar insuficiente. Debe tenerse en cuenta, que, entre otras cuestiones a analizar, la administración concursal deberá determinar la solvencia del oferente, por lo que parece realmente complejo indagar, investigar o adverar la solvencia de una posible adquirente en tan breve espacio de tiempo.

Igualmente no se explicita si los nuevos informes se realizarán comparando la primera de las ofertas, o por el contrario la AC se debe limitar a analizar de forma separada cada una de las ofertas. En este sentido, facilitaría al Juzgador (que en definitiva es quien deberá tomar la decisión final sobre la transmisión) la presentación de un informe en el que se analizaran y compararan todas las ofertas presentadas.

III.5. Apartado 5

5. En el informe la administración concursal valorará la propuesta o propuestas presentadas atendiendo al interés del concurso, e informará sobre los efectos que pudiera tener en las masas activa y pasiva la resolución de los contratos que resultare de cada una de las propuestas.

Olvida el precepto que el informe de la AC no solo debe limitarse a valorar la/s oferta/s, atendiendo al interés del concurso y los efectos sobra la masa activa y pasiva, sino que deberá además analizar la solvencia de los oferentes, determinar la incidencia de éstas en los trabajadores, y desgranar el precio y el interés económico que supondría para la concursada.

Igualmente parecería lógico que, de alguna forma, el AC configurara un perímetro de la UPA, y lo comparara con el realizado por el oferente, determinando si los elementos integrados en la oferta son propios de la unidad productiva, o por el contrario escapan de tal calificación. En este sentido, debería determinar el AC si elementos tales como los créditos o la tesorería de la concursada debe integrarse en la unidad productiva, uy compararlo con la oferta presentada.

III.6. Apartado 6

6. Una vez emitidos el informe o informes por la administración concursal, el juez, si se hubieran presentado varias propuestas, concederá un plazo simultáneo de tres días a los oferentes para que, si lo desean, mejoren las que cada uno de ellos hubiera presentado. Dentro de los tres días siguientes al término de ese plazo, el juez procederá a la aprobación de la que resulte más ventajosa para el interés del concurso. En caso de que se hubiera presentado una propuesta en los términos del apartado 3 y la oferta sea igual o superior a la de las demás propuestas alternativas presentadas, el juez priorizará dicha propuesta siempre que ello atienda al interés del concurso, considerando en el mismo la continuidad de la empresa, la unidad productiva y los puestos de trabajo, entre otros criterios.

Como primera cuestión, debemos reflexionar sobre la ausencia de informe de evaluación de la AC en el caso de presentarse mejoras de oferta a las ya presentadas. De esta forma, el precepto guarda silencio sobre este segundo informe. A nuestro juicio este informe debería ser preceptivo y máxime teniendo en cuenta que ningún criterio se establece para la determinación de este interés y sustento de la decisión del juzgador.

Igualmente, y respecto al plazo común de 3 días para la presentación de mejoras, no podemos orillar los problemas prácticos que se están produciendo. Debemos tener en cuenta que en la mayoría de ocasiones los oferentes se encontrarán personados con Letrado y Procurador en el concurso, y ello con el fin de tener acceso a todas las actuaciones judiciales, y que por tanto las mejoras de ofertas se presentarán mediante escrito encabezado por Procurador. Pues bien, debemos traer a colación el artículo 276.1 de la Ley 1/2000: *"Traslado de copias de escritos y documentos cuando intervenga procurador: Cuando las partes estuvieren representadas por procurador, cada uno de estos deberá trasladar a los procuradores de las restantes partes las copias de los escritos y documentos que presente al tribunal."*. El incumplimiento de esta obligación supondrá la inadmisión del escrito, sin que quepa en ningún caso subsanación. En este sentido se ha pronunciado el Tribunal Supremo, en sentencia de 15-6-2018 reiterada muchas veces con posterioridad, entre otras Sentencia de la Sala Primera, de lo Civil, de 27 de mayo de 2020. Sentado lo anterior, se dará la paradoja que un oferente conociera las mejoras presentadas por el resto, antes de presentar su mejora, lo que sin duda podrá generar distorsiones no deseadas en el procedimiento. Esta situación, podría evitarse con la dispensa por parte del Juez de la obligación de traslado de copia, o regulando la entrega en sobre cerrado en el juzgado de las mejoras.

En cuanto a la regla de preferencia a favor de los trabajadores, contemplada en la última frase, parece acertada, pero se echa en falta el establecimiento de una regla de preferencia para el primer oferente. No podemos olvidar que éste oferente ha sido el primero en presentar su oferta, posiblemente haya estado analizando durante semanas o meses la unidad productiva antes de proceder a emitir oferta. Parecería lógico que, en el caso de ofertas iguales, se priorice al oferente que presentó la oferta junto a la solicitud de concurso.

III.7. Apartado 7

7. Si la ejecución de la oferta vinculante aprobada estuviera sujeta al cumplimiento de determinadas condiciones suspensivas, tales como la aprobación de la adquisición por parte de las autoridades de la competencia o superviso-

ras, o a la realización de una modificación estructural que afecte a los activos a transmitir, el concursado y la administración concursal llevarán a cabo las actuaciones precisas para asegurar el pronto cumplimiento.

El juez podrá exigir al proponente adjudicatario que preste caución o garantía suficiente de consumación de la adquisición si las condiciones suspensivas se cumplieran en el plazo máximo para ello establecido en la oferta vinculante, o de resarcimiento de los gastos o costes incurridos por el concurso en otro caso.

En el presente apartado se faculta al juez del concurso a exigir al proponente-adjudicatario una caución o garantía con el fin de resarcir los gastos o costes en el supuesto que finalmente no adquiriera la UPA, una vez cumplidas las condiciones suspensivas.

A nuestro juicio, no solamente debería exigirse caución en este supuesto. De esta forma, hubiera sido más acertado exigir una caución a todos los oferentes, y no solamente en el caso de condiciones suspensivas, con el fin de cubrir las posibles responsabilidades. La posibilidad de establecer una caución no es algo ajeno a un procedimiento concurrencial como el que nos ocupa. De esta forma, es pacífico que en el caso de subastas tanto judiciales como extrajudiciales, se exija un depósito previo para poder formular cualquier tipo de puja.

III.8. Apartado 8

8. La transmisión de la unidad o de las unidades productivas al adjudicatario estará sometida a las demás reglas establecidas en esta ley para esta clase de transmisiones.

A pesar de la parquedad del apartado 8, entendemos que se está refiriendo a que deberán respetarse las especialidades recogidas en los artículos 217 a 224 del TRLC.

De esta forma, la oferta de compra de la adquisición de la unidad productiva, deberá contener, al menos:* La identificación del oferente y la información sobre su solvencia * Deberá de configurarse el perímetro de la unidad productiva, sobre la que se formula oferta, * Se deberá de determinar el precio y forma de pago. En el caso, que se incluyera dentro del perímetro, bienes afectos a créditos con privilegio especial, deberá especificarse si se adquieren con subsistencia o no de garantía. * Por último se expondrá la incidencia de la oferta sobre los trabajadores.

Igualmente, y como ya exponíamos anteriormente, será preceptivo el traslado a la representación de los trabajadores por plazo de quince días.

En relación a los trabajadores, la transmisión de la unidad productiva, supondrá la sucesión a efectos laborales y de seguridad social, si bien el juez del concurso será el único competente para declarar la existencia de sucesión de empresa, así como para delimitar los activos, pasivos y relaciones laborales que la componen. Igualmente, el juez podrá acordar respecto a los créditos laborales que el adquirente no se subrogue en la parte de la cuantía de los salarios o indemnizaciones pendientes de pago anteriores a la enajenación que sea asumida por el Fondo de Garantía Salarial de conformidad con el texto refundido de la Ley del Estatuto de los Trabajadores.

En cuanto a los contratos preexistentes afectos a la continuidad de la actividad, salvo que existe exclusión expresa por parte del adquirente, se producirá la subrogación en estos, sin necesidad de consentimiento por la otra parte. Se excluyen expresamente, los contratos administrativos, a los que habrá que estar a su regulación, propia, es decir al Real Decreto Legislativo 3/2011, de 14 de noviembre, por el que se aprueba el texto refundido de la Ley de Contratos del Sector Público.

En último término, en ningún caso, la transmisión de la unidad productiva, supondrá para el adquirente la subrogación en los créditos no satisfechos por el concursado, salvo que el adquirente asumiera expresamente la obligación o existiera alguna norma legal que expresamente lo contemplara.

III.9. Apartado 9

9. La oferta de adquisición de una o varias unidades productivas se publicará en el portal de liquidaciones concursales del Registro público concursal el mismo día que se publique la declaración de concurso en la sección primera de dicho Registro. El juez podrá requerir tanto al deudor como al autor o autores de la oferta cuanta información considere necesaria o conveniente para faci-

litar la presentación de otras ofertas por acreedores o terceros. La información requerida se publicará igualmente en dicho portal.

La primera cuestión que debemos plantearnos, cual es el operador jurídico obligado a la publicación en el Registro Público Concursal de la ofertas/s de compra de la unidad productiva. Nada dice el precepto al respecto, pudiendo ser el Letrado de la Administración de Justicia, el Procurador de la concursada, o la Administración Concursal. Esta cuestión en ningún caso es baladí, si convenimos que el plazo para poder formular alegaciones o presentase mejoras de oferta no comenzará a computar desde la publicación en el RPC de las ofertas de compra de la unidad productiva.

Por aplicación analógica de lo dispuesto en el artículo 35 TRLC, debería ser el Letrado de la Administración de Justicia, quien procediera a la remisión al Registro Público Concursal de las ofertas de compra de unidad productiva. Debemos recordar que el artículo 35 establece en su apartado 1: "*El mismo día de la aceptación del cargo por el administrador concursal, el letrado de la Administración de Justicia remitirá por medios electrónicos al "Boletín Oficial del Estado", para su publicación en el suplemento del tablón judicial edictal único, y al Registro público concursal el edicto relativo a la declaración de concurso, redactado en el modelo oficial para que sea publicado con la mayor urgencia. La publicación del edicto tendrá carácter gratuito.*" Igualmente, el apartado 3 del mismo artículo afirma:" 2. *En el mismo auto de declaración del concurso o en resolución posterior, el juez, de oficio o a instancia de interesado, podrá acordar cualquier publicidad complementaria que considere imprescindible para la efectiva difusión del concurso de acreedores.*". No obstante lo expuesto, no nos encontramos ante un simple edicto a remitir al RPC. La plataforma del Registro Público Concursal, ha creado un formulario "ad hoc" para la publicidad de las ventas de unidades productivas. De esta forma habrá que consignar los siguientes datos:

* Número de procedimiento judicial.

* Datos identificativos del titular de la unidad productiva (denominación social, domicilio social, domicilio de la actividad, NIF, Datos Registrales, CSV de la certificación emitida por el Registro Mercantil referidas al depósito de cuentas anuales, actividad principal y CNAE)

* Descripción de la actividad de la unidad productiva, señalando las diferencias que la distinguen del resto de la actividad del titular (en caso de que existan más de una unidad productiva) y el modelo de negocio.

* Número de clientes que compran en la actualidad servicios o bienes de la unidad productiva, deuda total que tienen los clientes que compran en la actualidad servicios o bienes de la unidad productiva, cifra de negocio de la unidad productiva del ejercicio en curso, ro de trabajadores en nómina necesarios para dar servicio en la actualidad a la unidad productiva

* Trabajadores, AEAT y seguridad social(Deuda total con los trabajadores en nómina necesarios para dar servicio en la actualidad a la unidad productiva, deuda total con la TGSS por los trabajadores en nómina necesarios para dar servicio en la actualidad a la unidad productiva. Deuda total con la AEAT por las retenciones a los trabajadores en nómina necesarios para dar servicio en la actualidad a la unidad productiva. Cuantificación del coste de extinción de los contratos de los trabajadores por causas objetivas de los trabajadores en nómina necesarios para dar servicio en la actualidad a la unidad productiva. Salario anualizado según condiciones actuales de los trabajadores- fijo + variable los trabajadores en nómina necesarios para dar servicio en la actualidad a la unidad productiva. Salario de los trabajadores- fijo + variable de los últimos doce meses de los trabajadores en nómina necesarios para dar servicio en la actualidad a la unidad productiva. Cifra en euros obtenida del último balance de sumas y saldos de la concursada.)

* Información sobre proveedores (Número de proveedores necesarios para dar servicio en la actualidad a la unidad productiva. Deuda total con los proveedores en la actualidad que prestan servicios o bienes para la unidad productiva. Cifra en euros obtenida del último balance de sumas y saldos de la concursada. Cifra incluida en el subgrupo 60)

* Cifra de aprovisionamiento de la unidad productiva de los tres últimos años. Es la cifra de negocios que figura en las CCAA de provisionamientos del ejercicio. (Información sobre contratos. Número de contratos en vigor válidos para la obtención de servicios o bienes necesarios para la actividad de la unidad productiva. Información

sobre seguros. Número de pólizas en vigor válidos para la cobertura de riesgos de la actividad de la unidad productiva

* Activos no corrientes (Número de activos no corrientes válidos para la prestación o producción de servicios o bienes necesarios para la actividad de la unidad productiva. Valor del coste de los activos no corrientes, válidos para la prestación o producción de servicios o bienes necesarios para la actividad de la unidad productiva. Valor de adquisición de los activos, según figura en la cuenta del subgrupo 20 o 21 correspondiente. Valor neto contable de los activos no corrientes, válidos para la prestación o producción de servicios o bienes necesarios para la actividad de la unidad productiva. Valor de neto contable de los activos.

* Información sobre acreditaciones/licencias (Número de acreditaciones/licencias necesarias para el ejercicio la actividad de la unidad productiva).

* Información sobre créditos fiscales(Importe total de los créditos fiscales válidos para compensación futura con los beneficios generados con la actividad de la unidad productiva).

* Información de las fincas registrales que forman parte de las instalaciones necesarias para la actividad de la unidad productiva.

* Información sobre las contingencias.(Número de contingencias relacionadas con la actividad de la unidad productiva).

Como se ha podido comprobar la cantidad de datados que deben "cargarse" en el formulario es ingente, por lo que es impensable que en una Administración de Justicia colapsada (como ocurre en la jurisdicción mercantil) el Letrado debe recabar todos estos datos y proceder a la confección del formulario. Entendemos que tampoco debería de ser el Administrador Concursal el encargado de la publicación en el RPC de la oferta de compra de la unidad productiva. De esta forma no podemos orillar que la AC acepta su cargo sin un conocimiento, siquiera superficial, de la concursada y de los datos esenciales de la unidad productiva, por lo que se compadece poco esta ausencia de información, con la urgencia de la publicación en el RPC.

Parece que lo más apropiado sería que el Procurador de la concursada fuera quien confeccionara el formulario de publicidad de la venta de la unidad productiva. Yendo más allá, lo más lógico es que se exigiera junto a la solicitud de concurso, no solamente la oferta vinculante de la compra de la unidad productiva, sino el modelo de formulario, con el fin que una vez declarado el concurso se procediera de forma inmediata a su publicación.

Insistimos, en que no es una cuestión menor y la práctica en nuestros juzgados está demostrando que la descoordinación en el obligado a publicar genere una grave distorsión en el procedimiento de venta. Debe pensarse que no es suficiente la publicación del concurso y la existencia de la oferta de compra de la UPA, sino que deben consignarse todas las magnitudes que hemos expuesto, y que su ausencia podría producir una evidente indefensión a los interesados en una mejora al desconocer todos y cada uno de los elementos de la UPA.

Para finalizar, la referencia a una posible ampliación de la información a petición del Juez, y la posterior obligación de publicarla en el RPC, no tiene sentido práctico alguno, dado que en el caso de confeccionar de forma completa el formulario, toda la información de la UPA se encontraría a disposición de los interesados. En cualquier caso, de aplicar esta previsión, nuevamente se dilataría el procedimiento de venta de la unidad productiva.

7. EL PROCEDIMIENTO DE MICROEMPRESA: CUESTIONES PROCESALES. TRATAMIENTO DE LOS PROCEDIMIENTOS SIN MASA EN MICROEMPRESA

JOSÉ VELA PÉREZ
Letrado de la Administración de Justicia del Juzgado de lo Mercantil núm. 7 de Madrid

I. EL PROCEDIMIENTO ESPECIAL DE MICROEMPRESAS. REGULACIÓN

I.1. Presentación

La ley 16/2022 de 5 de septiembre reforma la legislación concursal y reordena los procedimientos del ámbito de la insolvencia. Se modifica el Real Decreto Legislativo 1/2020, de 5 de mayo, para la transposición de la Directiva (UE) 20179/1023 del Parlamento Europeo y del Consejo, de 20 de junio de 2019, sobre marcos de reestructuración preventiva, exoneración de deudas e inhabilitaciones, y sobre medidas para aumentar la eficiencia de los procedimientos de reestructuración, insolvencia y exoneración de deudas, y por la que se modifica la Directiva (UE) 2017/1132 del Parlamento Europeo y del Consejo, sobre determinados aspectos del Derecho de sociedades (Directiva sobre reestructuración e insolvencia). En ella se introduce el libro tercero dedicado al procedimiento especial de microempresas. Se trata tal y como se establece en la exposición de motivos de reducir los costes fijos del procedimiento clásico, que sería actualmente el del libro primero. Para ello se diseña un procedimiento definido como modular y ello porque los efectos que despliega la apertura del mismo no son homogéneos, sino que dependen en gran medida de las opciones elegidas por el solicitante del mismo y acordadas en su caso en el auto de apertura del procedimiento especial. Destaca la necesidad de que se solicite el nombramiento de administrador concursal, por el solicitante o por los acreedores en los porcentajes y supuestos previstos en el procedimiento de liquidación en el art. 713 de la Ley Concursal.

El libro tercero prevé tres tipos de procedimiento dentro de las microempresas, la comunicación de apertura de negociaciones en el art. 690 y el procedimiento especial de continuación en el título II y el procedimiento especial de liquidación en el título III.

I.2. Regulación legal. Régimen de recursos

Se establece así un nuevo marco regulatorio dedicando el libro primero al concurso de acreedores, el libro segundo al derecho preconcursal y el libro tercero al procedimiento especial para microempresas. Se establece por el legislador una división a la hora de tratar los asuntos relativos a la insolvencia y a las fases previas de la misma en base al ámbito fijado para cada uno de ellos. Se configuran como conjuntos estancos. Los supuestos de hecho, como es habitual en otros ámbitos del derecho, son los mismos, distinguiéndose exclusivamente por los parámetros fijados a cada uno de ellos sobre ciertas variables. En este caso el número de trabajadores empleados, el volumen de negocio o el pasivo de la microempresa afectada por el mismo. Ese ámbito del procedimiento debe determinar la aplicación de uno u otro marco regulatorio. Así por ejemplo el art. 1.2 de la Ley Concursal señala que los deudores incluidos en el ámbito de aplicación del libro tercero se sujetarán exclusivamente a las disposiciones de este libro. Este planteamiento aparentemente sencillo se complica en la aplicación práctica del mismo y ello especialmente por la previsión de aplicación supletoria del art. 689 de la Ley Concursal de lo dispuesto en los libros primero y segundo, con las adaptaciones que resulten precisas para acomodar los principios que presiden este procedimiento especial a las reglas que integran este libro tercero.

Esto se debe a la decisión del legislador que podía optar por una regulación completa de todos los aspectos propios del procedimiento o limitarse a aquellos puntos divergentes y que le conferían un carácter propio al mismo. Esta ha sido la opción del legislador, por ello se hace necesario acudir a la aplicación supletoria de los libros anteriores en los aspectos no regulados en el mismo. Se hace referencia al respeto a los principios que presiden el procedimiento y a las reglas del mismo. Sin embargo, no se establece un catálogo de las mismas, sino que deben ser inferidas de la regulación del libro tercero y las referencias que en la propia exposición de motivos se contienen de ellas.

Finalmente para concluir esta presentación a nivel procesal la diferencia respecto al resto de libros es la previsión legal de que ciertos trámites del mismo se hagan mediante formulario normalizado o que la liquidación se efectúe a través del sistema de plataforma electrónica previsto al efecto y complementariamente mediante entidad especializada, a menos que se justifique debidamente conforme a criterios objetivos, tal y como se regula en el art. 708.3 de la Ley Concursal, siendo necesario para ello la utilización de las herramientas informáticas diseñadas para ello y que permiten la presentación de los formularios previstos (SEM: servicio especial de microempresas) o la liquidación de los bienes (PLABI: plataforma de liquidación de bienes).

En los primeros meses de aplicación del procedimiento se han puesto de relieve distintos criterios interpretativos respecto al ámbito y definición del procedimiento, así como respecto a la regulación aplicable a los supuestos del concurso sin masa y la posible aplicación supletoria del régimen previsto en los artículos 37 bis y siguientes de la Ley Concursal, entre otros aspectos.

Respecto al régimen de recursos se regula en el art. 687.4 de la Ley Concursal, estableciendo que contra los autos y sentencias dictadas en el procedimiento especial no cabrá recurso alguno, salvo que se establezca lo contrario en el libro tercero, mientras que contra los decretos del letrado de la Administración de Justicia podrá interponerse recurso directo de revisión.[22]

I.3. Previsión en la regulación europea sobre el procedimiento de microempresa

Si bien no estaba expresamente previsto en la Directiva (UE) 2019/1023, a diferencia de otros instrumentos de gestión de la insolvencia introducidos en la Ley 16/2022 de 5 de septiembre, la propuesta de Directiva del Parlamento Europeo y del Consejo relativa a la armonización de determinados aspectos de la legislación en materia de insolvencia, de fecha 7 de diciembre de 2022, regula la misma respecto a la liquidación, así el título VI contiene normas sobre procedimientos de liquidación simplificados para las microempresas. Como se señala en la exposición de motivos de la misma: "El objetivo de la propuesta de Directiva es, por lo tanto, garantizar que las microempresas, incluso aquellas sin activos, se liquiden de manera ordenada por medio de un procedimiento rápido y eficiente en términos de costes. El objetivo principal de las disposiciones del título VI es simplificar el procedimiento y reducir los costes administrativos asociados. De esta manera se hace referencia en la propuesta de directiva a la problemática relativa a las microempresas sin masa, que como se abordará en la parte final del presente artículo recibe diversas soluciones procesales en la actualidad.

No obstante, el procedimiento diseñado por la Propuesta de Directiva se limita a la regulación de la liquidación de las microempresas[23].

---

22 Se prevé expresamente la impugnación del auto de homologación del plan de continuación ante la Audiencia Provincial dentro de los quince días siguientes a la publicación del auto en el Registro Público Concursal, por los titulares de los créditos afectados que hayan votado en contra del plan y por los acreedores públicos. De manera indirecta se considera apelable la sentencia dictada en calificación dada la remisión del art. 718 de la Ley Concursal al libro primero ya que resultará aplicable la regulación del libro primero respecto de las disposiciones generales de la calificación del concurso y de la sentencia de calificación.

23 Si se desea analizar con mayor profundidad el contenido de la Propuesta de Directiva sobre armonización de ciertos aspectos de la insolvencia vid. GÓMEZ ASENSIO C.," El procedimiento simplificado de liquidación de microempresas en la propuesta de directiva sobre armonización de ciertos aspectos del derecho de insolvencia" Anuario de Derecho Concursal nº 59 Págs 171 - 198.

De esta manera se trata desde la perspectiva del derecho comunitario la necesidad de dar un tratamiento propio a la regulación de los procedimientos de insolvencia cuando estos afecten a las microempresas, atendiendo a las necesidades propias de las mismas. La finalidad que se persigue con dicha regulación, como se establece en la exposición de motivos, es que "la presente propuesta ayudará a que más empresarios se beneficien de la exoneración de deudas, ya que los procedimientos de insolvencia contra microempresas se iniciarán más fácilmente y se llevarán a cabo de manera más eficiente".

Dentro de esta propuesta de regulación comunitaria prima la reducción de costes ya que por regla general, no debe nombrarse un administrador concursal para el procedimiento, puesto que la intervención de este es el principal factor de coste en los procedimientos de insolvencia y la actividad de estas empresas no suele ser tan compleja como para requerir de un administrador concursal. Del mismo modo, la propuesta de Directiva establece que, por regla general, el deudor debe conservar el control de los activos y negocios de la empresa durante todo el procedimiento. Otro factor de reducción de costes es la posibilidad de que el órgano jurisdiccional proceda a la realización de los activos a través de un sistema de subasta electrónica, que cada Estado miembro debe establecer como parte de sus procedimientos simplificados para las microempresas. A grandes rasgos estos elementos se hayan presentes en el procedimiento regulado en el libro tercero.

I.4. Justicia orientada al dato

El procedimiento de microempresa necesita para su aplicación de algunas herramientas informáticas que permiten dar cumplimiento a las previsiones del legislador. Esta es una de las novedades a nivel de gestión procesal que contiene su regulación y que ha generado ciertas dificultades. Destaca en primer lugar la necesidad de presentar las solicitudes iniciales y gran parte de los trámites a través de formulario normalizado. Esto es percibido en parte como una carga para los solicitantes, que deben rellenar y cumplimentar múltiples datos.

Es positivo que los presentadores, sobre los que recae la obligación de proporcionar los datos sean conscientes de la ventaja de aportar datos de calidad en los formularios iniciales dado que algunos de ellos remiten esa información o parte de ella a trámites posteriores o a la ficha del expediente, haciendo que las revisiones posteriores sean más ágiles y sencillas (por ejemplo el inventario de bienes del formulario inicial que se envía a PLABI, la plataforma electrónica de liquidación de activos concursales). Ello además redunda en una justicia orientada al dato con las posibilidades que tiene (control por parte de los acreedores, información por sectores de actividad, geográficos etc. de las situaciones de insolvencia) que se derivan de la aplicación de los datos obtenidos, permitiendo en su caso el desarrollo de políticas públicas que tengan en cuenta la situación concursal de ciertos sectores o territorios.

II. CUESTIONES PROCESALES. REGULACIÓN ELÍPTICA, ASPECTOS MÁS IMPORTANTES O DIFERENCIADOS. REMISIÓN Y APLICACIÓN SUPLETORIA DE LOS LIBROS SEGUNDO Y TERCERO

II.1. Regulación procesal

A la hora de tratar las cuestiones procesales que afectan al libro tercero hay que señalar que la regulación que se dedica a las mismas de forma específica es escasa.

Con carácter general hay que destacar que el legislador en el procedimiento especial de microempresa podía haber regulado todos los aspectos del mismo o limitarse a los esenciales, estableciendo las diferencias con lo regulado en el libro primero y segundo de la ley concursal. Y es esta regulación elíptica y limitada por la que opta el legislador. En las disposiciones generales del libro tercero se contienen ciertas referencias a los aspectos procesales generales. Así el art. 687 de la Ley Concursal se dedica a la forma de celebración y notificación de los actos procesales, que serán preferentemente telemáticos y a los actos de comunicación que serán electrónicos. Las resoluciones al finalizar las vistas podrán ser dictadas de forma oral salvo disposición en contrario y se limitan los recursos contra los autos y sentencias, que no existirán salvo previsión expresa. Se busca la celeridad y la reducción de costes. Estas características del procedimiento especial van a ser interpretadas y valoradas de forma distinta por los órganos judiciales, especialmente dada la regulación parcial del procedimiento y la remisión a lo dispuesto en los libros primero y segundo, con las adaptaciones que resulten precisas para acomodar los principios que presiden este procedimiento especial y las reglas que integran el libro tercero.

II.2. Principios del libro tercero

De la regulación procesal y la aplicación supletoria adaptada se hace necesario conocer o precisar cuáles serían los principios del libro tercero. Sin embargo, no se contiene un catálogo de los mismos, sino que estos han de ser inferidos de la escueta regulación legal y de la exposición de motivos de la ley 16/2022 de 5 de septiembre. Con los problemas y dudas que ello puede generar cuando se trata de valorar si la aplicación supletoria de tal precepto se adapta o no a los principios del libro tercero, como se verá en la parte final del artículo al analizar la posibilidad de aplicar o no supletoriamente la regulación del procedimiento sin masa regulado en el art. 37 bis de la Ley Concursal.

Conviene destacar que el sistema del procedimiento especial es único, exclusivo y excluyente de otros trámites, las microempresas, sea el deudor persona física o jurídica, no tienen acceso al concurso ni a los acuerdos de reestructuración. No se permite a los mismos optar por los trámites regulados en los restantes libros de la Ley Concursal. Es un procedimiento imperativo, así se establece en el apartado segundo del artículo 1 del Libro primero "los deudores incluidos en el ámbito del libro tercero se sujetarán exclusivamente a las disposiciones de ese libro". Este carácter imperativo del procedimiento se ha interpretado de forma diversa respecto a la aplicación supletoria de otros preceptos.

Respecto a los principios destaca el relativo al carácter único del procedimiento, que viene a complementar el del carácter imperativo del mismo, no siendo algo disponible para las partes, no es un procedimiento optativo para las mismas.

Otro de los principios es el carácter de procedimiento integral ya que afectará a la totalidad de los bienes y derechos del patrimonio del deudor en la fecha de apertura del procedimiento especial y los que se reintegren en el mismo o adquiera durante el procedimiento, con excepción, en su caso de los bienes y derechos legalmente inembargables, así se establece en el artículo 685.3 de la L.C.

El procedimiento afectará a todos los acreedores con independencia del origen y naturaleza de la deuda.

Otro de los principios hace referencia a la proactividad de las partes, se busca que las mismas intervengan en mayor medida en la tramitación del procedimiento, así se recoge en la exposición de motivos de la Ley 16/2022 de 5 septiembre. Se busca con la regulación fomentar la participación ambos del deudor, y también del acreedor. Se trata de lograr que el deudor no espere tanto para acudir al procedimiento concursal. España junto con Portugal son dos de los países de la Unión Europea donde más tarde se acude al procedimiento de insolvencia, así se recoge en la exposición de motivos "el procedimiento especial funcionará mejor cuanto antes se utilice, para lo cual es esencial que se perciba como un instrumento útil y manejable por el deudor". Junto a esto la Directiva 2019/1023 exige que los Estados miembros establezcan "herramientas de alerta temprana" para que el deudor, detectada la probabilidad de insolvencia pueda actuar a tiempo y evitar que la mera probabilidad de insolvencia se convierta en insolvencia actual. Se establece una especial protección de la mediana y pequeña empresa. Que de ordinario tiene mayores dificultades de acceder a la financiación de terceros. A esto se une que las tasas de recuperación de procedimientos de insolvencia que de media en Europa rondan el 40% en el caso de las pymes están en el entorno 34%. Se han creado con esta finalidad herramientas informáticas que permitan la detección de las situaciones de riesgo para el microempresario.

La participación del deudor es esencial en muchos aspectos, especialmente en la información aportada por el mismo. Se busca una justicia orientada al dato. Y para es necesario que estos sean de calidad. Por ello otro de los principios esenciales es la veracidad en la información facilitada. Así se recoge en el artículo 688 que establece la calificación culpable del procedimiento especial en caso de que se hubiera cometido inexactitud grave en cualquiera de los formularios normalizados remitidos o en los documentos acompañados a los mismos presentados durante la tramitación del procedimiento especial, o hubiera acompañado o presentado documentos falsos. En este supuesto se pone en conocimiento del Ministerio Fiscal la misma a los efectos del posible ejercicio de la acción penal.

La calidad del dato y las ventajas de que el dato aportado sea correcto por parte del deudor fundamentalmente, pero también por el acreedor en los supuestos en los que se debe encargar de rellenar los formularios son esenciales para configurar la ficha en el sistema de microempresas que recoge el resumen de los mismos para el órgano judicial dentro del Servicio especial de microempresas (SEM) que ha creado el Ministerio de Justicia. Además, permite que cuando los datos se extraigan a otras aplicaciones se generen menos errores y el procedimiento funcione mejor. Por ejemplo, los datos aportados en el formulario F2, el iniciador presentado por el deudor, que es de los más habituales se traslada a la otra herramienta informática esencial, el Portal de liquidación de activos (PLABI), estos aspectos se han puesto de relieve al hablar de la necesidad de la calidad de los datos

II.3. Aplicación supletoria en el ámbito procesal

Las precisiones anteriores nos llevan a efectuar una valoración de las posibilidades de aplicación supletoria de los libros primero y segundo de la Ley Concursal. En primer lugar, el libro tercero contiene tres procedimientos dentro del mismo. Por un lado, la comunicación de negociaciones regulada en el art. 690 de la ley concursal. En este supuesto se aplica sin mayores problemas y teniendo en cuenta las regulaciones específicas del libro tercero y la remisión a lo dispuesto en el libro segundo.

Se contienen dos procedimientos más los relativos al procedimiento especial de continuación y el relativo al procedimiento especial de liquidación. En estos en principio no está prevista ni la apertura de secciones, más allá de la posible apertura de la calificación, aunque tampoco se impide la misma. Tampoco se hace referencia a la apertura de incidentes, siendo posible tanto la tramitación de los mismos dentro del procedimiento principal como la creación de piezas separadas que permitan la ordenación del expediente y la comprensión de lo que sucede a nivel procesal en el mismo. Cabe recordar que no son susceptibles de recurso de apelación.

III. TRATAMIENTO DE LOS PROCEDIMIENTOS SIN MASA EN MICROEMPRESA

III.1. Régimen aplicable en el libro tercero

Respecto al procedimiento sin masa regulado en los artículos 37 bis y siguientes del libro primero y que actualmente abarca cerca del 85 por ciento de los expedientes presentados y declarados por los órganos judiciales, el libro tercero no contiene una mención o regulación expresa del mismo. Sin embargo, el supuesto fáctico es idéntico, es posible la existencia de una microempresa que carezca de bienes y derechos embargables o del resto de modalidades previstas en el mismo,[24] y la realidad es que el porcentaje de microempresas sin ningún activo o de muy escaso valor en su inventario es muy elevado, rondando el 90 por ciento de los asuntos presentados en 2023 y en los seis primeros meses de 2024. Las soluciones de los órganos judiciales y la interpretación del texto legal son divergentes, fundamentalmente hacen referencia a la tramitación procesal del mismo. Ya que en todos los supuestos la inexistencia de bienes a liquidar genera una tramitación donde se trata de dar cabida a los derechos de los acreedores afectados y produce en un lapso mayor o menor el archivo del expediente. Bien por considerar la aplicación supletoria del libro primero de forma íntegra, bien por seguir la tramitación prevista en el libro tercero con ciertas adaptaciones al supuesto fáctico (no existe plan de liquidación, por ejemplo).

El análisis de las distintas soluciones procesales se basa en las soluciones dadas por varios órganos judiciales al supuesto del concurso

---

24 Los supuestos recogidos en el art. 37 bis son los siguientes: a) El concursado carezca de bienes y derechos que sean legalmente embargables.
b) El coste de realización de los bienes y derechos del concursado fuera manifiestamente desproporcionado respecto al previsible valor venal.
c) Los bienes y derechos del concursado libres de cargas fueran de valor inferior al previsible coste del procedimiento.
d) Los gravámenes y las cargas existentes sobre los bienes y derechos del concursado lo sean por importe superior al valor de mercado de esos bienes y derechos.
Respecto a los apartados de las letras b), c) y d) es menos controvertido la no aplicación supletoria del art. 37 bis, y es frente al supuesto más habitual, el de la letra a), la inexistencia de bienes donde se plantean mayores dudas. En este sentido ver auto 11 de julio de 2023 del juzgado mercantil 1 de Santander.

sin masa. Teniendo en cuenta además que no se alcanzó una conclusión unánime al respecto en el encuentro de Magistrados/as especialistas celebrado en Alicante del 4 al 6 de octubre de 2023. Por ello las distintas posturas planteadas en el mismo se mantienen como criterios diferenciados en función del órgano judicial de que se trate. Como se ha destacado anteriormente esta circunstancia es una característica general del propio procedimiento especial regulado en el libro tercero al estar limitada la capacidad de recurso de las partes frente a las resoluciones dictadas.

III.2. La aplicación del libro primero

Esta opción defiende la regulación conforme a lo dispuesto en el libro primero en todos aquellos supuestos en los que el solicitante del procedimiento carezca de masa. En este sentido se recoge por ejemplo en el Auto de 12 de junio de 2024 del juzgado mercantil 19 de Madrid. En el mismo tras reconocerse el carácter imperativo del procedimiento de microempresa para los deudores sometidos a su ámbito, y analizar el mismo se establece que "En el caso que nos ocupa, la mercantil solicitante manifiesta carecer de masa, lo que nos traslada al tan debatido tema de si es posible la tramitación del procedimiento especial en los supuestos de carencia de masa."

"El criterio de este juzgador es contrario a dicha posibilidad, acudiendo a los razonamientos que habitualmente se vierten a tal fin. Es decir, que todos los supuestos de inexistencia o insuficiencia de masa se han de tramitar conforme al Libro I TRLC, sin adaptaciones al Libro III ni establecimiento para ello de trámites no previstos en dicho Libro. En el reciente Encuentro de magistrados especialistas en asuntos de lo mercantil, no se adoptó acuerdo alguno al respecto, por no alcanzarse ninguna mayoría entre las varias propuestas existentes."

Por tanto, se establece un tercer género en los procedimientos de insolvencia, junto a los procedimientos con masa del libro primero y los procedimientos con masa del libro tercero estarían los procedimientos sin masa como categoría propia y con independencia del ámbito fijado en el art. 685 de la Ley Concursal para el procedimiento especial, serían transversales, aplicándose a los mismos en todo caso lo dispuesto en los art. 37 bis y siguientes.

Como se establece en la resolución anteriormente citada "Punto de partida es que, en la completa regulación del Libro III TRLC, no se ha incluido la previsión del procedimiento especial sin masa, por más que el formulario contenga la posibilidad de marcar esa casilla (lo que no se corresponde con ninguna determinación legal). El art. 689.1 TRLC establece la aplicación supletoria del Libro I, pero con las adaptaciones que resulten precisas para acomodar los principios que presiden este procedimiento especial y las reglas que integran el Libro III, lo que implica que si el legislador hubiera querido un procedimiento análogo al concurso sin masa lo podía haber previsto expresamente." En esta línea se analizan las dificultades de aplicación supletoria previstas por el art. 689 de la Ley Concursal, en primer lugar se hace referencia a la reducción de costes, principio intrínseco a la propia regulación del libro tercero, hasta el punto de que ni siquiera recaen en el deudor los costes del nombramiento de administrador concursal sino es él quien lo solicita (y en todo caso si no se trata de los supuestos previstos en el artículo 713.5, en cuyo caso se prevé expresamente que los honorarios del mismo serán a cargo del deudor, tras la satisfacción del crédito privilegiado público).

Se considera que la aplicación supletoria de la normativa del concurso sin masa haría ineficaces y de imposible cumplimiento ciertas prescripciones expresas del libro III, que por lo tanto resultan incompatibles con la aplicación del artículo 37 bis TRLC. Los acreedores no solo dispondrán de un plazo de 15 días desde la publicación para solicitar y pagar un administrador concursal para evacuar el informe sobre aspectos limitados del art. 37 ter TRLC, sino que en el PEM se abre un plazo de 30 días hábiles desde la comunicación de apertura para que acreedores y socios responsables puedan comunicar cualquier información relevante al efecto de ejercitar acciones rescisorias, disponiendo los acreedores de un plazo de 45 días hábiles para la solicitud de nombramiento de administración concursal. Estos plazos son incompatibles con la aplicación del art. 37 bis TRLC." Y ello porque el régimen previsto en uno y otro supuesto es claramente diferente. Como lo es la información que reciben en cada tipo de procedimiento los afectados. En el libro primero el llamamiento a los acreedores se produce exclusivamente con la publicación del auto en el B.O.E, mientras que el procedimiento especial del libro tercero, junto a la publicación del auto de apertura del procedimiento especial en el Registro Público Concursal (también se publica el auto del libro primero en este en virtud de los dispuesto en el artículo 37 bis) exige al deudor que dirija comunicación electrónica de apertura del procedimiento especial a los acreedores incluidos en su solicitud de cuya dirección electrónica tenga constancia, permitiéndoles el acceso a toda la documentación presentada en el juzgado. Por tanto, se exige una comunicación directa, individualizada y de toda la documentación presentada junto a la solicitud de apertura del procedimiento. De especial relevancia en el caso de los acreedores públicos como la AEAT o la TGSS ya que estos está previsto que tengan un acceso a los datos de la plataforma del servicio de microempresa (SEM).

Se recoge en el auto de 12 de junio de 2024 del juzgado mercantil 19 de Madrid que "la posibilidad de solicitar apertura de calificación abreviada ex artículo 716 TRLC quedaría asimismo desvirtuada si aceptásemos la tramitación según el libro I del TRLC, limitada a la solicitud y pago de un informe de administración concursal por los acreedores a la vista de la declaración del concurso en los términos del artículo 37 bis TRLC, de la que difícilmente además habrían tenido noticia, como hemos indicado. En caso de solicitarse tal informe, debería resolverse el problema de la tramitación a seguir: la del libro tercero, objetivamente correspondiente, y única para el deudor que cumple los requisitos del art. 685 TRLC (y donde la apertura de la calificación solo se produce a instancia de parte y una vez abierto el procedimiento especial de liquidación), o la del libro primero." Por tanto, se considera que al no producirse la apertura de la liquidación por carecer de masa se plantearía un problema a la hora de poder ejercer la calificación del procedimiento, al ser distinta la regulación del mismo en el libro primero y en el tercero y por ello se entiende que es mejor la aplicación directa del art. 37 bis y siguientes, pero no de lo regulado en el libro primero.

Como argumento final para considerar no aplicable en estos supuestos el libro tercero se analiza la regulación del mismo respecto a la conclusión del procedimiento. Así "El libro III solo prevé la conclusión una vez "se compruebe" (no solo "se afirme" por el deudor sin solicitud de nombramiento de administrador por los acreedores) la insuficiencia de masa activa para satisfacer los créditos contra la masa, e incluso en este caso (artículo 720.1.3º TRLC), los bienes no liquidados se mantendrán en la plataforma que continuará realizando pagos a medida que se vayan produciendo las ventas. Parece así que el procedimiento no alberga opción de conclusión (cuasi)simultánea, sino tras "comprobación de la insuficiencia" lo que, entendemos, ha de ser posterior a la determinación de las masas (al menos de la activa). Se busca una liquidación de los activos aun en el supuesto en que éstos fueran insuficientes (deben por tanto estar determinados), e incluso tras la conclusión del procedimiento, lo que sería incompatible con la declaración/conclusión.

La posibilidad de solicitar la conclusión por insuficiencia al tiempo que se abre el PEM presenta los mismos inconvenientes que se tratan de evitar vetando la aplicación supletoria del art. 37 bis (intervención de los acreedores, plazo para rescisorias, calificación abreviada, etc.), y suprime de facto el trámite de determinación de créditos e inventario del art. 706 TRLC.

– El informe final de liquidación del artículo 719 TRLC se presentará según su apartado primero dentro de los 10 hábiles siguientes a la "conclusión de la liquidación" (no la habría si se concluye simultáneamente por insuficiencia de masa), y "en todo caso transcurridos tres meses desde su comienzo". En estos tres meses se habrían satisfecho todas las opciones de información e intervención a disposición de los acreedores, se habría seguido el trámite de elaboración de inventario y lista de créditos, y se habría podido "comprobar" la insuficiencia de masa.

– La conclusión por insuficiencia no "comprobada" sino simplemente afirmada por el deudor, simultáneamente a la apertura del PEM implicaría que los acreedores solo tendrían la opción de oponerse por la vía del artículo 719.4 TRLC en un plazo de 10 días desde la comunicación del informe final, así como solicitar nombramiento de administrador concursal, bien (artículo 713.1 TRLC) por los acreedores que representen el 20% o el 10% del pasivo total (a cargo de los solicitantes), bien por un solo acreedor (artículo 713.5 TRLC) cuando el deudor hubiera provisto información insuficiente o inadecuada (en cuyo caso la retribución del AC correría a cargo del deudor). "Se valora que en este supuesto de conclusión tras el traslado por 10 días previsto en el 719.4 se limita la actividad de los acreedores respecto al régimen del libro tercero, al reducir los plazos concedidos al mismo por esta vía.

La conclusión de todo lo expuesto es la inadmisión del procedimiento presentado, su archivo y la posibilidad de que se presente el procedimiento sin masa del art. 37 bis de la Ley Concursal[25]. Por tanto a pesar de la solicitud del actor y de que el mismo la haya realizado mediante el formulario normalizado previsto al efecto deberá, según este criterio solicitar el procedimiento del concurso sin masa del libro primero.

III.3. Regulación conforme a la normativa del libro tercero, regulación supletoria y archivo del procedimiento. Análisis de las distintas opciones procesales

Frente a la opción de archivo del procedimiento especial por tratarse de un procedimiento sin masa y la posible aplicación directa del 37 bis en este supuesto, junto a la imposibilidad de aplicación supletoria del mismo en el expediente ya presentado, otros órganos judiciales consideran aplicable en todo caso el libro tercero y también, basado en otros argumentos señalan que no se puede aplicar supletoriamente el procedimiento sin masa previsto en el libro primero. En este sentido el auto del juzgado mercantil número 1 de Santander de 11 de julio de 2023, cuyos argumentos son recogidos en gran parte por el citado auto de 12 de junio de 2024 del juzgado mercantil 19 de Madrid.

Interpretando la regulación del libro tercero en los supuestos de deudores sin activo se contemplan dos posibilidades, por un lado la aplicación de los plazos que el legislador otorga a las partes en el libro tercero para el posible ejercicio de las acciones que el mismo contempla (comunicación de créditos, ejercicio de reintegraciones, calificación del procedimiento etc.) y tras el transcurso del más largo de dichos plazos que sería la posibilidad de ejercer la calificación en el plazo de 60 días naturales se procede a la conclusión del expedien-

---

[25] En este sentido el auto de 12 de junio de 2024 señala que "por lo dicho, no habrá lugar a acordar la apertura del procedimiento especial de microempresas, sin perjucio de que el solicitante pueda, si a su derecho conviene, instar la declaración de concurso sin masa, ex arts. 37 bis y ss TRLC, o la declaración de concurso de acreedores."

te (art. 716 Ley Concursal)[26].O bien la aplicación directa del motivo de conclusión planteado en el art. 720 3° de la Ley Concursal respecto a la comprobación de la insuficiencia de masa activa para satisfacer créditos contra la masa. En este supuesto en el auto de apertura del procedimiento especial se concede a las partes un plazo de diez días para plantear en su caso la oposición a la conclusión por insuficiencia de masa activa y si no existe alegación alguna se procede al archivo del mismo, en este sentido el auto del juzgado mercantil 17 de Madrid de 8 de abril de 2024, donde se analiza en el fundamento de derecho tercero del mismo el tratamiento de la insuficiencia de masa en el procedimiento especial de microempresa.

"El deudor manifiesta la inexistencia de masa y solicita la conclusión del procedimiento por esta razón.

Resulta controvertida la aplicación por analogía del art. 37 bis y ter TRLC, respecto en el procedimiento especial de microempresas de conformidad con el art. 689 TRLC. Pero en todo caso, el legislador no ha incluido en el Libro III ningún precepto equivalente en su régimen jurídico. La naturaleza del procedimiento de microempresas y los términos en el que mismo se desarrolla debe ser valorado; y ello por cuanto el legislador ha establecido un procedimiento concursal especial que se caracteriza por su agilidad, flexibilidad, simplificación de la tramitación, comunicaciones telemáticas y concede un mayor poder de disposición a los deudores para la gestión del mismo, bien mediante un plan de continuación, bien mediante una liquidación a través de la plataforma de liquidación.

Ello se traduce en una reducción de costes del procedimiento concursal. Aun cuando la masa activa sea escasa, se aboga por la liquidación y venta a través de la plataforma, en caso de no ser posible la continuación de la actividad profesional."

"Sin embargo, el legislador no ha previsto específicamente qué sucede en los supuestos en procedimientos en los que se produzca una inexistencia total de activo o prácticamente inexistente. Por ello es posible plantear la aplicación analógica de los preceptos expuestos, lo que supondría acudir al régimen del Libro I. Parece indicativo que el legislador, a pesar de la modificación e introducción de pre-

---

26 En este sentido auto de 6 de junio de 2023 del juzgado mercantil 7 de Madrid.

ceptos específicos para el caso de insuficiencia sin masa en el Libro I, no haya adoptado esta posibilidad respecto de los concursos de microempresa. De hecho, la normativa alude a una situación de posible insuficiencia, como por ejemplo en el art. 706.4 TRLC y como causa específica de conclusión conforme el art. 720.1.3º TRLC, una vez se haya comprobado la insuficiencia de masa activa." Se analiza y valora la omisión en la regulación y referencias al concurso sin masa del libro tercero. El auto continúa analizando el régimen de notificaciones en cada tipo de procedimiento, y valorando la diferencia de información que obtiene el acreedor en cada uno de ellos.

"Asimismo, se debe tener en cuenta el diferente régimen de notificación y publicidad del auto de declaración de concurso al amparo del Libro I, conforme los arts. 33 y 34 TRLC; especialmente la publicación en el B.O.E. y en el T.E.J.U.; en cambio el auto de apertura del procedimiento especial tiene un régimen de publicidad más limitado, por cuanto únicamente se prevé su publicación en el Registro Público Concursal, conforme el art. 692.3 TRLC, de especial importancia respecto de los acreedores que no consten en el listado aportado por el solicitante."

"Por tanto, debe conjugarse la eventual protección a los acreedores a efectos de que pudieran intervenir en los términos legalmente previstos y formular oposición y la conclusión del procedimiento, de forma que se proceda a su simplificación, lo que supone la innecesaridad de proceder a la apertura del procedimiento especial de liquidación."

Se trata de conjugar en cierta medida los mecanismos de información y publicidad del libro tercero, ya que recordemos en estos supuestos el deudor ha presentado el formulario normalizado correspondiente, ha dado traslado a los acreedores mediante email comunicando tanto la apertura del procedimiento como la documentación aportada al órgano judicial, circunstancia que en el libro primero se limita a la publicación en el B.O.E. y el R.P.C., siendo necesario personarse en el procedimiento para conocer los datos aportados por el deudor y poder ejercer las acciones que considere el acreedor en su caso.

A la vista de lo expuesto en el auto de 8 de abril de 2024 del juzgado mercantil 17 de Madrid se establece que "por ello, de conformidad con lo expuesto y en relación con el art. 719.1 TRLC a efectos de comprobar la insuficiencia de la masa, procede conceder un plazo de diez días desde la publicación de la presente resolución para:

Formular oposición a la conclusión del procedimiento especial; ello deberá hacerse valer mediante formulario normalizado junto con las alegaciones y documentos probatorios que se consideren pertinentes.

Transcurrido dicho plazo sin que se haya formulado oposición, se procederá a la conclusión del procedimiento especial conforme el art. 720.1.3 TRLC." Así en el procedimiento referido se dictó auto de conclusión del procedimiento en fecha 22 de mayo de 2024, y en el mismo dentro de los fundamentos de derecho se señala que en el auto de declaración de concurso se concedía un plazo de diez días para poder oponerse a la conclusión, lista de acreedores o al inventario presentado. Y que en tanto que la microempresa carece de cualquier activo realizable, no es necesario proceder a la liquidación y presentación del correspondiente informe; por lo que únicamente procede la conclusión del procedimiento." En el mismo sentido que la resolución comentada resuelven el auto de fecha 18 de marzo de 2024 y auto de fecha 12 de febrero de 2024 del juzgado mercantil 14 de Madrid. También autos de fecha 5 de marzo de 2024 del juzgado mercantil 13 de Madrid respecto a persona jurídica o el auto de 23 de abril de 2024 respecto a un procedimiento especial de persona física donde se concluye y acuerda la exoneración del pasivo insatisfecho.

En esta interpretación no se procede a liquidar activo alguno ya que no existen, se plantea el problema de que sucedería si algún acreedor que no efectuó la oposición a la conclusión en el plazo de diez días decide ejercer alguna de las acciones previstas en los otros plazos procesales, como los 30 días hábiles para comunicar el posible ejercicio de acciones rescisorias. En estos supuestos parece que lo razonable sería proceder a la reapertura del expediente y poder dar curso a las acciones ejercidas, otra opción sería considerar que la no oposición en el plazo de 10 días implica una renuncia a las mismas. Pero parece muy arriesgado interpretar esa renuncia tácita al ejercicio de las acciones en el plazo legal.

El auto de 5 de marzo de 2024 del juzgado mercantil 13 de Madrid hace referencia a lo dispuesto en el art. 720 de la Ley Concursal respecto a la posibilidad de que continuara la liquidación de activos en la plataforma, aunque aún no está plenamente operativa la misma.

Frente a esta opción de tramitación dentro del libro tercero existe otro grupo de resoluciones como el auto de fecha 12 de junio de 2024 del juzgado mercantil 5 de Madrid, en esta resolución se establece que "ha transcurrido el plazo previsto en el auto, y en todo caso ha transcurrido el plazo previsto en el TRLC para que cualquier acreedor pudiera presentar por medios electrónicos mediante formulario en 20 días hábiles alegaciones sobre cuantía, características y naturaleza de su crédito o respecto al inventario de la masa activa, y en el mismo plazo cualquier persona que tenga un crédito contra el deudor pudiera solicitar la inclusión del mismo en el procedimiento especial de liquidación; asimismo ha transcurrido el plazo a los acreedores de 30 días hábiles siguientes para comunicar información relevante para acciones rescisorias, 45 días para solicitar nombramiento de experto o AC para ejercicio de acciones rescisorias, y ha transcurrido el plazo de 60 días naturales siguientes a la apertura de liquidación para pedir la calificación. Asimismo ha transcurrido el plazo previsto en el artículo 720.1.3° en relación con el artículo 719.1 TRLC como se verá a continuación." Por todo ello se concluye el procedimiento en base a lo dispuesto en el art. 720 de la Ley Concursal. El expediente se había abierto por auto de 2 de abril de 2024.

Se establecen por tanto tres tramitaciones distintas del supuesto insuficiencia de masa activa del deudor de microempresa.

1) Se tramitan todos por el libro primero (Barcelona o el auto del juzgado mercantil 19 de Madrid por ejemplo).
2) Se tramitan dentro del libro tercero y en el auto de apertura del procedimiento se concede el plazo de 10 días para que las partes aleguen sobre la conclusión por insuficiencia de masa del expediente en base al art. 720 de la Ley Concursal, como en las resoluciones del juzgado mercantil 13, 14 o 17 de Madrid.
3) Se tramitan dentro del libro tercero y en el auto de apertura del procedimiento especial se hace referencia a los plazos fijados en el libro tercero, esperando a que transcurran los mismos y ordenando la conclusión en base a lo dispuesto en el art. 720 de la Ley Concursal.

IV. BIBLIOGRAFÍA

El procedimiento especial para microempresas. Una consideración inicial. (RI §424077)

Special procedure for the insolvency of microbusiness. Some initial thoughts - Ignacio Tirado Martí.

Auditores. Instituto de Censores Jurados de Cuentas de España. Resumen de prensa 4 de julio de 2022 Guía de la L.Concursal I, temor a perder el patrimonio en la microempresa. Pág 5.

Notarios y registradores: Aproximación a la reforma concursal 2022 Álvaro Martín Martín, Registrador de Murcia.

ARTÍCULO https://mariopalomarabogado.blog/2022/07/04/libro-tercero-de-la-ley-concursal-oportunidad

V. ÍNDICE JURISPRUDENCIAL

Auto del juzgado mercantil 1 de Santander de 11 de julio de 2023.

Auto del juzgado mercantil 7 de Madrid de 6 de junio de 2023.

Auto del juzgado mercantil 19 de Madrid de 12 de junio de 2024.

Auto del juzgado mercantil 13 de Madrid de 5 de marzo de 2024 y de 23 de abril de 2024.

Auto del juzgado mercantil 17 de Madrid de 8 de abril de 2024 y 22 de mayo de 2024.

Auto del juzgado mercantil 14 de Madrid de 18 de marzo de 2024 y de 12 de febrero de 2024.

Auto del juzgado mercantil 5 de Madrid de 2 de abril de 2024 y de 12 de junio de 2024.

8. CONVENIO Y LIQUIDACIÓN CONCURSAL. VENTA DE UNIDAD PRODUCTIVA. PRE-PACK

JORGE MONTULL URQUIJO
Magistrado-Juez de lo Mercantil núm. 3 de Madrid
Especialista en los asuntos propios de los órganos de lo mercantil

SUMARIO: I. TRAMITACIÓN DEL CONVENIO. II. OPERACIONES DE LIQUIDACIÓN. III. PROCEDIMIENTOS DE ENAJENACIÓN DE DETERMINADOS BIENES Y DERECHOS. IV. VENTA DE UNIDADES PRODUCTIVAS.

El vigente Texto Refundido de la Ley Concursal, aprobado por Real Decreto Legislativo 1/2020, de 5 de mayo, ha sido recientemente reformado por la Ley 16/2022, de 5 de septiembre, que introduce importantes modificaciones. Dividido en tres libros, el primero se dedica propiamente al concurso de acreedores, regulando el Libro III un procedimiento especial para microempresas. Las modificaciones introducidas en el Libro I son de gran calado, y tienen por finalidad agilizar el procedimiento concursal, facilitar la aprobación de convenios, y, en caso de no aprobarse éstos, que la liquidación tenga la menor duración posible, lo que se intenta mediante la flexibilización de los procesos. En este trabajo, por la brevedad necesaria, nos vamos a centrar en los aspectos más procedimentales.

I. TRAMITACIÓN DEL CONVENIO

Una de las novedades más importantes introducidas por la Ley 16/2022, de 5 de septiembre, es la modificación de la tramitación del convenio, dirigida a simplificar la misma, pues elimina la propuesta anticipada de convenio, de manera que existe una única tramitación para la aprobación del mismo. Por otra parte, simplifica la tramitación del convenio pues se elimina la junta de acreedores, adoptando la tramitación escrita, de manera que, una vez admitida a trámite la propuesta de convenio, los acreedores tienen un plazo de dos meses para adherirse o rechazar el convenio, lo que se realizará por escrito, computando las adhesiones el Letrado de la Administración de Justicia al finalizar aquel plazo.

La consecuencia de la supresión de la propuesta anticipada de convenio es la ampliación del plazo para poder presentar la propuesta de convenio, que ahora el concursado podrá presentar junto con la solicitud de declaración de concurso, con adhesiones o no, y en cualquier momento del concurso hasta que hayan transcurrido quince días desde la presentación del informe de la administración concursal (art. 337 TRLC). Los acreedores disponen del mismo plazo para presentar una propuesta de convenio, siendo necesario que superen una quinta parte del total pasivo. Si presentasen la propuesta con anterioridad a la lista de acreedores, el pasivo se computará conforme a la lista presentada por el deudor en la solicitud de concurso voluntario, o al ser requerido al efecto en el concurso necesario (art. 338 TRLC).

Presentada la propuesta, debe ser objeto de admisión a trámite; si no se presentan en el plazo indicado o las presentadas no son admitidas a trámite se abrirá la fase de liquidación (art. 339 TRLC). Si la propuesta la presenta el deudor con la solicitud de concurso, la admisión a trámite se resolverá en el auto de declaración de concurso (art. 343 TRLC).

Admitida a trámite, los acreedores pueden adherirse a las propuestas presentadas. Si se han presentado varias propuestas, aquellos pueden adherirse a una sola, a varias o a todas las presentadas, expresando el orden de adhesión; si no se expresa se entiende que opta por el legal de verificación (art. 351.2 TRLC).

En cuanto al contenido de la adhesión, si ésta se ha realizado antes de la presentación de la lista de acreedores, el importe y clase de los créditos será el que se hubiera comunicado a la administración concursal. Si la adhesión tuviera lugar después, el importe y la clase serán los que figuren en la lista (art. 354.1 TRLC).

La forma de la adhesión también ha sido modificada, pues se elimina la posibilidad de realizarla mediante comparecencia ante el Letrado de la Administración de Justicia. En la norma vigente, las adhesiones se realizarán *por escrito con firma ológrafa o electrónica basada en un certificado cualificado que se entregará o remitirá a la administración concursal con acreditación de la identidad del firmante y, en su caso, de las facultades representativas que tuviere* (art. 355 TRLC). Por tanto, las adhesiones ya no se realizan ante el Juzgado sino ante la administración concursal.

El plazo para adherirse, como se ha dicho, es de dos meses desde la fecha de admisión a trámite de la propuesta de convenio; si éste plazo venciera después del plazo legal para la presentación de la lista provisional de acreedores, se prorrogará automáticamente hasta quince días después de la presentación de la lista (art. 358 TRLC). El juez podrá prorrogar el plazo de adhesiones, a instancias del deudor, con causa justificada y acreditada, por plazo no superior a 2 meses desde la finalización del plazo (358.3 TRLC).

Para ser aprobada una propuesta de los acreedores debe ser aceptada por el concursado; la aceptación no implica revocación de su propia propuesta (art. 359 TRLC).

Al día siguiente del vencimiento del plazo de adhesiones, la administración concursal remitirá al juzgado, al concursado y a los acreedores con dirección electrónica, escrito con el resultado de las adhesiones, relación de créditos adheridos y de los opuestos (art. 361 TRLC). Con esos resultados, el Letrado de la Administración de Justicia verifica en primer lugar el resultado de la propuesta del deudor, y si ésta no es aceptada, las propuestas presentadas por los acreedores por orden de cuantía de los créditos de los que las hubiesen presentado (art. 379 TRLC). Una vez efectuada esta determinación, el Letrado, mediante Decreto, proclama el resultado, en el plazo de tres días desde la finalización del plazo para presentar las adhesiones, y advierte a los legitimados del derecho de estos a oponerse a la aprobación judicial del convenio.

Si el resultado es la aceptación de la propuesta de convenio por haberse alcanzado las mayorías que establece el Texto Refundido, se somete el convenio a la aprobación del juez del concurso. Si éste lo aprueba en sentencia, podrán oponerse a la aprobación quienes no se hubiesen adherido a la propuesta y la administración concursal (arts. 381 y 382 TRLC).

Una novedad en cuanto a la extensión del convenio a los créditos subordinados es la previsión de que cada uno de los plazos anuales de espera para los ordinarios se computarán como trimestrales para los subordinados desde el íntegro cumplimiento de los primeros, sin que la totalidad de la espera pueda ser superior a los 10 años para todos los acreedores (art. 396.2 TRLC).

También constituye una novedad las previsiones sobre determinadas operaciones societarias en el ámbito del convenio. Así, si el convenio aprobado judicialmente hubiera previsto la conversión de créditos concursales en acciones o participaciones de la sociedad deudora, los administradores de la sociedad están facultados para aumentar el capital social en la medida necesaria para la conversión de los créditos, sin necesidad de acuerdo de la junta general de socios; asimismo, se prevé que en la suscripción de las nuevas acciones o en la asunción de las nuevas participaciones los socios no tendrán derecho de preferencia (art. 399 bis.1).

En lo que se refiere a las acciones o participaciones sociales emitidas en ejecución del convenio, se prevé que éstas serán libremente transmisibles hasta que transcurran diez años desde la inscripción del aumento de capital en el registro mercantil, aunque los estatutos sociales contengan cláusulas limitativas de la libre transmisibilidad de las acciones (art. 399 bis.2 TRLC).

Por último, en cuanto a las modificaciones estructurales que pudiera prever el convenio, se establece que los acreedores concursales no tendrán derecho de oposición a las mismas. Asimismo, se prevé expresamente que la inscripción de la fusión, de la escisión total o la cesión global de activo y pasivo que produzca la extinción de la sociedad declarada en concurso, será causa de conclusión del concurso de acreedores, lo que da seguridad jurídica a esta cuestión ante las dudas a que daban lugar las modificaciones estructurales en el concurso (art. 399 ter TRLC).

La posibilidad de modificación del convenio, con carácter general, es otra novedad de la Ley 16/2022, de 5 de septiembre, siendo necesario para proceder a la misma que hayan transcurrido dos años desde su aprobación judicial, y que el convenio se encuentre en riesgo de incumplimiento por causa que no le sea imputable a título de dolo, culpa o negligencia y siempre que se justifique debidamente que la modificación resulta imprescindible para asegurar la viabilidad de la empresa. En cuanto al procedimiento, el art. 401 bis.2 TRLC se remite a *las previsiones de esta ley para la aprobación de una propuesta de convenio si bien el cómputo de las mayorías necesarias para su aprobación se establecerá atendiendo a los importes de los créditos que quedan pendientes de pago conforme a lo que resulte del convenio que se propone modificar.*

II. OPERACIONES DE LIQUIDACIÓN

Una de las novedades más importantes introducidas por la Ley 16/2022, de 5 de septiembre, en el Texto Refundido de la Ley Concursal es la que atañe a la fase de liquidación. Con anterioridad a la reforma, una vez abierta la liquidación, la administración concursal debía elaborar el plan de liquidación, un documento en el que se establecerían las reglas conforme a las que se iba a llevar a cabo la liquidación. Este plan debía ser objeto de aprobación judicial, para lo que se daba previamente traslado al deudor y a los acreedores personados a fin de que pudieran realizar observaciones al plan. Frente al auto que aprobaba el plan de liquidación, o bien que acordaba que se realizase la liquidación conforme a las normas del procedimiento de apremio de la Ley de Enjuiciamiento Civil, cabía recurso de apelación, lo que podía dilatar el inicio de las operaciones de liquidación durante largo tiempo.

La reforma, de acuerdo con su finalidad de agilizar el procedimiento concursal, elimina la necesidad de aprobar un plan de liquidación, sustituyéndolo por la facultad del juez de establecer unas reglas especiales de liquidación.

Así, de acuerdo con el art. 415 TRLC, ya sea en el mismo auto en que se abre la fase de liquidación, ya sea en una resolución posterior dictada *ad hoc*, el juez podrá establecer las reglas especiales que considere oportunas. Para ello, únicamente se exige previa audiencia o informe de la administración concursal en un plazo máximo de diez días naturales.

El único límite al contenido de estas reglas especiales es la previsión de que las mismas no podrán exigir previa autorización judicial para la enajenación de bienes y derechos, ni establecer reglas que impliquen dilatar la liquidación durante un período superior al año (art. 415.2 TRLC). Es decir, por ejemplo, si las reglas especiales establecen una serie de fases sucesivas en que intentar distintos medios de enajenación, éstas fases en su cómputo total no pueden suponer una duración superior al año.

Por otra parte, a estos límites al contenido de las reglas especiales de liquidación hay que añadir el respeto a las normas imperativas que regulan la enajenación de determinados bienes y derechos, como son las que establecen una serie de requisitos para la enajenación de los bienes y derechos afectos a crédito con privilegio especial o de unidades productivas, a las que ya se han hecho referencia.

Las reglas especiales de liquidación pueden ser modificadas o dejadas sin efecto en cualquier momento, bien de oficio bien a solicitud de la administración concursal (art. 415.1 *in fine TRLC*).

Contra todas estas resoluciones judiciales únicamente cabe interponer Recurso de Reposición (art. 415.3 TRLC), aunque, en todo caso, las reglas especiales quedarán sin efecto si lo solicitan acreedores cuyos créditos representen más del cincuenta por ciento del pasivo ordinario o más del cincuenta por ciento del total del pasivo (art. 415.4 TRLC).

Las reglas especiales de liquidación se publicarán en el Registro Público Concursal.

Estas reglas especiales, por lo tanto, tienen un carácter meramente facultativo del juez del concurso, hasta el punto de que la Ley no prevé que la administración concursal o alguna otra parte del concurso se las solicite, sino únicamente que para adoptarlas tiene que ser oída la primera.

La modificación introducida en la reforma no se agota en esta regulación de las reglas especiales, sino en cuáles son las reglas subsidiarias que debe regular la liquidación en caso de no aprobarse el plan de liquidación. Como se ha dicho, con anterioridad a la reforma, en defecto de las reglas del plan de liquidación eran de aplicación las reglas de la Ley de Enjuiciamiento Civil que regulan el procedimiento de apremio. Había que entender que ésta era una remisión a las reglas de ejecución al menos en sus aspectos meramente procedimentales. Sin embargo, en la nueva regulación no se hace referencia alguna a dichas normas, ni a ninguna otra norma legal, únicamente se establecen dos reglas que la administración concursal tiene que respetar en todo caso: la regla del conjunto y la regla de la subasta. Fuera de estas dos normas, la administración concursal puede enajenar los bienes y derechos de la masa activa (en defecto de reglas especiales) en los términos que tenga por conveniente.

Así lo establece el art. 421 TRLC, al decir que "*(d)e no haber establecido el juez reglas especiales de liquidación, el administrador concursal realizará los bienes y derechos de la masa activa del modo más conveniente para el interés del concurso, sin más limitaciones que las establecidas en los artículos siguientes y en el capítulo III del título IV del libro primero*". Es decir, la liquidación de la masa activa la hará la administración concursal respetando las normas imperativas del Texto Refundido de la Ley Concursal que regulan la enajenación de determinados bienes y derechos, así como las reglas del conjunto y de la subasta. Dentro de estos límites, el único criterio que debe guiar la liquidación que lleve a cabo aquella es el de mayor interés del concurso, sin que la liquidación pueda de inicio tener una duración superior a un año.

Lo anterior supone que, una vez que el juez del concurso ha dictado el auto de apertura de la fase de liquidación, sin establecer reglas especiales de liquidación, la administración concursal debe proceder directamente a liquidar la masa activa del concurso, con el único límite de aquellas reglas legales. Esto supone un avance de gran importancia respecto de la regulación anterior, pues la necesidad de aprobar un plan de liquidación implicaba en aquella que el inicio de las operaciones, en todo caso, se dilatase durante un cierto tiempo.

En cuanto a las dos reglas que se imponen en la liquidación sin reglas especiales, como se ha dicho éstas son la regla del conjunto y la de la subasta. La primera supone la obligación de que el conjunto de los establecimientos, explotaciones y cualesquiera otras unidades productivas de bienes o de servicios de la masa activa se enajene como un todo. Esta regla es aplicable también si se han dictado reglas especiales de liquidación, salvo que el juez, al establecer las mismas, hubiera autorizado la enajenación individualizada (art. 422.1 TRLC).

Esta enajenación individualizada la puede solicitar la administración concursal al juez del concurso cuando lo estime conveniente para el interés del concurso, quien la autorizará mediante auto frente al que no cabrá recurso alguno (art. 422.2 y 3 TRLC).

Conforme a la regla de la subasta, la administración concursal tiene la obligación de acudir a la subasta electrónica para la enajenación de cualquier bien o derecho o conjunto de bienes o derechos que, según el último inventario presentado por la administración concursal, tuviera un valor superior al cinco por ciento del valor total de los bienes y derechos inventariados (art. 423.1 TRLC).

Como en el caso de la regla del conjunto, esta regla es aplicable también aunque el juez haya establecido reglas especiales de liquidación, salvo que en el propio auto que las fija haya "decidido otra cosa".

La subasta electrónica de los bienes y derechos deberá realizarse mediante la inclusión de esos bienes o derechos o parte de ellos, bien en el portal de subastas de la Agencia Estatal Boletín Oficial del Estado, bien en cualquier otro portal electrónico especializado en la liquidación de activos (art. 423.2 TRLC).

Respecto de esta subasta se establece la siguiente regla especial en el art. 423 bis TRLC: "*1. Si en la subasta de bienes o derechos hipotecados o pignorados realizada a iniciativa del administrador concursal o del titular del derecho real de garantía no hubiera ningún postor, el beneficiario de la garantía tendrá derecho a adjudicarse el bien o el derecho en los términos y dentro de los plazos establecidos por la legislación procesal civil. 2. En el caso de que no ejercitase ese derecho, si el valor de los bienes subastados, según el inventario de la masa activa, fuera inferior a la deuda garantizada, el juez, oídos el administrador concursal y el titular del derecho real de garantía, los adjudicará a este por ese valor, o a la persona natural o jurídica que el interesado hubiera señalado. Si el valor del bien o del derecho fuera superior, ordenará la celebración de nueva subasta sin postura mínima*".

III. PROCEDIMIENTOS DE ENAJENACIÓN DE DETERMINADOS BIENES Y DERECHOS

La masa activa del concurso se encuentra compuesta por todos los bienes y derechos que integrasen el patrimonio del concursado a fecha de la declaración de concurso, más los que adquiera o se reintegren a dicho patrimonio durante el concurso, hasta su conclusión. No obstante, de estos bienes hay que separar los que son inembargables, relacionados en los arts. 605, 606 y 607 de la Ley de Enjuiciamiento Civil (art. 192 TRLC).

Si el concursado está casado, la masa activa del concurso comprende sus bienes y derechos propios o privativos, y si el régimen económico del matrimonio fuese de comunidad, se incluirán los bienes comunes o gananciales cuando deban responder de las obligaciones del concursado (art. 193 TRLC).

La administración concursal tiene la obligación de conservar del modo más conveniente para el interés del concurso de todos los elementos que forman la masa activa. La administración concursal no puede enajenar los bienes y derechos de la masa activa hasta la apertura de la liquidación o la aprobación de un convenio (arts. 204 y 205 TRLC).

No obstante, sí que puede realizar los actos de disposición inherentes a la continuación de la actividad de la concursada, los indispensables para satisfacer las exigencias de tesorería del concurso, así como para garantizar la viabilidad de los establecimientos, explotaciones o cualesquiera otras unidades productivas que formen parte de la masa activa, los actos de disposición de bienes o derechos no necesarios para la continuación de la actividad que coincidan sustancialmente con el valor del inventario (art. 206 TRLC).

Fuera de estos casos, la administración concursal necesita de autorización del juez del concurso para la enajenación o gravamen de bienes y derechos de la masa activa.

Para la enajenación de los bienes afectos a crédito con privilegio especial (relacionados en el art. 270 TRLC), que sustancialmente se corresponden con los créditos que cuentan con una garantía real, salvo en el caso del arrendamiento financiero, en que la garantía es personal pero se equipara a aquellos, se establece en la Ley un procedimiento mínimo para determinados casos, de carácter imperativo, que está dirigido a garantizar los derechos del acreedor privilegiado.

La regla general es que estos bienes o derechos se deben enajenar mediante subasta electrónica, siendo necesario resolución judicial que autorice otro tipo de enajenación (art. 209). En este sentido, se prevé que en cualquier estado del concurso se puede autorizar judicialmente la venta directa. Ello debe ser solicitado por la administración concursal o por el acreedor privilegiado, y se seguirá el trámite del art. 518: traslado a las partes por plazo mínimo de tres días y un máximo de diez, y resolución por auto, frente al que únicamente cabe recurso de reposición. El requisito es que la oferta sea por un precio superior al mínimo pactado al constituir la garantía con pago al contado.

No obstante, se puede otorgar también la anterior autorización si consta el consentimiento expreso de concursado y de acreedores con privilegio especial y el precio se corresponda con el valor de mercado según tasación oficial emitida por entidad homologada para los inmuebles y entidad especializada para los muebles, dentro de los seis meses anteriores a la autorización, consentimientos que, por tanto, deberán manifestarse en el trámite del art. 518 TRLC.

En estos casos, una vez que se ha concedido la autorización judicial, se abre una licitación. Para ello, se debe dar a la autorización la misma publicidad que se da a las subastas judiciales, "y, si dentro de los diez días siguientes al último de los anuncios se presentase en el juzgado mejor postor, el juez abrirá licitación entre todos los oferentes determinando la fianza que hayan de prestar para participar en ella" (art. 210 TRLC).

El mismo procedimiento, salvo en lo relativo a la licitación, se establece para la dación en pago de los bienes y derechos afectos a crédito con privilegio especial (art. 211 TRLC).

IV. VENTA DE UNIDADES PRODUCTIVAS

Junto a lo anterior, se establece asimismo un procedimiento mínimo para la enajenación de las unidades productivas. La venta de la unidad productiva se configura como un objetivo esencial en el procedimiento concursal, que se inspira en el principio de conservación del negocio, ya que permite mantener las empresas en el mercado y el mayor número de puestos de trabajo. Por ello, el legislador establece al regular el contenido del plan de liquidación (art. 417.2 TRLC) que *siempre que sea posible, deberá proyectarse la enajenación unitaria del conjunto* de los establecimientos, explotaciones y cualesquiera otras unidades productivas de la masa activa o de algunos de ellos", y en las reglas supletorias de liquidación (art. 422 TRLC) que: "El conjunto de establecimientos, explotaciones y cualesquiera otras unidades productivas de bienes o de servicios de la masa activa, *se enajenará como un todo*". El interés del concurso es el que justificará la enajenación individualizada de los bienes si el valor individualizado de cada uno de los elementos del activo sea superior al valor de la empresa como tal. La liquidación debe aplicarse a los supuestos de empresas no viables para las que el mercado no puede ofrecer otras soluciones y la necesidad de fomentar la negociación entre las partes y de potenciar las soluciones extrajudiciales, en la forma de mecanismos de reestructuración de deuda y alerta preventiva.

La enajenación de la unidad productiva, con anterioridad a la liquidación o a la aprobación del convenio debe realizarse mediante subasta electrónica, salvo resolución judicial que autorice otro medio distinto (art. 215 TRLC). Entre estos medios alternativos, la Ley prevé la enajenación por persona o entidad especializada (art. 216 TRLC).

Cualquiera que sea el sistema de enajenación de unidad productiva elegido por la administración concursal, ésta debe comunicar el plazo para la presentación de las ofertas, los gastos realizados con cargo a la masa activa para la conservación en funcionamiento de la actividad del conjunto de la empresa o de la unidad o unidades productivas objeto de enajenación, así como los previsibles hasta la adjudicación definitiva (art. 217 TRLC).

Para las ofertas, también con independencia del sistema elegido, se señala el siguiente contenido mínimo: 1.º La identificación del oferente y la información sobre su solvencia económica y sobre los medios humanos y técnicos a su disposición; 2.º La determinación precisa de los bienes, derechos, contratos y licencias o autorizaciones incluidos en la oferta; 3.º El precio ofrecido, las modalidades de pago y las garantías aportadas. En caso de que se transmitiesen bienes o derechos afectos a créditos con privilegio especial, deberá distinguirse en la oferta entre el precio que se ofrecería con subsistencia o sin subsistencia de las garantías; y 4.º La incidencia de la oferta sobre los trabajadores (art. 218 TRLC). Hay que tener en cuenta dentro de este contenido mínimo de la oferta que, en el caso de que haya una disonancia entre ofertante y adquirente, bien porque la ofertante va a utilizar una sociedad vehicular para la cesión, bien porque pretende ceder la adjudicación a favor de una filial una vez obtenida aquella, los requisitos de identidad deben alcanzar a ambas sociedades, así como que la solvencia económica debe cubrirla la ofertante, que es la que se obliga al pago del precio, y va a responder del resto de obligaciones que surjan de la adquisición de la unidad productiva.

Dentro de las exigencias procesales, se prevé que las resoluciones que se dicten sobre la enajenación de la unidad productiva se hagan habiendo sido escuchada previamente la representación de los trabajadores, si existieran, por plazo de quince días (art. 220 TRLC).

Sobre esta cuestión deberá tenerse en cuenta el tipo de órgano de representación de los trabajadores en atención al número de éstos. Si hay varios delegados de personal, deberá hacerse la comunicación a todos ellos, pues tienen carácter mancomunado. Si existiera un Comité de Empresa, al actuar colegiadamente hay que entender que la comunicación al mismo como tal comité es suficiente a efectos de cumplir con esta obligación.

Un procedimiento específico de enajenación de unidad productiva es el previsto para aquellos casos en que la solicitud de concurso se presenta acompañada de una oferta de compra (art. 224 bis TRLC). El juez, en tales casos, concederá un plazo de quince días para que: (i) Los acreedores puedan formular observaciones a la propuesta; (ii) Cualquier interesado pueda presentar propuesta vinculante alternativa; y (iii) La administración concursal emita informe de evaluación.

Si se presentan propuestas alternativas, el juez requerirá a la administración concursal para que en el plazo de cinco días emita informe de evaluación; emitidos el informe o informes por la administración concursal, el juez concederá a los oferentes un plazo simultáneo de mejoras de tres días y pasados tres días desde la expiración de dicho plazo, aprobará la oferta más ventajosa para el interés del concurso.

Lo más interesante de este precepto es la opción legal por la posibilidad de presentar nuevas pujas, con apertura de un plazo para mejorar la oferta inicial y ello aunque se haya nombrado un experto que haya recabado ya las ofertas de terceros para la adquisición de la unidad productiva en fase pre-concursal, que prevén los artículos 224 ter hasta septies TRLC.

Estos preceptos regulan un procedimiento específico relacionado con el anterior: el "Nombramiento de Experto para recabar ofertas de adquisición de la unidad productiva". El supuesto de hecho de este procedimiento se amplía a los casos de probabilidad de la insolvencia (presupuesto de hecho que es ajeno al Libro I del Texto

Refundido de la Ley Concursal, siendo propio del derecho preconcursal del Libro II), que son aquellos en que sea objetivamente previsible que el deudor no podrá cumplir regularmente sus obligaciones que venzan en los dos siguientes años (art. 584.2 TRLC).

Tanto en este caso como en los de insolvencia inminente (incumplimiento de las obligaciones exigibles en el plazo de tres meses) o actual (incumplimiento actual de las obligaciones exigibles), el deudor, persona natural o jurídica, que realice una actividad económica puede solicitar del juzgado competente para la declaración de concurso el nombramiento de un experto que recabe ofertas de terceros para la adquisición de una o varias unidades productivas de que sea titular, aunque hubieran cesado en la actividad (art. 224 ter TRLC).

Se exige que las ofertas contemplen: (i) El pago al contado; (ii) El compromiso de continuar o reiniciar la actividad por un mínimo de tres años; el incumplimiento de este compromiso dará lugar a que el afectado pueda reclamar del adquirente los daños y perjuicios causados (224 bis y septies TRLC).

Respecto de esta obligación, hay que hacer dos consideraciones: en primer lugar, la misma sólo se establece en sede del art. 224 bis y septies TRLC, de lo que parece deducirse de acuerdo con la literalidad de la Ley que la misma no rige cuando estemos ante una venta de unidad productiva realizada fuera de estos supuestos procesales, en fase de liquidación, por ejemplo. No obstante, atendiendo al fundamento y finalidad de la norma (art. 3 CC), no parece voluntad de la Ley que esta obligación rija en unos casos sí y en otros no, pues no cabe apreciar un criterio objetivo para discriminar unos casos de otros en relación a la misma. Por otra parte, hay que tener en cuenta que no estamos ante una regulación fruto de una única reforma legal, sino que la regulación actual es consecuencia de varias modificaciones parciales de la Ley, lo que explicaría la diferencia de trato.

En segundo lugar, hay que advertir que, en caso de disonancia entre ofertante y adquirente a la que ya se ha hecho referencia más arriba, la obligación de continuación de la actividad durante un período determinado, en cuanto que obligación legal, recaerá solidariamente sobre ambas personas, la ofertante y la adjudicataria, durante todo el tiempo en que la misma concurra.

Presentada la solicitud al juzgado competente, se dicta resolución del juez nombrando experto a la persona natural o jurídica que reúna las condiciones para ser nombrado experto en reestructuraciones o administrador concursal, así como fijando la duración del encargo y la retribución del experto atendiendo el valor de la unidad o unidades productivas. La aceptación del nombramiento es voluntaria y la resolución será reservada (art. 224 quater TRLC).

El nombramiento del experto no exime al deudor del deber de solicitar la declaración de concurso dentro de los dos meses siguientes a la fecha en que hubiera conocido o debido conocer el estado de insolvencia actual (art. 224 quinquies TRLC).

En el concurso posterior, que se presentará ante el mismo juzgado que hubiese nombrado al experto, en la declaración del concurso, el juez podrá revocar o ratificar el nombramiento del experto. Si lo ratificara tendrá este la condición de administrador concursal. La retribución que no hubiera percibido el experto tendrá la consideración de crédito contra la masa (art. 224 sexies TRLC).

En cuanto a las ofertas que se presenten en este procedimiento, quien realice la oferta no podrá actuar por cuenta del propio deudor; y en la oferta el oferente deberá asumir la obligación de continuar o de reiniciar la actividad con la unidad o unidades productivas a las que se refiera la oferta por un mínimo de tres años. El incumplimiento de este compromiso dará lugar a que cualquier afectado pueda reclamar al adquirente la indemnización de los daños y perjuicios causados (art. 224 septies TRLC).

La venta en cuya preparación va a colaborar el experto se va a autorizar en el concurso. Esta figura o medida tiene su origen en la práctica judicial.

En materia de pre-pack hay que tener en cuenta la STJUE de 28.4.2022, asunto C-237/20, cuando el tribunal señala que *procede comprobar en cada situación si el procedimiento pre-pack y el procedimiento de quiebra controvertidos tienen por objeto la liquidación de la empresa en razón de la insolvencia constatada del cedente y no una mera reorganización de este. Además, habrá que demostrar no solo que el objetivo principal de estos procedimientos es satisfacer al máximo los intereses del conjunto de los acreedores, sino también que la ejecución de la liquidación mediante la transmisión de la empresa en funcionamiento (going concern) o de una parte de esta, tal como se preparó en el procedimiento de pre-pack y se llevó a cabo tras el procedimiento de quiebra, permite alcanzar este objetivo principal. Así, el objetivo de recurrir a un procedimiento de pre-pack, a efectos de la liquidación de una empresa, es, por tanto, permitir que el síndico y el juez de la quiebra designados por el tribunal tras la declaración de quiebra de la empresa aumenten las posibilidades de satisfacer los intereses de los acreedores (ap. 53).*

En cuanto a estas responsabilidades tras la declaración de quiebra, señala la sentencia que *desde que se declaró el inicio del procedimiento de quiebra, los síndicos y el juez de la quiebra que estaban encargados de seguir el procedimiento de quiebra y que habían sido nombrados por el tribunal a tal efecto, disponían de competencias legales en este sentido y estaban sujetos a los mismos requisitos de objetividad e independencia que los que se aplican a un síndico y a un juez de la quiebra nombrados en una quiebra no precedida de un procedimiento de pre-pack. Por lo tanto, estaban obligados a apreciar si la transmisión de las partes viables de la empresa del antiguo grupo Heiploeg, preparada antes de la declaración de quiebra, beneficiaba al conjunto de los acreedores. Por consiguiente, la aplicación de un procedimiento de pre-pack, como el controvertido en el litigio principal, no afecta a la supervisión que realizará posteriormente una autoridad pública competente en un procedimiento de quiebra, a saber, el síndico y el juez de la quiebra, tal como prevé la FW* (ap. 61).

9. LOS CRÉDITOS IMPRESCINDIBLES PARA LA LIQUIDACIÓN. LA RETRIBUCIÓN DE LA ADMINISTRACIÓN CONCURSAL

OLGA AHEDO PEÑA
Magistrada-Juez de lo Mercantil núm. 4 de Madrid
Especialista en los asuntos propios de los órganos de lo mercantil

I. INTRODUCCIÓN

La Ley 16/2022, de 5 de septiembre, ha modificado la redacción de los artículos 249 y 250 TRLC y con ello las especialidades previstas para los supuestos de insuficiencia de masa activa, viéndose afectado también el régimen jurídico aplicable a los créditos imprescindibles para la liquidación.

Dado que la Ley 16/2022 traspone la Directiva (UE) 2019/1023 del Parlamento Europeo y del Consejo, de 20 de junio de 2019 (Directiva sobre reestructuración e insolvencia), cabría pensar que los preceptos, en especial el art. 250 TRLC, deben ser interpretados teniendo presentes no solo la literalidad, el sentido y los antecedentes de la norma, sino también las previsiones de la Directiva en relación con la figura de la administración concursal y su retribución. Estas previsiones se enmarcan dentro del objetivo de eficiencia de los procedimientos de insolvencia. El artículo 27 de la Directiva, bajo el título "*Supervisión y remuneración de los administradores concursales*", establece en su apartado 4 que "*Los Estados miembros velarán por que la retribución de los administradores concursales se rija por normas que estén en consonancia con el objetivo de conseguir una resolución eficiente de los procedimientos*".

El artículo 250 TRLC es una norma de pago de los créditos contra la masa (regla de liquidación como veremos), pero también norma de retribución de la administración concursal en la medida en que garantiza la percepción de determinados honorarios en tal situación de insuficiencia de masa, y no puede olvidarse que también la resolución de estos procedimientos sin masa debe ser eficiente. La Directiva asocia resolución eficiente y retribución de la administración concursal, habla de "consonancia" entre ambas, y ello parece difícil de lograr en un escenario regido por una normativa que impide o dificulta la percepción efectiva de los honorarios en una situación de insuficiencia de masa.

Sin embargo, la Ley 16/2022 no parece que haya reformado el artículo 250 TRLC pensando en el objetivo de eficiencia de la Directiva, sino en la necesidad de aclarar y de dotar de mayor seguridad jurídica al sistema precedente.

Los antecedentes, resumidamente, son los que expongo a continuación.

II. LEY CONCURSAL

La Ley 22/2003, de 9 de julio, Concursal, regulaba esta situación en el artículo 176 bis 2 LC, dentro del título VII (libro I) dedicado a la conclusión y reapertura del concurso. Bajo este régimen, en caso de insuficiencia de masa, todos los créditos contra la masa, tanto los devengados con anterioridad a la comunicación de insuficiencia y pendientes de abono como los posteriores, quedaban sometidos al orden de pagos previsto en el art. 176 bis.2 LC. Y preferentes a ellos eran los créditos contra la masa devengados después de la comunicación que fueran imprescindibles para concluir la liquidación[27]. El

---

27 Art. 176 bis apartado 2 LC:
"2. *Tan pronto como conste que la masa activa es insuficiente para el pago de los créditos contra la masa, la administración concursal lo comunicará al juez del concurso, que lo pondrá de manifiesto en la oficina judicial a las partes personadas.*
Desde ese momento, la administración concursal deberá proceder a pagar los créditos contra la masa conforme al orden siguiente, y, en su caso, a prorrata dentro de cada número, salvo los créditos imprescindibles para concluir la liquidación:
1.º Los créditos salariales de los últimos treinta días de trabajo efectivo y en cuantía que no supere el doble del salario mínimo interprofesional.

artículo 176 bis.2 LC no hacía expresa mención a los honorarios de la administración concursal; ni siquiera los incluía expresamente en la relación de créditos, quedando comprendidos en "los demás créditos contra la masa" (art. 176 bis. 2.5º LC). Por lo tanto, en caso de insuficiencia de masa, el administrador concursal solo podía cobrar sus honorarios con preferencia a los relacionados si se declaraba expresamente que tal crédito era imprescindible para concluir la liquidación. Tal declaración se hacía por el juez del concurso previa solicitud de autorización judicial por parte de la administración concursal para cobrar tal crédito como imprescindible, y con audiencia de los acreedores (art. 188.2 LC). En dicha solicitud, la administración concursal debía identificar con precisión las actuaciones que consideraba imprescindibles y su importe. Esta autorización fue exigida por el Tribunal Supremo en su sentencia núm. 390/2016, de 8 de junio. El Tribunal Supremo precisó también que los honorarios que podían ser cobrados como imprescindibles era los correspondientes a actuaciones que habían tenido lugar una vez comunicada la insuficiencia de masa y que fueran "*estrictamente imprescindibles para obtener numerario y gestionar la liquidación y pago*". Es decir, solo se consideraban imprescindibles las actuaciones posteriores a la comunicación de insuficiencia de masa que, además, cumplieran el requisito de ser estrictamente imprescindibles para obtener numerario y gestionar la liquidación y pago.

La resolución de estas autorizaciones suscitaba dos problemas que los jueces de lo mercantil resolvimos de forma distinta en atención a las propias características del concurso y nuestro criterio interpretativo: la determinación de las actuaciones "estrictamente imprescindibles para obtener numerario y gestionar la liquidación y pago" y la cuantificación de su importe.

En relación con esto último, los honorarios de la administración concursal no se cuantifican por actuaciones individualizadas, sino

---

2.º Los créditos por salarios e indemnizaciones en la cuantía que resulte de multiplicar el triple del salario mínimo interprofesional por el número de días de salario pendientes de pago.
3.º Los créditos por alimentos del artículo 145.2, en cuantía que no supere el salario mínimo interprofesional.
4.º Los créditos por costas y gastos judiciales del concurso.
5.º Los demás créditos contra la masa.

por fases (fase común, convenio y/o liquidación). La exigencia de individualización de las actuaciones imprescindibles y sus importes (precios) supone que esos honorarios de la administración concursal puedan ser calculados de forma distinta a la prevista en el arancel (Real Decreto 1860/2004, de 6 de septiembre), siendo diversas las opciones: facturación libre; aplicación adaptada del arancel; inclusión íntegra, justificándolo, de todos los honorarios de actuaciones de liquidación (correspondan o no a la fase de liquidación), siempre con el límite de la comunicación.

Respecto a la determinación de las actuaciones de liquidación "estrictamente imprescindibles para obtener numerario y gestionar la liquidación y pago", el concepto es eminentemente valorativo, pero parece que deberían ser consideradas estrictamente imprescindibles todas aquellas actuaciones cuya supresión impediría liquidar la masa activa y pagar a los acreedores En todo caso, la administración concursal tiene la carga de decidir e identificar qué actuaciones tienen tal carácter y cuál es su importe a efectos de honorarios.

Por otro lado, la referencia a la liquidación debe entenderse en sentido material, no circunscrita a la fase de liquidación. En este sentido el AJM núm. 9 de Barcelona, de 26 de mayo de 2021[28]. Aun cuando esta resolución aplica el art. 250 TRLC (equivalente al art. 176 bis LC), dicho precepto no introdujo, a mi juicio, novedad en este sentido. A las novedades introducidas por el art. 250 TRLC me referiré posteriormente.

La STS núm. 467/2020, de 15 de septiembre, recordó la advertencia hecha en la sentencia 390/2016, de 8 de junio, de alcanzar la salvedad de los créditos imprescindibles a los surgidos una vez comunicada la insuficiencia de masa activa. El Tribunal Supremo recuerda en esta sentencia que no cabe confundir el ámbito de aplicación del orden de prelación del art. 176 bis.2 LC, que se aplica desde la comunicación a todos los créditos contra la masa, tanto a los anteriores

[28] "Aunque una parte de tales actuaciones se realizaron durante la fase común, pues la fase de liquidación se abrió cuando había transcurrido un mes de la declaración de concurso, ello no impide que pueda reconocerse el carácter prededucible de los honorarios correspondientes a dichas actuaciones de la fase común, si se cumplen los tres requisitos o elementos que estableció el Tribunal Supremo en la sentencia antes citada (procesal, temporal y teleológico) para que el crédito sea considerado imprescindible (y por tanto prededucible)".

como a los posteriores a la comunicación de la insuficiencia de masa activa (STS núm. 305/2015, de 10 de junio), con el alcance de la salvedad de "los créditos necesarios para concluir la liquidación", salvedad que queda circunscrita a los créditos surgidos con posterioridad a la comunicación de insuficiencia de masa.

La sentencia deja claro también que para que la comunicación despliegue sus efectos es preciso que se realice en cuanto conste la insuficiencia de masa, no como mera reacción a las actuaciones de terceros (STS núm. 225/2017, de 6 de abril).

Y recuerda también la STS núm. 467/2020 que tampoco se puede confundir este supuesto con el hecho de que "*durante la fase de liquidación y antes de la comunicación, la administración concursal pueda haber realizado actuaciones "estrictamente imprescindibles para obtener numerario y gestionar la liquidación y el pago", que justificaran su remuneración como gastos prededucibles aunque hubiera otros créditos contra la masa de vencimiento anterior y pendientes de pago (sentencia 225/2017, de 6 de abril), lo que no significa que el crédito surgido por esas actuaciones anteriores a la comunicación de insuficiencia de la masa activa, si para entonces están pendientes de pago puedan encajar en la salvedad del párrafo segundo del art. 176 bis.2 LC*".

La STS núm. 226/2017, de 6 de abril, reitera la doctrina anterior.

III. TEXTO REFUNDIDO DE LA LEY CONCURSAL

El Texto Refundido de la Ley Concursal, aprobado por Real Decreto Legislativo 1/2020, de 5 de mayo, regula "las especialidades en caso de insuficiencia de la masa activa" en los artículos 249 y 250 TRLC, dentro del capítulo VI "De los créditos contra la masa activa" del título IV "De la masa activa" (libro I)[29].

---

29 Artículo 249 TRLC.
"*En cuanto conste que la masa activa es insuficiente para el pago de los créditos contra la masa, la administración concursal lo comunicará al juez del concurso que lo pondrá de manifiesto en la oficina judicial a las partes personadas*".
Artículo. 250.
1. "Desde que la administración concursal comunique al juez del concurso que la masa activa es insuficiente para el pago de los créditos contra la masa, el pago de esos créditos

La nueva regulación integra la interpretación que hizo la jurisprudencia respecto al alcance del orden de pago contenido en el art. 176 bis.2 LC: el orden de pago se aplica tanto a los créditos contra la masa vencidos como a los que venzan con posterioridad a la comunicación (STS 187/2016, de 18 de marzo, con cita de las sentencias 306/2015, de 9 de junio; 310/2015, de 11 de junio; y 311/2015, de 11 de junio).

Lo que no hace el art. 250.2 TRLC es concretar cuáles son los créditos imprescindibles para la liquidación que quedan exceptuados del orden de pago previsto en el apartado 1. Tampoco establece el precepto qué debe entenderse por créditos imprescindibles para la liquidación. Por lo tanto, nada obsta a la aplicación de la jurisprudencia creada bajo la vigencia del art. 176 bis.2 LC.

Por otro lado, el TRLC mantiene en esencia la regulación anterior, pero modifica el alcance de la salvedad de los créditos imprescindibles al establecer el apartado 2 del artículo 250 TRLC que quedan exceptuados del orden de pago previsto en el apartado 1 "*los créditos contra la masa que sean imprescindibles para la liquidación*".

Si bajo el artículo 176 bis LC la salvedad afectada a "*los créditos imprescindibles para concluir la liquidación*", el TRLC suprime el verbo "concluir" y extiende la salvedad a todos los créditos imprescindibles para la liquidación.

En mi interpretación, la supresión del verbo "concluir", referido a actuaciones posteriores a la comunicación que permitieran concluir la liquidación, supuso también la de dicho límite temporal. Si bajo el art. 176 bis LC solo los créditos generados con posterioridad a la comunicación de insuficiencia de masa podían ser pagados como

---

vencidos o que venzan después de la comunicación se realizará conforme al orden siguiente, y, en su caso, a prorrata dentro de cada número:
1º. Los créditos salariales de los últimos treinta días de trabajo efectivo en cuantía que no supere el doble del salario mínimo interprofesional.
2º. Los créditos por salarios e indemnizaciones en la cuantía que resulte de multiplicar el triple del salario mínimo interprofesional por el número de días de salario pendientes de pago.
3º. Los créditos por alimentos devengados tras la apertura de la fase de liquidación en cuantía que no supere el salario mínimo interprofesional.
4º. Los créditos por costas y gastos judiciales del concurso de acreedores.
5º. Los demás créditos contra la masa.
2. Se exceptúa de lo establecido en el apartado anterior, aquellos créditos contra la masa que sean imprescindibles para la liquidación.

imprescindibles, el artículo 250.2 TRLC supuso que todas las actuaciones de liquidación (liquidación en sentido material, no solo las incluidas en la fase de liquidación) que merecieran la consideración de imprescindibles en el sentido interpretado por el Tribunal Supremo debían ser pagadas como imprescindibles con independencia de que se hubieran generado con anterioridad o con posterioridad a la comunicación de insuficiencia de masa activa.

En todo caso, esta no fue la interpretación del Tribunal Supremo, pues con posterioridad a la entrada en vigor del TRLC (1 de septiembre de 2020) dictó la sentencia núm. 467/2020, de 15 de septiembre de 2020, y en la misma, aun cuando resultara aplicable el art. 176 bis LC, no se hizo mención alguna a la modificación introducida en el apartado 2 del artículo 250 TRLC.

El régimen jurídico expuesto, tanto el previsto en el art. 176 bis LC como en su equivalente art. 250 TRLC, generaba gran inseguridad jurídica pues tanto la determinación de las actuaciones imprescindibles como su cuantificación quedaban al arbitrio del juez.

IV. LEY 16/2022, DE 5 DE SEPTIEMBRE

IV.1. Deber de comunicación de la insuficiencia de la masa activa

La Ley 16/2020 modifica la redacción de los artículos 249 y 250 TRLC. Conforme al art. 249 TRLC, *"En cuanto conste que la masa activa es insuficiente o es previsible que lo sea para el pago de los créditos contra la masa, la administración concursal lo comunicará al juez del concurso. El letrado de la Administración de Justicia notificará por medios electrónicos esta comunicación a las partes personadas"*.

El precepto adelanta el deber de comunicar la insuficiencia de masa activa al momento en que sea meramente previsible que la masa puede resultar insuficiente para satisfacer los créditos contra la masa. Y en relación con ello, el apartado 2 del artículo 242 TRLC prevé que cualquier acreedor de la masa pueda requerir en cualquier momento a la administración concursal para que se pronuncie sobre si la masa es insuficiente o es previsible que lo sea para el pago de esos créditos. Y si el administrador concursal no contestara al requerimiento en el término de tres días o lo hiciera en términos genéricos o imprecisos, el acreedor de la masa podrá solicitar auxilio del juez del concurso a fin de que requiera al administrador concursal para que se pronuncie de inmediato o para que lo haga en términos concretos y precisos, con la advertencia, según tenga por conveniente, de la posible reducción de la retribución fijada o de la separación del cargo.

Realmente, esta previsión habría tenido más sentido en el régimen anterior que en el vigente. Afirmo esto porque bajo el régimen anterior parece que seguía entendiendo el Tribunal Supremo que solo eran imprescindibles para la liquidación los créditos surgidos con posterioridad a la comunicación de insuficiencia de masa, con lo que la anticipación de la comunicación se podía traducir en mayor número de actuaciones de liquidación susceptibles de ser consideradas imprescindibles.

Pero en el régimen vigente, según resulta del art. 250.1 TRLC y como veremos a continuación, la preferencia de cobro se establece no solo para los créditos imprescindibles que venzan después de la comunicación sino también para los vencidos. Por lo tanto, ha desaparecido el requisito temporal de tener que ser la actuación posterior a la comunicación para merecer la consideración de imprescindible.

No obstante, veremos a continuación una salvedad, una situación de insuficiencia de masa dentro de propia insuficiencia de masa, en la que la anticipación de la comunicación cobra más sentido.

Finalmente, más allá de los efectos que la anticipación de la comunicación tiene para los acreedores, ello afecta también a la propia responsabilidad de la administración concursal, pues el orden de pago de los créditos contra la masa deja de regirse por el criterio del vencimiento (art. 245.2 TRLC). Además, a la vista del apartado 2 del artículo 242 TRLC, la comunicación debe hacerse en "términos concretos y precisos". En la práctica veremos cómo puede incidir la facultad que el apartado 2 del artículo 242 TRLC confiere a los acreedores en la valoración de la responsabilidad de la administración concursal ante eventuales incumplimientos del deber de comunicación con la previsión precisa.

IV.2. Pago de los créditos contra la masa en caso de insuficiencia de la masa activa

El apartado 1 del vigente artículo 250 TRLC dispone que "*Desde que la AC comunique al juez del concurso que la masa activa es insuficiente para el pago de los créditos contra la masa, tendrán preferencia de cobro los créditos vencidos o que venzan después de esa comunicación que sean imprescindibles para la liquidación de la masa activa*".

A diferencia del régimen anterior, como decía anteriormente, la imprescindibilidad de los créditos queda desvinculada del requisito temporal de la comunicación, pues pueden ser imprescindibles tanto los vencidos a la fecha de la comunicación como los que venzan posteriormente.

Por otro lado, queda claro también que la actuación liquidatoria a la que se asocia el carácter imprescindible del crédito es una actuación liquidatoria material, no de correspondencia a la fase concursal de liquidación.

El apartado 2 del precepto avanza en la identificación de los créditos imprescindibles para la liquidación y establece que "En todo caso se consideran imprescindibles para la liquidación":

(i) Los créditos por salarios de los trabajadores devengados después de la apertura de la fase de liquidación mientras continúen prestando sus servicios.

(ii) La retribución de la administración concursal durante la fase de liquidación.

(iii) Las cantidades adeudadas a partir de la apertura de la fase de liquidación en concepto de rentas de los inmuebles arrendados para la conservación de bienes o derechos de la masa activa.

Añade que "si la masa activa fuere insuficiente para atender estos créditos, el pago de los que hubieran vencido se realizará a prorrata".

Este segundo apartado merece las siguientes consideraciones:

En esta redacción tampoco se ofrece una definición de los créditos imprescindibles. Por lo tanto, la jurisprudencia del Tribunal Supremo continúa siendo plenamente aplicable; son imprescindibles los créditos "*estrictamente imprescindibles para obtener numerario y gestionar la liquidación y pago*".

El precepto sí concreta, garantizándolos, qué créditos merecen en todo caso la consideración de imprescindibles. Y en los tres casos previstos (trabajadores, administración concursal y rentas de inmuebles) es presupuesto de la imprescindibilidad que las actuaciones que se hayan desarrollado durante la fase de liquidación.

Tales actuaciones se considerarán imprescindibles "en todo caso", no siendo necesario que la administración concursal solicite al juez del concurso un pronunciamiento sobre el carácter imprescindible de sus honorarios. Se gana así en seguridad jurídica y eficiencia, objetivo de la Directiva.

Lo anterior no significa que otras actuaciones desarrolladas fuera de la fase de liquidación no puedan ser consideradas imprescindibles. En estos casos, como en el régimen anterior, será precisa una declaración expresa del juez del concurso sobre el carácter imprescindible del crédito. Para ello deberá solicitarse autorización judicial (art. 518 TRLC) con los requisitos de identificación de actuaciones e importes exigidos por el Tribunal Supremo.

El último inciso del apartado 2 del artículo 250 TRLC prevé la insuficiencia de masa activa dentro del propio escenario de insuficiencia de masa activa, al establecer que "*Si la masa activa fuere insuficiente para atender estos créditos, el pago de los que hubieran vencido se realizará a prorrata*".

En este punto se plantea la cuestión relativa a la determinación del momento temporal que ha de servir de referencia para concretar cuáles son los créditos vencidos e imprescindibles que serán pagados a prorrata: la comunicación de insuficiencia de masa, en cuyo caso los vencidos con posterioridad quedarán fuera de la preferencia de pago, o un momento posterior si la segunda insuficiencia de masa sobreviniera en un momento posterior.

Aun cuando el precepto parte de ser simultáneas "primera" y "segunda" insuficiencia, en la práctica puede no ser así, y aunque la ley no lo prevea, sería conveniente que el administrador concursal comunicara la segunda insuficiencia sobrevenida desde que sea previsible la misma, determinándose si el crédito está o no vencido tomando como referencia tal límite temporal. En otro caso, si se tomara como referencia temporal la primera comunicación de insuficiencia, se estaría perjudicando a aquellos acreedores cuyos créditos vencieron con posterioridad a la misma.

Y es en esta "segunda comunicación" cuando cobra más sentido que se anticipe la comunicación a la mera previsión de la insuficiencia de masa (dentro de la insuficiencia), pues siendo la comunicación referencia temporal para determinar qué créditos han vencido y cuáles no, los créditos vencidos con posterioridad a tal momento no tendrían preferencia de cobro.

Este planteamiento que hago de "segunda comunicación", legalmente no prevista, puede generar la oposición de los acreedores dado que puede suponer en la práctica la ampliación del número de créditos con derecho de preferencia. Razonablemente, si el límite temporal se sitúa en la "primera" comunicación, el número de créditos vencidos en tal momento será menor, lo que favorece a los acreedores cuyos créditos estuvieran vencidos al tiempo de esa "primera" comunicación".

El apartado 3 del precepto establece que "*El pago de los créditos contra la masa que no sean imprescindibles para la liquidación de la masa activa se satisfarán por el orden establecido en el art. 242.1, sin perjuicio de lo establecido en el siguiente apartado*".

Hasta la Ley 16/2022, una vez pagados los créditos imprescindibles para la liquidación, los restantes créditos contra la masa no imprescindibles debían pagarse en el orden previsto en el art. 250.1 TRLC, lo que suponía también una situación de preferencia para dichos créditos (créditos salariales e indemnizaciones, alimentos, costas y gastos judiciales).

Con la Ley 16/2022 desaparece dicha preferencia y se dispone que el pago de los créditos no imprescindibles se hará por el orden establecido en el art. 242.1 TRLC, en el que la retribución de la administración concursal, por ejemplo, se menciona en ordinal 9º de un total de 18.

Finalmente, el apartado 4, en situación de insuficiencia de masa, da preferencia sobre los créditos del art. 242.1.2º[30] a los créditos por

---

30 "2.º Los créditos por salarios correspondientes a los últimos treinta días de trabajo efectivo realizado antes de la declaración de concurso en cuantía que no supere el doble del salario mínimo interprofesional".

salarios e indemnizaciones por despido o extinción de los contratos de trabajo generados tras la declaración del concurso en la cuantía que resulte de multiplicar el triple del SMI por el número de días de salario pendientes de pago[31].

IV.3. Transitoriedad

Se plantea si el nuevo régimen descrito puede aplicarse con carácter retroactivo a los procedimientos en tramitación a la fecha de entrada en vigor de la Ley 16/2022 (26 de septiembre de 2022).

La disposición transitoria primera de la Ley 16/2022, de 5 de septiembre, establece en su apartado segundo que "*los concursos declarados antes de la entrada en vigor por la presente ley se regirán por lo establecido en la legislación anterior*". A continuación, en su apartado tercero, la Ley establece una serie de excepciones y en su ordinal 5° dispone que "*por excepción a lo establecido en el apartado anterior, se regirán por la presente ley:* (…) "*5°, La liquidación de la masa activa cuya apertura hubiera tenido lugar después de su entrada en vigor*"

La cuestión es si el artículo 250 TRLC puede considerarse comprendido bajo esta previsión.

Ello es dudoso porque la disposición transitoria se refiere a la "liquidación" y el artículo 250 TRLC no ha sido incluido entre las normas que disciplinan la liquidación (artículos 406 a 440 TRLC).

No obstante, defiendo la aplicación retroactiva del precepto toda vez que el Tribunal Supremo ha considerado la norma como regla de liquidación. Y si bien tal consideración la hizo en relación con el artículo 176 bis.2 LC, el art. 250 TRLC es equivalente al art. 176 bis. 2 LC. Considero, por ello, que la apreciación que hizo el Tribunal Supremo es aplicable también al art. 250 TRLC.

---

[31] El artículo 242.1 TRLC sitúa en el ordinal 11° "*Los créditos generados por el ejercicio de la actividad profesional o empresarial del concursado tras la declaración del concurso hasta la aprobación judicial del convenio o, en otro caso, hasta la conclusión del concurso. Quedan comprendidos en este número los créditos laborales devengados después de la declaración de concurso, las indemnizaciones por despido o extinción de los contratos de trabajo, así como los recargos sobre las prestaciones por incumplimiento de las obligaciones en materia de salud laboral, hasta que el juez acuerde el cese de la actividad profesional o empresarial, o declare la conclusión del concurso*".

En efecto, el Tribunal Supremo afirmó en su sentencia núm. 467/2020, de 15 de septiembre, que el art. 176 bis.2 LC contenía una regla propia de la liquidación. Concretamente (FD 2º):

"La ratio del precepto (art. 176 bis.2 LC) es que todos los créditos contra la masa pendientes de pago al tiempo de la comunicación de la insuficiencia de la masa activa se sujeten al orden de prelación de pagos que prescribe. La salvedad de los créditos imprescindibles para concluir la liquidación no forma parte del orden de prelación de créditos, no es una categoría en la que encajar créditos contra la masa anteriores. Es una regla propia de la liquidación, que atiende a los gastos necesarios o imprescindibles para que se pueda verificar la realización del activo y el pago a los acreedores por el referido orden de prelación. En la medida en que son imprescindibles para que, a partir del momento en que opere ese orden de prelación (la comunicación de insuficiencia de la masa activa), se pueda cumplir con ese pago ordenado, en esa medida son gastos que deben ser inmediatamente atendidos y por ello son créditos prededucibles".

El Tribunal Supremo considera que la salvedad de los créditos imprescindibles es "una regla propia de la liquidación".

Por ello, considero que la nueva redacción del artículo 250 TRLC debe aplicarse también a los concursos en los que la apertura de la fase de liquidación ha tenido lugar a partir del 26 de septiembre de 2022.

10. LA COMUNICACIÓN PRECONCURSAL DEL ART. 585 TRLC Y SU IMPACTO EN EL DEBER DE SOLICITAR EL PROPIO CONCURSO Y EN LAS SOLICITUDES DE CONCURSO NECESARIO

EDUARDO AZNAR GINER
Abogado. Administrador concursal
Experto en reestructuraciones
Socio Director de AZNAR & MONDEJAR ABOGADOS
Socio de AZPAL ADMINISTRADORES CONCURSALES

IGNACIO EGUILIOR DE VICENTE
Abogado. Administrador Concursal
Experto en reestructuraciones
Socio Director de FINANLEGAL ADVISORS

I. INTRODUCCIÓN

La comunicación de apertura de negociaciones del art. 585 TRLC[32], presenta una naturaleza esencialmente instrumental, y preparatoria de las condiciones precisas para que prospere la inicial pretensión por parte del deudor, único legitimado en orden a la formulación de la comunicación, y a la que, simultanea, o posteriormente, se suman, u oponen, determinados acreedores, tendente a la negociación de un plan de reestructuración de los que se refiere el art.

[32] Tradicionalmente conocida, de manera coloquial, como "la comunicación de preconcurso". O más coloquialmente hablando aun como el "5 bis".

614 TRLC, que, a través de la viabilidad de la empresa, y del sacrificio de los acreedores afectados por el mismo, permita al deudor eludir y superar la insolvente situación, actual, inminente, o probable, que le atenaza, y así pagar a sus acreedores, porque los remedios frente a la insolvencia no van de otra cosa más que de pagar lo que se debe, y evitar así el concurso de acreedores.

A tal efecto, la mera constancia de la presentación de la noticia apertutoria de las negociaciones reestructuradoras, despliega una serie de efectos, ope legis, automáticamente, con una finalidad protectora no solo del propio deudor, sino de su patrimonio, y del mantenimiento y continuidad de su actividad empresarial, y valor. Y también del propio proceso reestructurador facilitando a los intervinientes el avance negociador, y la conclusión de un plan de reestructuración que aleje al deudor de su insolvente situación, actual o inminente, y ahora también incluso, en grado de probabilidad. Pactar en un escenario de sosiego parece la mayor garantía de un eventual buen fin negocial.

Este ramillete de beneficiosos y protectores efectos, conveniente y acertadamente ampliado en su composición y surtido respecto a regulaciones previas de la figura comunicatoria preconcursal, se recoge en los arts. 594 y ss TRLC, de una manera, cuanto menos peculiar, y mediante la reseña tanto de los efectos desplegados con la comunicación como de otros que no nacen con la misma.

Uno de los efectos que se despliegan con la comunicación negociadora del art. 585 TRLC, inherente al mecanismo comunicatorio desde su aparición a través del viejísimo art. 5.3 LC, conecta con el deber de instar el propio concurso, y el riesgo que acreedores insatisfechos con la pretensión reestructuradora de su deudor le intimen con la consiguiente solicitud de concurso necesario. En algún caso, por entender que la alternativa concursal resulta más favorable a efectos de cobrar lo que se le adeuda. En otros, con una finalidad acoquinante o acongojatoria del deudor, y a efectos que éste pague para evitar ese infierno concursal necesario.

Este efecto "concursal", generado en un procedimiento preconsursal, se regula esencialmente en los arts. 610 a 612 TRLC, queda tiznado de un marcado y evidente carácter protectorio (GÓMEZ LÓPEZ), habiéndose calificado la norma, con evidente acierto y desde esa perspectiva, como un "escudo protector" del deudor frente a sus acreedores (PULGAR EZQUERRA), a la vista que la simple comunicación al Juzgado de la existencia de negociaciones para alcanzar un plan de reestructuración, despliega, como dije, de forma automática, una serie de efectos tendentes a proteger, en este caso, desde la perspectiva concursal, no solo al deudor sino al propio proceso reestructurador, y su correcto desarrollo. En este caso, en orden a diferir el deber legal de presentar el propio concurso y de blindar al deudor frente a solicitudes de concurso necesario.

En efecto. El deudor debe presentar su concurso dentro de los dos meses siguientes a la fecha en que hubiera conocido, o debido conocer, su insolvencia actual (art. 5.1 TRLC) y se antoja que dentro de tan escaso plazo resulta complicado alcanzar con sus acreedores, todos o una parte de ellos, un plan de reestructuración que le permita capear y escapar de la insolvencia que le impregna, plan éste que, obviamente, no existe ab initio del proceso negociador, sino que se configura y conforma durante su desarrollo y conclusión. Por lo menos así debería ser.

Por otro lado, en dicho camino reestructurador, usualmente, surgen incidencias en forma de solicitudes de concurso necesario instadas por acreedores no conformes con la pretensión del deudor, o que, sencillamente y atendiendo a su interés individual, entienden la solución concursal como la mejor opción cobratoria de lo que les resulta debido por el deudor, a través del concurso de acreedores, y aunque solo sea por medio de la responsabilidad concursal.

Y en esta línea, conviene recordar el riesgo que el concurso sea calificado como culpable, por extemporáneo, a la vista del art. 444.1° TRLC, en conexión con el art. 5.1 TRLC impositorio, en el antes referido plazo bimensual, del deber de instar el propio concurso a cargo de quien deviene en situación de insolvencia actual (FACHAL NOGER), recordando que en situaciones de crisis económica, la frontera de la insolvencia, inminente o actual, se muestra francamente difusa y difícil de determinar.

Desde la introducción de la comunicación preconcursal, se cuestionaba si a efectos comunicatorios, y en especial, su admisibilidad, resultaba preciso que la noticia de apertura de negociaciones se formulara dentro del plazo de dos meses que refería el entonces vigente art. 5.1 LC. El derogado art. 5.3 LC exigía que la comunicación fuera presentada dentro del plazo de dos meses desde que el deudor conoció o debió conocer su estado de insolvencia ex apartado primero del citado art. 5 LC (GARCÍA-ALAMAN DE LA CALLE).

Posteriormente, el art. 5 bis LC, en su apartado 2, señalaba que la comunicación podía formularse en cualquier momento antes del vencimiento del plazo establecido en el difunto artículo 5 LC, de tal forma que, formulada la comunicación antes de ese momento, no era exigible el deber de solicitar la declaración de concurso voluntario.

Del citado art. 5 bis, núm. 2, LC parecía desprenderse que la presentación de la comunicación dentro del plazo de dos meses del art. 5.1 LC resultaba potestativa para el deudor, siendo admisible su presentación, incluso, fuera de dicho plazo. Pero si se pretendía diferir el deber de instar el concurso para evitar una posterior calificación como culpable, era dable requerir su presentación dentro bimensual termino antes reseñado.

El inicial art. 584 TRLC exigía ("sólo podrá realizarse") la formalización de la comunicación negociadora dentro del plazo de dos meses establecido en el art. 5.1 TRLC, para el cumplimiento del deber de solicitar el propio concurso. Pero únicamente respecto al deudor que se halla en situación de insolvencia actual.

Y el vigente art. 585.2 TRLC permite al deudor insolvente actual, si opta por formular la noticia de apertura negocial, que lo lleve a cabo, ya no dentro del plazo del art. 5.1 TRLC, sino incluso después, pero con anterioridad a que se haya admitido a trámite una solicitud de concurso necesario del deudor.

El deudor insolvente de manera inminente también podrá comunicar la apertura de negociaciones fuera del referido plazo del art. 5.1 TRLC. Realmente, ni soporta el deber de instar su propio concurso, y, consiguientemente, el riesgo de una eventual y posterior calificación culpable de su concurso por extemporáneo, ni tampoco el peligro de que le sea instado el proceso concursal necesario. Lo mismo que aquel deudor que se halla en probabilidad de insolvencia, estado éste que, incluso, y a diferencia del anterior, le impide presentar su propio concurso.

Pero, en cualquier caso, la presentación extemporánea de la comunicación de apertura de negociaciones por el deudor actualmente insolvente, una vez transcurrido el plazo del art. 5.1 TRLC, no impide ni veta su admisión por el Letrado de la Administración de Justicia ex 585.1 TRLC, y despliega todos sus efectos en orden a evitar la presentación del concurso necesario del deudor por sus acreedores, o la paralización de ejecuciones contra su patrimonio, aunque, indudablemente, esa tardía comunicación no sana el incumplimiento del deber de solicitar el propio concurso y, por lo tanto, caso de posterior proceso concursal, tendrá la oportuna trascendencia en orden a su consideración como necesario, con los efectos propios de tal declaración, y a la eventual calificación del concurso como culpable por extemporáneo ex art. 444.1° TRLC (HERMOSILLA GIMENO y RODRÍGUEZ RUIZ DE VILLA).

Ciertamente, la aplicación de la regla del art. 444.1° TRLC se ha ido atenuando y suavizando en escenarios preconcursales, de negociación de acuerdos de refinanciación o planes de reestructuración, entendiéndose que un administrador diligente y eficiente queda compelido a agotar razonablemente esa negociación extrajudicial, aun cuando se sobrepase el plazo bimensual del art. 5.1 TRLC[33], intentando reflotar y dar viabilidad a la empresa, cuando ello resultará aun posible, pactando y reestructurando con sus acreedores[34]. Sin embargo, ese riesgo calificatorio culpable continua presente.

Todo lo cual, unido al riesgo de que le sea instado el concurso necesario al deudor en trance reestructuratorio, complica, dificulta e, incluso, puede frustrar el esfuerzo del deudor y de los acreedores en orden a alcanzar el referido plan de reestructuración.

II. EFECTOS DE LA COMUNICACIÓN SOBRE EL DEBER DE INSTAR EL PROPIO CONCURSO

Sentado lo anterior, a la vista del contenido de los art. 585 y ss TRLC, y dándose las circunstancias y requisitos establecidos en di-

---

33 Sentencia de la Audiencia Provincial de Guipúzcoa, de fecha 12 de noviembre de 2001.

34 Sentencias del Juzgado de lo Mercantil núm. 10 de Barcelona de fecha 3 de febrero de 2016 o de la Audiencia Provincial de Barcelona, de fecha 29 de abril de 2016 o de la Audiencia Provincial de Soria de fecha 2 de septiembre de 2008.

chos preceptos, una vez presentada la comunicación de apertura de negociaciones, el deudor actualmente insolvente, aunque no elude ni queda eximido del deber de instar, en su caso, su propio concurso, deber que, obviamente, no se extingue con esta comunicación (JIMÉNEZ SÁNCHEZ y DÍAZ MORENO), queda dispensado temporalmente del mismo, difiriéndolo y no siéndole exigible, durante un plazo de tres meses, a contar, no desde el Decreto teniendo por presentada la comunicación, sino desde su presentación. Y si transcurrido el citado término, y en su caso, su prorroga, no ha alcanzado un plan de restructuración, y continúa o ha devenido a situación de insolvencia actual, queda compelido a instar el propio concurso dentro del mes siguiente (art. 611.1 TRLC).

El computo de dicho plazo conecta con lo reseñado en el art. 5 CC y si el plazo de vencimiento finaliza un día del mes de agosto, parece que cabrá su extensión hasta el primer día hábil del mes de septiembre, incluido el día de gracia reseñado en el art. 135 LEC.

Parte de la doctrina entiende que ese deber concursal se suspende como consecuencia de la comunicación, y renace una vez transcurrido el antes referido plazo de tres meses, debiendo el deudor presentar el concurso dentro del mes siguiente (ÁLVAREZ VEGA, JIMÉNEZ SÁNCHEZ y DÍAZ MORENO, y FERNÁNDEZ TORRES). Sin embargo, se antoja desacertado hablar de "suspensión", figura que, a la hora de computar un plazo, obliga a tener en cuenta los espacios de tiempo no afectados por la suspensión. Por ejemplo, si ese plazo de dos meses del art. 5.1 TRLC se suspende dos días antes de cumplir el segundo mes, al levantarse la suspensión el plazo continuará por esos dos días.

Sin embargo, aquí no se reanuda plazo alguno, sino que se concede uno nuevo plazo al deudor: el mes siguiente desde que transcurra el referido plazo trimestral, o su prorroga. Por ello, entiendo que el art. 611 TRLC incorpora no tanto una suspensión, como un "aplazamiento" o "moratoria" de ese deber de instar el propio concurso que tiene a su cargo el deudor (FERNÁNDEZ DEL POZO, y GARCÍA-ALAMAN DE LA CALLE).

Por lo tanto, y si no se acuerda su prorroga ex arts. 607, 610 y 611.2 TRLC, el deudor cuenta con el referido plazo de tres meses para negociar la vía reestructuradora, protegido y amparado por el régimen comunicatorio que examino. Transcurrido tal término, si se hubiere alcanzado el plan reestructurador, no viene obligado a presentar el propio concurso. Se presume que con ello habrá sorteado la insolvencia. Pero si no se ha alcanzado este Plan, bien porque se haya frustrado el proceso reestructurador, o poque todavía no haya culminado a tiempo y positivamente la reestructuración, y sin perjuicio de lo reseñado anteriormente respecto a la aterciopelada y suave aplicación del art. 444.1° TRLC en sede preconcursal, el deudor queda forzado a presentar el propio concurso, en el mes siguiente, y salvo que no se encuentre en ese momento en estado de insolvencia actual. Porque si al tiempo de formular la comunicación, el deudor se presentaba probable o inminentemente insolvente, o ha dejado de serlo con el carácter de actual durante el citado trimestre negociador, el referido deber declaratorio concursal no le resultaba, ni ahora le resulta, exigible.

En cualquier caso, si tras el referido trimestre negocial el deudor sigue en la inminencia o probabilidad de insolvencia, o si lo era en su inicio, pero con el carácter de insolvente actual, y, por lo motivos que sea, ahora ya no lo es, y aunque haya fracasado la tentativa reestructuradora. no le impacta la obligación presentatoria concursal del art. 611.3 TRLC,

Obligación de presentar el concurso tras el transcurso del trimestre negociador. Durante la vigencia del art, 5.3 LC, y ante el silencio de la norma, se planteaba la citada discusión. En mi opinión, obviamente, el deudor no debía instar su propio concurso. Aunque del tenor del art. 5.3 LC se pudiese desprender la imperativa obligación presentatoria de marras una vez transcurrido el plazo de tres meses, no parecía una conclusión acertada, pues si no concurrían los presupuestos del concurso, esto es, situación de insolvencia actual, pluralidad de acreedores etc, no había razón para aperturar el procedimiento concursal (HERNÁNDEZ RODRÍGUEZ y ORELLANA CANO; QUINTANS EIRAS; GARCÍA-CRUCES; PULGAR EZQUERRA; GARCÍA-VILLARUBIA y RODRÍGUEZ; GONZÁLEZ NAVARRO)

Carecía de sentido requerir del deudor la presentación de su propio concurso de acreedores cuando, al tiempo de la comunicación, existía una situación de insolvencia actual, si tras el periodo destinado a la negociación de propuesta anticipada de convenio, la misma había desaparecido (FERNÁNDEZ TORRES)· Ello, aunque hubiera incumplido con su actuación el régimen del art. 5.3 LC, al que, por cierto, voluntariamente se había acogido.

Es más, una lectura conjunta y sistemática de ambos preceptos, art. 5.3 y 15.3 LC, parecía aludir a la falta de presentación del concurso no sólo por incumplimiento del deudor sino por ausencia de insolvencia en el deudor. En este sentido, las solicitudes de concurso que se presentaran con posterioridad a la comunicación al Juzgado, sólo se tramitaban cuando hubiera vencido el plazo de un mes previsto en el art. 5.3LC, si el deudor no hubiere presentado la solicitud de concurso". Por el contrario, si el deudor presentaba solicitud de concurso en el citado plazo, se tramitaba en primer lugar conforme al art. 14 LC (es decir como concurso voluntario). Por lo tanto, si con un acuerdo de refinanciación se hubiera logrado remover el estado de insolvencia (variando las circunstancias desde la presentación de la comunicación primera al Juzgado) y, si se tiene en cuenta la presentación de la comunicación primera al juzgado, y el condicional que usaba el art. 15.3 LC, cabía entender que la no presentación del concurso por el deudor, no se debía a un incumplimiento del art. 5.3 TRLC, sino a que la causa insolvencial actual había sido removida y finiquitada. (ÁLVAREZ VEGA).

Ni el Juzgado debía exigir la presentación del propio concurso una vez transcurrido el citado plazo, menos aún instarlo, automáticamente, de oficio, ni resultaba razonable que el deudor presentase, formalmente, una solicitud condenada a su repulsa de plano por el Juez ante la falta del presupuesto objetivo de la insolvencia. Es más, se caería en el esperpento de presentar una solicitud de concurso voluntario en el que el propio solicitante debería indicar que no era insolvente so pena de faltar a la verdad, suplicando al juzgado la inadmisión de esta. No tenía el más mínimo sentido[35].

La cuestión ya quedó zanjada a la vista del viejo apartado 5, del art. 5 bis LC que expresamente establecía que la citada obligación de

---

[35] Vid. autos del Juzgado de lo Mercantil núm. 1 de Pontevedra, de fecha uno septiembre de 2009, del Juzgado de lo Mercantil núm. 2 de Madrid, de fecha 5 de mayo de 2009, del Juzgado de lo Mercantil de Córdoba de fecha 10 de septiembre de 2009, o del Juzgado de lo Mercantil de Granada de fecha 30 de junio de 2009).

presentar el concurso durante el mes siguiente hábil no procederá si "no se encontrara en estado de insolvencia".

Y se ha mantenido así hasta el actual y vigente art. 611.1 TRLC, según el cual, "transcurridos tres meses desde la comunicación, el deudor que no haya alcanzado un plan de reestructuración deberá solicitar la declaración de concurso dentro del mes siguiente, **salvo que no se encontrara en estado de insolvencia actual**."

Solo el deudor que tras el trimestre negociador se encuentra en situación de insolvencia actual queda obligado a instar su propio concurso (FACHAL NOGER). Por lo tanto, si dejase de serlo durante el periodo negociador o, incluso, deviene durante tal lapso de una situación de insolvencia actual a inminente, o probabilistica, no queda obligado a instar su propio concurso. Aunque no se halla alcanzado el plan de reestructuración.

Pero ello no resulta tan fácil. Si durante el periodo de protección se instó el concurso necesario del deudor por legitimado al efecto, la solicitud del tercero deberá tramitarse ex arts. 14.2.2° y ss TRLC y el deudor, si no procede la tramitación por el cauce del art. 14.2.1° TRLC, en el trámite de oposición, podrá alegar la desaparición sobrevenida de la insolvencia (art. 20.1 TRLC), lo que, acreditado tal hecho, acarreará la desestimación de la solicitud (ETXERANDIO HERRERA; GARCÍA-VILLARRUBIA y RODRÍGUEZ).

Sin embargo, no debemos olvidar que el deudor, en la comunicación apertutoria de comunicaciones y de forma expresa, ha reconocido una situación de insolvencia, sea actual o inminente, o probable, que constituye presupuesto para la homologación de un plan de reestructuración y la de la noticia de apertura negocial (art. 584.1 y 585.1 TRLC) y que la ausencia de insolvencia, en sede de oposición a la solicitud de concurso necesario, no basta con alegarla sino que debe probarse por el deudor (art. 20.2 TRLC). Ello hace que tal oposición no resulta tan fácil como, a primera vista, pudiese parecer[36].

Nada dice la norma sobre una cuestión, quizás no tan residual: la continuación del deudor en insolvencia actual pese a alcanzar un plan de reestructuración dentro de tal plazo trimestral. En este ca-

---

36 Vid. Auto de la Audiencia Provincial de Burgos, de fecha 1 de septiembre de 2015.

so, entiendo que pese a haberse logrado la reestructuración, y como consecuencia de no haberse solucionado la insolvencia actual del deudor, este debe instar su propio concurso en ese plazo mensual siguiente. Lo relevante a estos efectos no resulta ser tanto la aprobación del plan de reestructuración como el esquinazo del deudor a la insolvencia actual que le afectaba (FACHAL NOGUER). Y si no le dio tal esquinazo a su insolvente actual situación, pese a la existencia del plan, queda compelido a la presentación del propio concurso.

También podría darse el caso que el pacto reestructurador alcanzado sea el que, con posterioridad, aboque al deudor al abismo de la insolvencia actual. O que resulte el plan fallido. Aquí, pese al "éxito" reestructurador, se impone también la solicitud del propio concurso. Pero ya no bajo el régimen del art. 611 TRLC, sino del 5.1 TRLC.

En la práctica y según entren en juego los sucesivos plazos que prevé el TRLC, el citado diferimiento puede llegar hasta un plazo máximo de seis meses desde que conoció, o debió conocer, su insolvencia actual. Si la comunicación se presenta el día en que vence el plazo de dos meses del art. 5.1 TRLC con que cuenta el deudor para presentar el concurso y, posteriormente, agota los tres meses para su reestructuración, y el mes adicional para instar su concurso, presentándose la solicitud el último día, lo dicho, seis meses desde que conoció o debió conocer su situación de insolvencia. Ello sin contar la eventual prorroga de efectos (art. 607 TRLC), aplicable también a la exigibilidad del deber legal de solicitar el propio concurso (art. 611.2 TRLC).

Pero a sensu contrario, cabía mantener bajo el anterior régimen de la comunicación negociadora (arts. 5.3 LC, 5 Bis LC, art. 583 TRLC), la facultad del deudor de abandonar la negociación e instar su propio concurso durante la vigencia trimestral de despliegue de efectos protectorios, sin agotar tal plazo, por hallarse en insolvencia actual, o inminente, y entender imposible de alcanzar un acuerdo reestructuratorio con sus acreedores, o evaluando el ofrecido como lesivo, o no conveniente para sus intereses, a la vista que el referido termino era un plazo máximo protectorio con el que contaba el deudor para negociar que, obviamente, no era preciso que agotase (QUINTANS EIRA). Igual que el de un mes para instar el concurso y que luego será objeto de examen.

Esta facultad subsiste en la actualidad (FACHAL NOGUER), pero ahora su ejercicio ya no resulta libérrimo para el deudor, sino que queda condicionado, no tanto a la expresa aceptación previa de sus acreedores, como a la eventual y facultativa ("podrá") reacción paralizadora de su solicitud concursal a instancias del experto de reestructuraciones o de determinados acreedores. O, porque no, de ambos.

En efecto, denotando una absoluta desconfianza en el deudor, y con una finalidad de cauterizar estrategias o actuaciones de aquel tendentes a escapar y fulminar una negociación reestructuradora que tiene visos de concluir con un pacto de reestructuración, y que el deudor, en el ejercicio de sus facultades y responsabilidades, entiende no conveniente o, incluso, lesivo para sus intereses, o simple y egoístamente, no deseado, y que puede serle impuesto, también a sus socios, el legislador se pone la venda antes de la herida, y aunque tímidamente, condiciona e impacta uno de los pilares básicos del derecho de la insolvencia, el derecho del deudor a quebrar (ROJO), y conforme al art. 612.1 TRLC, y mientras estén en vigor los efectos de la comunicación, la solicitud de concurso presentada por el deudor debe ser suspendida por el juez a instancia del experto en la reestructuración, si hubiera sido nombrado, o de los acreedores que, en el momento de la solicitud, representen más del cincuenta por ciento del pasivo que pudiera quedar afectado por el plan de reestructuración. En la solicitud deberá acreditarse la presentación de un plan de reestructuración por parte de los acreedores que tenga probabilidad de ser aprobado.

Se presenta esta opción paralizadora, ciertamente, brusca, escasamente pulida, y plena de oscurantez. Del precepto reseñado resulta evidente su activación facultativa durante el plazo trimestral y, en su caso, su prorroga, de despliegue de efectos de la comunicación, pero, importante, no una vez cesados los mismos. Y podrá impactar en solicitudes de concurso formuladas por el deudor incurso en la negociación, salvo si fuere persona natural, o sociedades cuyos socios o algunos de ellos fueren legalmente responsables de las deudas sociales, a quien no les resulta aplicable tal facultad (art. 612.3 TRLC). Pero no en la solicitud de concurso necesario impetrada por terceros (art. 3 TRLC), que tiene su propia regulación bloqueadora en el art. 610 TRLC. Tampoco en el supuesto del régimen especial reestructurador aplicable a determinados deudores, y que se regula en los arts. 682 y ss TRLC, pudiendo leerse en el art. 683.2 TRLC que "efectuada la comunicación, la tramitación de solicitud de declaración de concurso presentada por el deudor no se podrá suspender a instancia de los acreedores, ni del experto en la reestructuración."

Por otro lado, el mecanismo suspensorio queda conectado, exclusivamente, a la solicitud concursal del deudor, lo que excluye cualquier pretensión de su ejercicio una vez declarado el concurso de acreedores. Así resulta del propio precepto, que alude, en exclusiva, a la "solicitud" y, en ningún momento, a la "declaración" de concurso, así como del despliegue automático de los plurales efectos sobre el deudor, acreedores, procedimientos judiciales etc que, por la mera declaración judicial del concurso del deudor, conlleva la entrada en la solución concursal. Finalmente, no conviene perder de vista la exclusión del deudor ya concursado del remedio preconcursal y reestructurador, por lo que la declaración judicial de éste en concurso finiquita y mata la reestructuración, careciendo de sentido, por lo tanto, cualquier pretensión suspensoria favorecedora de una negociación, como dije, ya difunta tras la referida declaración concursal.

También parece claro que la legitimación queda reservada, únicamente, por un lado, al experto en reetructuturaciones, si hubiere sido designado, lo cual inicialmente parece lógico a la vista de su conocimiento del estado de las negociaciones, de la presentación de un plan de reestructuración y la probabilidad de su aprobación, así como de su actuación asistiendo a los actores intervinientes, de manera imparcial e independientemente. Por otro lado, también quedan legitimados aquellos acreedores que representen más del cincuenta por ciento del pasivo que pudiera quedar afectado por el plan de reestructuración, lo cual se antoja lógico a la vista de la relevancia del número peticionario acreedor de la suspensión que, ciertamente, augura previsiblemente la obtención del plan reestructuratorio y su aprobación mayoritaria.

Sin embargo, una reflexión sosegada permite criticar la opción legitimatoria del legislador a favor del experto reestructurador. Pienso que carece de sentido facultarles a efectos de la activación de la palanca suspensoria cuando los acreedores, verdaderos y únicos interesados, se supone, junto al deudor, en la culminación de la reestructuración, permanecen pasivos y mudos ante la solicitud concursal del deudor. En palabras llanas, si los acreedores, o la mayoría de ellos, coloquialmente hablando, "pasan" de la solicitud del deudor, no parece que tenga mucho sentido que el experto independiente alce su voz e impetre su suspensión.

En este sentido, cabe recordar que, entre las funciones del experto, no se halla la consecución de la reestructuración, sino la asistencia a los intervinientes, deudor y acreedores, en el proceso reestructurador y en la redacción del plan, independiente e imparcialmente, pero subordinado a las intenciones y decisiones de aquellos, pues solo deudor y acreedor, y no el experto, alcanzan y acuerdan, en su caso, el plan de reestructuración. Quizás hubiera tenido más sentido reservar su intervención en este ámbito a efectos informativos de la suspensión, incluso requiriendo su dictamen favorable. Pero no ha sido esta la decisión del legislador.

La legitimación de los acreedores merece una valoración más positiva. Dado su evidente interés en la concreción del plan reestructuratorio, que, incluso, pueden imponer al deudor y sus socios, se me antoja lógico atribuir tal habilitación a determinados acreedores cualificados, por la calidad o importe mayoritario de sus créditos. En este caso, se ha optado por el último criterio, "...aquellos acreedores que representen más del cincuenta por ciento del pasivo que pudiera quedar afectado por el plan de reestructuración", y, por lo tanto, con la inclusión en el cómputo de cualquier acreedor, incluso los más parias del escalafón, esto es, los subordinados, y atención, los vinculados y conectados con el deudor, y que obviamente, pueden condicionar negativamente su obtención. La referencia a "acreedores" y la propia naturaleza del proceso reestructurador, conectado a la colectividad de acreedores, excluye la pretensión suspensoria de un solo acreedor, aunque su crédito supere ese cincuenta por ciento. También quedan excluidos aquellos acreedores que, unidos, queden por debajo de ese umbral del cincuenta por ciento, aunque la calidad de sus créditos sea excelsa.

Quizás más lógico y coherente, hubiere sido reconocer legitimación exclusivamente, a los acreedores, reduciendo el nivel de exigencia de quorum, excluyendo a los que no pintan nada y a quienes pueden torpedear la negociación, y requerir, como dije, el informe, incluso favorable o vinculante, del experto en reestructuraciones a efectos de cauterizar actuaciones maliciosas de los pretendientes de la suspensión.

Embarrando más la inteligencia del asunto, ninguna referencia se aporta sobre la sustanciación de la solicitud suspensoria concursal. La naturaleza del mecanismo, y su carácter de mera comunicación desplegatoria de determinados efectos, que no apertura procedimiento judicial, y esa absurda y extrema pretensión desjudicializadora de los instrumentos preconcursales, conduce, inicialmente, a su entendimiento huérfana de trámite, y por lo tanto, sin concederse audiencia ni dar traslado a nadie, y limitándose el Juzgado desjudicializado a comprobar, en el supuesto de los acreedores, la concurrencia del quorum legitimatorio, y en el de éstos o el experto en reestructuraciones, el cumplimiento del requisito de acreditarse la presentación de un plan de reestructuración por parte de los acreedores que tenga probabilidad de ser aprobado.

Sin embargo, dado que la suspensión impacta en la activación de un proceso concursal, y limita y bloquea el derecho a la quiebra de deudor, y el acceso al tratamiento de la insolvencia actual en que se halla aquel, parece lógico requerir un mínimo trámite de audiencia, especialmente a favor del deudor, y, en su caso, del experto independiente. En este último caso, si no fuere el instante de la suspensión, y bajo el cobijo de lo dispuesto en el art. 679 TRLC, parece aconsejable recabar por el Juez, y con carácter previo a su decisión, el oportuno informe del referido experto dado que se le peticiona una decisión compleja, conectada a un procedimiento de reestructuración, cuyo contenido y circunstancias le resultan ignotas y desconocidas.

Se me antoja tortuosa la fijación de ese concepto indeterminado que resulta ser la probabilidad de aprobación de un plan de reestructuración, un futurible, que, en principio, cabría observar desde la perspectiva del importante y mayoritario quorum solicitador de la suspensión en conexión con su afectación por el eventual plan de reestructuración. Sin embargo, se observa como tal extremo sólo se contempla en el art. 612 TRLC desde una perspectiva legitimatoria, a efectos de la activación de la palanca suspensoria, pero no probabilística de su aprobación. La norma, a efectos de la suspensión concursal, exige su activación por esa mayoría de acreedores, pero no basta solo con eso, además, que exista una probabilidad aprobatoria del plan.

Sin embargo, no satisface el absoluto y completo desdeño de la concurrencia de esa mayoría a los referidos efectos probabilísticos de aprobación del plan, pues no cabe la menor duda que esa probabilidad conecta necesariamente con la potencial concurrencia de una mayoría apoyatoria del mismo (GÓMEZ LÓPEZ). Por ello, una correcta evaluación de esa probabilidad de aprobación requiere su contemplación, no solo desde la perspectiva del quórum peticionario de la suspensión, su composición, y el total pasivo del deudor afectado por el plan, sino también a la vista del estado de las negociaciones, en especial, su carácter y el plan presentado y acompañado a la solicitud suspensoria, su contenido y el régimen aprobatorio del plan previsto en el TRLC.

Si de ese examen conjunto, obviamente, con un alcance prima facie o indiciario, el Juez, devenido ahora a una suerte de adivino, entendiese probable la aprobación del plan presentado, quedará compelido, obligado, a suspender la solicitud. La opinión del experto, en su condición de agente independiente e imparcial de la negociación, activando la suspensión, incluso aunque nadie se lo pida, o vertida a través de un informe, se me antoja esencial y tendrá peso a la hora de decretar o rechazar la suspensión de la solicitud concursal, decisión ésta contra la que no cabe recurso alguno.

Acordada la suspensión, art. 612.2 TRLC, si transcurre un mes desde la presentación de la solicitud de concurso por el deudor, sin que los acreedores hubieran presentado la solicitud de homologación del plan de reestructuración, en este caso, y, sin necesidad de tramite alguno, se levantará la referida suspensión, y la solicitud de concurso se sustanciara por el procedimiento de los arts. 10, ss y TRLC. Por lo tanto, no basta con la aprobación del Plan, sino que se requiere, además, que se haya solicitado, que no acordado, su homologación para, entre otros efectos, intentar arrastrar a este deudor rebelde a la negociación, que pretende coger las de Villadiego y escapar de la misma a través del concurso de acreedores. Ese breve plazo de un mes parece razonable a efectos de evitar perjuicios al deudor y no retardar el acceso al medicamento concursal de quien se declara en su solicitud en estado de insolvencia, y entiendo conecta, a la vista de su brevedad, con un necesario estado avanzado de la negociación del que resulte ya esa probable aprobación y homologación. Nada dice la norma sobre cómo proceder en el supuesto que sí se solicite la homologación del Plan y respecto al futuro de la solicitud de concurso bloqueada. Entiendo que procede el rechazo de la solicitud de concurso y el archivo de actuaciones.

Pero quizás el mayor rasgo acreditativo de lo inmaduro y atolondrado del régimen suspensorio del derecho de quebrar, y que es susceptible de lisiarlo, o cuanto menos, provocar su aplicación residual, queda conectado a la ausencia de imposición alguna al deudor, o al Juzgado receptor de la solicitud concursal, que, recuerdo, es ajeno y extraño al proceso reestructurador y su estado y circunstancias, de dar publicidad o poner en conocimiento de los acreedores afectados por la negociación, que no son parte del expediente comunicador, o del experto independiente, la intención de solicitar o, incluso, la referida solicitud de concurso, quedando la efectividad de la medida suspensoria, me temo, al albor de la buena voluntad del deudor de comunicar a sus acreedores la solicitud de declaración del concurso, lo que, desde luego, no será lo habitual, pues el deudor que pretenda salir por peteneras de la reestructuración, a través de su entrada en la solución concursal, se guardará de publicitar su intención y actuación, permaneciendo silente, hasta que se declare el concurso.

Quizás haya pesado en la mente del legislador, y en la timidez con que ha implementado la citada potestad suspensoria, su carácter aquí si paradigmático, en cuanto supone un impacto en el citado y hasta la fecha derecho absoluto a quebrar del deudor y una absoluta injerencia por parte de terceros en el ámbito de decisorio y de gestión de la insolvencia del deudor. Por ello, entiendo que, aunque no será la normal, pues la suspensión lo es por un plazo de solo un mes, estos actores que con su decisión bloquean la suspensión de la solicitud concursal del deudor, quedan obligados a pechar con las consecuencias responsabilitatorias de su actuación invasora en las competencias del deudor y los daños que irroguen a éste o terceros con tal extrema decisión, más aún, en un supuesto de uso ilícito o indebido, o abusivo, del mecanismo suspensorio.

Expuesto lo anterior, si no se produjese la suspensión, y el deudor decidiese finalizar la negociación y presentar el propio concurso antes del vencimiento del plazo de tres meses aludido, en modo alguno tal abandonatoria decisión supone el anticipo del plazo de un mes para solicitar el concurso, a la vista que el dies a quo para iniciar el cómputo del plazo de un mes no se conecta al fracaso de la negociación, sino a la extinción del referido termino trimestral (GARCÍA-CRUCES). Lo que permite que las partes, producido un fracaso momentáneo en la negociación y dentro de ese plazo de tres meses, vuelvan a intentarlo, replanteando las propuestas iniciales, o formulando nuevas que permitan retomar la negociación y alcanzar el ansiado plan de reestructuración (GARCÍA-CRUCES).

Este plazo mensual, de carácter obviamente procesal, se computa de fecha a fecha (art. 133.3 LEC), correrá, sin necesidad de notificación judicial alguna, desde el vencimiento del primer plazo trimestral (art. 133.1 LEC), y si concluye en día inhábil, se prorrogará hasta el siguiente día hábil (FACHAL NOGUER).

En esta línea, no parece preciso, ni resulta exigible, que el Juzgado receptor de la comunicación dicte resolución alguna recordatoria del transcurso del plazo trimestral, o del mensual para presentar el propio concurso, y las obligaciones legales derivadas de ello, pues son deudor y acreedores lo únicos a quienes corresponde, en su caso, mover ficha transcurrido tal termino (GÓMEZ LÓPEZ).

Por otro lado, cabe mantener que el transcurso del plazo de un mes con que cuenta el deudor insolvente actual para instar el propio concurso de acreedores y su incumplimiento, en sí mismo, no tiene relevancia alguna salvo en el posterior concurso, ni existe prevista sanción al efecto[37]. Así, caso de instarse el concurso de acreedores fuera del citado término de un mes y no existiese solicitud de concurso necesario bloqueada por la comunicación del art. 585 TRLC, la solicitud del deudor se tramitará por los trámites del art. 10 y ss. TRLC, sin perjuicio de las consecuencias de tal retraso, que se sustanciaran en el proceso concursal. Pero ya no resulta competente para sustanciar la solicitud el Juez que conoció de la comunicación previa, pues el concurso del deudor, deberá ser objeto de reparto conforme a lo establecido en el art. 68 LEC (MUÑOZ PAREDES. CUTILLAS TORNS)[38].

Por ello, puede suceder que, llegado el vencimiento del plazo, no hubiese ninguna solicitud de concurso necesario pendiente de proveer y, en esta situación, pese a concurrir el presupuesto de la in-

---

37 Auto del Juzgado de lo Mercantil núm. 1 de Bilbao de fecha 2 de junio de 2009.

38 Sentencia de la Audiencia Provincial de Alicante de fecha 11 de mayo de 2010.

solvencia actual, el deudor no solicitase su concurso. En este caso, su incumplimiento no tendrá consecuencia alguna distinta de la eventual responsabilidad en que incurriría caso de que, posteriormente, fuera instado su concurso por legitimado al efecto. La Ley no prevé ninguna sanción especifica por este incumplimiento.

III. EFECTOS DE LA COMUNICACIÓN PRECONCURSAL SOBRE LA SOLICITUD DE CONCURSO NECESARIO

Además, activado el mecanismo de los art. 585 y ss TRLC, ese deudor negociador, queda protegido ante solicitudes de concurso necesario por parte de cualquier acreedor ingrato o disidente.

En efecto, el art. 14.2 TRLC, que regula la provisión de la solicitud de concurso necesario del deudor, establece en su ordinal 1º que si la solicitud del acreedor se fundara en la existencia de una previa declaración judicial o administrativa de insolvencia del deudor siempre que sea firme; en la existencia de un título por el cual se hubiera despachado mandamiento de ejecución o apremio sin que del embargo hubiera resultado bienes libre conocidos bastantes para el pago, o en la existencia de embargos por ejecuciones en curso que afecten de una manera general al patrimonio del deudor, el juez declarará el concurso de acreedores el primer día hábil siguiente.

Continúa el citado art. 14.2 TRLC, en su ordinal 2º, señalando que cuando la solicitud hubiera sido presentada por cualquier legitimado distinto al deudor y por un hecho esclarecedor distinto de los previstos en los ordinales 1 a 3, ambos inclusive, del art. 2.4 TRLC, el juez el primer día hábil siguiente dictará auto, admitiéndola a trámite, ordenando el emplazamiento del deudor conforme a lo previsto en el artículo 16 TRLC, con traslado de la solicitud, para que comparezca en el plazo de cinco días, dentro del cual se le pondrán de manifiesto los autos y podrá formular oposición a la solicitud, proponiendo los medios de prueba de que intente valerse.

Admitida a trámite la solicitud, las que se presenten con posterioridad se acumularán a la primeramente repartida y se unirán a los autos, teniendo por comparecidos a los nuevos solicitantes sin retrotraer las actuaciones (art. 15 TRLC).

Sin embargo, el art. 610 TRLC establece una excepción al régimen de provisión de la solicitud de concurso reseñado con anterioridad, en el supuesto que el deudor ha realizado la comunicación preconcursal del artículo 585 y ss TRLC, y que paso a exponer de manera sintética:

A. Por un lado, las solicitudes de concurso presentadas después de la comunicación por otros legitimados distintos del deudor, se repartirán al Juzgado, que será el que hubiera tenido por efectuada la comunicación, pero no se admitirán a trámite mientras no transcurra el plazo de tres meses a contar desde la fecha de esa comunicación (art. 610.1 TRLC).

B. Las presentadas antes de la comunicación, pero no admitidas a trámite, no se sustanciarán sino que quedarán en suspenso, expectantes, a la espera de la actuación del deudor.

C. Aquellas solicitudes de concurso admitidas a trámite con anterioridad a la presentación de la comunicación, se sustanciarán por todos sus trámites y la comunicación no surtirá efectos hasta que el Juez resuelva sobre la declaración del concurso necesario.

El régimen de "bloqueo" expuesto, difiere del establecido bajo el régimen del anterior art. 594 TRLC, que recogía una inadmisión ad limine de solicitudes de concurso necesario que, se supone, pretendía favorecer y proteger la negociación y posterior conclusión del acuerdo de refinanciación o extrajudicial de pago, o la obtención de las adhesiones a la propuesta anticipada de convenio, durante dicho plazo[39].

Sin embargo, también conllevaba dejar en peor situación al acreedor que, desconociendo la presentación por su deudor de la comunicación del previo art. 583 TRLC, comunicación que, incluso y en el supuesto de acuerdo de refinanciación o de la propuesta anticipada de convenio, podía no ser objeto de publicación en el Registro Público Concursal si se solicitaba por el deudor su carácter reservado (viejo art. 585.3 TRLC), instaba el concurso necesario del mismo dentro de los tres meses a que se refería el art. 594.1 TRLC, respecto a aquel

---

39 Auto del Juzgado de lo Mercantil núm. 3 de Barcelona, de fecha 30 de septiembre de 2022.

que lo instaba en el mes adicional reseñado en el citado precepto. En el primer supuesto, veía como su solicitud se inadmitía a trámite. En el segundo, la misma se "congelaba" a resultas de la presentación, o no, por el deudor de su concurso de acreedores. Pero si no lo presentaba, a diferencia del primer supuesto en que se expulsó la solicitud, se tramitaba en los términos del art. 14 y ss. TRLC, y si se declaraba el concurso necesario del deudor, tenía derecho al incentivo del art. 280.7º TRLC (la concesión de un privilegio general al 50% del crédito del acreedor instante del concurso, salvo que tuviese la consideración de subordinado). Ello aun cuando, como acabo de señalar, no fuera el primer acreedor que reaccionó ante la insolvencia del deudor.

Por lo tanto, y ahora, vigente art. 610 TRLC, la noticia preconcursal de la apertura de negociaciones reestructuradoreas no impide que los acreedores del deudor u otros legitimados al efecto, con posterioridad a la comunicación insten el concurso necesario de aquel durante el periodo protector. Obviamente, también resulta válida la solicitud de concurso necesario formulada antes de la comunicación, aunque no se haya admitido a trámite al tiempo la misma. Pero, en ambos casos, la solicitud no resulta expulsada, sino que queda temporalmente paralizada, bloqueada, y no se tramita hasta que haya vencido el mes con que contaba el acreedor para, una vez transcurrido el periodo de negociación de tres meses, presentar el propio concurso. Inicialmente no se antoja mala solución, evita la discrepancia presentadora antes reseñada y, realmente, no perjudica la negociación y, en su caso, conclusión reestructuradora.

Además, bajo el previo art. 594 TRLC, si la comunicación del previo art. 583 TRLC se instaba con posterioridad a la solicitud de concurso necesario, ésta se sustanciaba por todos sus trámites aun cuando al tiempo de efectuarse la comunicación, aquella no hubiese sido admitido a trámite[40]. Incluso, aunque la solicitud de concurso necesario presentaba deficiencias y defectos y se dedujera en los Juzgados

---

40 Autos de la Audiencia Provincial de Madrid, de fecha 15 de marzo de 2019, de la Audiencia Provincial de Barcelona de fecha 15 de abril de 2013, de 13 de febrero de 2020 o 14 de junio de 2021, de la Audiencia Provincial de Santander, de fecha 16 de marzo de 2021, o de la Audiencia Provincial de Castellón, de fecha 19 de abril de 2012)

con una antelación de solo una hora respecto a la comunicación del viejo art. 583 TRLC[41].

Esto cambia en el vigente régimen comunicatorio de los arts. 585 y ss TRLC y ahora la preferencia entre la comunicación y la solicitud de concurso de acreedores viene fijada no en la prioridad solicitadora sino en la admisión a trámite de la solicitud de concurso (art. 588.4 TRLC), esto es, deja de regir el principio de "prior tempore potior iure" en favor de la admisión a trámite de la solicitud de concurso necesario (GÓMEZ LÓPEZ). Si ésta resultare admitida tramitatoriamente con anterioridad a la comunicación, la solicitud de concurso necesario resultara vencedora. Si, por el contrario, y pese a instarse el concurso necesario con anterioridad a la formalización de la comunicación de apertura de negociaciones, no se admitió a tramitación con anterioridad a la activación comunicatoria, la preferencia la ostentará esta última.

Ciertamente, discrepamos de la solución legal, y ese bloqueo de la comunicación una vez ya se hubiese instado el concurso necesario del deudor, aunque estuviese pendiente de ser proveído, o de admitirse a trámite, solución esta que ciertamente protege al deudor y, además, cumple una función incentivadora y protectora del proceso reestructurador, evitando sea perturbado por sobresaltos en forma de concursos necesarios, y constituido como herramienta absolutamente preferente de tratamiento de la insolvencia, ahora, incluso también la previamente denunciada por los acreedores, fricciona en demasía con el régimen conjunto del art. 585 y ss TRLC, y el de la declaración de concurso necesario (arts. 14 y ss. TRLC), amén de aperturar el camino a eventuales conductas fraudulentas del espabilado e irresponsable deudor, quien ante la noticia de solicitudes de concurso indeseadas, intentaría reaccionar, a posteriori, a toro pasado, y conocida la presentación de la necesaria solicitud, con la mera presentación de la comunicación, incluso sin el ánimo negociador que exige el art. 585 TRLC.

Expuesto lo anterior, y, por lo tanto, aquellas solicitudes de concurso necesario, instadas y admitidas a trámite con anterioridad a la presentación de la comunicación de apertura negocial, no quedan

---

41 Auto de la Audiencia Provincial de Oviedo, de fecha 8 de octubre de 2018.

afectadas por la comunicación paralizadora, procediendo su sustanciación por todos sus trámites (art. 588.4 TRLC). Y con independencia que, admitida a trámite, se hubiere emplazado o no al deudor y sin olvidar lo dispuesto en el art. 19.2 TRLC, según el cual, si instado el concurso necesario del deudor y antes de su emplazamiento, este presenta su propio concurso, este último será declarado, pero con el carácter de necesario (NIETO DELGADO).

En este caso, además, y pese a la presencia de la previa solicitud concursal admitida a trámite, la comunicación apertutoria sí que se tiene por formalizada por el Letrado de la Administración de Justicia, pero no produce efecto alguno en tanto en cuanto no se sustancie y resuelva la solicitud de concurso necesario, incluido el bloqueo de tales peticiones necesarias concursales. Y este matiz es importante pues, a la vista del referido art. 588.4 TRLC, y su contundente contenido ("...la comunicación no producirá ningún efecto hasta que se resuelva esta solicitud..."), el deudor resulta compelido a combatir esa solicitud admitida a trámite con anterioridad a la comunicación, y las eventuales posteriores solicitudes de concurso necesario. Aunque al mismo tiempo, y aunque sea desnudo de los efectos beneficiosos de la comunicación, se le permite negociar un plan de reestructuración que evite la insolvencia, incluso, con ese acreedor agresivo.

Por lo tanto, el bloqueo ahora solo afectará a las solicitudes de concurso necesario posteriores a la comunicación, y a las anteriores no admitidas a trámite, pero no a las que sí lo fueron, cuya tramitación y sustanciación continuara hasta su resolución, declaratoria o desestimatoria del concurso.

Y en este supuesto, aunque asista al deudor la facultad de oponerse a la pretensión declarativa de su concurso necesario (art. 20 TRLC), tal rechazo, si lo arropa en una inexistente insolvencia, cuya prueba corresponde al deudor (art. 20.2 TRLC), se me antoja con un futuro incierto, muy difícil, por no decir abocado al fracaso, a la vista del reconocimiento expreso de tal situación de insolvencia que la mera presentación comunicatoria acarrea cuando se señala un insolvente y actual estado del deudor al tiempo de su formulación.

Finalmente, el mecanismo protector frente solicitudes de concurso necesario, no admitidas y las suspendidas, se completa con lo dispuesto en el art. 610.3 TRLC, según el cual, las solicitudes de concurso suspendidas y las presentadas con posterioridad a la comunicación, no se proveerán hasta que haya transcurrido un mes sin que el deudor hubiera solicitado la declaración de concurso, y sin perjuicio de la adopción por el juez de las medidas cautelares que estime oportunas.

El art. 610.3 TRLC aclara y permite la adopción de las citadas medidas cautelares que conectan, no con el proceso reestructurador sino con la solicitud bloqueada, y que tendrán un carácter marcadamente conservativo, pretendiendo evitar el riesgo de que el deudor efectúe maniobras dolosas o fraudulentas tendentes a malbaratar, disminuir, ocultar o perjudicar su patrimonio. Pero también evitar que se agrave la situación de insolvencia, protegiendo el patrimonio del deudor, incluso, aunque no concurra mala fe o dolo en su actuación. O impedir que se altere la par conditio creditorum y el posterior sometimiento de todos los acreedores a la Ley del Concurso.

Las medidas cautelares se acordarán por el Juez, ante lo oscuro del art. 610.3 TRLC, que se limita a aludir a "a la adopción de las medidas cautelares que estime oportunas", sea de oficio o previa su excitación por el solicitante del concurso ante el bloqueo de su petición concursal necesaria, sin escuchar al deudor y, obviamente, de forma motivada. Aunque estas medidas cautelares son distintas de las que se refiere el art. 18 TRLC, parece que guardan relación con las reseñadas en dicho precepto (GÓMEZ LÓPEZ), por lo que no se atisba inconveniente alguno en que el Juez adopte las peticionadas por el acreedor en su solicitud de concurso necesario del deudor.

A la hora de la adopción de las medidas cautelares, resultan de aplicación las normas previstas en la Ley de Enjuiciamiento Civil, y el contenido de los arts. 721 y ss LEC, siendo los presupuestos para la adopción de las medidas cautelares a) la apariencia de buen derecho o "fumus boni iuris"; b) el peligro en mora (periculum in mora) y c) el ofrecimiento de la caución. Respecto a las concretas medidas que pueden ser adoptadas por el Juez vid los arts. 726 y 727 LEC. Pero dado el ámbito en que se adoptan las medidas, no un proceso jurisdiccional sino preconcursal negociador de un plan de reestructuración en el que se han desplegado determinados efectos como consecuencia de la comunicación de apertura de negociaciones del art. 585 TRLC, cabe requerir que las medidas cautelares en cuestión sean coherentes con el citado marco reestructurador y los efectos desplegados por la comunicación de apertura de negociaciones.

Expuesto lo anterior. Si el deudor solicita la declaración de concurso dentro de ese mes, ésta se tramitará en primer lugar. Declarado el concurso a instancia del deudor, las solicitudes que se hubieran presentado antes (suspendidas y no admitidas a trámite) y las que se presenten después de la comunicación del deudor se unirán a los autos, teniendo por comparecidos a los solicitantes.

Y ello conduce a travestir ese posterior concurso, presentado en el mes siguiente, como voluntario, pese a atender en su declaración, no a la fecha de solicitud de este por el deudor, tal y como requiere el art. 29.1 TRLC, sino a la fecha de la presentación de la comunicación. De esta forma, se retrotrae la fecha de la solicitud de concurso, que no los efectos de la declaración de este, a la de la comunicación ex art. 585 y ss TRLC.

Si, por el contrario, existiendo solicitudes previas de concurso necesario suspendidas y pendientes de trámite admisorio, o las que se presenten con posterioridad, y si el deudor no impetrase su propio concurso, o lo hiciese fuera del referido plazo mensual, procede que el Juez provea, por orden temporal de presentación, la primera de las citadas peticiones declaratorias de concurso necesario, que se sustanciará por los trámites previstos en el art. 14.2.2º ss. y concordantes TRLC, y se tendrá por comparecidos a los solicitantes (y al deudor, si presenta transcurrido el plazo la solicitud del propio concurso), salvo que proceda aplicar el procedimiento exprés del art. 14.2.1º TRLC.

Por cierto, ¿qué sucede si durante el plazo de protección, el deudor ha dejado de ser (o nunca ha sido) insolvente? En este caso, no debe instar su propio concurso. Y si existe solicitud del tercero deberá tramitarse ex arts. 14 y ss TRLC y el deudor, en el trámite de oposición (si no se aplica el art. art. 14.2.1º TRLC), podrá alegar la ausencia o desaparición sobrevenida de la insolvencia, y, acreditado tal hecho, acarreará la desestimación de la solicitud.

11. LA CONCESIÓN DE LA EXONERACIÓN DE PASIVO INSATISFECHO: AUTO DE CONCLUSIÓN DEL CONCURSO SIN MASA

CARLOS MARTÍNEZ DE MARIGORTA MENÉNDEZ
Magistrado del Juzgado de lo Mercantil núm. 2 de Santander
Especialista en los asuntos propios de los órganos de lo mercantil

SUMARIO: I. EL CONCURSO SIN MASA COMO VÍA GENERALIZADA DE ACCESO A LA EXONERACIÓN DE PASIVO TRAS LA LEY 16/2022 DE 6 DE SEPTIEMBRE DE REFORMA DEL TEXTO REFUNDIDO DE LA LEY CONCURSAL APROBADO POR EL REAL DECRETO LEGISLATIVO 1/2020, DE 5 DE MAYO (TRLC EN ADELANTE) DE TRANSPOSICIÓN DE LA DIRECTIVA (UE) 2019/1023 DEL PARLAMENTO EUROPEO Y DEL CONSEJO, DE 20 DE JUNIO DE 2019, SOBRE MARCOS DE REESTRUCTURACIÓN PREVENTIVA, EXONERACIÓN DE DEUDAS E INHABILITACIONES, Y SOBRE MEDIDAS PARA AUMENTAR LA EFICIENCIA DE LOS PROCEDIMIENTOS DE REESTRUCTURACIÓN, INSOLVENCIA Y EXONERACIÓN DE DEUDAS, Y POR LA QUE SE MODIFICA LA DIRECTIVA (UE) 2017/1132 DEL PARLAMENTO EUROPEO Y DEL CONSEJO, SOBRE DETERMINADOS ASPECTOS DEL DERECHO DE SOCIEDADES (DIRECTIVA SOBRE REESTRUCTURACIÓN E INSOLVENCIA, EN ADELANTE DRI). II. TRAMITACIÓN Y RESOLUCIÓN DE LA EPI EN CASO DE CONCURSO DECLARADO SIN MASA. SOLICITUD: INICIO DEL PLAZO. ALEGACIONES Y OPOSICIONES. FALTA DE OPOSICIÓN Y CONTROL DE OFICIO POR EL JUEZ DEL CONCURSO. PRESUNCIÓN DE BUENA FE. III. EXTENSIÓN DE LA EPI. DEUDAS ANTERIORES A LA DECLARACIÓN DEL CONCURSO O A LA CONCESIÓN DE LA EPI. EL MANDAMIENTO A LOS ACREEDORES AFECTADOS PARA QUE COMUNIQUEN LA EXONERACIÓN A LOS SISTEMAS DE INFORMACIÓN CREDITICIA. IV. NO RELACIÓN DE CRÉDITOS EXONERADOS Y NO EXONERABLES. AUSENCIA DE FUERZA EJECUTIVA Y EFECTO DE COSA JUZGADA DEL AUTO DE EXONERACIÓN.

I. EL CONCURSO SIN MASA COMO VÍA GENERALIZADA DE ACCESO A LA EXONERACIÓN DE PASIVO TRAS LA LEY 16/2022 DE 6 DE SEPTIEMBRE DE REFORMA DEL TEXTO REFUNDIDO DE LA LEY CONCURSAL APROBADO POR EL REAL DECRETO LEGISLATIVO 1/2020, DE 5 DE MAYO (TRLC EN ADELANTE) DE TRANSPOSICIÓN DE LA DIRECTIVA (UE) 2019/1023 DEL PARLAMENTO EUROPEO Y DEL CONSEJO, DE 20 DE JUNIO DE 2019, SOBRE MARCOS DE REESTRUCTURACIÓN PREVENTIVA, EXONERACIÓN DE DEUDAS E INHABILITACIONES, Y SOBRE MEDIDAS PARA AUMENTAR LA EFICIENCIA DE LOS PROCEDIMIENTOS DE REESTRUCTURACIÓN, INSOLVENCIA Y EXONERACIÓN DE DEUDAS, Y POR LA QUE SE MODIFICA LA DIRECTIVA (UE) 2017/1132 DEL PARLAMENTO EUROPEO Y DEL CONSEJO, SOBRE DETERMINADOS ASPECTOS DEL DERECHO DE SOCIEDADES (DIRECTIVA SOBRE REESTRUCTURACIÓN E INSOLVENCIA, EN ADELANTE DRI)

Dentro del Título XI (de la conclusión y de la reapertura del concurso de acreedores) del Libro I del TRLC, la exoneración del pasivo insatisfecho se regula en el Capítulo, y según su artículo 486 el deudor persona natural, sea o no empresario, podrá solicitar la exoneración del pasivo insatisfecho en los términos y condiciones establecidos en esta ley, siempre que sea deudor de buena fe, por dos vías:

1.º Con sujeción a un plan de pagos sin previa liquidación de la masa activa, o

2.º Con liquidación de la masa activa sujetándose en este caso la exoneración al régimen previsto en la subsección 2.ª de la sección 3.ª siguiente si la causa de conclusión del concurso fuera la finalización de la fase de liquidación de la masa activa o la insuficiencia de esa masa para satisfacer los créditos contra la masa.

La realidad práctica demuestra que la abrumadora mayoría de las veces, el acceso a la exoneración del pasivo se solicita por la vía del concurso sin masa, lo que nos remite a los artículos 501 y 502 TRLC.

Una de las cuestiones más novedosas en la regulación de la insolvencia de la TRLC ha sido el abordaje expreso, directo, diferenciado y en sede de declaración de concurso (no de su conclusión), del denominado concurso sin masa. En el capítulo V (del auto de declaración del concurso), sección 4ª (de la declaración de concurso sin masa), del Título I (de la declaración de concurso) del Libro I (del concurso de acreedores), el legislador trató de dar una respuesta sistemática al habitual supuesto del deudor sin masa activa o con una masa insuficiente para sostener los costes del procedimiento o generar sobrante disponible a disposición de los acreedores.

El TRLC antes de la reforma de la ley 16/22, en regulaba la cuestión en el Título XI (de la conclusión y de la reapertura del concurso de acreedores) capítulo I (de la conclusión del concurso), sección 2.ª (del régimen de conclusión del concurso), subsección 4.ª (de la conclusión por insuficiencia de la masa activa simultánea a la declaración del concurso), donde el viejo artículo 470 TRLC indicaba: "*El juez podrá acordar en el mismo auto de declaración de concurso la conclusión del procedimiento cuando aprecie de manera evidente que la masa activa presumiblemente será insuficiente para la satisfacción de los posibles gastos del procedimiento, y además, que no es previsible el ejercicio de acciones de reintegración o de responsabilidad de terceros ni la calificación del concurso como culpable.*".

En este escenario, era el Juez quien debía realizar un juicio prospectivo de la "evidencia de la presunción de insuficiencia" de la masa para satisfacer los posibles gastos del procedimiento, y de la "imprevisibilidad" del ejercicio de acciones de reintegración o responsabilidad de terceros o de calificación culpable. El llamado "concurso exprés" buscaba concluir de forma inmediata (más bien simultánea a la declaración en el propio auto de declaración de concurso) aquellos procedimientos en que no era previsible para el juez del concurso la existencia ni obtención de recursos para hacer frente a su mismo coste (honorarios de administrador concursal, publicaciones, inscripciones, créditos contra la masa, coste de entidad especializada, etc.).

Además, quedaba en el aire la cuestión del nombramiento del AC, ya que el antiguo artículo 472.1 TRLC indicaba que "si el concursado fuera persona natural, el juez, en el mismo auto que acuerde la conclusión, designará un administrador concursal que deberá liquidar los bienes existentes y pagar los créditos contra la masa siguiendo el orden establecido en esta ley para el supuesto de insuficiencia de masa".

Con la reforma operada por la ley 16/22 la decisión de conclusión ya no es simultánea a la de declaración del concurso, ni sometida al solo criterio prospectivo del juez basado en la información aportada por el propio deudor solicitante, y se ofrece un elenco de supuestos que evidencian la insuficiencia de masa, regulando de un modo expreso y claro la (no) designación e intervención de AC.

Con el régimen vigente, si de la solicitud de declaración de concurso y de los documentos que la acompañen resultare que el deudor se encuentra en cualquiera de las situaciones de concurso sin masa a que se refiere el artículo 37 bis TRLC, se dictará un auto de declaración del concurso con unos pronunciamientos limitados, ordenado su publicación en el suplemento del tablón edictal judicial único y en el Registro público concursal (RPC en adelante), con llamamiento a acreedores que representen al menos el 5% del pasivo para que en un plazo de 15 días puedan solicitar (y pagar) nombramiento de administración concursal para que elabore informe sobre la existencia de indicios de actos rescindibles, acciones de responsabilidad social o calificación culpable del concurso."

De acuerdo con los arts. 37 ter 2, 465.7º y 502 TRLC, caso de no dictarse auto complementario a que se refiere el art. 37 quinquies TRLC, bien porque ningún acreedor solicita el nombramiento de AC, o bien porque el AC no aprecia los indicios necesarios para la apertura del concurso y, además, no se formula oposición a la conclusión del concurso ni a la concesión de la exoneración, procederá dictar auto de conclusión, concediendo la EPI en la misma resolución.

De modo que la exoneración se obtendrá bien por auto ante la falta de oposición, bien por sentencia resolviendo la oposición que se hubiera formulado.

Lejos de lo que pudiéramos pensar a la vista de la escasa y simple regulación dedicada a la exoneración por la vía del concurso sin masa sin nombramiento de AC, son múltiples las dudas y cuestiones que la práctica forense revela.

Intentaremos abordar las más comunes en las siguientes líneas, siguiendo el esquema de lo resuelto en el Auto de Juzgado de lo mercantil núm. 2 de Santander de fecha 6 de noviembre de 2023.

II. TRAMITACIÓN Y RESOLUCIÓN DE LA EPI EN CASO DE CONCURSO DECLARADO SIN MASA. SOLICITUD: INICIO DEL PLAZO. ALEGACIONES Y OPOSICIONES. FALTA DE OPOSICIÓN Y CONTROL DE OFICIO POR EL JUEZ DEL CONCURSO. PRESUNCIÓN DE BUENA FE

En primer lugar, debemos destacar que, pese a la ausencia de norma expresa al respecto, consideramos que el juzgado debe dar traslado al deudor de la expiración del plazo sin solicitud de designación de AC, al objeto de abrir el plazo de solicitud de exoneración.

Si ningún legitimado hubiera formulado la solicitud de nombramiento de AC conforme al artículo 37 ter 1 TRLC, el deudor persona natural puede presentar solicitud de EPI (arts. 37 ter 2 y 501.1 TRLC) en el plazo de 10 días siguientes al vencimiento del plazo para que los acreedores soliciten nombramiento de AC sin haberlo hecho.

A tal efecto (AAP Zaragoza sección 5ª, nº 61/2023 de 21 de abril), se impone constatar que estamos bien ante la necesidad de nombrar un Administrador concursal por haberlo solicitado acreedores que cumplen con los requisitos de los arts. 37 y ss. TRLC, o bien que no se ha producido la solicitud permitiendo el nacimiento del plazo previsto en el art. 501 del TRLC, mediante el dictado de la oportuna diligencia por la LAJ.

Transcurrido el referido plazo de diez días (desde el siguiente a la notificación de la diligencia haciendo constar el vencimiento del plazo de los acreedores para solicitar nombramiento de AC sin haberlo hecho), sin que se formule la solicitud de exoneración del pasivo insatisfecho, o una vez alcance firmeza la resolución sobre la misma, se procederá a la conclusión del concurso con los efectos previstos en el art. 484 TRLC (art. 501 y 502.3TRLC).

Si el deudor no opta por la solicitud de EPI con sujeción a un plan de pagos sin liquidación, la solicitud de exoneración debe tramitarse conforme a los arts. 501 y 502 TRLC ("De la exoneración con liquidación de la masa activa"), regulación aplicable a los casos de concurso sin masa en los que no se hubiera acordado la liquidación de la masa activa.

Alegaciones y oposiciones. En la solicitud (art. 501.3 TRLC) el concursado deberá manifestar que no está incluso en ninguna de las causas establecidas en el TRLC que impiden obtener la exoneración (excepciones del artículo 487 y prohibiciones del artículo 488), y acompañar las declaraciones del impuesto sobre la renta de las personas físicas correspondientes a los 3 últimos años anteriores a la fecha de la solicitud que se hubieran presentado o debido presentarse. El letrado de la administración de justicia dará traslado de la solicitud a la administración concursal (si se hubiera nombrado) y a los acreedores personados para que dentro del plazo de 10 días "aleguen cuanto estimen oportuno en relación a la concesión de la exoneración".

Ante la falta de oposición, el juez del concurso, previa verificación de la concurrencia de los presupuestos y requisitos establecidos en la Ley, concederá la EPI en la resolución que declare el concurso.

Ahora bien, debemos distinguir las "alegaciones" de la verdadera "oposición". No es infrecuente encontrarnos con resoluciones que bien tramitan como incidente, bien dan respuesta expresa a las meras alegaciones en el auto concediendo el EPI. Entendemos que dicha práctica pese a estar guiada por las mejores intenciones, no es procesalmente rigurosa, complica y alarga la regulación, y puede llevar a equívocos, generando una falsa sensación de seguridad y resolución definitiva de la cuestión, como infra expondremos. El sentido de las alegaciones es ilustrar al juez para la verificación de oficio que habrá de realizar, sin asumir la carga de ejercitar una pretensión incidental a responder mediante sentencia.

La *oposición* no son meras *alegaciones* (art. 501.4 TRLC) sino que habrá de fundarse en la falta de los referidos presupuestos y requisitos legales, y sustanciarse por los trámites del incidente concursal. Deberá por lo tanto hacerse valer mediante demanda y resolverse por sentencia apelable. De esta manera, a las alegaciones servirán como vehículo para esa valoración judicial, pero no generan el derecho a una respuesta declarativa expresa del juez, ya que no hacen valer ninguna pretensión mediante un proceso (incidental).

En la regulación vigente tras la ley 16/2022 no existen "presupuestos y requisitos" para el acceso al EPI (pago de un umbral mínimo, previo intento de acuerdo extrajudicial de pagos). Esta expresión debe entenderse referida al control de las excepciones y prohibiciones para el acceso al EPI de los artículos 487 y 488 TRLC.

¿Hasta dónde debe llegar el examen de oficio del juez del concurso? La verificación judicial no supone una carga probatoria del deudor de acreditar su "buena fe" (art. 486.1 TRLC), que debe presumirse. Este es el sentido de la nueva regulación en la materia.

El deudor no deberá probar que no concurren los supuestos del art. 487 y 488 TRLC, pero el juez del concurso podrá, a la vista de la documentación aportada, no conceder la exoneración. El acceso al EPI se establece no ya como un beneficio, sino como un derecho al que cabe oponer ciertas excepciones, que son las que deberán en su caso probarse por quien esgrima su concurrencia, y hacerlo ante el juez del concurso (art. 487.2 TRLC en relación con el art. 487.1.6 TRLC).

En particular, no considero que quepa un examen de oficio de un posible comportamiento temerario o negligente al tiempo de contraer endeudamiento o de evacuar sus obligaciones (art. 487.1.6 en relación con el art. 487.2 TRLC). Por los motivos expuestos, porque la documentación e información con la que se contará será muy limitada, y porque el supuesto a diferencia de otros de fácil comprobación objetiva a la luz de los documentos y lista de créditos presentada (condenas penales, sanciones administrativas, culpabilidad del concurso o declaración como persona afectada derivación de responsabilidades, plazos desde un anterior EPI), exige una valoración mucho más subjetiva y sometida a contradicción.

La regla es por tanto el acceso al EPI y la buena fe, y la excepción las circunstancias que exceptúan o prohíben ese acceso, cuya acreditación y alegación pasan a descansar fundamentalmente sobre los hombros de los acreedores, sin perjuicio de que de la propia documentación incorporada (o ausente) resulte de modo objetivo la concurrencia de alguna excepción o prohibición, apreciable por el Juez.

III. EXTENSIÓN DE LA EPI. DEUDAS ANTERIORES A LA DECLARACIÓN DEL CONCURSO O A LA CONCESIÓN DE LA EPI. EL MANDAMIENTO A LOS ACREEDORES AFECTADOS PARA QUE COMUNIQUEN LA EXONERACIÓN A LOS SISTEMAS DE INFORMACIÓN CREDITICIA

La EPI se extenderá a la totalidad de las deudas insatisfechas salvo las excepciones que indica el artículo 489.1 TRLC.

La ley no precisa si se la exoneración afecta a las deudas existentes a fecha de solicitud, declaración del concurso o de concesión de la EPI. La cuestión resulta dudosa. Un examen las resoluciones judiciales evidencia la disparidad de criterios: desde quienes declaran exonerados los créditos existentes a fecha de solicitud de concurso, a quienes atienden a la fecha del auto de declaración, o la del auto de concesión de la EPI.

Podría atenderse al criterio de la litispendencia, aplicando el sentido de las normas de los artículos 410 y ss LEC, considerando que el objeto de la litis sobre el que se debe resolver independientemente de los cambios que pudiera sufrir penden el proceso, sería el configurado por la "demanda" (entendiendo por tal la "solicitud" de declaración del concurso) que después resulta admitida.

Al abandonar el TRLC en la regulación de la exoneración del pasivo insatisfecho el empleo de categorías concursales y de la exigencia de abono de un umbral mínimo, no tiene sentido limitar la exoneración a los créditos concursales (nacidos antes de la declaración —los masa debían pagarse—). Además, y como veremos, no se establecerá un listado de créditos exonerados, cualquier crédito existente, aunque no se hubiera indicado en la solicitud, será exonerado salvo que incurra en las excepciones legales.

Por tanto, podría valorarse exonerar también los créditos no "comunicados" posteriores a la solicitud, que se hubieran generado desde la solicitud de concurso hasta la concesión del EPI, lo que en principio además debería ocurrir en un plazo breve.

Sin embargo, ello produciría el efecto de impedir la posibilidad de control (de oficio, por alegaciones, o por oposición) de deudas contraídas (de la diligencia en el endeudamiento) después de la declaración del concurso, y por lo tanto después del llamamiento a los acreedores, favoreciendo el fraude y la imposibilidad de aquéllos de alegar u oponerse. Parece prudente considerar que, una vez solicitado por el deudor su concurso con vocación de obtener la exoneración, éste deba asumir una actitud particularmente responsable respecto de nuevos endeudamientos.

Ello abocaría a considerar que los créditos afectados serían los existentes a fecha de la declaración del concurso. No obstante, si partiésemos de que la concesión de la EPI al "conceder" esa exoneración tuviera un efecto constitutivo, y no meramente declarativo sobre el pasivo pendiente con el que se inicia el procedimiento, los efectos deberían producirse desde su dictado, y no desde la declaración del concurso, permitiendo además la exoneración de nuevos créditos que pueden generarse sin la iniciativa del deudor su iniciativa, sin perder de vista que el lapso de tiempo entre declaración del concurso y concesión de la EPI será normalmente breve.

Los acreedores por créditos exonerables (se extinguen con la EPI) no podrán ejercer ningún tipo de acción contra el deudor, salvo solicitar la revocación de la exoneración (artículo 490 en relación con el 493 TRLC). Los acreedores por créditos no exonerables (los enumerados en el art. 489) mantendrán sus acciones contra el deudor y podrán promover su ejecución (artículo 490).

La resolución que apruebe la EPI (art. 492 ter TRLC) "incorporará mandamiento" a los acreedores afectados para que comuniquen la exoneración a los sistemas de información crediticia a los que previamente hubieran informado del impago o mora de deuda exonerada para la debida actualización de sus registros. El deudor podrá recabar testimonio de la resolución para requerir directamente a los sistemas de información crediticia la actualización de sus registros para dejar constancia de la exoneración.

No se trata de un mandamiento a expedir por el LAJ, toda vez que no encaja en el acto de comunicación descrito en el artículo 149.5.º LEC (mandamientos, para ordenar el libramiento de certificaciones o testimonios y la práctica de cualquier actuación cuya ejecución corresponda a los Registradores de la Propiedad, Mercantiles, de Buques, de ventas a plazos de bienes muebles, notarios, o funcionarios al servicio de la Administración de Justicia).

El propio auto servirá de mandato a los acreedores en los términos indicados.

IV. NO RELACIÓN DE CRÉDITOS EXONERADOS Y NO EXONERABLES. AUSENCIA DE FUERZA EJECUTIVA Y EFECTO DE COSA JUZGADA DEL AUTO DE EXONERACIÓN

Uno de los motivos más frecuentes de "alegaciones" y de posteriores solicitudes de aclaración o complemento del auto de EPI es el relativo al a pretensión del deudor de que se incluya en la parte dispositiva una enumeración de créditos exonerados (los incluidos en la solicitud de concurso), y la contraria de determinados acreedores de que se especifique que sus créditos no están afectados por la exoneración. Son también frecuentes las alegaciones en busca de una corrección de la cuantía o naturaleza del crédito que se comunicó por el deudor, y la solicitud de comunicación del auto de exoneración a aquellos juzgados donde se siguen ejecuciones contra el deudor.

Se pretende así, bien corregir el reconocimiento del crédito (que no ha existido en puridad, ya que no hay concurso propiamente dicho ni fase común), o bien facilitar la oposición a ejecuciones por dichos créditos (el deudor) o despejar el camino de obstáculos a dicha ejecución (los acreedores).

Sin embargo, tal contenido excede del propio del auto de EPI, y de incluirse en él podría generar problemas e inseguridades aún mayores que las que se tratan de conjurar.

El auto se limita al reconocimiento de la exoneración en los términos legales (total, salvo la de aquellos créditos que encajen en las excepciones del art. 489.1 TRLC). No incluirá ningún listado ni pronunciamiento sobre los concretos créditos exonerados ni los no exonerados. Tampoco se prevé en el TRLC comunicación del auto de EPI a los juzgados donde se siguieran procedimientos contra el deudor. El régimen de notificaciones es el del artículo 482 TRLC.

Solo excepcionalmente (art. 489.2 TRLC) prevé la ley que el juez podrá declarar que no son total o parcialmente exonerables deudas no relacionadas en el apartado 1 del mismo precepto cuando sea necesario para evitar la insolvencia del acreedor afectado por la extinción del derecho de crédito. Esta norma contempla una excepcional "declaración" de no exonerabilidad más allá de los supuestos legales enumerados en el apartado 1. Parece prudente considerar que ante la falta de trámite específico, siendo un pronunciamiento declarativo que exige valorar el impacto en la solvencia del acreedor (no del deudor cuyo concurso conoce el juez mercantil) al que de otro modo se le extinguiría el crédito por la exoneración, deba seguirse al efecto un procedimiento a instancia del acreedor interesado. Este procedimiento, partiendo de la competencia del juez del concurso al respecto (no se prevé esta atribución competencial, a diferencia de lo que ocurre por ejemplo en el art. 499.2 TRLC), no podrá en la práctica ser un incidente de oposición a la concesión del EPI ex art. 502.2 TRLC, ya que no se fundaría en la ausencia de presupuestos o requisitos legales. Desde el punto de vista práctico resultaría extremadamente difícil que, en un concurso sin masa, el acreedor tuviera noticia del concurso de su deudor para, antes de la conclusión, presentar demanda incidental al respecto. No obstante, dado que su objeto es la extensión de las excepciones a la exoneración de las deudas del concursado, y no una reclamación contra el deudor (que deberá dirigirse a las jurisdicciones y órganos competentes), entiendo que solo en este caso estaría justificada la necesidad del pronunciamiento declarativo al respecto, y la competencia del juez del concurso (incluso ya concluido).

Fuera del supuesto excepcional del art. 489.2 TRLC, la intervención judicial (en caso de falta de oposición incidental) se limita al control del acceso al derecho a la exoneración y a su concesión, pero no a la verificación de la naturaleza de los créditos que el deudor haya incluido en su solicitud, ni a pronunciarse sobre los efectos de la exoneración sobre los mismos.

Ese pronunciamiento no se contempla en la actual regulación de la exoneración del pasivo. La exoneración afectará tanto a los créditos comunicados por el deudor, como a aquellos que no hubiera comunicado (y que no estén entre los supuestos de excepción a la exoneración del artículo 489 TRLC).

A diferencia de lo que ocurre en el caso de aprobación de plan de pagos (en que el concurso no concluye en la configuración dada con la ley 16/22 con la aprobación del plan), el juez del concurso, que en caso de liquidación o ausencia de masa se concluye al conceder el EPI, no mantiene la competencia sobre acciones declarativas y de ejecución de los acreedores de deuda no exonerable o de las nuevas obligaciones asumidas durante el plan de pagos.

Tal pronunciamiento en el auto podría inducir a equívocos, dando la apariencia de que la exoneración se extiende solo a los créditos enumerados en el auto, o resultar superfluo si se precisa que se extiende la exoneración también a los créditos no incluidos (que serían, en un paralelismo con la situación del convenio de acreedores, una especie de créditos concursales no concurrentes).

En caso de que el acreedor pretendiera la declaración, condena al pago o ejecución de un crédito tras la concesión de la EPI que el deudor considerase que está exonerado, esta cuestión **deberá hacerse valer ante el órgano donde se plantee la acción**, que no será normalmente el juez del concurso, cuya intervención en cualquier caso no es precisa para la identificación de los créditos no exonerables. La ley ha abandonado el uso de categorías concursales para delimitar los créditos exonerables o no (créditos masa, privilegiados, o un porcentaje de los ordinarios). Tras la reforma por Ley 16/22, los créditos no exonerables se describen en el artículo 489 TRLC por su naturaleza (responsabilidad extraconcursal, públicos, alimentos, multas deudas con garantía real, etc.), cuestión apreciable por los correspondientes juzgados dentro de sus competencias objetivas y jurisdicciones.

Debemos tener presente que la eventual inclusión de un listado de créditos exonerables en el auto no tendría ni fuerza ejecutiva, ni valor de cosa juzgada. Y que de pretender otorgársela, el acreedor afectado podría incluso interesar la nulidad en la medida en que se habría decidido sobre su crédito en un auto sin permitirle intervención y contradicción.

El **auto de EPI no es ejecutivo** (no está en los supuestos del art. 517 LEC), ni contiene una condena de no hacer frente a los acreedores (AAP Girona sección 1ª, nº 7/2019 de 14 de enero). Y **no puede producir cosa juzgada** por la sencilla razón de que no es el resultado de un procedimiento plenario donde las partes afectadas (previamente emplazadas y traídas al proceso con plenas garantía) hubieran podido intervenir para discutir la existencia, cuantía y naturaleza del crédito, cuestiones que no constituyen su objeto.

Nos encontramos en un concurso declarado sin masa, a la vista de la sola documentación y afirmaciones aportadas por el deudor, en el que no se emplaza a los acreedores, sino que simplemente se les llama mediante anuncios en el BOE y RPC, para que en su caso puedan, en un breve plazo, solicitar y sufragar un AC en los términos del art. 37 bis TRLC, con un objetivo concreto que no incluye la discusión sobre la existencia de masa, o las circunstancias de los créditos indicados por el deudor en su solicitud. En la práctica totalidad de los supuestos se llegará al trance de conclusión y concesión de la EPI sin intervención de los acreedores, que probablemente no hayan tenido ni siquiera una posibilidad real de conocer el procedimiento e intervenir en él.

Es decir, que ni siquiera nos encontraremos con una lista de acreedores definitiva, elaborada por un AC a la vista de la solicitud del deudor y los documentos existentes, tras un llamamiento a acreedores para que comuniquen sus créditos y con posibilidad de impugnación tanto de los textos provisionales como definitivos. En estos casos, en el supuesto de conclusión del concurso de persona física la inclusión del crédito en la lista definitiva de acreedores se equipara a una sentencia firme de condena (es decir título ejecutivo para solicitar el despacho conforme al artículo 517.2.1º LEC) al efecto de que los acreedores puedan iniciar ejecuciones singulares (art. 484.2 TRLC). Pero ni siquiera ello podría evitar una ulterior oposición a la ejecución, ya que la inclusión en la lista se habrá realizado ante la comunicación del crédito, y según su categorización concursal, pero la posterior exoneración de pasivo (con sus excepciones atendiendo a la naturaleza de los créditos) podrá afectar a créditos previamente incluidos en la lista. Todos aquellos créditos reconocidos en la lista definitiva que resultasen exonerables por no encajar en el listado del art. 489 TRLC estarían afectados por la exoneración y cabría oposición al despacho de la ejecución. Por el contrario, todos los créditos no exonerables según el art. 489 TRLC podrían ser objeto de reclamación en ejecución una vez concluido el concurso pese a que, vigente aquel, no hubieran llegado a pagarse en liquidación por efecto de las reglas concursales de orden de pago (por ejemplo, un crédito público —no exonerable— en la parte que se clasificara en el concurso como subordinado).

La inclusión en la lista de acreedores (mucho menos la simple inclusión en la solicitud de concurso voluntario), no produce cosa juzgada positiva respecto de la existencia del crédito, ya que **este efecto solo se predica de la sentencia que (en caso de impugnación o pretensión de reconocimiento) se hubiera podido dictar por el juez del concurso.**

Así la STS 608/2016 de 7 de octubre, interpretado la norma del antiguo artículo 134 LC (actual 396 TRLC) extendiendo necesariamente la eficacia del convenio a los acreedores ordinarios o subordinados aunque por cualquier causa no hubieran sido reconocidos, matiza que "*en todos aquellos casos en que la existencia y la cuantía del crédito hubieran sido discutidos en un incidente de impugnación de la lista de acreedores, en la medida en que la sentencia firme provoca el efecto de cosa juzgada (art. 196.4 LC), lo no reconocido (total o parcialmente) no podrá ser reclamado después de finalizado el concurso*", mientras que en ausencia de dicha sentencia, la inclusión (o exclusión) de la lista de acreedores, no prejuzgada la ulterior discusión (reclamación del crédito u oposición a su existencia o exigibilidad).

Ello pese a ser consciente la Sala de que los efectos de la lista de acreedores son más intensos que los meramente informativos del inventario, ya que como indica la STS 364/2021 de 26 de mayo (citando la 563/2010, de 28 de septiembre y la 558/2018, de 9 de octubre (estudiando los efectos del inventario) que "*la inclusión de un crédito en el listado de la masa pasiva sí tiene consecuencias jurídicas de fondo. Por ejemplo, el art. 178 LC considera título ejecutivo bastante para que un acreedor inicie una ejecución de título judicial el hecho de que su crédito haya sido incluido en la lista definitiva de acreedores, y ese crédito incluido tiene el mismo valor jurídico y fuerza ejecutoria que una sentencia de condena firme, cosa que no sucede con la inclusión de un derecho de crédito a favor del concursado contra un deudor tercero en el inventario de la masa activa, que no constituye por sí un título judicial que legitime una reclamación ulterior. Y que, por ello, no impide una reclamación posterior sobre la existencia de un derecho de crédito no incluido en el inventario (…) "Por ello, únicamente podría hablarse de preclusión, e incluso, en puridad, de cosa juzgada, si la misma parte y por las mismas razones ahora esgrimidas hubiera impugnado en su día el inventario por el cauce del incidente concursal (art. 196.4 LC). Pero al no haber sido así, no puede impedírsele que ejercite su acción".*" La STS 150/2021 de 16 de marzo reconoció fuerza de cosa juzgada positiva a una sentencia en un incidente excluyendo del inventario de la masa activa un determinado crédito (saldado) en un posterior procedimiento en el que la concursada reclamaba esas rentas.

Por todos los argumentos expuestos, el auto debería limitarse (artículo 502.1 TRLC) a conceder la exoneración del pasivo insatisfecho.

12. LA ACTUACIÓN DEL EXPERTO EN LA REESTRUCTURACIÓN DURANTE EL PROCESO NEGOCIADOR

DAVID PASTOR GARCÍA

Economista. Administrador Concursal. Experto en Reestructuraciones

Consejero Delegado GRUPO LEOPOLDO PONS

SUMARIO: I. FUNCIONES DEL EXPERTO EN LA REESTRUCTURACIÓN. II. EXPERTO EN LA REESTRUCTURACIÓN Y VIABILIDAD EMPRESARIAL. III. EL COMPONENTE TEMPORAL DENTRO DEL PLANTEAMIENTO ESTRATÉGICO DE LA REESTRUCTURACIÓN. IV. PRESUPUESTO OBJETIVO EN LA COMUNICACIÓN DE APERTURA DE NEGOCIACIONES. SOBRE EL PRONUNCIAMIENTO DEL TIPO DE INSOLVENCIA PADECIDA POR EL DEUDOR. V. SOBRE EL ALCANCE DE LAS FORMALIDADES A LA HORA DE ACREDITAR EL PRESUPUESTO OBJETIVO DE LA COMUNICACIÓN DE APERTURA DE NEGOCIACIONES. VI. SOBRE LOS PLANES DE REESTRUCTURACIÓN LIQUIDATIVOS DEL ART. 614 TRLC COMO FUTURO DE LA REESTRUCTURACIÓN RESPONSABLE. VII. SOBRE EL PERÍMETRO DE LA REESTRUCTURACIÓN Y LA FORMACIÓN DE CLASES A TENOR DE LOS RECIENTES PRONUNCIAMIENTOS JURISPRUDENCIALES. VIII. IMPUGNACIÓN DE LOS PLANES DE REESTRUCTURACIÓN MOTIVADA EN LA FIJACIÓN DEL PERÍMETRO MEDIANTE UNA FORMACIÓN DE CLASES ARTIFICIOSA. IX. LA FORMACIÓN DE CLASES UNIPERSONALES. ACREEDOR ÚNICO CON PLURALIDAD DE CRÉDITOS Y CLASES UNICREDITICIAS. X. LA MOTIVACIÓN DEL INTERÉS COMÚN EN LA FORMACIÓN DE CLASES. ACREEDORES CONFLICTUADOS. XI. EL TRATO PARITARIO VS LA PROPORCIONALIDAD DE TRATO.

I. FUNCIONES DEL EXPERTO EN LA REESTRUCTURACIÓN

La figura del experto en la reestructuración, como sabemos, viene regulada en los **arts. 672 a 684 TRLC**. Sus funciones vienen definidas en el **art. 679 TRLC** y las mismas se concretan en una lacónica redacción que abarcaría a las siguientes acciones de **asistencia**:

i. De asistencia **al deudor y a los acreedores** en:

   a. En las negociaciones.

   b. En la elaboración del plan de reestructuración.

ii. De asistencia **al Juez** en la elaboración de los informes exigidos por la Ley y en aquellos otros que considere necesarios o convenientes.

II. EXPERTO EN LA REESTRUCTURACIÓN Y VIABILIDAD EMPRESARIAL

En este contexto, nos planteamos la cuestión relativa a si la reestructuración debe anudarse a la viabilidad futura de la empresa y si ello está contemplado o no como una exigencia expresa en el Libro II TRLC, para posteriormente evaluar el papel del experto de la reestructuración en este escenario.

En el articulado del Libro II TRLC se nos hacen varias referencias expresas y taxativas en relación con que la reestructuración debe anudarse a la viabilidad futura de la empresa. Así, en relación con el contenido del plan de reestructuración en la **mención 10ª del art. 633 TRLC**, se establece que el plan deberá hacer "*la exposición de las condiciones necesarias para el éxito del plan de reestructuración y de las razones por las que ofrece una perspectiva razonable de garantizar la viabilidad de la empresa, en el corto y medio plazo, y evitar el concurso del deudor*".

A su vez la no consecución de la viabilidad de la deudora es motivo de impugnación por parte de los acreedores disidentes, tanto en los planes consensuales como en los no consensuales conforme a lo establecido en el **art. 654.4º TRLC**, al promulgarse que los titulares de créditos afectados que no hayan votado a favor del plan de reestructuración podrán impugnar el plan alegando como motivo que el mismo "*no ofrezca una perspectiva razonable de evitar el concurso y asegurar la viabilidad de la empresa en el corto y medio plazo*".

Este concepto viene heredado de la anterior Disposición Adicional 4ª LC[42] donde para la homologación de los acuerdos de refinanciación se exigía, junto con otros requisitos, que el Acuerdo debía responder a un **plan de viabilidad** que **permitiera la continuidad de la actividad profesional o empresarial en el corto y medio plazo**.

---

42 Apartado 1º Disposición Adicional 4ª de la Ley Concursal, en la redacción introducida por el Real Decreto-ley 4/2014, de 7 de marzo.

El concepto de viabilidad está intrínsecamente ligado a la regulación completa de los planes de reestructuración, porque justamente la viabilidad empresarial está en el eje central, tanto material como espiritual, de esta clase de instrumentos.

De hecho, cuando leemos con detenimiento el preámbulo de la Ley 16/2022 de 5 de septiembre, de reforma del texto refundido de la Ley Concursal, introductoria en nuestro ordenamiento de la Directiva (UE) 2019/1023 del Parlamento Europeo y del Consejo, de 20 de junio de 2019, donde se caracterizan los instrumentos preconcursales como "*procedimientos ágiles y con una participación reducida de la administración judicial, dirigidos a la* ***consecución de acuerdos entre empresas viables y sus acreedores****, preferentemente en un estadio temprano de dificultades financieras*"(la negrita y el subrayado es nuestro).

Por lo tanto, en nuestra opinión, la reestructuración en todo caso debe anudarse a la viabilidad futura, más que de la empresa, de la actividad profesional o empresarial, empleándose para ello las diferentes alternativas que ofrecen los planes de reestructuración, que son muy amplias y variopintas.

Es cierto que el legislador podría haber optado por ser más explícito cerrando la redacción del concepto de plan de reestructuración contenida en el **art. 614 TRLC**, haciendo una simple mención a que todas las acciones o medidas ahí contempladas se realizan con el fin último de garantizar la viabilidad empresarial (en cualquiera de sus fórmulas) a fin de superar el estado de insolvencia, siquiera el de la probabilidad de esta. Si bien, de la lectura sistemática del Libro II del TRLC no parece haber lugar a dudas del espíritu y objetivo de la norma.

Dentro de las labores de asistencia al deudor y a los acreedores en la elaboración del plan de reestructuración que se atribuye al experto en la reestructuración en el **art. 679 TRLC**, se hace difícil desligar que el mismo no deba acabar pronunciándose, también en virtud de su deber de diligencia establecido en el **art. 680 TRLC**, sobre el impacto en la viabilidad empresarial que tiene el plan de reestructuración en alguno de los informes que deba acabar evacuando en el contexto del proceso de reestructuración.

Así, en el caso de planes no consensuales cuya homologación se pretenda en virtud de lo establecido en el **art. 639.2º TRLC**, será difícil que el informe de valoración de la deudora como empresa en funcionamiento se aparte de los debidos pronunciamientos respecto a la viabilidad empresarial, en tanto en cuanto nunca puede haber continuidad sin viabilidad. También nos podemos encontrar en una situación similar en el escenario de evaluación de la prueba del interés superior de los acreedores contenida en el **art. 654.7º TRLC**.

Como conclusión, parece razonable que el experto en la reestructuración deba erigirse, si no en cancerbero, al menos en árbitro, del objetivo de la viabilidad de la actividad empresarial como mecanismo de superación de la insolvencia que está intrínseco en los planes de reestructuración regulados en el Libro II.

III. EL COMPONENTE TEMPORAL DENTRO DEL PLANTEAMIENTO ESTRATÉGICO DE LA REESTRUCTURACIÓN

Cuando hablamos de la estrategia del proceso de reestructuración, no podemos dejar al margen el elemento temporal. En este sentido en el componente temporal hay que distinguir dos planos, uno material y otro procesal.

El componente temporal material, es un elemento que necesariamente debe controlar el deudor en la gestión de su situación de cumplimiento de las obligaciones con terceros. La introducción del concepto de **probabilidad de insolvencia** ha extendido sobremanera los calendarios que hasta la fecha se manejaban con carácter general por el deudor para acometer su proceso de reestructuración en el contexto de un instrumento jurídico, permitiendo anticipar hasta un plazo de 24 meses el arranque de esta clase de actuaciones.

Aunque es una manifestación muy manida, es cierto que cuanta mayor **anticipación** se introduce, menor es la relevancia del componente temporal en la estrategia del proceso de reestructuración empresarial. El tiempo es oro, por lo que adelantar todo lo necesario el inicio de las negociaciones entre el deudor y sus acreedores para alcanzar un plan de reestructuración, aunque las mismas se hagan fuera del paraguas de la comunicación de inicio, aumentarán significativamente las probabilidades de éxito de estas. Ello es así porque el proceso de negociación se hará en un contexto de menor estrés y de mayor fortaleza financiera del deudor.

Lamentablemente la práctica nos dice lo contrario, pese a que se vienen haciendo avances dentro de la cultura empresarial de gestión de la insolvencia en nuestro país, la mayor parte de ocasiones se suele llegar tarde y en malas condiciones, por lo que efectivamente el plazo de seis meses (3+3), pese a que pueda parecer realista en condiciones normales, puede llegar a atisbarse como insuficiente si el deudor no ha hecho la debida labor de anticipación.

Esto está conduciendo a que muchos procesos de comunicación de inicio de negociaciones acaben frustrándose o efectivamente se empleen directamente para la preparación del concurso, únicamente como estrategia procesal previa para la dilación del *dies a quo* de la presentación de la demanda de solicitud, pero sin una voluntad cierta de alcanzar un plan de reestructuración.

Además de lo anterior, en los casos en los que si que existe una negociación real para alcanzar un plan de reestructuración nos podemos encontrar con **factores externos** que pueden acabar condicionando la consecución de los acuerdos. En este caso se pueden mencionar, entre otros:

i. **La saturación en los departamentos de recuperación y de riesgos de las entidades financieras:** Como agentes principales dentro de esta clase de procesos de reestructuración, en este momento se está pudiendo ver que existe cierta avalancha de procedimientos de reestructuración, que está condicionando en algunos casos la agilidad en la evaluación y aprobación de los planes de reestructuración por parte de los diferentes comités responsables.

ii. **La obtención de autorizaciones o informes de terceros necesarios para la aprobación de los planes de reestructuración.** Nos estamos refiriendo por ejemplo a la autorización previa que debe emitir la AEAT en el caso de ciertos contenidos de afectación de los planes a los créditos con garantía de aval ICO (D.A. 8ª Ley 16/2022) o en la consecución de los informes para la determinación del valor razonable, en virtud del **art. 273 TRLC**, de los bienes que estén otorgados en garantía de créditos integrados en la clase del **art. 624 TRLC**.

IV. PRESUPUESTO OBJETIVO EN LA COMUNICACIÓN DE APERTURA DE NEGOCIACIONES. SOBRE EL PRONUNCIAMIENTO DEL TIPO DE INSOLVENCIA PADECIDA POR EL DEUDOR

Conforme a lo establecido en el **art. 586.1.1º TRLC** entre el contenido exigido en la comunicación de inicio de negociaciones se manifiesta literalmente que el deudor expresará "*las razones que justifican la comunicación, con referencia al estado en que se encuentra, sea probabilidad de insolvencia, insolvencia inminente o insolvencia actual*".

Partiendo de lo anterior, parecería claro que el deudor debiera identificar el tipo de insolvencia en el que se encuentra, ya sea en probabilidad, inminencia o actualidad de esta. Para ello es coherente que entre las "razones" que justifican la comunicación se aporte una argumentación de la situación económico-financiera, aunque esta sea mínima.

Aunque por otro lado es cierto que el **apartado 3º del art. 588 TRLC**, establece que "*la resolución teniendo por efectuada la comunicación **se dictará sin necesidad de que el deudor acredite el estado en que se encuentre que hubiera alegado***". En cierta medida ello es contradictorio con lo previsto en el **apartado 1.1º del art. 586 TRLC** por lo que podría parecer que esta mención exime al deudor de acreditar el tipo de estado de insolvencia que haya manifestado (probabilidad, inminente o actual).

Se podría entender incluso que lo previsto en el citado apartado 3º no formaría parte del elenco de defectos que se podría poner de manifiesto por parte del letrado de la Administración de Justicia en virtud de lo establecido en el **apartado 2 del art. 588 TRLC** que, en caso de no subsanarse en un plazo de dos días, podría dar lugar a tener por no efectuada la comunicación de inicio de negociones por parte del deudor.

Cuestión distinta es entender que la dicción de "*sin necesidad que el deudor acredite el estado en que se encuentre que hubiera alegado*" pueda extenderse a eximir al mismo de exponer "*las razones que justifican la comunicación*" contenidas en el primer inciso del **art. 586.1.1º TRLC.** Para lo cual insistimos que, a nuestro juicio, se requerirá la exposición, siquiera mínima, de la situación económico-financiera en la que se encuentra el deudor y que motiva la comunicación de inicio de negociaciones.

V. SOBRE EL ALCANCE DE LAS FORMALIDADES A LA HORA DE ACREDITAR EL PRESUPUESTO OBJETIVO DE LA COMUNICACIÓN DE APERTURA DE NEGOCIACIONES

A nuestro juicio, el alcance de las exigencias formales se ha visto desarrollado en mayor medida a lo que venía siendo requerido en la antigua comunicación del art. 5.bis LC, todo ello a la vista del contenido del **art. 586 TRLC**.

El no cumplimiento de las anteriores exigencias, salvo la excepción mencionada en el epígrafe anterior relativa al **apartado 3º del art. 588 TRLC**, podría conducir a que el letrado de la Administración de Justicia estime que la comunicación presenta defectos y en caso de no subsanarse los mismos por parte del deudor en un plazo de dos días, este dictará resolución teniendo por no efectuada la comunicación.

En relación con que el deudor deba presentar junto con la comunicación de inicio prueba sobre la viabilidad de la empresa a reestructurar no parece desprenderse que, en este momento procesal, el deudor deba acreditar o alegar la viabilidad de la empresa a reestructurar.

El hecho que el deudor deba poner en evidencia "*cualquier circunstancia existente o que pueda sobrevenir susceptible de afectar al desarrollo o al buen fin de las negociaciones*" no es asimilable a una prueba de viabilidad del deudor, la cual a nuestro juicio sólo sería exigible, en su caso, en un momento posterior con la aprobación y homologación del plan de reestructuración.

VI. SOBRE LOS PLANES DE REESTRUCTURACIÓN LIQUIDATIVOS DEL ART. 614 TRLC COMO FUTURO DE LA REESTRUCTURACIÓN RESPONSABLE

Como bien es sabido, los planes de reestructuración consagran como potencial contenido de los mismos las "*transmisiones de activos, unidades productivas o de la totalidad de la empresa en funcionamiento*".

Esto conduciría a pensar que en un futuro no demasiado lejano muchos planes de reestructuración contemplasen en el seno de sus contenidos la realización de unidades productivas o de la totalidad del negocio como empresa en funcionamiento, sin necesidad de acudir para ello a un escenario de control judicial al que están sometidas otras formas de realización de estos mismos bienes y derechos, ya sea en fórmula de prepack (**art. 224 ter TRLC**), venta de unidad productiva junto con la solicitud de concurso (**art. 224. Bis TRLC**), en la modalidad ordinaria en fase común (**arts. 215 y ss TRLC**) o en el seno de un convenio de asunción (**art. 324 TRLC**).

Ahora bien, hay que tener en consideración que el plan de reestructuración es un procedimiento preconcursal que no goza de todos los elementos de control judicial y por lo tanto a las realizaciones de unidades productivas o de la totalidad del negocio como empresa en funcionamiento no le serían de aplicación las especialidades contenidas en la normativa concursal para la realización de esta clase de activos, por lo que las mismas en el contexto de los planes de reestructuración se ejecutarían en escenarios tradicionales de M&A, principalmente en lo que a asunción de riesgos por parte del adquirente se refiere.

Así, en el caso de transmisiones de unidades productivas en el seno de los planes de reestructuración **no quedarían exentas de las responsabilidades solidarias de carácter tributario** previstas en el **art. 42.1.c) LGT**, así como tampoco en las relativas a las obligaciones laborales y de la TGSS por sucesión de empresa.

Asimismo, las adquisiciones en el seno del plan de reestructuración también se pueden ver dificultadas por la **necesidad de la prestación de consentimientos de las partes contrarias en los contratos afectos y necesarios para la continuación de la actividad empresarial**, las dificultades de las cesiones de **licencias de actividad o autorizaciones administrativas**, cuestiones que en el seno de la enajenación concursal se soslayan en virtud del **art. 222 TRLC** o, a sensu contrario, para poder **excluir** por parte del adquirente licencias, autorizaciones o contratos no laborales en los tuviera intención de no subrogarse, lo cual queda solventado por el **art. 223 TRLC**.

Este tipo de circunstancias **minoran la seguridad jurídica para el adquirente**, lo que reduce el atractivo a ejecutar esta clase de transacciones en el seno de los planes de reestructuración en detrimento del elenco de soluciones que ofrece el concurso de acreedores.

Dicho esto, si es cierto que los planes de reestructuración si que se están erigiendo como un **buen mecanismo para la adquisición o la toma de control de sociedades**, a veces con carácter forzoso, ya sea por los propios acreedores del deudor, que entran en el capital de las sociedades reestructuradas por conversión de créditos, o por parte de terceros que aportan recursos nuevos en el contexto del plan de reestructuración para garantizar la continuidad y viabilidad empresarial a cambio de la toma de control del deudor.

VII. SOBRE EL PERÍMETRO DE LA REESTRUCTURACIÓN Y LA FORMACIÓN DE CLASES A TENOR DE LOS RECIENTES PRONUNCIAMIENTOS JURISPRUDENCIALES

Conforme se acumula experiencia práctica en la confección, aprobación, homologación e impugnación de planes de reestructuración, se ha ido configurando una base jurisprudencial de primera y segunda instancia que ha venido definiendo los límites interpretativos de la regulación contenida en el Libro II TRLC sobre los planes de reestructuración.

Esta experiencia práctica desde la entrada en vigor de la norma, ha dado lugar al nacimiento de importantes controversias interpretativas, algunas de las cuales están lejos hoy en día de ser pacíficas, y que afectan a elementos nucleares de los planes de reestructuración como son el perímetro, la formación de clases o el tratamiento paritario o proporcional de los créditos afectados por el plan.

VIII. IMPUGNACIÓN DE LOS PLANES DE REESTRUCTURACIÓN MOTIVADA EN LA FIJACIÓN DEL PERÍMETRO MEDIANTE UNA FORMACIÓN DE CLASES ARTIFICIOSA

El perímetro de la reestructuración viene regulado en los **arts. 616 a 621 TRLC**. El **apartado 1 del art. 616 TRLC** define los **créditos afectados** como aquellos que *en virtud del plan de reestructuración **sufran una modificación de sus términos o condiciones**, en particular:*

i. la modificación de la fecha de vencimiento,

ii. la modificación del principal o los intereses,

iii. la conversión en crédito participativo o subordinado, acciones o participaciones sociales, o en cualquier otro instrumento de características o rango distintos de aquellos que tuviese el crédito originario,

iv. la modificación o extinción de las garantías, personales o reales, que garanticen el crédito,

v. el cambio en la persona del deudor o

vi. la modificación de la ley aplicable al crédito.

La definición del perímetro viene culminada en el propio **apartado 2 del art. 616 TRLC** al decir el legislador que "***cualquier crédito***, *incluidos los créditos contingentes y sometidos a condición,* ***puede ser afectado*** *por el plan de reestructuración*", para posteriormente establecer aquellos **créditos que NO pueden ser afectados por un plan de reestructuración** ((i) créditos de alimentos derivados de una relación familiar, de parentesco o de matrimonio, (ii) los créditos derivados de responsabilidad civil extracontractual, (iii) los créditos derivados de relaciones laborales distintas de las del personal de alta dirección y (iv) los créditos futuros que nazcan de contratos de derivados que se mantengan en vigor) y por último definir las especialidades de los **créditos públicos**, que pueden ser afectados por el plan de reestructuración pero cumpliendo previamente una serie de requisitos.

De la lectura sistemática del art. 616 TRLC se desprenderse que, una vez salvada la definición de los créditos que no pueden entrar a formar parte del perímetro, así como de aquellos que pueden hacerlo de forma condicional como es el crédito público, el deudor tiene libertad para la formación del perímetro. Si bien esta libertad viene matizada por la obligación de expresar dentro del contenido del plan de reestructuración la identidad de "*los acreedores o socios que no vayan a quedar afectados por el plan, mencionados individualmente o descritos por clases, así como las* ***razones de la no afectación***" (**art. 633.8ª TRLC**). Es decir, que la libertad de fijación de perímetro no es 100% libre y la misma tiene que estar motivada.

A nivel de perímetro, otro de los componentes que va a marcar el alcance del mismo es el quórum mínimo fijado en el **art. 667 TRLC** necesario para la protección de las acciones rescisorias sobre los actos, las operaciones, la financiación interina y la nueva financiación realizados en virtud del plan homologado. Gozando de protección los mismos cuando los créditos afectados por el plan de reestructuración homologado **representen al menos el cincuenta y uno por ciento del pasivo total.**

De acuerdo con el **art. 668 TRLC**, en el caso de que la financiación interina y la nueva financiación sea otorgada en el contexto del plan de reestructuración homologado por parte de una p**ersona especialmente relacionada con el deudor**, el anterior quorum se incrementará hasta el **sesenta por ciento del pasivo total**.

La fijación del perímetro ha sido objeto de controversia en lo relativo al tratamiento asimétrico de créditos que, teniendo aparentemente un interés común con créditos que se van a ver afectados por un plan de reestructuración, quedan fuera del perímetro y por tanto no sufren alteración alguna cn sus condiciones.

Entre las causas alegadas para dejar fuera del perímetro de afectación a ciertos créditos en detrimento otros de igual rango que si que se ven afectados por el plan de reestructuración podemos encontrar, entre otras: (i) la naturaleza estratégica del acreedor o acreedores para la continuidad de la actividad empresarial (acreedores estratégicos), (ii) la afectación de bienes y derechos necesarios para la continuación de la actividad como garantía para el aseguramiento de créditos que en caso de afectación podrían arbitrar mecanismos anticipados de cobro más perjudiciales que las condiciones inicialmente pactadas y vigentes (pensemos en el **art. 651 TRLC**) o (iii) cierta tipología de créditos financieros necesarios para la financiación del circulante.

Ahora bien, esta libertad de elección de perímetro ha dado lugar a abusos mediante la configuración, cuanto menos arbitraria, e incluso a veces artificiosa, de clases de acreedores incompletas que dejan al margen de la reestructuración, en muchos casos por circunstancias subjetivas, a acreedores que deberían estar afectados por el plan en iguales condiciones que las aplicadas a otros acreedores dentro del perímetro.

IX. LA FORMACIÓN DE CLASES UNIPERSONALES. ACREEDOR ÚNICO CON PLURALIDAD DE CRÉDITOS Y CLASES UNICREDITICIAS

Parece claro que el TRLC consagra la posibilidad de **clases unipersonales por imperativo legal** (P.E. imaginemos un deudor que adeuda un único préstamo hipotecario frente a un solo acreedor que se vea afectado por el PR, este quedaría integrado en una clase única conforme al **art. 624 TRLC**). El problema viene cuando se crea esa **clase unipersonal de manera potestativa dentro de un rango**.

En este caso encontramos como precedente el **Auto núm. 189/2022, de 2 de diciembre, del Juzgado de lo Mercantil núm. 3 de Pontevedra y la Sentencia de la Audiencia Provincial de Pontevedra núm. 179/2023, de 10 de abril**, donde se producía la formación de ocho clases, de las cuales cinco votaron a favor y tres en contra.

Entre estas ocho clases existía la presencia de cuatro clases unipersonales que votaron a favor, una de las cuales además era clase privilegiada. Por lo que nos encontramos con un plan no consensual aprobado y homologado en virtud del art. 639.1º TRLC.

En este caso el argumento de la parte impugnante se centró en la "*anómala y artificiosa formación de clases*:

i. "*a cambio de un trato claramente preferente y mejor que el dispensado a otros acreedores (incluso, de igual rango concursal)*"
ii. "*para, así, conseguir una aparente mayoría de clases a favor del plan de reestructuración propuesto*".
iii. "*Con el resultado de que, el plan de reestructuración, se ha aprobado con el voto a favor de cinco clases que suponen el 25% del pasivo afectado [...].*"

Posición de la AP Pontevedra es que sí que se podrán formar clases unipersonales, siempre que haya razones suficientes que lo justifiquen:

"*[...] Si el rango concursal de un crédito, en relación al orden de pago en el concurso de acreedores (art. 623.2 TRLC), y que es reflejo de ese interés común para integrarse en la misma clase, hace referencia a la posición jurídica del crédito en relación a las expectativas de cobro en una situación de insolvencia del deudor, los supuestos ejemplificativos y no tasados, que justifican la excepción a la regla general, hacen referencia a elementos que poco o nada tienen que ver con el rango concursal*

"[...] convierten el concepto de interés común en un concepto de múltiples significados, sin un claro criterio jurídico prefijado para su aplicación a concretos supuestos, convirtiéndose en un concepto ampliamente elástico y flexible"

"[...] la única exigencia de que la clasificación, separando créditos del mismo rango, atienda a razones suficientes que lo justifique, que pueden ser de lo más variado, siempre que atienda a criterios objetivos."

"[...] Es por ello por lo que no puede afrontarse la formación de clases sino desde una visión amplia y flexible, ajustada a las circunstancias de cada supuesto."

El **único límite** es que **la clase unipersonal no puede recibir un trato más favorable que cualquier otra clase del mismo rango**, dado que se estaría vulnerando el principio de equidad o proporcionalidad de trato en el rango (**art. 655.2.3º TRLC**), reconociendo de este modo una limitación al trato diferenciado que se permite para la formación de las clases de acreedores.

X. LA MOTIVACIÓN DEL INTERÉS COMÚN EN LA FORMACIÓN DE CLASES. ACREEDORES CONFLICTUADOS

El **conflicto de interés** del acreedor viene dado porque lo que éste puede perder por un lado (el sacrificio de parte del valor de sus créditos en el contexto del plan de reestructuración) lo va a poder recuperar por otro lado (a veces con creces).

En este caso el acreedor **no tiene intereses homogéneos** y puede votar por **motivos espurios**. Esta situación en caso en que el acreedor conflictuado sea determinante en las votaciones (ya sea para la aprobación o desaprobación del plan) lleva a situaciones indeseadas como:

La **aprobación de un plan que económicamente sea perjudicial** para una mayoría de créditos o de clases de créditos, por ejemplo:

i. Acreedores que ostentan créditos en clases de diferentes rangos.

ii. Adquisición de créditos en mercado secundario. Un socio puede comprar deuda para sacar adelante un acuerdo económicamente irrazonable

iii. Cuando el acreedor es a su vez socio del deudor.

La **desaprobación de un plan que económicamente sea beneficioso maximizando el valor del negocio del deudor** a repartir entre los acreedores en la reestructuración, por ejemplo:

i. Acreedores que puedan ser competidores del deudor y que se benefician de la ruina de éste.

ii. Acreedores que puedan tener interés en la adquisición de bienes o derechos de manera "ventajosa" en el contexto del plan de reestructuración del deudor.

iii. Adquisición de créditos en mercado secundario. Un acreedor puede comprar deuda para vetar un acuerdo económicamente razonable.

S.E.U.O. la regulación de los planes de reestructuración en el TRLC **no prevé mecanismos mitigadores de la situación de acreedores conflictuados por vía de la restricción del derecho de voto** a diferencia de lo que establece el **art. 352 TRLC** para el convenio, donde no tienen derecho de adhesión al mismo ni los créditos subordinados ni las PER que hubieran adquirido un crédito ordinario o privilegiado por actos *inter vivos* después de la declaración de concurso.

A sensu contrario, el **art. 628 TRLC** otorga derecho de voto a "*TODOS los acreedores cuyos créditos pudieran quedar afectados por el plan*". Entonces, ¿qué **mecanismos** encontramos para **mitigar** los **efectos indeseados** que pueden introducir los acreedores conflictuados en el seno del plan de reestructuración?

i. En el caso de acreedores cuya **intención** es la **desaprobación de planes que económicamente sean beneficiosos**, su **aislamiento en clase separada** alegando que en términos de la Directiva "no reflejen una comunidad de intereses suficiente".

ii. En el caso de **acreedores-socios** cuya intención es la **aprobación** de **un plan que económicamente sea perjudicial para una mayoría** de créditos o de clases de créditos, **separación en una clase subordinada en su condición de PER** (ojo en este caso con los acreedores insiders titulares de acciones o participaciones en el capital procedente de un acuerdo de refinanciación homologado, un acuerdo extrajudicial de pagos o un convenio anterior —**art. 283.2 TRLC**—). Solo saldría adelante en casos de planes consensuales o en planes no consensuales donde la única clase que vota a favor es la clase subordinada, además tendrá que ser la clase donde "**rompe el valor**".

En el caso de acreedores-socios *insiders* conflictuados en clases de igual rango no subordinado (privilegiado u ordinario) dentro de planes no consensuales, la mitigación del efecto conflictual, se podría determinar por:

i. El **aislamiento del acreedor conflictuado** u acreedores conflictuados **en clase separada** para ejecutar un **posterior arrastre** (no consensual).

ii. Por la **obligación de cumplimiento** del **art. 655.2.2º TRLC** en el "**arrastre aguas abajo**" ("cram-dow") de un acreedor privilegiado conflictuado. Una clase de créditos no puede mantener o recibir, de conformidad con el plan, derechos, acciones o participaciones, con un valor superior al importe de sus créditos.

iii. Por la **obligación de cumplimiento** de la **equidad de trato inter-clases del art. 655.2.3º TRLC**. La clase a la que pertenezca el acreedor o los acreedores conflictuados no puede recibir un trato más favorable que cualquier otra clase del mismo rango

iv. Por la **obligación de cumplimiento** de la **Regla de Prioridad Absoluta** del **art. 655.2.4º TRLC** en el "**arrastre aguas arriba**" ("cram-up"). Si la clase de acreedor/es conflictuado/s va a recibir cualquier pago o conservar cualquier derecho, acción o participación en el deudor en virtud del plan de reestructuración, una clase de rango superior no podrá mantener o recibir derechos, acciones o participaciones con un valor inferior al importe de sus créditos.

XI. EL TRATO PARITARIO VS LA PROPORCIONALIDAD DE TRATO

El art. 638 TRLC apdo. 4º establece "*[…] que los créditos dentro de la misma clase sean tratados de forma paritaria*".

Este requisito debe cumplirse **tanto para los planes consensuales como los no consensuales**, si no puede dar lugar a la impugnación (arts. 654.5º y 655.1 TRLC).

¿El juez tiene que verificar de oficio el cumplimiento de este requisito ex ante de proceder a la homologación? ¿el experto en la reestructuración tiene que informar sobre el cumplimiento de tal requisito?

En el caso de los créditos dentro de la clase, se debe entender **paritario** como **igualdad de trato** en las **condiciones de pago**, tanto en términos de **cuantía**, como de **medios** y **circunstancias**, **temporales** y **formales**, del mismo.

"[…] *El trato de los créditos de una misma clase no deja de ser paritario por el hecho de que:*

i. […] En el plan se ofrezcan varias alternativas, siempre que todos los créditos de la clase tengan la facultad de optar por cualquiera de ellas.

ii. […] *Si el plan ofrece a todos los acreedores de la clase la posibilidad de conceder nueva financiación al deudor y de obtener a cambio un mejor trato de los créditos existentes y solo alguno de ellos acepta conceder nueva financiación*

iii. […] *Si el plan ofrece sólo a uno de los titulares de los créditos de la clase la posibilidad de conceder nueva financiación al deudor si esta no va acompañada de un mejor trato de los créditos preexistentes.*" (Martínez Florez, Aurora[43]).

Dificultad de **observar** el **trato paritario** en el caso de que los **créditos integrados en la clase tengan diferente naturaleza y características**. Por ejemplo, dentro en la clase ordinaria de naturaleza financiera podemos encontrar simultáneamente instrumentos de fi-

---

43 LA IGUALDAD DE TRATO DE LOS CRÉDITOS DEL MISMO RANGO EN LOS PLANES DE REESTRUCTURACIÓN: SIGNIFICADO Y TUTELA. "La adaptación al Derecho europeo de la empresa: los nuevos retos del Derecho de sociedades y de los mercados de capitales (Ref. PID2020-113958GB-I00)

nanciación de circulante (pólizas de crédito, factoring, confirming, COMEX, etc.) y préstamos a largo plazo.

La forma de salvar esta circunstancia será la **separación potestativa de los créditos de diferente naturaleza y características**, donde puede regir cierta **flexibilidad interclases** en cuanto al tratamiento para la satisfacción de los créditos, donde ya no rige la igualdad de trato, sino que a una clase no se le otorgue "*un trato menos favorable que cualquier otra clase del mismo rango*" (art. 655.2.3° TRLC).

También es importante considerar la dicción del art. 623.3 TRLC al tiempo de constituir clases de manera potestativa dentro de un mismo rango relativa "*[…] a cómo los créditos vayan a quedar afectados por el plan de reestructuración*". El "cómo" de la afectación de los créditos por el plan presupone que no tiene por qué haber una única forma de satisfacer los créditos del mismo rango afectados por el plan de reestructuración. (Martínez Florez, Aurora[2]).

Importante también la disparidad de trato en el plan de reestructuración de lo que yo denomino las "**clases sobrevenidas**" del **art. 665 TRLC**, por financiación interina que, siendo razonable y necesaria inmediatamente, cuenta con tratamiento de privilegio general del art. 280.6° TRLC en un 50% de su importe y de crédito contra la masa del art. 242.1.17° TRLC o incluso se le han podido otorgar garantías reales al momento de su otorgamiento y que se les suelen dar prioridad en cuanto a prelación de cobro.

Parece claro que la financiación interina, otorgada siempre bajo criterios de razonabilidad y necesaria inmediatez, podrá quedar afectada por el plan de reestructuración, siempre que el mismo modifique las condiciones en las que inicialmente se haya otorgado la misma. Ahora bien, en el caso del 50% de crédito contra la masa correspondiente al art. 242.1.17° TRLC, ¿se podría entender que nos encontramos con un "rango concursal"? A nuestro entender se podría considerar que sí, que podría incluso generar un rango de naturaleza "*superpreferente*" al resto de créditos afectados por el plan de reestructuración que en un concurso posterior se clasificarían como créditos concursales. Ello tiene relevancia desde la perspectiva de poder otorgar a esta clase de crédito, nacida de manera sobrevenida con ocasión del otorgamiento de la financiación interina, unas mejores condiciones de recobro frente a otras clases de inferior rango sin romper la proporcionalidad de trato (art. 655.1.3º TRLC) ni por supuesto incumplir la regla de prioridad absoluta (art. 655.1.4º TRLC).

13. BREVES REFLEXIONES SOBRE LA RESPONSABILIDAD DE LOS ADMINISTRADORES SOCIALES

SALVADOR VILATA MENADAS
Magistrado-Juez de lo Mercantil núm. 1 de Valencia

I. INTRODUCCIÓN

La irrupción normativa de la Ley 16/2022, de 5 de septiembre, de modificación del TRLC, ha supuesto un cambio sustancial en la filosofía que habíamos conocido del procedimiento concursal, habiéndose modificado aspectos relevantes en sede de convenio y de liquidación, pero también y de modo muy trascendente, con la incorporación de un nuevo Libro III relativo a la insolvencia de microempresa, y en lo que ahora nos interesa, la nueva conformación de los planes de reestructuración.

Pues bien, precisamente al hilo de la modificación de estructura de los planes de reestructuración —superando los por nosotros conocidos acuerdos de refinanciación de la antigua Disposición Adicional Cuarta— se ha producido la modificación en el ámbito societario del articulo 367 LSC, que ahora tiene un nuevo apartado 3° que presenta el siguiente tenor:

> *"No obstante el previo acaecimiento de causa legal o estatutaria de disolución, los administradores de la sociedad no serán responsables de las deudas posteriores al acaecimiento de la causa de disolución o, en caso de nombramiento en esa junta o después de ella, de las obligaciones sociales posteriores a la aceptación del nombramiento, si en el plazo de dos meses a contar desde el acaecimiento de la causa de disolución o de la aceptación el nombramiento, hubieran comunicado al juzgado la*

> *existencia de negociaciones con los acreedores para alcanzar un plan de reestructuración o hubieran solicitado la declaración de concurso de la sociedad. Si el plan de reestructuración no se alcanzase, el plazo de los dos meses se reanudará desde que la comunicación del inicio de negociaciones deje de producir efectos".*

Naturalmente el marco de responsabilidad del administrador societario está esencialmente vinculado al regular cumplimiento de las obligaciones fiduciarias que se le son propias, en particular los deberes de diligente administración y de lealtad.

Todo ello exige delimitar con la mayor claridad posible los escenarios concurrentes, complementarios entre sí, y que deben por ende desenvolverse de modo congruente. A saber, es principio básico del derecho de sociedades el de discrecionalidad empresarial, conforme al cual y en los términos del artículo 226 LSC *"En el ámbito de las decisiones estratégicas y de negocio, sujetas a la discrecionalidad empresarial, el estándar de diligencia de un ordenado empresario se entenderá cumplido cuando el administrador haya actuado de buena fe, sin interés personal en el asunto objeto de decisión, con información suficiente y con arreglo a un procedimiento de decisión adecuado".*

Porque la trasposición de la Directiva 2019/1023 ha introducido en nuestro Derecho concursal un tercer estadio de insolvencia diverso de los dos conocidos por nosotros hasta ahora (insolvencia inminente e insolvencia actual) de suerte que ahora también podemos referirnos al supuesto de la insolvencia probable, entendido como el escenario en que, de no alcanzarse y llevarse a efecto un plan de reestructuración el empresario estará en situación de insolvencia actual antes de que transcurran dos años.

Es importante en este momento hacer referencia al tenor de los Considerandos 70 y 71 de la Directiva. Conforme al primero:

> *"Para seguir promoviendo la reestructuración preventiva, es importante garantizar que no se disuade a los administradores sociales de tomar decisiones empresariales razonables o asumir riesgos comerciales razonables, sobre todo cuando ello mejoraría las posibilidades de una reestructuración de empresas potencialmente viables. En caso de que la sociedad experimente dificultades financieras, los administradores sociales deben tomar medidas para minimizar las pérdidas y evitar la insolvencia, como las siguientes: buscar asesoramiento profesional, en particular en materia de reestructuración e insolvencia, por ejemplo utilizando las herramientas*

de alerta temprana cuando proceda; proteger el patrimonio de la sociedad a fin de incrementar al máximo su valor y evitar la pérdida de activos clave; examinar, a la luz de la estructura y las funciones de la empresa, su viabilidad y reducir gastos; evitar comprometer a la empresa en transacciones que puedan ser objeto de revocación, a menos que exista una justificación empresarial adecuada; seguir comerciando cuando sea adecuado hacerlo con el fin de maximizar el valor de la empresa en funcionamiento; mantener negociaciones con los acreedores e iniciar procedimientos de reestructuración preventiva".

Por su parte el Considerando 71, ya vinculado directamente a los deberes fiduciarios inherentes al cargo de administrador de la compañía, establece que:

"En caso de que el deudor esté próximo a la insolvencia, es importante también proteger los intereses legítimos de los acreedores frente a las decisiones de los gestores que podrían tener un impacto sobre la constitución de la masa del deudor, en particular cuando tales decisiones podrían tener el efecto de disminuir el valor del patrimonio disponible para los esfuerzos de reestructuración o para su distribución a los acreedores. Por lo tanto, es necesario garantizar que en tales casos los administradores sociales eviten toda actuación dolosa o gravemente negligente que resulte en beneficio propio en perjuicio de los interesados, y eviten aceptar transacciones a pérdida o tomando medidas conducentes a favorecer injustamente a uno o más interesados. Los Estados miembros deben poder aplicar las disposiciones correspondientes de la presente Directiva garantizando que las autoridades judiciales o administrativas, al evaluar si debe considerarse a un administrador social responsable de incumplimientos del deber de diligencia, tengan en cuenta las normas en materia de obligaciones de los administradores sociales establecidas en la presente Directiva. La presente Directiva no pretende establecer un orden de prelación entre las distintas partes cuyos intereses deben ser tenidos debidamente en cuenta. Ahora bien, los Estados miembros deben poder decidir establecer tal orden. La presente Directiva debe entenderse sin perjuicio de la normativa nacional de los Estados miembros relativa a los procesos de toma de decisiones de las empresas".

En este sentido el articulo 19, a conectar con tal Considerando, enuncia que:

"Obligaciones de los administradores sociales en caso de insolvencia inminente

Los Estados miembros se cerciorarán de que, en caso de insolvencia inminente, los administradores sociales tomen debidamente en cuenta, como mínimo, lo siguiente:

a) los intereses de los acreedores, tenedores de participaciones y otros interesados;

b) la necesidad de tomar medidas para evitar la insolvencia, y

c) la necesidad de evitar una conducta dolosa o gravemente negligente que ponga en peligro la viabilidad de la empresa".

En nuestro Derecho interno, tras la reforma del Texto Refundido de la Ley de Sociedades de Capital operada en 2014, vienen mucho mejor definidos los deberes de diligente administración y de lealtad. Aun cuando la dicción literal del precepto indicado, asi como el Considerando 71 transcrito más arriba, parece invitar a vincular esa tutela del interés de los acreedores con el deber de lealtad, se vincula en todo caso con el deber de diligente administración en tanto que el deber de lealtad tiene su campo abonado en los escenarios de eventual conflicto de intereses con la sociedad o aun con otros socios.

II. LAS DIFERENTES ACCIONES DE RESPONSABILIDAD DE LOS ADMINISTRADORES SOCIALES

En este apartado del presente Trabajo procederemos a analizar con brevedad los escenarios de la acción individual de responsabilidad y la acción fundada en la pasividad del administrador ante la concurrencia de causa de disolución del articulo 367 LSC. No procede hacer mayor consideración por ende de la acción social de responsabilidad habida cuenta que, amen los requisitos de procedibilidad, la diferencia reseñable respecto de la acción individual descansa en el sujeto perjudicado, que en el caso de la acción social es la sociedad.

II.1. La acción individual de responsabilidad

Resulta difícil resumir de una manera clara cuál es la posición de la doctrina española acerca del sentido y significado de los artículos 236 a 238 y 241 LSC. Puede decirse que la opinión que podría considerarse mayoritaria entiende que el artículo 241 LSC otorga una singular "acción" de responsabilidad contra los administradores en beneficio de aquellos que hayan sufrido un daño directo en su patrimonio como consecuencia del actuar culposo o doloso del administrador, responsabilidad que se añade o acumula a la de la sociedad.

Así concebido el precepto, contiene una regla exorbitante, al menos en lo que se refiere a los daños causados por el administrador en el patrimonio de los acreedores contractuales de la sociedad. Si alguien contrata con una sociedad, del cumplimiento de ese contrato responde la sociedad y no el administrador que haya actuado en su nombre, incluso aunque el incumplimiento por parte de la sociedad sea el efecto de una conducta personal del administrador social. Por tanto, la doctrina que hace derivar la responsabilidad del administrador por tales incumplimientos como una consecuencia del artículo 241 LSC está imponiendo un deber de indemnizar daños a una persona que, conforme a las normas generales, no debe indemnizar.

La STS de 10 de diciembre de 2020 enuncia que:

> *"Hemos declarado de modo reiterado (por todas, Sentencias 253/2016, de 18 de abril, 472/2016, de 13 de julio, 129/2017, de 27 de febrero, y 150/2017, de 2 de marzo) que la acción individual de responsabilidad de los administradores supone una especial aplicación de la responsabilidad extracontractual integrada en un marco societario, que cuenta con una regulación propia (art. 241 TRLSC), que la especializa respecto de la genérica prevista en el art. 1902 CC. Se trata de una responsabilidad por ilícito orgánico, entendida como la contraída por el administrador social en el desempeño de sus funciones del cargo".*

El art. 241 se limita a afirmar que los socios y los terceros pueden ejercitar las acciones de indemnización que les correspondan contra los administradores, cuando la conducta de éstos lesione directamente los intereses de aquéllos.

Este carácter directo del daño sobre el patrimonio del tercero es lo que justifica que la jurisprudencia del Tribunal Supremo haya afirmado que la acción individual de responsabilidad es una acción directa y principal, no subsidiaria, que se otorga a los socios y terceros para recomponer su patrimonio particular (STS de 11 de marzo de 2005), que resultó afectado directamente por los actos de administración (STS de 10 de marzo de 2003), siendo los actos u omisiones constitutivos de esta acción idénticos a los de la acción social de responsabilidad, es decir, los contrarios a la ley, a los estatutos o los realizados sin la diligencia con la que los administradores deben desempeñar su cargo, con la diferencia que el daño (o la disminución patrimonial) no se ocasiona a la sociedad sino directamente a un tercero.

Obviamente, para que pueda prosperar esta acción individual de responsabilidad, el demandante debe acreditar que han sufrido un daño directo en su patrimonio (que no en el de la sociedad de cuyos administradores se trata) por la conducta de los administradores. Sin duda, la acción individual de responsabilidad ejercitada por los acreedores constituye el principal banco de pruebas en que los tribunales han aplicado el sistema de responsabilidad de los administradores. Los casos típicos analizados por nuestra jurisprudencia, al amparo del antiguo articulo 135 LSA, pueden reconducirse a dos hipótesis:

1.- Una conducta de la que tópicamente se afirma la responsabilidad de los administradores por causar un daño directo a los terceros consiste en el endeudamiento progresivo de la sociedad a sabiendas de la insolvencia de ésta. El administrador que, conociendo la situación de insolvencia en que se encuentra la sociedad y a despecho del estado de insolvencia societaria, le hace incurrir en nuevas deudas a raíz de contratos con terceros, contraviene el canon de diligencia con que debe desempeñar el cargo. Esta negligente conducta se traduce en que el administrador haya de responder personalmente, contribuyendo en el pago de las deudas sociales ante los terceros, cuando finalmente se constata la insolvencia societaria. Así se declaró, aplicando el régimen societario anterior, en las Sentencias del Tribunal Supremo de 22 de junio de 1995, 21 de julio de 1995 y 14 de mayo de 1996; y bajo la vigencia del art. 135 LSA en la Sentencia del Tribunal Supremo de 3 de julio de 1998.

2.- En segundo lugar, y con mucho, la conducta de los administradores lesiva de los intereses de los acreedores sociales que en más ocasiones ha merecido el reproche de nuestros tribunales consiste en el cese de la actividad social con la desaparición fáctica de la sociedad, sin que los administradores hayan adoptado las medidas pertinentes para garantizar el pago de las obligaciones sociales. En otras palabras: la inactividad del administrador ante la grave situación económica de la sociedad y la progresiva desaparición de ésta, inoperancia que se traduce en el incumplimiento del deber de liquidar regularmente la sociedad. Ahora bien, no puede obviarse que la jurisprudencia ha considerado que la omisión de la actividad de disolución regular no puede implicar, per se, supuesto de responsabilidad, si al tiempo no viene acreditado que de haberse observado regularmente el procedimiento de disolución y posterior liquidación ordenada el acreedor hubiere podido percibir el importe de su crédito (vgr., Sentencia del Tribunal Supremo de 4 de noviembre de 1991 y Sentencia de la Audiencia Provincial de Barcelona, Sección 15ª, de 30 de enero de 2004).

No puede identificarse la actuación antijurídica de la sociedad que no abona sus deudas y cuyos acreedores se ven impedidos para cobrarlas porque la sociedad deudora es insolvente, con la infracción por su administrador de la ley o los estatutos, o de los deberes inherentes a su cargo. Esta concepción de la responsabilidad de los administradores sociales convertiría tal responsabilidad en objetiva y se produciría una confusión entre la actuación en el tráfico jurídico de la sociedad y la actuación de su administrador: cuando la sociedad resulte deudora por haber incumplido un contrato, haber infringido una obligación legal o haber causado un daño extracontractual, su administrador sería responsable por ser él quien habría infringido la ley o sus deberes inherentes al cargo, entre otros el de diligente administración.

La objetivación de la responsabilidad y la equiparación del incumplimiento contractual de la sociedad con la actuación negligente de su administrador no son correctas, puesto que no resulta de la legislación societaria ni de la jurisprudencia que la desarrolla. Esto es, el impago de las deudas sociales no puede equivaler necesariamente a un daño directamente causado a los acreedores sociales por los administradores de la sociedad deudora, a menos que el riesgo comercial quiera eliminarse por completo del tráfico entre empresas o se pretenda desvirtuar el principio básico de que los socios no responden personalmente de las deudas sociales. De ahí que se deba exigir al demandante, además de la prueba del daño, tanto la prueba de la conducta del administrador, ilegal o carente de la diligencia de un ordenado empresario, como la del nexo causal entre conducta y daño, sin que el incumplimiento de una obligación social sea demostrativo por sí mismo de la culpa del administrador ni determinante sin más de su responsabilidad. Como ha establecido el Tribunal Supremo en la STS de 28 de abril de 2006, el articulo 241 LSC no convierte a los administradores en garantes de la sociedad.

Como determina el ATS de 12 de abril de 2023. para que pueda prosperar la acción individual es necesario identificar una conducta propia del administrador, distinta de no haber pagado el crédito, que pueda calificarse de ilícito orgánico y a la cual pueda atribuirse la causa de no haber sido satisfecho el crédito" (STS 580/2019, de 5 de noviembre).

Es desde esta perspectiva, desde la que la jurisprudencia ha admitido el impago de un crédito como daño o perjuicio susceptible de ser indemnizado por una acción individual. En este caso el ilícito orgánico denunciado ha sido realizar un cierre de hecho sin practicar operaciones de liquidación y una denuncia genérica de distracción de activos. En un supuesto como este la dificultad radica en apreciar una relación de causalidad entre esta conducta y el impago de la deuda, pues se precisa la constatación de la existencia de concretos activos cuya realización hubiera permitido abonar total o parcialmente la deuda. Algo que realizado hubiera servido para pagar el crédito.

De ahí que resulte tan importante que se identifique bien la conducta del administrador a la que se imputa el daño ocasionado al acreedor, y que este daño sea directo, no indirecto como consecuencia de la insolvencia de la sociedad y cuando la sociedad deviene en causa de disolución por pérdidas y no es formalmente disuelta no basta con ello para determinar la responsabilidad del administrador, a no ser que conste que caso de haber sido liquidada legalmente, si hubiera sido posible al acreedor hacerse cobro de su crédito. Para ello hay que hacer un esfuerzo cuando menos argumentativo (sin perjuicio de trasladarle a los administradores las consecuencias de la carga de la prueba de la situación patrimonial de la sociedad en cada momento).

II.2. El supuesto del articulo 367 LSC

El articulo 367.1 LSC, heredero de los antiguos artículos 262 LSA y 105 LSRL, en su redacción originaria disponía que

> *"Responderán solidariamente de las obligaciones sociales posteriores al acaecimiento de la causa legal de disolución los administradores que incumplan la obligación de convocar en el plazo de dos meses la junta general para que adopte, en su caso, el acuerdo de disolución, así como los administradores que no soliciten la disolución judicial o, si procediere, el concurso de la sociedad, en el plazo de dos meses a contar desde la fecha prevista para la celebración de la junta, cuando ésta no se haya*

constituido, o desde el día de la junta, cuando el acuerdo hubiera sido contrario a la disolución."

Este precepto planteaba diversas cuestiones. En particular una cuestión que suscitaba, y que ha venido normativamente resuelta con ocasión de la reforma operada por la Ley 26/2022, de 5 de septiembre, era la relativa a la amplitud temporal de la responsabilidad del nuevo administrador de la compañía. Mas abajo se hará referencia a ello.

La responsabilidad de los administradores por deudas de la sociedad abarca todas las que resulten imputables a la propia sociedad, con independencia de su origen legal, contractual o por responsabilidad extracontractual (STS de 21 de abril de 2023).

Pero en todo caso la determinación de esta responsabilidad requiere, presupuesto el incumplimiento del deber de remover la causa de disolución o promover tal disolución, que las obligaciones sociales sean "posteriores al acaecimiento de la causa legal de disolución". Para dirimir y concretar esta relación temporal entre la obligación incumplida y el acaecimiento de la causa legal de disolución debe tenerse en cuenta la presunción legal incorporada al último párrafo de ese precepto: "En estos casos las obligaciones sociales reclamadas se presumirán de fecha posterior al acaecimiento de la causa legal de disolución de la sociedad, salvo que los administradores acrediten que son de fecha anterior". Se trata, por tanto, de una presunción iuris tantum que provoca el efecto de trasladar la carga de la prueba al administrador demandado.

Aunque como regla general el conocimiento de la situación de pérdidas constitutiva de causa de disolución coincidirá con el cierre del ejercicio social (sentencia 716/2018, de 19 de diciembre), también ha de tenerse en cuenta, como resaltó la sentencia 986/2008, de 23 de octubre, con cita de otras muchas, que los administradores tienen "una obligación de atención ininterrumpida a la evolución patrimonial y financiera de la sociedad". De tal manera que la obligación de disolución comienza cuando los administradores conocen o pueden conocer con un mínimo de diligencia la situación de desequilibrio patrimonial (sentencias 195/2006, de 9 de marzo, y 14/2010, de 12 de febrero). Máxime cuando con los actuales sistemas de información la situación contable puede ser conocida por los administradores en cualquier momento (STS de 29 de septiembre de 2021).

La STS de 14 de julio de 2021 analiza el supuesto de la deuda derivada de la obligación de restituir prestaciones de un contrato nulo. Y al efecto, enuncia que la obligación de restitución de las prestaciones de un contrato nulo es una obligación legal, no contractual. Esta obligación de restitución es consecuencia propia y natural de la misma nulidad del contrato. La consecuencia procesal de esta caracterización de la obligación restitutoria es que la sentencia que declara la nulidad y condena a la restitución no tiene carácter constitutivo. No crea una situación jurídica nueva. La nulidad o bien era congénita (surgió desde el mismo momento del nacimiento del contrato), en el caso de ser absoluta, o bien, en el caso de la relativa o anulabilidad, retrotrae sus efectos a aquel momento liminar de la relación contractual como consecuencia del ejercicio de la acción de impugnación seguido de la declaración judicial firme de anulación.

II.3. La prescripción de la acción

En materia de prescripción de la acción de responsabilidad de los administradores sociales, es sabido que la irrupción del articulo 241 bis LSC, al tiempo que permanecía vigente el articulo 949 Ccom había generado serias dudas en punto a cuál fuere el régimen aplicable a las acciones ejercitadas al amparo del artículo 367 LSC.

Pues bien, el Tribunal Supremo ha dictado en fecha 31 de octubre de 2023 una Sentencia en la que establece como criterio que el plazo de prescripción de la acción del art. 367 LSC es el de los garantes solidarios, es decir, el mismo plazo de prescripción que tiene la obligación garantizada (la deuda social), según su naturaleza (obligaciones contractuales, dimanantes de responsabilidad civil extracontractual, etc.). En el entendimiento de que la relación entre la sociedad y su administrador responsable es de solidaridad propia, porque nace de la aceptación del cargo de administrador y de la propia previsión del precepto —art. 367 LSC—, que le confiere carácter legal, aunque sea necesaria su declaración judicial. Y derivadamente, le son aplicables al administrador los mismos efectos interruptivos de la prescripción que le serían aplicables a la sociedad, conforme a los arts. 1973 y 1974 CC. Asimismo, el *dies a quo* del plazo de prescripción de la acción contra el administrador será el mismo que el de la acción contra la sociedad deudora.

De ello cabe extraer la siguiente doble conclusión:

1.- Se trata de una responsabilidad que se desenvuelve en un marco de solidaridad propia, de suerte que la interrupción hábil efectuada por el acreedor respecto de cualquiera de los obligados, le aprovecha respecto de los demás.

2.- Habrá de estarse por ende a cuál sea el plazo de prescripción respecto de la acción principal. Esto es, podemos estar ante un plazo ordinario de cinco años (artículo 1964 del Código Civil) o de solo un año si se trata de culpa extracontractual (artículo 1968 del Código Civil).

II.4. Responsabilidad tributaria

Otro de los escenarios en los que puede llegar a resultar responsable, a título singular, el administrador de la compañía, es el de la derivación de responsabilidad tributaria.

En este punto merece la pena hacer alusión a dos pronunciamientos del Tribunal Supremo, Sala Tercera, de la misma fecha, en la que fija la doctrina pertinente. A saber:

1.- La STS de 25 de enero de 2022. Se desarrollan una serie de considerandos:

– La declaración de fallido es un presupuesto insoslayable para la declaración de responsabilidad del responsable subsidiario. Naturalmente, tal declaración ha de notificarse al interesado. No se notifica, sin embargo, al responsable subsidiario, siquiera sea porque en el momento de la declaración de fallido no tiene por qué saberse si existe o no tal responsable y, por tanto, tampoco quien será.

– Ahora bien, que tal notificación no se produzca no significa que la misma no deba formar parte del expediente, al contrario, la Administración debe poner a disposición del responsable subsidiario los documentos en los que se reflejan los datos y circunstancias que condujeron a la Administración a tal declaración y, asimismo, deben constar en el expediente relativo a la derivación de responsabilidad frente al responsable solidario,

– Por tanto, en el procedimiento digirió frente a este último, deben estar los documentos que acreditan el presupuesto habilitante que permitieron iniciar dicha derivación frente al Sr. Alejandro, esto es, la declaración de fallido.

– La inexistencia de la declaración de fallido es decisiva, de tal manera que el administrador no estaría obligado al pago, dado que se habría producido una irregularidad esencial a la hora de declararle responsable subsidiario, y si él no estaba obligado al pago, tampoco puede estarlo, en este caso, como responsable solidario ningún otro sujeto.

Y se fija la siguiente doctrina:

> *"En supuestos de responsabilidad tributaria "en cadena", la derivación de la responsabilidad subsidiaria constituye un "presupuesto de hecho habilitante" de la subsiguiente derivación de responsabilidad solidaria a los efectos de que el declarado responsable por alguna de las circunstancias previstas en apartado 2 del artículo 42 LGT pueda impugnar el acto de derivación de su responsabilidad con fundamento en la improcedencia de la previa derivación de responsabilidad subsidiaria respecto de un tercero, por inexistencia de declaración de fallido del deudor principal."*

2.- La segunda STS de 25 de enero de 2022.

En un supuesto no idéntico, se establece por tanto una doctrina semejante aunque no del todo coincidente. Al efecto se enuncia:

> *"En supuestos de responsabilidad tributaria "en cadena", la derivación de la responsabilidad subsidiaria constituye un "presupuesto de hecho habilitante" de la subsiguiente derivación de responsabilidad solidaria a los efectos de que el declarado responsable por alguna de las circunstancias previstas en apartado 2 del artículo 42 LGT pueda impugnar el acto de derivación de su responsabilidad con fundamento en la improcedencia de la previa derivación de responsabilidad subsidiaria respecto de un tercero por inexistencia de declaración de fallido del deudor principal. En cambio tal impugnación no procede cuando, aun existiendo tal declaración de fallido, y no siendo una declaración meramente formal, sino que se ha seguido el procedimiento legalmente previsto, se pretende impugnar el acto de derivación de responsabilidad por considerar que no está justificada la declaración de fallido del deudor principal dada la existencia de bienes y derechos de titularidad de dicho deudor principal no trabados o ejecutados y sí ejecutables, dado que tal declaración ya ha adquirido firmeza."*

III. LA REFORMA OPERADA POR LA LEY 16/2022, DE 5 DE SEPTIEMBRE

La Ley 16/2022, de 5 de septiembre, opera la trasposición de la Directiva 2019/1023 sobre marcos de reestructuración preventiva y modifica el TRLC. Pero también modifica el artículo 367 LSC, para introducir un apartado 3°, que vincula la responsabilidad a la prosecución de un plan de reestructuración con los acreedores, y modifica el apartado 1° para modular el dies a quo de la responsabilidad del administrador societario sobrevenido, así como para distinguir el escenario de concurrencia de causa de disolución del escenario de insolvencia de la mercantil.

Dispone el nuevo apartado 1 del articulo 367 que:

> *"Los administradores que incumplan la obligación de convocar la junta general en el plazo de dos meses a contar desde el acaecimiento de una causa legal o estatutaria de disolución o, en caso de nombramiento posterior, a contar desde la fecha de la aceptación del cargo, para que adopte, en su caso, el acuerdo de disolución o aquel o aquellos que sean necesarios para la remoción de la causa, así como los que no soliciten la disolución judicial en el plazo de dos meses a contar desde la fecha prevista para la celebración de la junta, cuando esta no se haya constituido, o desde el día de la junta, cuando el acuerdo hubiera sido contrario a la disolución, responderán solidariamente de las obligaciones sociales posteriores al acaecimiento de la causa de disolución o, en caso de nombramiento en esa junta o después de ella, de las obligaciones sociales posteriores a la aceptación del nombramiento".*

Es de ver que la nueva norma salva la responsabilidad del nuevo administrador para el supuesto de las obligaciones preexistentes a la aceptación del cargo, lo que parece que debe ser analizado como adecuado bien entendido que la responsabilidad ilimitada ya venía siendo cuestionada a nivel jurisprudencial.

Por otra parte, y a diferencia de la redacción anterior del precepto, es de ver que ahora ya no se hace alusión a la posibilidad de solicitud del concurso. Y es que amén de que, obviamente, la decisión entre instar la disolución (o remover la causa) y solicitar el concurso no podía entenderse en ningún caso como una alternativa libérrima en cuanto que los presupuestos de una y otra son diversos: en un caso, la concurrencia de causa de disolución (en caso de perdidas, que el patrimonio neto quede reducido por debajo de la mitad de cifra de capital) y en el caso de concurso, la insolvencia de la entidad.

IV. EL ADMINISTRADOR SOCIAL Y EL CONCURSO DE ACREEDORES

Nos planteamos en este apartado el interrogante de si la solicitud de concurso de acreedores, y la obtención por ende de la respuesta judicial pertinente, exime de responsabilidad al administrador societario por la vía del articulo 367 LSC.

Y la respuesta parece que debe ser negativa. Ciertamente, en el caso de solicitud de concurso voluntario, el administrador social podrá esgrimir un buen argumento defensivo para obstar la pretensión del acreedor demandante. Pero nada mas que eso, en cuanto que no resultará extravagante que, en el caso concreto, pueda llegar a ser condenado en el pleito declarativo correspondiente en el que se impetre su responsabilidad solidaria y la consiguiente condena dineraria.

Al efecto no debe confundirse la calificación concursal con la suerte de responsabilidad ex articulo 367 LSC. Pero es que además en estos momentos es bastante numeroso el supuesto de concursos sin masa que se tramitan conforme a los artículos 37 bis y siguientes TRLC, y que terminan sin sustanciación de la sección de calificación.

Lo decisivo es considerar que son diversos los presupuestos y requisitos de la acción de responsabilidad (por deudas) del articulo 367 LSC y del concurso de acreedores. Y por ende en los casos en que la sociedad estuviere incursa en causa de disolución desde antiguo, la posterior promoción del concurso de acreedores cuando ya fuere insolvente, no sanaría la inacción del administrador de la compañía que nada hizo para remover la causa de disolución o promover el acuerdo social pertinente o aun impetrar la disolución judicial.

En este sentido puede resultar muy apropiado hacer cita de la SAP Barcelona, Sección 15ª, de 6 de marzo de 2023, y su muy interesante voto particular.

El voto particular descansa en la tesis de que cuando concurren las dos situaciones, la de insolvencia, y la de causa de disolución, prevalece la obligación del deudor de presentar el concurso sobre la de la disolución extrajudicial de la compañía. Presentado el concurso la responsabilidad del administrador se rige por las normas concursales.

La ratio decidendi de la Sentencia, por el contrario, enfatiza la cronología de los hechos, de suerte que descansa en el criterio de que:

> *"Por tanto, que la sociedad instara el concurso —y antes la comunicación del art. 5-bis LC— solo tendría relevancia para exonerar de responsabilidad al administrador si esas solicitudes (al menos la primera de ellas) se hubiera producido dentro de los dos meses siguientes al momento en el que cabe situar la concurrencia de la causa legal de disolución y ya hemos visto que la misma se presume que concurre antes de haberse contraído la deuda social entre los meses de septiembre y noviembre de 2019 y la solicitud de 5-bis (art. 583 TRLC) no se produce hasta finales de julio de 2020. La moratoria COVID se produce a partir de 14 de marzo de 2020, por tanto, cuando ya había nacido la responsabilidad por deudas sociales"*
>
> (...)
>
> *"La solicitud del concurso de la sociedad, producida después de los hechos que determinan la responsabilidad que examinamos, solo produce el efecto de suspender temporalmente la exigencia de esta responsabilidad (art. 139.1 TRLC) pero no determina que quede sustituida por la responsabilidad concursal. El legislador no ha establecido normas de coordinación entre la responsabilidad concursal y la extraconcursal y la conclusión que hemos de extraer de ello es que, con la salvedad de esa suspensión, no existe interferencia alguna entre una y otra. La cuestión es mucho más clara en nuestro caso en que ni siquiera se llegó a abrir sección de calificación pues el concurso fue declarado sin masa y se archivó en el mismo momento."*

14. EL AFÁN RECAUDATORIO Y LA DERIVACIÓN DE LA RESPONSABILIDAD TRIBUTARIA SOBRE LA ADMINISTRACIÓN CONCURSAL

FRANCISCO CABRERA TOMAS

Magistrado-Juez de lo Mercantil núm. 3 de Alicante. Sede en Elche

Especialista en los asuntos propios de los órganos de lo mercantil

I. INTRODUCCIÓN

I.1. La evidente transgresión de los principios constitucionales con el sistema de derivación de la responsabilidad tributaria

"La profesión de administrador concursal se ha convertido en una profesión de riesgo como consecuencia del incremento del número de derivaciones de responsabilidad realizadas por la Agencia Tributaria (Aeat), en las que culpabiliza a estos profesionales de la falta de cobro de las deudas que contrajo la concursada con Hacienda. "(Periódico El Economista, Xavier Gil Pecharromán, 19/06/2023).

Y es cierto, un administrador concursal, con seguro de responsabilidad civil, es el candidato perfecto para que la AEAT pueda cobrar de modo indirecto lo que no ha podido cobrar del contribuyente como sujeto pasivo que realiza el hecho imponible y que viene obligado a contribuir, constitucionalmente, con arreglo a su capacidad económica

Así, dispone nuestra Constitución en su artículo 31.1 lo siguiente: *"Todos contribuirán al sostenimiento de los gastos públicos de acuerdo con su capacidad económica mediante un sistema tributario justo inspirado en los principios de igualdad y progresividad que, en ningún caso, tendrá alcance confiscatorio."*

Por su parte, el artículo 2.1 de la Ley General Tributaria (en adelante LGT) que: *"Los tributos son los ingresos públicos que consisten en prestaciones pecuniarias exigidas por una Administración pública como consecuencia de la realización del supuesto de hecho al que la ley vincula el deber de contribuir, con el fin primordial de obtener los ingresos necesarios para el sostenimiento de los gastos públicos."*

Corroborando el artículo 3 LGT, al regular los principios de la ordenación y aplicación del sistema tributario, los establecidos en nuestra Carta Maga, del siguiente modo: *"1. La ordenación del sistema tributario se basa en la capacidad económica de las personas obligadas a satisfacer los tributos y en los principios de justicia, generalidad, igualdad, progresividad, equitativa distribución de la carga tributaria y no confiscatoriedad."*

Para terminar con este repaso normativo, resulta de interés hacer mención del artículo 35.5 LGT, que dice así: "Tendrán asimismo el carácter de obligados tributarios los responsables a los que se refiere el artículo 41 de esta ley."

La cuestión, por tanto, es plantearse la siguiente pregunta: ¿si nuestro cuerpo normativo, con origen constitucional, pretende que todos contribuyan al sostenimiento de los gastos públicos de acuerdo con su capacidad económica mediante un sistema tributario justo inspirado en los principios de igualdad y progresividad que, en ningún caso, tendrá alcance confiscatorio; y si los tributos son los ingresos públicos que consisten en prestaciones pecuniarias exigidas por una Administración pública como consecuencia de la realización del supuesto de hecho al que la ley vincula el deber de contribuir (que no es otro que el establecido en el artículo 31.1 de la Constitución, corroborado por el artículo 3.1 LGT), con el fin primordial de obtener los ingresos necesarios para el sostenimiento de los gastos públicos., qué hace la ley creando y convirtiendo a los responsables por derivación en obligados tributarios, cuando para tal derivación no se analiza sin en ellos se cumplen los principios constitucionales (fundamentalmente el de capacidad económica, pieza angular de sistema, del que emanan el resto de principios), haciéndoles asumir deudas tributarias (incluso sanciones, también, con clara vulneración del principio de personalidad de la pena) afectantes a hechos imponibles que ellos no han provocado, pues sólo los contribuyentes como sujetos pasivos realizan el hecho imponible, provocando el nacimiento de la obligación tributaria (artículos 20 y 36.2 LGT)?

La respuesta sólo es una: La voracidad recaudatoria en materia tributaria. Y de ella no se escapa la administración concursal (no sólo, como es normal, directamente, por sus obligaciones frente al fisco, sino, indirectamente, por actos de derivación de la responsabilidad tributaria). Además, en un afán desmesurado del autotutela declarativa y ejecutiva que corresponde a la Administración en sus relaciones con los administrados y, en concreto, a la Administración tributaria, pero como luego veremos, ahora excedido a otros poderes del estado como el juez del concurso; y ello, aunque haya recibido el espaldarazo del Tribunal Supremo de conflictos que luego, igualmente, analizaremos.

I.2. Un acercamiento a la regulación de los responsables tributarios y a su auténtica naturaleza

No pretendemos aquí, hacer un estudio exhaustivo de la materia, sino tan sólo una aproximación a la regulación que nos ofrece, a grandes rasgos, la LGT para abordar las siguientes cuestiones con mayor fluidez comprensiva.

Dice la LGT que la ley podrá configurar como responsables solidarios o subsidiarios de la deuda tributaria, junto a los deudores principales, a otras personas o entidades (ref. art. 41.1 LGT).

- El responsable no es formalmente sujeto pasivo, la finalidad de esta figura es la de garantizar el pago de la deuda tributaria.
- Amén de lo mencionado y reiterando alguno de sus aspectos, con relación a esta figura podemos decir lo siguiente:
- El responsable ha de ser fijado por la Ley, siendo necesario que se produzca el presupuesto de hecho de la responsabilidad.

- El responsable es deudor junto a los sujetos pasivos, el término junto es expresivo del hecho de que el responsable no es formalmente un sujeto pasivo, sino que se coloca junto a él, por tanto, como ya hemos dicho, no se tiene en cuenta su capacidad económica; se trata, sin más, de una garante de la deuda tributaria.
- La responsabilidad puede ser solidaria o subsidiaria. La LGT establece como criterio general que la responsabilidad será siempre subsidiaria, salvo precepto legal expreso en contrario (ref. art. 41.2 LGT).
- Salvo que una norma con rango de ley disponga otra cosa, la derivación de la acción administrativa para exigir el pago de la deuda tributaria a los responsables requerirá un acto administrativo en el que, previa audiencia al interesado, se declare la responsabilidad y se determine su alcance y extensión, de conformidad con lo previsto en los artículos 174 a 176 de esta ley (ref. art. 41.5, párrafo primero, LGT).
- A diferencia de la responsabilidad solidaria, la responsabilidad subsidiaria exige la previa declaración de fallido del deudor principal y de los demás responsables solidarios (ref. art. 41.5, párrafo segundo, LGT). Los responsables tienen derecho de reembolso frente al deudor principal en los términos previstos en la legislación civil (ref. art. 41.6 LGT).

Son supuestos de responsabilidad solidaria:

– Los causantes o colaboradores activamente en la realización de una infracción tributaria. Su responsabilidad también se extenderá a la sanción (ref. art. 42.1.a) LGT).

– Los partícipes o cotitulares de las entidades a que se refiere el artículo 35.4 LGT (herencias yacentes, comunidades de bienes,...), aunque limitando su responsabilidad en proporción a su participación en dichas entidades (ref. art. 42.1.b) LGT).

– Los sucesores en la titularidad o ejercicio de explotaciones o actividades económicas, por las obligaciones tributarias contraídas del anterior titular y derivadas de su ejercicio. (ref. art. 42.1.c) LGT). No será aplicable a los adquirentes de explotaciones o actividades económicas pertenecientes a un deudor concursado cuando la adquisición tenga lugar en un procedimiento concursal.

– Las personas o entidades que con ocasión de embargos colaboren o contribuyan de alguna forma impidiendo la efectividad de los mismos (ref. art. 42.2 LGT). Responderán de la deuda tributaria y, en su caso, de las sanciones, incluidos el recargo y el interés de demora del período ejecutivo, hasta el importe del valor de los bienes y derechos que se hubieren podido embargar. Los supuestos son:

a) Las que sean causantes o colaboren en la ocultación o transmisión de bienes o derechos del obligado al pago con la finalidad de impedir la actuación de la Administración tributaria.

b) Las que, por culpa o negligencia, incumplan las órdenes de embargo.

c) Las que, con conocimiento del embargo, la medida cautelar o la constitución de la garantía, colaboren o consientan en el levantamiento de los bienes o derechos embargados, o de aquellos bienes o derechos sobre los que se hubiera constituido la medida cautelar o la garantía.

d) Las personas o entidades depositarias de los bienes del deudor que, una vez recibida la notificación del embargo, colaboren o consientan en el levantamiento de aquéllos.

El procedimiento para declarar y exigir la responsabilidad solidaria será el previsto en el artículo 175 de la LGT (artículo 42.4 LGT).

Son supuestos de responsabilidad subsidiaria:

– Los administradores de hecho o de derecho de las personas jurídicas que, habiendo éstas cometido infracciones tributarias, no hubiesen realizado los actos necesarios que sean de su incumbencia para el cumplimiento de las obligaciones y deberes tributarios, hubiesen consentido el incumplimiento por quienes de ellos dependan o hubiesen adoptado acuerdos que posibilitasen las infracciones. Su responsabilidad también se extenderá a las sanciones (ref. art. 43.1.a) LGT).

– Los administradores de hecho o de derecho de aquellas personas jurídicas que hayan cesado en sus actividades, por las obligaciones tributarias devengadas de éstas que se encuentren pendientes en el momento del cese, siempre que no hubieran hecho lo necesario para su pago o hubieren adoptado acuerdos o tomado medidas causantes del impago (ref. art. 43.1.b) LGT).

– Los integrantes de la administración concursal y los liquidadores de sociedades y entidades en general que no hubiesen realizado las gestiones necesarias para el cumplimiento de las obligaciones tributarias devengadas con anterioridad a dichas situaciones. De las obligaciones tributarias y sanciones posteriores a dichas situaciones responderán como administradores cuando tengan atribuidas funciones de administración (ref. art. 43.1.c) LGT).

– Los adquirentes de bienes afectos por ley al pago de la deuda tributaria (ref. art. 43.1.d) LGT).

– Los representantes aduaneros, cuando actúen en nombre y por cuenta de su comitente. No obstante, esta responsabilidad subsidiaria no alcanzará a la deuda aduanera (ref. art. 43.1. e) LGT).

– Las personas o entidades que contraten o subcontraten la ejecución de obras o la prestación de servicios correspondientes a su actividad económica principal, por las obligaciones tributarias relativas a tributos que deban repercutirse o cantidades que deban retenerse, en la parte que corresponda a las obras o servicios objeto de contratación o subcontratación, con las excepciones y limitaciones en el mismo apartado previstas (ref. art. 43.1.f) LGT).

– Las personas o entidades que tengan el control efectivo de otras personas jurídicas creadas para eludir la responsabilidad frente a la Hacienda Pública. Responderán de las obligaciones tributarias y de las sanciones (art. 43.1 g) LGT). También las personas o entidades de las que los obligados tributarios tengan el control efectivo en los mismos términos referidos (art. 43.1 h) LGT). Se trata de los supuestos del levantamiento del velo societario.

Trata el legislador de hacer un parangón de los responsables tributarios con los fiadores civiles, pero con escaso encaje jurídico, dada la variedad de supuestos existentes con los que se pretende buscar dos claros objetivos: a) ampliar el abanico de los patrimonios a los que pueda acudir con el fin de cubrir unas obligaciones tributarias que únicamente deberían corresponder al sujeto pasivo que efectúa el hecho imponible mostrando la capacidad económica que le obliga al sostenimiento de los gastos públicos (donde, en ningún caso, encajan los responsables tributarios, como ya se ha dicho); y b) someter todo ello a la autotutela declarativa y ejecutiva de la Administración, cuando, salvando el supuesto de responsabilidad solidaria referido a los causantes o colaboradores activamente en la realización de una infracción tributaria (ref. art. 42.1.a) LGT), debería acudirse por la Administración tributaria a otras soluciones previstas en el ordenamiento jurídico, y no precisamente en el tributario, en búsqueda de las responsabilidades que pretende, como hace y haría cualquier otro acreedor; el que hablemos de crédito público no justifica semejante nivel de autotutela, convertido, como venimos repitiendo, en una auténtica voracidad recaudatoria.

II. SUPUESTOS MÁS HABITUALES DE DERIVACIÓN DE RESPONSABILIDAD TRIBUTARIA Y SU TRATAMIENTO JURISPRUDENCIAL

II.1. Personas o entidades que con ocasión de posibles embargos colaboren o contribuyan de alguna forma impidiendo la efectividad de los mismos (ref. art. 42.2 LGT)

La responsabilidad que nos ocupa tiene su fundamento en el perjuicio de la acción de cobro, que se vea imposibilitada, o al menos obstaculizada, por la conducta de la responsable, siendo indispensable que se acredite que se ha actuado de forma intencionada, con voluntad de impedir la actuación de la Administración tributaria que de esta manera se verá imposibilitada de trabar bienes o derechos del deudor, bien porque han salido de su esfera patrimonial, pasando a ser formalmente de titularidad de otras personas, bien porque sencillamente se han ocultado, haciéndose imposible o dificultando la acción administrativa. Además, la ocultación o transmisión debe llevar consigo un vaciamiento patrimonial, dado que si la transmisión no supone tal vaciamiento, (en la práctica totalidad de los casos la ocultación si conllevara el vaciamiento patrimonial) sino la mera modificación de la composición del patrimonio, no podremos hablar de una conducta antijurídica por cuanto lo único que se habrá producido es el cambio real de un bien o derecho por otro distinto, aun cuando, sirva como ejemplo, mutar un bien inmueble por unas participaciones en unas entidades patrimoniales sin actividad y donde la realización del valor de las mismas será necesariamente infructuoso, nos llevaría a estudiar el segundo elemento de esta acción, el subjetivo, la intencionalidad de dificultar la acción de la administración tributaria (Sentencia TSJ de la Comunidad Valenciana, de 07.05.24).

Nos recuerda, la mentada sentencia la doctrina del Tribunal Supremo en los siguientes términos:

"En relación con los requisitos exigibles para que esta declaración de responsabilidad tenga lugar ha declarado el TS entre otras en Sentencia de 14-12-2017 (recurso de casación nº 1847/2016), lo siguiente:"Los requisitos de hecho de este artículo, son: 1. La ***existencia de una deuda tributaria del obligado principal que se encuentre liquidada*** *en el momento de declaración de responsabilidad. 2. Ser causante o colaborar en la ocultación de bienes y derechos con la finalidad de impedir la traba por la Administración Tributaria, entendiéndose por ocultación "cualquier actividad que distraiga bienes o derechos ya sea por desprendimiento material o jurídico de estos, para evitar responder con ellos (…) ", tal y como señala el Tribunal Económico-Administrativo Central en su resolución de 24 de febrero de 2009, dictada en virtud de recurso extraordinario para la unificación de criterio; y por causar o colaborar en cualquier acto positivo dirigido a la ocultación de bienes o derechos, "como puede ser una donación simulada a un familiar, la venta de bienes a familiares por precio inferior al de mercado, así como la modificación del régimen económico-matrimonial "supuestos estos que encajan en el citado precepto, evitándose con ello la necesidad de acudir a la vía judicial con acciones de nulidad o rescisión, para la defensa del crédito público,* ***exigiéndose en el responsable un "animus noscendi" o "sciencia fraudes", es decir, una conciencia o conocimiento de que se puede producir un perjuicio****." Esto es,* ***no es necesaria la consecución de un resultado****, sino la dicción literal del precepto revela que basta con que los actos realizados por los responsables tiendan a la ocultación o transmisión sin necesidad de que se consume dicho resultado. En cuanto al fondo, la exégesis del art. 42.2 a) de la LGT lleva a considerar como responsables solidarios del pago de la deuda tributaria pendiente y, en su caso, de las sanciones tributarias, incluidos el recargo y el interés de demora del período ejecutivo, cuando procedan, a quienes causen o colaboren en la ocultación o transmisión de bienes o derechos del obligado al pago, pero no en todo caso, sino cuando con esa labor de colaboración se busque impedir la actuación de la administración tributaria, cuyo requisito es establecido esencialmente por la legislación para apreciar la responsabilidad, de tal manera que no toda actuación en relación con bienes o derechos del obligado supone de por sí la existencia de una responsabilidad tributaria entre vendedor y adquirente, que puede ser perfectamente ajustada a Derecho, el pago de una*

deuda anterior, sin mácula alguna, sino que lo que persigue el legislador es el consilium fraudis, el acuerdo de voluntades por el que se despatrimonializa la situación económica del deudor de la hacienda pública y hace a ésta imposible o muy difícil hacer efectivos sus derechos económicos. Asimismo, el precepto aplicado para la derivación de responsabilidad solidaria no exige la despatrimonialización de la deudora principal, pues ***basta con la realización de una conducta consistente en colaborar en la transmisión de bienes del deudor principal que se hubieran podido embargar y ello con la finalidad de perjudicar, impedir, o siquiera obstaculizar o dificultar su realización****".*

Atendiendo a la doctrina jurisprudencial expuesta, para encajar la conducta del responsable en el presente supuesto: a) se hace necesaria una deuda tributaria del obligado principal que se encuentre liquidada en el momento de la derivación, b) no es necesaria la consecución de un resultado; y c) resulta suficiente exigir al responsable un "*animus noscendi*" o "*sciencia fraudes*", es decir, una conciencia o conocimiento de que se puede producir un perjuicio, impidiendo, obstaculizando o dificultando la realización del embargo.

Hemos aquí de recordar que el Tribunal Supremo, Sala Tercera, de lo Contencioso-administrativo, Sección 2ª, en sentencia 537/2023 de 28 Abr. 2023, Rec. 72/2021, ha fijado como doctrina jurisprudencial (aunque con voto particular en contra) que *"la declaración de responsabilidad solidaria por la causa prevista en el art. 42.2.a) LGT no tiene naturaleza sancionadora".*

Sin embargo, el propio Tribunal Supremo, Sala Tercera, de lo Contencioso-administrativo, Sección 2ª, en sentencia 1217/2023 de 2 Oct. 2023, Rec. 8791/2021, sí ha establecido que *"la responsabilidad tributaria subsidiaria del artículo 43.1.a) de la LGT posee naturaleza sancionadora".*

Diferencia de trato de ambos supuestos, ciertamente incomprensible, partiendo de la base de que el primer supuesto lo es de responsabilidad solidaria y el segundo de responsabilidad subsidiaria, de menor peso específico que la anterior.

II.2. Integrantes de la administración concursal (art. 43.1 c) LGT)

Recordando el contenido literal del art. 43.1.c) LGT podemos decir que la responsabilidad subsidiaria alcanza a*: "Los integrantes de la* *administración concursal y los liquidadores de sociedades y entidades en general que no hubiesen realizado las gestiones necesarias para el íntegro cumplimiento de las obligaciones tributarias devengadas con anterioridad a dichas situaciones e imputables a los respectivos obligados tributarios. De las obligaciones tributarias y sanciones posteriores a dichas situaciones responderán como administradores cuando tengan atribuidas funciones de administración."*

El Tribunal Superior de Justicia de la Comunidad Valenciana, Sala de lo Contencioso-administrativo, Sección 3ª, en sentencia 1217/2022 de 30 Nov. 2022, Rec. 307/2022, nos recuerda al respecto la doctrina del Tribunal Supremo en los siguientes términos: *"Tal y como recoge la STS de 4 de octubre de 2016, Rec. 3215/2015 que "Y es verdad, como pone de relieve la sentencia aportada de contraste, que la responsabilidad del administrador no puede entenderse en los supuestos de cese en la actividad de la entidad de forma objetiva, ya que dicha responsabilidad no puede derivar sólo de la existencia de unas deudas tributarias, sino que* ***la misma ha de tener su fundamento en la conducta al menos negligente del administrador que omite la diligencia precisa para poner a la sociedad en condición de cumplir las obligaciones tributarias pendientes, ... haciéndose partícipe con la sociedad del incumplimiento de la obligación tributaria, debiendo predicarse la negligencia no respecto del cumplimiento de las obligaciones en el momento en que estas surgen sino respecto de la conducta posterior.*** *...* ***La conducta reprochable consiste en el conocimiento de la existencia de deudas pendientes con la Hacienda sin que adopten las medidas necesarias para que una vez que la sociedad cesa en el ejercicio de su actividad de manera definitiva aseguren los derechos de los acreedores sociales entre los que se encuentran naturalmente la Hacienda...*** *"*

La extensión, en cuanto a las obligaciones tributarias anteriores, habría de ser, en su caso, únicamente de la cuota, intereses y recargos, pero no de las sanciones. En el artículo referido se nos habla de *"las obligaciones tributarias devengadas con anterioridad"*; sin embargo, el artículo 25.2 LGT al regular las obligaciones tributarias accesorias (tales como los intereses y recargos) establece que *"las sanciones tributarias no tienen la consideración de obligaciones accesorias"* y al determinar el concepto de deuda tributaria en el artículo 58.3 LGT excluye expresamente las sanciones del concepto de deuda tributaria. La sanción, por tanto, no se considera obligación tributaria ni deuda tributaria, sino la consecuencia económica de la comisión de una infracción.

En cuanto a las posteriores (durante el ejercicio del cargo de la AC en funciones de administración), como dice el precepto, se extiende a las obligaciones tributarias y a las sanciones.

Lo que queda claro es que dicha responsabilidad no puede derivar sólo de la existencia de unas deudas tributarias, sino que la misma ha de tener su fundamento en la conducta al menos negligente del administrador que omite la diligencia precisa para poner a la sociedad en condición de cumplir las obligaciones tributarias pendientes, lo que únicamente será reprochable al AC si conoce la existencia de deudas pendientes con Hacienda y se hace partícipe en el incumplimiento de las obligaciones tributarias, no adoptando las medidas necesarias para su cumplimiento.

III. SENTENCIA 2/2022 DE 14 NOV. 2022, REC. 1/2022, DEL TRIBUNAL SUPREMO, SALA TRIBUNAL DE CONFLICTOS DE JURISDICCIÓN

III.1. Antecedentes de hecho

Por auto se declaró conjuntamente el concurso voluntario de acreedores de determinadas sociedades, integradas en un concreto grupo, siendo designada como administradora concursal una mercantil (en adelante la AC).

La AC recibió una oferta vinculante para la adquisición de unidades productivas autónomas, acordando el Juzgado oír a las partes personadas para alegaciones.

La Agencia Estatal de la Administración Tributaria (en adelante, AEAT) se opuso a tal operación porque el adquirente no asumiría las deudas tributarias y además, antes debían especificarse los fondos, bienes y derechos con cargo a los cuales se pagarán los créditos privilegiados de la Hacienda.

Mediante sendos autos, en fase común y por razones de urgencia, se autorizó a la administración concursal para que procediese a la venta anticipada y directa de determinadas unidades productivas autónomas, a favor de la ofertante, en los términos y condiciones que constaban en la oferta de compra presentada y sin esperar a la aprobación del plan de liquidación a fin de salvaguardar los intereses del concurso.

Mediante cinco acuerdos la AEAT incoó procedimientos de derivación de responsabilidad solidaria conforme al artículo 42.2.a) de la Ley 58/2003, de 17 de diciembre, General Tributaria (en lo sucesivo, LGT) por las deudas tributarias de la concursada. Entendía la AEAT que había una posible colaboración en la ocultación de bienes de la entidad para impedir el cobro de sus deudas tributarias. Tales procedimientos se siguieron frente a la AC, su representante persona física, la mercantil adquirente y los administradores solidarios de ésta.

A petición de la administración concursal, el Juzgado de lo Mercantil, mediante auto acordó requerir a la AEAT para que suspendiera de inmediato la tramitación de los expedientes incoados de declaración de responsabilidad tributaria.

Por acuerdo, el Delegado Central de Grandes Contribuyentes de la AEAT acordó mantener su jurisdicción para conocer de los procedimientos de declaración de responsabilidad y plantear conflicto de jurisdicción con el Juzgado de lo Mercantil.

III.2. Las razones del juzgado de lo mercantil y de la AEAT

1.- El juez del concurso acordó requerir de inhibición a la AEAT para que suspendiera la tramitación de los expedientes incoados de declaración de responsabilidad tributaria, en síntesis, por las siguientes razones:

1º Todos los acreedores personados en el concurso dispusieron de la información necesaria para conocer en profundidad los términos y condiciones de la oferta de compra de las unidades productivas.

2º La AEAT, prevaleciéndose de su privilegio de autotutela administrativa y al amparo de lo dispuesto en el artículo 42.2.a) de la LGT, pretende derivar consecuencias económicas hacia determinadas personas que intervinieron en la operación de compraventa de las unidades productivas más de un año después de formalizarse esta, lo que invade las competencias del juzgado, al suponer una revisión en vía administrativa de lo ya juzgado en firme.

3º Mediante estos procedimientos de declaración de responsabilidad tributaria solidaria, la AEAT cobraría sus créditos a través de quienes no son sus deudores, sino tan solo meros instrumentos que facilitaron la culminación del proceso de venta de las unidades productivas.

4º Tal proceder es contrario a la función del juez del concurso como único competente para decidir sobre la distribución de la masa activa y la asunción de créditos contra la masa, sin que pueda interferirse en su competencia a través de un procedimiento administrativo.

5º Si la AEAT considerara que, como consecuencia de la autorización de venta de las unidades productivas, se le causó un daño, podría haber optado por la interposición de una demanda al amparo del artículo 99 TRLC contra la administración concursal que resolvería el juez del concurso.

6º Además, la independencia de los administradores concursales es garantía de la imparcialidad del juez del concurso, de forma que, si los administradores concursales pueden ser sancionados y declarados responsables de una deuda de la concursada por otro de los acreedores, como es la AEAT, se quiebra aquella independencia.

2.- La AEAT acordó mantener su jurisdicción y plantear conflicto de jurisdicción sosteniendo, en síntesis, las siguientes razones:

1º La AEAT es competente para tramitar expedientes de derivación de responsabilidad tributaria al amparo de lo dispuesto en el artículo 42.2.a) de la LGT, aun en el supuesto de que el deudor principal se encuentre en situación de concurso de acreedores y aun cuando el procedimiento se siga, entre otros, contra la persona encargada de la administración concursal, lo que no supone invasión alguna de las competencias del juez del concurso.

2º Ello no impide que el juez del concurso pueda y deba supervisar que la administración concursal ejerce su cargo con la debida diligencia de un buen administrador, ya que se está ante dos ámbitos distintos, lo que implica que el ejercicio de su potestad de autotutela por la Administración no menoscaba ni limita la potestad que el juez del concurso tiene al amparo de lo dispuesto en el artículo 99TRLC.

3º La cuestión planteada ya está resuelta en las sentencias del Tribunal de Conflictos de Jurisdicción 3/2013, de 9 de abril, 1/2016, de 27 de abril y 2/2018, de 21 de marzo (conflictos de jurisdicción 1/12013; 1/2016 y 1/2018, respectivamente).

III.3. Decisión del tribunal de conflictos de jurisdicción

1.- Declaró la competencia de la AEAT, considerando que el requerimiento de inhibición acordado por el juez del concurso invadió las potestades de aquella en los procedimientos que incoó de derivación de responsabilidad tributaria solidaria al amparo del artículo 42.2.a) de la LGT.

2.- Es doctrina reiterada que la jurisdicción del juez del concurso para conocer de cualesquiera cuestiones relacionadas con el proceso universal, con desplazamiento del órgano primariamente competente —sea jurisdiccional o, en su caso, administrativo—, supone una excepción al principio de improrrogabilidad competencial, por lo que debe interpretarse estrictamente.

3.- Desde esa premisa se ha considerado que la declaración administrativa de responsabilidad tributaria subsidiaria o solidaria —que es el caso—, es compatible con la pendencia del proceso concursal, lo que permite reclamar, a terceros y también a la administración concursal, sin necesidad de esperar a la conclusión del procedimiento concursal. Decae así que a las competencias del juez de concurso se oponga el ejercicio de las potestades que la LGT atribuye a la AEAT, siendo irrelevante que la Agencia las ejercitase más de un año después de autorizarse judicialmente la operación que ha provocado este conflicto; es más, la irrecurribilidad de la decisión judicial refuerza la competencia de la AEAT (cfr.216.4 del TRLC).

4. - El fundamento de esa potestad de la AEAT la hemos fijado en el vigente artículo 98 del TRLC, lo que no debe confundirse con el apoderamiento que hace al juez del concurso el artículo 99 del TRLC para conocer de las acciones de responsabilidad contra la administración concursal por daños y perjuicios causados al concursado.

5.- Así el artículo 98 del TRLC regula las acciones de responsabilidad por lesión de los intereses de los deudores, acreedores o terceros cuyo conocimiento no corresponde al juez del concurso y que ejercitan los acreedores y que tratándose en este caso de la AEAT, no precisa de la heterotutela judicial, luego puede ejercer potestades basadas en el privilegio de la autotutela, en este caso la de derivación de la responsabilidad tributaria solidaria.

6.- De esta manera en la sentencia 2/2018 declaramos que, con independencia de que los hechos en que se funda la declaración de responsabilidad tributaria sean anteriores o posteriores a la declaración de concurso, la obligación tributaria de los responsables solidarios es autónoma y ajena a la declaración de concurso: esta producirá efectos sobre los juicios declarativos y ejecuciones pendientes, pero no impide que la Administración tributaria pueda ejercer sus potestades para la liquidación y recaudación de los tributos, sin perjuicio de que no pueda ejecutarlos por separado frente al concursado, ya que respecto de él ha de someterse a la disciplina del procedimiento universal. Esto no le impide actuar frente a un tercero no sometido a procedimiento concursal y que haya sido legítimamente declarado responsable solidario de las obligaciones tributarias del concursado (cfr. sentencia 1421/2016, de la Sección Segunda de la Sala Tercera).

7.- Con todo, este tribunal no ignora que —en este caso— la declaración de responsabilidad solidaria se hace con base en el supuesto del artículo 42.2.a) de la LGT y se dirige contra aquellas personas —en especial la administración concursal— que "... sean causantes o colaboren en la ocultación o transmisión de bienes o derechos del obligado al pago con la finalidad de impedir la actuación de la Administración tributaria", juicio de derivación que puede contradecir lo apreciado por el juez del concurso al autorizar la operación de adquisición de unidades productivas activas.

8.- Ciertamente la potestad de derivación ejercitada por la AEAT se basa, a esos efectos, en la calificación de una operación como evasora de los bienes del deudor, derivación que tiene carácter sancionador (cfr. sentencia de 6 de julio de 2015, de la Sección Segunda de la Sala Tercera, recurso de casación 3418/2013). Esto plantea si una misma operación puede ser ilícita para la AEAT como acreedor concursal y, a la vez, admisible para el juez del concurso que la autoriza y, antes, para quien actúa como delegado suyo y le propone autorizarla —la administración concursal— que, además, es declarada responsable solidario; y también plantea, la vinculación de la Administración a lo decidido en firme por el juez del concurso.

9.- Tal cuestión es relevante, ahora bien —y esto es fundamental—, que la competencia para declarar la responsabilidad tributaria corresponda a la AEAT no excluye que sus decisiones sean impugnables en vía administrativa y económico- administrativa y, en fin, ante la jurisdicción contencioso-administrativa. Por tanto, la legalidad de tal cuestión sustantiva se ventilará enjuiciando los acuerdos de la AEAT, pero no en sede de un conflicto de jurisdicción, máxime si lo decidido por la AEAT, una vez levantada la suspensión derivada de haberse formalizado este conflicto, no impide seguir el procedimiento concursal.

10.- Sostiene el juez del concurso que la actuación de la AEAT afecta a su competencia para la distribución de la masa activa y asumir créditos frente a tal masa. En lo competencial —objeto de nuestro enjuiciamiento— cabe responder en los términos ya expuestos sobre la compatibilidad de la potestad de derivación de responsabilidad solidaria con el proceso concursal, así como que será cuestión de enjuiciamiento extracompetencial que el juez decida si la AEAT ha satisfecho sus créditos sobre el patrimonio de terceros, luego no procederá hacerlos efectivos sobre bienes y derechos del concursado.

11.- Finalmente el juez del concurso reprocha a la AEAT que la inclusión del administrador concursal en la derivación de responsabilidad solidaria afecta a su imparcialidad y, por tanto, a la independencia del juez del concurso. Tal reproche es genérico y en esos términos ya fue rechazado por la sentencia 3/2013, de este tribunal (cfr. Fundamento de Derecho Quinto). Tal sentencia era consciente de la relevancia de ese alegato, pero entendió que no impedía el ejercicio de la AEAT de sus competencias, si bien advirtió que la sujeción al principio de legalidad deberá garantizar que en su actuación respete la independencia judicial y lo hará tomando *"en consideración los actos firmes que hayan sido dictados en el cauce del procedimiento concursal y valorando debidamente cual haya sido la actuación de la propia Administración Tributaria en relación con los pronunciamientos judiciales recaídos"*.

III.4. Visión crítica de la decisión adoptada

Frente a tales planteamientos del tribunal, tres cuestiones fundamentales:

a) La potestad de autotutela sólo es predicable en el seno de la relación administrativa (Administración-administrado), no puede afectar, ni directa ni indirectamente, a otro poder del Estado, como el juez del concurso, que autoriza la venta de la unidad productiva por considerarla conforme a Derecho, al ser informada favorablemente por la AC, y que la AEAT se permite poner en tela de juicio intentando mantener, en su acto de derivación de la responsabilidad tributaria, que tal decisión de la administración concursal supone una colaboración en la ocultación o transmisión de bienes o derechos del obligado al pago con la finalidad de impedir la actuación de la Administración tributaria (queda así fulminada la seguridad jurídica, pues, ante semejante situación, una misma operación puede ser ilícita para la AEAT como acreedor concursal y, a la vez, admisible para el juez del concurso que la autoriza).

b) No debemos olvidar que lo dispuesto en la LGT se aplicará de acuerdo con lo establecido en la legislación concursal vigente en cada momento (Disposición adicional 8ª LGT); los actos de derivación de responsabilidad pretendidos por la AC no lo son por daño directo, sino en perjuicio de la masa, al contrario de lo que establece el Tribunal Supremo al situarlo en el artículo 98 TRLC (acción individual de responsabilidad). Y es que, si un acreedor, dañado indirectamente, obtuviese una reparación íntegra del daño que se ha causado a la colectividad (y, por tanto, al conjunto de los acreedores), carecería de sentido la existencia del concurso como procedimiento de ejecución universal.

c) Si se quiere, como se pretende, efectuar el parangón del responsable tributario, como garante del pago de la obligación tributaria, al fiador civil (se le concede al responsable hasta el derecho de reembolso al igual que al fiador), el Tribunal de Conflictos olvida lo que el propio Tribunal Supremo tiene declarado:

- El Tribunal Supremo, Sala Primera, de lo Civil, Sentencia 600/2020 de 12 Nov. 2020, Rec. 1978/2018, al analizar la naturaleza de la fianza pone de manifiesto que la fianza, que puede tener un origen convencional, legal o judicial, en todo caso trata de una institución de garantía de naturaleza personal que somete al patrimonio del fiador a la eventual acción ejecutiva del acreedor en caso de que el deudor principal, garantizado, no cumpla su obligación; esta subsidiariedad es un elemento típico de la fianza, en el sentido de que el fiador, en principio, solo debe cumplir su obligación en caso de que el deudor incumpla la suya.

- El Tribunal Supremo, Sala Primera, de lo Civil, Sentencia 17/2024 de 9 Ene. 2024, Rec. 1196/2020, en un caso sobre responsabilidad del administrador concursal por daños ocasionados a un acreedor contra la masa, por no haber respetado el orden de pagos, que el comienzo del cómputo del plazo de prescripción de la acción individual de responsabilidad no se produce hasta que el perjudicado tenga un conocimiento preciso de los perjuicios sufridos. En el caso, el demandante que ejercita la acción, un acreedor contra la masa, no está en condiciones de ejercitar su acción para la indemnización del daño sufrido como consecuencia de la conducta antijurídica imputada a la administración concursal (alteración injustificada del orden de pago) hasta quc no tenga certeza de que su crédito quedará impagado y en qué medida, lo que ordinariamente aflorará con claridad cuando acaben las operaciones de liquidación de los activos y no haya expectativa de reintegración de activos a la masa que pudieran servir para pagarle.

Y si el responsable tributario no es más que un garante, como lo es el fiador civil, ¿qué hace el Tribunal de Conflictos permitiendo que la Administración tributaria invada las competencias del Juez del concurso, contradiciendo su decisión y actuando contra la administración concursal, avalada por el tribunal mercantil con su autorización, instando un acuerdo de derivación de responsabilidad, incluso, antes de que acaben las operaciones de liquidación y el concurso concluya, para saber si realmente se ha producido, sin remisión, el impago de la obligación tributaria y en qué medida? La verdad es que, con todos nuestros respetos, nos resulta inaceptable por inaudito y contradictorio.

15. EXPERTO EN LA REESTRUCTURACIÓN Y PROCEDIMIENTO ESPECIAL PARA MICROEMPRESAS

EDUARDO AZNAR GINER
Abogado. Administrador concursal
Experto en reestructuraciones
Director de AZNAR & MONDEJAR ABOGADOS
Socio de AZPAL ADMINISTRADORES CONCURSALES

I. INTRODUCCIÓN

La Ley 16/2022, de 5 de septiembre, (LRTRLC, en adelante), formuló una radical y ambiciosa reforma del Real Decreto Legislativo 1/2020 de 5 de mayo, aprobatorio del Texto Refundido de la Ley Concursal (TRLC, en adelante), e introdujo un cambio de paradigma en el ámbito de la insolvencia, y una firme y decidida apuesta por la preconcursalidad, y consiguiente deprecio de lo concursal, como manera de afrontar la insolvencia de las empresas.

La sustanciación de tal norma hasta su aprobación resultó francamente lamentable, deviniendo en una astracanada vergonzante e impropia del sigo XXI, con momentos sonrojantemente surrealistas, que pervirtió y violentó el inicial anteproyecto legislativo, del que cabía cuestionar, y yo cuestioné, numerosos aspectos, pero desde luego redactado por técnicos, con un sentido, compartible o no, y siempre mejorable, deviniendo en una norma de ínfima calidad, lastimosa desde una perspectiva semántica y de su sintaxis, y contradictoria en sus regulaciones, con el consiguiente embarrado de su entendimiento. Todo ello por culpa de una tramitación apresurada, revuelta, y siempre urgente, a golpe de presión, especialmente de los gremios profesionales, y partiendo de una inicial cerrazón a cualquier pretensión u opción contraria a la misma, por muy razonable que fuera, y que cuando se aceptó, lo fue a regañadientes, a medias, de mala manera, torpemente redactada y lo más importante, sin la debida coordinación y conciliación del cambio introducido con respecto al resto del contenido de la proyectada norma.

El culmen de este surrealismo insolvencial, absolutamente murakamiano, resultó ser la introducción, a través del libro III TRLC y en nuestro ordenamiento jurídico de la insolvencia, de una figura novedosa, el procedimiento especial para microempresas, no prevista en la Directiva (UE) del Parlamento europeo y del Consejo, de 20 de junio de 2019, sobre reestructuración e insolvencia[44], y pensada y diseñada para un empresario ínfimo y escuálido en cuanto a su actividad empresarial, o profesional, y deudas, así como a la vista de sus recursos y patrimonio, aquí nominado microempresario (art. 685 TRLC), y a quien se le ofrece el acceso a tal procedimiento como único remedio a la insolvencia que le afecta, actual o inminente, o en grado de probabilidad (art. 686.1 TRLC).

Este proceso fue diseñado con una absoluta ignorancia de la realidad de la insolvencia, de forma más teórica que práctica, casi ingenua e infantil, y desconociendo, además, la idiosincrasia pícara y lazarillesca tormesiana del empresariado patrio, y de manera ajena a éste. El estropicio se acabó de "arreglar", dicho con sarcasmo, tras una tramitación de la figura tumultuosa, lamentable e infame.

Este procedimiento, hasta la fecha, se ofrece como una suerte de lamentable y ruinoso espectáculo, con una sistema de formularios normalizados absolutamente desastroso, y fallón hasta la sociedad,

---

[44] Directiva (UE) del Parlamento europeo y del Consejo, de 20 de junio de 2019, sobre marcos de reestructuración preventiva, exoneración de deudas e inhabilitaciones, y sobre medidas para alimentar la eficiencia de los procedimientos de reestructuración, insolvencia y exoneración de deudas.

lento y relantizador del procedimiento, incluso de su mero inicio, del que todos los operadores jurídicos huyen y reniegan; donde, pese al tenor literal de la norma, y debido a lo pueril e infantil de sus recetas, brilla por su ausencia cualquier pretensión de continuidad de la empresa en favor de su liquidación, y con unos deudores empleadores del procedimiento para escaquearse de sus acreedores y responsabilidades. Y una plataforma electrónica de liquidación que ha resultado ser un absoluto fiasco, y que obliga a acudir a los que saben de liquidaciones de activos: las empresas y plataformas especializadas en ello.

Pero aquí está el rutilante y nuevo procedimiento especial para microempresas que, obviamente, ni se trata de un procedimiento concursal (libro I TRLC), ni tampoco preconcursal (libro II TRLC), aunque el común denominador de todos ellos resulte ser su carácter de instrumento tratador de la insolvencia, siéndole aplicable a los citados microempresarios aspectos del citado derecho concursal y preconcursal, especialmente en cuanto a su aplicación supletoria (art. 689 TRLC), y aun cuando el procedimiento microempresarial resulta totalmente ajeno y distinto del concurso de acreedores y los planes de reestructuración.[45]

Este proceso microempresarial emerge como único y exclusivo y de aplicación obligatoria para tal clase de livianos deudores, del cual no podrán abdicar ni huir, tramitándose, la vista del art. 585.5 TRLC, como proceso de continuación (arts. 697 y ss TRLC), régimen éste de ínfima y residual aplicación, con pretendida semejanza a los planes de reestructuración del libro II TRLC, aunque con evidente diferencias entre ambos[46], o, luctuosamente, a través de un procedimiento de liquidación (arts. 705 y ss TRLC) aprovechado en demasía como instrumento y maquillaje encubridor de toda suerte de desastres económicos y financieros. Ambos itinerarios, pese a contar con unas reglas comunes o aplicables a ambos, se exhiben y ofrecen como alternativos para el deudor, aunque el fracaso del primero sea por no aprobarse u homologarse el plan de continuación, sea por

---

45 Sobre los principios informadores del procedimiento especial para microempresas vid. FERRANDIZ AVENDAÑO, P. J."Los principios".

46 RECAMAN GRAÑA, E. "Comentario", pág. 1694.

su incumplimiento, conlleva la apertura del segundo, con la consiguiente liquidación del deudor (art. 705.1 TRLC).

Además, con independencia de su cauce continuativo o liquidatorio, se configura con una pretensión de simpleza y agilidad procedimental, consumiéndose hasta la escualitud, e impulsado, como regla general, por el propio deudor, pero también por los acreedores, en base a formularios normalizados y plataformas, en ambos casos, francamente mejorables, y abaratándolo con extremo ahorro de tramites, tiempos, costes, e intervinientes en el proceso microempresario.

Y en con relación a este último aspecto, expulsando del procedimiento especial para microempresas a los profesionales tradicionalmente intervinientes en el ámbito de la insolvencia, salvo aquellos cuya actuación resulte conveniente, y siempre que alguien "pague la fiesta", instando su designación y haciéndose cargo de sus honorarios[47], pues, lamentablemente, se presume y acepta, como irremediable, el impago de su retribución al profesional, justificándose así su exclusión del proceso microempresarial.

Uno de los escasos profesionales susceptible de ser convidado al procedimiento de microempresas es el llamado "experto en la reestructuración", figura que, a diferencia del previsto en el libro II para los planes de reestructuración, autentica estrella del nuevo derecho de la insolvencia, ha pasado absolutamente desapercibido y constituye, junto al mediador concursal, el administrador concursal, y el "experto", a secas, que también pululan por el procedimiento especial para microempresas, el auténtico patito feo de los profesionales de la insolvencia, hasta el punto que su designación en procedimientos para microempresas se me antoja ciertamente residual. Y su regulación absolutamente mejorable por no decir abiertamente deficiente.

---

47 En similar sentido, RECAMAN GRAÑA, E. "Comentario", pág. 1695.

II. REGULACIÓN. EL EXPERTO EN REESTRUCTURACIÓN COMO PROFESIONAL DEL PROCEDIMIENTO DE CONTINUACIÓN MICROEMPRESARIAL. REQUERIMIENTOS SUBJETIVOS Y SU ESTATUTO

Como punto de partida en mi exposición, transcribo aquellos preceptos regulatorios del procedimiento especial para microempresas que aluden al experto en la reestructuración y que son los siguientes:

A.- Artículo 695. Acciones rescisorias.

"...3. Dentro de los cuarenta y cinco días siguientes a la comunicación de la apertura del procedimiento especial, los acreedores cuyos créditos representen al menos el veinte por ciento del pasivo total podrán solicitar el nombramiento de un experto en la reestructuración o un administrador concursal a los efectos del ejercicio de acciones rescisorias. Los acreedores que representen un porcentaje del pasivo mayor al que ha solicitado el nombramiento pueden oponerse al mismo, salvo que los solicitantes asuman íntegramente la retribución del experto en la reestructuración o del administrador concursal.

4. Si ya hubiera un experto en la reestructuración o un administrador concursal en el procedimiento especial, acreedores que representen al menos el diez por ciento del pasivo total podrán solicitar del mismo el ejercicio de la acción rescisoria. En caso de negativa del experto en la reestructuración o del administrador concursal, o en caso de falta de respuesta dentro de los quince días hábiles siguientes, los acreedores solicitantes tendrán legitimación subsidiaria para entablar la acción rescisoria. Los acreedores litigarán a su costa en interés del procedimiento especial, según el régimen jurídico previsto para la legitimación activa subsidiaria de acreedores en el libro primero..."

B.- Artículo 697 quinquies. Alegaciones y votación del plan de continuación.

"...2. Una vez presentado el plan y comunicado su contenido, los acreedores, en caso de propuesta presentada por el deudor, o este último y el resto de los acreedores, en caso de propuesta presentada por los acreedores o por un socio personalmente responsable de las deudas de la sociedad, o el experto en la reestructuración en ambos casos, dispondrán de un plazo de quince días hábiles para realizar alegaciones, aportando la documentación justificativa que consideren oportuno. En el caso del experto en la reestructuración, el plazo se computará desde su nombramiento..."

C.- Artículo 698. bis. Homologación judicial del plan.

"......5. El juez podrá solicitar un informe de un experto en la reestructuración sobre el valor del deudor como empresa en funcionamiento cuando lo considere necesario, y, en todo caso, cuando una clase de acreedores afectados por el plan haya votado en contra. En este supuesto, el plazo máximo para resolver será de veinte días hábiles..."

D.- Artículo 699 bis. Frustración del plan de continuación.

"... 5. Cuando, en el procedimiento especial de continuación, se hubiese nombrado a un experto en la reestructuración, la terminación del procedimiento de continuación implicará su cese automático.

6. En los supuestos anteriores, el deudor podrá impugnar el auto de apertura de la liquidación alegando que no se encuentra en insolvencia actual. Para ello, tendrá un plazo de cinco días hábiles desde la publicidad del auto de apertura. La impugnación se realizará mediante presentación de formulario normalizado, que irá acompañado de la documentación probatoria que considere conveniente. El juez podrá convocar a una vista tanto al deudor como a los acreedores o al experto en la reestructuración, si hubiese sido nombrado, dentro de los diez días hábiles siguientes a la presentación del formulario normalizado y resolverá oralmente, al final de la misma o dentro de los cinco días hábiles siguientes, si procede la tramitación del procedimiento especial de liquidación o, por el contrario, su conclusión...."

E.- Artículo 702. La solicitud de un procedimiento de mediación.

"...2. La designación del mediador concursal tiene como única finalidad la negociación de un plan de continuación entre el deudor y los acreedores, y se regirá por lo dispuesto en este artículo y por lo dispuesto para el nombramiento de un experto en la reestructuración en este libro en cuanto a la elección, designación y retribución..."

F.- Artículo 704. Solicitud de nombramiento de un experto en la reestructuración.

"1. En cualquier momento del procedimiento, el deudor o acreedores cuyos créditos representen al menos el veinte por ciento del pasivo total podrán solicitar el nombramiento de un experto en la reestructuración con funciones de intervención de las facultades de administración y disposición del deudor, por medio del formulario normalizado habilitado al efecto.

2. En cualquier momento del procedimiento, acreedores cuyos créditos representen al menos el cuarenta por ciento del pasivo total podrán solicitar el nombramiento de un experto en la reestructuración con funciones de sustitución de las facultades de administración y disposición del deudor, siempre que el deudor se encuentre en situación de insolvencia actual, y de acuerdo con el formulario normalizado.

3. La solicitud de nombramiento de un experto en la reestructuración será rechazada si se oponen acreedores que representen la mayoría del

pasivo, salvo que el nombramiento sea necesario a efectos de realizar las valoraciones previstas o entablar acciones rescisorias o de responsabilidad, según se prevé en este libro tercero.

4. El deudor, en caso de solicitud de nombramiento de experto en virtud del apartado 2, o, en todo caso, los acreedores que representen la mayoría del pasivo, podrán oponerse al nombramiento presentando el formulario normalizado, dentro de los cinco días hábiles siguientes a la notificación de la solicitud de nombramiento del experto y acompañando los documentos acreditativos de su solvencia. El juez resolverá, en el plazo de cinco días hábiles, si procede nombrar el experto con sustitución o, por el contrario, si se le nombra con meras facultades de intervención.

5. El experto en la reestructuración tendrá facultades de propuesta del plan de continuación, podrá emitir opiniones técnicas sobre cualquiera de los extremos susceptibles de afectar a la formación de la voluntad de los acreedores en relación con el plan, y podrá mediar entre el deudor y sus acreedores. El experto en la reestructuración podrá realizar aquellas funciones que le son expresamente reconocidas en este Libro.

6. El nombramiento del experto en la reestructuración recaerá en la persona que elijan de mutuo acuerdo el deudor y acreedores cuyos créditos representen más del cincuenta por ciento del pasivo total, acuerdo que será notificado por formulario normalizado oficial al juzgado junto con la solicitud de nombramiento o dentro de los cinco días siguientes. De no haber acuerdo, y en todo caso si no se recibe comunicación de la persona dentro del plazo, el nombramiento se realizará por el juez siguiendo el procedimiento previsto en el libro segundo para el nombramiento de experto por el juez.

7. La retribución del experto correrá a cargo del solicitante, y se determinará de mutuo acuerdo entre el deudor y los acreedores que representen la mayoría del pasivo, salvo que la solicitud provenga de los acreedores y estos asuman voluntariamente el coste de la retribución, en cuyo caso les corresponderá la determinación de la cuantía. De no existir acuerdo o asunción voluntaria por los acreedores, la cuantía se fijará aplicando los aranceles establecidos para la retribución de administradores concursales."

Las normas expuestas, sincera y francamente, me resultan lamentables, tanto desde un punto de vista de técnica legislativa como de su comprensión, que se torna por momentos casi imposible y endiablada, ofreciendo una imagen y regulación de la figura de ese experto en reestructuración, absolutamente confusa y deslavazada, confeccionada en base a retales insertos en diferentes preceptos, sin armonía ni coherencia alguna. Incluso, el recurso supletorio completativo del art. 689 TRLC resulta fallido, obligando todo ello a un esfuerzo integrador e interpretativo que aporte algo de coherencia a la regulación de la figura expertual que aquí trato.

Como primer paso en la referida tarea, y desde un punto de vista sistemático, el examen de tales normas conduce a su integración y ubicación en el TRLC dentro de la regulación del procedimiento de continuación de microempresas (libro III, Titulo III, arts. 697 y ss TRLC), y, más concretamente, en lo relativo a la tramitación del plan de continuación (art. 697 quinquies TRLC), su aprobación y homologación (art. 698 bis TRLC), las vicisitudes del plan de continuación (art. 699 bis TRLC) y dentro de las medidas que pueden solicitarse en el proceso de continuación (arts. 702 y 704 TRLC). La única excepción la constituye la referencia que se efectúa al experto en la reestructuración, en el Capítulo IV, del Título I, art. 695 TRLC, aplicable tanto al procedimiento de continuación como de liquidación, y dentro de los efectos de la apertura del procedimiento especial para microempresas.

De esta forma, el experto en reestructuración microempresarial surge, ex lege, como un profesional cuyo único y exclusivo hábitat natural, y ámbito de actuación, se halla en el procedimiento de continuación (arts. 697 y ss TRLC), en el que cabe su nominación, según el caso, y la función a ejercitar, en cualquier momento (art. 704.1 y 2 TRLC), o dentro de los cuarenta y cinco días siguientes a la comunicación de la apertura del procedimiento especial (art. 695.3 TRLC), y cesa automáticamente[48], sin necesidad de tramite alguno, a la terminación del procedimiento continuacional (art. 699 bis TRLC).

Nuestro experto jamás podrá intervenir en un procedimiento de liquidación, cancha de juego reservada, igualmente en exclusiva, para el denominado administrador concursal. Y viceversa. La referencia que se efectúa en el art. 695.3 TRLC en el sentido que a efectos del ejercicio de acciones rescisorias los acreedores pueden instar "el nombramiento de un experto en reestructuración o un administrador concursal", no permite defender una facultad electiva entre ambos profesionales a favor del acreedor peticionario, sino que dependiendo del itinerario tratador de la insolvencia escogido en el procedimiento especial para microempresas, proceso de continua-

---

48 AREOSO CASAL, A., "Tratado", pág. 549.

ción o de liquidación, quedan habilitados determinado número de acreedores para formular, en el primer caso, una petición designatoria de un experto en reestructuración, y en el segundo, cauce liquidatorio, un administrador concursal[49]. Como dije antes, la norma del art. 695 TRLC resulta de aplicación a ambos itinerarios, continuativo o liquidacional, del procedimiento especial para microempresas.

Por lo tanto, el experto en la reestructuración queda atado, irremediablemente, al procedimiento de continuación. Pero a diferencia de la administración concursal en el concurso de acreedores del Libro I TRLC, nuestro experto no se exhibe como órgano esencial del procedimiento especial para microempresas, en general, o del proceso de continuación, en particular, en el sentido de órgano de intervención obligatoria, necesario y auxiliar del Juez, que se constituye en esencial e imprescindible gerente y garante del procedimiento, y su correcto funcionamiento[50].

En el procedimiento de continuación ni se prevé su obligatoria intervención ni, sinceramente, se le espera con los brazos abiertos. La norma no recoge la imperial presencia del experto antes reseñada. Tampoco el Juzgador queda facultado para su designación, incluso aun cuando lo entienda conveniente, o precise del asesoramiento y apoyo de un experto durante la tramitación del procedimiento especial para microempresas. En la fantasía microempresarial, y como consecuencia del fuerte recorte de sus funciones, el Juez deviene a una suerte de espectador del proceso, cuyo impulso y avance queda en las dudosas manos del deudor y/o acreedores, que tienen sus respectivos y legítimos (o no) intereses, distintos de los de la colectividad pasiva del procedimiento, y en el que los profesionales, como dije, intervienen en contadísimas ocasiones.

De hecho, y en acertadas palabras de la profesora FERNÁNDEZ PÉREZ, el procedimiento especial para microempresas requiere para su desarrollo el activismo de deudor y acreedores, evitando el nombramiento de profesionales que, habitualmente, no percibirán sus honorarios[51]. Aquí, previa la oportuna petición nominatoria de un

---

49 RECAMAN GRAÑA, E. "Comentario", págs. 1613 y 1614.

50 FERNÁNDEZ GONZÁLEZ, V. "El procedimiento", pág. 526. RECAMAN GRAÑA, E. "Comentario", pág. 1613.

51 FERNÁNDEZ PÉREZ, N. "Disposiciones generales", pág. 2730.

experto, para el ejercicio de una concreta y determinada función de las dos previstas en la Ley (arts. 695 y 696 y 704, 1 y 2, TRLC), y sin perjuicio de las potencialmente ejercitables tras su designación (arts. 704.5, 697 quinquies 2, 699 bis 6 y 898 bis 5 TRLC), igualmente raquíticas en su número, nombramiento que recaerá en la persona que indiquen de mutuo acuerdo deudor y acreedores, o en su defecto, el solicitante (art. 704.6 TRLC).

Lo dicho. Al experto en reestructuraciones no se le espera en la fiesta del procedimiento especial para microempresas. Mejor si no viene, y si acude, solo porque no hay más remedio, alguien le invita expresamente y paga sus copas. Y un botón de muestra de ese desdén, lo constituye el absoluto silencio legal sobre los requisitos subjetivos y de capacitación predicables del potencial candidato a experto microempresarial, incluida la eventual exigencia de la oportuna póliza de seguro de responsabilidad civil para atender a eventuales daños que cause en el ejercicio de las funciones por el asumidas. Tampoco sobre los deberes a cargo del experto. Ni una palabra.

Quizás el vacío legal sobre la exigencia de la póliza de responsabilidad civil y los deberes a cargo del experto quepa llenarlo con la aplicación supletoria, en el primer caso, de los dispuesto en el art. 681 TRLC en conexión con el art. 689.1 TRLC, pues la exigencia de la tenencia de un seguro de responsabilidad civil al experto, obviamente liviana en su contenido, por ejemplo, la propia de los seguros de responsabilidad colegiales, se me antoja indudable. Respecto al segundo, igualmente mediante la aplicación subsidiaria de los dispuesto en los arts. 80 y 680 TRLC, en conexión con el citado art. 689.1 TRLC, impositiva al experto del ejercicio de sus funciones con la diligencia propia de un profesional de la insolvencia, y con imparcialidad e independencia respecto del deudor y acreedores.

Mas oscura se me exhibe la cuestión de los requisitos capacitatorios del experto en reestructuraciones microempresarial. En una primera aproximación, que quizás surge a la vista de la identidad denominativa entre los expertos del libro II y III TRLC, y el indisimulado, e injustificado, pues nada tienen que ver, deseo del legislador de identificar el proceso de continuación con los planes de reestructuración, procedería también la aplicación supletoria, al amparo del art. 689.1 TRLC, de lo dispuesto al efecto para el experto en reestructuraciones en el régimen del libro II TRLC (arts. 672 y ss TRLC, y en especial los arts. 674, 675 y 681 TRLC)[52].

Sin embargo, desdeño tal solución a la vista de las absolutamente distintas funciones asumidas por los respectivos expertos, y el abismo existente entre los planes de reestructuración y el procedimiento especial para microempresas desde una perspectiva de la actividad empresarial, deudas, medios y patrimonio del deudor concurrente en cada uno de los citados procedimientos, potente en el primero y raquítico en el microempresarial, lo que permite mantener lo ilógico de requerir en tan dispares situaciones idénticos requisitos subjetivos y capacitatorios.

Por ello, y como segunda opción, cabría mantener esa aplicación supletoria, pero ya no del libro II TRLC sino del libro I TRLC, y a la vista que las funciones principales del experto en la reestructuración resultan propias de la administración concursal en los concursos de acreedores del libro I TRLC[53]. Con ello, ciertamente, se aniquila el primer impedimento interpretativo antes reseñado. Pero seguimos topándonos con el segundo.

Realmente pienso que este olvido regulatorio quizás no sea tal, sino una decisión consciente del legislador, que apartándose del sistema establecido para los administradores concursales del libro I TRLC, incluso del liviano y liberalizado seguido en el Libro II TRLC para los expertos en reestructuración[54], abdica de cualquier pretensión regulatoria del standard de conocimiento y experiencia requeribles del potencial experto en reestructuraciones en el procedimiento especial para microempresas, por mínima que sea, hasta el punto de omitir cualquier referencia a la cuestión en la norma, y dejando así en mano de deudor y acreedores, y, en defecto de acuerdo, en manos del instante o instantes de la solicitud de nombramiento, la apreciación y fijación de los referidos parámetros cognoscitivos y

---

52 FERNÁNDEZ GONZÁLEZ, V. "El procedimiento", pág. 527.

53 FERNÁNDEZ GONZÁLEZ, V. "El procedimiento", pág. 526. Con evidente acierto, NIETO DELGADO, C. "El experto", pág. 336 entiende que, en el procedimiento especial de continuación, el experto en reestructuración viene ser una suerte de administrador concursal sui generis.

54 Sobre la capacitación del experto en reestructuraciones del libro II TRLC, vid. AZNAR GINER, E. "La capacitación".

de experiencia, y la consecuente selección del candidato a la designación expertual de referencia, y a la vista del concreto proceso de continuación microempresarial.

Por lo tanto, la selección del experto reestructurador corresponde a deudor y acreedores, de mutuo acuerdo y, en su defecto, al proponente de la designación (arts. 704.6 TRLC), y no al Juez designador, previa negociación con los potenciales candidatos en una situación de libre concurrencia en el mercado, y tras ponderar y valorar, junto a otros extremos (retribución, régimen de la prestación de los servicios, profesionales asignados al asunto etc), la concurrencia en el potencial candidato de los conocimientos y la experiencia precisos para el ejercicio de sus funciones a la vista de la reestructuración microempresarial proyectada, o ya en curso.

De esta forma, y otorgándole la espada seleccionadora, el legislador confía que los legitimados elegirán a la persona idónea, desde el punto de vista de conocimientos y experiencia reestructuradora microempresarial a la vista del concreto proceso de continuación, y las circunstancias que le rodean o afectan. Porque, por la cuenta que les trae y el buen fin del procedimiento, aquellos resultan los máximos interesados en seleccionar al mejor, más capacitado y experimentado experto desde la perspectiva del concreto proceso de continuación, y ya se encargarán de buscarlo.

Todo ello ciertamente rocambolesco y confuso. Como el nombre escogido para el profesional microempresarial y continúatico que nos ocupa, "experto en la reestructuración", elección que no parece lógica, pues nada tiene que reestructurar, y las funciones que permiten su designación e intervención son las propias de la administración concursal del Libro TRLC I y prácticamente análogas a las del profesional microempresarial liquidativo, que, pese a ello, no se llama "experto en la reestructuración", sino "administrador concursal". Parejas funciones y distinta denominación. No tiene mucho sentido la verdad, salvo desde una pretensión tendente a diferenciar radicalmente la senda continuadora de la liquidativa. O quizás tal diferente nombre viene dado por la voluntad legislativa de conectar el plan de continuación, siempre positivo y tendente a la continuación de la empresa viable, a otra figura happy, frendly y positiva de la insolvencia como el experto en reestructuraciones y los planes de reestructuración del libro II TRLC, y atar lo luctuoso y liquidativo a ese "administrador concursal" tradicional e injustamente denostado y humillado por todos y, por lo que se ve, culpable de todos los males que azotan los concursos de acreedores. Váyase usted a saber. Quizá lo lógico hubiera sido nominar a todos bajo una misma denominación, simplemente experto, como acontece con el profesional a que se refiere el art. 714 TRLC, cuya función, pese a ser desplegada en la secuencia liquidativa, no se asigna al administrador concursal sino al llamado simplemente "experto", función valorativa esta, por cierto, también presente con un contenido similar en el proceso de continuación (art. 698 bis 5 TRLC), y asignada no a un "experto" sino al "experto en la reestructuración". Todo un auténtico galimatías carente de sentido. Pero en el ámbito de la insolvencia, y especialmente, en el del procedimiento especial para microempresas, la lógica, ciertamente, brilla por su ausencia.

III. FUNCIONES DEL EXPERTO EN LA REESTRUCTURACIÓN

Desde un punto de vista funcionarial, también resulta harto alambicada y enrevesada la forma en que el legislador regula el régimen de funciones asumibles por el experto en la reestructuración, y que pasa por su diferenciación entre unas, llamémosles funciones principales, y otras que denomino secundarias, ambas, principales y secundarias, fijadas expresamente en la Ley. Las primeras, ante la ausencia de un administrador concursal similar al del libro I TRLC, o profesional análogo, en el proceso especial de microempresas, precisa para su ejercicio de la designación de un experto en la reestructuración. Las segundas, secundarias, son potencialmente ejercitables, únicamente en el caso que haya sido designado previamente un experto para el ejercicio de las funciones principales, y para implementar solo por éste, y por nadie más, que las asume como consecuencia de su referida designación como experto con funciones principales.

Pese a regularse el régimen del experto en la reestructuración en el art. 704 TRLC, las funciones a ejercitar por éste surgen en diversos preceptos del libro III TRLC asistemáticamente, a retazos y dispersos, sin orden ni lógica. Otro galimatías. Así buceando entre los citados preceptos y después del oportuno triaje y escandallo, a la vista del TRLC, cabe distinguir las siguientes:

a) Funciones principales para cuyo ejercicio resulta precisa la previa designación en el proceso especial de continuación de un experto en la reestructuración:

- El ejercicio bajo intervención o suspensión de las facultades de administración y disposición del deudor (apartados 1 y 2 del art. 704 TRLC).
- El ejercicio de acciones rescisorias contra actos del deudor y de responsabilidad contra administradores, liquidadores y auditores (apartados 3 y 4 arts. 695 y 696 TRLC).

b) Funciones secundarias y potencialmente ejercitables sólo por el experto previamente designado para el ejercicio de cualquiera de las reseñadas en la letra a):

- Proponer un plan de continuación (art. 704.5 TRLC).
- Emitir opiniones técnicas sobre cualquiera de los extremos susceptibles de afectar a la formación de la voluntad de los acreedores en relación con el plan (art. 704.5 TRLC).
- Mediar entre el deudor y sus acreedores (art. 704.5 TRLC).
- Presentación de alegaciones a la propuesta de plan de continuación (art. 704.5 TRLC en relación con el apartado 2 del art. 697 quinquies TRLC).
- Opinar expertualmente sobre la frustración del referido plan (art. 704.5 TRLC en relación con el apartado 6 del art. 699 bis TRLC).
- Realizar informe de valoración de la empresa en funcionamiento (art. 704.5º TRLC en relación con el apartado 5 del art. 698 bis TRLC).

III.1. Funciones principales

Expuesto lo anterior, el primer grupo de funciones expertuales, reseñadas en la letra a) precedente esto es, (i) el ejercicio bajo intervención o suspensión de las facultades de administración y disposición del deudor, y (ii) el ejercicio de acciones rescisorias contra actos del deudor, y de responsabilidad contra administradores, liquidadores y auditores, que denomino principales, conectan inescindiblemente con el nombramiento de experto en la reestructuración, pues no previéndose su intervención como órgano necesario del procedimiento especial para microempresas, solo cabe su presencia en el mismo, en concreto, en el proceso de continuación, tras su designación a instancia de legitimado, y precisa e imperativamente para el ejercicio de cualquiera de esas dos funciones, y no otras, a la vista de su consideración como necesarias y convenientes, incluso, imprescindibles, para el desarrollo e interés del procedimiento especial de microempresas. Ese carácter de convenientes e imprescindibles de tales funciones rezuma de su previsión, tanto en el itinerario especial de continuación (arts. 704.1 y 2 TRLC y 695.3 y 4 y 696 TRLC) como en el liquidatorio (arts. 713.1 TRLC y los citados 695.3 y 4 y 696 TRLC).

Cono dije arriba, y tras aperturarse el procedimiento especial de continuación, una eventual designación expertual choca con principios básicos del sistema microempresarial ya reseñados como el de agilizar el procedimiento, tanto en plazos como en trámites, y abaratar económicamente el mismo, entre otras herramientas y con la excusa que nunca cobran sus honorarios, prescindiendo de la intervención de profesionales. Ante tal disyuntiva, y a la vista de la importancia de las funciones en cuestión, el legislador, aunque entiende no precisa ni necesaria la presencia del experto en la reestructuración, permite y no impide el nombramiento del experto por el Juez, pero necesariamente para el ejercicio de cualquiera de las citadas funciones principales, y siempre que lo solicite un legitimado al efecto, deudor o acreedores, y se den determinadas circunstancias[55].

III.2. Funciones secundarias

El segundo grupo de funciones, que aparecen recogidas en la letra b) anterior, presentan como común denominador la necesaria conexión de su potencial ejercicio con la previa y necesaria designación judicial de experto en reestructuración con cualquiera de las funciones principales reseñadas anteriormente en la letra a) precedente.

---

55 RECAMAN GRAÑA, E. "Comentario", pág. 1695.

De esta manera, el juez del procedimiento también tiene vetada la designación de un experto para que ejercite esas funciones secundarias, todas o alguna, aunque entienda conveniente tal nombramiento. Tampoco cabe la petición designatoria por el deudor o los acreedores a los únicos efectos del ejercicio de cualquiera de las funciones secundarias. Solo cabe su ejercicio por el experto previamente designado por el Juez con funciones principales de ejercicio de acciones rescisorias y de responsabilidad, o de intervención o sustitución de facultades del deudor, que, como consecuencia de esta designación, asume el potencial ejercicio de las funciones secundarias, automáticamente y sin necesidad de designación judicial adicional.

A la misma conclusión llego, incluso, en el supuesto de la confusa y enfangada función reseñada en el art. 698 bis 5 TRLC. Ciertamente la alusión que se efectúa en dicho precepto a la posible solicitud judicial de "un informe de un experto en la reestructuración sobre el valor del deudor como empresa en funcionamiento", podría amparar una apresurada conclusión defensora de la libertad del Juez del procedimiento para designar a un experto a las citadas funciones valorativas. Sin embargo, la referencia en el art. 704.5 TRLC al potencial ejercicio por el experto previamente con función principal, de "aquellas funciones que le son expresamente reconocidas en este Libro", y, por tanto, inclusiva de la del art. 698 bis 5 TRLC, así como los principios ordenadores del procedimiento especial para microempresas ya anunciados anteriormente, esencialmente, la prosecución del mismo a instancia deudora o acreedora, bajo la tutela nimiamente interventora del Juez, y el rechazo a la presencia de los profesionales salvo que alguien lo pida y lo pague, conducen a la conclusión que la referida facultad solo será ejercitable por el experto nombrado para el desempeño de funciones principales, careciendo el Juez de iniciativa alguna para su nombramiento, y sin perjuicio que tal informe pueda ser peticionado por su señoría, pero de ese experto ya designado.[56]

Siguiendo con la citada función informativa del art. 698 bis 5 TRLC, el problema que se nos plantea ahora conecta con una eventual ausencia de designación en el procedimiento de continuación

---

56 NIETO DELGADO, C. "El experto", págs. 329 y 336 y 337.

de experto porque nadie lo haya peticionado. En este caso, quedaría hibernada la facultad judicial peticionaria de ese informe de valoración, que resulta preciso cuando éste "lo considere necesario", y, en todo caso, "cuando una clase de acreedores afectados haya votado en contra" (art. 698 bis 5 TRLC), deviniendo en este último caso esa solicitud del informe por el juzgador ya no como facultativa sino como obligatoria.

Ciertamente el excelso tenor de la ley no da respuesta a esta problemática. Quizás, tal y como mantiene NIETO DELGADO, lo procedente sea la suspensión de actuaciones por el Juez a efectos que los legitimados pidan el nombramiento de experto, no para esta función, sino para cualquiera de las principales, y a partir de ello, también de la valorativa de marras, de tal manera que si nadie activa tal opción nominatoria, el Juez queda habilitado para el nombramiento de ese experto y a los exclusivos efectos de emitir el citado informe de valoración del deudor como empresa en funcionamiento a que se refiere el art. 698 bis 5. TRLC[57]. No se me ocurre otra solución.

Estas funciones secundarias, a su vez, pueden agruparse distinguiéndose, por un lado, las propias de asesor o mediador, recogidas en el art. 704.5 TRLC, y consistentes en la propuesta del plan de continuación, la emisión de opiniones técnicas sobre extremos del plan en conexión con la formación de la voluntad de los acreedores, y la mediación entre deudor y acreedores, y por otro, como una suerte de cláusula de cierre, aquellas reconocidas a favor del experto y que pululan por el resto de articulado del libro III TRLC, concretamente en los arts. 697 quinquies 2, 699 bis 6 y 698 bis 5 TRLC, y que son la presentación alegaciones al plan de continuación, prestar opinión expertual sobre la eventual frustración del referido plan y la emisión de informe sobre el valor del deudor como empresa en funcionamiento.[58]

Todas estas funciones secundarias presentan como común denominador el carácter potestativo de su ejercicio. Pero no desde la perspectiva del experto, pues obviamente se le dota de funciones para ejercitarlas cuando proceda, no cuando quiera, sino de su previa

---

57 NIETO DELGADO, C. "El experto", págs. 329 y 336 y 337.

58 RECAMAN GRAÑA, E. "Comentario", pág. 1695.

designación expertural con funciones principales, y de que se le requiera, según el caso, por deudor o acreedores, o por el juez, funcionalidades adicionales a estas principales para las que fue designado. No cabe olvidar que no resulta misión del experto en la reestructuración la obtención de un plan de continuación sino, únicamente, y en el ejercicio de sus facultades, la asistencia al deudor y acreedores, y al Juez, actuando de manera independiente e imparcialmente, y en orden a que los primeros alcancen y acuerden, en su caso, el plan de continuación, o se tenga por frustrado.

En esa línea, no parece lógica actuaciones unilaterales en el ejercicio de dichas secundarias funciones sin el mero requerimiento previo al efecto de aquellos. Incluso en el supuesto de la propuesta de plan. Carece de sentido que el experto tome la iniciativa en el caso que el deudor o acreedores, verdaderos interesados al efecto en la obtención del plan de continuación permanezcan quietos y mudos, sin requerirle nada al efecto. Mas aun cuando su presencia en el proceso de continuación, tal y como expuse anteriormente, resulta indeseable para el legislador y solo la invitación por parte de determinados acreedores permiten su intervención en el mismo, careciendo de sentido su actuación unilateral cuando los anfitriones de la fiesta microempresarial permanecen quietos e impávidos.

III.3. ¿Numerus clausus de funciones?

Únicamente estas funciones, principales y secundarias, y sólo estas, resultan ejercitables por el experto en la reestructuración durante la tramitación del procedimiento de continuación, y constituyen, desde luego, una suerte de catálogo funcional cerrado, o de numerus clausus.

Alcanzo esta conclusión, por un lado, a la vista de la minuciosa, aunque desordenada, catalogación de tareas que se efectúa en la norma, y la introducción en el art. 704.5 TRLC de una verdadera cláusula de cierre de funciones, con el carácter limitativo, y capador de su eventual ampliación, rezumante de su expresa atadura a aquellas funciones que le son "expresamente reconocidas" en el libro III TRLC. Por otro, se antoja absurdo mantener un carácter no exhaustivo de dicha reseña de funciones cuando alguna de ellas, las secundarias, solo se activan si existe previamente un experto, que solo puede ser nominado para el ejercicio de dos concretas funciones principales. Finalmente, cualquier pretensión abierta o ampliable de la citada relación de funciones, me antoja reñida con la simplificación procedimental microempresarial, que rehúye de trámites y actuaciones no previstas en el mismo, su indisimulada desjudicialización, dejando su impulso a deudor y acreedores, y el todavía más indisimulado rechazo, a los profesionales de la insolvencia, que impregna el TRLC y, en especial, el procedimiento de microempresas, limitando en este último caso su intervención solo a aquellos supuestos en que resulte conveniente e imprescindible su actuación, solo cuando lo permita la Ley, y siempre que alguien proponga su intervención y asuma su coste.[59]

Como conclusión, en el procedimiento de continuación microempresarial, el nombramiento del experto en reestructuración lo es con las funciones de ejercicio de facultades de administración y disposición del deudor, o de ejercicio de acciones de rescisión y responsabilidad. Y verificado tal nombramiento y por mandato de la ley, se ve revestido, además, de otras funcionalidades que podrá ejercitar en los términos que antes he expuesto. Voy a analizar ahora ambos nombramientos.

IV. EL NOMBRAMIENTO DEL EXPERTO EN REESTRUCTURACIONES EN EL ÁMBITO MICROEMPRESARIAL

IV.1. Solicitud de designación de experto con funciones de intervención, o sustitución, de facultades de disposición y administración del deudor (art. 704 TRLC)

Lo "acuerda" el Juez del procedimiento sólo a instancia, según el caso, del deudor o determinados acreedores, y sin que pueda decretarse de oficio, o instancia de cualquier otro tercero, aun cuando tuviese interés en tal limitación del ejercicio de facultades deudoras o, incluso, fuere conveniente para el interés del procedimiento.

---

[59] RECAMAN GRAÑA, E. "Comentario", pág. 1695.

Por lo tanto, la designación queda necesariamente conectada a la previa petición, mediante formulario normalizado, y sin justificación alguna, impetrada por deudor, o acreedor o acreedores que, supuesto de intervención de facultades, supongan, al menos, el veinte por ciento del pasivo total del deudor o, supuesto de sustitución de facultades, y a la vista de lo invasivo de la medida[60], el cuarenta por ciento igualmente, del pasivo total del deudor (art. 704, apartado 1 y 2 TRLC). En este último caso, sustitución, queda vetada tal solicitud al deudor y, además, se requiere que éste se halle en situación de insolvencia actual. Realmente la solicitud de designación por el deudor se me antoja ciertamente residual[61], y quizás conectada al ejercicio no tanto de la función de intervención de facultades, como de cualquicra otra de las funciones secundarias asumidas por el experto tras su designación para cumplimentar la principal.

Frente a la citada petición cabe esgrimir oposición en dos supuestos. Uno, general, conectado al ejercicio tanto de las funciones de intervención como de las de sustitución de facultades del deudor, y reservado a determinados acreedores que supongan, dice la norma, sin mayor concreción, una mayoría del "pasivo" (art. 704.3 TRLC), entendiendo por este "pasivo", ante la ausencia de mayor referencia en la norma, el total del deudor. Dado que la activación de la palanca designatoria requiere los porcentajes antes reseñados sobre el pasivo total debitoris, parece lógico que para su desactivación automática también proceda aplicar ese pasivo total. Y dada la alusión que se efectúa en el art. 704.3 TRLC, sin más, a "acreedores que representen la mayoría del pasivo", sin mención alguna al quorum pedigueñal del nombramiento, entiendo que solo cabe confrontar esa mayoría no tanto con el quorum peticionario como con el total pasivo del deudor, no bastando, por lo tanto, con que esa mayoría opositora sea superior a la requerida para pedir el nombramiento, sino que precisa ser superior al cincuenta por ciento del pasivo total.

Esta actuación opositora no requiere de justificación o motivación alguna, por lo que la mera oposición al nombramiento expertual por la mayoría del pasivo total, conlleva su rechazo sin mayor trámi-

60 RECAMAN GRAÑA, E. "Comentario", pág. 1696.
61 RECAMAN GRAÑA, E. "Comentario", pág. 1696.

te. Ello con la única excepción consistente en que tal designación resulte necesaria a efectos de realizar la valoración de la empresa en funcionamiento del deudor (art. 698 bis 5 TRLC) o entablar las acciones rescisorias o de responsabilidad a que se refieren los arts. 695 y 696 TRLC, en cuyo caso, la oposición planteada queda condenada al fracaso y será desestimada.

Estas excepciones fundadas, por cierto, en el desempeño de unas funciones reputadas importantes para el desarrollo del procedimiento microempresarial, pero para cuyo ejercicio, ciertamente, no se precisa la intervención o sustitución de facultades del deudor, lo cual no deja de ser una paradoja, se presentan de manera borrascosa entorpeciendo su correcto entendimiento.

Principiando por la excepción necesarial del ejercicio de las acciones rescisorias y de responsabilidad, la oposición al nombramiento del experto a que se refiere el art. 695.3 TRLC parece entrar en contradicción con esa excepción del art. 704.2 TRLC que permite sortear la oposición al nombramiento cuando sea preciso para el referido ejercicio. Sin embargo, y pese a la pésima redacción de ambos preceptos, cabe su conciliación entendiendo que esa necesariedad a que se refiere el art. 704.3 TRLC conecta no tanto con que ya haya designado un experto en reestructuraciones para entablar tales acciones, en cuyo caso no cabe nombrar otro experto sino dotar a éste último de tal función interventora o sustitutoria de facultades deudoras, como que se haya solicitado su designación y los peticionarios asumido íntegramente la retribución del experto, en cuyo caso, no cabe oposición al mismo ex art. 695.3 TRLC, y por tanto, resulta necesario a efectos de lo dispuesto en el art. 704.3 TRLC[62].

Y la excepción conectada con el chapucero art. 698 bis 5 TRLC también plantea sombras, a la vista que sólo el Juez ostenta la facultad de pedir ese informe valorativo del deudor como empresa en funcionamiento, y, por tanto, tener por necesario el nombramiento a efectos de la desactivación opositora del art. 704.3 TRLC. Y lo cierto es que resulta más que posible que, al tiempo de formularse la oposición, no se vislumbre por su señoría la necesidad de practicar la citada valoración, o no se dé el presupuesto que obliga a la misma

---

[62] SANJUAN Y MUÑOZ, E. "Comentario", pág. 239.

(el voto en contra de una clase de acreedores afectado por el plan), sin perjuicio que, tras la oposición, y por tanto, rechazada la petición designadora, sí que aparezca como necesaria a los citados efectos valorativos.

Junto al anterior motivo rechazatorio general, también cabe oposición ex art. 704.4 TRLC, en este caso, a cargo del deudor, o acreedores que representen la mayoría del pasivo, aquí también total, del deudor, pero ejercitable única y específicamente respecto de la petición de nombramiento expertorio a que se refiere el art. 704.2 TRLC, esto es, con funciones de sustitución de las facultades de administración y disposición del deudor, resultando esta oposición tendente no tanto a evitar la designación del experto como a que la función que se le asigne no sea la sustitución sino la intervención por este de las referidas facultades[63].

De este modo, solicitada la designación de un experto en reestructuración con funciones de sustitución de las referidas facultades deudoras ex art. 704.2 TRLC, y salvo que se active la palanca opositora del art. 704.3 TRLC, su nombramiento deviene inevitable y la eventual oposición queda centrada, únicamente, en rebajar la intensidad de la limitación del ejercicio de dichas facultades, de la sustitución solicitada al régimen más liviano de su intervención.

La oposición a la sustitución de facultades se plantea mediante el dichoso formulario, y en el plazo de cinco días hábiles siguientes a la notificación del experto. A partir de aquí todo se engorrina y enfanga merced a una terrible y pésima redacción del art. 704.4 TRLC, que impide su nítida comprensión. Una primera lectura del precepto parece imponer una oposición cimentada, exclusivamente, en la inexistencia de la insolvencia actual del deudor[64], presupuesto inexcusable, cuya concurrencia resulta precisa en orden a la designación de experto con funciones sustitutivas y por ello, y a estos efectos, quien se oponga, deudor o acreedores legitimados, debe acompañar los documentos acreditativos "de su solvencia", obviamente, del deudor.

---

63 IÑIGUEZ ORTEGA, P. "El procedimiento·, pág. 2422. FERNÁNDEZ GONZÁLEZ, V. "El procedimiento", pág. 527.

64 RECAMAN GRAÑA, E. "Comentario", pág. 1613.

Sin embargo, el conocimiento de esa solvencia, o de su insolvencia inminente o probable, y no actual, parece reservado en exclusiva para el deudor, que, ciertamente, debe demostrar que no se halla en situación de insolvencia actual. Y la interpretación de la norma expuesta en el párrafo precedente conllevaría una oposición acreedora absolutamente marginal y residual. Por ello, me resulta dable otra interpretación del art. 704.4 TRLC, según la cual la oposición basada en la inexistencia de la insolvencia actual deudora, resulta exigible solo del deudor, pero no de los acreedores, bastándole a estos últimos y a efectos de la oposición, con detentar y acreditar la citada mayoría del pasivo[65]. Aunque no voy a engañar a nadie, dado lo lastimoso y paupérrimo de la redacción del art. 704.4 TRLC, la interpretación inicialmente expuesta también resulta plausible.

El juez, en el plazo de cinco días hábiles, resolverá necesariamente designando al experto en cuestión bien con la sustitución de facultades inicialmente peticionadas, o bien con facultades de intervención, en este último caso, con los únicos argumentos, si se opuso el deudor, que de la documentación por este presentada, éste no resulta insolvente actualmente, o, caso de acreedores opositores, que no reunían la mayoría de pasivo requerido.

IV.2. Solicitud de nombramiento con funciones de ejercicio de acciones rescisorias y de responsabilidad (arts. 695, 3 y 4 y 696 TRLC)

También lo "acuerda" el Juez del procedimiento, pero aquí únicamente a instancia de acreedor, o acreedores, que representen, individual o conjuntamente, al menos, el veinte por ciento del pasivo total del deudor, careciendo éste de legitimación al efecto. Tampoco cabe su designación de oficio por el Juzgador. La petición designatoria debe cursarse dentro del plazo de los cuarenta y cinco días siguientes a la comunicación de apertura del procedimiento especial (arts. 691 y ss TRLC), y no desde la resolución judicial acordando la apertura (art. 692 TRLC).

---

65 NIETO DELGADO pone de manifiesto la pésima redacción del art. 704.4 TRLC. NIETO DELGADO, C. "El experto".

Y aquí se plantea el problema del cómputo de tal plazo, cuestión esta, la de los plazos y su computo en el libro III TRLC, ciertamente borrascosa y embarradada a la vista que, a lo largo del mismo, nos encontramos con plazos hábiles (ej: arts. 695.1 TRLC, 706.1 TRLC o 717.1 TRLC), plazos naturales (ej: art. 609 TRLC o 716.1 TRLC), y otros como el que nos ocupa, en el que la norma elude mención alguna sobre su carácter, hábil o natural.

Un lamentable ejemplo de asistemática y falta de coherencia al regular los plazos en el procedimiento especial de microempresas, cada uno de su padre y de su madre, careciendo de sentido, en mi opinión, la referida distinción que, sinceramente, no sé a qué obedece. La solución quizás parta de la indudable consideración del procedimiento especial de microempresas como un procedimiento jurisdiccional del orden civil, desjudicializado al extremo, pero proceso jurisdiccional, y su conexión con lo previsto en los arts. 182 a 185 LOPJ y 130 a 136 LEC, para el computo de los plazos procesales en tal orden. Y aquellos referidos como naturales en la norma, amparando su computo, recurriendo a lo dispuesto en el art. 5 CC.

Por lo tanto, el plazo, dado su carácter procesal, computara a la vista de las normas previstas en la LEC (arts. 130 a 136), sin que sea susceptible de prorroga o suspensión alguna.

Frente a esta pretensión nominatoria cabe una respuesta opositora a favor de acreedores que representen un porcentaje del pasivo mayor que el que representan los solicitantes, el que sea, pero siempre superior que el de los solicitantes, y que no requiere motivación alguna, en cuyo caso, quedará automáticamente desactivada la solicitud de nombramiento del experto, ello con la única excepción de que los solicitantes hayan asumido en su petición el pago íntegro de la retribución expertual, en cuyo caso, no cabra oposición alguna a la solicitud (art. 695.3 TRLC)[66]. Obviamente, si el porcentaje solicitador del nombramiento es superior al cincuenta por ciento del total pasivo, no cabrá oposición alguna, pues el quorum batallador siempre será inferior al requeridor del nombramiento y procederá el mismo sin que estos asuman íntegramente la retribución del exper-

66 FERNÁNDEZ GONZÁLEZ, V. "El procedimiento", pág. 538.

to[67]. La oposición, al igual que la petición de designación de experto, como dije, no requiere de justificación o motivación alguna.

Por el contrario, en el supuesto que ya hubiese experto en reestructuración designado, que solo puede serlo ex art. 704 TRLC, y en congruencia con la pretensión abaratatoria economical y de mínima intervención de profesionales en el procedimiento especial de microempresas, ya no procede solicitar ni verificar nombramiento alguno, sino que a la vista del art. 695.4 TRLC, el previamente nominado, que lo habrá sido para la función de intervención o sustitución de facultades, asuma el ejercicio de tales acciones rescisorias y de responsabilidad.

La duda que se me plantea es si ese ejercicio de acciones rescisorias y responsabilitatorias deviene imperativo para el experto en reestructuraciones. En el supuesto de que ya hubiere previamente designado un experto, parece que no, pues el art. 695.4 TRLC, y en ausencia de tal ejercicio, permite que lo acometan los acreedores solicitantes, en cuanto legitimados activamente subsidiarios, pero a su costa y en interés del concurso, según el régimen jurídico previsto en el art. 232 TRLC, lo que permite mantener la libertad del experto reestructurador en orden al no ejercicio de las acciones caso que éste dude de su viabilidad, falta de fundamento, o entienda que el deudor no se halla en situación de insolvencia actual, que constituye presupuesto del ejercicio de tales acciones rescisorias y de responsabilidad (art. 695.6 TRLC)[68].

La cuestión se torna más turbia en el supuesto de designación de un experto para ejecutar las referidas acciones. Ciertamente, el tenor del art. 695.3 TRLC y la atadura del nombramiento al "ejercicio de acciones rescisorias" que se efectúa en el citado precepto, así como la falta de referencia alguna a la parálisis ejercitadora del experto y la entrada en acción subsidiaria en tal caso de los acreedores solicitantes, permiten, inicialmente, mantener que la designación, en este caso, lo es para el necesario ejercicio de la acción rescisoria o de responsabilidad, quedando compelido y atado el experto a ello.

---

67 NIETO DELGADO, C. "El experto", pág. 330

68 SANJUAN Y MUÑOZ, E. "Comentario", pág. 239 y RECAMAN GRAÑA, E. "Comentario", pág. 1615.

Sin embargo, no cabe olvidar que el procedimiento especial de microempresas, en materia de acciones rescisorias y de responsabilidad, y a diferencia del concurso de acreedores, parte de una patente ausencia de información al efecto derivada de la inexistencia ab inito de una administración concursal en su seno. Por ello, y a través del mecanismo de los apartados 1 y 2 del art. 695 TRLC, el legislador deja en mano del activismo acreedor y los socios personalmente responsables de las deudas del deudor, la averiguación y comunicación al procedimiento de cualquier información relativa al ejercicio de tales acciones rescisorias y de responsabilidad. Y lo cierto, por mucho que los citados pretendan averiguar sobre actos del deudor rescindibles o generadores de responsabilidad, el acceso a la información les resulta fuertemente limitado, y habitualmcntc, incompleto y sesgado, debiendo el experto ejercitar la acción a la vista de tales informaciones y no otras, y careciendo de facultades averiguadoras adicionales a las expuestas al efecto. A veces, incluso, la mera petición de un experto reestructurador para la actuación rescisoria, o de responsabilidad, cumple una función, llamémosla, querellística catalana y tendente a invitar y excitar al deudor al pago de lo adeudado.

Por otro lado, no cabe olvidar que el experto en reestructuraciones, pese al silencio de la Ley, debe actuar diligentemente y con imparcialidad e independencia frente al deudor y los acreedores (arts. 80 y 680 TRLC en conexión con el art. 689 TRLC) por lo que, a la vista de todo ello, se me exhibe carente de sentido el ejercicio por el experto de una acción, rescisoria o de responsabilidad, que entiende, a la vista de la información que le fue suministrada ex art. 695.1 TRLC, inviable, o no suficientemente fundada, o respecto de la cual no concurre el presupuesto de la insolvencia actual del deudor que permite su ejercicio (art. 695.6 TRLC), so pena de menoscabar los citados principios rectores de su actuación, en especial, la diligencia que debe serle exigida. Amén de resultar contrario al interés del procedimiento y de la masa activa.

Por todo ello, entiendo procedente una interpretación conjunta e integradora de los apartados 3 y 4 del art. 695 TRLC en orden a la libertad ejercitadora (o no) de la acción en cuestión a favor del experto en la restructuración en los términos expuestos anteriormente y sin perjuicio siempre de la legitimación subsidiaria de los acreedores solicitantes[69].

IV.3. Nombramiento del experto

La tramitación y resolución de la petición designatoria reestructural, para variar, se me antoja también oscura y procelosa. Respecto al nombramiento de experto con funciones de rescisorias y de responsabilidad, y salvo en lo relativo a la solicitud y oposición a la misma, el TRLC guarda un absoluto silencio sobre la sustanciación y resolución de la petición, por lo que, a falta de mención alguna, aparece como aplicable el régimen previsto para la designación de experto con funciones de intervención o sustitución de facultades. Pero aquí la norma se torna fragmentada en el relato de los trámites para tal designación, de tal forma que resulta preciso recopilar y cimentar la regulación expuesta en diversos apartados del art. 704 TRLC.

El procedimiento, como expuse, siempre principia mediante el oportuno formulario normalizado y solicitatorio del nombramiento de un experto en la reestructuración con funciones de ejercicio de acciones rescisorias o de responsabilidad, o de intervención o sustitución de facultades patrimoniales del deudor, formulado, según el caso, por deudor o el porcentaje acreedor previsto en la norma. Tal petición no requiere justificación o motivación alguna.

A la citada solicitud se acompaña el acuerdo entre el deudor y acreedores que representen el cincuenta por ciento del pasivo total en torno a la persona a designar, aunque el art. 704.6 TRLC, también permite la comunicación del pacto dentro de los cinco días siguientes a la solicitud e, igualmente, mediante el dichoso formulario normalizado.

La falta de acuerdo al respecto, que me temo será lo habitual, o la ausencia de comunicación de la identidad del experto pactado, no fulmina el procedimiento, sino que conlleva la designación expertual conforme al "procedimiento previsto en el libro segundo para el

---

69 RECAMAN GRAÑA, E. "Comentario", pág. 1615. Contra, SANJUAN Y MUÑOZ, E. "Comentario", pág. 239.

nombramiento de experto por el juez" (art. 704.6 TRLC en conexión con el art. 676 TRLC). Vuelvo a ello más adelante.

De la citada petición acreedora, se dará traslado por plazo de cinco días hábiles a los acreedores del deudor, y a este último, a los efectos opositorios reseñados con anterioridad, que salvo en lo referente a la ausencia de la insolvencia actual del deudor del art. 704.4 TRLC, tampoco requiere motivación o justificación sino la concurrencia de los presupuestos opositores requeridos en la norma, tras lo cual, procede la resolución de la solicitud, admitiéndola o denegándola el Juez del procedimiento, en este último caso, solo porque no confluyan los citados presupuestos, o se acoja la oposición acreedora, siendo variadas son las situaciones que pueden plantearse.

La primera, aplicable a ambos supuestos designatorios, aquella en la que por los acreedores no se efectúa uso de la herramienta opositora al nombramiento a que se refieren los arts. 695.3 TRLC, y 704.3 y 704.4 TRLC. En tal caso, procede la designación del experto en reestructuración peticionado, quedándole vetada al Juzgador cualquier pretensión rechazatoria de la misma.

La segunda, supuesto de designación de experto con funciones de ejercicio de acciones rescisorias y de responsabilidad (art. 695 TRLC), si concurre una revuelta opositora a la solicitud por los acreedores a que se refiere el art. 695.3 TRLC, el juez queda compelido al automático rechazo de la petición, salvo que los solicitantes asuman íntegramente la retribución del pretendido experto, en cuyo caso, el Juez, sin mayor margen deliberador, decretará el nombramiento.

La tercera situación, dable en el supuesto de petición expertual para ejercicio de funciones de intervención o sustitución deudora, la mera concurrencia de la oposición a que se refiere el art. 704.3 TRLC provoca el rechazo judicial de la solicitud, salvo que "el nombramiento sea necesario a efectos de realizar las valoraciones previstas o entablar acciones rescisorias o de responsabilidad, según se prevé en este libro tercero.", en cuyo caso el Juez sí que aceptará la petición de nombramiento de experto.

La cuarta situación, también aplicable a la solicitud de experto con las referidas funciones suspensorias o interventorias, conecta con la oposición del deudor o acreedor planteada ex arts. 704.4 TRLC e igualmente conlleva, con independencia del resultado final de la oposición, la aceptación de la solicitud pues lo realmente cuestionado allí, como expuse antes, no es tanto el nombramiento, que no lo es, sino la función de sustitución de facultades del deudor y su dilución a la mera intervención.

La oposición reseñada en tal precepto no busca desactivar el nombramiento, cuestión ésta solo vehiculizable a través del cauce del art. 704.3 TRLC, sino alterar el régimen de limitación de facultades del deudor, pasando desde la inicial sustitución peticionada a la intervención, siendo esta, y no la del nombramiento, la única cuestión resolvible por el Juez ("... el juez resolverá, en el plazo de cinco días hábiles, si procede nombrar el experto con sustitución o, por el contrario, si se le nombra con meras facultades de intervención,", dice el art. 704.4 TRLC).

Finalmente, cabe una quinta y ultima situación. Aquella en que ya existe un experto en reestructuraciones designado para el ejercicio de una de las dos funciones principales, y se requiere por legitimado al efecto la nominación de otro para el desempeño de la restante.

Respecto a las funciones de ejercicio de acciones de los arts. 695 y 696 TRLC, la cuestión ya queda resuelta en el art. 695.3 TRLC, señalatorio del requerimiento por determinados acreedores, no al juzgado para su designación, sino al experto previamente nominado, y a efectos de "solicitar del mismo el ejercicio de la acción rescisoria."

De esta forma, y compatiblemente con los principios que rigen el procedimiento especial de microempresas, de abaratamiento de sus costes, y mínima intervención en el mismo, solo cuando sea imprescindible, del propio Juez y de los profesionales de la insolvencia, la norma expulsa cualquier pretensión peticionaria designal al Juzgado de un nuevo experto, o de asunción por este y por orden judicial de la nueva función, solicitud que sería rechazada de plano si se presentase, sino que, una vez designado para el ejercicio de funciones de limitación, ex lege, también queda potencialmente revestido, sólo si lo pide ese quorum acreedor del 10 por ciento antes reseñado, para el eventual ejercicio de las acciones rescisorias y de responsabilidad de marras, sin necesidad de intervención judicial alguna, repito, sea nominatoria de experto, sea autorizatoria del citado ejercicio. Y sin perjuicio de lo dicho antes sobre el ejercicio definitivo de la acción.

Pero en sentido contrario, la cuestión no resulta tan clara. En efecto, designado un experto en reestructuración a efectos del ejercicio de las acciones rescisorias y de responsabilidad, no se exhibe con claridad en el TRLC una norma que permita la asunción por éste de las funciones de autorización o sustitución de facultades del deudor. Ciertamente el art. 704.3 TRLC desactiva la oposición de los acreedores a su nombramiento, cuando éste "sea necesario a efectos de realizar las valoraciones previstas, o entablar acciones rescisorias o de responsabilidad". Sin embargo, parece que este precepto alude a aquel supuesto en que se haya peticionado también la designación a efectos rescisorios, no a que haya sido ya designado. Quizas pueda interpretarse también en este último sentido, con apoyatura en los principios inspiradores del procedimiento reseñados en el párrafo anterior, y la lógica de carecer de sentido nombrar dos expertos, uno para el ejercicio de cada una de las funciones, asumiendo ambos como consecuencia de su designación aquellas otras reconocidas potencialmente ejercitables por el experto una vez designado. Por ello, entiendo que también en este caso procede la unificación de cargo y funciones en una sola persona, pero en este caso, a falta de mención expresa, parece que el Juez deberá nombrar a la persona expertual ya designada en las actuaciones, ordenando la asunción por ésta de la citada función de intervención o sustitución de las facultades patrimoniales y de administración del deudor.

Y tras la designación del experto en la reestructuración por el Juez, no será preciso que este le designe también para el ejercicio de las funciones secundarias, toda vez que como expuse antes y tras su nombramiento con cualquiera de las funciones principales, asume, automáticamente y sin que sea preciso ulterior actuación judicial, el potencial ejercicio de aquellas secundarias. Ciertamente, el art. 704 TRLC conecta esta asunción con el nombramiento del experto en la reestructuración con funciones de intervención o sustitución de facultades deudoras, pero no veo inconveniente en que también se produzca caso de su designación solo con funciones de ejercicio de acciones rescisorias o de responsabilidad.

Común a todos los escenarios designatorios expuestos, como ya señalé, resulta ser el escuálido, por no decir nulo, margen decisorio a favor del Juez a la hora del nombramiento, o no, del experto reestructurador en el procedimiento de continuación empresarial, pues el Juzgador viene compelido a la aceptación o rechazo de la solicitud a la vista y comprobación, de la concurrencia de determinados presupuestos, esencialmente, formales y de existencia de los quórums peticionarios u opositorios antes reseñados. Una muestra más de la ultra desjudicialización del procedimiento especial de microempresas, y del indisimulado rechazo del legislador a la intervención judicial en el mismo, siempre limitada a lo imprescindible.

Y siguiendo esa estela, también se priva al Juez de la determinación del concreto profesional que ejercitara el cargo expertual, conectada, imperativa y necesariamente, a la propuesta del candidato formulada, de común acuerdo, por deudor y acreedores y, en su defecto, por el solicitante de la designación expertual (art. 704.6 TRLC en conexión con el art. 676.1 TRLC). Por así decirlo, y aunque me repela leerlo, en virtud de esa huida de los mecanismos preconcursales y microempresriales del Juzgado, en base a una peligrosa mínima intervención judicial (el karma de la "desjudicialización"), el Juez "pone" a quien el deudor y acreedores, de común acuerdo, "le seleccionan" extra muros del Juzgado, quedando su señoría obligado a su designación, salvo que no se pongan de acuerdo, en cuyo caso, lo será el designado por el solicitante del nombramiento (art. 704.6 y 676.1 TRLC). Y si no reuniese el propuesto las condiciones para ejercitar el cargo, tampoco podrá designar libremente a quien entienda que sí reúne tales condiciones, sino que, art. 676.2 TRLC solicitará a quien lo hubiera propuesto que, en el plazo de dos días, presente terna de posibles expertos de entre los que efectuará el nombramiento, siempre que reúnan esas condiciones.

V. RETRIBUCIÓN DEL EXPERTO

Finalmente, la retribución del experto correrá a cargo del solicitante, y se determinará de mutuo acuerdo entre el deudor y los acreedores que representen la mayoría del pasivo, salvo que la solicitud provenga de los acreedores y estos asuman voluntariamente el coste de la retribución, en cuyo caso les corresponderá la determinación de la cuantía. De no existir acuerdo o asunción voluntaria por los acreedores, la cuantía se fijará aplicando los aranceles establecidos para la retribución de administradores concursales.

VI. BIBLIOGRAFÍA

AZNAR GINER, E. "La capacitación del experto en materia de reestructuraciones. Una reflexión sobre el contenido del art. 674 TRLC", en "La reforma concursal de la Ley 16/2022 a debate. Un nuevo paradigma en el tratamiento de la insolvencia", AA.VV, dirigidos por FORTEA GORBE, J., y TALENS SEGUÍ, J. y coordinados por LÓPEZ PARICIO, J., y AZNAR GINER, E., Valencia, 2023.

AREOSO CASAL, A. "Tratado práctico de derecho Concursal, Tomo II, A Coruña, 2023

FERNÁNDEZ GONZÁLEZ, V. "EL Procedimiento de microempresas y mricoempresarios: el plan de continuación como solución a la insolvencia", en "Comentario a la reforma del Texto Refundido de la Ley Concursal", AA.VV, dirigidos por PRENDES CARRIL, P y FACHAL NOGUER, N., Cizur Menor, 2022.

FERNÁNDEZ PÉREZ, N. "Disposiciones generales", en "Derecho Concursal y Preconcursal", AA.VV, dirigidos por GALLEGO SÁNCHEZ, E. Tomo II, Valencia, 2022.

FERRANDIZ AVENDAÑO, P. J. "Los principios informadores del procedimiento especial de microempresas". La Ley Insolvencia, núm. 26, enero de 2024.

GONZÁLEZ VÁZQUEZ, J. C. "Píldoras sobre la reforma del Texto Refundido de la Ley Concursal (Ley 16/2022). Análisis crítico con enfoque práctico", Valencia, 2023.

IÑIGUEZ ORTEGA, P. "El procedimiento de continuación", en "Derecho Concursal y Preconcursal", AA.VV, dirigidos por GALLEGO SÁNCHEZ, E. Tomo II, Valencia, 2022.

NIETO DELGADO, C. "El experto en la reestructuración", en "Nuevo marco jurídico de la reestructuración de empresas en España", AA.VV. dirigidos por COHEN BENCHETRIT, A., Cizur Menor, 2022.

RECAMAN GRAÑA, E. "Comentario art. 704", en "Comentario a la Ley Concursal", AA.VV. dirigidos por PULGAR EZQUERRA, J. y coordinados por GUTIÉRREZ GILSANZ, A., MEGIAS LÓPEZ J., y RECAMAN GRAÑA, E., 3º edición, Tomo II, Las Rozas, 2023.

SANJUAN Y MUÑOZ, E. "Comentario art. 695", en "Comentarios al articulado del Libro tercero del Texto Refundido de la Ley Concursal", AA.VV, dirigidos por SANJUAN Y MUÑOZ, E. y PEINADO GARCÍA, J. I., Madrid, 2023.

YANES YANES, P. "Comentario art. 704", en "Comentarios al articulado del Libro tercero del Texto Refundido de la Ley Concursal", AA.VV, dirigidos por SANJUAN Y MUÑOZ, E. y PEINADO GARCÍA, J. I., Madrid, 2023.

VELA PÉREZ, J. "Procedimiento especial para microempresas", en "Memento Practico Concursal Francis Lefebvre 2024", AA.VV coordinados por VILLORIA RIVERA, I. y ENCISO ALONSO-MUÑUMER, M., Madrid 2023.

16. CONCURSO DE PERSONAS FÍSICAS Y EXONERACIÓN DEL PASIVO INSATISFECHO EN LOS SUPUESTOS DE CONCURSOS SIN MASA. ALGUNAS CUESTIONES

RAÚL GARCÍA OREJUDO
Magistrado-Juez de lo Mercantil núm. 7 de Barcelona
Especialista en los asuntos propios de los órganos de lo mercantil

I. INTRODUCCIÓN

Una de las mayores críticas que se puede efectuar a la Ley 16/2022, de 5 de septiembre, de reforma del texto refundido de la Ley Concursal, aprobado por el Real Decreto Legislativo 1/2020, de 5 de mayo, que supuso la transposición de la Directiva (UE) 2019/1023 del Parlamento Europeo y del Consejo, de 20 de junio de 2019, sobre marcos de reestructuración preventiva, exoneración de deudas e inhabilitaciones, y sobre medidas para aumentar la eficiencia de los procedimientos de reestructuración, insolvencia y exoneración de deudas, y por la que se modifica la Directiva (UE) 2017/1132 del Parlamento Europeo y del Consejo, sobre determinados aspectos del Derecho de sociedades, es la regulación que se hace del concurso sin masa del art. 37 bis del TRLC respecto de personas físicas y su conexión con la exoneración del pasivo insatisfecho.

II. SITUACIÓN DE VERDADERA INSOLVENCIA

Ciertamente, todo procedimiento concursal debe ponerse siempre en relación con la situación de insolvencia, es decir, con la imposibilidad de hacer frente de manera regular y puntualmente a las obligaciones con contenido patrimonial. Por lo tanto, el procedimiento concursal exige la identificación de las obligaciones no satisfechas que constituyen la masa pasiva del concurso. Algunos Juzgados están planteando la existencia de situaciones abusivas en la presentación de concursos voluntarios al apreciarse que no se está en situación de insolvencia y se busca el EPI en fraude de ley.

Para determinar si un deudor se encuentra en situación de insolvencia deben tenerse en cuenta el patrimonio embargable del deudor, que es el que integra la masa activa del concurso. El concepto de patrimonio embargable lo fija la Ley de Enjuiciamiento Civil (art. 605 y ss). Así, el patrimonio no embargable lo conforman los bienes y derechos propiedad del deudor que resultan imprescindibles para el desarrollo de su vida en condiciones dignas, los bienes cuyo valor de realización sea ridículo, así como los salarios, rentas o pensiones que no superen los mínimos inembargables. Se protege así el salario mínimo interprofesional, fijando la Ley unos porcentajes embargables progresivos para las cantidades ingresadas que superen ese salario mínimo. Debe tenerse en cuenta que el patrimonio no embargable no forma parte de la masa activa del concurso. Debe tenerse en cuenta, asimismo, que las deudas por alimentos y las derivadas de obligaciones familiares pueden ejecutarse sobre bienes no embargables ya que esos bienes no forman parte de la masa activa del concurso y, conforme al artículo 608 de la LEC, podrían embargarse, siempre que no se configure como un crédito contra la masa, respecto de la parte que se integra en la masa activa del concurso.

Como se ha indicado, la solicitud de concurso se vincula a la masa pasiva del concurso, es decir, a las deudas que tiene el deudor; tanto las ya líquidas, vencidas y exigibles —que son las que generan la situación de insolvencia— como a las deudas pendientes de vencimiento y exigibilidad. Pero ello no exime al deudor de reflejar en la solicitud de concurso los elementos que integran su activo (aunque se considere que es un concurso sin masa)

Si el concurso lo solicita una persona física empresaria que sea conste como empleador en contratos laborales con terceros y haya deuda pendiente bien por salarios, bien por indemnizaciones no atendidas, el deudor debería dar detalle sobre los mismos para facilitar la posterior tramitación de estos derechos ante el Fondo de Garantía Salarial. Conviene, sobre todo en el concurso sin masa, que el deudor solicite que esos créditos laborales pendientes se reflejen en el auto de declaración de concurso para facilitar el anticipo de pago a los trabajadores por parte del Fondo de Garantía Salarial, así como la subrogación del Fondo en la posición del trabajador en los supuestos legalmente previstos.

Además, deberá aportar una memoria en la que exprese la historia económica y jurídica del deudor; de la actividad o actividades a que se haya dedicado durante los tres últimos años y de los establecimientos, oficinas y explotaciones de que sea titular, y de las causas del estado de insolvencia en que se encuentre (7.1º TRLC)

No obstante, hay que tener en consideración que el deber de aportación de estos documentos no es absoluto. El deudor debe facilitar los documentos que, de modo razonable, se encuentren en su poder; así como elaborar con la mayor precisión posible la memoria, lista de acreedores e inventario.

Si el deudor no dispone de algunos documentos o puede ser impreciso su contenido, debe advertirlo así en la solicitud de concurso, indicando la causa o razón de la omisión o imprecisión. Pero, si no se aportan los documentos esenciales o no se cumplimentan correctamente, el concurso podrá ser declarado culpable (art. 443). La culpabilidad del concurso determina que el deudor no pueda aspirar a la exoneración del pasivo insatisfecho. Aunque el riesgo de declaración de culpabilidad del concurso sólo surge cuando las omisiones son relevantes y no han sido previamente advertidas y razonadas con la solicitud de concurso. Hay que tener en cuenta que a lo largo del procedimiento tanto el juzgado como la administración concursal podrán requerir al deudor para que aporte documentos o información complementaria (art. 134 y 135) con las consecuencias para la exoneración del art. 487.

III. ESCENARIO DE CONCURSO SIN MASA

Como bien demuestra la práctica judicial, hay ocasiones en las que el deudor carece de patrimonio, o ese patrimonio se agota rápidamente, no permitiendo pagar ni tan siquiera los gastos del concurso, los llamados créditos contra la masa. Originariamente la normativa concursal regulaba esa situación de carencia de masa dentro de los supuestos de conclusión del concurso (art. 465 TRLC), permitiendo incluso la declaración y conclusión de concurso cuando esa carencia de masa fuera evidente.

En la normativa anterior a la Ley 16/2022, la carencia de masa activa del concurso no impedía el nombramiento de un administrador concursal que debía supervisar durante un breve espacio de tiempo tanto la realidad de la ausencia de masa como la liquidación del patrimonio embargable para pagar, hasta donde alcanzara, los créditos contra la masa (principalmente los gastos del propio concurso).

El concurso sin masa o con masa insuficiente, que se configuraba como una situación excepcional en la regulación legal, sin embargo, en la práctica, se ha constatado que es el escenario habitual para muchos concursos, especialmente de personas físicas. Esta circunstancia ha obligado a realizar distintos cambios y modificaciones legales para afrontar esta situación que se ha intensificado, al aumentarse exponencialmente el número de concursos de personas físicas como camino ineludible para conseguir la exoneración del pasivo insatisfecho.

La Ley 16/2022 avanza en estos cambios legales adoptando una serie de modificaciones que permiten pensar en un nuevo escenario procesal para el tratamiento de los concursos sin masa: Se distingue entre el concurso sin masa y con masa insuficiente sobrevenida. El concurso sin masa, constatada desde la solicitud, se regula dentro de los preceptos referidos a la declaración de concurso (art. 37 bis y siguientes TRLC). El concurso sin masa sobrevenida, constatada tras la declaración, se sigue regulando dentro de las causas de conclusión del concurso. Se suprimen las normas que exigían el nombramiento en todo caso de un administrador concursal con funciones limitadas y con ello se traslada a los acreedores la carga de proponer la designa de administrador concursal, garantizando el coste de honorarios de ese profesional.

Aunque pudiera parecer que los concursos sin masa serían excepcionales, que no se presentarían muchos procedimientos con estas circunstancias, lo cierto es que desde la entrada en vigor de la Ley 16/2022 se ha constatado que más de un 90% de los concursos voluntarios de personas naturales se instan con la expresa referencia a su tramitación como concurso sin masa. Esa circunstancia no puede considerarse excepcional, después de más de 16 meses de aplicación de la reforma, se comprueba que la pauta sigue siendo la de que el concurso de persona física sea normalmente sin masa. Dado que la exoneración del pasivo insatisfecho se configura como un derecho reconocido al deudor, es lógico que se ha producido un incremento sustancial del número de procedimientos de personas físicas destinados principalmente a conseguir la exoneración.

La práctica de estos meses ha permitido detectar varios problemas tanto en la tramitación de estos procedimientos como en el subsiguiente trámite de solicitud y reconocimiento de la exoneración del pasivo.

Una de las primeras dudas es si la regulación de los arts. 37 bis y siguientes podrían aplicarse cuando se solicite por un acreedor un concurso necesario. En principio se considera que no debería haber obstáculo legal para que pudieran aplicarse estas normas para el concurso necesario, pero no en el trámite de admisión de la solicitud por el acreedor, sino en el momento en el que, rechazada la oposición o en los supuestos en los que el deudor no se oponga, se constate la falta de masa activa.

El artículo 37 bis del TRLC hace mención a 4 supuestos legales en los que se constata que el deudor carece de masa realizable en el concurso, o que la masa de la que dispone no permite la satisfacción ni tan siquiera de los créditos contra la masa.

Lo primero que hay que subrayar es que la insuficiencia de masa no es equivalente a la carencia absoluta de masa, confusión que está conllevando muchos problemas en la práctica. No debe olvidarse que sólo conforman la masa activa del concurso los bienes o derechos de contenido patrimonial que sean embargables (art. 192.2 TRLC).

La normativa concursal no establece un criterio especial para determinar la inembargabilidad de los bienes del deudor, por lo que habrá que acudir a las normas generales sobre embargabilidad e inembargabilidad en el apremio civil (art. 605 y siguientes de la Ley de Enjuiciamiento Civil).

Esa remisión a la Ley de Enjuiciamiento Civil puede plantear algún problema en la práctica concursal ya que hay supuestos en los que la inembargabilidad de un bien o derecho puede ser razonable en el contexto de una ejecución singular, pues el deudor puede disponer de otros bienes o derechos realizables. Pero plantea más dudas en la ejecución universal (especialmente en el supuesto de bienes o derechos necesarios para el desarrollo de la actividad del deudor).

Las instituciones con competencias en estas materias deberían facilitar al deudor información relevante sobre los elementos embargables y no embargables de su patrimonio, así como el alcance de la inembargabilidad. También debería habilitarse a estas instituciones a acceder al punto neutro judicial con el fin de disponer de información patrimonial de quienes requieran este auxilio.

Una de las mayores discusiones y prácticas judiciales dispares se encuentran precisamente en la posibilidad de que el Juzgado utilice de oficio el Punto Neutro Judicial para la averiguación de bienes, pudiendo plantearse incluso como práctica judicial una obligación de solicitud por el propio deudor.

En los supuestos en los que no aparezca la relación de bienes embargables e inembargables en el inventario, debería, por lo menos, hacer una mención a los mismos en la memoria, justificando las razones por las que considera que determinados bienes no son realizables en el concurso.

Como hemos indicado con anterioridad, el hecho de que el deudor opte o comunique que su concurso carece de masa, sometiéndose a las especialidades que en cuanto a la declaración prevé el artículo 37 ter y siguientes, no exime al deudor del cumplimiento de todos los deberes vinculados a la declaración de concurso, especialmente los referidos a la aportación de los documentos necesarios para la declaración. Así, el deudor puede ser requerido de información y documentación antes de la declaración de concurso. Y el deudor, además, está sometidos a los deberes generales de colaboración e información previstos en el artículo 133 y 134 del TRLC, con las consecuencias previstas en el art. 487 en cuanto al EPI y en las causas de culpabilidad del concurso.

En la práctica judicial el deudor manifiesta que carece de bienes embargables, cuando lo cierto es que debería reflejar en el inventario la totalidad de su patrimonio, sin perjuicio de distinguir entre bienes embargables o no embargables, conforme a los criterios previstos en el artículo 605 y siguientes de la Ley de Enjuiciamiento Civil (LEC). En los supuestos en los que el deudor no aporte el inventario con reflejo de sus bienes y derechos con contenido patrimonial, al menos debería indicar en la memoria cuáles son sus medios de vida, el título que ampara el domicilio en el que reside y una indicación, cuanto menos, general de sus pertenencias. Esa posibilidad de información debería permitir al juez requerir datos sobre los medios de vida y conformación del patrimonio del deudor.

Esa información que puede reclamar el juzgado no debería llevar a que el juzgado acordara de oficio la averiguación patrimonial: En primer lugar, porque es opción del legislador la de reducir sensiblemente las competencias de oficio del juez en el trámite de declaración del concurso sin masa. En segundo lugar, porque las normas sobre revocación de la exoneración reconocida permiten a cualquier acreedor, sin necesidad de personarse, pedir esa averiguación patrimonial (art. 493 TRLC).

Al identificar los bienes o derechos inembargables puede tener especial trascendencia la referencia a bienes necesarios para el desarrollo de la actividad del deudor. Estos bienes son inembargables conforme a la normativa procesal civil no concursal (art. 606.2º de la LEC), pero su encaje en el procedimiento concursal, de carácter universal, puede generar más problemas.

Si esos bienes están gravados con cargas reales o reservas de dominio, puede ampararse en que el previsible valor de realización del bien no cubre la carga o garantía que determinaría el reconocimiento de un privilegio especial. Puede poner en relación el valor del bien o derecho vinculado a su actividad profesional con la generación de créditos contra la masa en el concurso (en especial los referidos a los honorarios del administrador concursal). De ese modo, ante masas pasivas muy elevadas, que generarían un arancel cuantioso, el valor de mercado de esos bienes no permitiría cubrir ni tan siquiera ese gasto contra la masa.

IV. CONCURSO SIN MASA Y PLAN DE PAGOS

Una de las dudas y discusiones prácticas es si se puede solicitar la declaración de concurso sin masa, pero reclamar también el itinerario del plan de pagos. De ese modo la continuación de la actividad profesional podría generar recursos económicos más interesantes para los acreedores, de cara a un posible plan de pagos, que la venta de esos activos. La posibilidad de compatibilizar el concurso sin masa con la petición de exoneración sujeta a plan de pagos podría ser una vía para que deudores con ingresos recurrentes (salarios, pensiones o rentas) superiores a los mínimos inembargables, o para deudores con patrimonio embargable (una vivienda) cuyo valor de venta fuera inferior a las cargas o gravámenes que pesaran sobre esos bienes.

Este podría ser el cauce adecuado para permitir tramitar como concurso sin masa aquellos procedimientos en los que el deudor dispone de ingresos recurrentes (rentas, pensiones, salarios) que superan el mínimo inembargable, pero cuya cuantía inembargable no permite el pago de los créditos contra la masa (es especialmente importante en estos casos identificar el pasivo concursal y los honorarios que, por aranceles, corresponderían al administrador concursal). Si esa cantidad embargable mensual no permite cubrir con el coste de los créditos contra la masa básicos, el deudor podría acudir al trámite del concurso sin masa.

Por último, se considera que la posibilidad de solicitar la exoneración provisional sujeta a plan de pagos debería permitirse también en los supuestos de empresarios o profesionales sometidos al procedimiento especial del Libro III.

Aunque el Libro III establece como opciones del deudor la de proponer un plan de continuidad o liquidar su patrimonio, parece razonable y acorde con la Directiva 2019/1023 que el deudor empresario pudiera proponer la exoneración sujeta a plan de pagos tanto para los supuestos en los que fracasara el plan de continuidad como para los supuestos en los que quiera evitar la liquidación de todo su patrimonio.

V. BIENES CON CARGAS Y GRAVÁMENES

Es otro supuesto habitual en el que el deudor dispone de masa patrimonial que debe reflejarse en la masa activa del concurso, sin embargo, las cargas o gravámenes sobre esos bienes son muy superiores al valor de mercado. Para que pueda aplicarse este supuesto es necesario que el bien o derecho se refleje en el inventario.

También es necesario que en la masa pasiva del concurso se refleje correctamente el crédito que origina esa carga o garantía real, indicando si el deudor se encuentra al día en los pagos pendientes o si las obligaciones se han incumplido, tanto en los supuestos en los que ya haya apremios judiciales, como en los que se hayan producido simples requerimientos extrajudiciales de pago. Y Es imprescindible que el deudor aporte una tasación o valoración actualizada del bien o derecho trabado, conforme a criterios de mercado. El juzgado puede requerir la aportación de la tasación o valoración correspondiente.

El deudor debe tener en cuenta que las cargas o garantías reales no dan lugar a un privilegio especial por el principal adeudado. Las reglas sobre determinación del valor razonable de la garantía (art. 272 y siguientes) pueden determinar que no toda la cantidad garantizada sea privilegiada especial.

Es especialmente trascendente que el deudor informe sobre si se ha iniciado ejecución singular del bien o derecho con carga real, así como el estado de la ejecución ya que el resultado de esa ejecución puede alterar no sólo la composición de la masa pasiva, sino también la clasificación de los créditos pendientes (dación en pago, para pago, realización en pública subasta, liquidación de intereses y tasación de costas).

La presencia en el patrimonio del deudor de bienes o derechos sujetos a garantías reales puede plantear problemas de encaje en los dos itinerarios de la exoneración del pasivo.

Tanto en la exoneración definitiva, por cuanto debería constatarse que se han vencido y liquidado las obligaciones pendientes. De este modo, el deudor podría solicitar que se extendiera la exoneración al resto de crédito pendiente después de una ejecución hipotecaria.

Como en la exoneración provisional, sujeta al plan de pagos, no sólo por la redacción del artículo 501 del TRLC, que remite en estos casos al itinerario de la exoneración definitiva, sino también por los problemas de concreción de la parte de crédito garantizado sujeta al plan de pagos (por superar el valor razonable de la garantía), como la no sujeta al plan de pagos (por estar dentro del valor razonable de la garantía). Es complicado encajar el sistema de cálculo del valor razonable de la garantía (artículo 272 TRLC) sin la posibilidad de que el acreedor pueda oponerse al resultado de la aplicación de las reglas de cálculo.

Cuando el deudor tenga deudas con garantía real, que darían lugar a créditos con privilegio especial, la limitación del crédito no exonerable a aquel que, conforme a las reglas de cálculo del valor razonable de la garantía, pudiera considerarse privilegiado especial, determina que una parte del crédito garantizado pudiera exonerarse.

En aquellos casos en los que se haya iniciado ya la ejecución separada, parece posible establecer como exonerable la parte del crédito no cubierta por la realización del bien. La parte no cubierta será exonerable, de igual modo debería reconocerse la exonerabilidad de las posibles costas que se tasaran en ese procedimiento de ejecución.

En aquellos supuestos en los que no se hubiera iniciado la ejecución de la garantía, bien porque no haya incumplimientos, bien porque el acreedor no haya iniciado la ejecución, es posible que el deudor solicite que se indique en el auto acordando la exoneración que se podría exonerar la parte de crédito no satisfecho con la futura realización del bien.

VI. CUESTIONES PROCESALES EN EL CONCURSO SIN MASA

El artículo 37 ter.1 determina que, una vez el juez ha comprobado que la solicitud de concurso cumple con todos los requisitos legales, que se han incorporado todos los documentos exigidos y que la situación patrimonial del deudor se encuentra dentro de alguno de los supuestos legales para la declaración de concurso sin masa, el juez dictará auto de declaración de concurso, en los términos previstos en el artículo citado, es decir, con expresión del pasivo que resulte de la documentación, sin más pronunciamientos.

La indicación legal de que ese auto no conlleva otros pronunciamientos determina que no se desplieguen los efectos propios de la declaración de concurso. A partir de aquí se producen muchas dudas en la práctica sobre qué puede solicitar el deudor al Juzgado ante por ejemplo, bloqueo de cuentas o inicio o continuación de ejecuciones sobre bienes de su propiedad.

En principio, parece razonable entender que es inherente a la declaración de concurso que se comunique la insolvencia y el auto de declaración de concurso a los juzgados y tribunales en los que se sigan procedimientos de apremio contra el deudor.

Debería permitirse la paralización de esas ejecuciones o apremios singulares cuando recaiga sobre bienes o derechos que coloquen a los acreedores en una preferencia o expectativa de cobro que no fuera la prevista en la normativa concursal, especialmente en lo que respecta a créditos que podrían exonerarse. De ahí que sea razonable que el juez del concurso pueda paralizar esas ejecuciones hasta que concluya el trámite de exoneración, especialmente cuando se trata de concurso con masa insuficiente (aparados b/, c/ y d/ del artículo 37 bis) en el que pueden haberse iniciado apremios judiciales o administrativos sobre bienes embargables del deudor.

Pero lo cierto es que el art. 37 bis es claro en su dicción literal respecto de cuáles son los efectos del llamado auto inicial (publicidad de la petición inicial de cara a los acreedores) y cuáles son los efectos del llamado auto complementario (los propios de la declaración).

En principio es el juzgado el que tiene que valorar, a partir de la información que facilita el deudor, si se encuentra de modo efectivo en los supuestos previstos en el artículo 37 bis, pero también es posible que los acreedores puedan cuestionar la inexistencia de masa activa a partir de la información de la que dispongan.

Otra duda práctica entonces es si debería permitirse que los acreedores se personen en estos procedimientos al sólo objeto de concretar la cuantía y origen de sus créditos.

Esta personación debería poderse realizar de modo flexible, es decir, bien desde que el juzgado declara el concurso, dentro del plazo previsto para la solicitud de designa de administrador concursal. Bien en trámite de exoneración.

Esta personación sería útil para los acreedores, ya que se podrían determinar convenientemente sus créditos (y la naturaleza exonerable o no exonerable de los mismos). También sería útil para el deudo deudor, quien podrá delimitar mejor el alcance de la posible exoneración de créditos ante reclamaciones posteriores al concurso.

VII. PETICIÓN DE EXONERACIÓN Y ACTUACIÓN DE OFICIO

La actual redacción del Libro III complica el encaje de la exoneración provisional con el plan de pagos, por lo que el deudor debería anunciar su opción con la comunicación inicial, bien de modo directo, bien como petición subsidiaria. Como se ha indicado en la práctica algunos Juzgados están aceptando la presentación de plan de pagos en los concursos sin masa.

En los supuestos en los que el concurso se tramite conforme a las reglas del procedimiento sin masa, el artículo 501 del TRLC establece el momento en el que el deudor puede solicitar la exoneración. El plazo previsto por la norma es de 10 días, pero un cómputo puede plantear algunos problemas prácticos ya que se inicia a partir del día siguiente en el que concluye el plazo de los acreedores para solicitar la designa de administrador concursal. En efecto, los acreedores disponen de 15 días cuyo inicio se computa a partir del día siguiente a la publicación de los edictos en el Registro Público Concursal y en el Boletín Oficial del Estado, ya que en esos edictos es donde se hace el llamamiento a los acreedores para que puedan instar la designa de administrador concursal. Por lo tanto, el sistema de cómputo más fiable determinaría que el deudor debiera tener en cuenta como fecha de referencia inicial la de publicación de los edictos (normalmente el del BOE es el último en publicarse) y, a partir de esa fecha calcular 25 días hábiles, tomando como fecha inicial el día siguiente al de publicación del edicto.

Aunque sería deseable que los juzgados pudieran dictar algún tipo de resolución que permitiera al deudor conocer con certeza el plazo de inicio de los 10 días previstos en el artículo 501 del TRLC, lo cierto es que no existe ninguna obligación legal al respecto. La práctica judicial determina que en el auto de declaración del concurso sin masa el juzgado ya haga referencia a los plazos legalmente previstos para la exoneración.

Por otra parte, el volumen muy elevado de concursos sin masa determina que muchos juzgados reduzcan las resoluciones que dictan a las estrictamente previstas en la norma.

En la práctica, nada impide al deudor anunciar su petición de exoneración por medio de otrosí a la solicitud de concurso, incluso haciendo la manifestación de que no concurre causa legal para que se deniegue la exoneración y, en su caso, la aportación de la documentación exigida para la exoneración.

Por lo que se refiere a la posible actuación de oficio mediante un control del acceso a la exoneración, en el concurso sin masa, el TRLC establece que el Juez ha de verificar la concurrencia de las circunstancias que permiten considerar que el deudor es de buena fe, previstas en el artículo 487 del TR, o comprobar que no concurren las causas de prohibición de la exoneración, previstas en el artículo 488 del TR. Parece lógico, en aras del derecho de defensa que el Juez del concurso debería advertirlo previamente al deudor, especialmente si el juez considera que concurren causas impeditivas o prohibitivas, con el fin de no dejar al deudor en situación de indefensión, dado que, si los acreedores se opusieran a la concesión de la exoneración, dicha oposición se tramitaría de modo contradictorio, por las reglas del incidente concursal.

Aunque en el concurso sin masa el reconocimiento del derecho a la exoneración se incluirá normalmente en el auto de conclusión del concurso, frente al que no cabe recurso alguno, debe tenerse en cuenta que si se deniega la exoneración dicho pronunciamiento sí puede recurrirse en apelación:

- Si los plantean los acreedores, porque se resuelve por medio de incidente concursal que sí es apelable (art. 502.2 del TR, en relación con el 540 y 547 del mismo texto legal).
- Si es el juez quien actúa de oficio, parece lógico que se dé la posibilidad al deudor de poder conocer previamente las razones por las que se puede denegar la exoneración y la resolución denegatoria debería ser recurrible en apelación. Distinguiéndose así la parte referida a la conclusión del concurso de la que afecta a la exoneración.

17. PROBLEMAS INTERPRETATIVOS DERIVADOS DE LA FORMACIÓN DE CLASES

LEANDRO BLANCO GARCÍA-LOMAS
Magistrado de la Sección Novena de la Audiencia Provincial de Valencia
Especialista en los asuntos propios de los órganos de lo mercantil

I. FORMACIÓN DE CLASES

GARCIMARTÍN ALFÉREZ considera que hay dos problemas interpretativos relacionados con la formación de clases cuya solución afecta a ésta. El primer problema hace referencia a la relación del perímetro de afectación con la formación de clases, y el segundo a los límites existentes o no de segregación de créditos del mismo rango en distintas clases. En este epígrafe, me dedicaré al primero de los problemas.

I.1. Posición de la doctrina

Para entender el problema interpretativo, que atañe a la forma o al modo en el que los créditos quedarán afectados por el plan de reestructuración, ha de partirse necesariamente de la cláusula general prevista en el artículo 623.1 del TRLC, que señala que los créditos afectados por el plan de reestructuración han de agruparse en clases, y que cada clase aglutinará créditos que tengan entre ellos un "interés común".

Hay que señalar al respecto que la Directiva 1023/2019 guarda silencio sobre el problema trascendental de si los créditos que forman parte de una misma clase han de ser homogéneos en cuanto a su naturaleza y/o rango, o pueden ser heterogéneos.

Este problema interpretativo tampoco ha sido resuelto plenamente por la doctrina y la jurisprudencia norteamericana, a si los créditos que forman parte de una misma clase han de ser homogéneos, o pueden ser heterogéneos.

GARCIMARTÍN ALFÉREZ hace referencia al citado vacío normativo de la Directiva 1023/2019 y entiende que la solución a este problema interpretativo puede encontrarse en la Exposición de Motivos de la Ley 16/2022: "*La ley, siguiendo a la Directiva, deja a los interesados que, en función de las necesidades de cada caso y del proceso de negociación, decidan si quieren afectar a la totalidad del pasivo o solo a una parte, y la cuantía o identidad de ésta. El control judicial sobre cómo se ha agrupado los créditos para formar las distintas clases presupone un control sobre cómo se ha delimitado ese "perímetro de afectación" y garantiza que responda a criterios objetivos y suficientemente justificados (recordemos que el considerando 46 de la Directiva 1023/2019 señala que las autoridades deben examinar "(…) La clasificación por categorías, en particular la selección de acreedores afectados por el plan (…)").*"

GARCIMARTÍN ALFÉREZ considera que, del extracto anterior, pueden concluirse dos cosas:

(i) El perímetro de afectación no puede determinarse de manera arbitraria, sino que debe responder a criterios objetivos y suficientemente justificados, que GARCIMARTÍN ALFÉREZ vincula con el buen funcionamiento del procedimiento de decisión colectiva (la reestructuración no deja de ser un mecanismo de decisión colectiva entre acreedores, con el objetivo de que éstos puedan participar en el excedente asociado a la continuación de una empresa). A este respecto, debemos tener en cuenta que el criterio objetivo y suficientemente justificado es también el límite que tiene la separación en clases a que se refiere el artículo 623 del TRLC. Por tanto, si la afectación se determina en función de criterios subjetivos, como ocurre con el caso de la separación de bienes de heterogénea naturaleza, el juez del concurso, a la hora de homologar un plan de reestructuración, deberá rechazar la citada afectación y, en consecuencia, aceptar el motivo de impugnación contenido en el art. 654.2º del TRLC ("*Que la formación de las clases de acreedores y la aprobación del plan, no se hayan producido de conformidad con lo previsto en los capítulos III y IV de este título*").

(ii) Los mismos criterios que se utilizan para la separación de créditos en clases, contemplados en los artículos 623 y 624 del TRLC, deben observarse para entender correcta la formación del perímetro de afectación. Esto es lo que explicaría que el legislador permita separar los créditos comerciales y los créditos financieros, y su finalidad de lograr que la aprobación de un plan de reestructuración no afecte a la operativa empresarial. Formar clases que contribuyan a la aprobación de un plan de reestructuración que insufle solvencia a la empresa, o a la viabilidad de ésta. Dicho de otro modo, que la formación de clases tenga una utilidad funcional, y no ampare planes de reestructuración insostenible por no contribuir a la viabilidad de la compañía.

Respecto del punto primero que acabamos de reseñar, debemos efectuar las siguientes matizaciones, a mi juicio relevantes.

En primer lugar, debe considerarse que el criterio objetivo de formación de clases que recoge la cláusula general ha de responder a la misma naturaleza del crédito, que puede considerarse como el criterio integrador que debe servir de guía a la formación de clases.

Con independencia de que, ante el vacío normativo, me parece acertada la agrupación de clases en función de los referidos criterios "*objetivos y suficientemente justificados*" del artículo 623 del TRLC, considero que pueden existir clases formadas por créditos de naturaleza heterogénea conforme a criterios subjetivos, que puedan ser objetivamente contrastados y verificables (recordemos que la Directiva 1023/2019 habla de "comunidad de intereses", y no de "interés común", como dispone el artículo 623.1 del TRLC, y que se debe constatar esa comunidad conforme a criterios objetivamente contratables, y no conforme a "criterios objetivos" de la normativa española), que respondan a la necesidad de conseguir la viabilidad de la empresa reestructurada, sin que por esta razón merezca el reproche jurídico.

En segundo lugar, nunca debe perderse de vista que, dado que la finalidad de la reestructuración es viabilizar económicamente empresas, debemos necesariamente tratar de conectar la formación de las distintas clases con la viabilidad de la empresa, buscando clases lo más homogéneas posibles que garantice la comunidad de intereses y sacrificios. Esta afinidad o no en la comunidad de intereses y sacrificios es lo que nos debe guiar en la exclusión o inclusión, dentro del perímetro de afectación, de los distintos créditos. En puridad, sólo deberíamos incluir en clases aquellos acreedores cuyos créditos están afectos a la actividad y que son necesarios para la continuidad.

I.2. Posición de la jurisprudencia

Encontramos en la jurisprudencia española pocas resoluciones (todavía) que se hayan pronunciado sobre la primera problemática de esta ponencia (casos Xeldist o Das Photonics, entre otros): si existe o no relación entre la formación de clases y la delimitación del perímetro de afectación del plan de reestructuración. Cabe responder a esta problemática de dos formas contrapuestas: (1) entender que existe una absoluta libertad para la delimitación del perímetro de afectación, sin que esta libertad esté afectada por las normas relativas a la formación de clases; y (2) condicionar la delimitación del perímetro, esto es, la inclusión y exclusión de créditos o clases de créditos, a los límites de formación de las clases, de tal forma que existe una relación entre la formación de clases y la delimitación del perímetro. Es lo que se conoce como el control de la delimitación del perímetro de afectación a través de las normas de formación de clases. Quizás quepa una posición ecléctica, consistente en afirmar el control de la delimitación del perímetro de afectación del plan de reestructuración, no tanto con arreglo a las normas de formación de clases, sino conforme al test limitado de equidad consistente en el respeto al principio de no discriminación.

Podemos observar que la doctrina parece defender la teoría del control judicial conforme a las normas de formación de clases. En cambio, en la jurisprudencia no vemos una alineación tan clara con la citada teoría, si bien el primer pronunciamiento claro que encontramos al respecto (caso Xeldist, Sentencia nº 179/2023, de 10 de abril, de la Sección Primera de la Audiencia Provincial de Pontevedra) sí que parece admitir un control de la delimitación del perímetro con arreglo a las normas de formación de clases, al afirmar que la libertad de delimitación del perímetro tiene su límite en que no se use esa libertad para crear clases fraudulentas o artificiosas, para lo cual debe justificarse suficientemente la inclusión o exclusión con arreglo a criterios objetivos, que es precisamente la norma general del artículo 623.1 del TRLC.

Frente a esta posición, puede afirmarse que la exigencia de justificación de la delimitación del perímetro conforme a criterios objetivos no la encontramos en la norma general del artículo 623.1 del TRLC, sino precisamente en el contenido del motivo de impugnación del artículo 654.1º del TRLC (que no se cumpla con los requisitos de contenidos del plan recogidos en el Capítulo IV del Título III del Libro II, entre los que se encuentra el requisito de contenido del artículo 633.8º del TRLC: "*Los acreedores o socios que no vayan a quedar afectados por el plan, mencionados individualmente o descritos por clases, así como las razones de la no afectación*". Esto es, el deber de justificación de la delimitación del perímetro de afectación es un deber derivado el contenido del plan, y no de la norma general de formación de clases del artículo 623.1 del TRLC.

La Sentencia nº 86/2024, de 27 de marzo, de la Sección Novena de la Audiencia Provincial de Valencia (caso Das Photonics), parece acoger la posición ecléctica, apoyándose en la argumentación anteriormente expuesta para excluir el control judicial por la vía de la aplicación de la normativa de formación de clases. Ya veremos más adelante, que admite el control judicial de la delimitación del perímetro, pero no el control con arreglo a las normas de la formación de clases.

Si admitiésemos que los criterios objetivos a que se refiere la norma general del artículo 623.1 del TRLC son los criterios comprobables que nos permiten asegurar que las clases están bien formadas porque contribuyen a una comunidad de intereses y sacrificios que permite alcanzar la viabilidad de la empresa, entonces podríamos defender la relación entre las normas de formación de clases y la delimitación del perímetro, por cuanto que un perímetro que no garantice lo anterior es un perímetro fraudulento o inútil al fin de la reestructuración.

II. SEPARACIÓN DE CLASES

El segundo problema interpretativo hace referencia a si pueden separarse los créditos de un mismo rango concursal, a su vez, en distintas clases.

II.1. Posición de la doctrina

El problema no es tanto si la respuesta debe ser o no positiva, por cuanto que el artículo 623.3 del TRLC permite defender una respuesta afirmativa siempre y cuando "*haya razones suficientes que lo justifiquen*", sino cuál es el criterio que debemos seguir para que la segregación en clases distintas de créditos del mismo rango concursal sea eficiente, en el sentido de lograr la aprobación de un plan de reestructuración que maximice la satisfacción de los créditos de los acreedores y contribuya a la superación de la crisis económica.

GARCIMARTÍN ALFÉREZ defiende que el criterio que debemos utilizar es el que denomina *in dubio pro agregación*, ya que la desagregación requiere una "*justificación suficiente*", y la agregación tiene un fundamento más sólido en nuestra legislación: (1) una fundamentación puramente pragmática, consistente en que la agregación hace las cosas más fáciles y favorece los planes de reestructuración consensuales (aquellos fruto de la negociación entre el deudor y los acreedores, y que no precisan de arrastre); y (2) un fundamento sustantivo, consistente en que la agregación responde mejor a la regla de la mayoría que informa el Libro II del TRLC, ya que la infra-inclusión puede suponer la privación del control político a quien lo tiene naturalmente, contraviniendo la regla de la correlación entre el poder político y el coste económico.

Así, como señala Blair, W. (1984), la doctrina norteamericana considera que la cuestión a tener en cuenta a los efectos de la opción por la agregación o por la desagregación, no sólo es comprobar que el trato entre los créditos del mismo rango concursal no es discriminatorio, sino si esa clasificación "*interfiere injustificadamente con el poder de voto de los acreedores afectados*", o como dijimos antes, que pervierte la naturaleza del crédito. Así, Blair, W. (1984) argumenta que: "*Si nos tomamos en serio que son los acreedores los que tienen que decidir por ellos mismos si les interesa o no el plan de reestructuración (…) concluimos que la clasificación debería requerir que, normalmente, todos los acreedores ordinarios residuales se junten en la misma clase.*"

Por otro lado, GARCIMARTÍN ALFÉREZ asevera que el riesgo de la sobre-inclusión es que se eluda la aplicación de la regla de la prioridad absoluta.

Así, si incluyéramos en una única clase a un grupo de acreedores minoritario, la mayoría de la citada clase puede optar por dejar valor a los acreedores subordinados o a los socios, pues el acreedor disidente que impugna la homologación del plan de reestructuración sólo tiene derecho a la cuota de liquidación concursal, pero no a participar en el *going concern surplus.*

En cambio, si se optase por la segregación de los acreedores disidentes minoritarios en una única clase, no se podría dejar nada de valor a los socios si a dicha clase se le impone algún sacrificio.

Además, entendemos que la sobre-inclusión tiene un límite, que consiste en que el importe de los créditos que se adicionan artificialmente a la masa pasiva por la empresa a reestructurar no pueda ser satisfecho con los excedentes asociados a la continuación de la actividad de la empresa reestructurada.

Ahora bien, GARCIMARTÍN ALFÉREZ considera que la legislación española admite la consecuencia anterior de falta de aportación de valor a los socios, porque no hay un derecho absoluto de formar una clase independiente dentro de los acreedores ordinarios afectados, salvo por lo que se refiere a los pequeños acreedores y al crédito público. Pero, fuera de estos casos, el TRLC arranca de que, en principio, entre créditos del mismo rango afectados, se debe decidir por mayoría.

Como conclusión y en mi opinión, considero que la formación de clases, cuyo criterio integrador he situado en la naturaleza del crédito, debe conectarse necesariamente con la viabilidad económica del proyecto empresarial, de tal forma que, precisando esta viabilidad económica de una comunidad de intereses y de sacrificios, es necesario que exista una homogeneidad entre los mismos, que viene determinada por la citada naturaleza (con carácter general, porque puede admitirse la formación de clases siguiendo criterios subjetivos siempre que éstos sean objetivamente contrastables y verificables y respondan a la consecución de la viabilidad empresarial), y por una exclusión en la configuración del perímetro de reestructuración de aquellas clases de acreedores, incluso los acreedores con garantía real y los institucionales, cuyos créditos no participan de la comunidad de intereses y sacrificios y, por tanto, no contribuyen a la continuidad de la actividad y a la viabilidad del proyecto empresarial.

II.2. Posición de la jurisprudencia

El problema de la segregación en distintas clases de créditos del mismo rango concursal se ha planteado en los tribunales a propósito de si es posible la formación de una clase con un único acreedor.

La sentencia del caso Xeldist, sin muchas explicaciones, considera que es posible la formación de clases con un único acreedor siempre que esté justificada conforme a criterios objetivos. Esta respuesta es la lógica consecuencia del control de la delimitación del perímetro de afectación con arreglo a las normas de formación de clases, aun cuando pueda exigirse un mayor rigor en la justificación de la clase formada por un solo acreedor.

La sentencia del caso Das Photonics también considera que es posible la formación de una clase constituida por un solo acreedor, siempre que esté debidamente justificada, pero no residencia la justificación en los criterios objetivos a que se refiere la norma general del artículo 623.1 del TRLC, sino en la fundamentación derivada del contenido del plan a que se refiere el artículo 633.8º del TRLC.

III. CONTROL JUDICIAL DE LA FORMACIÓN DE CLASES

III.1. Posición de la doctrina

Este punto de vista hace referencia a si cabe o no establecer un control judicial sobre la forma o manera en que se han formado las clases.

La respuesta es afirmativa, lo que hace relevante el momento en que debe establecerse el citado control judicial, si antes de que se proceda a la aprobación de un plan de reestructuración, en concreto, antes de la solicitud de homologación judicial de un plan de reestructuración, o si, por el contrario, debe producirse un control ex post, una vez aprobado un plan de reestructuración, a través del mecanismo de la impugnación de la homologación judicial de un plan de reestructuración.

El Libro II del TRLC acoge el doble control anterior. Así, el artículo 654.2° del TRLC recoge como motivo de impugnación de la homologación judicial de un plan de reestructuración, el siguiente: "*Que la formación de las clases de acreedores y la aprobación del plan, no se hayan producido de conformidad con lo previsto en los capítulos III y IV de este título*".

Mucho más interesante, como veremos y así lo defiende FERNÁNDEZ GONZÁLEZ, es el control judicial ex ante que establecen los artículos 625 y 626 del TRLC, a través de lo que se denomina "*confirmación judicial facultativa de las clases de acreedores*" y que consiste en que se someta a la consideración judicial la correcta formación de las clases, antes de proceder a la homologación de un plan de reestructuración. Así, el artículo 625 del TRLC dispone:

> *"El deudor y los acreedores que representen más del cincuenta por ciento del pasivo que vaya a quedar afectado por el plan de reestructuración estarán legitimados para solicitar la confirmación judicial de la correcta formación de las clases con carácter previo a la solicitud de homologación del plan de reestructuración."*

La ventaja de acudir a la confirmación judicial facultativa de las clases de acreedores la encontramos en el artículo 626.4 del TRLC: "*En el caso de que se hayan confirmado las clases propuestas por el solicitante, la formación de clases no podrá invocarse como motivo de impugnación u oposición a la homologación judicial del plan*".

Esto es, como señala FERNÁNDEZ GONZÁLEZ, mediante el recurso a la confirmación judicial facultativa de las clases de acreedores excluimos como motivo de impugnación de la homologación judicial del plan de reestructuración el relativo a la incorrecta formación de las clases, evitando de esta forma el diferimiento en el tiempo de la aplicación de las medidas contenidas en el plan de reestructuración, o la dificultosa retroacción de las actuaciones emprendidas en virtud de un plan de reestructuración homologado judicialmente, respecto de los impugnantes, en el caso de estimación del motivo de impugnación del artículo 654.2° del TRLC.

Debemos destacar que, así como la regulación que hemos expuesto sobre la manera en la que debe procederse a la formación de las clases de acreedores, es una regulación básicamente extrajudicial, sumamente flexible, en el que la intervención judicial se limita a la confirmación judicial facultativa o a la decisión sobre el motivo de impugnación previsto en el art. 654.2º del TRLC, en la confirmación judicial facultativa, al tener una intervención directa el juez del concurso, estamos ante una verdadero procedimiento judicial, rígido y poco flexible.

III.2. Posición de la jurisprudencia

Como hemos visto, los juzgados y tribunales se han planteado el control judicial de la formación de clases como consecuencia de la impugnación del plan de reestructuración homologado, sin previa confirmación de clases. Es verdad que existen supuestos de confirmación judicial de clases en los que los juzgados han seguido un criterio muy laxo y flexible (casos Celsa y Murcia, C.F.), pero las posiciones dominantes se articulan en torno a los casos Xeldist (control judicial a través de la regla de la formación de clases) y Das Photonics (control judicial a través del principio de no discriminación de clases).

La posición del caso Xeldist podría justificarse en el motivo de impugnación del artículo 654.2º del TRLC: "*Que la formación de las clases de acreedores y la aprobación del plan, no se hayan producido de conformidad con lo previsto en los capítulos III y IV de este título*". De esta forma, como la correcta formación de clases puede plantearse en el procedimiento contradictorio previo, que excluye la posibilidad de acudir a este motivo de impugnación, se puede concluir que este control tanto puede producirse ex ante como ex post, cosa que, como podrá comprobarse, no puede afirmarse en la posición adoptada por el caso Das Photonics.

La posición del caso Das Photonics se apoya en el motivo de impugnación del artículo 655.2.3º del TRLC: "*Que la clase a la que pertenezca el acreedor o los acreedores impugnantes vaya a recibir un trato menos favorable que cualquier otra clase del mismo rango*". A sensu contrario, puede defenderse que excluir una clase de tal suerte que contenga créditos de igual rango que otros afectados por el perímetro de afectación, puede suponer un trato discriminatorio, y en consecuencia permite el control judicial de la delimitación del perímetro por vía de impugnación, cosa que no podría efectuarse en el supuesto de confirmación judicial de clases.

IV. CLASIFICACIÓN DEL CRÉDITO ICO-COVID

Con independencia de lo anterior, debemos tener en cuenta la especialidad prevista en la DA 8ª de la Ley 16/2022, en la redacción dada por el artículo 105 del Real Decreto-ley 20/2022, de 27 de diciembre, de medidas de respuestas a las consecuencias económicas y sociales de la Guerra de Ucrania y de apoyo a la reconstrucción de la isla de La Palma y a otras situaciones de vulnerabilidad (en adelante, RDley 20/2022), a los efectos de formar las clases, cuando uno de los acreedores sea titular del aval vinculado a los créditos ICO-COVID.

A la hora de conformar las clases de acreedores, hemos de partir de lo señalado en la DA 8ª.2 de la Ley 16/2022, que establece, en su párrafo 1º, que "*Los créditos derivados de los avales públicos regulados en esta disposición tendrán la consideración de crédito financiero, a los efectos previstos en la Ley Concursal, incluyendo la formación de clases y la exoneración del pasivo insatisfecho, sin perjuicio de lo previsto en el apartado 4 de la presente disposición adicional*".

Esta disposición tiene relevancia pues determina el carácter del crédito derivado de los avales vinculados a los créditos ICO-COVID, no en función de la titularidad del aval, como se ha defendido por algunos responsables públicos, sino en función del verdadero titular del crédito, que es una entidad financiera, y que transfiere al crédito el carácter financiero de su titular.

Recordemos que, mientras no se incumpla con el pago de las cuotas del préstamo o crédito debidas a su vencimiento, el titular del crédito no es el Ministerio de Asuntos Económicos y Transformación Digital, como lo demuestra la necesaria subrogación de este último en la posición jurídica de la entidad financiera en el caso de auto de declaración de concurso, de conformidad con la DA 8ª.5 párrafo 1º de la ley 16/2022:

> *"El auto de declaración de concurso y el auto de apertura del procedimiento especial para microempresas del deudor avalado, independientemente de que se haya iniciado o no la ejecución del aval o se haya*

> *producido pago al acreedor principal, producirán la subrogación del Ministerio de Asuntos Económicos y Transformación Digital por la parte del crédito principal avalado, en particular, para que se ejercite la adhesión u oposición a las propuestas de convenio o el derecho de voto en los planes de continuación conforme a lo previsto en el apartado 6 de la presente disposición".*

FLORES SEGURA sostiene, con base en el artículo 263 del TRLC, que los créditos públicos derivados de la financiación ICO-COVID, en tanto que no se haya ejecutado el aval, tienen la naturaleza de créditos contingentes, lo que no obsta a que los planes de reestructuración puedan afectarle. Ahora bien, la DA 8ª de la ley 16/2022 establece un nuevo supuesto de eliminación de la contingencia, consistente en que, en el caso de declaración del concurso de acreedores del deudor avalado, se produce la subrogación ex lege del Ministerio de Asuntos Económicos y Transformación Digital en la posición de la entidad financiera por la parte avalada, lo cual determina la eliminación de la contingencia por producirse el mismo efecto que la ejecución del aval.

Ahora bien, el crédito derivado de los préstamos o créditos ICO-COVID, pese a estar garantizado por aval del Ministerio de Asuntos Económicos y Transformación Digital, no puede tener el carácter de crédito privilegiado, por cuanto que el aval se presta en favor de la entidad financiera, y no respecto del perceptor del préstamo o crédito ICO-COVID, y, por tanto, no está garantizando el cumplimiento de las cuotas de devolución del préstamo o del crédito ICO-COVID, sino que garantiza a la entidad financiera en caso de incumplimiento por parte del prestatario o deudor.

FLORES SEGURA y THOMAS PUIG argumentan que, pese a que la DA 8ª.2 párrafo 2º de la ley 16/2022, configura este crédito derivado de la financiación ICO-COVID, pese a estar garantizado el crédito principal por aval del Instituto del Crédito Oficial, esto no impide que el crédito principal cuente con otras garantías, lo que conllevará, por disposición de la citada DA 8ª.2 párrafo 2º de la ley 16/2022, que el crédito derivado de la financiación ICO-COVID goce del mismo rango concursal que la parte del crédito principal no avalado, lo que es consecuencia de la cláusula *pari passu* que incorporan los acuerdos por los que se hicieron efectivos los avales ICO-COVID: Anexo II del

Acuerdo del Consejo de Ministros de 11 de mayo de 2021 y la Nota de la Abogacía del Estado de 1 de febrero de 2022.

De esta forma, THOMAS PUIG pone como ejemplo el supuesto de un crédito derivado de la financiación ICO-COVID, en el que el crédito principal avalado lo es al 50% por aval del Instituto de Crédito Oficial y al 50% está garantizado con hipoteca, el crédito derivado del aval ICO-COVID se convertirá en crédito financiero con garantía real.

Esta postura es la acogida por la DA 8ª.2 párrafo 2º de la ley 16/2022: "*Estos créditos tendrán el rango de crédito ordinario, sin perjuicio de la existencia de otras garantías otorgadas al crédito principal avalado, en que ostentará al menos el mismo rango en orden de prelación a los derechos correspondientes a la parte del principal no avalado*".

No obstante lo anterior, es decir, no obstante que el titular del crédito es una entidad financiera y el crédito financiero tiene carácter de crédito ordinario, la DA 8ª.3 del TRLC ha otorgado a los Abogados del Estado integrados en el Servicio Jurídico del Estado facultad para intervenir, pese a que no se haya producido la subrogación a que hemos hecho referencia con anterioridad, en la tramitación de la reestructuración a los efectos de poder oponerse a la formación de las clases, confiriendo de esta forma legitimación activa para acudir al procedimiento de verificación o confirmación judicial de las clases.

Dicho lo anterior, cabe preguntarnos si a los créditos derivados de la financiación ICO-COVID le es aplicable la regla de separación horizontal prevista en el artículo 624 bis del TRLC ("*Los créditos de derecho público constituirán una clase separada entre las clases de su mismo rango concursal*") a los efectos de formar una clase distinta al resto de créditos ordinarios.

Lo cierto es que, mientras no se produzca la subrogación en la posición de la entidad financiera, no puede afirmarse que estamos ante un crédito de derecho público, que determinaría la aplicación del artículo 624 bis del TRLC.

THOMAS PUIG argumenta que, en la medida en que los créditos de derecho público constituyen, conforme a la regla antes expuesta del artículo 624 bis del TRLC, una clase separada entre las clases de su mismo rango concursal, los créditos públicos que cuenten con garantía real pueden constituir una clase de acreedores segregada de los acreedores con privilegio especial, esto es, del mismo rango concursal.

THOMAS PUIG señala que, dado que, para que el plan de reestructuración se considere aprobado por la clase de acreedores afectados por éste, es preciso que, en cada clase de acreedores con crédito con garantía real, voten a favor ¾ del importe del pasivo correspondiente a esta clase de acreedores, mientras que, en otro caso, es suficiente con el voto favorable de ½ del importe del pasivo correspondiente a la citada clase (artículo 629 del TRLC), de acreedores privilegiados, ordinarios o subordinados, los créditos no pueden constituir una clase única, sino una clase dentro de cada rango concursal y, dentro del rango concursal de los créditos privilegiados, hay que separar los acreedores titulares de privilegio general de los acreedores titulares de privilegio especial.

SÁNCHEZ VELO argumenta que, en la medida en que la financiación ICO-COVID no puede verse afectada por quitas o esperas, en el caso de que la entidad financiera no obtenga la autorización del Departamento de Recaudación de la Agencia Estatal de la Administración Tributaria (la DA 8ª.7 párrafo 2º de la ley 16/2022 dispone que "*Para que las entidades financieras puedan votar favorablemente por la parte del crédito principal avalado en los planes de reestructuración deberán ser autorizadas previamente por la persona titular del Departamento de Recaudación de la Agencia Estatal de Administración Tributaria*"), ya que, en el caso de votar a favor de un plan de reestructuración sin contar con la autorización del Departamento de Recaudación de la Agencia Estatal de la Administración Tributaria, quedaría perjudicado el aval y no tendría el carácter de crédito de titularidad pública, al no ser posible la subrogación del avalista (la DA 8ª.7 párrafo 5 de la ley 16/2022 dispone que "*En caso de ser necesaria, la falta de autorización previa de la Agencia Estatal de Administración Tributaria determinará el perjuicio del aval, en la parte que no hubiera sido ejecutada y, en su caso, la conservación de los derechos de recuperación y cobranza por el Ministerio de Asuntos Económicos y Transformación Digital, sin que el contenido del plan de reestructuración produzca efectos frente al mismo*"), de facto quedará incluida en una clase separada dentro de los acreedores del mismo rango concursal, por cuanto que, de conformidad con el artículo 623.3 del TRLC, los créditos ordinarios van a quedar afectados de manera diferente por el plan de reestructuración, por la limitación de contenido del plan de reestructuración respecto de los créditos derivados de la financiación ICO-COVID (la DA 8ª.4 de la ley 16/2022 establece que "*Los planes de reestructuración, de continuación o propuestas de convenios que puedan afectar a los créditos derivados de estos avales públicos no pueden imponer a estos créditos ninguno de los contenidos siguientes: el cambio de la ley aplicable; el cambio de deudor, sin perjuicio de que un tercero asuma sin liberación de ese deudor la obligación de pago; la modificación o extinción de las garantías que tuvieren; o la conversión de los créditos en acciones o participaciones sociales, en créditos o préstamos participativos o en cualquier otro crédito de características o de rango distintos de aquellos que tuviere el crédito originario*") y por el hecho de que no se recibirá autorización para admitir quitas o esperas, lo que determina la existencia de una razón suficiente para que los acreedores titulares de un crédito derivado de la financiación ICO-COVID formen una clase separada de la clase de los acreedores ordinarios, de idéntico rango concursal.

La existencia de esta clase separada, que se producirá si no se obtiene la autorización por parte del Departamento de Recaudación de la Agencia Estatal de la Administración Tributaria para la aprobación de un plan de reestructuración, producirá problemas en la aprobación de un plan de reestructuración que necesariamente habrán de analizarse en otro artículo.

V. BIBLIOGRAFÍA

ANDERSON, J. C. (1984). "Classification of Claims and Interests in Reorganization Cases Under the New Bankruptcy Code", en la revista *Am. Bank. L. J.*, nº 58. Año 1984.

BLAIR, W. (1984). "Classification of Unsecured Claims in Chapter 11 Reorganization", en la revista *Am. Bank. L. J.*, nº 58. Año 1984.

BLANCO GARCÍA-LOMAS, L. (2022-b). "DA 8ª Ley 16/2022 y su problemática en sede de reestructuración de la financiación ICO-COVID". Ponencia del Encuentro del Servicio de Recaudación de la Agencia Estatal de la Administración Tributaria. Noviembre de 2022.

Encuentro de miembros del Servicio de Recaudación de la Agencia Estatal de la Administración Tributaria. Murcia. Noviembre de 2022.

FERNÁNDEZ GONZÁLEZ, V. M. Conferencia pronunciada en los Debates Concursales organizados por Summa Iuris. Palma de Mallorca. Noviembre de 2022.

GARCIMARTÍN ALFÉREZ, F. (2022): "Apuntes sobre la formación de clases en el Derecho preconcursal", en www.almacendederecho.es. 15 de noviembre de 2022.

SÁNCHEZ VELO, L. "La reestructuración en el TRLC", ponencia dada en el curso organizado por la ETJ en Madrid. 11 de noviembre de 2022.

SEGURA FLORES, M. (2023). "El régimen jurídico de los avales públicos en caso de insolvencia del deudor avalado", en *Anuario de Derecho Concursal, nº 58*. Enero de 2023. Pág. 423.

THOMAS PUIG, P. M. (2023). "Reestructuración y crédito público en la Ley 16/2022, de 5 de septiembre", en *Anuario de Derecho Concursal, nº 58*. Enero de 2023. Pág. 322.

VI. ÍNDICE JURISPRUDENCIAL

Sentencia nº 179/2023, de 10 de abril, de la Sección Primera de la Audiencia Provincial de Pontevedra (caso Xeldist).

Sentencia nº 86/2024, de 27 de marzo, de la Sección Novena de la Audiencia Provincial de Valencia (caso Das Photonics).

18. LA CALIFICACIÓN ABREVIADA EN EL PROCEDIMIENTO ESPECIAL DE MICROEMPRESAS

GUILLERMO FERNÁNDEZ GARCÍA
Magistrado-Juez de lo mercantil núm. 2 de Las Palmas de Gran Canaria
Especialista en los asuntos propios de los órganos de lo mercantil

SUMARIO: I. INTRODUCCIÓN. II. APERTURA DE LA CALIFICACIÓN ABREVIADA. III. TRAMITACIÓN. IV. RÉGIMEN APLICABLE A LA CALIFICACIÓN ABREVIADA. V. PARTICULAR REFERENCIA A LA TRANSACCIÓN.

I. INTRODUCCIÓN

La **ley 16/2022 de 6 de septiembre de reforma del texto refundido de la Ley Concursal** aprobado por el Real Decreto Legislativo 1/2020, de 5 de mayo para la transposición de la Directiva (UE) 2019/1023 del Parlamento Europeo y del Consejo, de 20 de junio de 2019, sobre marcos de reestructuración preventiva, exoneración de deudas e inhabilitaciones, y sobre medidas para aumentar la eficiencia de los procedimientos de reestructuración, insolvencia y exoneración de deudas, y por la que se modifica la Directiva (UE) 2017/1132 del Parlamento Europeo y del Consejo, sobre determinados aspectos del Derecho de sociedades (Directiva sobre reestructuración e insolvencia, en adelante DRI), ha introducido la regulación del procedimiento especial de microempresas en su libro III (arts. 685 a 720 TRLC).

Lo tocante a la calificación en el procedimiento especial de microempresas, está regulado, bajo la rúbrica "Calificación abreviada del procedimiento especial" en los arts. 716 a 718.

Apenas tres artículos, que sin embargo encierran múltiples y muy trascendentes novedades y especialidades en relación con la Sección de calificación en el concurso de acreedores. Intentaremos hacer referencia a algunas de ellas y a los problemas que se pueden plantear en la práctica

II. APERTURA DE LA CALIFICACIÓN ABREVIADA

La misma está regulada en el art. 716 TRLC conforme al cual:

> "1. Dentro de los sesenta días naturales siguientes a la apertura de la liquidación, la administración concursal, en caso de que haya sido nombrada, acreedores que representen al menos el diez por ciento del pasivo y los socios personalmente responsables de las deudas podrán solicitar la apertura de la calificación abreviada de manera justificada.
>
> En el supuesto de que el deudor hubiera cometido inexactitud grave en cualquiera de los formularios normalizados remitidos o en los documentos que los acompañen, o cuando hubiera acompañado o presentado documentos falsos, la apertura de la calificación abreviada podrá ser instada por cualquier acreedor.
>
> 2. La solicitud se comunicará por medio de formulario normalizado e incluirá una memoria expresando los motivos que considera podrían fundar la calificación como culpable, aportando los documentos probatorios que se consideren relevantes.
>
> 3. Recibida la solicitud, el letrado de la Administración de Justicia, en el plazo de tres días hábiles, una vez comprobado el cumplimiento de los requisitos legales notificará a las partes la apertura de la calificación abreviada".

Lo primero que debe subrayarse son las diferencias entre esta normativa y la que disciplina este mismo aspecto en el Libro I.

Al contrario de lo que ocurría con anterioridad a la entrada en vigor de la Ley 16/2022, la sección de calificación deja de ser contingente y se abre en todos los procesos de concurso de acreedores.

Así, el art. 446 TRLC disponía en sus dos primeros números lo siguiente:

> "1. En la misma resolución judicial por la que se apruebe el convenio o el plan de liquidación o se ordene la liquidación de la masa activa conforme a las normas legales supletorias el juez ordenará la formación de la sección sexta.
>
> 2. Por excepción a lo establecido en el apartado anterior, no procederá la formación de la sección sexta cuando se apruebe un convenio en el que se establezca, para todos los créditos o para los de una o varias clases o subclases de las establecidas en esta ley, una quita inferior a un tercio del importe de esos créditos o una espera inferior a tres años, salvo que resulte incumplido".

Solo se abría formaba la sección sexta en los casos en los que se aprobaba un plan de liquidación o un convenio gravoso.

Tras la transposición de la Directiva 2019/1023, procede su apertura en todos los concursos con ocasión del fin de la fase común.

Conviene destacar la antinomia detectada entre los arts. 446.1 y 296 bis TRLC.

El primero dispone que "En el mismo auto por el que se ponga fin a la fase común, el juez ordenará la formación de la sección sexta", en tanto que el segundo otorga esta virtualidad al Decreto que pone fin a esa misma fase ("Dentro de los quince días siguientes al de presentación del informe de la administración concursal con los documentos anejos, el letrado de la Administración de Justicia dictará decreto poniendo fin a la fase común del concurso, con simultánea apertura de la fase de liquidación si todavía no estuviera abierta. ").

Entrando ahora en el procedimiento especial de microempresa, lo primero que llama la atención es que la calificación abreviada no se abre en todo caso.

Como destaca el preámbulo de la Ley 16/2022, el procedimiento espacial puede tener "dos posibles itinerarios: una liquidación rápida (fast-track) o un procedimiento de continuación de rápida gestión y flexible. Puede ser por tanto un procedimiento de continuación con o sin transmisión de empresa en funcionamiento, o de liquidación.

Pues bien, el art. 716 TRLC únicamente prevé la apertura de la calificación abreviada en los casos en los que el procedimiento sea de liquidación, por lo que no precederá en aquellos otros supuestos en los que sea de continuación.

Por otro lado, únicamente tendrá lugar la apertura a instancia de parte, en concreto de los acreedores que representen al menos el diez por ciento del pasivo y de los socios personalmente responsables de las deudas. Y ello, a diferencia de lo que ocurría en el Libro I, en el que la apertura de la sección sexta era un efecto legal del fin de la fase común del concurso de acreedores.

De lo anterior se desprende que son dos los requisitos para la apertura de la calificación abreviada en el Libro III:

– que el procedimiento sea de liquidación,

– y que un porcentaje relevante de los acreedores (los socios personalmente responsables de las deudas, supuesto este que será excepcional en la práctica) la interese. Sobre este segundo requisito volveremos más delante.

Continuando con el análisis del art. 716 TRLC, el mismo establece un término preclusivo en el que debe tener lugar la solicitud de apertura de la calificación abreviada, pues la misma deberá interesarse de los sesenta días naturales siguientes a la apertura de la liquidación. Llama la atención lo restrictiva que es la norma en relación con el carácter cuasi necesario que atribuye a la Sección en el Libro I.

Es cierto que las ideas que informan la Directiva (UE) 2019/1023 del Parlamento Europeo y del Consejo, de 20 de junio de 2019, sobre marcos de reestructuración preventiva, y en consecuencia la Ley 16/2022 son las de celeridad y agilidad del procedimiento, pero ello no puede llevarnos a desconocer las particularidades de la sección de calificación abreviada, y en concreto la restringida legitimación para solicitar la apertura de la calificación.

Es inevitable constatar que, dentro de esos 60 días naturales siguientes a la apertura de la liquidación, existirán otros trámites y términos procesales que se solaparán con el que ahora estudiamos:

1.- En los **veinte días hábiles** siguientes a la apertura del procedimiento especial de liquidación, cualquier acreedor podrá presentar por medios electrónicos, a través de formulario normalizado, alegaciones en relación con la cuantía, características y naturaleza de su crédito, o respecto del inventario de la masa activa. (art. 706.1 TRLC).

2.- Desde el momento de la apertura voluntaria de la liquidación, el deudor que haya mostrado su disposición para liquidar el activo o, en otro caso, el administrador concursal, tiene **veinte días** hábiles para presentar un plan de liquidación por medio de formulario normalizado (art. 707.2 TRLC).

3.- Dentro de los diez días siguientes a la presentación de alegaciones al plan de liquidación, el deudor o, en su caso, la administración concursal, podrán comenzar las operaciones de liquidación contenidas en el plan que no hayan sido impugnadas, sobre las que no se hayan realizado alegaciones o sobre las que se hayan realizado alegaciones cuyo contenido no comporte la necesidad de suspender la ejecución (art. 708.1 TRLC).

De lo anterior se induce que los acreedores deberán decidir sobre la solicitud de apertura de la sección de calificación al mismo tiempo que se realizan alegaciones relativas a la existencia y cuantía de su crédito.

Es perfectamente posible, máxime si se conoce la realidad de los Juzgados de lo mercantil, que las alegaciones relativas a la lista de acreedores no se hayan resuelto dentro de los sesenta días naturales siguientes a la apertura del procedimiento de calificación, término en el que los acreedores deben decidir su actuación en relación con la apertura de la calificación abreviada.

Qué ocurre si un acreedor que representa una proporción superior al 10% del pasivo, y en tal condición interesa y obtiene la apertura de la sección, la ve mermada como consecuencia de la estimación de las alegaciones a que se refiere el art. 706.1 TRLC.

Para resolver tal cuestión debe estarse a lo dispuesto en el artículo 716.3 TRLC, conforme al cual "recibida la solicitud, el letrado de la Administración de Justicia, en el plazo de tres días hábiles, una vez comprobado el cumplimiento de los requisitos legales notificará a las partes la apertura de la calificación abreviada". El LAJ realizará un control meramente formal.

Entendemos que, una vez abierta la calificación abreviada, la misma es resistente a la suerte que puedan correr las eventuales impugnaciones de los créditos de los acreedores instantes en virtud del principio de la "perpetuatio legitimationis", que es uno de los efectos de la litispendencia.

En este sentido la STS, Civil sección 991 del 09 de mayo de 2013 (ROJ: **STS 1916/2013** - ECLI:ES:TS:2013:1916): "En nuestro sistema, la litispendencia provoca la perpetuatio facti (perpetuación del hecho o estado de las cosas), la perpetuatio iurisdictionis (perpetuación de la jurisdicción), la perpetuatio legitimationis (perpetuación de la legitimación), la perpetuatio obiectus (perpetuación del objeto), la perpetuatio valoris (perpetuación del valor) y la perpetuatio iuris (perpetuación del derecho), de tal forma que, como regla, la decisión del tribunal debe referirse a la situación de hecho y de derecho existente en el momento de interposición de la demanda, en el supuesto de que la misma fuese admitida (en este sentido, SSTS 427/2010, de 23 de junio (RC 320/2005), 760/2011, de 4 de noviembre (RC 964/2008), y 161/2012, de 21 de marzo (RC 473/2009)".

Otro posible escenario sería el de que un acreedor que inicialmente no alcanza ese 10% de pasivo, impugna esa lista de acreedores sosteniendo que sí ostenta un crédito relevante, y al propio tiempo interesa la apertura de la calificación abreviada. Resulta contrario a todo criterio de justicia negar el posible ejercicio de su derecho a este acreedor hasta tanto no se haya resuelto la impugnación por él interpuesta. Una posible solución sería la de diferir la decisión de la posible apertura de la calificación abreviada hasta tanto no se haya resuelto la impugnación.

– La legitimación para solicitar la apertura de la calificación abreviada la misma corresponde en todo caso a la administración concursal, a los acreedores que representen el 10% del pasivo (ya hemos visto los problemas que pueden suscitarse a este respecto), o sin limitación alguna en el caso del art. 716.1 trlc "in fine", y a los socios personalmente responsables de las deudas (en los extraordinarios supuestos de sociedades colectivas y comanditarias).

El caso del art. 716.1 TRLC "in fine" al que aludíamos es el de que "el deudor hubiera cometido inexactitud grave en cualquiera de los formularios normalizados remitidos o en los documentos que los acompañen, o cuando hubiera acompañado o presentado documentos falsos", en el cual la apertura de la calificación abreviada podrá ser instada por cualquier acreedor sin necesidad de ostentar umbral alguno de pasivo.

El art. 688 TRLC prevé una presunción de culpabilidad "iuris el de iure", al prescribir que "el procedimiento especial se calificará como culpable, en todo caso, cuando el deudor hubiera cometido inexactitud grave en cualquiera de los formularios normalizados remitidos o en los documentos acompañados a los mismos presentados durante la tramitación del procedimiento especial, o hubiera acompañado o presentado documentos falsos".

Ello en línea con la idea que preside el procedimiento del Libro III, sintetizada en el Preámbulo de la Ley 16/2022: "El pilar del procedimiento es la veracidad de la información aportada. Por ello, la ocultación de información relevante, la manipulación de datos o la aportación de documentación incorrecta o no enteramente veraz tiene consecuencias severas".

Finalmente debe ponerse de relieve un último requisito, y es que la solicitud debe ser justificada (art. 716.1 TRLC). Entendemos que, a falta de más indicaciones, basta con una motivación sucinta en formulario normalizado que incluirá una memoria expresando los motivos que considera podrían fundar la calificación como culpable, que en ningún caso puede suponer una preclusión de alegaciones para el acreedor respecto de las que pueda hacer en su informe de calificación. De otro modo, el informe razonado y documentado sobre los hechos relevantes para la calificación del procedimiento especial de liquidación, con propuesta de resolución a que se refiere el art. 717.1 TRLC resultaría redundante y carente de sentido.

Aunque esta solicitud debe ser "justificada" (716.1 TRLC) y se ha de comunicar por medio de formulario normalizado incluyendo "una memoria expresando los motivos que considera podían fundar la calificación como culpable, aportando los documentos probatorios que se consideren relevantes" (art. 716.2), no es objeto de ninguna valoración de fondo, sino simplemente formal por el LAJ que, una vez comprobado el cumplimiento de los requisitos legales notificará a las partes la apertura de la calificación abreviada (art. 716.3 TRLC).

III. TRAMITACIÓN

El art. *Artículo 717 TRLC regula el p*rocedimiento de la calificación abreviada:

> "1. La administración concursal, en el plazo de veinte días hábiles desde la apertura del procedimiento abreviado o desde el nombramiento expresamente realizado a estos efectos, presentará un informe razonado y documentado sobre los hechos relevantes para la calificación del procedimiento especial de liquidación, con propuesta de resolución.
>
> En el mismo plazo, los acreedores que representen al menos el diez por ciento del pasivo, y en todo caso los acreedores públicos, podrán presentar informe razonado y documentado sobre los hechos relevantes para la calificación del procedimiento especial de liquidación, con propuesta de resolución.
>
> 2. Si la administración concursal propusiera la calificación del procedimiento especial de liquidación como culpable, el informe expresará

la identidad de las personas a las que deba afectar la calificación y la de las que hayan de ser consideradas cómplices, justificando la causa, así como la determinación de los daños y perjuicios que, en su caso, se hayan causado por las personas anteriores y las demás pretensiones que se consideren procedentes conforme a lo previsto por la ley.

3. Si el informe de la administración concursal califica el procedimiento especial de liquidación como fortuito, el juez, sin más trámites, ordenará mediante auto el archivo de las actuaciones, a menos que alguno de los acreedores públicos hubiera presentado informe calificando el concurso como culpable. Contra el auto que ordene el archivo de las actuaciones no cabrá recurso alguno.

4. En otro caso, si el informe de la administración concursal o el informe de alguno de los acreedores públicos calificaran el procedimiento especial de liquidación como culpable, se dará traslado del informe al deudor y a todas las demás personas que, según el informe, pudieran ser afectadas por la calificación o declaradas cómplices, a fin de que, en plazo de quince días hábiles, acepten o se opongan a la calificación como culpable. La oposición se realizará mediante escrito de impugnación del informe de la administración concursal, que será firmado por abogado.

5. El juez podrá convocar a las partes a una vista, en un plazo no superior a cinco días, que excepcionalmente podrá ser una vista ordinaria cuando se considere necesario para la práctica de las pruebas propuestas. En el plazo de diez días hábiles tras la vista y en todo caso dentro de los veinte días siguientes a la presentación de los escritos de oposición, el juez dictará sentencia.

6. Si no se hubiere formulado oposición, el juez dictará sentencia en el plazo de tres días hábiles".

Están legitimados para la presentación del informe la administración concursal, los acreedores que representen al menos el diez por ciento del pasivo, y en todo caso los acreedores públicos.

Conviene destacar algunas cuestiones, que surgen al comparar esta legitimación con la necesaria para pedir la apertura de la calificación abreviada.

Los acreedores que hayan obtenido la apertura denunciando una inexactitud grave en cualquiera de los formularios normalizados remitidos o en los documentos que los acompañen, o la presentación de documentos falsos, y que no representen un 10% del pasivo carecerán de legitimación para presentar informe.

Tampoco podrán los socios personalmente responsables de las deudas.

Los acreedores públicos no pueden solicitar la apertura de la calificación abreviada, a menos que ostenten el 10% del pasivo (en cuyo caso su naturaleza pública resultaría indiferente), pero sí presentar informe.

En cuanto a la legitimación de los acreedores que representen al menos el diez por ciento del pasivo, llama la atención que en el Libro I, la misma se reserva a los acreedores que, además de haber formulado alegaciones para la calificación del concurso como culpable (el conocido como acreedor "chivato" o "delator"), representen, al menos, el cinco por ciento del pasivo o sean titulares de créditos por importe superior a un millón de euros según la lista provisional presentada por la administración concursal.

En definitiva, la legitimación para presentar informe puede sintetizarse de la siguiente forma:

a) Además de la AC que hubiera sido nombrada con anterioridad, se incluye a la que lo hubiera sido expresamente a estos efectos, en cuyo caso el plazo de 20 días no contará desde la apertura de la calificación, sino desde el indicado nombramiento.

El precepto no regula esta forma de nombramiento de AC a los efectos de presentar un informe de culpabilidad, por lo que debemos acudir a la regla del artículo 713 TRLC, que exige un 20% de pasivo total (superior al 10% exigido a los acreedores para solicitar la apertura de la calificación abreviada), salvo paralización de la actividad profesional o empresaria del deudor, en cuyo caso (que será el más habitual en los supuestos de apertura de liquidación, necesaria para acceder a la calificación abreviada) se reduce a ese mismo 10 %.

b) En cuanto a los acreedores, su legitimación para presentar el informe de calificación se concede en primer lugar a quienes ostenten el 10% (no el 5%, como en el libro I según el artículo 449 TRLC) del pasivo (mismo porcentaje legitimado en el 716 para solicitar apertura).

En segundo lugar, "en todo caso a los acreedores públicos", que no están expresamente referidos en el artículo 716 TRLC, lo que suscita la duda de si están legitimados para presentar el informe de culpabilidad cualquiera que sea su porcentaje de pasivo, pero debería sin embargo titular un 10% para interesar previamente la apertura de la sección. La legitimación de los acreedores públicos no está prevista en el art. 449 TRLC que sí se la reconoce a los titulares de créditos superiores al millón de euros, no previstos en el artículo 717 TRLC, en coherencia con la limitación del pasivo y cifra de negocio del ámbito del PEM.

c) En cuanto a los socios personalmente responsables de las deudas tienen capacidad para solicitar la apertura de la calificación abreviada "de manera justificada" (artículo 716.1 TRLC), pero no se les reconoce posibilidad presentar "informe razonado" (artículo 717.1 TRLC) sobre los hechos relevantes para la calificación del procedimiento especial de liquidación con propuesta de resolución".

– El plazo para la presentación del informe será el de veinte días hábiles desde la apertura del procedimiento abreviado o desde el nombramiento expresamente realizado a estos efectos, en el caso de la administración copncursal.

Para los acreedores que representen al menos el diez por ciento del pasivo, y para los acreedores públicos será de veinte días hábiles desde la apertura del procedimiento abreviado.

– El contenido del informe consiste en un informe razonado y documentado sobre los hechos relevantes para la calificación del procedimiento especial de liquidación, con propuesta de resolución.

La ley detalla con precisión el contenido del informe de la administración concursal que califique el procedimiento como culpable, pues el mismo expresará la identidad de las personas a las que deba afectar la calificación y la de las que hayan de ser consideradas cómplices, justificando la causa, así como la determinación de los daños y perjuicios que, en su caso, se hayan causado por las personas anteriores y las demás pretensiones que se consideren procedentes conforme a lo previsto por la ley.

Como hemos visto, si el informe de la administración concursal califica el procedimiento especial de liquidación como fortuito, el juez archivará las actuaciones, a menos que alguno de los acreedores públicos hubiera presentado informe calificando el concurso como culpable.

A la vista de esta prescripción, el acreedor que no ostente la condición de público, resulta ser un mero coadyuvante a diferencia de lo que ocurre en la sección de calificación del Libro I, en el que en virtud del art. 450.1 TRLC basta con que alguno de los informes emitidos se hubiera solicitado la calificación del concurso como culpable para que se de trámite a la sección sexta con audiencia al concursado y emplazamiento a las personas que pudieran resultar afectadas., en línea con el art. 450.6 TRLC que dispone que "si el informe de la administración concursal solicitara la calificación del concurso como fortuito *y los acreedores legitimados no hubieran presentado informe de calificación*".

Sin embargo, la calificación abreviada precisa de la pretensión de culpabilidad sostenida por la AC o los acreedores públicos. (arts. 717.3 y 4 TRLC).

Se ha querido una vez más, y como ocurre de forma particularmente acusada tras la reforma que supone la Ley 16/2022 (véase el tratamiento del crédito público en la exoneración de pasivo insatisfecho entre otras cuestiones), dar una posición de privilegio al acreedor público, que podrá llevar a delante su pretensión de calificación culpable en contra del criterio de la administración concursal.

Finalmente y en relación con la regulación que hace el art. 717.4 RLC, llama la atención que las personas puedan ser afectadas por la calificación o declaradas cómplices, podrán oponerse mediante escrito de impugnación del informe de la administración concursal, que será firmado por abogado, sin que se haga mención alguna a la intervención de Procurador, a diferencia de lo que para el concurso de acreedores dispone el art. 687.6 TRLC.

IV. RÉGIMEN APLICABLE A LA CALIFICACIÓN ABREVIADA

La cuestión aparece regulada en el art. 718 TRLC:

> "1. Resultará aplicable la regulación del libro primero respecto de las disposiciones generales de la calificación del concurso y de la sentencia de calificación.
>
> 2. Respecto a las presunciones de culpabilidad, se considerará además como presunción, sin admitir prueba en contrario, la provisión de información o documentación gravemente inexacta o falsa de acuerdo con el artículo 688".

Las disposiciones generales de la calificación del concurso son las contenidas en el art. *441* (Calificación del concurso como fortuito o como culpable), art. *442* (Concurso culpable, cláusula general de culpabilidad), art. 443 (Supuestos especiales), art. 444 (Presunciones de culpabilidad), art. 45 (cómplices), y art. 445 bis (Incumplimiento culpable del convenio).

La referencia a las disposiciones de la sentencia de calificación, ha de entenderse hecha al art. 455, que regula el contenido de la sentencia de calificación, y al art. 456 TRLC (cobertura del déficit).

V. PARTICULAR REFERENCIA A LA TRANSACCIÓN

El art. 718 TRLC se remite a unos preceptos específicos, entre los que no se encuentra el art. 451 bis TRLC regulador de la a transacción en la sección de calificación.

Durante largo tiempo, fue esta una cuestión carente de regulación, sin que ello impidiera que los tribunales aplicaran esta institución en sede de calificación concursal.

El art. 451 bis TRLC fue introducido por la Ley 16/2022, ordenando la transacción de un modo más restrictivo que como, de forma general, lo hacen el artículos 19 LEC (que establece como límite que la ley lo prohíba o establezca limitaciones por razones de interés general o en beneficio de tercero) y los arts. 1809 a 1819 del Código Civil (la intervención de error, dolo, violencia o falsedad de documentos).

El art. 451 bis TRLC limita la transacción al contenido económico de la calificación, y condiciona su eficacia a la aprobación por el juez del concurso previas alegaciones de los personados en la sección.

La cuestión que se plantea es si es esta la norma que debe aplicarse a la transacción en la calificación abreviada.

La remisión a unos concretos preceptos que hace el art. 718 TRLC excluiría la posibilidad de aplicación supletoria a que se refiere el art. 689 TRLC, por lo que se entiende que no es aplicable el art. 451 bis TRLC en el procedimiento especial de microempresas, ni por tanto los límites con que el mismo constriñe la libertad de las partes para alcanzar un acuerdo.

19. COMENTARIOS SOBRE EL CONTROL JUDICIAL DE LA HOMOLOGACIÓN JUDICIAL DE LOS PLANES DE REESTRUCTURACIÓN

MOISÉS GUILLAMON RUIZ
Magistrado-Juez de lo Mercantil núm. 5 de Madrid
Especialista en los asuntos propios de los órganos de lo mercantil

I. CONSIDERACIONES PREVIAS SOBRE LA HOMOLOGACION DE PLANES DE REESTRUCTURACIÓN

Tras más de un año de vigencia de la Ley 16/2022, que entró en vigor el lunes 26-9-2022, que ha modificado sustancialmente la Ley concursal, tanto en el Libro I donde se han producido modificaciones sustanciales procesales, como es la supresión del plan de liquidación, el adelantamiento y modificación de la calificación, la introducción del concurso sin masa, etc, la introducción de un Libro como es el Libro III sin los recursos adecuados como es el procedimiento especial de microempresas, la modificación sustancial de la exoneración y la extensión a los consumidores de carácter general, y el derecho preconcursal, entre otras cuestiones, y en particular con la introducción de los planes de reestructuración, he tenido la oportunidad de resolver varios planes de restructuración consensuales y no consensuales, habiendo detectado distintas cuestiones o deficiencias procesales, sustantivas, y, en definitiva, de engarce a los efectos de dictar un auto homologando un plan de reestructuración.

Si con anterioridad a la reforma era una tarea más o menos sencilla, en cuanto al análisis de los requisitos relacionados con la escritura pública, mayoría de pasivo que conformaba el acuerdo de refinanciación e instrumento público incorporado a actuaciones, ahora no queda delimitado de una manera clara, y por ello creo necesario realizar, o por lo menos intentar realizar, una exposición de la regulación de los planes de reestructuración, en relación con la homologación judicial de los planes de reestructuración, planteando distintas cuestiones.

Así, en primer lugar, se debe determinar que la homologación judicial de los planes de reestructuración aparece regulada en el TRLC, tras la reforma producida por ley 16/2022, en el Libro II denominado Derecho Pre concursal, Título III denominado Planes de reestructuración, capítulo V, arts. 635 a 664 TRLC.

Con carácter general, debe destacarse que el Titulo III queda conformado por distintos Capítulos, siendo el Capítulo I denominado el ámbito de aplicación donde se determina el concepto de Plan de Reestructuración y su ámbito objetivo.

Se establece el concepto de Plan de reestructuración, y se determina un ámbito objetivo, y se determina que se someten a este título los planes que prevean extensión de efectos a acreedores o clases de acreedores que sean titulares de créditos afectados, que no hayan votado a favor del plan, y a los socios de la persona jurídica cuando no hayan aprobado el plan.

En su segundo apartado se establece que, al margen de esto, también se someten a este título planes cuando los interesados pretendan proteger la financiación y reconocer a esa las preferencias del libro 1.

El problema es que con relación al art. 615.1. 2º TRLC, se entiende en este artículo que la extensión se refiere a los socios cuando no hayan aprobado estos el plan, y en el art. 635 TRLC se determina que necesariamente se debe homologar un plan se refiere únicamente a los socios del deudor, sin hacerse referencia a que no hayan aprobado el plan como en el art. 615 TRLC.

Además, en el art. 635 TRLC se determina que si se pretende resolver contratos de interés de la reestructuración necesariamente debe homologarse el PR, si bien nada se dice en el art. 615 TRLC.

Por último, el art. 615 TRLC determina los PR que se someten a este título, si bien en el art. 635 TRLC se determina aquellos que necesariamente se deben someter a homologación.

Solamente refiero aquí que parece dejar abierta la posibilidad de que la homologación judicial pudiera ser voluntaria en otros casos, al margen de la homologación judicial necesaria, y que pudiera solicitarse una homologación judicial a un plan de los que se prevén en el art. 614 TRLC, pero no se refiriera a supuestos del art. 615 TRLC, produciéndose una serie de efectos no deseados como el del art. 664 TRLC.

En el capítulo II se encuadran los distintos créditos y contratos afectados por el PR; así, se establecen por medio de la rúbrica los créditos y los contratos que pueden quedar afectados por el PR, el perímetro de afectación de un PR, presupuesto previo a la formación de las clases, destacando el art. 616 TRLC en cuanto a los créditos que pueden quedar afectados y estableciendo el TRLC que los únicos que no pueden quedar afectados (siendo esta exclusión una norma imperativa) son los créditos por alimentos de una relación familiar, de parentesco o matrimonio, los créditos que deriven de una responsabilidad civil extracontractual, y los créditos que deriven de relaciones laborales que sean distintas a las de personal de alta dirección.

Por tanto, a tenor del art. 616 TRLC, y concordantes, se pueden afectar créditos de todo tipo incluidos aquellos sometidos a condición, los contingentes, y los de Derecho Público (con las limitaciones previstas en el art. 616 bis TRLC), salvo los excluidos expresamente por la Ley.

No se establece expresamente que pueden no afectarse determinados créditos, en relación con la determinación del perímetro del PR, pero dicha cuestión se sobreentiende si acudimos a determinados preceptos del TRLC (art. 616.2 TRLC en relación a que cualquier crédito puede ser afectado, y por ello puede ser no afectado, el artículo 633.8º TRLC en relación al contenido del PR determinando créditos no afectados y razones de no afectación, etc.).

En el capítulo III se regula la formación de clases.

Es importante destacar que se incluye en un capítulo concreto, el tercero, donde se determinan los criterios generales de formación de clases y además se prevé expresamente en dicho capítulo que se puede solicitar ante el juez un procedimiento para que el Juez confirme las clases formadas por el deudor o los acreedores legitimados.

En primer lugar y en cuanto al art. 626.1 TRLC, con relación al inicio del citado procedimiento, se determina que en la solicitud de cualquiera de los legitimados (deudor y acreedores que representen más del 50% del pasivo que vaya a quedar afectado por el plan de reestructuración) debe acompañarse la acreditación de la comunicación de la propuesta de formación de la clase o clases a las partes afectadas por la confirmación, donde se les haya anunciado la presentación de esta solicitud. Sin embargo, no determina ni concreta dicha comunicación de la propuesta, de qué forma, fehaciente o no, con acreditación de recepción de esta o no, ni el tiempo de dicha comunicación con carácter previo a presentar la solicitud.

Se regula de manera defectuosa la tramitación del procedimiento de solicitud voluntaria de formación de clases, pues solamente se contempla el supuesto consistente en que se produzca oposición, dando lugar a una determinación de plazo de presentación de dicha oposición en 10 días.

Sin embargo, no se regula el supuesto de la no presentación de oposición, y su tramitación, por medio de auto, o por medio de sentencia, pudiendo entenderse que debería dictarse un auto en ausencia de controversia sobre la formación de clases.

En todo caso únicamente se determina que el juez resuelva por sentencia una vez transcurrido dicho plazo de 10 días, y no se establece el procedimiento a seguir en ausencia de oposición, con relación a la producción automática de una confirmación de las clases al no existir oposición de acreedores, o si el juez de oficio debería analizar si están debidamente formadas.

Esta cuestión es muy importante, pues la actuación de análisis de oficio por el juez de la correcta formación de clases incluso se considera por algunos autores de la doctrina como una cuestión que es susceptible de análisis ya no en este proceso concreto, sino incluso en el trámite de homologación judicial del PR sin contradicción previa.

Sea como fuere, parece desprenderse de dicho art. 626 TRLC la necesidad de oposición para que se dicte sentencia, y su resolución por medio de sentencia en todo caso, con análisis por parte del juez de dicha correcta formación de clases, e incluso del perímetro de afectación con carácter previo a dicha formación.

En todo caso, el Juzgado Mercantil núm. 2 de Madrid, en sentencia de 25 de septiembre de 2023, y tras solicitarse confirmación de clases, al no existir oposición, dictó sentencia y en su fundamento de derecho determinó que "*Ha transcurrido sobradamente el plazo para presentar escrito de oposición, sin que se haya presentado ninguno, por lo cual no cabe otra alternativa en el art. 626.3º del TRLC que dictar esta resolución en el sentido confirmatorio de las clases solicitadas y en concreto de las personas especialmente relacionadas*".

Continuando con los siguientes capítulos integrantes del Título II, el capítulo IV regula la aprobación de los PR en sus arts. 627 a 634 TRLC, y en él se establecen una serie de requisitos o presupuestos, algunos formales, otros materiales, como son la comunicación de la propuesta, el derecho de voto, las mayorías por cada clase, el controvertido art. 631 TRLC, y el contenido del PR y su formalización.

Por tanto, en resumen, podemos diferenciar cuestiones comunes a todos los planes que se abordan en este capítulo, y que se circunscriben a la comunicación a acreedores, la necesidad de alcanzar la mayoría de cada clase, el contenido que debe mencionarse en el PR, y su formalización en instrumento público (con certificación de experto o auditor sobre la suficiencia de mayorías, según los casos).

En cuanto a la comunicación, el art. 627 TRLC determina que dicha propuesta del PR debe ser comunicada a todos los acreedores afectados, e incluso se prevé la posibilidad de solicitar al juzgado competente para conocer la homologación, que comunique este mediante edicto en RPC por el LAJ.

Este requisito considero que no es necesariamente previo a la solicitud de PR, sino que podría incluso solicitarse por el legitimado con la solicitud de homologación de PR en supuestos donde al margen de una comunicación previa realizada por el deudor o acreedores legitimados, se quisiera ampliar la comunicación una vez presentado el PR a otros acreedores respecto de los cuales no se hubiera podido proceder conforme art. 627.2 TRLC. En todo caso este requisito es susceptible de análisis en el art. 638.5º TRLC al homologarse el PR.

En cuanto a la aprobación por cada clase de créditos, en 2/3 o 3/4 según los casos, es un requisito o presupuesto que se enlaza con el requisito para la homologación del artículo 638.3º TRLC; es decir que este ordinal determina que para que se homologue un PR debe de haber sido aprobado por todas las clases de créditos, de conformidad con este título II, es decir, tanto aprobado conforme al art. 629 TRLC y que haya sido aprobado por todas las clases (consensual) o si no, al no ser aprobado por todas las clases de acreedores, conforme al art. 639 TRLC.

El problema que se produce de la lectura del citado art. 638.3º TRLC es que también determina que debe reunir el requisito consistente en que haya sido aprobado por el deudor, o en su caso por los socios.

En relación con los socios, se infiere que se relaciona con el supuesto del art. 631 TRLC, y en relación con el extremo relativo a que haya sido aprobado por el deudor, debe interpretarse juntamente con el art. 640 TRLC (y con el Título V del Libro II, en el régimen especial).

Es decir que el PR puede aprobarse sin consentimiento del deudor cuando sea persona jurídica, y con su consentimiento si es persona natural.

En cuanto al contenido y la forma, parece que se refiere a un análisis del contenido concreto del PR y de formalización del PR de los arts. 633 y 634 TRLC, en relación con el art. 638.2º TRLC.

Una vez analizado el capítulo IV, en el capítulo V, se regula la homologación por el juez de los PR, y diferencia entre unas reglas generales, un procedimiento de homologación, la impugnación del PR, el sistema de contradicción previa, y la prohibición de nuevas solicitudes.

En dicho capítulo por tanto se incluye una prohibición temporal de nuevas solicitudes en el art. 664 TRLC (no poder solicitarse una solicitud de homologación del mismo deudor hasta que no pase un año desde la fecha de solicitud de la homologación del PR homologado previamente); además se incluyen determinados requisitos o presupuestos para la homologación del plan, al margen del art. 638 a 640, consistentes en el carácter necesario de la homologación judicial en determinados supuestos de PR, como son en PR no consensuales por pretender extender efectos a acreedores que no votaron a favor, a los socios del deudor (este último en relación con el art. 615

TRLC, mencionado anteriormente, y con su problemática relativa a si únicamente se refiere a socios del deudor sin más consideraciones, o se refiere a los socios del deudor expresados en junta de la persona jurídica como se desprende del art. 615 TRLC), o para proteger financiación nueva o interina, así como si se pretende resolver contratos en interés de la reestructuración; también se debe cumplir el presupuesto objetivo de la insolvencia del art. 636 TRLC, conectado con el art. 638 TRLC.

En todo caso se entiende como se ha determinado con anterioridad que se podría llegar a solicitar la homologación de un PR que no extienda efectos a acreedores, a socios, es decir que sea consensual, sin extensión de efectos a socios, y sin financiación ni contratos, aunque no sea necesario homologarlo, al poder entenderse que solamente es necesaria en los supuestos del art. 635 TRLC, y que los PR del art. 615 se refiere a los que se tienen que someter al título, pero pudiera entenderse que otro PR con otro contenido pudiera voluntariamente someterse a homologación, aunque se debería entender claramente que solamente puede homologarse el PR del art. 615 TRLC y, en todo caso, del art. 635 TRLC.

Además, se establece el requisito o presupuesto objetivo de insolvencia, relacionado con la insolvencia actual o inminente en el caso de poder realizarse PR con medidas que requieran acuerdo de Junta, aunque no haya sido aprobado por éstos, y se establece el requisito relativo a la viabilidad de la empresa en el corto y medio plazo y la perspectiva razonable de evitar concurso de acreedores.

Por tanto, en resumen, debe analizarse por el Juez en trámite de homologación judicial una pluralidad de requisitos o presupuestos, siendo un sistema distinto a los acuerdos de refinanciación anteriores a la Ley 16/2022, y no siendo pacífico los requisitos o presupuestos a analizar en las homologaciones de PR, habiéndose dictado autos de homologación distintos, siendo dictados en función de los PR presentados, consensuales, no consensuales, por el deudor, por acreedores, con extensión de efectos, etc.

Así, podemos centrar dichos requisitos o presupuestos en los siguientes:

– Que sea un PR que necesariamente debe ser homologado. Debe comprobarse que siendo un PR, que se ajuste al Título 2 y que sea de los planes que necesariamente debe ser susceptible de homologación judicial, pudiendo darse el caso de solicitarse un plan de reestructuración que no se encontrara en dicho supuesto de los que son necesarios para homologar, conforme requiere el art. 635 TRLC, no incluido en el ámbito objetivo del artículo 615 TRLC, pero que es un PR conforme art. 614 TRLC.

– La condición del solicitante, subjetiva y objetiva, en relación con persona natural o jurídica que se incluya en este ámbito, e insolvencia (probable, inminente o actual). Ello se desprende del art. 583 TRLC y del art. 636 TRLC que regula el presupuesto objetivo y el art. 638.1° TRLC, en relación con la situación de probabilidad de insolvencia, insolvencia inminente o insolvencia actual.

– Asimismo que el PR ofrezca una perspectiva razonable de evitar el concurso y asegurar la viabilidad de la empresa en el corto y medio plazo (art. 638.1° TRLC), y este supuesto queda relacionado y controvertido con el art. 614 TRLC al poder ser un PR el que tenga por objeto transmitir la totalidad de la empresa en funcionamiento.

– Requisitos de contenido y forma. Ello se desprende del art. 633 TRLC que regula el contenido que necesariamente debe tener un PR, el art. 634 TRLC en relación con la formalización, y el art. 638.2° TRLC en relación a que se cumplan dichos requisitos.

– Que el PR sea aprobado por todas las clases de créditos. Este requisito se desprende del art. 638.3° TRLC en relación con la excepción del art. 639 TRLC, y lo anteriormente mencionado referido a la aprobación por el deudor, o en su caso por los socios conforme al art. 640 TRLC y en todo caso el art. 629 TRLC que se refiere a la aprobación por cada clase conforme unas mayorías por cada clase de créditos.

– Control judicial que dentro de la misma clase los créditos hayan sido tratados de forma paritaria. Este requisito se establece en el art. 638.4° TRLC y se encuentra relacionado con el art. 623 TRLC.

– Que el PR haya sido comunicado. Este control se desprende del art. 638.5° TRLC y del art. 627 TRLC, con la especialidad mencionada anteriormente relativa al momento de dicha comunicación, e incluso dicho procedimiento previo. Este extremo es importante, ya que incluso cabe la posibilidad de solicitar al LAJ del juzgado competente para conocer de la homologación que se ordene publicación en RPC conforme al art. 627.2 TRLC.

Sin embargo, deben analizarse otros requisitos previstos en otros apartados como son el ámbito temporal y la prohibición del art. 664 TRLC, o el análisis de la persona jurídica (o natural) respecto de la cual se solicita homologación (que se incluya dentro de este título).

Además, si continuamos el análisis del procedimiento de homologación, y la verificación de otras cuestiones en el auto homologando el PR, la sección segunda del capítulo V regula la competencia del juez, la posibilidad de presentar planes conjuntos, y el trámite de solicitud, con expresión de la providencia de admisión, la impugnación de la competencia, y el dictado del auto de homologación entre otros extremos.

Por ello, debe de analizarse también la legitimación del instante y la competencia del juez, el art. 664 TRLC, y el análisis de la persona respecto de la cual se solicita la homologación.

Con respecto a la legitimación, se puede solicitar la homologación del PR por el deudor o por los acreedores, estando prevista dicha legitimación expresamente para el deudor en el art. 643 TRLC (el cual determina que se puede solicitar dicha homologación por el deudor y por los acreedores afectados que hayan suscrito el PR —no especifica si se refiere al PR del deudor o al propio PR de los acreedores—) y para los acreedores implícitamente en el art. 637 TRLC (donde se regula de manera tangencial que los acreedores pueden presentar un PR con probabilidad de ser aprobado, y siempre que el deudor se encuentre en probabilidad de insolvencia o insolvencia inminente, y si se encuentra en insolvencia actual, cuando no se haya admitido a trámite la solicitud de concurso necesario).

Por otro lado, el deudor frente al que se solicita la homologación del PR, debe ser una persona física o jurídica (art. 583 TRLC), que ejerza actividad empresarial o profesional, y siempre que se encuentre en insolvencia actual, inminente, o probabilidad de insolvencia. Además, debe ser objeto de consideración de empresa no incluida en el Título V, arts. 682 a 684 TRLC.

En cuanto a la competencia del juez que realiza la homologación, queda prevista en el art. 641 TRLC, en relación con la comunicación de negociaciones realizada por el deudor con carácter previo, o en otro caso siendo el competente para la declaración de concurso. La problemática relativa en relación a un previo nombramiento de experto y la competencia del juez fue analizada en el auto de homologación de PR de 28-9-2023 del Juzgado Mercantil núm. 5 de Madrid. En todo caso el problema estriba en que en la providencia de admisión se debe analizar dicha competencia, sin más consideraciones al respecto, y se prevé trámite de declinatoria por falta de competencia territorial e internacional, que no objetiva, pudiéndose dar el caso de análisis en el propio auto por alegaciones de terceros, de la propia competencia objetiva, o incluso de su inclusión o exclusión conforme T V del Libro II.

Para terminar este apartado de análisis general del Título III del Libro II del TRLC, simplemente debe establecerse que en la sección 3ª del capítulo V se regula el trámite de impugnación del auto, en la Sección 4ª la contradicción previa, y en la sección 5ª la prohibición temporal de nuevas solicitudes.

Por último, en el capítulo VI se regula la protección en caso de concurso, en relación con el dinero nuevo, la interina, y la protección frente a acciones rescisorias y en el capítulo VII se regula el incumplimiento de los PR.

Todas estas cuestiones no afectan en sí mismas al auto de homologación, si bien debe destacarse el control en homologación judicial del art. 667 TRLC en relación con dicha financiación.

II. RESUMEN DE LOS REQUISITOS O PRESUPUESTOS SUSCEPTIBLES DE ANÁLISIS EN LA HOMOLOGACIÓN DE LOS PLANES DE REESTRUCTURACIÓN

Tras esta exposición previa, considero que deben examinarse una serie de requisitos para la homologación del PR consistentes en que sea un PR que necesariamente debe ser homologado. la condición del solicitante, subjetiva y objetiva, en relación con persona natural o jurídica que se incluya en este ámbito, e insolvencia (probable, inminente o actual), que el PR ofrezca una perspectiva razonable de evitar el concurso y asegurar la viabilidad de la empresa en el corto y medio plazo (art. 638.1º TRLC), y este supuesto queda relacionado y controvertido con el art. 614 TRLC al poder ser un PR el que tenga por objeto transmitir la totalidad de la empresa en funcionamiento, requisitos de contenido y forma, que el PR sea aprobado por todas las clases de créditos, el control judicial consistente en verificar que dentro de la misma clase los créditos hayan sido tratados de forma paritaria, y que el PR haya sido comunicado.

Y como otros requisitos no expresamente previstos en el art. 638 TRLC, deben analizarse el ámbito temporal y la prohibición del art. 664 TRLC, el análisis de la persona jurídica (o natural) respecto de la cual se solicita homologación (que se incluya dentro de este título), la competencia del juez al margen del análisis de la misma en la providencia de admisión, la posibilidad de presentar planes conjuntos, y la legitimación del instante.

Relacionado con estos extremos, el auto del Tribunal Mercantil de Sevilla de 6 de marzo de 2024 refrendado por el Auto de 13 de mayo de 2024, que finalmente aprueba la reestructuración que se denegó en el auto de 20 de marzo, de 2024, determina que "*Es decir, procede resolver sobre la homologación en esta resolución, lo que nos traslada a la delimitación de los requisitos necesarios para que ello se produzca.*

La sección 1ª del capítulo V del Libro II del Texto Refundido de la Ley Concursal, a la que se remite el precepto citado, está integrada por los artículos 635 a 640. Sin embargo, no solo hemos de atender a éstos para determinar qué requisitos debe cumplir el plan de reestructuración para ser homologado, puesto que, por un lado, se realizan remisiones a otras partes del Texto Refundido y, por otro lado, algunos preceptos fuera de esta sección primera incluyen un mandato directo de control al juez que conoce de la solicitud".

El citado auto agrupa en bloques los requisitos susceptibles de análisis diferenciando 3 bloques:

1º La situación de insolvencia y el hecho consistente en no haberse solicitado homologación y haberse homologado este en el año anterior. Es cierto que estos requisitos se prevén en los arts. 638.1º y 664 TRLC, es decir, dentro de la sección 1ª y el art. 664 TRLC incluido en la Sección 5ª

2º Bloque que incluye requisitos externos o formales y requisitos internos o sustantivos.

Formales: Haber formalizado escritura pública y certificación de experto o auditor. Arts. 638.2º y 634 TRLC, y que se cumplan requisitos de contenido y de comunicación. A estos añade el informe de experto en supuestos del art. 639.2 TRLC.

Materiales: En la citada resolución se diferencian en tres:

– Que el plan ofrezca una perspectiva razonable de evitar el concurso y asegurar la viabilidad de la empresa en el corto y medio plazo (art. 638.1°, segundo inciso, TRLC).

– Que los créditos dentro de la misma clase sean tratados de forma paritaria (art. 638.4° TRLC).

– Que, si el plan conlleva operaciones societarias, éstas se adecuen a la legalidad (art. 647.4 TRLC).

3° Respecto al tercer bloque, la auto diferencia requisitos que no siempre deben concurrir, relacionados con el consentimiento del deudor (persona física o Título V del Libro II) o el no consentimiento del deudor (persona jurídica), supuesto de socios legalmente responsables, y la aprobación de las clases (por todas, por mayoría simple, o por una según los casos).

Ciertamente el análisis realizado diferencia de manera clara los distintos requisitos o presupuestos, relacionados con el control judicial.

III. ANÁLISIS DE LA FORMACIÓN DE CLASES

Una última cuestión en relación con el análisis relativo a la homologación judicial es el análisis de la formación de clases en el auto que homologa el plan de restructuración.

Así, relacionado con el análisis de la formación de clases en el auto de homologación, considero que debe analizarse conforme al art. 638.4° TRLC el trato paritario realizado en el PR a cada clase, y solo si es manifiesto el hecho de no producción de dicho trato paritario, no debe homologarse.

Sucede, sin embargo, que relacionado con el art. 638.2° TRLC y el art. 633 TRLC, se considera por autores de la doctrina que debe de producirse un análisis de la formación de clases, y de la delimitación del perímetro como presupuesto a dicha formación de clases, también en el auto de homologación judicial.

Así, como determina el Auto del Tribunal Mercantil de Sevilla de 6 de marzo de 2024, "*Por ello, la formación de las clases de acreedores es la clave de bóveda del sistema. Si no se hace de un modo correcto, la aprobación del plan de reestructuración carece de justificación y es por ello por lo que el legislador atribuye un efecto tan potente a la estimación de la impugnación o de la oposición basada en la defectuosa formación de las clases, como es la ineficacia total del plan, frente al resto de causas cuya apreciación solo permite excluir de sus efectos a quien las alegó. Del mismo modo, la apreciación de una incorrecta formación de clases (teniendo en consideración la modulación de la carga probatoria que introduce el artículo 647.1 del Texto Refundido de la Ley Concursal) impide considerar que el plan ha sido aprobado por las clases necesarias y, por ello, comporta la desestimación de la homologación*".

Ahora bien, no se considera que el juez deba proceder, al margen de lo dispuesto en este ordinal 4º del art. 638 a analizar la formación de clases en el control de homologación salvo cuestiones relativas a la comprobación de una correcta formación de cada clase que se haya producido en el plan, en relación con su determinación, su cómputo de votos, su mayoría, y su trato paritario dentro de cada clase, ya que el resto de cuestiones, aunque adyacentes, e incluso presupuesto previo a dicho control del art. 638 TRLC, se reservan a una eventual contradicción previa si se hubiera solicitado, o a fase de impugnación, o en todo caso a un proceso previo de confirmación de clases.

Y se considera esto atendiendo al principio de intervención mínima en esta fase de homologación, al concepto consistente en "*salvo que se deduzca de manera manifiesta*", y atendiendo en todo caso a que se privaría de sentido a la posibilidad de presentar una solicitud de confirmación judicial de clases, con trámite de oposición, y aun sin haberse producido oposición, si en la propia homologación también se analizara dicha formación de clases por el juez, sin oposición, y por otro lado son cuestiones que deberían encontrarse positivizadas claramente para poder realizar dicho control o verificación, no infiriéndose de lo dispuesto en los requisitos de contenido y forma.

El problema se produce cuando existe una delimitación del perímetro sin justificación (por ejemplo no explicando la no afectación, o siendo de manera clara sin motivar por el instante una formación de clases unipersonales sin explicación de los motivos para dicha formación separada), que conlleve a que de forma manifiesta se deduzca que no se cumplen los requisitos exigidos en dicha sección 1ª, es decir anudado el art. 638.2º TRLC en cuanto al contenido del PR, con el presupuesto previo a una indebida formación de clases, y al art. 623.2 y 3, primer apartado, del TRLC.

En todo caso en el citado Auto de Sevilla (en ambos) se explica claramente la motivación para el análisis de dicha formación de clases, considerándose que es la clave de bóveda del sistema, aunque en él se determina una posible revisión de la formación de clases atendiendo al interés común dentro de cada clase analizando dicho criterio objetivo, en relación con el orden de pago, y la posibilidad de separación por razones que lo justifiquen, y considera que en caso de duda debe estarse a la homologación del PR conforme al art. 647.1 TRLC atendiendo al principio pro solicitante del PR; en todo caso puede que en dicho auto sí se circunscribiera a una correcta formación en relación a incluso la existencia de votos por parte de acreedores no afectados, pero dichas cuestiones con carácter general pueden desbordar el control judicial que debe realizar el juez en la homologación de la solicitud, por chocar con el trámite de correcta formación de clases del art. 626 TRLC o la posterior impugnación o contradicción previa, quedando circunscrito el análisis del juez que homologa a analizar que dentro de cada clase se hayan tratado de forma paritaria.

Habrá por tanto que atender a los distintos supuestos que se plantean en los PR, pues surgen supuestos desde la presentación de un PR con créditos afectados que provienen de relaciones laborales, a priori excluidos de afectación, o como se ha producido en el PR denegado en el Auto del Tribunal Mercantil de Sevilla de 6 de marzo de 2024, en el que se deniega el PR porque no cumple requisitos de forma, no respeta el principio de paridad de trato entre créditos afectados incluidos dentro de una misma clase, y porque no se han formado las clases de manera correcta y se han atribuido derechos de voto a acreedores incluidos en una clase cuyos créditos no resultaban afectados por el plan.

Es cierto que, si se presenta un PR con una diferenciación de clases, por ejemplo, con una clase por crédito, que conlleva a una aprobación por mayoría simple, con explicaciones por dicha clasificación, aun en ese supuesto, en principio debería de aprobarse el plan si dentro de cada clase se produce un trato paritario, dejando dicha cuestión a la fase de contradicción o impugnación, o una solicitud de formación de clases.

La cuestión entronca con la diferenciación entre planes consensuales y no consensuales, ya que, en relación con los consensuales, dicho control de verificación del juez debe ser muy limitado, pero en relación con los no consensuales, donde una clase con una proporción ínfima de pasivo impone su PR en relación a dicha formación de clases, y su homologación puede conllevar a efectos perniciosos hasta la resolución de la impugnación.

Por ello sería deseable que se diferenciara en el control de homologación judicial, planes consensuales y no consensuales, y arrastre en no consensuales con un pasivo ínfimo en relación con el crédito afectado, e incluso con el crédito no afectado.

En todo caso, dicho análisis de formación de clases, e incluso de formación o delimitación del perímetro, solamente conllevará a su denegación si existe de manera manifiesta dicha incorrecta formación, y a ello se debe añadir por la duda de dicha formación en esta etapa inicial con la información proporcionada, y en todo caso sin audiencia de la parte que pudiera impugnar en su caso, que pudiera proporcionar medios de prueba conducentes a acreditar dicha mala formación de clases, o fraude de ley o abuso de derecho relacionado con dicha formación de clases que conlleva a estimar la impugnación u oposición, y concluyendo que la denegación de un PR no impide que se vuelva a presentar de nuevo para homologación.

Así, en relación con el auto dictado por el Juzgado Mercantil núm. 5 de Madrid de 20 de marzo de 2024, se determinaba en su análisis en relación con la formación de clases, consistente en la formación de tres clases, de un pasivo total del deudor de unos diez millones de euros, de cinco millones, siendo el arrastrado clase dos el pasivo por cuatro millones, y habiendo realizado tres clases, correspondiendo y justificando la clase uno por interés común atendiendo a criterio objetivo, clase dos en relación con dicha clasificación concursal, y clase tres subordinada también justificada, se debe limitar la verificación del juez a determinar si dentro de cada clase se ha tratado a los créditos de forma paritaria, estando las clases formadas por acreedores, con mismas condiciones, y la clase dos que es la que se ve arrastrada queda conformada por una sola clase.

Si se procediera a analizar si existe una correcta formación de clases, se debería analizar si la clase dos está debidamente clasificados como crédito ordinario o subordinado, y en ese caso (de ser ordinario), si debiera haberse analizado si existen razones suficientes que hagan separar en distintas clases, en todo caso relacionado con el interés superior de acreedores, o la regla de la prioridad relativa y su excepción, por ejemplo.

Pero reitero que considero que estas cuestiones no son susceptibles de análisis en el auto que homologa el PR, sino que únicamente debe verificarse el cumplimiento estricto de dichos requisitos, y en todo caso, someterse al carácter pro instante de la reestructuración en relación al cumplimiento de los requisitos de la sección 1° del capítulo V del título 2 del Libro 2 TRLC, en concreto, arts. 635 a 640.

En todo caso todas estas cuestiones se encuentran actualmente abiertas, debiendo quedar delimitadas con la práctica judicial tanto de los juzgados de lo Mercantil como de las distintas Audiencias Provinciales cuando puedan resolver las impugnaciones pertinentes, en relación al control judicial en el auto de homologación.

20. ARTÍCULO 224 TER Y SS TRLC: EL PREPACK CONCURSAL

JUAN FRANCISCO TEJERO ALDOMAR
Abogado. Administrador concursal. Prepacker
Socio Director JURISTAS Y ASESORES TRIBUTARIOS TEJERO

I. DERECHO COMPARADO

I.1. Origen. Primeros antecedentes

El origen de un procedimiento para la enajenación de la unidad productiva previa al procedimiento de insolvencia, lo podemos situar en Estados Unidos. De esta forma, antes de acudir al procedimiento formal del Chapter Eleven, existe un mecanismo previo como parte de las alternativas extrajudiciales que es el conocido como Pre-Packaged Plan.

Antes que sea necesario acudir al Chapter Eleven la legislación ofrece al deudor la posibilidad de negociar deudas y reestructuración con los acreedores. Con este tipo de procedimiento, se intenta alcanzar tres objetivos fundamentales. Por un lado, se intenta evitar el sacrificio reputacional que supone la declaración de concurso. En paralelo, se busca evitar que la tramitación de un concurso suponga una evidente depreciación de los activos sujetos a la venta. En último término, frente la duración que tendrá el Chapter Eleven, el procedimiento del Pre-Packaged permite una solución con un espacio más breve de tiempo.

I.2. Legislación y jurisprudencia comparada y comunitaria

I.2.1. Reino Unido

A pesar de participar, en cierta medida, con los rasgos de la legislación estadounidense, las primeras referencias legislativas referidas al pre-pack son relativamente recientes, contenidas en la Ley de Emprendimiento que data de 2002. La aprobación de esta Ley se hace coincidir con la modificación de la Ley de Insolvencia, que endurece la responsabilidad de los administradores en caso de quiebra, elevando hasta 15 años la inhabilitación de los directivos que por irresponsabilidad o ineptitud en su gestión lleven a la quiebra a una compañía.

La Declaración de Prácticas de Insolvencia Nº 16 (SIP 16), se trata de "un reglamento", que regula de forma pormenorizada el "Pre-Pack sales". De esta forma, se establece que será el administrador concursal quien realice la venta. Puede establecerse tres fases en el procedimiento de venta de la unidad productiva:

(i) Nombramiento del administrador concursal. Será nombrado a instancias del deudor o los acreedores privilegiados.

(ii) Gestiones por parte del administrador concursal para la venta de la unidad productiva.

(iii) Comunicación al juzgado.

I.2.2. Francia

La legislación francesa no recoge un procedimiento extrajudicial a imagen y semejanza del que existe en España. Ciertamente, se regula un procedimiento previo al del "sauvegarde "(Concurso de acreedores) que se denomina el "mandat ad hoc". Este procedimiento, exige que el solicitante no se encuentre en situación de insolvencia actual. Solicitada al juzgado el inicio del procedimiento, el Juez nombrará a un experto, quien tendrá por misión la posible reestrcuctuaración de la compañía, pudiendo igualmente recabar ofertas de compra de unidad productiva.

I.2.3. Holanda

Holanda opta por establecer un sistema similar al del Reino Unido, con fases procesales muy similares. Así la deudora solicitará el nombramiento de un experto para recabar ofertas (silent trustee), que procederá a realizar todas las actuaciones preparatorias para una futura venta de la unidad productiva. Posteriormente se solicitará declaración de concurso, informando el experto sobre una posible venta.

I.2.4. TJUE

Si atendemos a las distintas resoluciones del Tribunal de Justicia de la Unión Europea, advertiremos que existen distintos pronunciamientos en los que aparece la figura del Prepack.

Quizás, la primera referencia la podemos encontrar en la Sentencia de fecha 22 de junio de 2017, en la que ante la cuestión planteada por un juzgado de primera instancia de Paises Bajos, en relación a si era de aplicación la Directiva 2001/23, referida los trabajadores en el caso de una venta amparada bajo el paraguas del prepack. La respuesta del TJUE, fue positiva, entendiendo que el Pre-Pack no puede considerarse como un procedimiento de quiebra por lo que era de aplicación lo dispuesto en los artículos 3 y 4 de la Directiva.

Nuevamente, la misma cuestión fue planteada al TJUE por parte de Paises Bajos. Concretamente la cuestión fue planteada por el Hoge Raad der Nederlanden (Tribunal Supremo de los Países Bajos), mediante resolución de 29 de mayo de 2020, y la solución fue distinta a la adoptada 3 años antes. Así, mediante Sentencia de fecha 28 de abril de 2022, el Tribunal concluyó que la figura del pre-pack sí cumple con los dos requisitos que la normativa laboral europea exige para las transmisiones de empresas insolventes. El primero precisa que el procedimiento de insolvencia se abra "con vistas a la liquidación de los bienes" de la empresa en crisis. La resolución europea lo da por cumplido, ya que el pre-pack busca liquidar una empresa en funcionamiento, obteniendo el mayor rendimiento posible para los acreedores, a la vez que permite conservar algunos puestos de trabajo, "en la medida de lo posible". El segundo de los condicionantes se refiere a la necesidad de que el procedimiento de insolvencia sea supervisado por la autoridad competente. A este respecto, el tribunal considera que los expertos y el juez del pre-pack tienen la misma objetividad e independencia que los profesionales de un procedimiento de insolvencia.

I.2.5. La Directiva 2019/1023

EL origen de la figura del prepack a nivel comunitario lo podemos situar en el Directiva 2019/1023, sobre marcos de reestructuración preventiva, medidas para aumentar la eficiencia de los procedimientos de reestructuración, insolvencia y exoneración de deuda. Esta Directiva, que fue transpuesta a nuestra legislación mediante la Ley 16/2022, obliga a los estados miembros a establecer un régimen jurídico que permita a los deudores puedan acceder a un mecanismo que permita reestructurar su deuda. El artículo 2.1 recoge de forma expresa, la venta de activos o partes de la empresa, así como la venta de la empresa como empresa en funcionamiento, medida dirigida a la «reestructuración».

II. ANTECEDENTES EN EL DERECHO ESPAÑOL

Hasta la aprobación de la Ley 16/2022, de 5 de septiembre, de reforma del texto refundido de la Ley Concursal, existía una absoluta orfandad en cuanto a la enajenación de la unidad productiva extramuros del concurso.

Ante esta situación, fueron dos las soluciones que se plantearon.

Por parte de los Juzgados de lo Mercantil de Barcelona, se acudió al derecho comparado, y más concretamente a la legislación de los Países Bajos y de Inglaterra que contemplaban un mecanismo previo a la declaración de concurso denominado pre-pack o prepackaged concursal, publicando a tal fin unos Acuerdos de fecha 20 de enero de 2021.

Ante las ausencia expresa en nuestra legislación sobre este mecanismos, y las dudas que pudiera surgir sobre su legalidad, las directrices de los Jueces Mercantiles de Barcelona, justificaron su implementación de esta forma:

"Finalmente, consideramos que este mecanismo se enmarca dentro del espíritu y la finalidad de la Directiva (UE) 2019/1023 del Parlamento Europeo y del Consejo, de 20 de junio de 2019, sobre marcos de reestructuración preventiva que, entre sus objetivos, incluye conseguir que los Estados implementen nuevas medidas tendientes a garantizar un más ordenado y eficiente procedimiento de liquidación, reduciéndose la excesiva duración de los procedimientos de insolvencia en beneficio de unos mayores porcentajes de recuperación.

En este sentido, el art. 2.1.1) de la citada Directiva incluye dentro del concepto "reestructuración" las ventas de activos o de partes de la empresa así como la venta de la empresa como empresa en funcionamiento. Y su art. 2.1.12) define la figura del "administrador en materia de reestructuración" como toda persona u órgano nombrado por una autoridad judicial o administrativa con, entre otras funciones, la asistencia al deudor o a los acreedores, la supervisión de negociaciones, informar a la autoridad judicial o administrativa, o tomar el control parcial de activos y negocios del deudor durante este proceso.

Por último, el art. 4.5 señala que el marco de reestructuración preventiva establecido en virtud de la presente Directiva podrá consistir en uno o varios procedimientos, medidas o disposiciones, algunos de ellos podrán desarrollarse en un contexto extrajudicial, sin perjuicio de cualquier otro marco de reestructuración previsto en la normativa nacional."

El mecanismo propuesto podría resumirse en tres fases:

- Solicitud: El deudor comunicaba, al amparo de lo dispuesto en el artículo 583 TRLC, la apertura de negociaciones con sus acreedores. En la misma comunicación e incluso posteriormente escrito posterior, el deudor podría poner de manifiesto que estaba preparando operaciones sobre los activos de la empresa, pudiendo solicitar el nombramiento de un experto independiente o administrador en materia de reestructuración.
- Fase preliminar de las operaciones de pre-pack concursal: en esta fase, y una vez nombrado por el Juzgado al experto o administrador concursal (será posteriormente el administrador del concurso), éste procederá a realizar una serie de gestiones encaminadas de preparación de operaciones de venta y búsqueda de oferentes que finalizarán con un informe. Es informe contendrá al menos los siguientes extremos: si la publicidad del proceso ha sido suficiente para garantizar la máxima participación de todos los interesados; si la información suministra-

da a todos los interesados durante el proceso se ha realizado en términos que han garantizado la igualdad de oportunidades; si, a consecuencia de lo anterior, ha quedado garantizada la libre y justa competencia entre los interesados; si el precio final ofrecido para la adquisición es razonable; previsión de la evolución de la valoración del activo o activos en cuestión, una vez declarado el concurso y en caso de no implementarse inmediatamente la venta preparada.

– *Fase judicial de autorización e implementación de las operaciones de pre-pack concursal.* El deudor solicitará la declaración de concurso, debiendo acompañar el informe final del experto independiente o administrador en materia de reestructuración, así como las propuestas finales de compra de unidades productivas. En el auto de declaración de concurso deberá darse traslado por diez días a los personados a efectos de alegaciones. Finalizado el plazo de diez días, la administración concursal deberá emitir el informe previsto en la Ley sobre el plan de liquidación y el juez, dictará auto autorizando o denegando las operaciones de venta.

El procedimiento implementado por los Juzgados de lo Mercantil de Barcelona conseguía paliar la posible falta de transparencia y concurrencia que parte de los jueces consideraban que concurrían en la aplicación del texto legal. Igualmente, y dado que el experto independiente o administrador en materia de reestructuración nombrado en fase preconcursal, sería posteriormente nombrado administrador concursal, éste habría contado con un plazo más que suficiente para poder analizar la unidad productiva, valorarla, poder recibir ofertas y en definitiva mostrar una opinión fundada.

En los mismos términos que en Barcelona, los Jueces de Baleares, consideraron necesario la aprobación de un Protocolo para fijar unas directrices aplicables a los procedimientos de Prepack. De esta forma, en Junta Sectorial de Jueces de lo Mercantil en fecha 28 de abril de 2021 se aprobó este protocolo.

Sin embargo, el sistema propuesto por los Jueces Mercantiles de Barcelona y de Baleares, chocaba con una evidencia: No existía previsión legal alguna en nuestra legislación que contemplara una figura como el pre-pack. Lo anterior supuso que salvo en los propios juzgados de Barcelona o en algún caso puntual como Málaga o Palma de Mallorca, no se extendió su aplicación.

Los Jueces Mercantiles de Madrid, tampoco fueron ajenos a la dificultad practica en la aplicación del artículo 530 del TRLC, si bien se consideró que el mecanismo del *pre-pack* y las figuras en él previstas no se encontraban reguladas en el ordenamiento jurídico nacional y presentaban problemas de encaje legal, estableciendo unos criterios procedimentales en reunión celebrad el 22 de enero de 2021. En estos acuerdos, los magistrados mostraban su preocupación ante la prácticamente nula implantación del artículo 530 del TRLC, apuntando los problemas prácticos de su aplicación:

"Sin embargo, esta figura no ha dado los resultados esperados por los recelos que suscita entre los operadores que intervienen en el procedimiento concursal. Concretamente:

1. A los propios oferentes: ante el temor de que su oferta sirva de punto de partida para que otros interesados realicen su oferta y la mejoren. Sin qué decir tiene que muchos esperan a presentar su oferta, a que la empresa esté en concurso, para ofrecer un precio inferior.

2. Al juez del concurso: al desconocer cómo se ha hecho esa búsqueda previa de oferentes, surgiendo la duda de si realmente es la mejor de las ofertas, o bien, un intento del deudor, de mantener el control de la compañía, a través de una persona vinculada, viéndose exonerado de la deuda acumulada y pudiendo despedir a aquellos trabajadores que no le interesan.

3. A la administración concursal: al tener que evaluar la empresa y la oferta económica, en 10 días a contar desde la aceptación del cargo, plazo que, en ocasiones, resulta manifiestamente insuficiente. Por esta razón, es frecuente que la administración concursal no informe negativamente dicha oferta, pero sí que interese abrir un procedimiento concurrencial, en sede concursal, por la vía del artículo 518 TRLC (ex artículo 43 de la LC), perdiéndose la posibilidad de vender la unidad productiva, en un breve plazo de tiempo.

4. A los acreedores con privilegio especial: por la incertidumbre que supone el dies a quo para efectuar alegaciones, pues si el juzgado opta por la publicación en el tablón de anuncios, lo más probable es que no hayan tenido conocimiento, no ya de esa oferta, sino de la propia declaración de concurso.

5. Por último, a los legales representantes de los trabajadores: al no haber sido informados, muchas veces, de ese proceso de venta ni de quién es el oferente, impidiéndoles así, negociar con él, las condiciones laborales."

Estos acuerdos, esencialmente procesales, propusieron la regulación de procedimiento estableciendo diez directrices:

1. En el caso que el deudor interesara en su solicitud de concurso la liquidación y acompañara una oferta de compra, debería de reflejarse en el encabezamiento del escrito la urgencia de la solicitud, y ello con el fin que el Decanato pasara a su reparto lo más prontos posible.

2. Aun cuando no tenía carácter obligatorios, se recomendada que junto a la solicitud de concurso se acompañaran son solamente los documentos exigidos en los artículos 6 y 7 del TRLC, sino el formulario de solicitud de concurso aprobado por la Sala de Gobierno del Tribunal Superior de Justicia de Madrid, de 18 de mayo de 2020.

3. Una vez repartida por Decanato la solicitud de concurso, el procurador debería aportar dos juegos de copias, sin necesidad de que se le requiera para ello.

4. Los propios jueces se comprometían a declarar el concurso en un plazo máximo de dos días, siempre y cuándo se encontrara completa la solicitud, y aportadas las copias referidas anteriormente.

5. En el auto que declara el concurso, el juzgado mercantil designaría a la AC para que procediera a tomar posesión del cargo de manera inmediata.

6. En ese mismo auto, se acordará la apertura de la fase de liquidación, que seguirá el trámite ordinario. Igualmente se acordaría la apertura de una pieza separada para tramitar la venta de la unidad productiva, concediendo un plazo de común de 10 días a los acreedores, administración concursal y trabajadores.

7. Para el supuesto que la administración concursal, emitiera un informe desfavorable, o con reservas, debería justificar su decisión. Igualmente, si se planteara la apertura de un proceso público y concurrente, en sede concursal, o modificar las condiciones de la enajenación, deberá justificarlo.

8. Una vez presentado el informe por parte de la administración concursal, oídos, en su caso, a los acreedores con privilegio especial con derecho de ejecución separada y de los legales representantes de los trabajadores, el juez del concurso dictará auto en el plazo de dos días (desde la dación de cuenta) autorizando o denegando las ope-

raciones. En el caso que el informe de la administración concursal contuviera reservas, o propuestas de modificación se dará un plazo común de cinco días, al oferente, concursada y acreedores para formular, en su caso, alegaciones.

9. Frente al auto que apruebe la venta de la unidad productiva, no cabrá recurso alguno, mientras que en el caso que fuera denegatorio, cabrá recurso de reposición.

10. Si no se procediera a la venta de la unidad productiva, bien por denegación judicial o por cuanto ésta quedara frustrada, la enajenación de los activos se ajustará a las reglas generales de cualquier procedimiento concursal o en el plan de liquidación que se apruebe judicialmente.

III. REGULACIÓN ACTUAL

III.1. Artículos 224 ter al 224 septies

La Ley 16/2022, de 5 de septiembre, de reforma del texto refundido de la Ley Concursal, introdujo un mecanismo que permite la solicitud de nombramiento de experto para recabar ofertas de adquisición de la unidad productiva. De esta forma se aprobaron los actuales artículos 224 ter al 224 septies

El legislador ha acogido las directrices que en su día establecieron los Juzgados de lo Mercantil de Barcelona, si bien existen algunas previsiones que son divergentes a los criterios judiciales.

Ya hemos de adelantar, que a nuestro juicio la regulación cabe calificarla como parca e insuficiente, existiendo numerosas lagunas, lo que ha generado que este mecanismo sea utilizado de forma residual. Así, y a pesar, nuevamente, del esfuerzo interpretativo e integrador de los jueces mercantiles, existen muy pocos procedimientos en los que se haya procedido al nombramiento de experto.

Como decíamos, es más que loable la labor de los distintos juzgados encaminados a establecer unos criterios claros para la tramitación de estos procedimientos. En este sentido, señalamos a continuación, los principales acuerdos de los Jueces mercantiles:

- Acuerdo 2/2022 de los Jueces Mercantiles de Sevilla de 22 de octubre de 2022.
- La Junta de Jueces de los Juzgados de lo Mercantil de Madrid aprobó el 21 de febrero de 2023 la Guía de Buenas Prácticas para el prepack.
- Los Jueces de Barcelona han establecido igualmente determinadas directrices, en los acuerdos de unificación de criterios de diciembre de 2023.

A continuación, expondremos el contenido de los preceptos que regulan el "prepack", e iremos analizando las diversas interpretaciones judiciales

III.2. Artículo 224 ter: Solicitud de nombramiento de experto para recabar ofertas de adquisición de la unidad productiva

El precepto establece:

"En caso de probabilidad de insolvencia, de insolvencia inminente o de insolvencia actual, el deudor, sea persona natural o jurídica, cualquiera que sea la actividad a la que se dedique, podrá solicitar del juzgado competente para la declaración de concurso el nombramiento de un experto que recabe ofertas de terceros para la adquisición, con pago al contado, de una o de varias unidades productivas de que sea titular el solicitante, aunque hubieran cesado en la actividad"

La primera de las cuestiones que se suscitan al leer el texto, es si el deudor podrá proponer el nombramiento del experto, o por el contrario será el juzgado quien de la misma forma que designa administrador concursal, determine quién será el experto.

En mi opinión será el propio solicitante quien proponga al experto. Dos son las razones por la que nos decantamos por esta solución. Por un lado, es la propia empresa la que acude voluntariamente a solicitar el nombramiento de este experto, por lo que debería de haber realizado gestiones previas y buscar de alguna forma la persona con la experiencia suficiente para obtener ofertas de compra. En segundo, lugar, podría plantearse una aplicación analógica de los dispuesto en el artículo 672 del TRLC y ss, en el que se regula la figura del experto en reestructuración.

Los acuerdos de los distintos juzgados se decantan por esta posibilidad. A modo de ejemplo en los criterios de los Jueces de Barcelona, se afirma literalmente: *"El nombramiento será propuesto por el propio deudor y, en su defecto, por el juez competente."*.

III.3. Artículo 224 cuater: Nombramiento del experto

Tal y como luego analizaremos, vuelve a ser muy parca y limitado el texto respecto al experto para recabar ofertas de compra:

1. El nombramiento del experto podrá recaer en persona natural o jurídica que reúna las condiciones para ser nombrado experto en reestructuraciones o administrador concursal. La aceptación del nombramiento es voluntaria.

2. En la resolución el juez establecerá la duración del encargo y fijará al experto la retribución que considere procedente atendiendo el valor de la unidad o unidades productivas. El derecho a percibir la retribución podrá estar total o parcialmente en función del resultado.

La resolución por la que se acuerde el nombramiento del experto se mantendrá reservada.

Respecto al primer apartado, no se aprecia especial complejidad, salvo dos cuestiones. Por un lado, podría darse la circunstancia, que el experto nombrado no contara con los requisitos para poder ser administrador concursal. En este sentido, y dado que la norma se remite al experto en reestructuración, habrá que estar a lo dispuesto en el artículo 674 TRLC. Y en dicho precepto se permite que sea experto en reestructuración, aquel que tenga los conocimientos especializados, jurídicos, financieros y empresariales, así como experiencia en materia de reestructuraciones o que acredite cumplir los requisitos para ser administrador concursal. Por tanto, y aun cuándo se prevé expresamente (en el artículo 224 sexies) que el experto en reestructuración pudiera ser administrador concursal, en el posterior concurso, será de imposible aplicación si el experto en recabar ofertas no tuviera las cualidades para ser administrador concursal, sino exclusivamente conocimientos especialidades, jurídicos, financieros y empresariales. En segundo lugar, nada dice la norma sobre posibles incompatibilidades del experto para recabar ofertas, pero entendemos que por remisión a la figura del administrador concursal y del experto en reestructuración.

Cuestión distinta es tanto la duración como la retribución. Ante la orfandad de la norma, deberán ser las distintas interpretaciones judiciales posteriores las que nos arrojen luz al respecto.

Comenzado por la duración, el artículo se limita a indicar que en el auto de nombramiento el juez establecerá duración del cargo. La primera cuestión que se suscita es si es de aplicación literal la dicción transcrita, o el deudor puede proponer un plazo. La mayoría de los criterios judiciales coinciden que será el deudor quien proponga la duración, adverando el juez tal petición. De esta forma el acuerdo de los Juzgados de Sevilla, afirman: *"Al solicitar el nombramiento de experto el deudor deberá señalar el plazo estimado de duración del encargo. El juez fijará el plazo de nombramiento del experto a la vista de tales alegaciones"*. Por su parte, la guía de buenas prácticas aprobadas por los Juzgados de Madrid, afirman: "*Habida cuenta que el deudor es quien mejor conoce la situación económica y financiera en la que se encuentra la compañía, es aconsejable que informe al juzgado del plazo que prevé para llevar a cabo esas operaciones de preparación de venta de la unidad o unidades productivas.*". Puede por tanto concluirse, que será el deudor quien proponga un plazo de duración del encargo al experto, siendo finalmente el juzgado quien decidirá al respecto.

Tampoco dice la norma, sobre cuál será el plazo mínimo o máximo de duración del encargo. Entiendo que ante el silencio de la norma no existirá ni plazo mínimo ni máximo. No obstante, la guía de buenas prácticas de Madrid ha fijado unos plazo máximos, por aplicación analógica de diversos preceptos del Texto Refundido. Concretamente, afirma: *"En insolvencia actual: la duración del cargo del experto independiente no podrá superior a dos meses, de conformidad con lo dispuesto en el art. 224 quinquies TRLC. En insolvencia inminente: la duración del cargo no podrá ser superior a tres meses, prorrogables excepcionalmente por otros dos meses más, por aplicación analógica de lo dispuesto en los Arts. 224 quinquies, 607, 683.3 y 690 TRLC. En probabilidad de insolvencia: la duración del cargo no podrá ser superior a tres meses, prorrogables excepcionalmente por otros tres meses más, por aplicación analógica de lo dispuesto en los Arts. 224 quinquies, 607, 683.3 y 690 TRLC."*

Vuelve el texto normativo a guardar silencio sobre cuál será la retribución, limitándose a que el Juez determinará los honorarios, y que éstos podrán estar total o parcialmente en función del resultado. Nuevamente debemos acudir a los criterios sentados por los magistrados. En la actualidad existen tres tendencias, la primera encabezada por los jueces de Sevilla que consideran que la retribución deberá determinarse conforme al arancel de la administración concursal, aprobada en el Real Decreto 1860/2004 de 6 de septiembre, mientras que otra corriente considera que el cálculo debe apartarse fe los aranceles (Jueces de Madrid). Existe una tercera corriente, sostenida por los jueces de Barcelona, que considera que será la deudora la que debe comunicar la retribución pactada con el experto y en ausencia de ésta, se aplicarán los aranceles.

Comenzando por la primera de ellas, los criterios de los Juzgados de Sevilla afirman: "*La retribución del experto se fijará de acuerdo con lo dispuesto para la fase de liquidación en el arancel de retribución de la administración concursal*". Los jueces de Barcelona, afirman: "*En la solicitud, el deudor podrá presentar al juez la remuneración pactada con el experto supervisor así como los plazos de devengo. En su defecto, la retribución será propuesta por el experto con arreglo a las normas del Arancel en cantidad correspondiente a los honorarios de la fase de liquidación, calculada por el número de meses que efectivamente desarrolle las funciones atribuidas.*". En cuanto a la retribución variable afirman: "*Como novedad, se introduce además la posibilidad que el experto perciba unos honorarios adicionales de éxito si el precio obtenido es superior al estimado al inicio. La proporción de dicha prima de éxito deberá ser de "minimis" para no generar un posible conflicto de interés.* "No alcanzamos a entender la anterior afirmación. Por un lado, la norma no vincula el devengo de una posible retribución variable a que el precio obtenido sea superior al estimado al inicio. Y, en segundo término, no parece que pueda existir un posible conflicto de intereses por fijar unos honorarios "a éxito" con carácter de "mínimos".

En cuanto a los criterios de los Juzgados de Madrid, estos optan por establecer un cálculo de retribución a aplicar en cada uno de los procedimientos, y distinguiendo entre una retribución fija y una variable:

Retribución fija:

Aceptado el cargo, el experto deberá presentar al Juez, en el plazo de dos días hábiles, una propuesta de retribución fija, que tendrá carácter provisional. La retribución fija será la mayor de las cantidades obtenidas conforme al CÁLCULO 1 (según tamaño de la UP, atendiendo a los criterios fijados en el TRLC), o al CÁLCULO 2 (conforme al art. 9.2 del RDL 1860/2004, por aplicación analógica del 704.7 del TRLC). En ambos casos, los porcentajes previstos para el arancel se aplicarán sobre la masa activa, no así sobre la masa pasiva, por indicación expresa del art. 224 quáter del TRLC.

Los parámetros para fijar la retribución fija atenderán únicamente al valor de la UP que indique el deudor en su solicitud.

CÁLCULO 1: (por tamaño de empresa)

En el Texto Refundido de la Ley Concursal podemos encontrar cuatro tipos de empresas, en función del último balance y cuenta de pérdidas y ganancias cerrados a fecha de la solicitud o, de no disponer de los mismos, de las cuentas anuales aprobadas del ejercicio anterior:

- *P: Microempresa (Art. 685)*

Haber empleado, durante el año anterior a la solicitud, una media de menos de 10 trabajadores.

Tener un volumen de negocio anual inferior a 700.000 euros o un pasivo inferior a 350.000 euros.

- *M: Empresas entre P y G (Art. 682 TRLC)*

Número medio de trabajadores empleados durante el ejercicio anterior no sea superior a 49 personas.

Volumen de negocios anual o balance general anual no supere los 10.000.000 €.

Que no esté incluido en P.

- *G: Empresas entre M y ML*

Número medio de trabajadores empleados durante el ejercicio anterior a partir de 50 personas.

Volumen de negocio anual o balance general superior a 10.000.000euros.

- *ML: cotizadas, multinacionales*

Cumpliendo los requisitos de las G, además son entidades cotizadas y/o multinacionales.

CÁLCULO 1.- Tabla de retribución fija:

Tamaño	***Importe***
P	*5.000*
M	*12.000*
G	*40.000*
ML	*100.000*

Estos importes se incrementarán anualmente el 1 de enero, desde el 1 de enero de 2024, en función de la evolución que haya experimentado el IPC publicado por el Instituto Nacional de Estadística. En el caso de que la retribución fija sea la procedente del Cálculo 1, el abono de los honorarios del experto deberá realizarse en los cinco días hábiles siguientes a la aceptación del cargo. Su impago será causa justificada de renuncia del experto al trabajo encomendado.

CÁLCULO 2 (según arancel)

Será la cantidad mensual calculada conforme al art. 9.2 del RDL 1860/2004, que establece una retribución equivalente al 10% de la retribución aprobada en fase común, calculada conforme a los porcentajes del arancel sobre el valor atribuido por el deudor a la UP en su solicitud (como se ha dicho, con exclusión del pasivo), conforme al art. 224 quáter del TRLC.

En el caso de que la retribución fija sea la procedente del cálculo 2, se devengará mensualmente, debiendo el deudor abonar al experto la primera mensualidad dentro de los cinco días hábiles siguientes a la aceptación del cargo y las siguientes cantidades mensuales, a más tardar, en la misma fecha de cada mes sucesivo, durante el tiempo que se haya fijado para la duración del cargo y siempre, con un máximo de seis meses. Su impago será causa justificada de renuncia del experto al trabajo encomendado. Declarado el concurso, el crédito devengado y no abonado al experto por la retribución fija será considerado crédito contra la masa.

RETRIBUCIÓN DEFINITIVA

En caso de no prosperar la venta de la UP, la retribución fija adquirirá carácter definitivo. En caso de prosperar la venta de la UP, una vez que se produzca la transmisión de los activos y pasivos que integren la UP, el experto solicitará al Juzgado la revisión de su retribución, por aplicación de la siguiente Escala, atendiendo al Valor de la UP.

Valor de la UP: será la suma del desembolso realizado (que se ingresa en metálico en la masa activa del concurso en concepto de precio) y de los pasivos asumidos por el adquirente, ya se trate de créditos concursales o contra la masa, hasta que se produzca la transmisión de la UP. Por el contrario, no se tendrán en cuenta a la hora de calcular esa retribución los pasivos contingentes o implícitos, entendiendo por tales, por ejemplo, en caso de subrogación de trabajadores por parte del adquirente, el ahorro de créditos para el concurso en concepto de indemnizaciones por despido.

Valor UP hasta	*Importe retribución*	*Resto de valor UP*	*Porcentaje aplicable al resto de valor*
0,00	*0,00*	*1.000.000*	*10%*
1.000.000	*100.000*	*4.000.000*	*8%*
5.000.000	*420.000*	*5.000.000*	*5%*
10.000.000	*670.000*	*10.000.000*	*2%*
20.000.000	*870.000*	*En adelante*	*1%*

Del importe así calculado se descontará la retribución fija que hubiese percibido el experto. En definitiva, en caso de éxito, la retribución definitiva del experto será la mayor de estas cantidades: la retribución fija o la que resulte de aplicar la Escala atendiendo al Valor de la UP.

Devengo y abono de la retribución definitiva: la retribución definitiva, que tendrá naturaleza de crédito contra la masa, se abonará al experto en los cinco días hábiles siguientes a la transmisión de la UP.

El hecho de que la venta de la UP se lleve a cabo una vez declarado el concurso no es óbice para que se devengue la retribución correspondiente al experto, aunque tenga ahora la condición de administración concursal pues retribuye funciones diferentes, sin perjuicio de los límites que luego se indicarán. Ahora bien, a la hora de aplicar el arancel para calcular los honorarios de la administración concursal, ésta excluirá el valor de los activos de la UP (así como de los pasivos asumidos, en su caso, con la adquisición de la misma), con independencia de la fecha en que se formalice la venta o la transmisión, excluyendo también, en su caso, la tesorería o contrapartida entrante en el concurso por su realización.

Declarado el concurso, todo lo referente a la retribución del experto se tramitará en la sección 2ª del concurso.

CRITERIOS DE MODERACIÓN

La retribución del experto podrá ser moderada por el juez, de oficio o a instancia de parte, en función del resultado obtenido y del trabajo efectivamente desempeñado por el experto, en su condición de tal. En este sentido, en el supuesto que haya intervenido o intervenga una persona o entidad especializada durante la fase de preparación del proceso de venta anterior a la declaración de concurso, esta circunstancia será objeto de valoración por el juez a la hora de fijar la retribución del experto.

Finaliza el precepto imponiendo el carácter reservado del nombramiento, por lo que en ningún caso se procederá a la publicación de ésta en el Registro Público Concursal. Quizás lo más acertado, hubiera sido dejar esta decisión a instancias del solicitante o del experto, dado que uno de los elementos caracterizadores de la venta de la unidad productiva, es dotarla de la mayor publicidad posible.

III.4. Artículo 224 quinques: Deber de solicitar el concurso

"El nombramiento del experto no exime al deudor del deber de solicitar la declaración de concurso dentro de los dos meses siguientes a la fecha en que hubiera conocido o debido conocer el estado de insolvencia actual".

Con la dicción transcrita, parece evidente que la solicitud de nombramiento de experto no otorga un escudo protector al solicitante, que evite un posible concurso necesario. Por tanto, nos podemos encontrar ante la paradoja que intentando el experto la obtención de una oferta de compra de unidad productiva, se "encuentre" con una declaración de concurso necesario lo que podría frustrar la futura venta.

Esta situación podría evitarse con la comunicación de inicio de negociaciones con los acreedores, en los términos regulados en el artículo 585 y ss del TRL. De esta forma, consideramos que sería factible comunicar el inicio de negociaciones, y en el mismo escrito solicitar de forma coetánea el nombramiento de experto para recabar ofertas de compra de unidad productiva.

III.5. Artículo 224 sexies: Especialidades del concurso posterior

1. Será competente para la declaración de concurso el juez que hubiera nombrado al experto.

2. En la declaración del concurso, el juez podrá revocar o ratificar el nombramiento del experto. Si lo ratificara tendrá este la condición de administrador concursal.

3. La retribución que no hubiera percibido el experto tendrá la consideración de crédito contra la masa.

Ninguna cuestión interpretativa se derivade este precepto salvo el apartado segundo referido al nombramiento del administrador concursal. La norma deja en manos del juez de concurso la decisión del nombramiento del administrador concursal, en base a la ratificación o no del experto. Para los jueces de Madrid, el nombramiento del administrador concursal recaerá en quien fue nombrado experto salvo que el juez motive justa causa para nombrar a un tercero: *La declaración de concurso comportará el cese del experto, quien será nombrado entonces (de reunir los requisitos necesarios para ello) administración concursal, salvo que concurra justa causa. También es posible que el juez, mediante auto motivado y previa audiencia, pueda cesar de forma anticipada al experto por justa causa, por ejemplo, por incompatibilidad sobrevenida para el ejercicio del cargo o por el incumplimiento grave de las obligaciones inherentes a su condición de tal."*

III.6. Artículo 224 septies: Especialidades del concurso posterior

Las últimas referencias al prepack, se regulan en este artículo:

1. Quien realice la oferta no podrá actuar por cuenta del propio deudor.

2. En la oferta el oferente deberá asumir la obligación de continuar o de reiniciar la actividad con la unidad o unidades productivas a las que se refiera la oferta por un mínimo de dos años. El incumplimiento de este compromiso dará lugar a que cualquier afectado pueda reclamar al adquirente la indemnización de los daños y perjuicios causados.

Llama la atención, que la norma exija la continuación de actividad por el adquirente por un plazo mínimo de dos años, frente al plazo que establece el artículo 224bis(ofertas de compra acompañadas junto a la solicitud de concurso) que es de tres años.

III.7. Cuestiones no reguladas en el TRLC

Como hemos venido insistiendo a lo largo del presente artículo, nos encontramos ante una regulación de "mínimos", y que olvida regular tanto cuestiones propias del procedimiento de prepack, como, sobre todo, el procedimiento a seguir una vez obtenida la oferta de compra.

Deberemos de acudir nuevamente a los distintos criterios interpretativos sentados por los juzgados, que de alguna forma nos arrojaran luz, ante la orfandad legislativa.

Comenzando por las funciones del experto, la guía de buenas prácticas aprobadas por los jueces de Madrid afirman: *El legislador le encomienda a ese experto "el recabar ofertas", lo que abarca, a nuestro entender y sin ánimo de ser exhaustivos:♦ Asistir al deudor en la preparación de las operaciones de delimitación del perímetro de la unidad productiva.♦ Comprobar que el valor de la unidad productiva supera el valor de mercado de los activos individuales integrados dentro del perímetro.♦ Conocer y familiarizarse con la actividad y negocio en funcionamiento.♦ Verificar y supervisar que el proceso de venta es abierto. concurrente y transparente, pudiendo emitir recomendaciones a tal fin. ♦ Asistir en la búsqueda y selección de ofertas. ♦ _Para el caso de que dentro de la unidad productiva haya bienes afectos al pago de un privilegio especial, es recomendable que el experto verifique que se ha informado de ese proceso de venta a los acreedores privilegiados (art. 224 TRLC) así como a los representantes legales de los trabajadores (art. 220 TRLC). ♦ _Presentar al Juzgado Mercantil, un informe en el que documente cómo se ha desarrollado ese proceso de venta y cuál ha sido su resultado, indicando, en su caso, la oferta seleccionada y si la misma es acorde al valor de mercado y al interés de los acreedores. ♦ _Emitir cuantos informes le sean requeridos por el Juzgado Mercantil.*

Especial relevancia, tiene a nuestro juicio, el informe final que el experto deberá de presentar ante el juzgado y ante la propia empresa, en el que deberá justificar las actuaciones realizadas, y concluir cuál de las ofertas presentadas por los interesados en más beneficiosa para los acreedores. En este punto coinciden tanto los jueces de Barcelona, Madrid como Sevilla.

Parece obvio, que la venta de la unidad productiva deberá de ser autorizada por el Juez del concurso, dado que de lo contrario, no serían predicable de la futura venta la protección al adquirente de la unidad productiva. Nada dice la norma respecto a esta cuestión, pero parece evidente, a la luz del artículo 224.septies que el deudor deberá solicitar el concurso de acreedores, y en este seno, tramitar la venta de la unidad productiva. La cuestión nuclear, es sin duda, si la oferta de compra debe acompañarse junto a la solicitud e iniciar el procedimiento regulado en el artículo 224.bis, o por el contrario deberá tramitarse la venta mediante la autorización judicial contemplada en el artículo 518 del TRLC. Todas las interpretaciones judiciales, coinciden en que debe acudirse a la autorización judicial. En este sentido cuestión, la guía de buenas prácticas de los jueces de Madrid, afirman: *La siguiente duda que se plantea es si, solicitado el concurso, debemos aplicar a la solicitud de concurso con oferta de compra de la UP obtenida con motivo del "prepack", la tramitación prevista en el art. 224 bis TRLC, siendo la respuesta en sentido negativo siempre que el informe del experto independiente sea favorable a la operación, por ser de interés para el concurso. Somos conscientes de que el art. 224 bis TRLC se refiere a la solicitud de concurso solicitada con el deudor con venta de unidad productiva, sin distinguir según la misma se haya obtenido con la intervención y asistencia de un experto o no. Ahora bien, entendemos que dicho precepto se refiere únicamente a aquellos supuestos en los que la oferta de compra en firme de la unidad o unidades productivas se ha obtenido por el deudor por sus propios medios, sin la supervisión de un tercero que haya garantizado la transparencia y publicidad del proceso. Por tanto, es, en aquel supuesto de ausencia de supervisión de un tercero, en el que cobra sentido abrir licitación una vez declarado el concurso, habida cuenta que, hasta ese momento, no consta que se haya realizado o, al menos, no con la supervisión judicial ni control de un experto. Es más, prueba que estamos ante dos instituciones distintas, es que estánubicadas sistemáticamente en distintas secciones. Así, el art. 224 bis TRLC está ubicada en la subsección 3ª del capítulo III, del Título I y los artículos 225 ter a 224 septies TRLC conforman la subsección 4ª. Asimismo, cada una de ellas presenta sus propias particularidades. Por tanto, la solicitud de concurso con oferta vinculante obtenida con la intervención del experto se deberá canalizar por la vía del art. 518 del TRLC, lo que implica que, declarado el concurso, el único trámite procesal que procedería sería la de dar audiencia a las partes para alegaciones (no para nueva licitación), en especial, a los legales representantes de los trabajadores por imperativo del art. 220 TRLC y de los acreedores con privilegio especial (art. 214 y ss TRLC).*

En los mismos términos se pronuncian los Juzgados de Barcelona: "*2.4 En el auto de declaración de concurso, o en resolución inmediatamente posterior, el juez abrirá el trámite de autorización judicial del art. 518 TRLC, sin que se admitan nuevas ofertas, y dará audiencia previa por un plazo no inferior a 3 ni superior a 10 días a las partes para alegaciones, en especial, a los acreedores con privilegio especial y a los legales representantes de los trabajadores, si los hubiera. 2.5 El juez del concurso no autorizará la venta cuando no quede garantizado que el proceso de venta llevado a cabo durante la fase de preparación ha sido competitivo, transparente, justo y ha cumplido con normativa concursal y las presentes reglas generales y especiales. En ese caso, el juez podrá ordenar la continuación por el procedimiento previsto en el art. 224 bis TRLC. 2.6 A los efectos de la sucesión laboral de empresa, en el proceso de preparación de venta de unidades productivas o de parte de ellas, se segui-*

rán los criterios establecidos en la STJUE de 28 de abril de 2022, que implica que, declarado el concurso, el único trámite procesal que procedería sería la de dar audiencia a las partes para alegaciones (no para nueva licitación), en especial, a los legales representantes de los trabajadores por imperativo del art. 220 TRLC y de los acreedores con privilegio especial (art. 214 y ss TRLC).

Por último, citamos los acuerdos de los Juzgados de Sevilla; *II) Cuando junto a la solicitud de concurso se presente la oferta obtenida en base a los art. 224 ter-224 septies, el juez comprobará que en la búsqueda de ofertas por el experto se han dado los requisitos de publicidad, contradicción y posibilidad de mejora sucesiva. Si el juez entiende que en la recolección de ofertas no se han dado dichos requisitos se dará a la oferta la tramitación prevista en el art. 224 bis. Si la valoración judicial es positiva, se dará a la solicitud el trámite prevenido en el art. 518 TRLConc, sin que se admitan ofertas nuevas. Finalmente, el juez autorizará la oferta presentada, si fuera de interés para el concurso. En otro caso, denegará la autorización. III) Se entenderá que en el sistema de los art. 224 ter a 224 septies (prepack) ha habido suficientes publicidad, contradicción y posibilidad de mejora sucesiva, cuando se siga un sistema equivalente al previsto en el art. 224 bis.*

21. SOBRE LOS PLANES DE REESTRUCTURACIÓN

MANUEL RUIZ DE LARA
Magistrado-Juez de lo Mercantil núm. 11 de Madrid
Especialista en los asuntos propios de los órganos de lo mercantil

SUMARIO: I. CONCEPTO. II. CRÉDITOS QUE PUEDEN QUEDAR AFECTADOS POR EL PLAN DE REESTRUCTURACIÓN. III. FORMACIÓN DE CLASES. IV. REQUISITOS PARA LA APROBACIÓN DE UN PLAN DE REESTRUCTURACIÓN. IV.1. Comunicación a los acreedores. IV.2. Aprobación del Plan de reestructuración. IV.3. Formalización del plan de reestructuración. V. CONTENIDO DEL PLAN DE REESTRUCTURACIÓN. VI. HOMOLOGACIÓN DEL PLAN DE REESTRUCTURACIÓN.

I. CONCEPTO

Los planes de reestructuración aparecen regulados en el Libro II TRLC. Dichos planes sustituyen a los acuerdos de refinanciación que se regulaban con anterioridad en la Disposición Adicional Cuarta de la Ley Concursal.

Se considerarán planes de reestructuración los que tengan por objeto la modificación de la composición, de las condiciones o de la estructura del activo y del pasivo del deudor, o de sus fondos propios, incluidas las transmisiones de activos, unidades productivas o de la totalidad de la empresa en funcionamiento, así como cualquier cambio operativo necesario, o una combinaciónn de estos elementos.

El art. 615 TRLC regula el ámbito objetivo de los planes de reestructuración. De forma que se someterán a este título los planes de reestructuración que prevean una extensión de sus efectos frente a:

1.º Acreedores o clases de acreedores titulares de créditos afectados que no hayan votado a favor del plan.

2.º Los socios de la persona jurídica cuando no hayan aprobado el plan.

Con independencia de que se prevea o no una extensión de los efectos del plan de reestructuración, también se someterán a este título los planes de reestructuración cuando los interesados pretendan proteger la financiación interina y la nueva financiación que prevea el plan y los actos, operaciones o negocios realizados en el contexto de este frente al régimen general de las acciones rescisorias, y reconocer a esa financiación las preferencias de cobro previstas en el libro primero (Art. 615.2 TRLC).

En el artículo 635 TRLC se establece que la homologación judicial resulta necesaria cuando se pretenda extender efectos a socios del deudor persona jurídica, y en este caso podría entenderse no a los socios cuando no hayan aprobado el PR, sino también a socios, cuando se haya aprobado el PR, se deben someter a dicho Título, y necesariamente deben solicitar homologación judicial (635 TRLC), si bien, aunque no se pretenda una extensión de efectos, también se puede solicitar la homologación del PR si se pretende proteger financiación interina y nueva.

El Auto del Juzgado Mercantil 5 de Madrid de 20 de Marzo de 2024 destaca que no se determina si se puede o no solicitar homologación judicial de un plan de reestructuración en otros supuestos, como en supuesto de planes de reestructuración consensuales sin inclusión de dinero nuevo sin finalidad de proteger dicha financiación, ya que solamente se establece en dicho artículo 615 TRLC, los planes de reestructuración que se someten a este título, sin mencionar planes de reestructuración que pretender resolver contratos en interés de la reestructuración, y en el artículo 635 del Texto Refundido de la Ley Concursal se establece que la homologación judicial es necesaria en tres escenarios, sin determinar si puede ser voluntaria en otros escenarios, como pudiera ser el caso de acudir a un plan de reestructuración para evitar ulteriores acciones rescisorias (667 TRLC).

II. CRÉDITOS QUE PUEDEN QUEDAR AFECTADOS POR EL PLAN DE REESTRUCTURACIÓN

¿Qué créditos pueden quedar afectados por el plan de reestructuración? Se considerarán créditos afectados los créditos que en virtud del plan de reestructuración sufran:

a) Una modificación de sus términos o condiciones, en particular, la modificación de la fecha de vencimiento.

b) La modificación del principal o los intereses, la conversión en crédito participativo o subordinado, acciones o participaciones sociales, o en cualquier otro instrumento de características o rango distintos de aquellos que tuviese el crédito originario.

c) La modificación o extinción de las garantías, personales o reales, que garanticen el crédito.

d) El cambio en la persona del deudor, o

e) La modificación de la ley aplicable al crédito.

¿Qué créditos no pueden quedar afectados por el plan de reestructuración? Cualquier crédito, incluidos los créditos contingentes y sometidos a condición, puede ser afectado por el plan de reestructuración, salvo:

a) Los créditos de alimentos derivados de una relación familiar, de parentesco o de matrimonio.

b) Los créditos derivados de responsabilidad civil extracontractual.

c) Los créditos derivados de relaciones laborales distintas de las del personal de alta dirección.

d) Los créditos futuros que nazcan de contratos de derivados que se mantengan en vigor no quedarán afectados por el plan de reestructuración.

El Auto del Juzgado Mercantil núm. 5 de Madrid de 20 de Marzo de 2024 destaca que no se establece expresamente que pueden no afectarse determinados créditos, en relación a la determinación del perímetro del Plan de reestructuración, pero dicha cuestión se sobreentiende si acudimos a determinados preceptos del TRLC (616.2 TRLC en relación a que cualquier crédito puede ser afectado, y por ello puede ser no afectado, el artículo 633.8 TRLC en relación al contenido del Plan de reestructuración determinando créditos no afectados y razones de no afectación, etc.).

¿Pueden quedar afectados por un plan de reestructuración los créditos públicos? Los créditos de Derecho público podrán ser afectados, exclusivamente en la forma prevista en el artículo 616 bis TRLC, y únicamente cuando concurran los siguientes requisitos:

1.º Que el deudor acredite, tanto en el momento de presentar la comunicación de apertura de negociaciones, como en el momento de solicitud de homologación judicial del plan, que se encuentra al corriente en el cumplimiento de las obligaciones tributarias y frente a la Seguridad Social, mediante la presentación en el juzgado de las correspondientes certificaciones emitidas por la Agencia Estatal de Administración Tributaria y la Tesorería General de la Seguridad Social;

2.º Que los créditos tengan una antigüedad inferior a dos años, computados desde la fecha de su devengo de acuerdo con la normativa tributaria y de la Seguridad Social hasta la fecha de presentación en el juzgado de la comunicación de apertura de negociaciones.

Los créditos por repetición, subrogación o regreso quedarán afectados en las mismas condiciones que el crédito principal si así se establece en el plan de reestructuración. Si el crédito de repetición o regreso gozase de garantía real, será tratado como crédito garantizado (art. 616 bis 3 TRLC).

¿Cómo pueden ser afectados los créditos de derecho público por un plan de reestructuración? En ningún caso, el plan de reestructuración podrá suponer para los créditos de Derecho público:

a) La reducción de su importe;

b) El cambio de la ley aplicable;

c) El cambio de deudor, sin perjuicio de que un tercero asuma sin liberación de ese deudor la obligación de pago;

d) La modificación o extinción de las garantías que tuvieren; o

e) La conversión del crédito en acciones o participaciones sociales, en crédito o préstamo participativo o en un instrumento de características o de rango distintos de aquellos que tuviere el originario.

Los créditos de Derecho público afectados por el plan de reestructuración deberán ser íntegramente satisfechos en los siguientes plazos (art. 616 bis 3 TRLC):

1.º Doce meses a contar desde la fecha del auto de homologación del plan de reestructuración, con carácter general.

2.º Seis meses a contar desde la fecha del auto de homologación del plan de reestructuración, en el caso de que sobre dichos créditos se hubiese concedido un aplazamiento o fraccionamiento previamente.

En cualquier caso, todos los créditos de Derecho público deberán estar íntegramente satisfechos en un plazo máximo de dieciocho meses desde la fecha de comunicación de la apertura de negociaciones.

III. FORMACIÓN DE CLASES

En el capítulo III TRLC se regula la formación de clases. Es importante destacar que se incluye en un capítulo concreto, el tercero, donde se determinan los criterios generales de formación de clases y además se prevé expresamente en dicho capítulo que se puede solicitar ante el juez un procedimiento para que el Juez confirme las clases formadas por el deudor o los acreedores legitimados.

Los acreedores titulares de créditos afectados por el plan de reestructuración votarán agrupados por clases de créditos.

¿Qué criterios establece la ley para la formación de clases?

La formación de clases debe atender a la existencia de un interés común a los integrantes de cada clase determinado conforme a criterios objetivos.

Se considera que existe interés común entre los créditos de igual rango determinado por el orden de pago en el concurso de acreedores.

A su vez, los créditos de un mismo rango concursal podrán separarse en distintas clases cuando haya razones suficientes que lo justifiquen. A estos efectos se podrá atender, en particular, a la naturaleza financiera o no financiera del crédito, al conflicto de intereses que puedan tener los acreedores que formen parte de distintas clases, o a cómo los créditos vayan a quedar afectados por el plan de reestructuración.

Cuando los acreedores sean pequeñas o medianas empresas y el plan de reestructuración suponga para ellas un sacrificio superior al cincuenta por ciento del importe de su crédito, deberán constituir una clase de acreedores separada.

Los créditos con garantía real sobre bienes del deudor constituirán una clase única, salvo que la heterogeneidad de los bienes o derechos gravados justifique su separación en dos o más clases.

Los créditos de derecho público constituirán una clase separada entre las clases de su mismo rango concursal.

¿En qué consiste la confirmación judicial de clases?

El deudor y los acreedores que representen más del cincuenta por ciento del pasivo que vaya a quedar afectado por el plan de reestructuración estarán legitimados para solicitar la confirmación judicial de la correcta formación de las clases con carácter previo a la solicitud de homologación del plan de reestructuración.

Cualquiera de los legitimados podrá solicitar la confirmación de una o varias clases al juez competente para conocer de la homologación del plan. A la solicitud deberá acompañarse la acreditación de la comunicación de la propuesta de formación de la clase o clases a las partes afectadas por la confirmación judicial, donde se les haya anunciado la presentación de esta solicitud.

El juez, si considera que posee competencia internacional y territorial, dictará providencia admitiendo la solicitud a trámite. La providencia se publicará en el Registro público concursal.

Los acreedores que puedan verse afectados por la formación de clases solicitada podrán presentar escrito de oposición dentro de los diez días siguientes a la publicación de la providencia. El juez resolverá por medio de sentencia dentro de los cinco días siguientes a la conclusión del plazo de oposición. La resolución judicial no será susceptible de recurso alguno.

En el caso de que se hayan confirmado las clases propuestas por el solicitante, la formación de clases no podrá invocarse como motivo de impugnación u oposición a la homologación judicial del plan.

El auto del Juzgado Mercantil núm. 5 de Madrid, de 20 de Marzo de 2024, expone que se regula de manera defectuosa la tramitación del procedimiento de solicitud voluntaria de formación de clases, pues solamente se contempla el supuesto consistente en que se produzca oposición, dando lugar a una determinación de plazo de presentación de dicha oposición en 10 días. Sin embargo, no se regula el supuesto de la no presentación de oposición, y su tramitación, por medio de auto, o por medio de sentencia, pudiendo entenderse que debería dictarse un auto en ausencia de controversia sobre la formación de clases. En todo caso únicamente se determina que el juez resuelva por sentencia una vez transcurrido dicho plazo de 10 días, y tampoco se establece el procedimiento a seguir en ausencia de oposición, en relación a la producción automática de una confirmación de las clases al no existir oposición de acreedores, o si el juez de oficio debería analizar si están debidamente formadas.

Esta cuestión es muy importante, pues la actuación de análisis de oficio por el juez de la correcta formación de clases incluso se considera por algunos autores de la doctrina como una cuestión que es susceptible de análisis ya no en este proceso concreto, sino incluso en el trámite de homologación judicial del PR sin contradicción previa.

Sea como fuere, parece desprenderse de dicho artículo 626 del Texto Refundido de la Ley Concursal la necesidad de oposición para que se dicte sentencia, y su resolución por medio de sentencia, con análisis por parte del juez de dicha correcta formación de clases, e incluso del perímetro de afectación con carácter previo a dicha formación.

En todo caso, el Juzgado Mercantil núm. 2 de Madrid, en sentencia de 25 de Septiembre de 2023, tras solicitarse confirmación de clases, y al no existir oposición, dictó sentencia y en su fundamento de derecho determinó que "*Ha transcurrido sobradamente el plazo para presentar escrito de oposición, sin que se haya presentado ninguno, por lo cual no cabe otra alternativa en el* artículo 626 apartado tercero del Texto Refundido de la Ley Concursal *que dictar esta resolución en el sentido confirmatorio de las clases solicitadas y en concreto de las personas especialmente relacionadas*".

IV. REQUISITOS PARA LA APROBACIÓN DE UN PLAN DE REESTRUCTURACIÓN

IV.1. Comunicación a los acreedores

La propuesta del plan de reestructuración deberá ser comunicada a todos los acreedores cuyos créditos pudieran quedar afectados.

La comunicación deberá ser individual, por vía postal o electrónica; o, si no fuera posible por desconocerse su identidad o dirección, mediante anuncio en la página web de la sociedad, con indicación del lugar donde los acreedores que acrediten legitimación podrán examinar el contenido del plan.

Si no fuera posible la comunicación por estos medios, el experto en la reestructuración, cuando haya sido nombrado, o en su defecto quienes vayan a pedir la homologación del plan, solicitarán al letrado de la Administración de Justicia del juzgado competente para conocer de la homologación que ordene la publicación de un edicto en el Registro público concursal, con indicación del lugar donde los acreedores que acrediten legitimación podrán examinar el contenido del plan.

En el caso de los acreedores públicos, la comunicación se realizará, en todo caso, mediante el servicio establecido en la sede electrónica de cada entidad, y a través del cual se podrá aportar la información del correspondiente formulario normalizado.

El artículo 627 TRLC determina que dicha propuesta del Plan de reestructuración debe ser comunicada a todos los acreedores afectados e, incluso, se prevé la posibilidad de solicitar al juzgado competente para conocer la homologación, que comunique este mediante edicto en Registro Público Concursal por el Letrado de la Administración de Justicia. Este requisito considero que no es necesariamente previo a la solicitud de Plan de reestructuración, sino que podría incluso solicitarse por el legitimado con la solicitud de homologación de Plan de reestructuración en supuestos donde al margen de una comunicación previa realizada por el deudor o acreedores legitimados, se quisiera proceder a ampliar la comunicación una vez presentado el Plan de reestructuración a otros acreedores respecto de los cuales no se hubiera podido proceder conforme 627.2 TRLC. En todo caso este requisito es susceptible de análisis en el 638.5º TRLC al homologarse el PR.

IV.2. Aprobación del Plan de reestructuración

El plan de reestructuración se considerará aprobado por una clase de créditos afectados si hubiera votado a favor más de los dos tercios del importe del pasivo correspondiente a esa clase.

En el caso de que la clase estuviera formada por créditos con garantía real, el plan de reestructuración se considerará aprobado si hubieran votado a favor tres cuartos del importe del pasivo correspondiente a esta clase.

Cuando el plan de reestructuración contenga medidas que requieran el acuerdo de los socios de la sociedad deudora, se estará a lo establecido para el tipo legal que corresponda.

En el caso de las sociedades de capital, serán aplicables las reglas generales con las siguientes especialidades:

1.ª Entre la convocatoria y la fecha prevista de celebración de la junta general deberá existir un plazo de diez días, salvo que se trate de sociedades con acciones admitidas a negociación en un mercado regulado, en cuyo caso el plazo será de veintiún días.

2.ª Si la junta no se hubiese celebrado con anterioridad a la fecha de solicitud de la homologación del plan, se podrá celebrar después siempre que hubiera sido convocada antes de esa fecha o el mismo día de presentación de la solicitud.

Si la junta no hubiera sido previa o simultáneamente convocada, el solicitante de la homologación podrá instar del juez que en la resolución de la admisión a trámite de la homologación convoque a la junta para su celebración en el plazo mencionado.

Si la junta no hubiera sido convocada, no llegase a constituirse, o no aprobara en todos sus términos el plan de reestructuración propuesto como máximo en el plazo de los diez o veintiún días desde la admisión a trámite de la solicitud de homologación, el plan se entenderá rechazado por los socios. Hasta que transcurran esos plazos, el juez no adoptará resolución alguna sobre la homologación.

3.ª En la convocatoria de la junta, el orden del día se limitará exclusivamente a la aprobación o al rechazo del plan en todos sus términos, sin que se puedan incluir o proponer otros asuntos. El derecho de información del socio se ejercerá exclusivamente respecto a este punto del orden del día, incluso si se trata de una sociedad cotizada.

4.ª El acuerdo se adoptará con el quórum y por la mayoría legal ordinarios, cualquiera que sea su contenido, sin que resulten aplicables los quórums o las mayorías estatutarias reforzadas que pudieran ser de aplicación a la aprobación del plan y a los actos u operaciones que deban llevarse a cabo en su ejecución.

5.ª El acuerdo de la junta que apruebe el plan de reestructuración será impugnable exclusivamente por el cauce y en el plazo previstos para la impugnación u oposición a la homologación. En el caso de que la junta se haya celebrado con posterioridad a la solicitud de homologación del plan, el plazo de impugnación comenzará para los socios en el momento en que se hubiese celebrado la junta. Las impugnaciones del acuerdo de la junta se acumularán a la impugnación u oposición al plan por parte de los acreedores, si las hubiese, y se tramitarán como cuestión incidental de previo pronunciamiento.

IV.3. Formalización del plan de reestructuración

El plan de reestructuración deberá ser formalizado en instrumento público por quienes lo hayan suscrito, en el que se incluirá la certificación del experto en la reestructuración, si estuviera nombrado, y en otro caso de auditor, sobre la suficiencia de las mayorías que se exigen para aprobar el plan.

V. CONTENIDO DEL PLAN DE REESTRUCTURACIÓN

Los planes de reestructuración sometidos a este título contendrán, como mínimo, las siguientes menciones:

1.ª La identidad del deudor.

2.ª La identidad del experto encargado de la reestructuración, si hubiera sido nombrado.

3.ª Una descripción de la situación económica del deudor y de la situación de los trabajadores, y una descripción de las causas y del alcance de las dificultades del deudor.

4.ª El activo y el pasivo del deudor en el momento de formalizar el plan de reestructuración.

5.ª Los acreedores cuyos créditos van a quedar afectados por el plan, identificados individualmente o descritos por clases, con expresión del importe de su crédito que vaya a quedar afectado e intereses y la clase a la que pertenezcan.

6.ª Los contratos con obligaciones recíprocas pendientes de cumplimiento que, en su caso, vayan a quedar resueltos en virtud del plan.

7.ª Si el plan afectase a los derechos de los socios, el valor nominal de sus acciones o participaciones sociales.

8.ª Los acreedores o socios que no vayan a quedar afectados por el plan, mencionados individualmente o descritos por clases, así como las razones de la no afectación.

9.ª Las medidas de reestructuración operativa propuestas, la duración, en su caso, de esas medidas y los flujos de caja estimados del plan, así como las medidas de reestructuración financiera de la deuda, incorporando la financiación interina y la nueva financiación prevista en el plan de reestructuración, con justificación de su necesidad y, en su caso, las consecuencias globales para el empleo, como despidos, acuerdos sobre reducción de jornada o medidas similares.

10.ª La exposición de las condiciones necesarias para el éxito del plan de reestructuración y de las razones por las que ofrece una perspectiva razonable de garantizar la viabilidad de la empresa, en el corto y medio plazo, y evitar el concurso del deudor.

11.ª Las medidas de información y consulta con los trabajadores que, de conformidad con la legislación laboral aplicable, se hayan adoptado o se vayan a adoptar, incluida la información de contenido económico relativa al plan de reestructuración, así como las previstas en los casos de adopción de las medidas de reestructuración operativas.

12.ª En el caso de que se pretenda que el plan de reestructuración afecte al crédito público, se incluirá la acreditación de encontrarse al corriente en el cumplimiento de las obligaciones tributarias y frente a la Seguridad Social mediante la presentación de las correspondientes certificaciones emitidas por la Agencia Estatal de Administración Tributaria y la Tesorería General de la Seguridad Social.

VI. HOMOLOGACIÓN DEL PLAN DE REESTRUCTURACIÓN

La homologación judicial del plan de reestructuración será necesaria en cualquiera de los siguientes casos:

1.º Cuando se pretenda extender sus efectos a acreedores o clases de acreedores que no hubieran votado a favor del plan o a los socios del deudor persona jurídica;

2.º Cuando se pretenda la resolución de contratos en interés de la reestructuración;

3.º Cuando se pretenda proteger la financiación interina y la nueva financiación que prevea el plan, así como los actos, operaciones o negocios realizados en el contexto de este frente a acciones rescisorias en los términos previstos en este título, y reconocer a esa financiación las preferencias de cobro previstas en el libro primero.

En el capítulo V, se regula la homologación por el juez de los PR, y diferencia entre unas reglas generales, un procedimiento de homologación, la impugnación del PR, el sistema de contradicción previa, y la prohibición de nuevas solicitudes.

En dicho capítulo por tanto se incluye una prohibición temporal de nuevas solicitudes en el artículo 664 TRLC (no poder solicitarse una solicitud de homologación del mismo deudor hasta que no pase un año desde la fecha de solicitud de la homologación del Plan de reestructuración homologado previamente); además se incluyen determinados requisitos o presupuestos para la homologación del plan, al margen del artículo 638 a 640 TRLC, consistentes en el carácter necesario de la homologación judicial en determinados supuestos de Planes de reestructuración, como son en planes de reestructuración no consensuales por pretender extender efectos a acreedores que no votaron a favor, a los socios del deudor (este último en relación con el artículo 615 TRLC, mencionado anteriormente, y con su problemática relativa a si únicamente se refiere a socios del deudor sin más consideraciones, o se refiere a los socios del deudor expresados en junta de la persona jurídica como se desprende del artículo 615 TRLC), o para proteger financiación nueva o interina, así como si se pretende resolver contratos en interés de la reestructuración; también se debe cumplir el presupuesto objetivo de la insolvencia del artículo 636 TRLC, conectado con el 638 TRLC.

En todo caso se entiende como se ha determinado con anterioridad que se podría homologar un PR que no extienda efectos a acreedores, a socios, es decir que sea consensual, sin extensión de efectos a socios, y sin financiación ni contratos, aunque no sea necesario homologarlo.

La homologación judicial del plan de reestructuración aprobado de conformidad con lo previsto en este título se podrá solicitar cuando el deudor se encuentre en probabilidad de insolvencia o en estado de insolvencia inminente.

Cuando el deudor se encuentre en estado de insolvencia actual, se podrá solicitar la homologación del plan siempre que no hubiera sido admitida a trámite solicitud de concurso necesario.

El auto del Juzgado Mercantil núm. 5 de Madrid de 20 de Marzo de 2024 determina que se pueden centrar los requisitos o presupuestos para la homologación de un plan de reestructuración en los siguientes:

1.- Que sea un PR que necesariamente debe ser homologado. Debe comprobarse que siendo un PR, que se ajuste al Título 2 y que sea de los planes que necesariamente debe ser susceptible de homologación judicial, pudiendo serlo o no, pero si es de los que necesariamente debe ser homologado, analizando dicho extremo.

2.- La condición del solicitante, subjetiva y objetiva, en relación con persona natural o jurídica que se incluya en este ámbito, e insolvencia (probable, inminente o actual). Ello se desprende del artículo 583 TRLC y el 636 TRLC que regula el presupuesto objetivo y el 638.1º TRLC en relación a la situación de probabilidad de insolvencia, insolvencia inminente o insolvencia actual.

3.- Asimismo que el PR ofrezca una perspectiva razonable de evitar el concurso y asegurar la viabilidad de la empresa en el corto y medio plazo (638.1º), y este supuesto queda relacionado y controvertido con el artículo 614 TRLC al poder ser un PR el que tenga por objeto transmitir la totalidad de la empresa en funcionamiento.

4.- Requisitos de contenido y forma. Ello se desprende del artículo 633 TRLC que regula el contenido que necesariamente debe tener un PR, el artículo 634 en relación a la formalización y el artículo 638.2º TRLC en relación a que se cumplan dichos requisitos.

5.- Que el PR sea aprobado por todas las clases de créditos. Este requisito se desprende del artículo 638.3º TRLC en relación con la excepción del artículo 639 TRLC, y lo anteriormente mencionado referido a la aprobación por el deudor, o en su caso por los socios conforme 640 TRLC y en todo caso el artículo 629 TRLC que se refiere a la aprobación por cada clase conforme unas mayorías por cada clase de créditos.

6.- Control judicial que dentro de la misma clase los créditos hayan sido tratados de forma paritaria. Este requisito se establece en el artículo 638.4° TRLC y se encuentra relacionado con el artículo 623 TRLC. 7.- Que el PR haya sido comunicado. Este control se desprende del artículo 638.5° TRLC y del artículo 627 TRLC, con la especialidad mencionada anteriormente relativa al momento de dicha comunicación, e incluso dicho procedimiento previo.

Sin embargo, deben analizarse otros requisitos previstos en otros apartados como son el ámbito temporal y la prohibición del artículo 664 TRLC, o el análisis de la persona jurídica (o natural) respecto de la cual se solicita homologación (que se incluya dentro de este título). Además, si continuamos el análisis del procedimiento de homologación, y la verificación de otras cuestiones en el auto homologando el PR, la sección segunda del capítulo V regula la competencia del juez, la posibilidad de presentar planes conjuntos, y el trámite de solicitud, con expresión de la providencia de admisión, la impugnación de la competencia, y el dictado del auto de homologación entre otros extremos.

Por ello, debe de analizarse también la legitimación del instante y la competencia del juez, el artículo 664 TRLC, y el análisis de la persona respecto de la cual se solicita la homologación.

Con respecto a la legitimación, se puede solicitar la homologación del PR por el deudor o por los acreedores, estando prevista dicha legitimación expresamente para el deudor en el art. 643 TRLC (el cual determina que se puede solicitar dicha homologación por el deudor y por los acreedores afectados que hayan suscrito el PR —no especifica si se refiere al PR del deudor o al propio PR de los acreedores—) y para los acreedores implícitamente en el art. 637 TRLC (donde se regula de manera tangencial que los acreedores pueden presentar un PR con probabilidad de ser aprobado, y siempre que el deudor se encuentre en probabilidad de insolvencia o insolvencia inminente, y si se encuentra en insolvencia actual, cuando no se haya admitido a trámite la solicitud de concurso necesario).

Por otro lado, el deudor frente al que se solicita la homologación del PR, debe ser una persona física o jurídica (583 TRLC), que ejerza actividad empresarial o profesional, y siempre que se encuentre en insolvencia actual, inminente, o probabilidad de insolvencia. Además, debe ser objeto de consideración de empresa no incluida en el Título V, artículos 682 a 684 TRLC.

En cuanto a la competencia del juez que realiza la homologación, queda prevista en el artículo 641 TRLC, en relación con la comunicación de negociaciones realizada por el deudor con carácter previo, o en otro caso siendo el competente para la declaración de concurso. La problemática relativa en relación a un previo nombramiento de experto y la competencia del juez fue analizada en el auto de homologación de PR de 28-9-2023 de este juzgado (Telepizza).

22. PROCEDIMIENTO ESPECIAL PARA MICROEMPRESAS: SEGUNDA LECTURA

ESPERANZA GALLEGO SÁNCHEZ
Catedrática de Derecho Mercantil
Universidad de Alicante

I. INTRODUCCIÓN

Una de las novedades más relevantes de la modificación del TRLC arbitrada por la Ley 16/2022, de 5 de septiembre, de reforma del Texto Refundido de la Ley Concursal (en adelante, TRLC) fue la introducción de un llamado procedimiento especial para microempresas, que ocupa todo el, también nuevo, Libro Tercero del TRLC.

Salvando el escaso lapso de tiempo que se concede al deudor para alcanzar un acuerdo *extra*judicial con sus acreedores, se trata de un procedimiento judicial destinado a «*pequeños deudores*» que gocen de la condición de empresarios o profesionales, de carácter exclusivo y excluyente. Es exclusivo, porque, en caso de crisis, solo pueden acudir a él ese tipo de deudores. Y es excluyente por cuanto, en esa misma hipótesis, los deudores mencionados tienen vetado el acceso a cualquier otro tipo de procedimiento. No pueden solicitar la declaración de concurso, ni es posible que suscriban planes de reestructuración. Por estos motivos se trata de un procedimiento de insolvencia único, en el doble sentido de que pretende encauzar tanto las situaciones concursales (de insolvencia actual o inminente) como las preconcursales (probabilidad de insolvencia).

Se ha considerado que la regulación de un procedimiento formal es más adecuada porque añadiendo esta «oficialidad» al sistema se incrementan las posibilidades de que se proporcione toda la información necesaria a los acreedores y que esta sea fidedigna, dadas las sanciones que se prevén, en particular en materia de calificación, ante el suministro de datos falsos o inexactos. Se entiende además que dicho tipo de procedimiento promueve la participación de los acreedores profesionales cuya inactividad ha sido uno de los grandes problemas a los que se enfrentaban los pequeños deudores en crisis en la vigencia del régimen anterior. Este es un sistema universal que afecta a todos los acreedores y a todos los bienes y derechos (salvo los inembargables) y en el que se prevén mecanismos que incentivan a aquellos a comportarse de manera proactiva, normalmente mediante la pérdida de derechos en caso de pasividad.

La singular iniciativa se fundamenta en la Exposición de Motivos del TRLC en el fracaso de las alternativas legales anteriores para hacer frente a las crisis de los pequeños deudores. Fracasó el acuerdo extrajudicial de pagos como solución que pretendió ser preconcursal. Y fracasó el concurso de acreedores. Un procedimiento lento y costoso que la mayor parte de las veces terminaba con insuficiencia de masa activa para abonar incluso los créditos generados por el propio procedimiento. Ninguna de las opciones que fueron previéndose logró paliar mínimamente estos defectos. Por mencionar solo algunas de ellas, de nada sirvió un procedimiento abreviado, que poco tenía de abreviado; una declaración-conclusión del concurso con masa insuficiente, que se limitaba a desentenderse de las vicisitudes posteriores de los acreedores insatisfechos; una tramitación anticipada del convenio concursal, que nunca se utilizó; o un concurso consecutivo que carecía de las necesarias especificidades. Por ejemplo, el legislador «*olvidó*» incluir protección para el «*fresh money*», lo que implicó que el recurso a esta financiación temprana, que podría resultar muy beneficiosa para el deudor, no tuviera lugar.

El TRLC pretende eliminar los defectos de ese sistema suprimiendo, por una parte, el procedimiento extrajudicial de pagos, que se había convertido en un trámite inservible al que se acudía solo para conseguir una exoneración del pasivo insatisfecho. Y, por otra, ideando un nuevo procedimiento judicial asentado sobre una doble idea. Reducir costes temporales y económicos. Y dejar la gestión de la crisis y, por ende, la suerte del procedimiento a los interesados, deudor y acreedores. A esos objetivos responden las medidas que constituyen la base del nuevo sistema.

Para reducir los costes temporales y económicos se obvian trámites; se acortan plazos, suprimiendo prórrogas. Sucede así, por ejemplo, con la fase previa de negociación, que dura un período de tres meses no prorrogables. O con el procedimiento especial de liquidación que no puede alargarse más de cuatro meses, como regla general. Se impone la carencia de efectos suspensivos de incidentes y recursos, incluso, se prescinde de estos últimos con carácter general. Los incidentes se tramitan a través de un procedimiento escrito y cuando es necesaria la participación oral de las partes o de expertos se utilizan vistas virtuales, celebradas por medios telemáticos. Se reduce la intervención judicial, limitándola a actuaciones imprescindibles y de carácter litigioso, cuando existe, por ejemplo, controversia en la composición del inventario o en la clasificación y cuantificación de los créditos. Y los actos procesales entre las partes y con el juzgado se realizan mediante comunicación digital a través de formularios normalizados oficiales accesibles en línea, sin coste. Al menos, esto es lo que dice la Ley.

Sucede algo similar con la participación de profesionales. En concreto no es preceptiva la intervención de experto en materia de reestructuración o de administrador concursal, salvo que lo soliciten las partes o en supuestos puntuales previstos de modo expreso, como sucede, por ejemplo, con el nombramiento de administrador concursal si procede la apertura del incidente de calificación. No ocurre, sin embargo, lo mismo con el abogado, cuya asistencia aparece como obligatoria en la solicitud de apertura del procedimiento por el deudor, además de en el incidente de calificación, cuando exista oposición a la calificación culpable.

Para permitir, en segundo lugar, que las vicisitudes del procedimiento sean decididas por el deudor y sus acreedores se idea un sistema que contempla dos *«itinerarios»* y varios *«módulos»*. Las partes, en efecto, pueden optar entre dos posibles itinerarios, que, en realidad, son dos subprocedimientos: el procedimiento de continuación destinado a empresas viables que el deudor esté dispuesto a mantener. Y el procedimiento de liquidación, dedicado a la enajenación del patrimonio del deudor en el bien entendido de que este ha de ser insolvente pues, en otro caso, deberá acudir a la normativa societaria y mercantil que ofrece vías para la liquidación de empresas solventes, tal y como recuerda la Exposición de Motivos. Con esa limitación, el procedimiento puede comprender, no obstante, tanto la transmisión en bloque de la empresa o de alguna de sus unidades productivas como la liquidación particularizada de los bienes y derechos del deudor.

Además, frente al procedimiento concursal tradicional, que lleva aparejados una serie de efectos automáticos que generan costes fundamentalmente para los acreedores, en este nuevo procedimiento se permite a las partes que soliciten su aplicación solo si así lo desean, lo que elimina costes innecesarios. Es este el caso, por ejemplo, de la paralización de ejecuciones sobre activos con garantía real o, según se ha indicado antes, del nombramiento de profesionales. Este carácter explica asimismo la importancia que se concede a la proactividad de las partes a lo largo de todo el procedimiento, que se manifiesta en los múltiples aspectos a los que se alude más abajo.

Sin duda objetivos y medios loables que habrían merecido una mejor técnica jurídica en la redacción y en la sistemática de las normas, que contrastan con la depuración técnica que efectuó el Texto Refundido. Vuelven las imprecisiones técnicas, las reiteraciones, los preceptos interminables destinados a regular cuestiones varias, la numeración con *bis* y siguientes en sucesión perturbadora, los reenvíos o los mandatos de aplicación supletoria, salvo las especialidades previstas para este tipo de procedimiento, tal y como señala, con carácter general, el art. 689 TRLC, que remite al régimen establecido para los concursos y preconcursos en el Libro primero y Segundo, y reproduce, a veces sí y otras no, en concretas disposiciones. Defectos todos ellos que había desechado el Texto Refundido original a fin de evitar contradicciones, ambigüedades y dudas que lo menos que generan es inseguridad jurídica, cuya sombra, por tanto, vuelve a aparecer, tras el escaso lapso de vigencia de aquel.

Esta laxa técnica jurídica contrasta con la justificación que aduce la Exposición de Motivos para la instauración de este procedimiento. Se afirma en ella, en efecto, que uno de los motivos por los que se regula un sistema único y simplificado es para facilitar su comprensión por los usuarios que, en su mayoría, carecerán de conocimientos específicos sobre instrumentos preconcursales y concursales y tendrán recursos limitados para contratar asesores externos. Consta también en ella que es esencial para el éxito del procedimiento que se perciba como un instrumento útil y manejable por parte del deudor, lo que, según lo dicho es cuanto menos cuestionable. Esperemos que este nuevo experimento no corra la misma suerte que el primero, el procedimiento extrajudicial de pagos.

Por lo demás, la eficacia del mismo está íntimamente ligada al sistema de ejecución previsto por el TRLC, que se arbitra a través de la creación de tres plataformas informáticas.

En primer término, el Servicio Electrónico de Microempresas. Se trata de una plataforma destinada a tramitar el procedimiento especial para microempresas (DA 4ª del TRLC 2022). De modo que debería servir para cumplimentar en línea los formularios normalizados, descargarlos y remitirlos al órgano competente. El inicio de la implantación está siendo, no obstante, bastante arduo. En la mayoría de las Comunidades Autónomas el sistema no permite realizar todas o alguna de estas funcionalidades por lo que multitud de solicitudes de concursos de microempresas se han paralizado o ha tenido que aceptarse que se remitieran por otras vías.

Aún peor es la situación de la Plataforma Electrónica de Liquidación de Bienes que debía poner en marcha el Ministerio de Justicia. La plataforma es definida como un «*portal público electrónico para la venta de los activos de las empresas en liquidación, que incluirá un catálogo integrado por los bienes que vayan siendo añadidos a través de comunicación por los deudores o por los administradores concursales tras la apertura de un procedimiento especial de liquidación*», al que el deudor o la administración concursal habrán de acudir para la liquidación de los bienes y derechos en el seno del procedimiento especial de liquidación «*Salvo para aquellos supuestos excepcionales de bienes o derechos cuya transmisión se prevea a través de un sistema diverso en el plan de liquidación*» (DA 2ª TRLC). Sin embargo, a día de hoy continua sin funcionar.

Ocurre lo mismo con el programa de cálculo. Uno de los objetivos perseguidos por el procedimiento especial de microempresas es permitir que los deudores puedan adoptar una actitud proactiva en la solución de la crisis económica que padecen, para lo que se pone a su disposición un mecanismo público y gratuito de identificación temprana de su situación económica-financiera, a través de un programa de cálculo del plan de pagos que les permita advertir si sería factible o no la opción por el plan de continuidad e incluso evaluar la posibilidad sobre si procedería la calificación culpable del procedimiento. A este respecto la DA 3ª TRLC señala que «*el Gobierno promoverá la puesta a disposición de los empresarios y profesionales de un programa de cálculo automático del plan de pagos, con inclusión de distintas simulaciones de plan de continuación. Este plan será accesible en línea y sin coste para el usuario*». Pero el programa todavía no ha sido implantado.

De otro lado, hay que tener en cuenta que el sistema de nombramiento de administrador concursal que prevé el TRLC tampoco está vigente, lo que impide que en el procedimiento especial se efectúe aquel conforme dispone dicha norma en defecto de acuerdo entre los acreedores o el deudor (art. 689.2 TRLC). Por este motivo la DT 3ª señala que, mientras no entre en vigor el nuevo sistema de nombramiento previsto con carácter general, la designación se llevará a cabo de acuerdo con lo dispuesto en el art. 27 LC en su redacción anterior a la entrada en vigor de la Ley 17/2014, de 30 de septiembre, por la que se adoptan medidas urgentes en materia de refinanciación y reestructuración de deuda empresarial. Es decir, conforme a lo previsto en la Ley Concursal redactada por la Ley 38/2011 de 10 de octubre.

II. PRESUPUESTO SUBJETIVO

El presupuesto subjetivo viene circunscrito a deudores, personas naturales o jurídicas, que lleven a cabo una actividad empresarial o profesional y reúnan los requisitos previstos en la Ley, que se computarán en base consolidada, si la entidad formase parte de un grupo (art. 685.1 y 2 TRLC 2022). En concreto (1.ª) haber empleado durante el año anterior a la solicitud una media de menos de diez trabajadores. Este requisito se entenderá cumplido cuando el número de horas de trabajo realizadas por el conjunto de la plantilla sea igual o inferior al que habría correspondido a menos de diez trabajadores a tiempo completo. Y (2.ª) tener un volumen de negocio anual inferior a setecientos mil euros o un pasivo inferior a trescientos cincuenta mil euros según las últimas cuentas cerradas en el ejercicio anterior a la presentación de la solicitud; requisitos, estos dos últimos, que carecen de carácter acumulativo.

Por lo demás, es aquí donde se ha producido un importante cambio en la redacción de este precepto, teniendo en cuenta las enmiendas recibidas y el rechazo generalizado al criterio recogido inicialmente en el Anteproyecto de Ley en el que se aludía a empresas cuyo volumen de negocios anual o cuyo balance general anual no superara los dos millones de euros. Este criterio provocaba que, en la práctica, el 90% de las empresas españolas tuvieran que sujetarse a este procedimiento especial.

Opta, por tanto, el legislador por definir el presupuesto subjetivo no en atención a determinado tipo social, sino en consideración al volumen de la empresa de la que es titular el deudor, sea persona física o jurídica.

La Directiva sobre reestructuración e insolvencia, que incorpora el TRLC 2022, señala que la noción de microempresa *se entenderá según la definición de la normativa nacional.* Pero añade que para definirla los Estados miembros pueden tomar en consideración la Directiva 2013/34/UE del Parlamento Europeo y del Consejo sobre los estados financieros anuales, los estados financieros consolidados y otros informes afines de ciertos tipos de empresas, por la que se modifica la Directiva 2006/43/CE del Parlamento Europeo y del Consejo y se derogan las Directivas 78/660/CEE y 83/349/CEE del Consejo (DO L 182 de 29.6.2013, pág. 19) o a la Recomendación de la Comisión de 6 de mayo de 2003 sobre la definición de microempresas, pequeñas y medianas empresas. El TRLC 2022 opta por la Directiva.

Incluye, por tanto, a los empresarios y a los profesionales, reconociendo que se trata de dos categorías distintas, lo que ha de considerarse acertado técnicamente. Desde este punto de vista es loable que haya terminado con la muy cuestionable inclusión de los profesionales en el concepto de empresario que efectuaba el derogado artículo 231 LC. Y asimismo que haya prescindido de incluir de forma individualizada en la categoría a los *«trabajadores autónomos»* pues es esta una calificación que solo procede utilizar en el estricto ámbito del Derecho Laboral y de la Seguridad Social. A efectos mercantiles y, dentro de ese contexto, concursales, los trabajadores autónomos son empresarios o profesionales, según la índole de su actividad. Quedan, no obstante, atisbos del error en la Exposición de Motivos.

La inclusión de profesionales y empresarios definidos por su escasa dimensión conduce a cuestionar la exclusión de los deudores no empresarios, ni profesionales de la misma dimensión, a los que se aboca por tanto al muy costoso y lento procedimiento concursal, ya que tampoco se les permite negociar planes de reestructuración (art. 583 TRLC).

No se menciona, de otro lado, a las entidades que integran la organización territorial del Estado ni a los organismos públicos y demás entes de derecho público. El hecho no obstante de que se excluyan tanto del concurso como de los planes de reestructuración y la aplicación supletoria al procedimiento especial de las normas concursales y preconcursales que ordena el art. 689.1 TRLC, avalan su expulsión también de este procedimiento especial.

III. PRESUPUESTO OBJETIVO

El presupuesto objetivo coincide con el de los planes de reestructuración. Pueden acceder a este procedimiento las microempresas que se encuentren en situación de probabilidad de insolvencia, insolvencia inminente o actual. Se trata de una opción legislativa obligada puesto que, según se ha indicado en el apartado introductorio, es este el único procedimiento al que puede acudir este tipo de deudores y en él encuentra cobijo tanto la continuación de las empresas viables, como la liquidación de las que no lo son.

IV. LA COMUNICACIÓN DE INICIO DE NEGOCIACIONES

Al igual que en la normativa sobre planes de reestructuración, el deudor ostenta la facultad de comunicar al juzgado competente para la declaración de concurso la apertura de negociaciones con los acreedores con independencia de la situación en que se encuentre, esto es, puede hallarse en estado de probabilidad de insolvencia, de insolvencia inminente o de insolvencia actual. A diferencia de lo que allí ocurre, aquí se prejuzga legalmente la finalidad de las negociaciones que han de consistir, bien en acordar un plan de continuación, bien, una liquidación con transmisión de empresa en funcionamiento (art. 690.1 TRLC).

No obstante ello, entendiéndose que las referencias al concurso de acreedores se estimarán hechas al procedimiento especial de este libro tercero, el régimen aplicable con carácter general a la comunicación es el contemplado en el Libro Segundo, Título II, Capítulos I y II, esto es, el previsto para el Derecho preconcursal, salvo en aquellos aspectos que expresamente señala el TRLC como especialidades para el procedimiento especial (art. 690.3 TRLC).

En primer lugar, se alude a que la comunicación se hará por medios electrónicos mediante formulario normalizado o por otros medios legalmente aceptados (art. 690.2 TRLC). Contrasta esta drástica solución con la que se prevé en los planes de reestructuración. Allí se permite eludir el requisito de la comunicación electrónica a las personas que no están obligadas a comunicarse de forma electrónica con la Administración de Justicia, entre las cuales se encuentran muchas de las microempresas (art. 586.1 TRLC). No obstante, no procede aquí la aplicación supletoria por cuanto se trata de una cuestión expresamente prevista y tampoco una interpretación analógica ya que esa alternativa pretendió incluirse mediante una enmienda aceptada por el Senado, que fue, finalmente, rechazada por el Congreso en su sesión de 25 de agosto de 2022, lo que no deja de resultar cuestionable.

Parece, sin embargo, que sí es posible aplicar al caso la posibilidad que recoge el artículo 691 TRLC respecto de la apertura del procedimiento. Conforme a ese precepto en aquellos casos en los que el deudor no disponga de los medios tecnológicos necesarios para acceder a la sede judicial electrónica, las notarías, las oficinas del registro mercantil o las cámaras de comercio que hayan asumido tal función podrán prestar el servicio que resulte necesario, el cual tendrá carácter gratuito, a los efectos de facilitar la presentación electrónica del formulario.

No resulta preceptivo, en segundo término, el nombramiento de experto en el período de negociaciones. No se admite la prórroga, en tercer lugar. De modo que ni las negociaciones, ni los efectos de la comunicación podrán exceder del plazo de tres meses. En consecuencia, transcurridos los tres meses del período de negociaciones, el deudor que se encuentre en situación de insolvencia actual deberá solicitar la apertura del procedimiento especial dentro de los cinco días hábiles siguientes. Y solo durante ese período de tres meses no se admitirán a trámite las solicitudes de procedimiento especial presentadas por otros legitimados distintos del deudor, igual que las presentadas antes de la comunicación que no hubieran sido admitidas a trámite quedarán en suspenso. Pero tanto las solicitudes suspendidas, como las que se presenten una vez transcurridos los tres meses del período de negociaciones se proveerán dentro de los cinco días hábiles siguientes a la expiración del plazo, si el deudor no hubiera solicitado la apertura del procedimiento especial. De igual manera solo durante ese plazo quedará en suspenso el deber legal de acordar la disolución por existir pérdidas que dejen reducido el patrimonio neto a una cantidad inferior a la mitad del capital social.

No constituye por el contrario especificidad alguna de este procedimiento el tratamiento de la paralización de ejecuciones. Se aplican los arts. 601, 602 y 602 TRLC puesto que en el procedimiento para microempresas no se prevén normas específicas. Pero tampoco resulta ser una especialidad el tratamiento de los créditos públicos. Ya que el art. 690.4 TRLC incorpora las mismas previsiones que el artículo 605 TRLC. Este art. 690.4 TRLC, aplicable al procedimiento especial de microempresas, contiene, en efecto, exactamente la misma disposición que el art. 605 TRLC de dicho texto legal, titulado "*Exclusión de acreedores públicos*", considerando que el Libro III, en su generalidad, está radicalmente alejado de las mínimas reglas de técnica legislativa exigibles, por no mencionar también las pautas de redacción del idioma castellano y del que se dice, con razón, que no ha sido redactado por los mismas personas que el Libro I y II TRLC.

Partiendo de esta obviedad, se hace preciso interpretar la dicción del art. 690.4 TRLC en relación con la del art. 605 TRLC, por imposición de las reglas hermenéuticas relativas a los criterios lógico, sistemático y teleológico.

El criterio lógico obliga a concluir que, en la medida en que ambos preceptos tratan de una comunicación de apertura de negociaciones para concertar un plan de reestructuración o un procedimiento similar cual es el de continuación de microempresas, la solución legal, por coherencia, debe ser la misma. Lo, que, según el criterio sistemático, compele a interpretar el artículo 690.4 conforme a las previsiones del art. 605, para no incurrir en antinomias.

El art. 605 TRLC se titula *"Exclusión de acreedores públicos"*, lo que impone considerar que está regulando el tema al que se refiere, esto es, la suspensión de las ejecuciones judiciales y extrajudiciales sobre bienes necesarios para la continuidad de la actividad empresarial o profesional del deudor cuando se trata de acreedores públicos. Sobre ese particular dispone que *"lo dispuesto en la sección 4.ª del Libro II, «Efectos de la comunicación sobre las acciones y los procedimientos ejecutivos», no será de aplicación a los procedimientos de ejecución de los acreedores públicos, al tratarse de una categoría de acreedores que no se verá afectada por la suspensión de ejecuciones singulares"*.

Y continúa en su segundo párrafo *"Si la ejecución recayera sobre bienes o derechos necesarios para la continuidad de la actividad empresarial o profesional del deudor, una vez iniciado el procedimiento de ejecución, se podrá suspender exclusivamente en la fase de realización o enajenación por el juez que esté conociendo del mismo. Cuando la ejecución sea extrajudicial, la suspensión la podrá ordenar el juez ante el que se haya presentado la comunicación, exclusivamente en la fase de realización o enajenación. En ambos casos, la suspensión, en su caso, acordada decaerá perdiendo toda su eficacia una vez transcurridos tres meses desde el día de la comunicación, quedando sin efectos la suspensión, sin que sea preciso dictar resolución judicial alguna o, en su caso, acto alguno por el letrado de la Administración de Justicia"*.

El hecho de que este segundo párrafo esté incluido en el art. 605 TRLC, tras el primer párrafo, obliga, sin duda, a estimar que dicho segundo párrafo supone una excepción al régimen previsto en el primer párrafo. Esto es, ha de leerse así: *"lo dispuesto en la sección 4.ª del Libro II, «Efectos de la comunicación sobre las acciones y los procedimientos ejecutivos», no será de aplicación a los procedimientos de ejecución de los acreedores públicos, al tratarse de una categoría de acreedores que no se verá afectada por la suspensión de ejecuciones singulares", **SALVO** que la ejecución recaiga sobre bienes o derechos necesarios para la continuidad de la actividad empresarial o profesional del deudor, **EN CUYO CASO,** una vez iniciado el procedimiento de ejecución, se podrá suspender exclusivamente en la fase de realización o enajenación por el juez que esté conociendo del mismo. Cuando la ejecución sea extrajudicial, la suspensión la podrá ordenar el juez ante el que se haya presentado la comunicación, exclusivamente en la fase de realización o enajenación. En ambos casos, la suspensión, en su caso,* *acordada decaerá perdiendo toda su eficacia una vez transcurridos tres meses desde el día de la comunicación, quedando sin efectos la suspensión, sin que sea preciso dictar resolución judicial alguna o, en su caso, acto alguno por el letrado de la Administración de Justicia".*

Por su parte, el art. 690.4 TRLC contiene los dos mismos párrafos. Dispone, en efecto, el párrafo primero, que "*La suspensión de ejecuciones no podrá afectar en ningún caso a los acreedores públicos*". Y el párrafo segundo que *"Si la ejecución recayera sobre bienes o derechos necesarios para la continuidad de la actividad empresarial o profesional del deudor, una vez iniciado el procedimiento de ejecución, se podrá suspender exclusivamente en la fase de realización o enajenación por el juez que esté conociendo del mismo. Cuando la ejecución sea extrajudicial, la suspensión la podrá ordenar el juez ante el que se haya presentado la comunicación, exclusivamente en la fase de realización o enajenación. En ambos casos, la suspensión, en su caso, acordada, decaerá perdiendo toda su eficacia una vez transcurridos tres meses desde el día de la comunicación, quedando sin efectos la suspensión, sin que sea preciso dictar resolución judicial alguna o, en su caso, acto alguno por el letrado de la Administración de Justicia".*

En consecuencia, ha de leerse igual que el art. 605 TRLC. Esto es, *"La suspensión de ejecuciones no podrá afectar en ningún caso a los acreedores públicos", **SALVO** que la ejecución recayera sobre bienes o derechos necesarios para la continuidad de la actividad empresarial o profesional del deudor, **EN CUYO CASO,** una vez iniciado el procedimiento de ejecución, se podrá suspender exclusivamente en la fase de realización o enajenación por el juez que esté conociendo del mismo. Cuando la ejecución sea extrajudicial, la suspensión la podrá ordenar el juez ante el que se haya presentado la comunicación, exclusivamente en la fase de realización o enajenación. En ambos casos, la suspensión, en su caso, acordada, decaerá perdiendo toda su eficacia una vez transcurridos tres meses desde el día de la comunicación, quedando sin efectos la suspensión, sin que sea preciso dictar resolución judicial alguna o, en su caso, acto alguno por el letrado de la Administración de Justicia".*

Esta conclusión es obligada, como se ha indicado, por aplicación de las reglas hermenéuticas relativas a los criterios lógico, sistemático y teleológico. En atención a este último, conforme, además, con la Directiva 2019/2023, que el Texto Refundido incorpora, el ámbito de aplicación de los preceptos legales tiene que ser coherente con la finalidad pretendida por la norma en que se integran. Recordando en ese contexto que no se discute que la suspensión de ejecuciones se sitúa en la cima de los instrumentos que la Directiva de reestructuración prevé para que pueda ultimarse la continuación de la actividad empresarial o profesional. El Considerando 32 es claro al respecto cuando impone a los Estados la obligación de permitir que en deudor pueda disfrutar de una suspensión temporal de ejecuciones singulares, ya sea acordada por una autoridad judicial o administrativa o por ministerio de la ley con el fin de facilitar las negociaciones relativas a un plan de reestructuración, para ser capaz de continuar su actividad empresarial o, al menos, de preservar el valor de su masa patrimonial durante las negociaciones para que se pueda dar la reestructuración. Ni este apartado, ni ningún otro, ni el texto de la Directiva permite excluir a los créditos públicos. Lo que sí hace, por ejemplo, en este mismo contexto, con los créditos laborales (cdo. 61). Vid. en este mismo sentido los arts. 6 y 7 de la Directiva.

De idéntica manera se pronuncia la Exposición de Motivos de la Ley 16/2022 que, como es sabido, incorpora la citada Directiva en el Texto Refundido de la Ley Concursal. Dispone, en efecto, que "*la norma contempla que en estos casos la regla general es la imposibilidad de suspensión de ejecuciones singulares de los acreedores públicos y que, como excepción, la suspensión exclusivamente podrá acordarse durante la fase de realización o enajenación de los bienes o derechos necesarios para la continuidad de la actividad empresarial o profesional del deudor por un período limitado a tres meses*"

Y, sobre todo, se impone la interpretación del artículo 690.4 conforme a las previsiones de la Exposición de Motivos de la mencionada Ley 16/2022 en relación específicamente con el procedimiento de microempresas. Dispone, literalmente, que *"Tras la comunicación de apertura de negociaciones de microempresas, en el caso de los acreedores públicos, la regla general es la imposibilidad de suspensión de sus ejecuciones singulares. Como excepción, la suspensión exclusivamente podría acordarse durante la fase de realización o enajenación de los bienes o derechos necesarios para la continuidad de la actividad empresarial o profesional del deudor por un período limitado a tres meses. Todo ello, sin perjuicio de la posibilidad del deudor de solicitar la suspensión de las ejecuciones a partir de la solicitud de apertura del procedimiento especial de continuación"*.

En el sentido expuesto se ha pronunciado, con excelente criterio, el AJM núm. 4 de Alicante de 6 de marzo de 2024.

Por lo demás, entre los bienes necesarios para la continuación de la actividad empresarial o profesional se encuentran los saldos en cuentas corrientes de titularidad del deudor, tal y como disponen, muy acertadamente, los Autos del JM núm ...de Alicante de 6 de marzo y 6 de junio de 2024.

V. APERTURA DEL PROCEDIMIENTO ESPECIAL

V.1. Legitimación

V.1.1. Solicitud de apertura por el deudor

No resulta muy preciso el art. 691 TRLC cuando dispone que el deudor que, «*se encuentre en probabilidad de insolvencia, insolvencia inminente o insolvencia actual, podrá solicitar la apertura del procedimiento especial*». Lógicamente este precepto debe ser objeto de una interpretación sistemática, puesto que, en caso de insolvencia actual, no podrá, sino que deberá. Si el deudor se encuentra en situación de insolvencia actual, se aplica el mismo régimen establecido en el art. 5 TRLC respecto al concurso. De modo que el deudor tendrá el deber legal de solicitar la apertura del procedimiento dentro de los dos meses siguientes a la fecha en que hubiera conocido o debido conocer el estado de insolvencia actual. Y se presumirá, salvo prueba en contrario, que el deudor ha podido conocer que se encuentra en situación de insolvencia actual cuando hubiera acaecido alguno de los hechos que podrían servir de fundamento a la solicitud de cualquier otro legitimado.

Salvo que haya comunicado el inicio de negociaciones, en cuyo caso, el deudor que se encuentre en situación de insolvencia actual deberá solicitar la apertura del procedimiento especial dentro de los cinco días hábiles siguientes al transcurso de los tres meses contados a partir de la resolución del juzgado teniendo por efectuada dicha comunicación (art. 690.7 TRLC).

Y salvo que haya incurrido en un sobreseimiento generalizado en el pago de las obligaciones tributarias exigibles, el de las cuotas de la seguridad social y demás conceptos de recaudación conjunta o en el de los salarios e indemnizaciones a los trabajadores y demás retribuciones derivadas de las relaciones de trabajo correspondientes en los tres casos a las tres últimas mensualidades. En estas hipótesis, deberá solicitar la apertura de este procedimiento especial en el plazo de un mes adicional. De no solicitarse la apertura en el plazo anterior, las quitas y esperas que resulten de la aprobación del plan de continuación no afectarán a los créditos tributarios y de seguridad social (art. 691.5 TRLC). Esta mención debe, no obstante, matizarse considerando las previsiones del art. 690.4 TRLC que permite ordenar la suspensión de ejecuciones sobre bienes necesarios para la actividad empresarial o profesional del deudor derivadas del incumplimiento de créditos públicos durante los tres meses siguientes a la comunicación de inicio de negociaciones. Ha de entenderse que, durante ese período, el eventual sobreseimiento generalizado queda neutralizado por la suspensión. De modo, que la solicitud de apertura podría demorarse al cuarto mes.

Tratándose de persona jurídica, la solicitud debe ser efectuada por él órgano de administración.

Por lo demás, se realizará en todo caso a través de un formulario normalizado que se presentará y tramitará de forma electrónica bien a través de la sede judicial electrónica, bien en las notarías u oficinas del registro mercantil o cámaras de comercio que hayan asumido tales funciones. Con la posibilidad de que estos sujetos faciliten de forma gratuita la realización de esta solicitud al deudor que no disponga de los medios tecnológicos necesarios.

Para su válida tramitación, el formulario normalizado que presente el deudor deberá estar íntegramente cumplimentado e incluirá, en todo caso, los extremos que menciona la Ley. Entre ellos, además de los datos del deudor y de empresa y la relación de activos y pasivos, destacan la elección del procedimiento de continuación o del procedimiento de liquidación, y, en este último supuesto, si se prevé la transmisión de la empresa en funcionamiento y la de alguno de los módulos previstos, respectivamente, en el procedimiento de continuación o en el de liquidación (art. 691.3 TRLC).

No se prevé, sin embargo, que aporte ningún tipo de documentos acreditativos de las afirmaciones que se efectúen en el formulario. Este deber ha sido sustituido en el procedimiento especial por la instauración de un medio especialmente disuasorio cual es la causa de calificación culpable con fundamento en la inclusión de inexactitudes graves en aquel (art. 688 TRLC).

Por lo demás, se precisa asistencia letrada y postulación mediante procurador, tal y como declara el AJM Bilbao de 5 de diciembre 2023, a pesar de los términos equívocos en que se pronuncian los arts. 687.6 y 691 TRLC. El primero dispone que *la participación del deudor en el procedimiento especial requerirá asistencia letrada y representación procesal mediante procurador.* Mientras que el segundo señala que *el deudor, que deberá comparecer asistido por abogado, cuando se encuentre en probabilidad de insolvencia, insolvencia inminente o insolvencia actual, podrá solicitar la apertura del procedimiento especial mediante la presentación del formulario normalizado.*

Si entre los acreedores se encuentra la Agencia Estatal de Administración Tributaria o la Tesorería General de la Seguridad Social, como es habitual, y se ha optado por un procedimiento de continuación habrá de comunicar la solicitud de apertura a esos organismos en un plazo de setenta y dos horas a través del medio habilitado al efecto por ellos, acompañando, en todo caso, un documento de reconocimiento de deuda actualizado a la fecha. El incumplimiento de esta obligación de comunicación excluirá a los créditos de seguridad social y de la Agencia Tributaria de las quitas y esperas que resulten de la aprobación del plan de continuación. El TRLC hace referencia al incumplimiento del plazo o el medio, lo que permite entender que el hecho de no adjuntar el reconocimiento de deuda no autoriza a aplicar tamaña sanción. De otro modo, no podría entenderse, además, que se prive al deudor de acceder a este procedimiento si no acepta la exorbitante vulneración del derecho a la tutela judicial efectiva que supone obligarle a reconocer la deuda (art. 691 bis TRLC).

V.1.2. Solicitud por acreedores u otros legitimados

En el supuesto de que el deudor se encuentre en situación de insolvencia actual la solicitud de apertura del procedimiento puede hacerse también por los acreedores y por los socios que sean personalmente responsables de las deudas de la sociedad, lo que sucederá típicamente en sociedades de corte personalista.

La forma de hacerlo es la misma que en el caso del propio deudor. Un formulario normalizado que se presenta de forma telemática y debe estar íntegramente cumplimentado. Como es natural, sin embargo, el contenido varía. Junto a la elección de un procedimiento de continuación o de un procedimiento de liquidación y alguno de los módulos de cada uno de ellos, que se mantiene, el acreedor ha de identifica al deudor y a sí mismo, añadiendo, además, una dirección de correo electrónico a efectos de la práctica de comunicaciones durante la tramitación del procedimiento. Y completar una breve memoria explicativa que justifique la solicitud, que incluya una descripción del crédito que ostenta frente al deudor y una justificación explicativa de la situación de insolvencia actual con alegación del hecho o hechos externos reveladores de la insolvencia previstos en el art. 2.4 TRLC.

A diferencia del deudor, a quien no se le exige presentar documento alguno, el solicitante deberá entregar por medios electrónicos los documentos justificativos necesarios. Deberá asimismo estar en disposición de entregar las copias autenticadas u originales de los documentos, en caso de ser requerido al efecto, en los cinco días hábiles siguientes al requerimiento (art. 691 ter TRLC).

V.2. Resolución de apertura

Será juez competente en el procedimiento especial el que correspondería en caso de concurso de acreedores. El TRLC impone unos brevísimos plazos —el mismo día o el siguiente— para repartir la solicitud y para que sea examinada por el letrado de la Administración de Justicia, cuando es sabido que dichos plazos no podrán cumplirse.

El letrado examinará la solicitud y comprobará si es completa. El hecho de que el TRLC exija que se cerciore del cumplimiento de *«todos los requisitos legales»* no debe inducir a confusión. Se refiere exclusivamente a los requisitos formales relativos a la cumplimentación del formulario. Así concebida su función, si no aprecia defectos, la tendrá por efectuada mediante decreto con efectos desde la fecha de presentación. En otro caso, concederá al solicitante un plazo de tres días para su subsanación. Si esta se efectúa, la tendrá por realizada. En otro caso, dará cuenta al juez para que resuelva sobre la admisión (art. 691 quáter TRLC).

Si la solicitud es presentada por cualquier otro legitimado distinto del deudor, el letrado de la Administración de Justicia la notificará al deudor, se entiende que acompañando toda la documentación remitida por el tercero, para que, en el plazo de cinco días hábiles desde la notificación, adopte alguna de las conductas que precisa la Ley. Puede, en primer lugar, mantener una actitud pasiva, sin realizar manifestación alguna, en cuyo caso se entenderá que ha aceptado la solicitud en los términos en que fue efectuada. Puede también aceptarla en sus propios términos de manera expresa, en cuyo caso ha de presentar el formulario normalizado de apertura del procedimiento especial, acompañando, dice el TRLC, la documentación necesaria (art. 691 quinquies 1.1º TRLC), que no se sabe cuál es porque ante la solicitud del propio deudor el TRLC no exige presentar documentación alguna.

Puede asimismo oponerse a la apertura del procedimiento, siempre que esta se funde en los motivos previstos en la Ley. Esto es, la falta de legitimación del solicitante, la inexistencia del hecho externo revelador del estado de insolvencia en que se fundamente la solicitud o que no se encontraba o ya no se encuentra en estado de insolvencia actual. Sin embargo la posibilidad de acreditar la inexistencia del hecho externo revelador de la insolvencia está fuertemente limitada en el TRLC puesto que no podrá formular oposición ante un título por el cual se hubiera despachado ejecución o apremio sin que del embargo hubieran resultado bienes libres conocidos bastantes para el pago, ni tampoco si el hecho externo es la existencia de embargos por ejecuciones pendientes que afecten de una manera general al patrimonio del deudor, ni cuando consista en la falta de pago de obligaciones tributarias exigibles durante los tres meses anteriores a la solicitud de apertura del procedimiento especial de liquidación, de pago de cuotas de la seguridad social y demás conceptos de reclamación conjunta durante el mismo período o de pago de salarios e indemnizaciones derivadas de las relaciones de trabajo correspondientes a las tres últimas mensualidades (art. 691 quinquies 1.4º TRLC).

Por tanto, los únicos hechos externos que podrá rebatir de los que prevé el art. 2.4 TRLC son la existencia de una previa declaración judicial o administrativa de insolvencia del deudor, que sea firme, el sobreseimiento generalizado en el pago corriente de las obligaciones del deudor y el alzamiento o la liquidación apresurada o ruinosa de sus bienes por el deudor. La oposición, además, habrá de interponerse presentando el formulario normalizado al que, parece ser, hay que adjuntar la prueba de las alegaciones efectuadas, no solo la de la solvencia actual como induce a pensar la literalidad del art. 691 quinquies 1. 4ª TRLC.

Es posible, asimismo, que acepte la apertura, pero no el concreto procedimiento elegido por el solicitante, en cuyo caso habrá de instar la apertura del que prefiere —ya sea de continuación o de liquidación— (art. 691 quinquies 1.2 y 3º TRLC).

En el plazo de tres días hábiles, el letrado de la Administración de Justicia examinará la solicitud del deudor de cambio de procedimiento y, una vez comprobado que dicha solicitud o, en su caso, la oposición, se han presentado en tiempo y forma, las tendrá por presentadas. De existir defectos formarles, concederá un plazo de tres días hábiles para subsanarlos. Subsanados, el juez dictará auto de apertura del procedimiento especial, previa celebración, en su caso, de vista, si existe oposición y esta es desestimada (arts. 691 quinquies. 2 y 692.1 TRLC).

Es importante destacar que el auto de apertura incluirá la identificación del deudor, si se ha acordado sobre la base de probabilidad de insolvencia, insolvencia inminente o insolvencia actual, el tipo de procedimiento especial, que será siempre el que haya elegido el deudor, y, en su caso, la relación de los distintos módulos seleccionados por el solicitante, según se trate de procedimiento de continuación o de liquidación. El juez indicará asimismo el fundamento de su competencia judicial internacional, especificando si es un procedimiento principal o territorial (arts. 691 quinquies 1.2 y 3º y 692.1 y 2 TRLC).

El letrado de la Administración de Justicia notificará el auto al deudor y, en su caso, al acreedor solicitante (art. 692.4 TRLC). Pero no a los acreedores incluidos en la solicitud, que en el concurso es una carga impuesta al administrador concursal y aquí se atribuye al deudor en todo caso, esto es, ya haya solicitado él la apertura, ya lo haya hecho otro legitimado. El deudor dirigirá comunicación electrónica de apertura del procedimiento especial a los acreedores incluidos en su solicitud de cuya dirección electrónica tenga constancia, permitiéndoles, dice el TRLC, el acceso a toda la documentación presentada en el juzgado. En caso de que el deudor sea persona casada, la comunicación se hará también al cónyuge (art. 692 bis 1 TRLC). Cada comunicación, además, se dirigirá simultáneamente al letrado de la Administración de Justicia (art. 692 bis 2 TRLC).

El letrado de la Administración de Justicia también remitirá el auto al Registro público concursal (art. 692.4 TRLC). En caso de apertura a solicitud de los acreedores, la publicación en el Registro público concursal surtirá los efectos de notificación respecto del deudor y demás acreedores de cuya dirección electrónica no se tenga constancia (art. 692 bis 3 TRLC). Lo que, tratándose del deudor, no deja de resultar extravagante, por cuanto el TRLC prevé la notificación en forma al deudor del decreto de admisión a trámite, lo que, por otra parte, es la única solución plausible. La otra, sería abrir el procedimiento sin que el deudor tenga constancia del mismo, lo que no deja de resultar disfuncional y estrambótico, aunque solo sea porque sin el deudor no se podrá realizar ni la continuación, ni la liquidación. La eficiencia se observa no es siempre sinónimo de rapidez.

Finalmente, del mismo modo que ocurre en el concurso, el auto de apertura del procedimiento especial será inscrito en los registros de personas y bienes conforme a las reglas del procedimiento concursal (art. 692 bis 4 TRLC).

V.3. Efectos de la apertura

Entre los efectos de la resolución de apertura cabe distinguir los generales, que proceden en todo caso sin considerar el sub procedimiento elegido, y los específicos de cada uno de los dos sub procedimientos.

Efecto general muy parcial, a pesar de la rúbrica del art. 694 TRLC, es el relativo al deudor. Es verdad que la regla es que el deudor mantenga las facultades de administración y disposición sobre su patrimonio, si bien limitadas ya que solo puede realizar aquellos actos de disposición que tengan por objeto la continuación de la actividad empresarial o profesional, siempre que se ajusten a las condiciones normales de mercado.

Pero también lo es que las facultades de administración y disposición podrán ser sometidas a distintas limitaciones según se haya optado por el procedimiento de continuación o de liquidación. En el primer caso, el acreedor o acreedores cuyos créditos representen al menos el veinte por ciento del pasivo total podrán solicitar al juzgado la limitación de las facultades de administración y disposición del deudor que se encuentre en situación de insolvencia actual. La solicitud se hará por medio de formulario normalizado determinando las facultades que se pretenden limitar y justificando los motivos por los que procede la limitación. El juez resolverá por auto, recurrible en reposición, considerando en su caso las alegaciones que efectúe el deudor (art. 703 TRLC).

La segunda medida que puede ser solicitada en el marco del procedimiento de continuación es el nombramiento de un experto de la reestructuración. Tal vez el TRLC no le denomine experto en la reestructuración, como hace en los planes de reestructuración, porque el experto de este procedimiento no desempeña las mismas funciones que aquel. En este caso, ostenta facultades de propuesta del plan de continuación, podrá emitir opiniones técnicas sobre cualquiera de los extremos susceptibles de afectar a la formación de la voluntad de los acreedores en relación con el plan, podrá mediar entre el deudor y sus acreedores y realizar aquellas funciones que le son expresamente reconocidas en este Libro (art. 704 TRLC).

Y, además, asumirá funciones, bien de intervención, bien de sustitución de las facultades de administración y disposición del deudor. Concurre la primera circunstancia cuando la medida sea solicitada por el deudor o por acreedores cuyos créditos representen al menos el veinte por ciento del pasivo total. La sustitución, por el contrario, requiere solicitud de acreedores cuyos créditos representen al menos el cuarenta por ciento del pasivo total y que el deudor se encuentre en situación de insolvencia actual. Pero tanto el deudor como los acreedores que representen la mayoría del pasivo, podrán oponerse al nombramiento acompañando los documentos acreditativos de la solvencia del primero, resolviendo el juez si procede nombrar el experto con sustitución o, por el contrario, si se le nombra con meras facultades de intervención. Al tiempo, parece que ambas solicitudes serán rechazadas si se oponen acreedores que representen la mayoría del pasivo, salvo que el nombramiento sea necesario a efectos de realizar las valoraciones previstas en el TRLC o entablar acciones rescisorias o de responsabilidad, según se prevé en este libro tercero (art. 704 TRLC).

El nombramiento del experto de la reestructuración recaerá en la persona que elijan de mutuo acuerdo el deudor y los acreedores cuyos créditos representen más del cincuenta por ciento del pasivo total. De no haber acuerdo, y en todo caso si no se recibe en el juzgado la comunicación de la persona designada dentro del plazo de cinco días, el nombramiento se realizará por el juez siguiendo el procedimiento previsto en el libro segundo, del Derecho preconcursal, para el nombramiento de experto por el juez (art. 704.6 TRLC).

La retribución del experto correrá a cargo del solicitante y se determinará de mutuo acuerdo entre el deudor y los acreedores que representen la mayoría del pasivo, salvo que la solicitud provenga de los acreedores y estos asuman voluntariamente el coste de la retribución, en cuyo caso les corresponderá la determinación de la cuantía. De no existir acuerdo o asunción voluntaria por los acreedores, la cuantía se fijará aplicando los aranceles establecidos para la retribución de administradores concursales (art. 704.7 TRLC).

Por el contrario, en el procedimiento de liquidación las medidas limitativas se reducen. Solo pueden consistir en el nombramiento de un administrador concursal que sustituya al deudor en sus facultades de administración y disposición, incluyendo las facultades de disposición necesarias para proceder a la liquidación del activo, dentro del marco de la liquidación. Si bien, el administrador concursal tendrá también facultades de propuesta del plan de liquidación, podrá emitir opiniones técnicas relativas a la valoración de los activos y de las ofertas de adquisición de la empresa o de unidades productivas y realizar aquellas otras funciones que le son expresamente reconocidas en el libro tercero (art. 713.1 y 2 TRLC).

Es posible efectuar la solicitud en cualquier momento del procedimiento especial de liquidación, por el deudor o los acreedores cuyos créditos representen al menos el veinte por ciento del pasivo total y por aquellos que representen el diez por ciento en caso de paralización de la actividad empresarial o profesional del deudor (art. 713.1 TRLC). También podrá ser designado a instancia de un único acreedor cuando el deudor haya «*provisto*» (*sic*) información insuficiente o inadecuada o haya observado un comportamiento que genere dudas razonables sobre la conveniencia de que realice directamente las operaciones de liquidación (art. 713.5 TRLC).

El nombramiento recaerá en la persona inscrita en el Registro público concursal que elijan, de mutuo acuerdo, el deudor y acreedores cuyos créditos representen más del cincuenta por ciento del pasivo total. Cuando no haya acuerdo sobre la persona, se aplicarán las reglas previstas para el concurso (art. 713.3 TRLC).

La retribución se determinará de mutuo acuerdo entre el deudor y los acreedores que representen la mayoría del pasivo. En defecto de acuerdo, la cuantía se fijará aplicando los aranceles previstos en el reglamento por el que se establezca el arancel de derechos de los administradores concursales. Pero correrá a cargo del solicitante. Como excepción, si la designación ha sido solicitada por un acreedor con fundamento en las causas legales indicadas antes, la retribución será abonada por el deudor. En cualquiera de los casos en que deba hacerse cargo el deudor, el cobro se producirá tras la satisfacción del crédito público privilegiado, lo que constituye otro más de los privilegios injustificables que se conceden al crédito público. Como segunda excepción, si la solicitud proviene de los acreedores y estos asumen voluntariamente el pago, aunque el TRLC no lo dice expresamente, corresponderá a estos fijar la cuantía (art. 713.4 y 5 TRLC).

A pesar otra vez de la rúbrica del artículo 694 TRLC también son solo parcialmente generales los efectos de la apertura del procedimiento sobre las ejecuciones singulares. Como regla general aquella supondrá la paralización de las ejecuciones judiciales o extrajudiciales sobre los bienes y derechos del deudor, con independencia de si la ejecución se había ya iniciado o no en el momento de la solicitud y de la condición del crédito o del acreedor, siendo de aplicación las normas previstas en el Derecho preconcursal, con las especialidades previstas para el procedimiento especial (art. 694.4 TRLC). La suspensión procede, además, de forma automática por la simple apertura del procedimiento (supondrá, dice el precepto citado).

Por el contrario, no se suspenden las ejecuciones de créditos que no se vean afectados por el plan de continuación, como sucede con los créditos de alimentos derivados de una relación familiar, de parentesco o de matrimonio, con los créditos derivados de daños extracontractuales y con los créditos derivados de relaciones laborales distintas de las del personal de alta dirección (arts. 694.4 y 698.3 TRLC).

La suspensión tampoco afectará a los créditos con garantía real, sin perjuicio de que el deudor la solicite de acuerdo con los supuestos que así se permita en el libro tercero (art. 694.4 TRLC), que varían ligeramente según se trate de procedimiento de continuación o liquidación, debido a la propia idiosincrasia de cada uno.

En ambos casos la posible suspensión solo procederá sobre los bienes y derechos que sean necesarios para la actividad empresarial o profesional con independencia de si la ejecución se había ya iniciado o no en el momento de la solicitud y de la condición del crédito o del acreedor. En el caso del procedimiento de continuación no se requiere otro requisito adicional. Conforme a ello, la suspensión de la ejecución se mantendrá hasta el momento en que se compruebe objetivamente que no se aprobará un plan de continuación. En cambio, en el procedimiento de liquidación se exige, además, que exista una posibilidad objetiva razonable de que la empresa o las unidades productivas puedan transmitirse en funcionamiento, entendiéndose que no existe tal posibilidad cuando así lo haya señalado el deudor en la solicitud de apertura de la liquidación o cuando así se desprenda del plan de liquidación. Por consiguiente, la suspensión se mantendrá hasta el momento en que se compruebe objetivamente que la empresa no se transmitirá en funcionamiento (arts. 701 y 712 TRLC).

En los dos supuestos, además, la suspensión se mantendrá por un máximo de tres meses desde el decreto en que se tenga por efectuada la solicitud. Transcurridos esos tres meses, quedará sin efectos, sin que sea preciso dictar acto alguno por el letrado de la Administración de Justicia. Cuando la apertura de la liquidación se produzca tras la frustración de un plan de continuación y se hubiera solicitado la suspensión durante la tramitación del plan, el plazo de tres meses seguirá contando desde que comenzó a surtir efecto, aunque, a solicitud del deudor, este plazo podrá prolongarse por un mes adicional, si el juez lo considera necesario y se dan todos los requisitos previstos para el procedimiento de liquidación (arts. 701 y 712 TRLC).

Sin embargo, las suspensiones de las ejecuciones de los créditos públicos varían ostensiblemente de un procedimiento a otro. No se prevén en el procedimiento de liquidación, salvo, al parecer, que se trate de créditos con garantía real, (art. 712.1 TRLC). Por lo que resulta de aplicación el art. 694.4 TRLC conforme al cual no se suspenden las ejecuciones de los créditos que no se vean afectados por el plan de continuación. En particular, las relativas a créditos públicos que tengan la calificación de privilegiados de acuerdo con las reglas generales ni, en todo caso, de los porcentajes de las cuotas de la seguridad social cuyo abono corresponda a la empresa por contingencias comunes y contingencias profesionales ni a los porcentajes de la cuota del trabajador que se refieran a contingencias comunes o accidentes de trabajo y enfermedad profesional" (y vid. art. 698.3 TRLC). Luego, hay que entender que el resto, sí se suspende.

Esta norma general resulta excepcionada, no obstante, en el procedimiento de continuación, en el que resulta de aplicación la norma especial prevista en el art. 701.1 TRLC. Conforme a él, con la solicitud de apertura del procedimiento especial de continuación o en cualquier momento posterior, el deudor podrá solicitar la suspensión de las ejecuciones judiciales o extrajudiciales sobre los bienes y derechos necesarios para la actividad empresarial o profesional que deriven del incumplimiento de un crédito público, con independencia de si la ejecución se había ya iniciado o no en el momento de la solicitud y de la condición del crédito o del acreedor

Por consiguiente, tratándose del procedimiento de continuación y, cumulativamente, de créditos públicos y bienes necesarios, el art. 701.1 TRLC no excluye en modo alguno de la paralización de ejecuciones los créditos públicos que tengan la calificación de privilegiados de acuerdo con las reglas generales ni los porcentajes de las cuotas de la seguridad social cuyo abono corresponda a la empresa por contingencias comunes y contingencias profesionales ni los porcentajes de la cuota del trabajador que se refieran a contingencias comunes o accidentes de trabajo y enfermedad profesional.

Estas previsiones solo afectan a la paralización de ejecuciones en el procedimiento especial de liquidación. Ya que, al contrario de lo que prevé el art. 701 TRLC, relativo al procedimiento de continuación, el art. 712 TRLC atinente al procedimiento de liquidación, no contiene previsión especial alguna en materia de créditos públicos, por lo que se aplica la limitación del artículo 694.4 TRLC.

En conclusión, en el procedimiento de continuación puede prohibirse el inicio y ordenarse la suspensión de las ejecuciones iniciadas derivadas del incumplimiento de créditos públicos que afecten a los bienes necesarios para la continuación de la actividad profesional. Aunque los créditos tengan la calificación de privilegiados, o consistan en porcentajes de las cuotas de la seguridad social cuyo abono corresponda a la empresa por contingencias comunes y contingencias profesionales o en porcentajes de la cuota del trabajador que se refieran a contingencias comunes o accidentes de trabajo y enfermedad profesional.

En este sentido se pronuncia SAN JUAN MUÑOZ, E. (en *Reestructuración y liquidación de microempresas en crisis. El procedimiento especial para microempresas y su régimen transitorio,* Tirant lo Blanch, 2022). Así como el AJM núm. 4 de Alicante de 6 de junio de 2024, y el AJM núm. 3 de Murcia de 9 de octubre de 2023.

En distinto orden de cosas, los efectos sobre los contratos y créditos varían según se trate de un procedimiento de continuación o liquidación con transmisión de la empresa en funcionamiento (art. 694 bis TRLC) o de un procedimiento de liquidación sin transmisión de la empresa en funcionamiento (art. 694 ter TRLC).

En el primer caso, rigen con carácter general las reglas previstas para el concurso en relación con los contratos pendientes de ejecución. Por tanto, la apertura del procedimiento especial no afectará, por sí sola, a los contratos con obligaciones recíprocas pendientes de cumplimiento. Y las denominadas cláusulas *ipso facto,* se tendrán por no puestas. Se trata de cláusulas que prevén la suspensión, modificación, resolución o terminación anticipada del contrato por el mero motivo de la presentación de la solicitud de apertura o su admisión a trámite; la solicitud de suspensión general o singular de acciones y procedimientos ejecutivos; o, cualquier otra circunstancia análoga o directamente relacionada con las anteriores. Tampoco en caso de liquidación quedarán afectados los contratos pendientes de ejecución por ambas partes. En cuanto a las cláusulas contractuales, no se admitirán aquellas que permitan la resolución anticipada cuando exista posibilidad de transmitir la empresa en funcionamiento, con el único condicionante de que no se haya producido un incumplimiento del contrato antes o después del inicio del procedimiento de liquidación.

En los supuestos en los que la liquidación no comprenda la transmisión de la empresa en funcionamiento, se producirá el vencimiento anticipado de los créditos aplazados y la conversión en dinero de aquellos que consistan en otras prestaciones, tal y como sucede en el concurso. También se aplica el régimen general en relación con los alimentos y la disolución de la sociedad conyugal. Se entenderá que el procedimiento de liquidación se realiza sin transmisión de la empresa en funcionamiento cuando así lo determine el deudor en la solicitud de apertura de la liquidación, cuando así se desprenda del contenido del plan de liquidación o cuando así lo determine el juez tras las alegaciones realizadas al plan de liquidación por los acreedores.

De otro lado, la apertura de la liquidación determinará la disolución de la sociedad. En caso de sustitución de la deudora por un administrador concursal, los administradores y liquidadores podrán desarrollar las funciones de representación de la deudora necesarias para defender sus derechos en el seno del procedimiento especial de liquidación, igual que sucede asimismo en el concurso.

Finalmente, señala el art. 694 bis TRLC que la apertura del procedimiento especial de continuación implicará la suspensión del deber legal de acordar la disolución por pérdidas cualificadas en tanto se tramita, lo cual es coherente con el propósito que se persigue. Y recibe la misma regulación en el concurso.

VI. ACCIONES PARA INCREMENTAR EL PATRIMONIO DEL DEUDOR

El TRLC prevé dos tipos de acciones para incrementar el patrimonio del deudor. Por un lado, las acciones rescisorias (art. 695 TRLC); y, por otro, las acciones de responsabilidad contra los administradores, liquidadores o auditores de la sociedad deudora (art. 696 TRLC).

El TRLC solo permite el ejercicio de las acciones rescisorias especiales. No el resto de las acciones de reintegración a las que alude el art. 238 TRLC. Para la regulación de las mismas remite a la disciplina prevista sobre las mismas en el procedimiento concursal consignando únicamente tres precisiones materiales, que no se incluyen en el concurso. Por un lado, que la acción rescisoria solo podrá ser ejercitada en caso de insolvencia actual del deudor y, por otro, que podrá ser objeto de cesión a un tercero y, en caso de procedimiento especial de continuación, que su ejercicio puede incluirse en el plan de continuación.

En lo demás, las disposiciones específicas para el procedimiento especial se limitan a ordenar la legitimación requerida para el ejercicio de estas acciones, que se ve dificultada ante el hecho de que no es preceptivo contar con un profesional en la gestión del procedimiento, que es quien ostenta la legitimación principal en el concurso. En este contexto, el TRLC distingue dos opciones. Si hay nombrado un experto de la reestructuración —en el procedimiento de continuación— o un administrador concursal —en el de liquidación— acreedores que representen al menos el diez por ciento del pasivo total podrán solicitar del mismo el ejercicio de la acción rescisoria. En caso de negativa del experto en la reestructuración o del administrador concursal, o en caso de falta de respuesta dentro de los quince días hábiles siguientes, los acreedores solicitantes tendrán legitimación subsidiaria para entablar la acción rescisoria. Estos acreedores litigarán a su costa en interés del procedimiento especial, según el régimen jurídico previsto para la legitimación activa subsidiaria de acreedores en el libro primero.

Si el experto o el administrador no está designado, los acreedores cuyos créditos representen al menos el veinte por ciento del pasivo total podrán solicitar el nombramiento a los efectos del ejercicio de acciones rescisorias. Pero los acreedores que representen un porcentaje del pasivo mayor al que ha solicitado el nombramiento pueden oponerse al mismo, salvo que los solicitantes asuman íntegramente la retribución del experto en la reestructuración o del administrador concursal.

Por lo demás, dispone el TRLC que esta acción no suspenderá el normal desarrollo procesal del procedimiento especial, pero, indirectamente, puede extender su duración por cuanto de estar en tramitación, se amplía el plazo de presentación del informe final de liquidación a los quince días hábiles siguientes a la notificación de la sentencia (art. 719.1 TRLC).

Estas mismas reglas resultan de aplicación al ejercicio de acciones de responsabilidad civil contra los administradores, liquidadores y auditores de la sociedad deudora (art. 696 TRLC).

VII. EL PROCEDIMIENTO DE CONTINUACIÓN

Este subprocedimiento especial tiene como objetivo promover la conclusión de un plan de continuación y facilitar después su ejecución. La naturaleza del plan es doble. Por un lado, se advierte en él un componente contractual, que, en su génesis, se resuelve en la existencia de un acuerdo entre el deudor y las clases de sus acreedores surgido de la concurrencia de la oferta y la aceptación de la misma. En este aspecto se acerca a los planes de reestructuración, si bien aquí no debería hablarse propiamente de plan ya que, según el legislador, esta denominación se ha elegido para los planes de reestructuración porque, a diferencia de los convenios concursales, los planes pueden ser impuestos, bajo ciertas condiciones, al deudor y a sus socios, circunstancia que aquí está vetada por la Ley.

Salvando esta circunstancia, el plan de continuación comparte en gran medida con los planes de reestructuración contenido, sistema de aprobación y efectos. El contenido se diseña, en efecto, de forma similar a lo que sucede en los planes de reestructuración ya que se exige legalmente un contenido mínimo, concediéndose en lo demás la máxima libertad para confeccionarlo. Entre el contenido mínimo destaca la necesidad de señalar el perímetro del mismo especificando la relación nominal y cuantía de los créditos afectados por el plan. Se entenderá que son créditos afectados los que tengan esta consideración de acuerdo con lo establecido en el libro segundo. En particular, cualquier crédito, incluidos los créditos contingentes y sometidos a condición, puede ser afectado por el plan de continuación, salvo los créditos de alimentos derivados de una relación familiar, de parentesco o de matrimonio, los créditos derivados de daños extracontractuales, los créditos derivados de relaciones laborales distintas de las del personal de alta dirección ni en el supuesto de los créditos públicos, la parte que deba calificarse como privilegiada. En ningún caso se verán afectados los porcentajes de las cuotas de la seguridad social cuyo abono corresponda a la empresa por contingencias comunes y contingencias profesionales ni los porcentajes de la cuota del trabajador que se refieran a contingencias comunes o accidentes de trabajo y enfermedad profesional (arts. 697 *ter*.1.1° y 698.2 y 3 TRLC).

Es imprescindible también incluir la división en clases de los acreedores a efectos de aprobación del plan, a pesar de que la Directiva de reestructuración e insolvencia permitía prescindir de ellas para las microempresas. Aunque el artículo 697 *ter* 1. 3ª TRLC no resulta todo lo claro que debería cuando dispone que las clases se conformarán de acuerdo con su valor económico, reflejado por la graduación de los créditos en el concurso de acreedores, según el libro primero, lo cierto es que se admiten subdivisiones entre los mismos rangos, tal y como señala acertadamente el AJM núm. 4 de Alicante de 6 de junio de 2024.

En lo demás, se aceptan, igual que en los planes de reestructuración, medidas que afecten tanto a la estructura del capital, como la estructura operativa. Por oposición a la estructura del capital, la estructura operativa comprende el pasivo a corto plazo, esto es, el que se cobra prácticamente al contado o con mínimo aplazamiento, de modo que abarca a los acreedores operativos. Esta categoría incluye a los acreedores laborales —excluidos, no obstante, en la normativa española (art. 698.4 TRLC)—, a los acreedores públicos y, sobre todo, a los comerciales puesto que son los que están directamente vinculados al negocio o estructura operativa, de modo que financian el capital circulante. Este comprende los bienes que no pueden utilizarse más que en un solo acto de producción (materias primas no incorporadas al proceso productivo, bienes en proceso de producción y productos terminados en almacén). Típicamente, pues, proveedores de materias primas o productos. Aunque no se descarta que puedan incluirse también en esta categoría los proveedores de instrumentos de financiación circulante a corto plazo. Si bien, este tipo de medidas deberán llevarse a cabo de acuerdo con las normas que les sean aplicables y las controversias que se susciten en relación con las mismas se sustanciarán ante la jurisdicción competente (art. 697 *ter* 2 TRLC).

En ese contexto, la relación de efectos sobre los créditos a que alude el art. 697 *ter* 1. 2ª TRLC —quitas, esperas, una combinación de ambas, su conversión en préstamos participativos o su capitalización— tiene un carácter meramente ejemplificativo. Sin embargo, al respecto de los créditos de derecho público, el plan no podrá suponer, en ningún caso, el cambio de la ley aplicable; el cambio de deudor, sin perjuicio de que un tercero asuma sin liberación de ese deudor la obligación de pago; la modificación o extinción de las garantías que tuvieren; o la conversión del crédito en acciones o participaciones sociales, en crédito o préstamo participativo o en un instrumento de características o de rango distintos de aquellos que tuviere el originario. Tampoco podrá suponer quitas ni esperas respecto de los porcentajes de las cuotas de la seguridad social cuyo abono corresponda a la empresa por contingencias comunes y por contingencias profesionales ni a los porcentajes de la cuota del trabajador que se refieran a contingencias comunes o accidentes de trabajo y enfermedad profesional (art. 698.6 TRLC). Precisión esta última que carece de sentido puesto que estos créditos no pueden ser afectados por el plan, según prevé el artículo 698.3 TRLC.

Por otro lado, se aparta de los planes de reestructuración en el plano procedimental que allí se reduce a una intervención judicial *ex post* con ocasión de la homologación judicial del mismo y aquí, por el contrario, es más acusada ya que el plan se gesta en el contexto de un procedimiento judicial. Si bien, tal y como se ha indicado antes, aquella es mucho más leve que la que se produce en el concurso. El procedimiento, además, difiere en gran medida puesto que aquí hay una superposición total de «*fases*». Se desarrolla, esto es, en un solo tramo, durante el cual, en paralelo, se producen los trámites procesales que en el concurso corresponderían a la fase común y de convenio, como ocurre sustancialmente con la fijación de la masa activa y pasiva, las alegaciones al plan y la votación del mismo, lo que sin duda supone una reducción de costes temporales. Por lo demás, toda la disciplina acerca de la tramitación del plan está destinada a acelerar la finalización del procedimiento, de una forma u otra. Se observa en este aspecto una cierta tendencia del legislador a favorecer la transformación de este procedimiento en uno de liquidación.

Esta inclinación se observa ya desde el inicio del procedimiento. El plan, en efecto, podrá ser presentado por el deudor o por los acreedores (arts. 697 y 697 *bis* 4 TRLC). En caso de que se haya presentado más de una propuesta, se tramitará en primer lugar la presentada por el deudor y, entre las presentadas por los acreedores, se atenderá al orden temporal de presentación

Tanto el deudor como los acreedores podrán presentar el plan con la solicitud de apertura del procedimiento especial o en los diez días hábiles siguientes a la declaración de apertura del procedimiento especial. Pero la falta de presentación en el plazo señalado supone la automática conversión del procedimiento en uno de liquidación, salvo que el deudor no se encontrase en situación de insolvencia actual, en cuyo caso podrá plantear oposición conforme a lo dispuesto en los apartados 4 y 5 del artículo 693 TRLC. La resolución del juez estimando la oposición del deudor supondrá la conclusión del procedimiento especial

Del mismo modo, en la fase de admisión a trámite, que deberá ser efectuada por el letrado de la Administración de Justicia, transcurrido el exiguo plazo de tres días concedido para subsanar los defectos advertidos por el letrado de la Administración de Justicia sin que estos sean enmendados, el plan se tendrá por no presentado y el juez resolverá por auto la conversión en procedimiento de liquidación, salvo oposición del deudor que acredite no encontrarse en estado de insolvencia actual (art. 697 *bis* 1 TRLC).

Adicionalmente, admitida a trámite la propuesta del plan de continuación, el deudor la comunicará electrónicamente a los acreedores en el plazo de tres días hábiles desde la notificación del letrado de la Administración de Justicia confirmando la correcta realización de la propuesta o desde que hayan transcurrido los tres días sin notificación alguna por parte de aquel. Y la falta de comunicación o la comunicación extemporánea del deudor a los acreedores constituirá también causa de conversión del procedimiento en uno de liquidación, que se declarará por el juez de oficio o a instancia del deudor o de los acreedores (art. 697 *bis* 2 y 3 TRLC).

Salvados estos escollos, el procedimiento de aprobación se tramita por escrito. Podrán formular alegaciones quienes no hayan presentado el plan y el experto en la reestructuración, si está nombrado. Las oposiciones relativas al activo o a los créditos, incluyendo cuantías y calificación se dilucidan en el trámite de alegaciones al plan mismo, para lo que se dispone del plazo de quince días hábiles computados desde el momento de la comunicación a los acreedores de la resolución de apertura, si el plan fue presentado con la solicitud de apertura del procedimiento, o, en otro caso, desde la comunicación a los mismos de la admisión a trámite de la propuesta de plan de continuación. En la hipótesis del experto en la reestructuración, el plazo se computará desde su nombramiento. Salvo que se trate de pretensiones relativas a la inclusión de créditos que no consten en la lista de acreedores presentada, en que los interesados podrán solicitar la inclusión de los mismos dentro de los veinte días hábiles siguientes a la apertura del procedimiento especial de continuación. Para ello deberán presentar electrónicamente el correspondiente formulario normalizado. Pero si el acreedor legitimado no formula alegación alguna al respecto de la cuantía, características y naturaleza de su crédito o de la clase a la que ha sido asignado, se entenderá como aceptación tácita e impedirá la impugnación posterior (arts. 697 *bis* y 697 *quinquies* 1, 2, 3, 4 y 7 TRLC).

El periodo de votación durará quince días hábiles. Tratándose de créditos sobre los que se haya realizado alegaciones o que hayan solicitado su inclusión comenzará a contar desde la resolución judicial que decida sobre dichas cuestiones (art. 697 quinquies 8 TRLC). Sin embargo, no resulta tan claro en el texto legal el *dies a quo* en caso de créditos en los que no concurra ninguna de las dos circunstancias ya que el art. 697 *quinquies* 6 TRLC solo alude al transcurso del plazo habilitado al efecto, sin que indique cuál es. De ahí que pueda interpretarse que el citado plazo coincide —y se superpone— a los que se conceden para efectuar alegaciones acerca de la cuantía, características y naturaleza del crédito o de la clase a la que ha sido asignado, y para pedir la inclusión de créditos, lo que quedaría avalado por el principio de celeridad que el legislador ha querido imprimir al procedimiento. Pero también que el mismo comienza a contarse tras el transcurso de los plazos anteriores. En cualquier caso, transcurrido el plazo de votación, el letrado de la Administración de Justicia certificará el resultado y lo notificará electrónicamente al deudor y los acreedores (art. 697 *quinquies* 9 TRLC).

No obstante, si se hubieran presentado alegaciones relativas al valor de los medios con los que se propone cumplir con la propuesta que tuvieran objetivamente entidad suficiente para influir en el sentido del voto, el juez podrá suspender el comienzo del periodo de votación cuando así haya sido solicitado por el acreedor impugnante (art. 697 *quinquies* 6 TRLC). Asimismo, el hecho de que no se hayan resuelto las alegaciones formuladas o la insinuación de nuevos créditos transcurridos quince días hábiles no es óbice para que el letrado de la Administración de Justicia declare aprobado el plan, si se ha alcanzado la mayoría suficiente, si bien de forma provisional. En este caso continuará la tramitación de las actuaciones, pero no podrán realizarse aquellas que perjudiquen el derecho de los acreedores cuyas alegaciones estuviesen pendientes de resolución. En sentido inverso, si transcurridos los quince días hábiles, se constata que no será posible alcanzar la mayoría suficiente, el letrado de la Administración de Justicia certificará el rechazo del plan de continuación, con independencia de que se resuelvan las alegaciones pendientes de resolución (art. 697*sexies* 3 TRLC).

Como regla general, también en materia de aprobación, el plan de continuación se nutre de la disciplina prevista para los planes de reestructuración.

El plan se votará según la división por clases, pero la falta de votación por parte de un acreedor se entenderá como favorable al plan propuesto (art. 698. 7 y 8 TRLC). Esta regla, conocida como de «consentimiento implícito», busca evitar la pasividad de los acreedores, en especial de los de mayor tamaño, tradicionalmente renuentes a intervenir en las crisis de pequeños deudores. Sin embargo, en caso de que el acreedor sea la Agencia Estatal de Administración Tributaria, solo se entenderá que ha votado a favor del plan de continuación cuando este contenga una quita no superior al quince por ciento del importe de sus créditos ordinarios, salvo que se indique lo contrario de conformidad con lo previsto en el apartado 3 del artículo 10 de la Ley 47/2003, de 26 de noviembre, General Presupuestaria

En cuanto al sistema de aprobación y mayorías, de acuerdo con la Directiva sobre reestructuración e insolvencia y siguiendo los criterios previstos en el TRLC para los planes de reestructuración, el plan se considera aprobado cuando se haya producido la aprobación de todas las clases —plan consensual— o solo de alguna de ellas —plan no consensual o reestructuración forzosa de la deuda—.

En el plan consensual hay unanimidad de clases, no de acreedores, esto es, requiere únicamente que haya sido aprobado por todas las clases de acreedores, no por todos los acreedores de cada clase, de forma que pueden existir acreedores disidentes dentro de la clase que, no obstante, quedarán vinculados por el mismo, tras la homologación judicial. Por eso, este tipo de acuerdos provoca un *«intra-class cramdown»* o *«arrastre horizontal»*. El plan se considerará aprobado por cada clase de créditos afectados si hubiera votado a favor la mayoría del pasivo correspondiente a esa clase, salvo que la clase estuviera formada por créditos con garantía real, en cuyo caso se considerará aprobado si hubieran votado a favor dos tercios del importe del pasivo correspondiente a esta clase (art. 698.9 TRLC).

Por oposición a él, el *non-consensual plan* puede adoptarse contra la voluntad de una o varias clases de acreedores afectados. Conlleva, esto es, un denominado «*cross-class cramdown*» o «*arrastre vertical*», motivo por el que la versión española de la Directiva alude a este supuesto como reestructuración forzosa de la deuda aplicable a todas las categorías.

En el procedimiento especial, igual que en el Derecho preconcursal, el plan se considera aprobado conforme a este modelo cuando haya sido aceptado al menos por una mayoría simple de las clases, siempre que al menos una de ellas sea una clase de créditos con privilegio especial o general; o, en su defecto, por una clase que, de acuerdo con la clasificación de créditos del concurso de acreedores, pueda razonablemente presumirse que hubiese recibido algún pago tras una valoración del deudor como empresa en funcionamiento, según la terminología anglosajona una clase que esté «in the money» (arts. 698.10 y 639 TRLC).

El plan, por último, ha de ser homologado a fin de que surta efectos frente a los acreedores disidentes. En este aspecto la disciplina de los planes de continuación se separa de la de los planes de reestructuración en varios aspectos. En primer lugar, se prevé un sistema de homologación tácita con la evidente finalidad de favorecer la homologación. Como en los planes de reestructuración, una vez certificada la aprobación por los acreedores en aplicación de las mayorías legalmente previstas, el deudor o los acreedores titulares de créditos afectados por el plan pueden solicitar que el juez se pronuncie sobre la homologación del mismo (art. 698 bis TRLC). No obstante ello, si en el plazo previsto nadie solicita un pronunciamiento expreso sobre la homologación, esta se entenderá realizada tácitamente (art. 698 bis.2 TRLC). Ahora bien, la homologación tácita no será posible cuando la aprobación del plan se haya conseguido con una mayoría del pasivo cuyo voto se ha considerado positivo por ausencia de voto (consentimiento tácito), ni tampoco cuando se incluyan créditos públicos en el plan (art. 698 bis.2 TRLC), precisión esta última que, además de entrañar un nuevo privilegio para este tipo de créditos, supone, en la práctica, que todos los planes deban ser homologados expresamente.

Por otro lado, aunque el art. 689 bis TRLC no resulta todo lo preciso que sería deseable, los requisitos de la homologación difieren según se trate de planes consensuales o no consensuales. En el primer caso es suficiente con que el deudor se encuentre en probabilidad de insolvencia, insolvencia inminente o insolvencia actual y el plan ofrezca una perspectiva razonable de asegurar la viabilidad de la empresa en el corto y medio plazo (1°), se hayan observado los requisitos procesales y se hayan alcanzado las mayorías necesarias previstas para el procedimiento especial de continuación (2°), los créditos dentro de la misma clase sean tratados de forma paritaria (3°), la financiación concedida al deudor en virtud del plan sea necesaria para asegurar la viabilidad de la empresa y no perjudique injustificadamente los intereses de los acreedores (6.°), se hayan observado los requisitos y efectos previstos en este libro respecto de los acreedores públicos y el deudor se encuentre al corriente en el pago de las deudas tributarias y de seguridad social devengadas que hayan surgido con posterioridad a la solicitud de apertura del procedimiento especial de continuación (7°) y el plan supere la prueba del interés superior de los acreedores, de acuerdo con las reglas del libro segundo (4°) (art. 698 bis 6 números citados TRLC).

Salvando otra vez la crítica que merece el nuevo privilegio injustificable concedido por esta vía a los acreedores públicos, que puede poner en grave peligro el plan de continuación, sin duda el más importante es el último requisito. Se considerará que el plan no supera esta prueba cuando los créditos se vean perjudicados por el plan de reestructuración en comparación con su situación en caso de liquidación concursal de los bienes del deudor, individualmente o como unidad productiva. A los efectos de comprobar la satisfacción de esta prueba, se comparará el valor de lo que los titulares de esos créditos reciban conforme al plan de reestructuración con el valor de lo que pueda razonablemente presumirse que hubiesen recibido en caso de liquidación concursal. Para calcular este último valor, se considerará que el pago de la cuota de liquidación tiene lugar a los dos años de la formalización del plan (art. 654 7° TRLC).

Esta prueba garantiza, pues, al acreedor que su «*cuota de reestructuración*» va a ser mejor que su «*cuota de liquidación*», sea mediante una venta individual de los activos (*piecemeal liquidation*) o como empresa en funcionamiento (*going concern*). El valor de liquidación que debe tomarse como referencia es el que resulte mayor de ambos. La diferencia entre el valor de reestructuración y el valor de liquidación, *«going concern surplus»* o «prima de funcionamiento», o de «reestructuración», esto es, el superávit que constituye el resultado de mantener la empresa en funcionamiento no obstante sus dificultades económicas es lo que justifica el «arrastre horizontal» de acreedores dentro de una clase, es decir, los disidentes o no participantes se van a ver afectados por el acuerdo, arrastrados por un plan que no han votado, puesto que ese excedente va a ser objeto de distribución entre los mismos, en el bien entendido que los acreedores no tienen un derecho individual sobre ese excedente, sino colectivo y por clases.

En los planes no consensuales, esto es, aquellos en los que existe un arrastre vertical por no haber sido aprobados por todas las clases de acreedores, es preciso, además de que concurran los requisitos anteriores, que el *«plan sea justo y equitativo»*. Como regla general se entenderá que el plan es justo y equitativo cuando la clase de acreedores que haya votado en contra reciba un trato más favorable que cualquier clase de rango inferior, el plan sea imprescindible para asegurar la viabilidad de la empresa y los créditos de los acreedores afectados no se vean perjudicados injustificadamente (art. 698 bis 6.5° TRLC).

A diferencia de los planes de reestructuración en los que se aplica la regla de la prioridad absoluta con excepciones, en el procedimiento especial se utiliza una regla de prioridad relativa modificada.

La *«regla de prioridad»* (*«priority rule»*) puede ser, en efecto, una *«regla de prioridad absoluta»* (*«absolute priority rule»*, «APR»), tal y como está prevista en el artículo 11.2 de la Directiva de reestructuración e insolvencia. Conforme al mismo los créditos de los acreedores afectados en una categoría de voto disidente han de ser plenamente satisfechos por medios idénticos o equivalentes cuando una categoría de rango inferior haya de recibir cualquier pago o conservar cualquier interés en el marco del plan de reestructuración. Pero puede ser también una «regla de prioridad relativa» (*«relative priority rule»*, RPR), prevista en el artículo 11.1 c) *in fine*, de la Directiva mencionada. A tenor de ese precepto las categorías de voto disidentes de los acreedores afectados han de recibir un trato más favorable que el de cualquier categoría de rango inferior. Por tanto, la *«relative priority rule»* sustituye la necesaria satisfacción íntegra de una clase de acreedores de rango crediticio superior para que una clase de rango inferior perciba algo en la reestructuración, propia de la «*absolute priority rule*», por «*el trato más favorable*» de la clase preferente que el de cualquier categoría de rango inferior.

En los planes de reestructuración, el TRLC opta por la regla de la prioridad absoluta (art. 655.2.4.º TRLC) con excepciones (art. 655.3 TRLC), de modo que el plan se homologará aunque no se cumpla dicha regla cuando sea imprescindible para asegurar la viabilidad de la empresa y los créditos de los acreedores afectados no se vean perjudicados injustificadamente. Por el contrario, en los planes de continuación se apuesta por la regla de la prioridad relativa modificada ya que se homologarán, según lo dicho, cuando la clase de acreedores que haya votado en contra reciba un trato más favorable que cualquier clase de rango inferior, el plan sea imprescindible para asegurar la viabilidad de la empresa y los créditos de los acreedores afectados no se vean perjudicados injustificadamente (art. 698 bis 6.5º TRLC).

En la Directiva de reestructuración e insolvencia (cdo 56) se justifica esta regla en el objetivo de inducir a los socios de la deudora a consentir el plan, en la medida en que, por su intermedio, son recompensados por permanecer involucrados en la reestructuración al permitirles mantener determinados intereses en la misma, aunque sea a costa de que una categoría de mayor prelación se vea obligada a aceptar una reducción de sus créditos, si bien se aducen otras motivaciones. Se alude también a criterios de *justicia* refiriéndose, por ejemplo, al caso de los proveedores de suministros básicos afectados por la disposición relativa a la suspensión de ejecuciones singulares.

Aunque no ha dejado de ser objeto de críticas, lo cierto es que la misma se hace imprescindible en el procedimiento especial ya que el plan no puede ser impuesto al deudor, ni a sus socios, excluyéndose, por tanto, la posibilidad de imponer un plan de continuación que no cuente con la aprobación del deudor o, en su caso, de la junta de socios. Es esta una excepción impuesta por la Directiva de reestructuración e insolvencia no solo para las microempresas, sino también para las pequeñas y medianas. La Directiva entiende que, frente a lo que acontece en las grandes sociedades cotizadas, en estas formas empresariales, los socios no tienen una posición meramente inversora en la entidad, sino que contribuyen con otros activos más allá del capital que aportan valor a la compañía en reestructuración con su actividad personal, por ejemplo, en materia de gestión, por lo que, en muchas ocasiones, su involucración específica resulta esencial para el éxito de la misma.

Incluso prevé que el riesgo de imponerles un plan de reestructuración/continuación pueda provocar un efecto contraproducente al generar un incentivo a la solicitud del concurso. Por esa razón, establece que los planes de reestructuración no pueden imponerse a este tipo de deudores, ni, cuando sea necesario su acuerdo, a los socios de la sociedad deudora. De conformidad con ello, pues, el TRLC dispone que para su válida aprobación, el deudor y, en su caso, los socios de la sociedad deudora que sean legalmente responsables de las deudas sociales, deberán dar su consentimiento al plan propuesto por los acreedores. Y que cuando el plan contenga medidas que afecten a los derechos políticos o económicos de los socios de la sociedad deudora, se requerirá igualmente el acuerdo de estos, siendo de aplicación lo previsto en el libro segundo para la adopción del acuerdo (art. 689.1 TRLC).

El TRLC exige, además, que el juez solicite informe de un experto de la reestructuración sobre el valor del deudor como empresa en funcionamiento cuando una clase de acreedores afectados por el plan haya votado en contra (art. 698 bis 5 TRLC). Esta exigencia contrasta con la previsión que se efectúa en los planes de reestructuración en los que el informe solo se requiere cuando el plan hay sido aprobado por, al menos, una clase que, de acuerdo con la clasificación de créditos prevista por la ley, puede razonablemente presumirse que hubiese recibido algún pago tras una valoración de la deudora como empresa en funcionamiento (art. 639.2° TRLC). No en el caso de que hubiera sido aprobado por una mayoría de clases (art. 639.1° TRLC). Lo que tiene sentido porque el informe tiene como objetivo prioritario determinar si efectivamente la clase que aprobó el plan está o no «in the money», esto es, si puede presumirse que recibiría algún pago tras una valoración de la deudora como empresa en funcionamiento, lo que solo puede acreditarse conociendo el valor del deudor como empresa en funcionamiento, que suministra el informe. En el plan de continuación, sin embargo, se extiende a todos los planes no consensuados, lo que no deja de sorprender.

La homologación del plan de continuación puede ser impugnada ante la Audiencia Provincial por los acreedores afectados que hayan votado en contra y también por los acreedores públicos, se entiende, que hayan votado en contra (art. 698 *quáter* TRLC). No solo por razones de lógica, sino en razón de los fines asignados al procedimiento.

Finalmente el TRLC regula las vicisitudes relativas al cumplimiento del plan, que comprenden el cumplimiento del mismo (art. 699 TRLC) y su «*frustración*». Esta última se produce ante la falta de aprobación, el rechazo de la homologación por el juez, la estimación de la impugnación de la homologación o el incumplimiento del plan de continuación (arts. 699 bis 2 a 7 y 699 ter TRLC). Todas estas circunstancias determinarán la apertura del procedimiento especial de liquidación, siempre que el deudor se encuentre en insolvencia actual (art. 699 bis 1 TRLC).

VIII. EL PROCEDIMIENTO DE LIQUIDACIÓN

La apertura de este procedimiento procede de manera directa, mediante solicitud de parte legitimada, o de manera indirecta, en la hipótesis de frustración de un plan de continuación. A estos últimos casos se ha aludido en el epígrafe anterior. Para el primer supuesto el artículo 705.1 del TRLC atribuye legitimación al deudor, que puede encontrarse en situación de insolvencia inminente o actual, o a los acreedores, circunstancia en la que es preciso que el deudor sea insolvente actualmente.

De otro lado, los acreedores cuyos créditos representen más de la mitad del pasivo podrán, en cualquier momento, solicitar la conversión del procedimiento de continuación en uno de liquidación sin necesidad de justificación adicional, siempre que el deudor se encuentre en insolvencia actual. Del mismo modo, los acreedores cuyos créditos representen un veinticinco por ciento del pasivo podrán, en cualquier momento, solicitar la conversión de un procedimiento de continuación en uno de liquidación cuando, objetivamente, no exista la posibilidad de continuación de la actividad en el corto y medio plazo.

Los acreedores presentarán la solicitud por medio del formulario normalizado, que será notificada al deudor y al resto de los acreedores por el letrado de la Administración de Justicia, una vez comprobada la cuantía del pasivo en virtud de la documentación disponible.

En el plazo de tres días hábiles desde la notificación, el deudor y los acreedores podrán oponerse a la conversión alegando, exclusivamente, la insuficiencia de la cuantía del pasivo instante de la conversión, en el caso de créditos que representen más de la mitad del pasivo, y esa circunstancia o la posibilidad objetiva de continuación, en el supuesto de créditos que representen un veinticinco por ciento del pasivo. En ambos casos, el deudor podrá oponerse alegando que no se encuentra en estado de insolvencia actual (art. 693. 1 a 3 TRLC).

El juez resolverá mediante auto sobre la conversión del procedimiento transcurridos tres días si no se ha producido oposición. En otro caso, resolverá también mediante auto, si bien, se amplía el plazo por cuanto puede o no convocar vista, según considere. En cualquier caso, el juez rechazará la conversión si no se han alcanzado las mayorías requeridas del pasivo o, en el caso de la solicitud a instancia del veinticinco por ciento de los créditos, si se acredita objetivamente la posibilidad de continuación de la actividad a corto y medio plazo, y, en ambos supuestos, cuando quede acreditado que el deudor no se encuentra en estado de insolvencia actual (art. 693.4 a 7 TRLC).

Además de las alternativas anteriores, el TRLC recoge otras —injustificables— de apertura automática del procedimiento de liquidación consistente en que el deudor no se encuentre al corriente en el cumplimiento de las obligaciones tributarias o frente a la Seguridad Social impuestas por las disposiciones vigentes, siempre que su devengo sea posterior al auto de apertura del procedimiento especial (arts. 705.1 y *699 quáter* TRLC). O la de que, al menos el ochenta y cinco por ciento de los créditos, correspondiese a acreedores públicos (art. 686.4 TRLC).

Junto a ello, la falta de presentación en el plazo de los diez días hábiles siguientes a la declaración de apertura del procedimiento especial supone la automática conversión del procedimiento en uno de liquidación, salvo que el deudor no se encontrase en situación de insolvencia actual, en cuyo caso podrá plantear oposición conforme a lo dispuesto en los apartados 4 y 5 del artículo 693 TRLC. La resolución del juez estimando la oposición del deudor supondrá la conclusión del procedimiento especial.

Del mismo modo, en la fase de admisión a trámite del plan de continuación, que deberá ser efectuada por el letrado de la Administración de Justicia, transcurrido el exiguo plazo de tres días concedido para subsanar los defectos advertidos por el letrado de la Administración de Justicia sin que estos sean enmendados, el plan se tendrá por no presentado y el juez resolverá por auto la conversión en procedimiento de liquidación, salvo oposición del deudor que acredite no encontrarse en estado de insolvencia actual (art. 697 *bis* 1 TRLC).

Adicionalmente, admitida a trámite la propuesta del plan de continuación, el deudor la comunicará electrónicamente a los acreedores en el plazo de tres días hábiles desde la notificación del letrado de la Administración de Justicia confirmando la correcta realización de la propuesta o desde que hayan transcurrido los tres días sin notificación alguna por parte de aquel. Y la falta de comunicación o la comunicación extemporánea del deudor a los acreedores constituirá también causa de conversión del procedimiento en uno de liquidación, que se declarará por el juez de oficio o a instancia del deudor o de los acreedores (art. 697 *bis* 2 y 3 TRLC).

Igual que el procedimiento de continuación, el de liquidación se caracteriza por la supresión de la fase común del concurso. El TRLC, además, no exige el nombramiento de un administrador concursal. Debido a estas circunstancias se llega al procedimiento de liquidación sin que se hayan conformado las masas activa y pasiva y sin la eventual presencia de un profesional especializado, como es el administrador concursal, que elabora un informe y depura las comunicaciones o insinuaciones de crédito y contra cuyas decisiones pueden presentarse las correspondientes impugnaciones. Resulta claro por ello que se precisa de un nuevo sistema de insinuación de los créditos, recepción de los mismos y conformación de las masas activa y pasiva.

Este nuevo sistema, sin embargo, no resulta idéntico al que se prevé en el procedimiento de continuación. Allí, según hemos visto, se produce una auténtica fusión procesal entre las operaciones de determinación de la masa activa y pasiva y la negociación del plan de continuación porque las primeras se producen en el seno de la gestión del plan. Aquí, sin embargo, la solución legal es distinta, ya que se diferencian los trámites procesales. Por un lado, se depura la masa activa y la pasiva y por otro se formula el plan de liquidación. Coinciden en el tiempo, es verdad, conforme a los principios de celeridad y ahorro de costes que inspiran el procedimiento especial. Porque ambas actuaciones se realizan paralelamente en el mismo lapso temporal, pero se incluyen en trámites distintos. Si bien, se procura su coordinación en los términos que se analizan abajo.

Las operaciones de determinación de la masa activa y pasiva se ejecutan en gran medida fuera del control judicial contando con la intervención proactiva de los operadores concursales, fundamentalmente los acreedores y el deudor o la administración concursal.

En la insinuación de créditos el TRLC distingue dos tipos de supuestos, que, formalmente requieren la presentación de un formulario normalizado. El del acreedor que formula alegaciones en relación con la cuantía, características y naturaleza de su crédito, o respecto del inventario de la masa activa. Y, en segundo lugar, el del acreedor que pretende solicitar la inclusión de un crédito contra el deudor. En ambos casos se dispone de veinte días hábiles desde la apertura del procedimiento especial de liquidación, transcurridos los cuales sin que se hayan formulado alegaciones en relación con la cuantía, características y naturaleza de los créditos, o respecto del inventario de la masa activa, se considerarán definitivos tanto los créditos sobre los que no se hayan realizado alegaciones como las partidas del inventario no impugnadas (art. 706 TRLC).

Tras comprobar el cumplimiento de los requisitos legales el letrado de la Administración de Justicia tendrá por presentada la solicitud, frente a la que podrá oponerse el deudor y, en su caso, la administración concursal, resolviendo posteriormente el juez mediante auto, previa convocatoria de vista, en su caso. Salvo, parece, cuando el deudor sea persona jurídica y no exista duda objetiva de que el activo no será suficiente para satisfacer, ni siquiera parcialmente, el crédito que se insinúa o cuya modificación se pretende, ya que en tal caso el juez no convocará vista ni realizará trámite ulterior alguno, dice literalmente el TRLC (art. 706 TRLC).

De forma paralela en el tiempo, pero en un trámite distinto, desde el momento de la apertura voluntaria de la liquidación, el deudor que haya mostrado su disposición para liquidar el activo o, en otro caso, el administrador concursal, dispone de veinte días hábiles para presentar un plan de liquidación por medio de formulario normalizado. Sobre su contenido el TRLC solo señala que deberá exponer, motivadamente, los tiempos y la forma previstos para la liquidación del activo, de manera individualizada para cada bien o categoría de bienes genéricos. Y que, siempre que sea posible, deberá preverse la enajenación unitaria del establecimiento (*rectius* empresa —en sentido objetivo—) o del conjunto de unidades productivas de la masa activa. Si bien, no resulta probable que ni el deudor, ni, en su caso, el administrador concursal, sean en exceso proclives a optar por esta alternativa ya que en tal caso el plan debe incluir una valoración de la empresa o de las unidades productivas realizada, bien por el administrador concursal, si está nombrado; bien por un experto designado a tal efecto, en otro caso.

Pero si el nombramiento es solicitado por el administrador concursal, el experto no podrá ser retribuido con cargo a la masa del procedimiento especial, lo que obligará al administrador a abonar su remuneración como solicitante. Y si es el deudor quien elabora el plan deberá abonarse la retribución con cargo a la masa; si bien, el cobro se producirá tras la satisfacción del crédito público privilegiado, lo que tampoco es un gran incentivo para que el experto acepte, por otra parte (art. 714.3 TRLC). En cualquier caso, de optarse por esta alternativa, la transmisión de la empresa o de sus unidades productivas se llevará a cabo con sujeción a las reglas del concurso, entre las que se incluye la posibilidad de incluir una oferta de adquisición de la empresa o de la unidad productiva en la solicitud de apertura del procedimiento especial de liquidación y una solicitud de nombramiento de experto para recabar ofertas de adquisición de la unidad productiva, de acuerdo con los artículos 224 bis a 224 quáter TRCL, aunque con las especialidades previstas para el procedimiento especial de liquidación (art. 710 TRLC)

Una vez comunicado el plan a los acreedores, con copia al letrado de la Administración de Justicia, tanto el deudor —si ha sido elaborado por el administrador concursal—, como los acreedores concursales y, en su caso, los representantes de los trabajadores podrán formular observaciones y propuestas de modificación. Es en este punto donde converge el trámite de determinación de la masa activa y pasiva y la gestación del plan de liquidación porque el deudor o la administración concursal, disponen de diez días hábiles desde que finalicen los plazos para la determinación de los créditos y para modificar el plan en función de las alegaciones formuladas, de la información recibida y, en su caso, de la lista de créditos modificada (art. 707.5 TRLC).

Si no se modificara o si el deudor o los acreedores no estuvieran de acuerdo con las modificaciones propuestas podrán impugnar el plan. Si no se reciben impugnaciones, el juez declarará automáticamente aprobado el plan mediante auto, que será inmediatamente ejecutable. Si se formulan, previa convocatoria, en su caso, de vista, decidirá el juez, mediante auto, confirmar o modificar el plan. En ninguno de los dos casos cabe recurso (art. 707.8 TRLC). Sin embargo, el plan puede ser posteriormente modificado por el juez a instancia del deudor o el administrador concursal. Contra el auto que se pronuncie sobre ello tampoco cabe recurso alguno (art. 707 bis TRLC).

Cuando no se hayan formulado alegaciones sobre las operaciones de liquidación, el deudor o, en su caso, la administración concursal, comenzará inmediatamente a ejecutar el plan de liquidación. Pero, aunque se hayan presentado, aún antes de la aprobación del plan por el juez, podrán comenzar las operaciones de liquidación contenidas en el plan que no hayan sido impugnadas, sobre las que no se hayan realizado alegaciones o sobre las que se hayan realizado alegaciones cuyo contenido no comporte la necesidad de suspender la ejecución (art. 708.1 y 2 TRLC).

Las operaciones de liquidación del activo se realizarán a través del sistema de plataforma electrónica previsto al efecto y, complementariamente, mediante entidad especializada, a menos que se justifique debidamente conforme a criterios objetivos, ya se trate de bienes individuales, como de categorías genéricas de bienes (art. 708.3 TRLC). Si bien, como se indicó en la introducción, la plataforma específica de este procedimiento todavía no está operativa.

El ámbito temporal que el TRCL prescribe para finalizar las operaciones de liquidación se fija en tres meses, prorrogables a petición del deudor o de la administración concursal por un mes adicional (art. 708.4 TRLC). Sin embargo, cuando, debido a circunstancias extraordinarias ajenas al procedimiento especial, un bien o derecho no pueda ser objetivamente liquidado en ese plazo, el deudor persona física o, en su caso, el administrador concursal, comunicarán dicho extremo al juez, junto con un plan para la realización del activo. El plan podrá incluir el uso de fondos de la masa activa para sufragar los costes de realización del bien o derecho, siempre que dichos gastos sean inferiores al previsible valor de realización de dicho bien o derecho. El resultado de la liquidación deberá ser distribuido entre los acreedores del procedimiento especial, siguiendo el orden de prelación previsto en el informe final de liquidación (art. 708.5 TRLC). Sobre todo, esta última previsión es absolutamente ininteligible ya que, por definición, cualquier operación de liquidación, también las del pasivo, ha de realizarse antes del informe final de liquidación por lo que mal puede distribuirse —antes— el resultado de la liquidación del activo conforme a unas reglas de prelación que solo pueden ser explicitadas en el informe —después—.

Este plazo se aplica asimismo al cobro de los créditos que el deudor ostente frente a terceros. Si bien puede extenderse hasta la finalización de la calificación. Considerando, la duración ordinaria de los procedimientos judiciales en los que no pocas veces en ese plazo apenas se llega convocar audiencia previa, la norma resulta absolutamente irreal. Por el mismo motivo, es también una alternativa ilusoria la posibilidad que se concede de sustituir la reclamación directa por una cesión del crédito en mera gestión de cobro (art. 711.2.2ª TRLC). La única solución realista es, por tanto, la de transmitir la titularidad del crédito a un tercero (art. 711.2.1ª TRLC).

Se prevén, de otro lado, específicos deberes de información a los acreedores y, en su caso, al deudor mediante la elaboración de informes mensuales de liquidación. Cada mes, a contar de la apertura de la liquidación, el deudor o la administración concursal, según corresponda, presentarán un informe sobre el estado de las operaciones de liquidación. A ese informe se acompañará una relación de los créditos contra la masa, en la que se detallarán y cuantificarán los devengados y pendientes de pago, con indicación de sus respectivos vencimientos. El informe se comunicará electrónicamente mediante formulario normalizado a los acreedores y al deudor, en su caso, así como al letrado de la Administración de Justicia (art. 709).

IX. LA CALIFICACIÓN ABREVIADA

Resultan de aplicación en este ámbito las disposiciones generales de la calificación del concurso y de la sentencia de calificación, con la única excepción consistente en que se añade aquí una causa adicional de presunción de culpabilidad, que no admite prueba en contrario, el suministro de información o documentación gravemente inexacta o falsa de acuerdo con el artículo 688 TRLC (arts. 718 y 688 TRLC).

Por lo demás, el TRLC instaura un procedimiento de calificación, que denomina abreviado. La solicitud ha de formularse dentro de los sesenta días naturales siguientes a la apertura de la liquidación. Están legitimados, la administración concursal, en caso de que haya sido nombrada, los socios personalmente responsables de las deudas y los acreedores que representen al menos el diez por ciento del pasivo, salvo que el deudor hubiera cometido inexactitud grave en cualquiera de los formularios normalizados remitidos o en los documentos que los acompañen, o cuando hubiera acompañado o presentado documentos falsos, en cuyo caso la calificación abreviada podrá ser instada por cualquier acreedor.

La solicitud incluirá una memoria expresando los motivos que se considera podrían fundar la calificación culpable, aportando los documentos probatorios que se consideren relevantes. Y se remitirá por medio de formulario normalizado al letrado de la Administración de Justicia, quien, una vez comprobado el cumplimiento de los requisitos legales, notificará a las partes la apertura de la calificación abreviada (art. 716 TRLC).

El procedimiento tiene como eje central un informe de la administración concursal, razonado y documentado, sobre los hechos relevantes para la calificación, que incluirá necesariamente una propuesta de resolución. Y si solicitara la calificación culpable, contendrá la identidad de las personas a las que deba afectar la calificación y la de las que hayan de ser consideradas cómplices, justificando la causa, así como la determinación de los daños y perjuicios que, en su caso, se hayan causado por las personas anteriores y las demás pretensiones que se consideren procedentes conforme a lo previsto por la ley (art. 717.1 y 2 TRLC). De modo que, si no ha sido nombrada antes, deberá designarse en este momento. Pero también se concede la posibilidad de presentar informe a los acreedores que representen al menos el diez por ciento del pasivo, y en todo caso a los acreedores públicos (art. 717.1 TRLC).

El papel preponderante que se atribuye a la administración concursal determina que si esta califica el procedimiento como fortuito, el juez, sin más trámites, ha de ordenar el archivo de las actuaciones, mediante auto contra el que no cabe recurso alguno (art. 717.3 TRLC).

Salvo que alguno de los acreedores públicos hubiera presentado informe calificando el concurso como culpable. En este supuesto y si la administración concursal califica también como culpable el procedimiento se dará traslado del informe al deudor y a todas las demás personas que, según el informe, pudieran ser afectadas por la calificación o declaradas cómplices, a fin de que puedan impugnar la calificación, para lo que resulta preceptiva la intervención de abogado. Resolviendo el juez mediante sentencia en todo caso, esto es, exista o no oposición (art. 717.3 a 6 TRLC).

X. LA CONCLUSIÓN DEL PROCEDIMIENTO

El TRLC incluye una relación de causas de conclusión del procedimiento especial, que determinan el archivo de las actuaciones, menor que las aplicables al concurso de acreedores, lo que suscita de inmediato la duda en torno a si aquellas no serán aplicables aquí o, por el contrario, deben serlo. Se trata de la causa de conclusión relativa a la firmeza del auto de la Audiencia Provincial que, estimando la apelación, revoque el auto de declaración de concurso, a la existencia de único acreedor y a las modificaciones estructurales traslativas (art. 465 TRLC).

El TRLC señala, en primer término, que el juez dictará auto de conclusión del concurso cuando se considere cumplido el plan de continuación (art. 720.1.1º TRLC) El plan de continuación se considerará cumplido, sin necesidad de ulterior trámite, cuando, pasados treinta días naturales del plazo del último pago previsto, ningún acreedor hubiera solicitado la declaración de incumplimiento. El juez así lo declarará mediante auto, de oficio o a solicitud del deudor (art. 699 TRLC). De modo que parece que en un mismo auto podrá declarar el cumplimiento y la conclusión. Sin embargo, aún después de que se dicte el auto de cumplimiento, cualquier acreedor que estime incumplido el plan de continuación en relación con su crédito podrá solicitar la declaración de incumplimiento que puede ser rechazada por el juez (art. 699 ter TRLC), lo que induce a pensar que el juez debe esperar a que transcurra el plazo para solicitar la declaración de incumplimiento para dictar el auto de conclusión del concurso. Contra este auto podrá interponerse recurso de reposición por los acreedores que consideren incumplido el plan (art. 720.1.1º TRLC).

La segunda causa de conclusión es la relativa a la finalización del procedimiento de liquidación (art. 720.1.2º TRLC). Aunque el TRLC señala que se produce «una vez liquidados los bienes y derechos de la masa activa, aplicado lo obtenido en la liquidación a la satisfacción de los créditos, y presentado el informe final de liquidación sin que se hubiese formulado oposición dentro de plazo, o, habiéndose formulado, el juez hubiera resuelto desfavorablemente», lo cierto es que el legislador es muy consciente de que el procedimiento concluirá sin que finalicen las operaciones de liquidación.

En efecto, el informe final de liquidación, que ha de ser formulado por el deudor o en su caso, por el administrador concursal e incluye necesariamente la solicitud de conclusión del procedimiento, ha de presentarse dentro de los diez días hábiles siguientes a la conclusión de la liquidación de la masa activa y del pago a los acreedores, y en todo caso transcurridos tres meses desde su comienzo o cuatro meses si se concedió prórroga por el juez, salvo que esté en tramitación la calificación, o una acción rescisoria o de responsabilidad, en cuyo caso el informe final se presentará dentro de los quince días hábiles siguientes a la notificación de la sentencia (art. 719 TRLC).

El convencimiento del legislador acerca de que en ese breve lapso de tiempo no es materialmente posible concluir las operaciones de liquidación se expresa de manera clara cuando determina el contenido del informe final de liquidación. En él, en efecto, han de detallarse no solo las operaciones de liquidación realizadas, incluyendo el momento de cada operación liquidativa y las cantidades obtenidas, así como el momento y las cuantías satisfechas a los acreedores; sino también la lista de los créditos que queden por satisfacer, comprendiendo los detalles de pago de los acreedores con créditos aun insatisfechos, así como una lista de los activos que aún no hayan podido ser liquidados a través de la plataforma de liquidación (art. 719 TRLC).

El deudor o los acreedores podrán formular oposición al informe final o a la conclusión del procedimiento especial de liquidación resolviendo el juez, previa celebración, en su caso, de vista *«virtual»*, mediante sentencia, contra la que no cabrá recurso (art. 719. 4 TRLC).

Esta última mención, por otro lado, pone de manifiesto la escasa precisión técnica con la que se pronuncia el legislador en la medida en que, por un lado, alude al auto de conclusión del concurso y, por otro, a que en supuestos de oposición la resolución no es un auto sino una sentencia. En cualquier caso, resulta claro que van a quedar bienes sin liquidar acerca de cuyo destino nada dice en este apartado el TRLC, al contrario de lo que sucede en el supuesto que se analiza a continuación, aunque no pueda decirse que lo hace con gran fortuna.

La tercera causa de conclusión es la insuficiencia de la masa activa para satisfacer créditos contra la masa. Dispone el TRLC que si los bienes de un deudor no se hubieran liquidado íntegramente, se mantendrá en la plataforma, que continuará realizando pagos periódicos a los acreedores a medida que se vayan produciendo las ventas de los activos, de acuerdo con las reglas generales del concurso y conforme a la lista final de créditos insatisfechos aportada a la plataforma por el deudor o por el administrador concursal en el momento de conclusión del procedimiento especial de liquidación. Añade que los gastos necesarios para la conservación de estos bienes se satisfarán también con cargo al producto obtenido de la venta de activos (art. 720.1.3º TRLC). Una programación que sin duda dará lugar a múltiples conflictos en la práctica.

Alude el TRLC, finalmente a las causas de conclusión consistente en que se compruebe el pago o consignación de la totalidad de los créditos reconocidos o la íntegra satisfacción de los acreedores por cualquier otro medio, o el desistimiento o la renuncia de la totalidad de los acreedores (art. 720.1.4º TRLC), señalando que procederá la conclusión «*cuando*» se produzcan. El caso es que el precepto se refiere a la «*totalidad*» de los créditos *«reconocidos» y a la «totalidad»* de los *«acreedores»*, trasladando, pues, al procedimiento especial una institución exclusiva del concurso cual es el reconocimiento de créditos que se efectúa en la fase común del mismo y que aquí no existe, lo que, sin duda, dificulta la aplicación de estas causas ya que deberá determinarse en qué momento hay que estimar se produce el *«reconocimiento»* de todos los créditos, que difiere según se trate de procedimiento de continuación o de liquidación.

El TRLC dicta, finalmente, dos reglas relativas a los efectos que produce la conclusión al respecto del deudor, según se trate de persona jurídica o natural, se entiende que aplicables únicamente a las causas de conclusión derivada de la *«finalización»* de la liquidación o de la insuficiencia de masa activa. En el primer caso, en el auto de conclusión del procedimiento especial de liquidación —que, como sabemos, será una sentencia si existió oposición—, el juez ordenará la cancelación de la hoja abierta a esa persona jurídica en el registro público en el que figure inscrita, con cierre definitivo de la hoja (art. 720.2 TRLC). El legislador ha obviado ordenar la extinción de la sociedad para evitar los problemas que esa declaración genera en la práctica, pero esta otra los incrementará. De otro lado, ni siquiera ha trasladado aquí la solución que da en el concurso disponiendo un cierre provisional durante determinado lapso de tiempo cuando es esta una opción que sí puede resolver gran parte de las tensiones que se han venido ocasionando en la vigencia de la legislación derogada y que, por ende, se producirán igual en el procedimiento especial.

Tras la conclusión, por otro lado, del procedimiento especial del deudor persona natural, dice el TRLC, con evidente imprecisión, que cesarán las limitaciones sobre las facultades de administración y de disposición sobre aquel, salvo las que, en su caso, se contengan en la sentencia de calificación abreviada, cuando, como es sabido, la sentencia de calificación culpable no puede imponer limitaciones a las facultades de administrar y disponer del propio patrimonio, que son las únicas que es posible establecer en el procedimiento especial (art. 713 TRLC), sino solo la inhabilitación de las personas naturales afectadas por la calificación para administrar los bienes ajenos durante un período de dos a quince años, así como para representar a cualquier persona durante el mismo período (art. 455.2.2° TRLC).

Añade que el deudor seguirá siendo responsable del pago de los créditos insatisfechos, salvo que obtenga la exoneración del pasivo insatisfecho (art. 720.3 TRLC). La solicitud de exoneración mediante plan de pagos podrá efectuarse en todos los casos de frustración del plan de continuación (arts. 700 y 495.2 TRLC). Aunque el TRLC dispone que la solicitud, tras la liquidación de la masa activa, podrá formularse «una vez terminada la liquidación y distribuido el remanente» (art. 715 TRLC), el hecho de que la misma norma remita a lo establecido en el concurso obliga a concluir que también podrá ser realizada en caso de insuficiencia de masa activa para satisfacer los créditos que pesan sobre ella (arts. 501 TRLC).

XI. BIBLIOGRAFÍA

BLANCO GARCÍA-LOMAS, L. «El procedimiento de liquidación», en GALLEGO SÁNCHEZ, E (dir.): *Derecho Concursal y Preconcursal»,* Valencia, 2022, págs.

FACHAL, N.: *Ejecuciones separadas y procedimiento especial de microempresas,* en el *Derecho.com.*

FERNÁNDEZ PÉREZ, N., «La incidencia de la directiva (UE) 2019/1023, sobre marcos de reestructuración preventiva sobre los artículos 5 bis y 235 de la ley concursal», *RcP* 32 (2020), págs. 71 y ss. «Reglas comunes y disposiciones generales del procedimiento especia para microempresas», en GALLEGO SÁNCHEZ, E (dir.): *Derecho Concursal y Preconcursal»,* Valencia, 2022, págs. 2.428 y ss;

GALLEGO SÁNCHEZ, E. «La conclusión del procedimiento especial de microempresas», en GALLEGO SÁNCHEZ, E (dir.): *Derecho Concursal y Preconcursal»,* Valencia, 2022, págs. 2518 y ss;

GALLEGO SÁNCHEZ, E., «Procedimiento especial para microempresas», en PULGAR EZQUERRA, J (dir.): *Manual de Derecho concursal,* Madrid, 2024; «La directiva (UE) 2019/1023 para aumentar la eficiencia de los procedimientos de reestructuración, insolvencia y exoneración de deudas» en AA.VV. (Coord. Calvo Carava, A./Carrascosa González, J.) Litigación internacional en la Unión Europea V: Derecho concursal internacional: Reglamento (UE) 2015/848, Texto Refundido Ley Concursal (Libro Tercero) de 2020, Directiva (UE) 2019/1023, Madrid, págs. 569 y ss. «El acuerdo extrajudicial de pagos», en AA. VV. (dir. ROJO, A.), *Regularización, aclaración y armonización de la legislación concursal. IX Congreso Español de Derecho de la Insolvencia,* Cizur Menor, 2018, págs. 489-518. «La capitalización de créditos en el concurso y en el preconcurso», en *Sociedades y Concurso. Estudios de Derecho Societario de la Crisis.* Cizur Menor, 2018, págs. 105 y ss;

IÑIGUEZ ORTEGA, P. «El procedimiento de continuación», en GALLEGO SÁNCHEZ, E (dir.): *Derecho Concursal y Preconcursal»,* Valencia, 2022, págs. 2386 y ss;

PULGAR EZQUERRA, J. «Reestructuraciones preconcursales forzosas: el mejor interés de los acreedores», *R.D.M.*, 23 (2022). Consultado en proview. «Marcos de reestructuración preventiva y segunda oportunidad en la Directiva UE 2019/1023», *Diario La Ley* 9474 (2019), págs. 19 y ss. «La propuesta de Directiva sobre reestructuración temprana: Unión de mercados de capital, Unión bancaria y Derecho de la Insolvencia», *Diario La Ley,* 31 de diciembre de 2017, disponible en www.laleydigital.es. «Acuerdos de refinanciación, acuerdos extrajudiciales de pagos y ley de emprendedores», *RDCyP,* 20 (2014), disponible en www.laleydigital.es. «Acuerdos extrajudiciales de pagos, Pymes y mecanismos de segunda oportunidad (1)», *Diario La Ley,* 8538 (2015), disponible en www.laleydigital.es.

SAN JUAN MUÑOZ, E: *Reestructuración y liquidación de microempresas en crisis. El procedimiento especial para microempresas y su régimen transitorio,* Tirant lo Blanch, 2022.

TIRADO MARTÍ, I. (2021): «El procedimiento especial para microempresas. Una consideración inicial», *Revista General de Insolvencias&Reestructu raciones,* 3 (2021), págs. 211 y ss.

23. LA ACCIÓN DE REINTEGRACIÓN EN EL TEXTO REFUNDIDO DE LA LEY CONCURSAL

MIGUEL MARTÍNEZ MUÑOZ
Profesor de Derecho Mercantil
Universidad Pontificia Comillas

LUCAS DELCLAUX ARANA
Abogado
Uría Menéndez

SUMARIO: I. INTRODUCCIÓN. II. LA ACCIÓN DE REINTEGRACIÓN. II.1. Naturaleza de la acción. II.2. Concepto de perjuicio. III. PROCEDIMIENTO Y EFECTOS DEL EJERCICIO DE LA ACCIÓN DE REINTEGRACIÓN. IV. LA ACCIÓN DE REINTEGRACIÓN ANTE LA REAPERTURA DEL CONCURSO. V. BIBLIOGRAFÍA.

I. INTRODUCCIÓN

La acción de reintegración es un mecanismo de gran valor en un concurso de acreedores en la medida en que permite anular aquellas operaciones realizadas por el deudor en los dos años anteriores a la fecha de solicitud de declaración del concurso siempre que sean consideradas como perjudiciales a la masa activa. En efecto, las situaciones de crisis empresarial o de proximidad a la insolvencia generan la realización de ciertas actuaciones que, en unos casos, pueden tener como finalidad intentar salvar la inminencia de la insolvencia, presupuesto objetivo del concurso de acreedores y, en otros, pretender defraudar los legítimos intereses de los acreedores en su conjunto, bien sea mediante la salida de activos o a través del pago preferente a ciertos acreedores en detrimento de otros[70].

En este contexto, si el concurso se solicita dentro de los dos años siguientes a la fecha de ejecución de tales pagos o negocios jurídicos,

---

[70] Véase con carácter general SANCHO GARGALLO, I., *La rescisión concursal*, 2ª ed., Valencia, 2023.

la Administración Concursal procederá a analizar la validez y pertinencia de dichos actos a la luz del interés del concurso, de tal suerte que, si se considera que los mismos son perjudiciales para la masa, procederá el ejercicio de la acción de reintegración. El fundamento de dicho ejercicio reside en que la acción de reintegración o de rescisión concursal se reputa como uno de los mecanismos fundamentales para la culminación del proceso de formación de la masa activa, toda vez que el propio art. 192 TRLC prevé que conforman la masa activa del concurso los bienes y derechos integrados en el patrimonio del deudor a la fecha de declaración de concurso y los que se reintegren al mismo o adquiera hasta la conclusión del procedimiento[71].

Es decir, la acción de reintegración permitirá que la masa activa acrezca en beneficio de los acreedores para el cobro de sus créditos en caso de que la Administración Concursal, en tanto legitimada principal, consiga probar la existencia de perjuicio para la masa, aspecto que no siembre resultará sencillo dada la complejidad de las operaciones desarrolladas y la reciente jurisprudencia recaída al respecto avalando la bondad de las mismas[72].

---

71 VEIGA COPO, A. B., "Artículo 192. Principio de universalidad", en VEIGA, A. (Dir.), *Comentario al Texto Refundido de la Ley Concursal*, tomo I, Cizur Menor, 2021, págs. 1113 y ss.

72 Véase, por ejemplo, el caso tratado en la STS de 4 de noviembre de 2016. El supuesto de hecho consistía en determinar si resultaba perjudicial, a los efectos del ejercicio de la acción de reintegración concursal, que la sociedad deudora hubiera llevado a cabo unos pagos para cancelar una serie de contratos bancarios de póliza de crédito, de préstamo hipotecario y de aval bancario a favor de Banco Español de Crédito, S.A. Los fondos para cancelar las deudas bancarias procedían de las compraventas de inmuebles realizadas entre el deudor, una sociedad de su grupo y las entidades gestoras del patrimonio de la entidad bancaria, de tal suerte que el montante resultante de las operaciones fue ingresado en una cuenta titularidad de la concursada en la entidad bancaria prestamista aplicada sin solución de continuidad a cancelar los saldos deudores de las referidas pólizas bancarias de crédito, préstamo hipotecario y aval. En este ámbito, declarado el concurso, la Administración Concursal ejercitó la acción de reintegración al entender que los pagos realizados a dicha entidad bancaria resultaban perjudiciales para la masa al suponer un pago preferente a favor de un acreedor (perjuicio a la masa pasiva) materializado a través de la compraventa de inmuebles, lo que implicaba salida de bienes de la masa del concurso (perjuicio a la masa activa). Sin embargo, el Tribunal Supremo concluyó que el hecho de que una parte sustancial de la deuda cancelada procediera de los fondos de la venta de una finca propiedad de una entidad del grupo del deudor, y no del propio deudor, excluye el perjuicio. Más en concreto, se considera que

Además, en el ámbito de los nuevos planes de reestructuración, hemos de poner de manifiesto cómo los mismos gozan de protección frente a las acciones de reintegración que podrían acontecer en el concurso posterior si se dan una serie de requisitos. Concretamente, establece el art. 615 TRLC que podrán protegerse tanto la financiación interina y la nueva financiación que prevea el plan como los actos, operaciones o negocios realizados en el contexto de este, lo que se reputa especialmente relevante en el concurso consecutivo[73]. Para obtener dicha protección será necesario homologar el plan de reestructuración atendiendo a los requisitos establecidos *ex* arts. 638 y 639 TRLC. Una vez homologado el plan, no serán rescindibles en caso de concurso posterior, siempre que los créditos afectados representen al menos el 51% del pasivo total, a) los actos u operaciones razonables y necesarios inmediatamente para el éxito de la negociación con los acreedores, siempre que se hubieran identificado expresamente como tales en el propio plan; b) la financiación interina y la nueva financiación, incluida la concedida por personas especialmente relacionadas; y c) los actos, operaciones o negocios que sean razonables e inmediatamente necesarios para la ejecución del plan, todo ello en virtud de lo establecido en el art. 667 TRLC[74].

Así las cosas, en el presente trabajo analizaremos la naturaleza de la acción de reintegración, así como el elemento fundamental del perjuicio para, posteriormente, centrarnos en el ejercicio de dicha acción y en sus efectos, concluyendo con un caso de reciente pro-

---

al haberse cancelado la mayor parte de la deuda que la sociedad deudora tenía con el banco prestamista a través de la dación en pago, simulada bajo una compraventa, de una finca que no era propiedad de la deudora, sino de una tercera sociedad perteneciente al mismo grupo, la operación no solo no fue perjudicial para la masa, sino que, incluso, fue beneficiosa en tanto se sustituyó un crédito de más de dos millones de euros que el deudor mantenía con el banco por otro crédito de un millón cien mil euros con una sociedad del mismo grupo, el cual tendría carácter subordinado si dicha sociedad procediera a reclamar el mismo a la concursada.

[73] Véase ampliamente PULGAR EZQUERRA, J., "Financiación interina, nueva financiación y planes de reestructuración en la reforma del Texto refundido de la Ley Concursal", *Revista General de Insolvencias & Reestructuraciones*, núm. 7, 2022, págs. 129 y ss.

[74] BUIL ALDANA, I., "Artículo 667. Protección frente a acciones rescisorias", en PULGAR EZQUERRA, J., (Dir.), *Comentario a la Ley Concursal*, tomo II, 2023, págs. 1393-1402.

nunciamiento jurisprudencial que afecta al ejercicio de la acción de reintegración en un concurso reabierto.

II. LA ACCIÓN DE REINTEGRACIÓN

II.1. Naturaleza de la acción

La acción de reintegración está regulada en el art. 226.1 TRLC de la manera siguiente: "*Son rescindibles los actos perjudiciales para la masa activa realizados por el deudor dentro de los dos años anteriores a la fecha de la solicitud de declaración de concurso, así como los realizados desde esa fecha a la de la declaración, aunque no hubiere existido intención fraudulenta*".

Obsérvese cómo existen principalmente dos condiciones para que se pueda ejercitar esta acción. Por un lado, que se hayan realizado actos considerados perjudiciales para la masa activa y, por otro, que el acto en cuestión haya sido realizado por el deudor dentro de los dos años anteriores a la fecha de solicitud de la declaración de concurso y entre esta fecha y la del auto de declaración. Con la referida acción es posible impugnar actos realizados por el deudor dentro de ese límite temporal de los dos años anteriores a la fecha de solicitud de declaración del concurso, debiendo entenderse tales actos en un sentido amplio de contratos o negocios, tales como pagos y declaraciones unilaterales de voluntad que comporten un sacrificio patrimonial, sin excluir las conductas pasivas del deudor concursal que representen una pérdida de activo patrimonial[75]. Así, el fundamento de la ineficacia de esos actos es el mero perjuicio causado a la masa activa del concurso, sin que sea necesaria la concurrencia, en estos casos, de fraude entre los contratantes.

Con respecto a la naturaleza concreta de la acción de reintegración, se debe poner de manifiesto que el propio precepto apunta ya la misma al sostener que "*son rescindibles*". Es por esto por lo que la acción de reintegración es, primero y ante todo, una acción resciso-

---

[75] GARCÍA VICENTE, J. R., "Artículo 226. Acciones rescisorias de los actos del deudor", en VEIGA, A. (Dir.), *Comentario al Texto Refundido de la Ley Concursal*, tomo I, Cizur Menor, 2021, págs. 1283 y ss.

ria[76]. El art. 1290 CC establece que "*los contratos válidamente celebrados pueden rescindirse en los casos establecidos por la Ley*". Se extrae así que únicamente son rescindibles los contratos, o actos en genérico, válidamente celebrados. No obstante, en el ámbito concursal existen ciertas dudas respecto de la naturaleza rescisoria de la acción de reintegración. Un sector doctrinal apunta que la acción rescisoria concursal se ejercita normalmente, y naturalmente, frente a actos válidos, es decir, sin la concurrencia de vicios o defectos en su celebración[77]. Sin embargo, por razones de oportunidad, la Administración Concursal ejercita la acción también contra actos no válidos, es decir, actos nulos o anulables que son igualmente perjudiciales para la masa. Este hecho quiebra en cierta medida la afirmación de que la acción de reintegración es una acción rescisoria y es lo que lleva a este sector a calificarla como una acción rescisoria especial al tener un campo de aplicación más amplio que la acción rescisoria general del Derecho común[78].

---

76 Véase las SSTS de 2 y de 10 de julio de 2013. En este sentido, la SAP de Pontevedra (Sección 1ª) de 13 de octubre de 2014 sostiene: "*En definitiva, las acciones que contempla el art. 71 LC bajo la denominación de "acciones de reintegración" se integran en la categoría jurídica de la rescisión, cuyo fundamento último se encuentra en el agravio jurídico patrimonial, esto es, en la existencia o causación de un perjuicio*". Asimismo, la SAP de Tarragona (Sección 1ª) de 19 de marzo de 2014 prevé: "*En el 71 de la LC se instaura una acción de naturaleza rescisoria que da lugar a lo que se designó como una rescisión concursal, la que nace con el concurso y únicamente cabe ejercitar durante su vigencia, pretendiendo ser una garantía para los derechos de los acreedores del concurso al pretender preservar la integridad del patrimonio que debe satisfacer sus créditos y salvaguardando la par condicio creditorum, para evitar una discriminación arbitraria de los acreedores a los que se debe pagar*". En el mismo sentido, la SAP de Barcelona (Sección 15ª) de 22 de mayo de 2008 mantiene el carácter rescisorio de esta acción cuando se pronuncia de la siguiente forma: "*La rescisión responde mejor a la naturaleza jurídica de los actos o negocios realizados por el deudor un tiempo antes de la declaración de concurso (dos años), que en el momento de realizarse son válidos, por reunir los elementos esenciales del contrato (art. 1261 CC), no ser contrarios a una norma imperativa o prohibitiva (art. 6.3 CC), ni estar afectados por un vicio de anulabilidad (arts. 1300 y ss. CC). No adolecen de ineficacia estructural alguna. En todo caso, si son susceptibles de rescisión es en atención al perjuicio posterior para los acreedores, que una vez declarado el concurso verán disminuidas la garantía de cobro por la aminoración del patrimonio del deudor como consecuencia de aquel acto. Se trata pues de una ineficacia funcional*".

77 Por todos, véase ESPIGARES HUETE, J. C., *La acción rescisoria concursal*, Cizur Menor, 2011, págs. 32-37.

78 ESCRIBANO GAMIR, R., "La reintegración de la masa activa del concurso", *Cuadernos de Derecho y Comercio*, núm. 38, 2002, pág. 57, afirma que la acción res-

En el ámbito concursal, por la propia configuración que el legislador ha querido dar a esta acción, se ha suprimido el requisito de la subsidiariedad exigido en el Derecho civil y, por ello, se utiliza esta acción para atacar actos válidos por la vía del perjuicio al ser la carga de la prueba necesaria mucho menor, pues bastará simplemente con probar que el acto es perjudicial para la masa activa. De esta forma, se utiliza la acción de reintegración "para todo" y no las acciones de impugnación previstas en la Ley. Además, la legislación concursal establece la no necesidad de existencia de intención fraudulenta o *consilium fraudis*, aspecto que sí exige la jurisprudencia del Tribunal Supremo para la acción rescisoria por fraude de acreedores en el ámbito civil[79]. Es decir, la acción rescisoria civil tiene carácter subjetivo en la medida en que sí que se requiere que exista mala fe, aspecto que choca con el carácter objetivo de la acción de reintegración concursal, que únicamente precisa que el acto sea perjudicial para la masa, aspecto que procedemos a analizar seguidamente.

No obstante lo anterior, el hecho de que no se exija intención fraudulenta para el ejercicio de la acción de reintegración no significa que no tenga importancia[80]. Si bien la intención fraudulenta (dolo o mala fe) no es requisito para la reintegración, este elemento subjetivo es importante para la sección de calificación en la medida en que, si concurre, podrá calificarse culpable el concurso por existir una salida fraudulenta de bienes o derechos del patrimonio del

---

cisoria concursal descansa en la acción rescisoria civil pero que aquélla presenta rasgos específicos que hacen que nos encontremos ante una acción de corte civil pero con una naturaleza especial.

79 GULLÓN BALLESTEROS, A., "La acción rescisoria concursal", en *Estudios sobre la Ley Concursal. Libro homenaje a Manuel Olivencia*, Tomo IV, Madrid-Barcelona, 2005, págs. 4125 y ss. En este sentido, véase también las SSTS de 4 de noviembre de 2016; de 3 de noviembre de 2015; de 25 de junio de 2010 y de 17 de julio de 2006.

80 Sobre el fraude de acreedores, véase, entre otras, las SSTS de 18 de junio de 2014; de 27 de marzo de 2014; de 25 de marzo de 2013; de 7 de septiembre de 2012; de 26 de junio de 2012; de 14 de diciembre de 2011; de 12 de julio de 2011; de 23 de marzo de 2011; de 5 de julio de 2010; de 25 de junio de 2010; de 28 de mayo de 2009; de 25 de marzo de 2009; de 17 de julio de 2006; de 14 de noviembre de 2005 y de 19 de julio de 2005. Igualmente, DE CASTRO, F., "La acción pauliana y la responsabilidad patrimonial. Estudio de los artículos 1911 y 1111 del Código Civil", en *Estudios jurídicos del profesor Federico de Castro*, vol. 1, 2003, págs. 141 y ss.

deudor en los dos años anteriores a la declaración del concurso (art. 443.2º TRLC). Así, una vez reintegrados los bienes, podrá instarse la culpabilidad del concurso sobre la base de esta norma y, además, podrá declararse la complicidad de cualquier persona que haya colaborado con el deudor en esa salida fraudulenta de bienes[81].

II.2. Concepto de perjuicio

Como se ha puesto de manifiesto, es en el concepto de perjuicio donde reside la esencia del régimen de la reintegración concursal. Uno de los requisitos establecidos en el art. 226 TRLC para poder ejercitar la acción de reintegración es que los actos a rescindir hayan sido perjudiciales para la masa activa del concurso. Sin embargo, la cuestión acerca de qué es lo que se debe entender por perjuicio no está del todo clara[82]. Si bien la Ley no proporciona una definición expresa de lo que considera acto perjudicial para la masa activa, sí establece un sistema de presunciones que, si bien ayuda a discernir en ciertas ocasiones lo perjudicial de lo que no lo es, no soluciona del todo el problema al no ofrecerse un concepto unívoco.

El concepto de perjuicio concursal entraña la existencia de un daño patrimonial, es decir, de una disminución o menoscabo del patrimonio del deudor concursado o el impedimento de su aumento con afección a la masa activa. No obstante, no ha de soslayarse el efecto que dicho daño patrimonial genera sobre los propios acreedores, cuyos créditos conforman la masa pasiva, toda vez que los mismos se erigen en los principales perjudicados en la medida en que escapan

---

81 Véase en sentido amplio MARTÍNEZ MUÑOZ, M., *La calificación del concurso de acreedores. Una institución necesaria*, Cizur Menor, 2019, págs. 166 y ss. A este respecto, resulta importante lo señalado por la SAP de Alicante (Sección 8ª) de 28 de febrero de 2013: "*La salida de bienes o derechos a que se refiere el precepto no es sino un concepto jurídico funcional, no material, equivalente a la reducción del patrimonio, de la masa activa del concursado, y sin duda ninguna la compensación crediticia constituye una forma de exclusión o evasiva de derechos cuando el crédito compensable constituye el bien objeto de negocio fraudulento*".

82 GARCÍA-CRUCES, J. A., "Acción rescisoria concursal y mala fe de la parte in bonis (STS 16.9.2010)", *Anuario de Derecho Concursal*, núm. 24, 2011, pág. 321; SANJUÁN Y MUÑOZ, E., "El perjuicio para la masa activa", en BELTRÁN, E./ SANJUÁN, E. (Dirs.), *La reintegración de la masa. Congreso de Antequera. IV Congreso Español de Derecho de la Insolvencia. VII Congreso de Derecho Mercantil y Concursal de Andalucía. 19-21 abril de 2012*, Cizur Menor, 2012, págs. 134 y ss.

bienes con arreglo a los cuáles satisfacer sus créditos. En este sentido, se establece que, si bien la literalidad de la norma es clara al sostener que sólo son rescindibles los actos perjudiciales para la masa activa, también es cierto que, dado que el sistema de reintegración persigue la mejor tutela de los acreedores, ésta sólo será salvaguardada si se toma en consideración a estos sujetos. De este modo, también habrá que afirmar el carácter perjudicial del acto del deudor cuando el mismo venga a incidir negativamente y de modo directo sobre estos acreedores, quebrándose así la regla de la *par conditio creditorum*[83].

En definitiva, se advierte que resulta necesario ampliar la noción de perjuicio, de tal manera que la posible impugnación al amparo de estas normas no sólo resultará procedente cuando el acto implique un menoscabo a la masa activa sino también una lesión a la igualdad de los acreedores concursales o masa pasiva[84]. Esta orientación resulta fundamental para la Administración Concursal, la cual se erige en legitimado principal para el ejercicio de esta acción. De esta forma, con su ejercicio debe la Administración Concursal procurar la integridad de la masa activa y, también, la protección de la regla de igualdad entre los acreedores en el concurso.

Por su parte, ha de señalarse cómo la jurisprudencia ha acogido mayoritariamente esta interpretación amplia del concepto de perjuicio y así ha entendido que existe éste cuando, por un lado, el acto realizado por el deudor concursado supone una disminución del patrimonio y, por otro, cuando el acto rompe con el principio de la *par conditio creditorum*, privilegiándose a unos acreedores en detrimento de otros[85].

---

83 GARCÍA-CRUCES, J. A., "Presupuestos y finalidad de la acción de reintegración en el concurso de acreedores. La noción de perjuicio", en GARCÍA-CRUCES GONZÁLEZ, J. A. (Dir.), *La Reintegración en el Concurso de Acreedores*, Cizur Menor, 2014, págs. 31 y ss.

84 En este sentido, prevé la SAP de Sevilla (Sección 5ª) de 10 de mayo de 2017: "*Se pretende, en resumen, evitar que un acreedor determinado y singular resulte beneficiado en relación al conjunto de acreedores. Sin que sea necesario que estemos ante un perjuicio directo, que tiene lugar cuando se produce una disminución del patrimonio, ya que alcanza, también, cuando este es indirecto, como ocurre cuando se da un trato privilegiado a un acreedor, sin causa justificada*".

85 La STS de 10 de julio de 2013 prevé: "*La jurisprudencia ha admitido que el perjuicio exigido para que proceda la* rescisión *de los actos del concursado en el régimen de las acciones concursales de reintegración puede provenir de haberse realizado pagos en un*

En contra de esta interpretación amplia existe una corriente que aboga por una interpretación estricta del concepto de perjuicio, en virtud de la cual sólo habrá perjuicio si se da un auténtico sacrificio patrimonial para la masa activa y dicho sacrificio no está justificado[86]. Es decir, se prescinde del posible daño a la masa pasiva y se circunscribe el perjuicio a la masa activa tal y como prevé la propia literalidad de la Ley.

En el fondo, lo que late en esa concepción estricta de perjuicio es una consideración de que el principio de la *par conditio creditorum* es más mito que realidad en la medida en que legislador, doctrina, jurisprudencia y grupos de interés no han hecho otra cosa más que limitar, desvirtuar y degradar la esencia misma de la igualdad de tra-

---

momento en que el concursado se hallara en situación de insolvencia o hubiera sobreseído el pago de sus obligaciones exigibles de modo que se altere el régimen de preferencias propios del proceso concursal y se beneficie de modo injustificado a unos acreedores, los que reciben el pago, respecto de otros, que han de someterse a las quitas o esperas propias del concurso, o directamente a la pérdida total de su crédito por insuficiencia de la masa activa. Esta admisión se ha hecho con carácter general, esto es, también cuando se trata de disposiciones realizadas a favor de personas que no tengan el carácter de especialmente relacionadas con el concursado. Tal criterio ha sido seguido por la jurisprudencia al aplicar el régimen de retroacción de la quiebra, en que se ha afirmado el carácter perjudicial de una dación en pago de una deuda de entre las diversas que mantenía la quebrada con sus acreedores, en un momento en que ya se encontraba en estado de insolvencia y debía haber instado un proceso concursal para el pago ordenado de sus deudas conforme al principio de la "par condicio creditorum" [igual condición de los acreedores], con lo que privó a la generalidad de sus acreedores de un activo con el que debían satisfacerse sus créditos con arreglo a criterios concursales, favoreciendo a uno solo de sus acreedores, que se vio libre de tener que concurrir al concurso y de sujetarse al orden de preferencias legalmente establecido para cobrar los créditos extinguidos con la dación en pago, en perjuicio del resto). También se ha aplicado tal criterio en el régimen actual de la Ley Concursal. Se ha afirmado que existe perjuicio para la masa cuando se paga algo debido y exigible pero al tiempo de satisfacer el crédito el deudor estuviera ya en un claro estado de insolvencia, y por ello se hubiera solicitado ya el concurso o debiera haberlo sido. La razón ha de encontrarse en que cuando el deudor se halla en estado de insolvencia actual o inminente, porque no puede cumplir regularmente sus obligaciones exigibles o prevé que no podrá hacerlo, no está justificado que el pago de las deudas se realice sin respetar los criterios concursales, fundamentalmente el de la "par condicio creditorum", y que por ello no respetar tales criterios ha de considerarse como un perjuicio para la masa". Asimismo, en esta misma línea se manifiestan, entre otras, las SSTS de 24 de junio de 2015; de 13 de julio de 2013; de 8 de noviembre de 2012; de 26 de octubre de 2012; de 12 de abril de 2012; y de 27 de octubre de 2010.

86 Véase la SAP de Palencia (Sección 1ª) de 24 de marzo de 2011, que recoge lo expresado en la SAP de Barcelona (Sección 15ª) de 6 de febrero de 2010; la SAP de León (Sección 1ª) de 12 de noviembre de 2010 y la SAP de Zaragoza (Sección 5ª) de 25 de noviembre de 2010.

to entre acreedores allí donde precisamente debería haber un tratamiento igualitario. Así, se considera que llevar este principio hasta sus últimas consecuencias chocaría, en principio, con el concepto de justo, en la medida en que es justo que el acreedor que ha desarrollado una mayor inversión en la vigilancia del estado patrimonial del deudor pueda obtener una mejor satisfacción que aquél que ha permanecido indiferente. Además, es justo que aquellos acreedores que estudian el riesgo del deudor y que, al conocerlo, negocian y contratan provistos de garantías gocen de una mejor posición en caso de concurso.

Los privilegios son, en definitiva, la excepción y la ruptura de la *par conditio creditorum* de manera que los acreedores privilegiados no se someten a proporción alguna entre el total del activo del deudor común concursado y el pasivo[87]. Es decir, se argumenta que desde el momento en que se reconoce la existencia de privilegios, el principio de igualdad de trato quiebra, razón por la que la masa pasiva no debe considerarse a efectos de perjuicio. Se sostiene que antes de la situación de concurso, los acreedores no tienen derecho a un trato paritario porque sus situaciones son desiguales y que en lo único que son iguales es en que han de ser satisfechos en su deuda[88]. La *par conditio creditorum* no constituye un derecho subjetivo ni tampoco existe una solidaridad ideal que conlleve la *par conditio creditorum* pues el Derecho Concursal está encaminado a la cancelación de las obligaciones de los acreedores y, con ello, a su satisfacción, lo cual pone de manifiesto cómo la concursalidad es compatible con la disparidad

---

87 VEIGA, A. B., *Tratado de la Prenda*, Cizur Menor, 2011, págs. 1085-1104.

88 En este sentido, resulta muy clarificador lo previsto en la STS de 24 de julio de 2007: "*(...) el deudor, en tanto no resulte constreñido por un proceso ejecutivo o concursal para la ordenada concurrencia de los créditos (el cual puede determinar la rescisión de los actos perjudiciales para la masa activa), tiene libertad para realizar sus bienes y atender a los créditos que le afecten sin atender a criterios de igualdad o preferencia, como se infiere del hecho de que el CC (art. 1292) únicamente considera rescindibles los pagos hechos en situación de insolvencia por cuenta de obligaciones a cuyo pago no podía ser compelido el deudor en el tiempo de hacerlos, pero no los que no reúnen esta condición, en virtud del principio qui suum recepit nullum videre fraudem facere (quien cobra lo que es suyo no defrauda)*".

de tratamientos de los acreedores y supone, en última instancia, la quiebra de este principio[89].

No obstante esta posición a favor de una concepción estricta de perjuicio, ha de señalarse cómo la jurisprudencia del Tribunal Supremo, de forma mayoritaria, concibe el perjuicio desde una perspectiva amplia, integrando el daño causado a la masa activa y pasiva, si bien precisando que sólo se causará un daño a la masa pasiva cuando al tiempo de satisfacer el crédito, el deudor concursado estuviera ya en estado de insolvencia y, por ello, debería haber solicitado el concurso[90]. Es decir, el pago realizado a favor de un acreedor no es perjudicial para la masa si dicho pago es debido y resulta exigible, salvo en aquellos supuestos en los que el deudor se encuentra en situación de insolvencia (o de proximidad a ella) y debiera haber declarado ya su concurso, toda vez que el principio de la *par conditio creditorum* resulta plenamente aplicable y se estaría ejecutando, en consecuencia, un pago preferente.

Como ya apuntamos, la legislación concursal no define expresamente "acto perjudicial para la masa activa" y por eso establece una serie de presunciones, *iuris et de iure* en el art. 227 y *iuris tantum* en el art. 228 TRLC, que describen unas conductas que afectan tanto a la masa activa como a la pasiva y que, por ello, son merecedoras de una presunción de perjuicio con distinto alcance[91]. Así, los actos de disposición a título gratuito, salvo las liberalidades de uso, y los pagos o actos de extinción de obligaciones con vencimiento posterior a la fecha de declaración de concurso, salvo que contasen con garantía real, serán siempre perjudiciales sin admitir prueba en contrario[92]. Sí

---

89 Véase las consideraciones de PEINADO GRACIA, J. I., "La distribución del riesgo de insolvencia", en *Estudios sobre la Ley Concursal. Libro Homenaje a Manuel Olivencia*, Tomo I, Madrid-Barcelona, 2005, págs. 427-465.

90 Por todas, véase la STS de 24 de junio de 2015.

91 SANJUÁN Y MUÑOZ, E., cit., págs. 154 y ss.

92 Este último supuesto fue modificado por la Ley 38/2011, la cual introdujo la excepción de la garantía real para que pudiera probarse la ausencia de perjuicio. Es decir, antes de esta reforma, todo acto de extinción de obligaciones con vencimiento posterior a la fecha de declaración del concurso se presumía perjudicial *iuris et de iure*, aspecto que fue modificado para que, cuando esa obligación contase con garantía real, pudiera probarse la no concurrencia de perjuicio. El fundamento está, sin duda, en el tratamiento privilegiado concedido a los acreedores hipotecarios.

que admitirán prueba en contrario, por su parte, los actos dispositivos a título oneroso a favor de alguna de las personas especialmente relacionadas con el concursado, la constitución de garantías reales a favor de obligaciones preexistentes o de las nuevas contraídas en sustitución de aquéllas y, por último, los actos de extinción de obligaciones con vencimiento posterior a la fecha de declaración del concurso que estuvieran garantizadas con garantía real.

En estos supuestos, la Administración Concursal únicamente deberá probar la existencia del acto objeto de la presunción para que la reintegración tenga éxito. Si el acto a rescindir no estuviera previsto dentro del catálogo de presunciones, sí que deberá esforzarse la Administración Concursal en probar la existencia de perjuicio a las masas activa y pasiva, para lo cual deberá acudir a todos los medios de prueba que tenga a su alcance *ex* art. 229 TRLC. Asimismo, el art. 230 TRLC contempla una serie de supuestos irrescindibles consistentes en los actos ordinarios de la actividad del deudor realizados en condiciones normales; los actos comprendidos en el ámbito de leyes especiales reguladoras de los sistemas de pagos y compensación y liquidación de valores e instrumentos derivados; los actos de constitución de garantías de cualquier clase a favor de créditos públicos, así como los actos de reconocimiento y pago de estos créditos tendentes a lograr la regularización o atenuación de la responsabilidad del concursado prevista en la legislación penal; las garantías constituidas a favor del FOGASA y las operaciones mediante las que se instrumenten las medidas de resolución de entidades de crédito y empresas de servicios de inversión[93].

---

[93] Los actos ordinarios realizados en condiciones normales son los supuestos mayormente alegados por quienes intentan evitar la rescisión concursal, tal y como acontece igualmente en el supuesto de hecho que comentamos en el que la compradora alegaba que la adquisición del vehículo se hizo en el marco de la relación comercial acreditada y justificada con la concursada. La jurisprudencia del Tribunal Supremo (por todas las SSTS de 10 de julio de 2013; de 12 de diciembre de 2012 y de 28 de octubre de 1996) ha establecido que el origen de este precepto está en la jurisprudencia recaída sobre el art. 878.II del Código de Comercio, que a partir de un determinado momento excluyó del riguroso régimen de retroacción de la quiebra los actos o negocios que constituían una operación propia del tráfico de la quebrada, por tratarse de operaciones ordinarias, que en sí mismas no encierran ningún perjuicio. Tales actos ordinarios serían "*los negocios que por sus características económicas sean de aquellos que explicitan la actividad cotidiana y plenamente normal de la empresa*". Para ser considerados

III. PROCEDIMIENTO Y EFECTOS DEL EJERCICIO DE LA ACCIÓN DE REINTEGRACIÓN

Previamente a la iniciación del procedimiento, la Administración Concursal debe realizar una labor de investigación y retrotraerse hasta dos años antes de la fecha de solicitud de declaración del concurso para analizar si han podido llevarse a cabo actos que tengan que ser rescindidos. En este sentido, el trabajo previo de la Administración Concursal resulta de vital importancia para proceder a la reintegración de aquellos bienes que han salido del patrimonio en perjuicio de los acreedores y poderse constituir así la masa activa con base en el principio de universalidad (art. 192 TRLC). Por ello, y siempre tendiendo a la consecución de tal fin, se aprecia que el momento temporal más eficiente para ejercitar la acción de reintegración es durante la elaboración del inventario por parte de la Administración Concursal, toda vez que será en esa fase cuando se realizará la necesaria labor de investigación y se observará qué bienes es preciso reintegrar a la masa[94].

---

como tales actos ordinarios no basta que no se trate de actos o negocios extravagantes o insólitos. Es preciso que sean actos que, en una consideración de conjunto, tengan las características normales de su clase, se enmarquen en el tráfico ordinario de la actividad económica habitual del deudor y no tengan carácter excepcional, pues responden a la forma usual de realizar tales actos tanto por el deudor como en el sector del tráfico económico en el que opere. La determinación de lo que puede considerarse como tales actos ordinarios de la actividad profesional o empresarial del deudor es ciertamente casuística, sin que sea fácil establecer categorías generales cerradas. Como criterios útiles para la determinación se ha apuntado que presentan tal carácter los actos relacionados con el objeto social, cuando se trata de una sociedad, o los propios del giro típico de la actividad empresarial o profesional de que se trate, especialmente si han sido celebrados con consumidores, así como los que hayan sido generados por el mantenimiento del centro de actividad profesional o empresarial. Es preciso además que presenten las características de regularidad, formal y sustantiva, que les permita ser considerados como realizados en condiciones normales.

94 Véase, entre otras, la SAP de Asturias (Sección 1ª) de 15 de julio de 2010: "*Hemos de tener presente asimismo que el ejercicio de las acciones de reintegración resulta viable cualquiera que sea la fase en que el proceso concursal se encuentre, desde el momento de la declaración judicial del concurso hasta el de su conclusión, y en este sentido el art. 82-4 LC señala que el inventario de la masa activa elaborado por la Administración concursal con ocasión de la presentación de su informe deberá venir acompañado de una relación comprensiva de cuantas acciones debieran promoverse para la reintegración de la masa activa, previsión que encuentra su explicación simplemente en que de ordinario será éste el momento en que la Administración concursal disponga de una mayor información a*

Así, con base en ese objetivo, una de las funciones principales encomendadas a la Administración Concursal es la de ejercer las acciones rescisorias y demás de impugnación[95]. El art. 231 TRLC otorga la legitimación activa para el ejercicio de estas acciones a la Administración Concursal casi exclusivamente y ello con independencia del régimen de suspensión o intervención de las facultades del deudor. En efecto, la Administración Concursal es la legitimada principal en tanto que actúa en interés de la masa y no del concursado[96].

Con carácter subsidiario, contempla el art. 232 TRLC que los acreedores que hayan instado por escrito el ejercicio de una determinada acción, señalando el acto concreto a rescindir o impugnar y el fundamento para ello, estarán legitimados para ejercitar la acción de reintegración si la Administración Concursal no lo hiciere en los dos meses siguientes al requerimiento. Con esta norma, se deja el poder de decisión final respecto de la reintegración en manos de los acreedores, algo que no está exento de crítica[97]. Se establece, en consecuencia, un sistema de legitimación activa en cascada, en la medida en que la Administración Concursal se erige en legitimada principal

---

la hora de evaluar la procedencia y viabilidad del ejercicio de tales acciones. En cualquier caso, lo relevante a los fines que aquí se debaten es que no existe ningún condicionante de orden temporal ni supeditación a ninguna fase procesal para su planteamiento".

95 PARRA LUCÁN, M. A., "La compatibilidad de la rescisoria concursal con otras acciones de impugnación de actos y contratos", *Anuario de Derecho Concursal*, núm. 19, 2010, págs. 45 y ss.

96 VILLANUEVA GARCÍA-POMAREDA, B., "La legitimación y las costas de la acción de reintegración", *Anuario de Derecho Concursal*, núm. 27, 2012, pág. 313; ESCRIBANO GAMIR, R., cit., pág. 82. En concreto se considera que la Administración Concursal ejerce una legitimación por sustitución al ejercitar un derecho subjetivo que corresponde a los acreedores pero que se reputa en interés de la masa. Sobre este punto véase, HERRERO PÉREZAGUA, J. F., "Legitimación y procedimiento en las acciones de reintegración", en GARCÍA-CRUCES GONZÁLEZ, J. A. (Dir.), *La Reintegración en el Concurso de Acreedores*, Cizur Menor, 2014, págs. 179-180.

97 ESCRIBANO GAMIR, R., cit., pág. 82. BELTRÁN SÁNCHEZ, E., "Algunas consideraciones sobre la composición del patrimonio concursal", en GARCÍA VILLAVERDE, R./ALONSO UREBA, A./PULGAR EZQUERRA, J. (Dirs.), *Estudios sobre el Anteproyecto de Ley Concursal de 2001*, Madrid, 2002, pág. 174 considera esta legitimación subsidiaria un error en la medida en que puede complicar innecesariamente la tramitación del procedimiento concursal. Véase las consideraciones realizadas a propósito de la legitimación subsidiaria de los acreedores en VILLANUEVA GARCÍA-POMAREDA, B., cit., págs. 314-317 y HERRERO PÉREZAGUA, J. F., cit., págs. 185-192.

y directa para el ejercicio de la acción de reintegración y demás acciones de impugnación. En el caso de que la Administración Concursal no ejercite la acción a propuesta de los acreedores, podrán éstos ejercitarla, pero no podrán hacerlo ambos colectivos a la vez, es decir, no puede haber concurrencia en el ejercicio de la acción[98].

Así, sea por iniciativa propia o a requerimiento de los acreedores, la Administración Concursal iniciará el procedimiento de rescisión mediante la presentación de una demanda que irá dirigida contra el deudor y contra todo aquél que haya sido parte en el acto que se pretende impugnar, sean acreedores, personas relacionadas con el deudor concursado o cualquier tercero (litisconsorcio pasivo necesario)[99]. Como decimos, el deudor concursado necesariamente será legitimado pasivo en la medida en que fue una de las partes en el negocio que se pretende rescindir con el ejercicio de la acción de reintegración (art. 233 TRLC).

Por otro lado, prevé expresamente el art. 233 TRLC que, si el bien que se pretende reintegrar hubiera sido transmitido a un tercero, la demanda deberá también dirigirse contra esa persona únicamente cuando la Administración Concursal (o los acreedores subsidiariamente) pretenda desvirtuar la presunción de buena fe del adquirente o atacar la irreivindicabilidad de la que goce a través de la protección dispensada por la publicidad registral (art. 34 LH).

El procedimiento que se seguirá en la sustanciación de la tramitación de la acción de reintegración o de cualquier acción de impugnación será el previsto para el incidente concursal. Así, la demanda presentada tendrá el carácter de incidental y se presentará en la forma prevista en el art. 399 LEC (demanda para el juicio ordinario). Tras la presentación de la demanda, se emplazará a los demandados para contestar a la misma en el plazo de diez días y se seguirán los trámites para la vista previstos en el art. 536 TRLC, si es que procede.

---

98 En el mismo sentido, tampoco podrá ningún acreedor coadyuvar a la Administración Concursal en la medida en que ésta goza de una legitimación excluyente.

99 SHAW MORCILLO, L., "La legitimación pasiva en el ejercicio de la acción rescisoria", en BELTRÁN, E./SANJUÁN, E. (Dirs.), *La reintegración de la masa. Congreso de Antequera. IV Congreso Español de Derecho de la Insolvencia. VII Congreso de Derecho Mercantil y Concursal de Andalucía. 19-21 abril de 2012*, Cizur Menor, 2012, págs. 455 y ss.; HERRERO PÉREZAGUA, J. F., cit., pág. 192.

Será en esa demanda incidental donde la Administración Concursal habrá de consignar y probar el perjuicio del acto a rescindir, para lo cual podrá valerse de pruebas documentales, testificales, informes de peritos, así como de cualquier otra clase de prueba prevista en la legislación procesal civil. Evidentemente, en los casos en los que concurra una presunción *iuris et de iure* de perjuicio, la Administración Concursal no tendrá que aportar prueba alguna. En cambio, en caso de alegar una presunción *iuris tantum*, la carga de la prueba se desplazará a los demandados, los cuales habrán de probar que el acto no es perjudicial para la masa[100].

El incidente concursal culminará con una sentencia que producirá efectos de cosa juzgada y que establecerá las consecuencias asociadas a la estimación de la demanda incidental de reintegración.

El principal efecto asociado al éxito de la acción de reintegración es el hecho de que en la sentencia se declarará la ineficacia del acto impugnado y se condenará a la restitución de las prestaciones objeto de aquél con sus frutos e intereses. Por su parte, si se tratase de un acto unilateral, la sentencia condenará a la restitución a la masa activa de la prestación objeto de aquel y ordenará la inclusión en la lista de acreedores del crédito que corresponda (art. 235 TRLC).

Del tenor literal del precepto observamos que es preciso que exista una resolución judicial que se pronuncie acerca del ejercicio de la acción de reintegración, de tal forma que una vez dictada una sentencia estimatoria, el efecto principal será la declaración de ineficacia del acto impugnado con la consiguiente restitución mutua de las prestaciones. Así, con carácter general, el tercero repondrá a la masa los bienes recibidos, junto con los frutos e intereses, y el deudor "devolverá" el derecho crédito que se había extinguido, en caso de que el tercero fuese un acreedor, o surgirá un nuevo crédito por el dinero objeto del acto oneroso en caso de que el tercero no sea un acreedor. Se observa pues cómo la sentencia impone a un acto, estructural y formalmente válido, una ineficacia sobrevenida y funcional en atención al interés de la masa y de los acreedores[101].

---

100 VILLANUEVA GARCÍA-POMAREDA, B., cit., pág. 322.

101 GARCÍA-CRUCES, J. A., De la retroacción de la quiebra a la rescisión de los actos perjudiciales para la masa activa. *Anuario de Derecho Concursal*, núm. 2, 2004, pág. 68. Sin embargo, se ha de precisar que la validez del acto no es requisito

Uno de los problemas fundamentales en este punto será el de la ejecución de la sentencia, aspecto sobre el que el TRLC no se pronuncia y que sin duda alguna generará dificultades. La declaración de ineficacia del acto impugnado producirá la eliminación de los efectos económicos asociados al mismo y repondrá los patrimonios a la situación anterior a la celebración del acto. Sin embargo, la declaración contenida en la sentencia de nada servirá si la misma no es ejecutada y ello producirá numerosos problemas, sea el acto rescindido un contrato bilateral, la concesión de una garantía o, por ejemplo, una modificación estructural, con las dificultades que este hecho entraña.

Por otro lado, la Ley distingue entre si la persona que ha contratado, en sentido amplio, con el concursado, ha actuado de buena o de mala fe, atribuyendo una serie de efectos particulares en función de ese comportamiento. Así, siempre y cuando se haya actuado de buena fe, prevé la norma que el derecho a la prestación que surge como consecuencia de la rescisión tendrá la consideración de crédito contra la masa *ex* art. 236.1 TRLC, debiendo en consecuencia satisfacerse simultáneamente a la reintegración de los bienes objeto del acto rescindido. En otro sentido, el crédito que, en su caso, resulte a favor del demandado como consecuencia de la rescisión de un acto unilateral tendrá la consideración de crédito concursal con la clasificación que le corresponda.

Por su parte, si la persona con la que se contrató se ha comportado de mala fe, las consecuencias que prevé el TRLC son bastante más severas. Con respecto a qué constituye mala fe, hay que entender que la misma está presente cuando se sabía, o no se podía ignorar, que la actuación a realizar era constitutiva de un acto perjudicial para la masa activa y que el deudor estaba en una situación patrimonial comprometida[102]. Para estos casos, la Ley prevé la devolución del bien y la

---

para el ejercicio de la acción de reintegración, razón por la que la misma podrá ejercitarse siempre que exista perjuicio a la masa, sea el acto válido o no, lo cual conecta con su calificación por la doctrina como de una acción rescisoria especial.

102 Véase la STS de 30 de marzo de 2017, que establece: "*Cuando el art. 73.3 LC regula las consecuencias de la mala fe en la contraparte del concursado, exige algo más que el mero conocimiento de la situación de insolvencia o de proximidad a la insolvencia del deudor, así como de los efectos perjudiciales que la transmisión podía ocasionar a los*

subordinación del crédito que surge de la restitución, lo cual implica que la prestación no goza del derecho a que se restituya al mismo tiempo que la entrega de los bienes reintegrados. Es decir, en estos casos desaparece la simultaneidad que está presente en el caso de la buena fe y, en consecuencia, las posibilidades de recuperación del crédito son mínimas ya que los créditos subordinados difícilmente son hechos efectivos.

Además, tal y como señalamos anteriormente, la presencia de dolo o mala fe en el acto rescindido podrá entrañar la calificación culpable del concurso. En este sentido, si la persona con la que el deudor contrató actuó de mala fe, además de las consecuencias previstas acerca de la subordinación de su crédito y la ausencia de simultaneidad, podrá aquél ser declarado cómplice en la sección de calificación (art. 445 TRLC), pudiéndosele sancionar por alguna de las vías del art. 455 TRLC[103].

Por otro lado, se prevé un régimen especial *ex* art. 235.4 TRLC para los casos en los que los bienes a reintegrar se encuentren en poder de un tercero. De esta manera, si los bienes y derechos salidos del patrimonio del deudor no pudieran reintegrarse por pertenecer a tercero no demandado o que, conforme a la sentencia, hubiera procedido de buena fe o gozase de irreivindicabilidad o de protección registral (art. 34 LH), se condenará a quien hubiera sido parte

---

acreedores. La mala fe está compuesta por dos aspectos, uno subjetivo y otro objetivo. El subjetivo no requiere la intención de dañar, sino la conciencia de que se afecta negativamente —perjuicio— a los demás acreedores, de modo que al agravar o endurecer la situación económica del deudor, se debilita notoriamente la efectividad frente al mismo de los derechos ajenos, y se complementa con el aspecto objetivo, valorativo de la conducta del acreedor, consistente en que ésta sea merecedora de la repulsa ética en el tráfico jurídico". Por su parte, la STS de 16 de septiembre de 2010 prevé: "*La mala fe expresada, no requiere la intención de dañar, pues basta la conciencia de que se afecta negativamente —perjuicio— a los demás acreedores, de modo que al agravar o endurecer la situación económica del deudor, se debilita notoriamente la efectividad frente al mismo de los derechos ajenos. Este aspecto subjetivo se complementa con el aspecto objetivo, valorativo de la conducta del acreedor, consistente en que ésta sea merecedora de la repulsa ética en el tráfico jurídico*".

103 Las principales sanciones que pueden derivarse para los declarados cómplices en un concurso culpable serán la pérdida de cualquier derecho que el cómplice tuviera como acreedor, así como la devolución de los bienes o derechos recibidos del patrimonio del deudor. Además, la sentencia de calificación podrá condenar al cómplice, sea o no acreedor, a la indemnización de los daños y perjuicios causados.

en el acto rescindido a entregar el valor que tuvieran los bienes o derechos cuando salieron del patrimonio del deudor concursado, más el interés legal. Si, por el contrario, la sentencia apreciase mala fe en quien contrató con el concursado, se le condenará a indemnizar la totalidad de los daños y perjuicios causados a la masa activa.

Se distingue en esta norma dos situaciones diferentes. Por un lado, que el tercero no haya sido demandado o, por el contrario, que habiendo sido demandado, la sentencia haya apreciado que actuó de buena fe o que goza de irreivindicabilidad o de protección registral[104]. En cualquier caso, el tercero subadquirente estará protegido en su adquisición del que fue parte con el deudor concursado en el acto rescindido y, por esta razón, será la otra parte en el acto la que será condenada a entregar a la masa el valor que tuvieran los bienes en el momento en que abandonaron el patrimonio del deudor más el interés legal correspondiente. En caso de que se apreciase mala fe en la parte que contrató con el tercero protegido, la condena será la de indemnizar los daños y perjuicios causados a la masa.

IV. LA ACCIÓN DE REINTEGRACIÓN ANTE LA REAPERTURA DEL CONCURSO

En este apartado pretendemos resaltar un caso real que ha sido resuelto recientemente por la STS 56/2024 de 17 de enero, en la que el ejercicio de la acción de reintegración se realizó tras la reapertura de un concurso en el marco de unas supuestas relaciones comerciales entre las partes. La cuestión principal en todo el asunto reside en el hecho de que la Administración Concursal no ejercitó la acción en su momento y, es más, procedió a concluir el concurso por insuficiencia de masa, suscitándose por ello distintas cuestiones a juicio de los recurrentes que merecen la atención del Tribunal[105].

---

104 GULLÓN BALLESTEROS, A., cit., págs. 4125 y ss.

105 Puede verse un comentario pormenorizado de esta sentencia en MARTÍNEZ MUÑOZ, M., "Entre la extrañeza y la imposibilidad en el ejercicio de la acción de reintegración en el concurso reabierto (comentario a la STS 56/2024, de 17 de enero)", *Anuario de Derecho Concursal*, núm. 63, 2024, en prensa.

No obstante el escenario general puesto de manifiesto, el supuesto de hecho de esta resolución judicial presenta una particularidad y es que la acción de reintegración no se ejercita en este caso cuando naturalmente debió ejercitarse, sino posteriormente, una vez el concurso que concluyó por insuficiencia de masa es reabierto un año después del archivo por un acreedor tras la aparición de nuevos activos y la posibilidad de que se ejercitaran acciones de reintegración. Es decir, que cuando el concurso de acreedores se tramitó, la Administración Concursal no consideró el ejercicio de la acción de reintegración ante la transmisión por la concursada de un vehículo a una sociedad cuyo administrador era el mismo que la propia entidad concursada. Es más, en su informe la Administración Concursal indicó que no existían acciones viables de reintegración de la masa activa ni de responsabilidad frente a terceros, calificándose incluso el concurso como fortuito. Posteriormente, se presentó la solicitud de conclusión del concurso por insuficiencia de masa y se alegó expresamente que no existían acciones de reintegración pendientes de ejercitarse. Así, la conclusión del concurso fue acordada por el Juzgado sin oposición alguna.

Como se ha mencionado, transcurrido un año desde el archivo del procedimiento un acreedor interesó la reapertura del concurso por la aparición de nuevos activos y la posibilidad de que se ejercitasen acciones de reintegración. El Juzgado acordó así la reapertura sobre la base del antiguo art. 179.2 LC en relación con el art. 179.3.

Siguiendo con el iter temporal, ya reabierto el concurso, la Administración Concursal ejercitó la acción de reintegración para que se declarara la nulidad, por simulación, de la compraventa de un vehículo propiedad de la concursada hacia una sociedad cuyo administrador era el mismo que el de la entidad concursada y sobre la base de que, aunque se había pactado un precio de 9.000 euros, el mismo nunca se produjo. La sentencia comentada no entra en el análisis del perjuicio, elemento central para el éxito de la acción de reintegración, si bien se intuye la presencia del mismo a la vista de la estimación de la acción de reintegración.

La sentencia del Juzgado de lo Mercantil número 2 de Barcelona estimó la demanda y declaró así la ineficacia de la venta del vehículo, reintegrándose el mismo a la masa activa del concurso. Por su parte, la parte compradora y el administrador interpusieron recurso de apelación ante la Audiencia Provincial de Barcelona sobre la base de que la venta se había realizado en el marco de unas acreditadas y justificadas relaciones comerciales entre la concursada y la entidad compradora, siendo además dicha operación aprobada y convalidada en su día por el Administrador Concursal. Además, se alega por los apelantes que la acción de reintegración en el caso de reapertura del concurso solo puede dirigirse contra actos de disposición nuevos o que se conocieran antes de que se concluyera el concurso.

El recurso no prosperó y la Audiencia Provincial confirmó la sentencia de primera instancia, presentándose consecuentemente un recurso de casación ante el Tribunal Supremo. En concreto, el motivo principal de la casación reside en que "*(...) lo que se trata de atacar en esta nueva fase de liquidación reabierta son aquellas situaciones surgidas tras la conclusión del concurso respecto de hechos nuevos o de nueva noticia, pero no a las situaciones conocidas, analizadas y descartadas por la administración concursal durante el concurso*". Es más, se dice que la venta del vehículo objeto de la acción de reintegración era conocida por la Administración Concursal durante el concurso, pues incluso interesó explicaciones al administrador de la sociedad concursada, de tal forma que si se entendió que no había acciones de reintegración que realizar cuando solicitó la conclusión del concurso, la reapertura no puede servir para ejercitar esa acción de reintegración.

Hemos de poner de manifiesto que la reapertura del concurso de acreedores tendrá lugar en una serie de supuestos concretos, tal y como refleja el art. 503 TRLC, siendo declarada por el mismo juzgado que hubiera conocido el procedimiento y que hubiera declarado la conclusión del concurso. Recuérdese cómo el art. 465 TRLC establece las causas de conclusión del concurso, no siendo todas ellas susceptibles de abocar al concurso a su reapertura. Expresamente, tal y como se menciona en los arts. 504 y 505 TRLC a propósito de la reapertura del concurso del deudor persona física y jurídica, la reapertura se producirá en los supuestos en los que el concurso haya concluido en virtud de liquidación incompleta o cuando se hubiera declarado la insuficiencia de masa activa, no habiéndose por ello satisfecho los intereses de los acreedores en ninguno de los dos casos. En el resto de los supuestos de conclusión del art. 465 TRLC, la reapertura del concurso no podrá suceder al no resultar procedente, toda vez que los intereses de los acreedores se habrán visto satisfechos o estos habrán renunciado o desistido al procedimiento o, por su parte, faltará el elemento de la insolvencia o de la pluralidad de acreedores.

La reapertura por liquidación incompleta o por insuficiencia de masa activa habrá de acordarse ante la aparición posterior al concurso de bienes y derechos que puedan destinarse al pago de los créditos no satisfechos tras la tramitación y conclusión del concurso de acreedores. El fundamento de la reapertura reside, obviamente, en el cumplimiento de la función primera del concurso, esto es, la satisfacción de los acreedores, así como en el reforzamiento del principio de responsabilidad patrimonial del deudor, evitándose así el desamparo del acreedor insatisfecho.

Obviamente, la reapertura tiene lugar exclusivamente en los supuestos de conclusión del procedimiento, siendo la reacción ante el descubrimiento de nuevos bienes o derechos de la masa activa o de la mejora de fortuna del deudor, el cual debe cumplir sus obligaciones con todo su patrimonio presente o futuro. En este sentido, teniendo lugar el presupuesto de la reapertura, el juez competente será el mismo que hubiera conocido el concurso de acreedores original, el cual reabrirá el concurso en virtud de un auto. Es decir, no se abrirá o declarará un nuevo o segundo concurso de acreedores ante la aparición sobrevenida de bienes y derechos del deudor, sino que el concurso previamente concluido se reabrirá, debiendo plantearse la reapertura y declarándose la misma ante el mismo juzgado que conoció el concurso, tramitándose en los mismos autos, lo que ratifica nuestra consideración acerca de que el concurso reabierto no es un nuevo procedimiento.

Esta idea creemos que es de suma importancia en la resolución del supuesto de hecho, toda vez que la reapertura en ningún momento limita el ejercicio de las acciones de reintegración a hechos nuevos o de nueva noticia, como alegaban los demandantes, pudiendo entonces la Administración Concursal dirigirse contra actos realizados antes de la declaración del concurso. Es más, pone de manifiesto la sentencia del Tribunal Supremo que antes de elaborar su informe, la Administración Concursal se había interesado, entre otros actos de disposición realizados por la concursada antes de la declaración de concurso, por la venta del vehículo. Sin embargo, tanto en el informe al que se adjunta la lista de acreedores y el inventario, como en el informe previo a la petición de conclusión del concurso por insuficiencia de activo, la Administración Concursal reseñó que no existían acciones viables de reintegración de la masa activa. El Tribunal Supremo hace una reflexión acerca de que, si bien puede resultar extraño que el mismo órgano, la Administración Concursal, juzgue en dos momentos diferentes una misma operación no resulta imposible que decida que la reintegración no es viable en un momento y sí en otro posterior, a raíz de una reapertura instada por un acreedor, por el hecho mismo de que las circunstancias han podido cambiar.

En este sentido, reabierto el concurso se traerán al procedimiento todos los bienes y derechos que hubieran aparecido con posterioridad a la conclusión del concurso en caso de liquidación incompleta o de insuficiencia de masa activa o, por su parte, no existiendo bienes o derechos nuevos que traer a la masa, se ejercitarán las acciones de reintegración o de responsabilidad contra el deudor o contra terceros, pudiendo igualmente alegar cuanto se considere relevante para la calificación del concurso como culpable.

Lógicamente, la finalidad de la reapertura es intensificar las posibilidades de satisfacción de los acreedores, por lo que, si ninguna de las acciones o situaciones anteriores es posible, la reapertura no resultará procedente[106]. En el supuesto de hecho de la sentencia sí que es posible este ejercicio a pesar de referirse a una operación realizada antes de la conclusión del concurso y de que en un primer momento la Administración Concursal considerara que no era viable. Tales extremos no son óbice para impedir el ejercicio actual de una acción de reintegración en tanto la finalidad de la reapertura es precisamente esa, satisfacer los intereses de los acreedores ante la aparición de nuevos bienes o la posibilidad de ejercitar acciones de cualquier naturaleza que puedan acrecer la masa activa. Como bien dice el Tribunal Supremo, puede ser extraña esta práctica, pero no es imposible.

---

106 MARTÍNEZ MUÑOZ, M., “Artículo 503. Reapertura del concurso”, en VEIGA, A. (Dir.), *Comentario al Texto Refundido de la Ley Concursal*, tomo II, Cizur Menor, 2021, págs. 996-997.

En concreto, el Tribunal Supremo se basa en las siguientes razones para admitir la acción de reintegración y, por extensión, desestimar el recurso de casación interpuesto.

En primer lugar, deja claro que las acciones de reintegración, en principio y bajo la normativa aplicable (la originaria Ley Concursal de 2003), afectan a los actos de disposición realizados por el deudor concursado antes de la declaración de su concurso. De tal forma que las acciones de reintegración, cuya pretensión de ser ejercitadas podría justificar que un acreedor pidiera la reapertura del concurso atendiendo al antiguo art. 179.3 LC, debían serlo respecto de actos de disposición realizados antes de la declaración de concurso. Este argumento resulta del todo lógico y creemos que tiene por finalidad refutar el hecho de que el recurrente alegue que en reapertura la acción de reintegración solo pueda ejercitarse contra actos nuevos ocurridos tras la conclusión del concurso.

En segundo lugar, precisa el Tribunal Supremo que el hecho de que la acción de reintegración que ahora se ejercita frente a la venta del automóvil no se hubiera indicado en el inventario que se adjuntaba con el informe de la Administración Concursal, ni se hubiera tenido en consideración cuando se informó más tarde para justificar la conclusión del concurso por insuficiencia de masa activa, estableciéndose en el mismo que no existían acciones viables de reintegración de la masa activa, no tiene un efecto preclusivo respecto de su eventual ejercicio en caso de reapertura del concurso, tal y como argumentaban los recurrentes.

En este sentido, la omisión en el inventario de la posibilidad de ejercitar esta acción de reintegración no impide que más tarde, estando pendiente el concurso, pueda ejercitarse, ya que esa mención en el inventario es meramente informativa. Y la manifestación contenida en la solicitud de conclusión del concurso de la inexistencia de acciones viables de reintegración, si bien constituye un presupuesto para que pueda acordarse la conclusión del concurso, no impide que pueda más tarde reabrirse (dentro del año siguiente) para ejercitar acciones de reintegración que la Administración Concursal no entendió inicialmente procedente ejercitar. En este punto, creemos que son más claras las palabras de la Sección 15ª de la Audiencia Provincial de Barcelona que desestimó el recurso de apelación en tanto concretan las posibles razones del no ejercicio de la acción en su momento y sí en el momento actual. Establece la Audiencia: "*Es cierto que la administración concursal juzgó inviable la acción y que resulta difícil de explicar por qué no la interpuso en su momento. Ahora bien, la falta de viabilidad de la acción de reintegración puede obedecer a consideraciones de índole jurídica —por no ser factible en Derecho— o por razones económicas o de otra índole, como puede ser la falta de recursos para ejercitarla o para hacer frente a los efectos de la rescisión. Lógicamente esas circunstancias pueden variar, bien sea porque cambie la perspectiva jurídica o porque se modifique la situación económica y se juzgue oportuno aquello que inicialmente se descartó. Por eso, y porque el articulo 179 permite la reapertura para el ejercicio de acciones de reintegración, el auto de conclusión del concurso es, en este sentido, de carácter provisional y por ello susceptible de ser dejado sin efecto*".

En tercer lugar, advierte el Tribunal Supremo que quien insta la reapertura del concurso para que se ejerciten unas determinadas acciones de reintegración es un acreedor, no la Administración Concursal, sin perjuicio de que quien, una vez producida la reapertura, ejercita la acción de reintegración sea la Administración Concursal, que es quien goza de legitimación originaria para hacerlo. Del mismo modo que, conforme al antiguo art. 72.2 LC (actual art. 232 TRLC), antes de la conclusión del concurso, la Administración Concursal, después de no haber tenido la iniciativa de ejercitar una determinada acción de reintegración, hubiera podido instarla una vez que un acreedor se lo hubiera indicado expresamente, y ante la eventualidad de que de no hacerlo estaría legitimado para interponer la demanda ese acreedor; también ahora, reabierto el concurso por el trámite del antiguo art. 179.3 LC, a instancia de un acreedor para que se ejerciten unas determinadas acciones de reintegración, el Administrador Concursal está legitimado para formular las demandas, y no deja de estarlo por el hecho de que en otro tiempo, pudiendo ejercitar esas determinadas acciones, no lo hubiera hecho.

Así, la Administración Concursal presentó la demanda en el ejercicio de la acción y la dirigió contra el concursado, la sociedad que compró aparentemente el vehículo, así como el administrador de ambas sociedades. Obsérvese cómo cualquier acreedor podría haber ejercitado la acción de reintegración en su momento y no lo hizo y, de la misma manera que el acreedor puede instar a la Administración Concursal a ejercitar la acción, puede igualmente reabrir el concurso y alentar por esta vía al ejercicio de determinadas acciones.

Es decir, el Tribunal Supremo establece aquí un paralelismo entre la iniciativa que tiene un acreedor para reabrir el concurso y solicitar la reintegración y el hecho de que sea efectivamente la Administración Concursal la que ejercite dicha acción de reintegración.

Por último, aunque nada se establezca en la sentencia, parece que puede abrirse la puerta al ejercicio de una acción de responsabilidad contra la Administración Concursal en este punto por incumplimiento de sus deberes en tanto no ejercitó la acción en un momento y solo se ha hecho cuando, un año después, un acreedor reabre el concurso. Es cierto que finalmente no se ha producido daño a la masa porque la Administración Concursal terminó ejercitando la acción de reintegración y ésta tuvo éxito, pero cabe preguntarse si, en este caso, la Administración Concursal actuó con la debida diligencia[107]. Si bien es cierto que el Alto Tribunal califica el no ejercicio de la acción en su momento como de "extraño", también lo avala al no ser imposible y al apelar a la viabilidad del ejercicio en cada momento. Todos estos argumentos, desde luego, podrían ser utilizados por la Administración Concursal en una futura acción de responsabilidad para fundar su buen hacer en aquel momento y evitar la responsabilidad.

Así las cosas, el Tribunal Supremo desestima el recurso de casación interpuesto por los recurrentes y confirma el éxito de la acción de reintegración, anulándose consecuentemente la operación y retornando el vehículo a la masa activa del concurso reabierto para su liquidación.

Con esto, el Tribunal Supremo ha avalado en su sentencia núm. 56/2024, de 17 de enero, la procedencia del ejercicio de una acción de reintegración en la fase de reapertura del concurso por un Administrador Concursal que no consideró viable su ejercicio en un momento previo a la conclusión de dicho procedimiento concursal. Es más, se contempla que el hecho de que en un primer momento la Administración Concursal juzgase inviable la acción por las razones que fueran, sean éstas de índole jurídica, por no ser factible en De-

---

[107] CASTRO DE LUNA, M. J., "Artículo 94. Presupuesto de la responsabilidad", en VEIGA, A. (Dir.), *Comentario al Texto Refundido de la Ley Concursal*, tomo I, Cizur Menor, 2021, págs. 575 y ss.

recho, o por razones económicas o de otra naturaleza, como puede ser la falta de recursos para ejercitarla o para hacer frente a los efectos de la rescisión, no impide el que, ante un cambio de perspectiva jurídica o económica, pueda ejercitarse *a posteriori* con motivo de la reapertura del concurso. La actuación de la Administración Concursal será extraña, pero no imposible.

V. BIBLIOGRAFÍA

BELTRÁN SÁNCHEZ, E., "Algunas consideraciones sobre la composición del patrimonio concursal", en GARCÍA VILLAVERDE, R./ALONSO UREBA, A./PULGAR EZQUERRA, J. (Dirs.), *Estudios sobre el Anteproyecto de Ley Concursal de 2001*, Madrid, 2002, págs. 153 y ss.

BUIL ALDANA, I., "Artículo 667. Protección frente a acciones rescisorias", en PULGAR EZQUERRA, J., (Dir.), *Comentario a la Ley Concursal*, tomo II, 2023, págs. 1393-1402.

CASTRO DE LUNA, M. J., "Artículo 94. Presupuesto de la responsabilidad", en VEIGA, A. (Dir.), *Comentario al Texto Refundido de la Ley Concursal*, tomo I, Cizur Menor, 2021, págs. 574-579.

DE CASTRO, F., "La acción pauliana y la responsabilidad patrimonial. Estudio de los artículos 1911 y 1111 del Código Civil", en *Estudios jurídicos del profesor Federico de Castro*, vol. 1, 2003, págs. 141-184.

ESCRIBANO GAMIR, R., "La reintegración de la masa activa del concurso", *Cuadernos de Derecho y Comercio*, núm. 38, 2002, págs. 47-88.

ESPIGARES HUETE, J. C., *La acción rescisoria concursal*, Cizur Menor, 2011.

GARCÍA-CRUCES, J. A., "Presupuestos y finalidad de la acción de reintegración en el concurso de acreedores. La noción de perjuicio", en GARCÍA-CRUCES GONZÁLEZ, J. A. (Dir.), *La Reintegración en el Concurso de Acreedores*, Cizur Menor, 2014, págs. 31-72.

GARCÍA-CRUCES, J. A., "Acción rescisoria concursal y mala fe de la parte in bonis (STS 16.9.2010)", *Anuario de Derecho Concursal*, núm. 24, 2011, págs. 307-340.

GARCÍA-CRUCES, J. A., De la retroacción de la quiebra a la rescisión de los actos perjudiciales para la masa activa. *Anuario de Derecho Concursal*, núm. 2, 2004, págs. 43-80.

GARCÍA VICENTE, J. R., "Artículo 226. Acciones rescisorias de los actos del deudor", en VEIGA, A. (Dir.), *Comentario al Texto Refundido de la Ley Concursal*, tomo I, Cizur Menor, 2021, págs. 1283-1300.

GULLÓN BALLESTEROS, A., "La acción rescisoria concursal", en *Estudios sobre la Ley Concursal. Libro homenaje a Manuel Olivencia*, Tomo IV, Madrid-Barcelona, 2005, págs. 4125-4135.

HERRERO PÉREZAGUA, J. F., "Legitimación y procedimiento en las acciones de reintegración", en GARCÍA-CRUCES GONZÁLEZ, J. A. (Dir.), *La Reintegración en el Concurso de Acreedores*, Cizur Menor, 2014, págs. 175-210.

MARTÍNEZ MUÑOZ, M., "Entre la extrañeza y la imposibilidad en el ejercicio de la acción de reintegración en el concurso reabierto (comentario a la STS 56/2024, de 17 de enero)", *Anuario de Derecho Concursal*, núm. 63, 2024, en prensa.

MARTÍNEZ MUÑOZ, M., "Artículo 503. Reapertura del concurso", en VEIGA, A. (Dir.), *Comentario al Texto Refundido de la Ley Concursal*, tomo II, Cizur Menor, 2021, págs. 995-997.

MARTÍNEZ MUÑOZ, M., *La calificación del concurso de acreedores. Una institución necesaria*, Cizur Menor, 2019.

PARRA LUCÁN, M. A., "La compatibilidad de la rescisoria concursal con otras acciones de impugnación de actos y contratos", *Anuario de Derecho Concursal*, núm. 19, 2010, págs. 45-86.

PEINADO GRACIA, J. I., "La distribución del riesgo de insolvencia", en *Estudios sobre la Ley Concursal. Libro Homenaje a Manuel Olivencia*, Tomo I, Madrid-Barcelona, 2005, págs. 427-465.

PULGAR EZQUERRA, J., "Financiación interina, nueva financiación y planes de reestructuración en la reforma del Texto refundido de la Ley Concursal", *Revista General de Insolvencias & Reestructuraciones*, núm. 7, 2022, págs. 129-171.

SANCHO GARGALLO, I., *La rescisión concursal*, 2ª ed., Valencia, 2023.

SANJUÁN Y MUÑOZ, E., "El perjuicio para la masa activa", en BELTRÁN, E./SANJUÁN, E. (Dirs.), *La reintegración de la masa. Congreso de Antequera. IV Congreso Español de Derecho de la Insolvencia. VII Congreso de Derecho Mercantil y Concursal de Andalucía. 19-21 abril de 2012*, Cizur Menor, 2012, págs. 129-162.

SHAW MORCILLO, L., "La legitimación pasiva en el ejercicio de la acción rescisoria", en BELTRÁN, E./SANJUÁN, E. (Dirs.), *La reintegración de la masa. Congreso de Antequera. IV Congreso Español de Derecho de la Insolvencia. VII Congreso de Derecho Mercantil y Concursal de Andalucía. 19-21 abril de 2012*, Cizur Menor, 2012, págs. 455-476.

VEIGA COPO, A. B., "Artículo 192. Principio de universalidad", en VEIGA, A. (Dir.), *Comentario al Texto Refundido de la Ley Concursal*, tomo I, Cizur Menor, 2021, págs. 1113-1122.

VEIGA COPO, A. B., *Tratado de la Prenda*, Cizur Menor, 2011.

VILLANUEVA GARCÍA-POMAREDA, B., "La legitimación y las costas de la acción de reintegración", *Anuario de Derecho Concursal*, núm. 27, 2012, págs. 303-324.

24. ALGUNOS ASPECTOS CONTROVERTIDOS SOBRE EL PROCEDIMIENTO ESPECIAL PARA MICROEMPRESAS DEL LIBRO III TRLC

CÉSAR SUÁREZ VÁZQUEZ

Magistrado Juez de lo Mercantil núm. 6 de Barcelona

SUMARIO: I. ¿SON ACUMULATIVOS LOS REQUISITOS PARA LA DETERMINACIÓN DEL ÁMBITO DEL PROCEDIMIENTO ESPECIAL? ¿QUEDAN INCLUIDOS EN SU ÁMBITO LOS PROFESIONALES LIBERALES? ¿EL ART. 685 TRLC DEBE ENTENDERSE QUE EXIGE ESTAR EJERCIENDO UNA ACTIVIDAD EMPRESARIAL O PROFESIONAL EN EL MOMENTO DE PRESENTAR LA SOLICITUD DE APERTURA DEL PROCEDIMIENTO ESPECIAL? II. ¿EL ART. 694.4 TRLC PERMITE PARALIZAR EL LANZAMIENTO RESPECTO DEL LOCAL EN EL QUE EL DEUDOR EJERCE LA ACTIVIDAD SI YA SE HA TRAMITADO UN PROCEDIMIENTO DE DESAHUCIO? ¿EN EL PROCEDIMIENTO DE LIQUIDACIÓN, RESPECTO DE LAS EJECUCIONES DE CRÉDITO PÚBLICO, ¿LAS MISMAS SE SUSPENDEN EN TODO CASO? III. EN CASO DE EXISTENCIA DE UN SOLO ACREEDOR, ¿SE DEBE ADMITIR LA SOLICITUD DE APERTURA DEL PROCEDIMIENTO ESPECIAL? Y SI DURANTE EL PROCEDIMIENTO SOLO QUEDA UN ACREEDOR, ¿CÓMO SE DEBE PROCEDER, TENIENDO EN CUENTA QUE NO EXISTE PREVISIÓN EXPRESA RESPECTO DE ESTE SUPUESTO EN EL ART. 720 TRLC?? IV. CÓMPUTO DEL PLAZO DE 20 DÍAS HÁBILES A QUE SE REFIERE EL ART. 706 RESPECTO DE LA DETERMINACIÓN DE LA MASA ACTIVA Y PASIVA. V. LIBRO III Y CONCURSO SIN MASA: ¿DEBEMOS CONSIDERAR QUE EN ESE CASO PROCEDE LA TRAMITACIÓN DE LOS ART. 37 Y BIS Y SIGUIENTES TRLC O PROCEDE LA TRAMITACIÓN DE LOS PROCEDIMIENTOS SIN MASA DE DEUDORES QUE QUEDEN COMPRENDIDOS EN EL ÁMBITO DEL ART. 685 POR EL PROCEDIMIENTO REGULADO EN EL LIBRO III? VI. ¿QUÉ INTERPRETACIÓN DEBE DARSE A LA PREVISIÓN DEL ART. 706.4 TRLC? VII. EN CASO DE FRUSTRACIÓN DEL PLAN DE CONTINUACIÓN CONFORME A LOS SUPUESTOS PREVISTOS EN EL ART. 699 BIS TRLC, SI EL DEUDOR ES PERSONA FÍSICA PUEDE SOLICITAR EL EPI CONFORME AL ART. 700 TRLC. SIN EMBARGO, LA FRUSTRACIÓN DEL PLAN DE CONTINUACIÓN DETERMINA LA APERTURA DEL PROCEDIMIENTO DE LIQUIDACIÓN, SIEMPRE QUE EL DEUDOR SE ENCUENTRE EN SITUACIÓN DE INSOLVENCIA ACTUAL:¿ELLO DETERMINA QUE SÓLO PUEDE ACCEDER AL EPI POR LA VÍA DE LOS ART. 501 Y 502 TRLC? VIII. PROCEDIMIENTO DEL LIBRO III Y TRABAJADORES: ¿CÓMO PROCEDER EN CASO DE QUE SE DEBA TRAMITAR UN DESPIDO COLECTIVO? EN CASO DE EXTINCIÓN INDIVIDUAL DE CONTRATOS DE TRABAJO UNA VEZ ABIERTO EL PROCEDIMIENTO ESPECIAL SIN NOMBRAMIENTO DE ADMINISTRACIÓN CONCURSAL: ¿PUEDE EL JUZGADO CERTIFICAR A EFECTOS DE COBERTURA POR EL FOGASA? EN LOS SUPUESTOS DE INEXISTENCIA O INSUFICIENCIA DE MASA EXISTIENDO CONTRA-

TOS LABORALES EN VIGOR: ¿PROCEDE LA TRAMITACIÓN POR LOS ART. 37 BIS Y SIGUIENTES O POR EL LIBRO III?

El llamado procedimiento especial de microempresas, regulado *ex novo* en el Libro III del TRLC aprobado por Ley 16/2022 plantea, por su inédita regulación y por sus numerosos problemas interpretativos, numerosos interrogantes que pueden ser solventados con vocación de uniformidad, aun cuando el casuismo de los procedimientos y su todavía no implantada aplicación nos llevan a pensar que no se trata de soluciones definitivas ni siquiera unívocas.

Una primera cuestión, incluso preliminar, es la de su propio ámbito de aplicación.

I. ¿SON ACUMULATIVOS LOS REQUISITOS PARA LA DETERMINACIÓN DEL ÁMBITO DEL PROCEDIMIENTO ESPECIAL? ¿QUEDAN INCLUIDOS EN SU ÁMBITO LOS PROFESIONALES LIBERALES? ¿EL ART. 685 TRLC DEBE ENTENDERSE QUE EXIGE ESTAR EJERCIENDO UNA ACTIVIDAD EMPRESARIAL O PROFESIONAL EN EL MOMENTO DE PRESENTAR LA SOLICITUD DE APERTURA DEL PROCEDIMIENTO ESPECIAL?

Para entrar en el ámbito del procedimiento los deudores deben ser "personas naturales o jurídicas que lleven a cabo una actividad empresarial o profesional" (y reúnan una serie de características) (art. 685.1 TRLC).

El TRLC incluye en su ámbito subjetivo tanto a los empresarios en sentido estricto como a aquellas personas que desarrollan actividades profesionales. De este modo, por ejemplo, también respecto de los profesionales liberales debe entenderse que entran en el ámbito de aplicación del procedimiento especial.

La norma capta aquellas personas físicas que habitualmente realizan una actividad "económica" de modo personal y directo, a título lucrativo, sin contrato de trabajo, y que quedan sometidos al régimen jurídico del "trabajador autónomo" (según la definición del art. 1 de la Ley 20/2007, de 11 de julio, del Estatuto del Trabajo Autónomo.

En todo caso, entrarán en el presupuesto las personas físicas y las jurídicas, con independencia de su forma.

También tienen cabida en el LIBRO III los emprendedores personas físicas (también los emprendedores personas jurídicas) conforme a la delimitación del art. 3 de la Ley 14/2013, de 27 de septiembre, de apoyo a los emprendedores y a su internacionalización. Sin embargo, no parece que quepan en el ámbito de la norma otras personas naturales que, operando en el mercado, no desarrollen una actividad empresarial o profesional (puede ser el caso de agricultores, artesanos y artistas)

Aunque el artículo 685 TRLC no establece nada al respecto, tanto la naturaleza del procedimiento como su coherencia sistemática con el resto del TRLC justifican la exclusión de las entidades de naturaleza jurídico-pública, sometidas a derecho administrativo.

En definitiva, aunque la norma no distingue entre públicas y privadas, atendiendo al art. 1.3. TRLC, cabe excluir de este procedimientos a las organizaciones que integran la organización territorial del Estado, los organismos públicos y demás entes de Derecho Público y, del mismo modo que ocurre con la interpretación del art. 1 TRLC, respecto del presupuesto subjetivo del concurso, no resulta del todo claro si resultan excluidas del procedimiento especial las sociedades y fundaciones públicas (aunque en relación con las microempresas la exclusión normalmente vendrá dada no tanto por su tipología, sino por la falta de cumplimiento de los requisitos y condiciones del art. 685.1 TRLC).

El art. 685.1 TRLC prevé que el procedimiento especial para microempresas será aplicable a los deudores que sean personas naturales o jurídicas que lleven a cabo una actividad empresarial o profesional, siempre que reúnan los siguientes requisitos con carácter cumulativo: i) durante el año anterior a la solicitud hayan empleado una media de menos de 10 trabajadores (o número de horas de trabajo realizadas por el conjunto de la plantilla sea igual o inferior al que hubiera correspondido a menos de 10 trabajadores a tiempo completo); ii) tener una volumen de negocio anual inferior a los 700.000 euros o (con carácter alternativo) un pasivo inferior a 350.000 euros, según las últimas cuentas cerradas en el ejercicio anterior a la presentación de la solicitud.

La duda interpretativa surge por cuanto el art. 685.1 TRLC alude expresamente a que “lleven cabo” una actividad empresarial o profesional, lo que, según una interpretación literal de la norma, excluye a empresarios y profesionales que hayan llevado a cabo las actividades empresariales o profesionales, pero que no tengan actividad en el momento de la solicitud.

Se pueden sostener diversas interpretaciones: así, si se atiende al tenor literal de la norma (que la actividad empresarial o profesional se ejerza en el momento de la solicitud), ello implicaría considerar que la redacción literal del artículo exige que los empresarios, personas físicas o jurídicas, que deseen acogerse al procedimiento especial, deben estar desarrollando una actividad empresarial o profesional en el momento de efectuar la solicitud, debiendo excluir a los que hayan cesado en esas actividades en un momento inmediatamente anterior. En este último caso, procedería un Auto de Inadmisión, sin perjuicio de la posibilidad del deudor de presentar concurso ordinario posterior.

Por otro lado, puede entenderse que no se precisa actividad, pues el precepto sólo indica que de su actividad empresarial o profesional existan o hayan existido relaciones laborales de menos de 10 trabajadores, y o bien un volumen de facturación inferior a 700.000€, o un pasivo inferior a 350.000€. De dichos requisitos no se infiere necesariamente la necesidad de actividad en el momento de efectuar la solicitud de apertura del procedimiento especial. Otro argumento sería que la propia solicitud permite que se indique si se quiere proponer un plan de continuación, o una liquidación con o sin transmisión de empresa, que en este último caso permite afirmar que no es necesario están en funcionamiento o actividad.

Además, el artículo 713 del TRLC, reconoce expresamente la posibilidad de que la empresa haya cesado en su actividad, sin distinguir si ese cese ha sido previo o posterior al inicio procedimiento especial de microempresas, en cuyo caso, los acreedores que quieran solicitar el nombramiento de administración concursal, bastará que sean titulares del 10% del pasivo (el porcentaje anterior quedará reducido al diez por ciento en caso de paralización de la actividad empresarial o profesional del deudor) Por último, si admitiéramos un tratamiento distinto para el microempresario que llega al procedimiento con actividad y para el que ha cesado en la misma, se estaría incentivando que aquellos deudores que no deseen someterse al Libro III cesen en su actividad antes de presentar la solicitud y, por lo tanto, se estaría dejando en manos del deudor la elección del procedimiento aplicable.

Por los argumentos en favor de la flexibilidad expuestos, se considera por unanimidad que será indiferente si hay cese de actividad o no, de modo que no resulte condicionado el procedimiento en función de la unilateral y previa cesación de actividad del concurso.

En segundo lugar, procede abordar la cuestión de los efectos generales que produce la apertura del procedimiento.

II. ¿EL ART. 694.4 TRLC PERMITE PARALIZAR EL LANZAMIENTO RESPECTO DEL LOCAL EN EL QUE EL DEUDOR EJERCE LA ACTIVIDAD SI YA SE HA TRAMITADO UN PROCEDIMIENTO DE DESAHUCIO? ¿EN EL PROCEDIMIENTO DE LIQUIDACIÓN, RESPECTO DE LAS EJECUCIONES DE CRÉDITO PÚBLICO, ¿LAS MISMAS SE SUSPENDEN EN TODO CASO?

Los efectos de la apertura del procedimiento especial se regulan en los art. 694 TRLC (efectos generales de la apertura del procedimiento especial); 694 bis TRLC (efectos de la apertura del procedimiento de continuación y del procedimiento de liquidación con transmisión de empresa en funcionamiento) y art. 694 ter (efectos de la apertura del procedimiento de liquidación sin transmisión de empresa en funcionamiento).

En relación al art. 694 TRLC, la duda se plantea en relación al art. 694.4 TRLC, que prevé que la apertura del procedimiento especial supondrá la paralización de las ejecuciones judiciales o extrajudiciales sobre los bienes y derechos del deudor, con independencia de si la ejecución se había o no iniciado en el momento de la solicitud y de la condición del crédito o del acreedor.

El mismo precepto excepciona las ejecuciones de créditos con garantía real y prevé que tampoco se suspenderán las ejecuciones de los créditos que no se vean afectados por el plan de continuación, con una mención específica a los créditos públicos, que prevé que no se suspenderá la ejecución de los créditos que tengan la calificación de privilegiados de acuerdo con las reglas generales, ni en todo caso, de los porcentajes de las cuotas de Seguridad Social cuyo abono corresponda a la empresa por contingencias comunes y profesionales, ni a los porcentajes de la cuota del trabajador que se refieran a contingencias comunes o accidentes de trabajo y enfermedad profesional.

Por tanto, será posible paralizar el lanzamiento respecto del local en el que el deudor ejerce su actividad empresarial o profesional. La duda surge respecto del crédito público y específicamente respecto del procedimiento de liquidación, planteándose la cuestión de si las ejecuciones de crédito público se suspenden en todo caso: de este modo, cuando los art. 701 y siguientes regulan las medidas que se pueden solicitar en el procedimiento especial de continuación, el art. 701.1 TRLC se refiere a la posibilidad de que el deudor, con la solicitud de apertura o en otro momento posterior, pueda solicitarla suspensión de las ejecuciones judiciales y extrajudiciales sobre bienes y derechos necesarios para la actividad empresarial y profesional que deriven del incumplimiento de un crédito con garantía real o de un crédito público, con independencia de si la ejecución se había iniciado o no en el momento de la solicitud y de la condición del crédito o del acreedor.

En cambio, el art. 712 TRLC, dentro del capítulo que regula las medidas que se pueden solicitar en el procedimiento especial de liquidación, se refiere a la posibilidad del deudor, desde la apertura de la liquidación y en tanto que exista posibilidad objetiva razonable de que la empresa o unidades productivas puedan transmitirse en funcionamiento, de solicitar la suspensión de las ejecuciones judiciales o extrajudiciales sobre bienes y derechos necesarios para la actividad empresarial y profesional que deriven del incumplimiento de un crédito con garantía real, con independencia de si la ejecución se había iniciado o no en el momento de la solicitud y de la condición del crédito o del acreedor.

En este caso no se hace mención al crédito público, lo que abona la interpretación de que en el procedimiento de liquidación las ejecuciones de crédito público se suspenden en todo caso.

En consecuencia, apelando a la diferente regulación de los módulos en cada uno de los itinerarios (liquidación y continuación), debe entenderse que se suspenden en todo caso las ejecuciones de crédito público en el procedimiento de liquidación.

III. EN CASO DE EXISTENCIA DE UN SOLO ACREEDOR, ¿SE DEBE ADMITIR LA SOLICITUD DE APERTURA DEL PROCEDIMIENTO ESPECIAL? Y SI DURANTE EL PROCEDIMIENTO SOLO QUEDA UN ACREEDOR, ¿CÓMO SE DEBE PROCEDER, TENIENDO EN CUENTA QUE NO EXISTE PREVISIÓN EXPRESA RESPECTO DE ESTE SUPUESTO EN EL ART. 720 TRLC??

El art. 720 TRLC se dedica a la conclusión del procedimiento especial.

En primer lugar, cabe decir que, aunque tal precepto se ubica dentro del procedimiento de liquidación, se entiende que existe un defecto de técnica legislativa, pues las causas de conclusión son comunes al procedimiento de liquidación y de continuación.

Dicho precepto no contempla como causa de conclusión y archivo la existencia de un único acreedor (ni *ab initio* ni a lo largo del procedimiento), como sí se prevé en el art. 465 para el concurso. Ello puede dar lugar a dos interpretaciones:

– una interpretación literal y finalista, que entenderá que, como el legislador no la ha incluido en microempresas como causa de conclusión, como sí ha hecho en el 465, se podrá abrir el procedimiento especial aunque sólo exista un acreedor y que no deberá concluirse cuando, habiéndose abierto con más de un acreedor, quede sólo uno a lo largo de procedimiento. Además, puede argumentarse que la voluntad del legislador es que se liquiden los bienes del deudor para pagar a los acreedores (aunque sea solo uno) o que se cumpla un plan de continuación (aunque sólo prevean pagos a un acreedor), dejando además abierta así la posibilidad de obtener la EPI.

– una interpretación lógica, que entiende que el concurso, por su propia naturaleza, requiere la concurrencia de acreedores y a lo largo del Libro III no se contiene ninguna referencia a la posible existencia de un solo acreedor, sino que se refiere a ellos en plural.

Ello permite alcanzar la conclusión de que ha de ser admitido el concurso y pasado el plazo, si no se persona ningún acreedor adicional, habrá de ser archivado.

IV. CÓMPUTO DEL PLAZO DE 20 DÍAS HÁBILES A QUE SE REFIERE EL ART. 706 RESPECTO DE LA DETERMINACIÓN DE LA MASA ACTIVA Y PASIVA

Los créditos y el inventario quedarán determinados de manera definitiva si en los 20 días siguientes a la apertura del procedimiento ningún acreedor ha presentado alegaciones sobre la cuantía, características o naturaleza de su crédito o sobre el inventario, y sin ningún acreedor ha insinuado su crédito solicitando su inclusión. La pasividad de los acreedores se considera una conformidad tácita respecto de los créditos incluidos en la lista y respecto del contenido del inventario, pero: ¿El plazo de 20 días debe computarse desde la resolución de apertura o desde su notificación?

Según el art. 706 TRLC, una vez abierto el procedimiento de liquidación, los créditos y el inventario quedarán determinados de manera definitiva si en los 20 días siguientes a la apertura del procedimiento ningún acreedor ha presentado alegaciones sobre la cuantía, características o naturaleza de su crédito o sobre el inventario, y si ningún acreedor (no incluido en la lista inicial) ha insinuado su crédito solicitando su inclusión en el procedimiento. En cambio, si se realizan alegaciones sobre los créditos o sobre el inventario, o si se insinúa un nuevo crédito, el deudor (y el AC si estuviera nombrado) realizarán alegaciones sobre la modificación del crédito o del inventario o sobre la insinuación del nuevo crédito, resolviéndose por el juez (que podrá convocar a una vista). Se trata, en fin, de un sistema ágil y abreviado de determinación de la masa activa y pasiva, que quedarán determinados de manera definitiva si en los 20 días ningún acreedor impugna su crédito, ni el inventario, ni insinúa su crédito, y que transcurre en paralelo con las operaciones de liquidación, desapareciendo la fase común del concurso y el informe de la AC.

Como ocurre en el procedimiento de continuación, la pasividad de los acreedores se considera aceptación de los términos con que se ha incluido su crédito en la lista y del contenido del inventario (conformidad tácita respecto la masa activa y pasiva). El problema que se plantea es el cómputo del plazo de 20 días. Se establece que se computa desde la apertura del procedimiento especial. Si ello sucede tras la frustración del plan de continuación, no parece que pueda causar indefensión a nadie. Pero si la apertura de la liquidación se acuerda al inicio del procedimiento especial, puede producirse indefensión a los acreedores.

En efecto, según los arts. 692.4 TRLC y 692.*bis* TRLC el auto de apertura del procedimiento especial se notificará por al LAJ al deudor y, en su caso, al acreedor solicitante, y lo remitirá al RPC. Asimismo, será el deudor (aunque la solicitud la hubiese presentado un acreedor o un socio) el que comunicará electrónicamente la apertura a los acreedores incluidos en su solicitud, de cuya dirección electrónica tenga constancia, y se prevé que, en caso de apertura a solicitud de los acreedores, la publicación en el RPC surtirá los efectos de notificación respecto del deudor y de los acreedores de cuya dirección no se tenga constancia (aunque esto debería aplicarse también para el caso de que el solicitante sea el deudor y también debería aplicarse respecto de los acreedores omitidos en la solicitud).

Pues bien, si el *dies a quo* es la fecha de la resolución de apertura, y no la fecha de su notificación (por el LAJ, por el deudor o por su publicación en el RPC), podrá ocurrir que la notificación se produzca cuando ya hayan transcurrido varios días (o el plazo entero de 20 días), lo cual produce indefensión a los acreedores y puede dificultar el ejercicio efectivo de la impugnación.

En este sentido, la Propuesta de Directiva establece en su art. 46 que el listado de acreedores y el inventario quedarán configurados a partir de la lista aportada por el deudor en el formulario normalizado, y que cualquier acreedor tiene un plazo de 30 días desde la publicación en el "registro de insolvencia" o desde la recepción de la comunicación individualizada para comunicar *ex novo* su crédito o para corregir los términos en que su crédito ha sido reconocido por el deudor.

En conclusión, con esta interpretación, entenderíamos que, transcurridos los 20 días, tanto los créditos sobre los que no se hayan formulado alegaciones, como las partidas del inventario no impugnadas se considerarán definitivos.

Por ello se considera que lo más razonable será considerar como *dies a quo* el de la publicación en el RPC de la apertura del procedimiento especial, para evitar la indefensión, dado que esta publicidad concursal se producirá, en general, en un lapso de tiempo posterior a la notificación a los posibles acreedores, de modo que se flexibiliza, en aras a una solución más garantista, la posibilidad de que éstos puedan efectuar alegaciones.

V. LIBRO III Y CONCURSO SIN MASA: ¿DEBEMOS CONSIDERAR QUE EN ESE CASO PROCEDE LA TRAMITACIÓN DE LOS ART. 37 Y BIS Y SIGUIENTES TRLC O PROCEDE LA TRAMITACIÓN DE LOS PROCEDIMIENTOS SIN MASA DE DEUDORES QUE QUEDEN COMPRENDIDOS EN EL ÁMBITO DEL ART. 685 POR EL PROCEDIMIENTO REGULADO EN EL LIBRO III?

El Libro III no prevé que se pueda declarar y concluir el concurso *ab initio*, cuando ya inicialmente se aprecie la insuficiencia de masa o incluso la inexistencia de masa, sino que sólo se contempla como causa de conclusión (art. 720 TRLC) cuando se aprecia en un momento posterior (insuficiencia sobrevenida).

Pues bien, ante la insuficiencia o la inexistencia de bienes apreciada en el momento inicial, que no se contempla en este Libro III, existen dos tesis:

- los que abogan por la aplicación de los arts. 37.*bis* a 37.*quinquies*, de conformidad con la regla del 689 (aplicación supletoria del Libro I), porque el Libro III no regula expresamente los supuestos de insuficiencia inicial. En este sentido se respondieron las cuestiones que se plantearon en el seno del Consejo General de la Abogacía (en que se defendió que para aplicar el Libro III deben existir bienes suficientes, pues si la masa activa es insuficiente o inexistente, se debe aplicar el 37.ter).

Una modulación de esta tesis la constituye la que podríamos considerar una solución mixta: ante la inexistencia o insuficiencia de masa se declararía el procedimiento especial de microempresa, sin más pronunciamientos, a la espera de que en el plazo de 15 días los acreedores que representen el 5% del pasivo puedan solicitar el nombramiento de un AC a los fines del 37.ter y ss.

• los que abogan por la no aplicación del 37.ter, sino del Libro III. Conforme a esta postura, una vez presentado el formulario electrónico de solicitud de apertura, si es sin masa, no puede regir el 37.bis, sino que deben aplicarse las reglas especiales de este procedimiento especial, y aquí hay, a su vez, tres tesis sobre el procedimiento a seguir:

– aplicar los arts. 695, 696 y 716 (acciones rescisorias y de responsabilidad dentro del Libro III y calificación abreviada), de modo que el procedimiento especial se debe tener abierto 60 días, pues es el plazo para solicitar la apertura de la calificación abreviada y después ya concluirlo.

– declarar y concluir simultáneamente por el 720.1.3º, que prevé como causa de conclusión del procedimiento especial que “se compruebe la insuficiencia de masa activa para satisfacer los créditos contra la masa”, y si queda algún activo, se seguirá vendiendo a través de la plataforma.

– declarar y, de conformidad con el 719.4, entendiendo que el deudor está solicitando la conclusión, dar traslado a los acreedores para que puedan oponerse a la conclusión, y si no se oponen, se concluye conforme al 720.1.3º, y si queda algún activo, se seguirá vendiendo a través de la plataforma.

Partiendo de estas diferentes posibilidades, los argumentos a favor de aplicar el Libro III hacen hincapié en el hecho de que cualquier solicitud que se haga por un microempresario, tenga o no tenga masa activa, debe ir por el Libro III, a partir de 1 de enero de 2023, pues el art. 1.2 TRLC es terminante al señalar que los microempresarios no pueden ser declarados en concurso sino que deben ir al procedimiento especial (de hecho, se ha modificado el formulario normalizado de solicitud para introducir un apartado específico en que pueda indicarse que es sin masa activa), y si presentan la solicitud por el Libro I, debe inadmitirse a trámite.

También se argumenta que el Libro III ya proporciona una respuesta adecuada a la problemática de los concursos sin masa, pues si bien es cierto que no se prevé que en el mismo auto de apertura del juez pueda concluir el procedimiento especial (ni por masa inexistente ni por masa insuficiente), sí que se prevé como causa de conclusión una vez abierto ("*en cuanto se compruebe*") y además se tutelan mejor los intereses de los acreedores, por lo que no resulta necesario acudir al Libro I. La mejor tutela de los acreedores se consigue porque: la apertura del procedimiento se les notifica personalmente y no a través del BOE; tienen acceso a toda la documentación del deudor, mientras que en el 37.bis TRLC los acreedores han de tomar la decisión de solicitar o no el nombramiento de AC para la emisión del informe "a ciegas", sin información alguna; para solicitar la designación de AC para que ejercite acciones rescisorias y de responsabilidad tienen 45 días (y 60 días para solicitar la apertura de la calificación), frente a los escasos 15 días con los que cuentan en el 37.bis TRLC, y por último, cuando el deudor tenga bienes de escaso valor (que en el art. 37.bis TRLC quedarán en poder del deudor para evitar el coste de su realización), en el procedimiento especial los bienes podrán ser enajenados a través de la plataforma, sin incurrir en coste alguno, lo cual redunda en beneficio de los acreedores.

En tercer lugar, se considera que la regla del art. 689 TRLC (aplicación supletoria del Libro I) no es automática, sino que exige realizar "las adaptaciones que resulten precisas para acomodar los principios que presiden este procedimiento especial", y en el caso del sin masa, parece que el régimen de los arts. 37.bis y ss es incompatible con la finalidad que persigue el procedimiento especial, cuya conclusión se vincula a la liquidación de los activos, y por ello, en el caso de insuficiencia sobrevenida, se prevé que en cuanto se compruebe la insuficiencia de la masa activa para satisfacer los créditos contra la masa, los bienes no liquidados se mantendrán en la plataforma, que continuará realizando pagos a medida que se vayan vendiendo los bienes. Es claro, pues, que el procedimiento busca una liquidación de los activos, aunque sean insuficientes e incluso tras la conclusión del procedimiento, lo cual es incompatible con el 37.ter TRLC.

Un último argumento para defender que no debe aplicarse el 37.ter TRLC sino el procedimiento especial es que la Propuesta de Directiva publicada el 7 de diciembre de 2022 para la armonización de ciertos aspectos del derecho de la insolvencia, que en su Título VI instaura un procedimiento especial simplificado para la liquidación de las microempresas (art. 38), estableciendo que la ausencia de bienes del deudor o su insuficiencia para cubrir los costes del procedimiento, no son causa para la denegación de la apertura y tramitación del procedimiento, debiendo en estos casos los Estados miembros asegurar que se cubran los costes del proceso (no se dice cómo, aunque el considerando 36 apunta a que la liquidación podrá realizarse por los tribunales o por un órgano administrativo).

A la vista de las diferentes alternativas expuestas, se propone la tramitación como concurso sin masa, haciendo prevalecer la aplicación supletoria del Libro I, al considerar que la inexistencia de masa en los términos del artículo 37 bis TRLC es una especialidad que se extiende a cualquier otra modalidad concursal o procedimiento especial por cuanto se trata de un elemento estructural-imposibilidad de realizar los bienes en términos de conseguir un mínimo retorno para los acreedores-que implica su tramitación con arreglo a las previsiones que para este supuesto establece la ley.

VI. ¿QUÉ INTERPRETACIÓN DEBE DARSE A LA PREVISIÓN DEL ART. 706.4 TRLC?

El tenor literal del precepto es el siguiente: "*El juez podrá convocar una vista que habrá de celebrarse dentro de los diez días siguientes a la finalización del plazo para alegaciones del deudor o de la administración concursal. Cuando el deudor sea persona jurídica y no exista duda objetiva de que el activo no será suficiente para satisfacer, ni siquiera parcialmente, el crédito que se insinúa o cuya modificación se pretende, el juez no convocará vista ni realizará trámite ulterior alguno. En todo caso, el juez decidirá mediante auto sobre la solicitud de inclusión o modificación en el plazo de quince días hábiles desde que finalizó el plazo de alegaciones.*"

Hay que tener en cuenta que en el procedimiento especial de microempresas no existe una fase común destinada a proponer en el informe del AC los créditos, previa comunicación, con una eventual contradicción y final determinación, ordenación y clasificación.

Por lo tanto, esta previsión del art. 706.4 TRLC parece que configura un cauce para el posible conflicto que se provoque si los acreedores hacen uso de la facultad que les atribuye el art. 706.1 TRLC, esto es, que en los veinte días hábiles siguientes a la apertura del procedimiento especial de liquidación, puedan presentar por medios electrónicos, a través de formulario normalizado, alegaciones en relación con la cuantía, características y naturaleza de su crédito, o respecto del inventario de la masa activa, con la trascedente consecuencia, art. 706.1, *in fine TRLC,* de que, transcurrido dicho plazo, se considerarán definitivos tanto los créditos sobre los que no se hayan realizado alegaciones como las partidas del inventario no impugnadas.

A este escenario hay que sumar el hecho de que cualquier persona que se considere acreedor y que no ha sido incluido como tal por el deudor, puede igualmente solicitar su inclusión como tal (art. 706.2 TRLC).

Pues bien, si esas eventuales alegaciones en relación con el crédito de cualquier acreedor o con el inventario, cuestiones que hasta ese momento se habrán fijado unilateralmente por el concursado, resultan controvertidas, por el cauce del art. 706.3 TRLC, es decir, por medio de alegaciones a su vez formuladas por el deudor o por, en su caso, el administrador concursal, el texto legal articula una vía que se concibe como de libre disposición del juez (utiliza la expresión "*el juez podrá*") por la que se sometan estas controversias en una vista sometida a contradicción y con la práctica de la prueba que se estime pertinente. El texto sólo habla de vista, pero es evidente la asimilación a su homóloga en el incidente concursal.

Ahora bien, en el caso de que esa vista sea convocada por el juez del procedimiento especial, ¿podemos entender aplicables todos los principios y particularidades del incidente concursal? ¿debe abrirse una pieza separada? ¿Se aplicarían sin más las previsiones del art. 687 TRLC, en lo que se refiere a que, como regla general, el juez pueda dictar resolución al finalizar la vista de manera oral?

Al respecto, curiosamente, el propio art. 706.4 TRLC parece dar la respuesta cuando afirma "*En todo caso, el juez decidirá mediante auto sobre la solicitud de inclusión o modificación en el plazo de quince días hábiles desde que finalizó el plazo de alegaciones*".

El criterio general de simplicidad y celeridad que el legislador ha querido dar a este procedimiento especial, ni siquiera calificado como concurso de acreedores, debe ser aplicado al caso, en el sentido de evitar, en la medida de lo posible, las características generales del incidente concursal. Habrá que entender, por lo tanto, que la celebración de la vista debe ser de aplicación muy restrictiva; que no ha de tramitarse como pieza separada, dada la apuesta general por un procedimiento formulario, y que incluso el juez podrá acotar los medios de prueba, que generalmente serán documentales (lo que incide en el carácter excepcional de la vista).

Una confirmación de la simplicidad procesal la constituye el hecho de que el art. 706 TRLCexcluya la celebración de vista cuando el deudor sea persona jurídica y no exista duda objetiva de que el activo no será suficiente para satisfacer, ni siquiera parcialmente, el crédito que se insinúa o cuya modificación se pretende.

Pueden sistematizarse los supuestos en dos posibilidades diferentes

1.- Cuando no hay duda objetiva, en cuyo caso bastaría con el redactado de un auto, sin celebración de vista.

2.- Cuando hay duda de si hay masa o no, de modo que aquí habría que celebrar vista y resolver oralmente si el deudor alega que no podrá atender al pago de las deudas y ello no resulta controvertido por los eventuales acreedores.

VII. EN CASO DE FRUSTRACIÓN DEL PLAN DE CONTINUACIÓN CONFORME A LOS SUPUESTOS PREVISTOS EN EL ART. 699 BIS TRLC, SI EL DEUDOR ES PERSONA FÍSICA PUEDE SOLICITAR EL EPI CONFORME AL ART. 700 TRLC. SIN EMBARGO, LA FRUSTRACIÓN DEL PLAN DE CONTINUACIÓN DETERMINA LA APERTURA DEL PROCEDIMIENTO DE LIQUIDACIÓN, SIEMPRE QUE EL DEUDOR SE ENCUENTRE EN SITUACIÓN DE INSOLVENCIA ACTUAL:¿ELLO DETERMINA QUE SÓLO PUEDE ACCEDER AL EPI POR LA VÍA DE LOS ART. 501 Y 502 TRLC?

En el procedimiento del Libro III parece que la frustración del Plan de continuación, que determina la apertura de la liquidación (art. 699.bis.1), privaría al deudor de la opción del Plan de Pagos.

Se puede sostener una interpretación más flexible y aceptar que el deudor opte por la exoneración por la vía del Plan de Pagos. Refuerza esta interpretación el art. 700 TRLC, que establece que el deudor puede solicitar la exoneración conforme al Libro I, sin distinción de itinerarios. Se podría objetar que en el Libro III solo se abre calificación si se acuerda la liquidación (art. 716.1 TRLC), por lo que el deudor podría llegar a evitar un pronunciamiento en sede de calificación y pretender la exoneración por la vía del Plan de Pagos, pero en ese caso:

i. no debe olvidarse que el juez debe constatar que el plan es objetivamente viable;

ii. el art. 487.1.6º TRLC también permite denegar la exoneración si se acredita que el deudor ha proporcionado información falsa o engañosa o se ha comportado de manera negligente o temeraria al tiempo de contraer el endeudamiento o de evacuar sus obligaciones. Estos dos mecanismos permiten evitar que el empresario acceda a la exoneración sin liquidación en supuestos patológicos

Como buena práctica, el deudor debería indicar al inicio del procedimiento que formula, como petición subsidiaria, evitar la liquidación y someterse al Plan de Pagos que proponga o en el Auto por el que se abra el procedimiento especial, indicar que tiene esa posibilidad, en tanto no se produzca la frustración del Plan de continuación y se abra la liquidación.

VIII. PROCEDIMIENTO DEL LIBRO III Y TRABAJADORES: ¿CÓMO PROCEDER EN CASO DE QUE SE DEBA TRAMITAR UN DESPIDO COLECTIVO? EN CASO DE EXTINCIÓN INDIVIDUAL DE CONTRATOS DE TRABAJO UNA VEZ ABIERTO EL PROCEDIMIENTO ESPECIAL SIN NOMBRAMIENTO DE ADMINISTRACIÓN CONCURSAL: ¿PUEDE EL JUZGADO CERTIFICAR A EFECTOS DE COBERTURA POR EL FOGASA? EN LOS SUPUESTOS DE INEXISTENCIA O INSUFICIENCIA DE MASA EXISTIENDO CONTRATOS LABORALES EN VIGOR: ¿PROCEDE LA TRAMITACIÓN POR LOS ART. 37 BIS Y SIGUIENTES O POR EL LIBRO III?

La certificación del LAJ no tiene la consideración de título a los efectos de abono de prestaciones por FOGASA. Al no estar específicamente resuelta en el Libro III del TRLC la exigencia de respetar los derechos laborales también en el procedimiento especial, se aconsejaría aplicar el procedimiento de despido colectivo del articulo 51 ET, llamado comúnmente "ERE concursal", cuando el número de trabajadores cuyas relaciones laborales se ven afectadas por efecto de la insolvencia exceda de cinco.

En el concurso de la microempresa carente de masa, en el que se ha convenido que esta última condición determina su tramitación por las reglas de los arts. 37 bis TRLC y siguientes, se plantea el problema de que, carente el procedimiento, salvo petición de los acreedores que representen el cinco por ciento del pasivo total, de la asistencia del administrador concursal, no existiría título habilitante al abono de las prestaciones correspondientes a los trabajadores por parte de FOGASA.

De otra parte, una eventual certificación de los créditos laborales por parte del LAJ no podría exceder de la simple constatación de que éstos son los aportados por el concursado, sin posible control sobre su verdadera existencia y cantidad.

Por ello, a fin de evitar el grave inconveniente que para los trabajadores de la concursada supondría la falta de abono de sus prestaciones por FOGASA, se propone, como buena práctica, requerir al concursado a los efectos de que proponga el nombramiento de un administrador concursal, de modo que con su intervención pueda adverarse la existencia y cuantía de los créditos laboral, habilitando de este modo a la satisfacción de los que correspondan en las cuantías exactas por el organismo público.

También puede ocurrir que el trabajador tenga un crédito laboral incluido en la lista de acreedores que aporta el deudor (por ejemplo, en concepto de salario, finiquito e indemnización).

En este caso, a los efectos de obtener pago por parte del FOGASA, si se ha procedido al nombramiento de Administrador Concursal, éste certificará el crédito contra la masa (art. 709) y el LAJ el crédito privilegiado (art. 706).

25. LOS PLANES DE REESTRUCTURACIÓN LIQUIDATIVOS Y EL CASO BIANCHEZZA

JOSU ECHEVERRIA LARRAÑAGA
Economista
Socio de Reestructuraciones e Insolvencia en PwC

I. SOBRE LOS PLANES DE REESTRUCTURACIÓN LIQUIDATIVOS Y EL AUTO DEL JUZGADO DE LO MERCANTIL NUM. 12 DE MADRID, DE FECHA 20 DE NOVIEMBRE DE 2023

El Texto Refundido de la Ley Concursal (Ley 16/2022) ha introducido en nuestro país la posibilidad de que los Planes de Reestructuración establezcan la venta del negocio o de unidades productivas en funcionamiento, con aprobación de los acreedores, lo que muchos (no sé si acertadamente) han convenido en llamar (y parece que la nomenclatura ha cuajado), **"planes liquidativos"**. Así se consagra el artículo 614 de la Ley, cuando al tratar del ámbito de aplicación, define que "se considerarán planes de reestructuración los que tengan por objeto la modificación de la composición, de las condiciones o de la estructura del activo y del pasivo del deudor, o de sus fondos propios, incluidas las transmisiones de activos, unidades productivas o de la totalidad de la empresa en funcionamiento, así como cualquier cambio operativo necesario, o una combinación de estos elementos." Dichos planes pueden suponer la venta de una o varias unidades productivas o incluso de la totalidad de la empresa, lo que supondría automáticamente la liquidación del deudor, ya que no podría seguir manteniendo ninguna actividad y tendría que valerse del producto de dicha venta para poder satisfacer a sus acreedores. En puridad, por lo tanto, podríamos limitar la definición de “planes liquidativos” a dichos planes con venta de la totalidad de la empresa, que abocan al deudor a la liquidación.

Ante otras alternativas relativamente similares para acometer ventas de unidades productivas (“prepack”, venta de unidad productiva en concurso...), la de **encardinarla en un Plan de Reestructuración** tiene sentido en algunos casos concretos, especialmente cuando no se prevea el pago de la totalidad de los créditos y/o cuando no haya unanimidad de los acreedores para el acuerdo, por lo que se necesite un arrastre de acreedores (bien dentro de la clase o bien entre clases) y/o de los socios. También cuando se quiera conseguir la irrescindibilidad (protección ante acciones rescisorias) en un hipotético concurso de acreedores posterior.

Aunque hay unos cuantos artículos muy atinados relativos a estos Planes de Reestructuración liquidativos, a mí me gusta especialmente el de Ángel Alonso Hernández, abogado y socio de Uría Menéndez, titulado “La compraventa de negocios en crisis según la Reforma: Planes de Reestructuración liquidativos vs. Prepack”, sobre todo cuando desgrana los requisitos que estos planes deberían cumplir, para optar a la homologación judicial de los planes recogida en el artículo 635 y siguientes. El primero, obviamente, es el presupuesto objetivo (encontrarse en insolvencia actual, inminente o probabilidad de insolvencia). También habrá que cumplir con el contenido mínimo del Plan indicado por el artículo 633, entre los que uno esencial sería la oferta de adquisición que, como Ángel apunta, deberá ser vinculante, y debería contener precio, garantías ofrecidas, subrogación en contratos y relaciones laborales, etc.

Un aspecto también muy relevante dentro del contenido es el recogido por el artículo 633.10: la exposición de las condiciones necesarias para el éxito del plan de reestructuración y de las razones por las que ofrece una perspectiva razonable de **garantizar la viabilidad de la empresa, en el corto y medio plazo**, y **evitar el concurso del deudor**. Y sin querer entrar en las abundantes discusiones que este punto ha tenido en los Planes de Reestructuración en general (al remitirse esta viabilidad a ese medio plazo no existe una referencia temporal como la del compromiso de mantenimiento de actividad en el “prepack”), sí me gustaría dedicarle unas líneas a estos dos requisitos: garantizar la viabilidad de la empresa en el corto y medio plazo y evitar el concurso del deudor.

Este doble requisito, que en los Planes de Reestructuración recae sobre el mismo sujeto (la deudora), se desgaja en estos "planes liquidativos" en dos. Por un lado, se debe demostrar que se garantiza la viabilidad a corto y medio plazo de la unidad productiva comprensiva de la totalidad del negocio de la deudora, y, por el otro lado, hay que demostrar que la deudora (el "cascarón" que queda tras la salida de la totalidad del negocio viable) evitará el concurso. Y eso se debería lograr alineando los réditos obtenidos por la venta del negocio viable con lo que los acreedores están dispuestos a recibir por sus créditos (que es el objeto de la reestructuración de ese pasivo, esos créditos). Si lo que se vaya a obtener por la venta está bien determinado, los pasivos de la deudora correctamente computados y tenidos en cuenta, y los acreedores aceptan el reparto que se vaya a hacer entre ellos de dicho rédito, se debería poder justificar evitar el concurso de la deudora.

Todo lo anterior parece ser mayoritariamente pacífico. Y así parece haberse desarrollado en algunos Planes de Reestructuración, como los de Fandicosta y sus empresas relacionadas Peixemar y Casa Botas en Vigo.

En este contexto, en noviembre de 2023 la Magistrada Doña Bárbara Córdoba Adao, en labores de sustitución en el Juzgado Mercantil número 12 de Madrid, dictó un Auto muy interesante que complementa lo tratado sobre los "planes liquidativos" y que creo no tuvo el eco que merecía tener. Se trata del **Caso Bianchezza**.

Se trata de una pequeña empresa española que vendió su negocio a un tercero, otra empresa, a cambio de un precio que se pagaría de manera diferida en función de un calendario de pagos. La empresa tenía a su vez una deuda financiera, que vencía antes de que se pudieran producir los cobros pactados por la venta. Por ello, en dicha situación de insolvencia, la empresa presentó escrito informando del inicio de negociaciones (preconcurso). En dicho contexto, la empresa logró el apoyo de la mayoría del pasivo financiero, bancos que representaban algo más de dos tercios de la única clase que se afectó en el Plan de Reestructuración propuesto, que consistía en una espera suficiente para poder cobrar lo previsto con la venta anteriormente indicada. Y es este Plan de Reestructuración, consensual con una clase única de acreedores financieros que apoyan esa espera en más de los dos tercios requeridos por la Ley, el que se presenta al Juzgado para su homologación. Todo el contenido del Plan se limitaba a la espera ya indicada, al ser la sociedad simplemente un envoltorio con un activo compuesto por tesorería y los anteriormente indicados derechos de cobro y la deuda pendiente de satisfacer a las entidades financieras.

En su Auto, después de comprobar la competencia territorial, la legitimación activa y los requisitos formales (sin encontrar nada que pudiera invalidar la potencial homologación del Plan), la Magistrada se centra en los **requisitos materiales**, en concreto, en **la viabilidad económica como presupuesto de la reestructuración**. Para ello, la Magistrada hace un somero repaso del marco normativo actual, centrándose especialmente en la Directiva 2019/1023, que exigía a los Estados Miembros regular los planes de reestructuración, con el objetivo de poder asegurar la actividad económica futura de empresas económicamente viables (cuenta de pérdidas y ganancias) pero inviables desde el punto de vista financiero (balance). Resalta Su Señoría que para acudir a este mecanismo preconcursal las compañías tenían que estar en funcionamiento y que, de considerarse inviables, les correspondería la liquidación concursal. Así, repasa una serie de Considerandos de **la Directiva** donde esta idea de viabilidad se reitera de manera recurrente. Centrándose después en **la Ley Concursal**, señala que aunque en las Reestructuraciones rige el principio de "mínima intervención judicial", eso "no significa ausencia de cualquier control" y que sí se ve obligada a verificar si efectivamente se cumplen los requisitos legalmente exigidos para seguir adelante con la homologación. Y es con esa base por lo que debe asegurarse de que el Plan contenga una justificación razonable de que las medidas que se propongan en el Plan sean suficientes para evitar la insolvencia del deudor y garantizar la viabilidad de la empresa en el corto y medio plazo. Y aunque el precepto clave para determinar ello es el artículo 633 de la Ley, donde se desarrolla el contenido mínimo del Plan (donde en el punto 10 se recoge "la exposición de las condiciones necesarias para el éxito del plan de reestructuración y de las razones por las que ofrece una perspectiva razonable de garantizar la viabilidad de la empresa, en el corto y medio plazo, y evitar el concurso del deudor"), la Magistrada encuentra otros muchos artículos de la Ley donde la viabilidad económica del deudor se recoge como un presupuesto necesario de la homologación. Es más, "que el plan no ofrezca una perspectiva razonable de evitar el concurso y asegurar la viabilidad de la empresa en el corto y medio plazo" se recoge como uno de los motivos de impugnación al propio Plan.

Particularmente interesante resulta la alusión que hace la Magistrada **a las y, conclusiones del informe emitido por el CGPJ sobre el Anteproyecto de Ley** resaltando que en los Planes de Reestructuración, los sacrificios que se imponen (o se pueden imponer) a las minorías, e incluso a los socios disidentes, sólo se pueden justificar para preservar la actividad de empresas económicamente sostenibles en el corto y medio plazo (evitando su concurso y su consiguiente riesgo de liquidación), con el consiguiente beneficio de los propios acreedores y, en última instancia, de la economía general. En caso contrario, lo que procede es su liquidación concursal. Con esto, el CGPJ concluía que cualquier sacrificio que se imponga a los acreedores disidentes en empresas inviables, debería calificarse de desproporcionado.

Por todo lo anterior, se acaba **denegando la homologación** del Plan de Reestructuración, ya que se trata de una empresa que carece de actividad y tampoco se prevé que la vaya a reiniciar como consecuencia de la reestructuración. Concluye que el Plan está simplemente concebido como un mecanismo para gestionar los futuros cobros y pagos pendientes a fin de facilitar una extinción ordenada de la compañía, lo que considera excede del objeto y finalidad del Instituto preconcursal regulado en el Libro II de la Ley.

II. ¿CABEN REALMENTE LOS PLANES DE REESTRUCTURACIÓN LIQUIDATIVOS?

El Auto es claro, rotundo incluso, y a mi entender, de difícil réplica. Y a pesar de tratar un tema que parece relativamente pacífico (y quizás por eso no haber tenido tanto eco como otras resoluciones en casos más mediáticos), sí que nos ayuda a reafirmar alguna conclusión y a plantear alguna pregunta.

Lo primero es que, a pesar de ser precisamente un caso en el que los requisitos no se cumplen, reafirma la posibilidad de plantear la homologación de **Planes de Reestructuración liquidativos**, siempre que se cumpla con los dos requisitos que ya en su momento desgranaba Ángel Alonso: garantizar la viabilidad del negocio o parte de él que se mantenga (para lo cual es absolutamente necesario que siga activo) y que se garantice la no entrada en concurso de acreedores del resto (bien sea otro negocio residual que continué o bien sea un cascarón de activos y/o deudas que se liquide) sin necesidad y peligro de entrar en concurso de acreedores.

Así, en este caso se podría plantear una pregunta. Si la venta del negocio a otra empresa que se produjo con anterioridad a la Reestructuración pactada, se hubiera producido dentro del mismo Plan, ¿hubiera cambiado la resolución de la Magistrada? A mi entender, claramente sí, ya que el Plan entraría sin ambajes en la categoría de Planes de Reestructuración liquidativos, cumpliendo además con los dos requisitos antedichos: por un lado, garantizando la viabilidad de la actividad del negocio en su totalidad mediante la venta de la unidad productiva a un tercero y, por otro, evitando la entrada en concurso del "cascarón" en que quedaría convertido la deudora sin actividad, al aceptar los acreedores la espera suficiente para liquidar sus deudas con los réditos obtenidos de la venta, sin necesidad de acudir al concurso de acreedores. Por lo tanto, en este caso, el Plan podría haber fracasado en su intento de homologación por haberlo realizado en dos tiempos, de manera que para cuando se presentó la solicitud de homologación, ya no había actividad que preservar/garantizar (traspasada hacía tiempo ya a otra entidad).

Adicionalmente, suscita una cierta duda sobre si el requisito sobre la viabilidad requiere de una **existencia de actividad en el momento de la solicitud** de homologación del Plan de Reestructuración. ¿O sería posible homologar un Plan de Reestructuración que, precisamente por las medidas que estaría implementando, permitiera volver a la actividad y garantizar dicha viabilidad económica a corto y medio plazo? Yo creo que el requisito de la Ley es el de asegurar la viabilidad de la empresa en el corto y medio plazo, es decir, después de la aprobación del Plan. Por lo tanto, si la actividad es necesaria para poder afrontar esa viabilidad económica futura, debería entenderse como actividad en el futuro, después de (e incluso gracias a) la aprobación y homologación del Plan. Por ello, creo que hay que entender el requisito de la actividad de manera restrictiva y aceptar Planes que consigan reactivar o incluso iniciar dicha actividad. Creo que la Magistrada también lo concibe así cuando en su Valoración judicial del Auto indica expresamente "no cumple de manera manifiesta lo previsto en los arts. 633.10 y 638.2 del TRLC al tratarse de una empresa que carece de actividad y tampoco se prevé que la vaya a reiniciar como consecuencia de la reestructuración".

Finalmente, si de todo lo anterior constatamos que, de manera a mi entender acertada, el Auto constata la imposibilidad según la Ley actual de que los Planes de Reestructuración acuerden liquidaciones (sin mantenimiento de la actividad total o parcial) fuera del procedimiento concursal, la pregunta se hace sola: ¿es esto adecuado? ¿tendría sentido abrir la posibilidad de que **los acreedores, mediante un Plan de Reestructuración, acordaran las pautas de su propia liquidación y evitaran pasar por un concurso de acreedores**?

La respuesta rápida e intuitiva se inclinaría por el sí. El primer argumento, sin posibilidad de contestación porque lo avalan ya muchos años de práctica (tanto en nuestro país como en el resto donde los procedimientos concursales y preconcursales son similares) es que la liquidación de cualquier activo fuera del procedimiento concursal (y de manera previa) obtiene mejores réditos que dentro del procedimiento concursal. Por lo tanto, se garantizaría una liquidación con mayores importes a repartir que dentro del concurso. Además, si los acreedores deciden para sí mismos una serie de quitas y esperas, ello debería ser algo a respetar a lo que el procedimiento liquidatorio concursal no parecería aportar ningún valor adicional.

La réplica a esta primera postura a favor de la liquidación acordada en un Plan de Reestructuración viene dada por la propia configuración de los Planes de Reestructuración y las posibilidades de arrastre (tanto intraclase como, sobre todo, entre clases). Que los acreedores acuerden/gestionen la liquidación del deudor no tendría ninguna contestación en Planes que se aprobaran por unanimidad, donde todos estuvieran de acuerdo con las condiciones de reparto. Incluso en Planes consensuales aprobados por las mayorías suficientes en cada clase, se podría aceptar que lo que la mayoría de integrantes en una clase aprueban para sí mismos, debería poder ser extrapolado al resto. Pero con una normativa que permite obtener la homologación de Planes de Reestructuración donde la mayoría del pasivo no estuviera aprobando dicho Plan (por mor del artículo

639,1 y, especialmente, por el 639,2), todo lo anterior queda en entredicho. ¿Es aceptable que unos pocos acreedores puedan imponer una liquidación a la totalidad del pasivo del deudor? Sobre todo, cuando el proponente de dicho Plan tendría autonomía para decidir las clases de acreedores y los acreedores integrantes o enmarcados en cada una de dichas clases. Estas dudas generadas por la existencia **de Planes no consensuales** con un apoyo mínimo del total del pasivo podrían minimizarse si se exigiera para la aprobación de dichos Planes no consensuales unos porcentajes mínimos respecto del pasivo total (en línea de lo que algunos abogan también para la aprobación de dichos Planes con continuidad de la empresa o de al menos parte de la actividad). También podría valorarse la aceptación de liquidaciones acordadas en Planes de Reestructuración, pero limitada a planes consensuales. En el caso que nos ocupa, por ejemplo, el Plan podría haberse homologado, al ser un plan consensual con la mayoría suficiente en la única clase que se había formado.

En cualquier caso, los acreedores afectados siempre tendrían la salvaguarda del **interés superior de los acreedores** (consagrada en el artículo 654 de la Ley), ya que tendrían el derecho a impugnar la homologación en caso de que sus créditos se vieran perjudicados por la liquidación acordada en el plan de reestructuración en comparación con su situación en caso de liquidación concursal de los bienes del deudor (tomando en cuenta el valor de lo que razonablemente pudiera presumirse hubieran recibido como cuota de liquidación en una liquidación concursal a los dos años de formalización del plan). Esta salvaguarda es prácticamente la última línea roja existente en las impugnaciones de los Planes de Reestructuración, ya que es una de las pocas que no puede obviarse con el argumento de asegurar la viabilidad de la empresa, con lo que es el último recurso al que tienen acceso muchos acreedores arrastrados en planes no consensuales. Pero es que, además, al no existir una futura viabilidad de la empresa, también ganaría mucha eficacia el motivo de impugnación previsto en el artículo 655.2.4º TRLC (**regla de la prioridad absoluta**), por la que un motivo de impugnación del auto de homologación de un plan no aprobado por todas las clases de créditos (para acreedores que no hayan votado a favor del plan y pertenecientes a una clase que haya sido arrastrada) es "que la clase a la que pertenezca el acreedor o acreedores impugnantes vaya a mantener o recibir derechos, acciones o participaciones con un valor inferior al importe de sus créditos si una clase de rango inferior o los socios van a recibir cualquier pago o conservar cualquier derecho, acción o participación en el deudor en virtud del plan de reestructuración". Esta norma introducida en nuestro sistema preconcursal está totalmente desvirtuada actualmente por lo establecido en el artículo 655.3 TRLC que la subordina al indicar que "por excepción a lo establecido en el ordinal 4º del apartado anterior, se podrá confirmar la homologación del plan de reestructuración, aunque no se cumpla esa condición, cuando sea imprescindible para asegurar la viabilidad de la empresa y los créditos de los acreedores afectados no se vean perjudicados injustificadamente". Esto ha permitido la homologación de planes en los que se ha introducido, por ejemplo, la figura del "gifting", por la que alguna clase de acreedores que se han hecho con las riendas de una empresa mediante la capitalización de sus créditos, han cedido o mantenido en una parte del accionariado a los socios de la deudora, por delante de otras clases de acreedores que han tenido quitas prácticamente del 100% y sin posibilidad de capitalización de sus créditos. En las liquidaciones aprobadas mediante Plan de Reestructuración, al no existir futura actividad/viabilidad, esta excepción no podría ser argüida, con lo que los acreedores tendrían un motivo de impugnación mucho más eficaz.

Por lo tanto, como conclusión, no parecen existir dudas sobre imposibilidad de utilizar los Planes de Reestructuración como vía para liquidar empresas, salvo que se mantenga (vía venta de unidad productiva) la actividad de la totalidad o una parte del negocio de la misma (planes liquidativos). Yo abogo claramente por permitir (con las modificaciones legales correspondientes) la introducción de liquidaciones en los Planes de Reestructuración. Y aunque quizás se podría contemplar la limitación de las liquidaciones a Planes consensuales (o introducir unos mínimos de porcentajes de pasivo para los planes no consensuales), creo que la actual Ley concursal (con motivos de impugnación como el interés superior de los acreedores o la regla de la prioridad absoluta) ofrece mecanismos suficientes a los acreedores disidentes para que tampoco vean en riesgo sus derechos por poder ser arrastrados a aceptar liquidaciones no concursales.

26. LA LIQUIDACIÓN CONCURSAL Y LA VIVIENDA HABITUAL DEL CONCURSADO

JOSÉ MARÍA TAPIA LÓPEZ
Magistrado Juez de lo Mercantil núm. 3 de Bilbao (sede en Getxo)

I. INTRODUCCIÓN

El destino de la vivienda habitual del deudor dependerá de la modalidad de exoneración a la que se hubiera acogido el concursado.

Se ha venido entendiendo que para que la vivienda habitual logre eludir su realización, como paso previo a la apertura del trámite de concesión de la exoneración, sería necesario la concurrencia de los siguientes requisitos:

A.- Ausencia de mora en el pago de las cuotas del préstamo hipotecario.

B.- Situación de sobreendeudamiento (expresada en una diferencia cuantitativa relevante entre el valor de tasación del bien y el importe total del crédito garantizado).

C.- Conformidad del titular de la garantía real con la no realización del bien afecto al pago de su crédito.

II. LA VIVIENDA HABITUAL EN LA EXONERACIÓN DEL PASIVO INSATISFECHO

La regulación actual del sistema de exoneración contempla dos modalidades: a) exoneración provisional mediante la aprobación de un plan de pagos con una duración determinada (tres o cinco años), y b) la exoneración definitiva mediante la liquidación de todos los bienes o derechos propiedad del concursado o en los casos de insuficiencia o inexistencia de masa activa (art. 37 bis TRLC).

Concedida la exoneración (ya fuera provisional o definitiva), los titulares de derechos reales de garantía que recayeran sobre bienes o derechos propiedad del concursado podrán iniciar la ejecución de esta garantía real ante la Jurisdicción competente, por lo que el deudor podrá perder su vivienda habitual sujeta a una hipoteca, ya que la exoneración no se extiende a las deudas con garantía real (dentro del límite del privilegio especial).

En el caso de exoneración mediante plan de pagos, la particularidad más importante es que, de momento, no existirá, mientras se encuentre vigente este plan de pagos, liquidación forzosa del patrimonio del deudor, lo que implica que la vivienda habitual que fuera propiedad del concursado no habrá de ser necesariamente enajenada para atender al pago de sus deudas, sin perjuicio de que en el plan de pagos se contemple la enajenación de la vivienda.

Sin embargo, esta regulación legal contiene una serie de particularidades: lo corriente es que la vivienda se encuentre gravada con una hipoteca, por lo que no es normal que en el momento de la presentación de la solicitud de Concurso con la consiguiente exoneración la misma se hallare libre de cargas. En estos casos, la vivienda seguirá afecta al pago del resto de deudas, quedando sometida a las reglas de enajenación (especiales y legales contempladas en la Ley Concursal).

Las referencias legales a la vivienda habitual se encuentran en diferentes preceptos. Así, por ejemplo, el art. 497 TRLC, al referirse a la duración del plan de pagos permite una duración de cinco años cuando no se realizara la vivienda habitual del deudor y, cuando corresponda, de su familia. El Art. 498 bis TRLC ("impugnación del plan de pagos"), permite a cualquier acreedor afectado por la exoneración impugnarla cuando el plan de pagos no incluya la realización y aplicación al pago de la deuda exonerable, de la deuda no exonerable, o de las nuevas obligaciones del deudor, de la totalidad de los activos que no resulten necesarios para la actividad empresarial o profesional del deudor, o de su vivienda habitual, siempre que los acreedores impugnantes representen al menos el cuarenta por ciento del pasivo total de carácter exonerable.

La exclusión de la vivienda habitual del plan de pagos parece estar sometida a la posibilidad de impugnación del referido plan por parte de los acreedores que ostentarán dicho porcentaje. El plan de pagos puede excluir la venta de la vivienda habitual, pero para ello se exige de la conformidad de esta mayoría significativa de acreedores titulares de pasivo exonerable.

Aunque el plan de pagos establezca la posibilidad de no realización de la vivienda habitual, la misma resulta inoponible a los acreedores titulares de créditos no exonerables (en concreto, el art.489.1.8º TRLC).

Concedida la exoneración provisional, la única particularidad se encuentra en el hecho de que el bien gravado con hipoteca permanecerá afecto al pago de la deuda en el importe equivalente al valor de la garantía real, porque en lo que exceda de ese valor se considerará deuda exonerable.

Exoneración con liquidación de la masa activa. El principal problema que plantea la regulación actual es que no existen referencias expresas a la vivienda habitual, a pesar de ello, al igual que ocurría con la legislación anterior, no existe previsión que permita la exclusión de la vivienda habitual de las operaciones de liquidación, dado que esta modalidad de acceso a la exoneración, conlleva la enajenación de todos los bienes y derechos que componen la masa activa, surgiendo la cuestión de sí se podría aplicar la solución que venían adoptando diferentes Juzgados de lo Mercantil, en los casos en los que el valor del inmueble resultara inferior al importe pendiente de pago de la deuda sujeta a garantía real.

La respuesta (y a falta de esta regulación expresa) es que no se advierten razones para que sea negativa, dado que, los mismos argumentos judiciales (examinados en la Introducción), y emitidos con anterioridad a la actual reforma concursal, pueden servir a la no enajenación de la vivienda habitual.

En resumen, si se constata el carácter antieconómico de la realización de los bienes hipotecados, o se verifica que su realización produciría un efecto neutro para las expectativas de cobro de los acreedores que no fueran titulares de créditos con privilegio especial, se podrá autorizar la exclusión de la vivienda habitual de las operaciones de liquidación, concluyéndose el Concurso y la concesión de la exoneración definitiva.

La inmensa mayoría de las solicitudes de concurso de acreedores/exoneración, se realizan por la vía del art. 37 bis TRLC, siendo el supuesto paradigmático el contemplado en su apartado d) (cuando los gravámenes y las cargas existentes sobre los bienes y derechos del concursado lo fueran por importe superior al valor de mercado de esos bienes y derechos).

En este tipo de concursos no existe una fase liquidación de la masa activa, dado que ningún acreedor solicita el nombramiento de Administrador Concursal para la emisión del Informe contemplado en el art. 37 ter TRLC, por lo que resulta de aplicación la regulación contenida en el art. 501 TRLC (en los casos de concursos sin masa en los que no se hubiera acordado la liquidación de la masa activa el concursado podrá presentar ante el juez del concurso solicitud de exoneración del pasivo insatisfecho dentro de los diez días siguientes a contar bien desde el vencimiento del plazo para que los acreedores legitimados puedan solicitar el nombramiento de administrador concursal sin que lo hubieran hecho, bien desde la emisión del informe por la administración concursal nombrado si no apreciare indicios suficientes para la continuación del procedimiento), no existiendo, por lo tanto, Administración Concursal para la liquidación de la masa activa.

Las cuotas hipotecarias adeudadas como deudas no exonerables. Tal condición depende del valor de la garantía (art. 489.1.8º TRLC: las deudas con garantía real sean por principal, intereses o cualquier otro concepto debido, dentro del límite del privilegio especial, calculado conforme a lo establecido en esta ley). Por lo tanto, se debe recalcular las cuotas del préstamo con garantía real, con el fin de ajustar el importe del crédito garantizado no exonerable con el límite del privilegio especial. En caso de existir exceso, será considerado como crédito exonerable.

Exoneración de cuotas futuras. Existen diferentes Resoluciones Judiciales (Juzgado de lo Mercantil nº 1 de A Coruña, Juzgado de lo Mercantil nº 1 de Córdoba, Juzgado de lo Mercantil nº 3 de Bilbao, entre otros) en las que por parte de los deudores se solicita la concesión de la exoneración del pasivo insatisfecho (art. 37 bis TRLC) con liquidación, lo que conlleva la exoneración de la deuda que eventualmente pudiera originarse en el proceso ejecutivo que pudiera instarse por la Entidad Financiera titular del crédito privilegiado especial que actualmente tiene garantizado su crédito con el inmueble propiedad de los concursados, y sin que sea extensible a deudas nuevas que surjan con posterioridad de otro acreedor diferente, ni para nuevas garantías sobre la citada vivienda, u otros posibles que no formen parte de la masa activa del Concurso de Acreedores.

Esta exoneración se extiende a la totalidad de los créditos ordinarios y subordinados, incluyendo entre los mismos, aquella parte insatisfecha del crédito hipotecario que, en su caso, mediante liquidación de la vivienda propiedad de los concursados, en un Procedimiento de ejecución hipotecaria individual quede pendiente de pago.

Resulta sumamente ilustrativo el Auto dictado por el Juzgado de lo Mercantil nº 1 de A Coruña de fecha 14 de noviembre de 2.023 que dispone que: "A sensu contrario, hemos de entender que la deuda remanente —esto es, la que permanece insatisfecha tras la realización forzosa del bien—, es una de las afectadas por la concesión de la exoneración, para el supuesto hipotético de que llegara a existir; así se consolidaría su inclusión en el perímetro de la exoneración cuando, realizado el activo gravado, el importe obtenido no cubriese el total de la deuda garantizada. Al respecto, es interesante la cita del AJM nº 1 de Córdoba de 6 de marzo de 2023, [Roj: AJM CO 148/2023], que acuerda exonerar al deudor de aquella deuda que pudiera dimanar de un proceso ejecutivo contra el inmueble que mantiene en propiedad, después de decretar la conclusión del concurso sin masa. Esta resolución afirma, con argumentos muy atinados, que "... se decide que se declare ex art. 37 bis, no se liquida su patrimonio (aun no siendo ello solicitado por el deudor), y meses más tarde le ejecutan ese bien y el importe no atendido con la ejecución ya no se puede exonerar con un nuevo concurso porque está bajo la prohibición del art. 488 del TRLC (EDL 2020/10774), ni se ha exonerado en el proceso seguido porque no es "deuda actual". Es más, el escenario expuesto puede incluso ser, repito, puede, no mantengo que se haga ni que sea este caso, un elemento que use el acreedor garantizado para posicionar todo su crédito fuera de la exoneración, retrasando una ejecución ante un eventual impago. Esta consecuencia indeseada no debe ampararse en la interpretación de la norma, no es la finalidad de la misma".

Aquí nos postulamos a favor de la tesis que mantiene el mencionado AJM nº 1 de Córdoba de 6 de marzo de 2023. Aunque no sea posible el recálculo de la cuota del préstamo garantizado, en la forma que prescribe el art. 492 bis 2 nº 1 TRLC, lo que sí procede acordar, en el mismo auto que concede la exoneración del pasivo insatisfecho, es la extensión de sus efectos a la parte de la deuda que pueda quedar insatisfecha tras la realización del bien o derecho gravado con la carga de naturaleza real.

Recuérdese que, tras la concesión de la exoneración del pasivo insatisfecho, el acreedor con garantía real puede instar su ejecución, judicial o extrajudicial, ya que la deuda con garantía real (hasta el límite del valor de la garantía) ostenta la condición de pasivo no exonerable. Así se desprende del art. 490 TRLC, ubicado sistemáticamente en la sección relativa a los elementos comunes de la exoneración. También el art. 492 bis, apartado 3 TRLC, confirma esta conclusión, ya que ordena la revocación de la exoneración ya declarada respecto de una deuda con garantía real si, tras la ejecución de la garantía, el producto obtenido fuese suficiente para satisfacer, en todo o en parte, la deuda provisional o definitivamente exonerada.

Por ello, si, una vez concedida la exoneración, el deudor desatendiera el pago de las cuotas del préstamo garantizado, la entidad financiera podría declararlo vencido anticipadamente y promover la ejecución de la garantía. En esta hipótesis, deberemos entender que el remanente de la deuda garantizada —no cubierto con el producto de la realización forzosa del bien afecto—, es una de las deudas que quedó exonerada por la resolución del juez que concedió la exoneración. Con la solución que propugnamos se sortea el efecto pernicioso que supondría no liberar al deudor del remanente no cubierto, lo que beneficiaría injustamente a la entidad financiera acreedora, que lograría soslayar los efectos de la exoneración concedida al deudor respecto de un pasivo que, por su naturaleza, tiene la condición de exonerable.

III. CANCELACIÓN DE CARGAS Y CRÉDITO EN CONCEPTO DE IBI

En estos casos es necesario distinguir entre los supuestos de hipoteca legal (prevista y regulada en el art. 194 LH y en el art. 78 de la LGT) de las afecciones fiscales contenidas en el art. 79 LGT.

En materia de IBI existe una afección de los bienes inmuebles al pago del Impuesto sobre Bienes Inmuebles (art. 64 TRLRHL) con relación al ejercicio corriente y al anterior.

En este sentido el cambio en la titularidad del bien inmueble (ya sea por actor inter vivos o mortis causa), provoca una afección real sobre el bien transmitido, en régimen de responsabilidad subsidiaria. Por lo tanto, se trata de una carga real en garantía del pago del Impuesto.

El problema se plantea en aquellos casos en los que se produce la enajenación del bien gravado con esta carga en la liquidación concursal. En este sentido el art. 225 del TRLC dispone que en los casos de aprobación del remate o transmisión de los bienes o derechos de forma separada, o formando lotes, se acordará la cancelación de todas las cargas anteriores al Concurso. En este caso, la transmisión se produce constante el Concurso de Acreedores por lo que estas afecciones no podrán ser canceladas cuando el bien sale de la masa activa.

IV. CONTRIBUCIÓN AL PAGO DE LOS GASTOS DE LA COMUNIDAD DE PROPIETARIOS

El crédito generado a favor de la correspondiente comunidad de propietarios derivado de la obligación de contribuir al pago de los referidos gastos generales no provoca el nacimiento de un crédito privilegiado especial a favor de la Comunidad de Propietarios, por lo que concurrirá al Concurso de Acreedores con el resto de los acreedores, sin privilegio concursal alguno.

En materia de exoneración del pasivo no satisfecho, este crédito de la Comunidad de Propietarios no tiene encaje alguno en el art. 489 TRLC (relativo a los créditos no exonerables), dado que, no se trata de una deuda con garantía real, de tal forma que, si el concursado adeudara alguna cuota a la Comunidad de Propietarios (ya fueran anteriores y/o posteriores a la declaración de Concurso) y obtuviera la exoneración, estas deudas deben ser consideradas exoneradas.

En caso de transmisión del inmueble, aunque el concursado quedara liberado del pago de las cuotas impagadas, la afección real permanece y la citada Comunidad podrá cobrar su crédito al adquiriente del inmueble (art. 492 del Texto Refundido de la Ley Concursal).

27. EL CONVENIO CONCURSAL DESPUÉS DE LA REFORMA DE LOS PLANES DE REESTRUCTURACIÓN REALIZADA POR LA LEY 16/2022: DOS FILOSOFÍAS DISTINTAS EN UNA MISMA NORMA

CARLOS SALINAS ADELANTADO
Profesor Titular de Derecho Mercantil
Universidad de Valencia
Socio MA ABOGADOS

I. INTRODUCCIÓN: DE LA CONTINUIDAD VÍA CONTRATO A LA CONTINUIDAD VÍA AUTO

Desde la aprobación de la Ley 22/2003 Concursal, ha llovido mucho. Ha habido múltiples reformas, de mayor o menor calado, pero quizás donde el esquema originario de la Ley Concursal ha sufrido una transformación mayor, es probablemente en la configuración del convenio de acreedores.

Como todos sabemos, la Ley 22/2003, seguramente de una forma algo "naif", consideraba que la solución preferible para cualquier procedimiento concursal era el convenio concursal. Una vez terminada la fase común, si no se decía nada, se pasaba "por defecto" a la fase de convenio, y sólo si la fase de convenio se veía frustrada, entonces se iba a la fase de liquidación. Salvo el ahora extinto convenio anticipado, el sistema concursal era lento, ya que, según disponía la versión original de la Ley 22/2023, primero había que consumir la fase común entera, y luego pasar a una fase de convenio salvo la petición expresa de pedir la liquidación por parte del concursado (cfr. arts. 111 ss. LC). Eso provocaba, en muchos casos que los procedimientos concursales se eternizasen, pasando primero por la fase común, la de convenio, aunque fuese más que probable que no iban a poder conseguirse las mayorías necesarias, y luego una fase de liquidación que prácticamente podía durar casi indefinidamente. El legislador no entendió que los concursados, una vez se abre el procedimiento, pueden tener la tentación de alargarlo, o para mantener la empresa viva, aunque sea en situación terminal y, por ejemplo, seguir cobrando sus retribuciones como administradores/empleados; o pueden tener interés en liquidar los activos con menos prisa o, por qué no decirlo, tener más tiempo para montar un negocio paralelo "ajeno" al concurso.

Este planteamiento fue modificado ya hace tiempo tratando de aceptar el hecho de que la mayor parte de los procedimientos concursales son liquidatorios, permitiendo solicitar la liquidación desde el principio del procedimiento (cfr. pág. ej. el actual art. 406 TRLC), y no abriendo la fase de convenio salvo que haya sido propuesto convenio por el deudor o los acreedores con legitimación suficiente (cfr. por citar la normativa actualmente vigente arts. 337 y 338 TRLC).

Sin embargo, el gran cambio para el convenio concursal no ha venido de dentro del procedimiento concursal, sino de fuera, de lo que se ha venido denominando el Derecho preconcursal. De una forma más tímida al principio (vid. sobre todo el Real Decreto-ley 4/2014, de 7 de marzo[108], de medidas urgentes en materia de refinanciación y reestructuración de deuda empresarial), y luego, mucho más decidida, por efecto sobre todo de las Directivas comunitarias, nos hemos encontrado con una clara opción por adelantar y desjudicializar los acuerdos para tratar de salvar empresas en crisis. De una forma más o

108 No vamos a exponer aquí todo el tortuoso y complejo proceso de reformas que ha sufrido la LC, ya que añadiría complejidad al texto y no serviría para los propósitos que tiene, que es hacer una brevísima exposición de las líneas generales que nos han conducido a la actual versión del TRLC introducida por la Ley 16/2022.

menos fiel, el gran modelo es el Chapter 11 del *United States Bankrupcy Code.* Este cambio ha llegado a su máxima expresión con la Ley 16/2022 que ha introducido una verdadera revolución en los Planes de Reestructuración, introduciendo cuestiones tan importantes como el *cross cramdown* o la posibilidad de los acreedores de aprobar PR con operaciones acordeón contra el consentimiento del deudor.

Lo que nos interesa analizar en este trabajo es que todos estos cambios han provocado que el actual TRLC contenga dos soluciones para tratar de "salvar" empresas en crisis, los Planes de Reestructuración (PR) y el Convenio, que están basadas en filosofías muy distintas de qué debe ser un procedimiento concursal. Y sobre todo, como deberían ahora convivir estos dos instrumentos diferentes, y de muy diferente origen, como dos realidades separadas y paralelas, o como realidades interconectadas. Estamos de acuerdo, con la mejor doctrina[109], que el legislador de 2022 aunque ha querido primar los planes de reestructuración, no ha querido eliminar el convenio como opción, ya que le ha dedicado importantes mejoras prácticas. Sin embargo, lo que nos queremos centrar en este trabajo es cómo hacer convivir estas dos filosofías distintas que actualmente tienen las soluciones "negociadas" de las crisis empresariales (ya sean preconcursales o concursales). Si de forma separada, como dos mundos aparte, o interconectadamente.

La visión tradicional de nuestro Derecho Concursal es una visión contractualista moderada. El procedimiento concursal es un procedimiento civil que busca, si el deudor y los acreedores no se ponen de acuerdo en aprobar un convenio concursal, liquidar ordenadamente los bienes del concursado. Tributario de esta naturaleza, el convenio concursal sólo es posible si se da una doble condición: Primero, que el deudor quiera. Segundo, que una mayoría suficiente de acreedores quiera. Es decir, está basado de una forma laxa en el principio de la autonomía de la voluntad de las partes. Es cierto que hay también un importante control judicial de este "contrato", pero no deja de ser

---

109 Sin ánimo exhaustivo, vid. pág. ej. GUTIÉRREZ GILSANZ, A. "El convenio concursal como mecanismo de reestructuración", en *Almacén de Derecho,* 24 de noviembre de 2023, pág. 3; GARCÍA -VILLARUBIA BERNABÉ, M. "La operatividad práctica del convenio concursal tras la reforma", en *Revista General de Insolvencias & Reestructuraciones,* 12/2024, págs. 293 ss.

cierto que la idea sigue siendo que el deudor, como propietario de la empresa, es quién puede decidir que su propiedad desaparezca y se liquide, o intentar salvarla llegando a un convenio con los acreedores. Y, aunque es cierto que, atenuado por el principio mayoritario y el derecho de abstención en algunos casos, que son los acreedores, como "propietarios" de sus créditos, los que finalmente tienen también que acceder a aprobar el convenio para que el convenio exista.

Sin embargo, en los planes de reestructuración como están hoy regulados, esta visión contractualista está muy matizada, ya que lo que prima es salvar empresas viables incluso en contra en algunos casos de los acreedores o del propio deudor. En el caso de los acreedores, por la propia posibilidad de que se puedan aprobar acuerdos incluso en contra de unas clases concretas de acreedores (cfr. art. 639 TRLC), rompiendo claramente el principio de que debe existir un consentimiento relevante de los acreedores, aunque sea por mayorías de los mismos, para verse vinculado por un plan, en este caso, preconcursal. Pero, sobre todo, lo que más choca es que es el caso de los deudores, ya que admitiendo temas como la posibilidad de plantear por los acreedores un PR con operación acordeón sin consentimiento de los socios (cfr. art. 640. 2. y 631. 4. TRLC), se permite de iure y de facto "expropiar" la propiedad del deudor en situación de dificultad.

En nuestra opinión, este tipo de medidas, con los debidos controles, son acertadas. No se puede exacerbar el "derecho de propiedad" de los acreedores o de los deudores hasta tal punto de permitir estrategias de bloqueo de acreedores para que no salgan adelante planes de reestructuración razonables. Y tampoco nos parece acertado permitir que los socios mayoritarios de las sociedades insolventes, tengan la capacidad de vetar soluciones viables a la crisis, o que tengan siempre derecho a mantener su cuota y/o participación en la empresa como requisito *sine qua non* para aprobar una solución a la crisis. Al final, el propietario de una empresa insolvente es propietario de algo que vale 0 o una cifra negativa, con lo que realmente no tiene mucho sentido que tenga *siempre y en todo caso* la llave de si una reestructuración va adelante, y de si lo hace dejando de ser él el dueño de la empresa. Y lo mismo cabe decir de la "propiedad" del crédito de los acreedores. Si el hecho de no aprobar un PR o un Convenio normalmente va a implicar una liquidación ruinosa de los bienes del deudor, se puede defender también legítimamente que el poder de veto basado en el porcentaje de bloqueo que pueda tener un acreedor determinado, puede y debe ser sometido a excepciones, ya que el acreedor o está tratando de obtener ventajas que su porcentaje no le da para levantar su veto, lo que va en contra de la *pars condition creditorum,* o se le está teniendo como propietario de un crédito que, si se va a liquidación valdrá cero o casi cero.

Otro dato que es incontestable es que, a la luz de las Directivas Comunitarias, nuestro legislador opta claramente por priorizar las soluciones preconcursales que las concursales. Es decir, prefiere que se aprueben planes de reestructuración que convenios concursales.

II. ¿QUÉ PAPEL TIENE ENTONCES AHORA EL CONVENIO CONCURSAL FRENTE A LA "PREVALENCIA" DE LOS PLANES DE REESTRUCTURACIÓN?

Después de la clara opción que ha tomado el legislador tanto europeo como español, parece que la conclusión debería ser que los convenios concursales deberían pasar a ser una figura de uso residual en nuestra práctica concursal. Sin embargo, cualquier que tenga algo de experiencia práctica en materia concursal sabe que las crisis empresariales son procesos muy volátiles en los que la situación cambia casi por horas, y que lo que inicialmente se tiene planeado pocas veces acaba saliendo como previsto. Por ello mismo, lo que necesita la práctica es **cuantas más alternativas posibles mejor.**

Está muy bien tener planes de reestructuración que puedan evitar abrir el siempre costoso y difícil procedimiento concursal, **pero a veces ya sea obligadamente o por elección, el convenio concursal puede y debe seguir siendo una opción interesante para valorar.** No todo son prepacks o ventas de unidades productivas, a veces va a ser mejor ir a convenio y es bueno que eso sea así[110]. Por ello mismo, nos parece muy loable el esfuerzo que hizo el legislador de 2022 por introducir mejoras en la regulación del convenio concursal[111].

---

110 Conf. GUTIÉRREZ GILSANZ, op. cit.; GARCÍA-VILLARUBIA, op. cit.

111 Para un buen resumen de los cambios introducidos, vid. GARCÍA-VILLARUBIA, cit. págs. 280 y ss.

III. ¿ES POSIBLE INTERPRETAR LAS NORMAS DEL CONVENIO "A LA LUZ" DE LOS CAMBIOS INTRODUCIDOS EN LOS PLANES DE REESTRUCTURACIÓN?: EL EJEMPLO DE UN CONVENIO "NO CONSENSUADO" CON OPERACIÓN ACORDEÓN EX ART. 399 BIS TRLC

Todas estas mejoras están muy bien, pero lo cierto es que el convenio concursal sigue anclado en esa visión contractualista que, en nuestra opinión, suponen un freno a su efectividad en algunos casos. Por ejemplo, nos parece muy criticable que se haya mantenido la regla de que el concursado puede en cualquier momento y fase del procedimiento enervar el convenio solicitando la apertura de la fase de liquidación (cfr. arts. 315. 2, 342. 3 y 346 TRLC). También nos parece criticable que no se admitan con carácter general, aunque sea con precauciones, los convenios liquidatorios, ya que el convenio con asunción en cierto modo lo es (cfr. art. 324 TRLC). Y también nos parece criticable la prohibición absoluta de revocar o modificar la propuesta de convenio una vez presentada, ya que las negociaciones con los acreedores (y eventualmente el deudor) son tan complejas que debería, obviamente con las debidas cautelas, haber margen para adaptarse a dichas vicisitudes (cfr. art. 346 TRLC).

Por ello mismo, en nuestra opinión, defendemos una aproximación pragmática y no conceptual a las dos regulaciones actualmente vigentes. En el caso de los PR, para reforzar de alguna manera vía interpretativa en muy escaso control judicial que tiene su homologación judicial[112]. Y, en el caso de los convenios concursales, para tratar de buscar que el respecto al principio de autonomía de la voluntad de las partes no impida aprobar convenios razonables que permitan o ayuden a la viabilidad de la empresa.

Para ello, vamos a poner un ejemplo ciertamente complejo, pero que puede ilustrar muy bien lo que decimos: ¿Es posible vía convenio imponer a los socios un convenio que contemple una operación

---

112 Vid. para una exposición detallada de este tema, RECATALA CHORDA, S.; MADRID ALONSO, D.; SALINAS ADELANTADO, C. "Procedimiento judicial de homologación de los planes de reestructuración", en AAAV, *Reestructuraciones e insolvencia,* Tirant lo Blanch, 2023, *passim.*

acordeón? O, por decirlo de una manera menos retórica, ¿sería posible hacer vía convenio algo parecido a lo que sucedió con el Plan de Reestructuración de Celsa?[113] Repasemos lo que dice el TRLC para los planes de reestructuración y para el convenio y veamos similitudes y diferencias.

Hay que reconocer que la regulación que ha hecho el legislador de los planes de reestructuración es ciertamente mejorable en cuanto a su capacidad para ser entendida. Todo ello, probablemente por su origen en una Directiva comunitaria que, como todos sabemos, y sobre todo por su carácter armonizador de muchas legislaciones nacionales diferentes, no suelen ser normas especialmente claras en su redacción, siendo más bien admonitivas[114] que normativas en sentido terminológico. Esto lo decimos porque, si se lee de forma secuencial la norma, no se acaba de entender bien cómo funciona. A diferencia de lo que sucede con el convenio de acreedores, los artículos 614 y ss TRLC no dejan muy claro qué contenido tiene un plan de reestructuración, ni cuáles van a ser sus clases, ni a que acreedores va a afectar, etc.[115] Pero, sobre todo, lo más importante para entender cómo funcionan los planes de reestructuración, es que no va a tener ningún sentido hacer un plan que no vaya a ser objeto de homologación. Es decir, un plan será tal en la medida en que cumpla los requisitos para obtener la preceptiva homologación judicial, sobre todo, los arts. 638,639 y 640 TRLC.

Aplicando estas ideas a la operación acordeón. Lo más probable es que un acordeón en un plan de reestructuración parta de una reducción de capital a cero, y un aumento de capital por conversión de total o parcial de los créditos en acciones.

---

113 Admite la posibilidad del acordeón, pero sin llegar tan lejos como hacemos nosotros en el texto, GUTIÉRREZ GILSANZ, cit. pág. 7.

114 Es decir, que contienen las líneas generales de lo que debe ser la regulación más que un texto articulado ya totalmente elaborado.

115 Esto no es necesariamente malo, porque se pretende que la autonomía de la voluntad de los acreedores proponentes o del propio deudor, sean lo que permita que cada plan se adapte a las especiales. Pero lo cierto es que eso hace difícil hacerse una idea de cómo hacer un plan y posibles estrategias que pueden estar detrás de su elaboración. Se aprende más por lo que prohíbe que por lo que positivamente dice.

Según el art. 616. 1. TRLC, un posible contenido de un PR puede ser perfectamente la conversión de créditos en acciones:

> *"A los efectos de este título, se considerarán créditos afectados los créditos que en virtud del plan de reestructuración sufran una modificación de sus términos o condiciones, en particular, la modificación de la fecha de vencimiento, la modificación del principal o los intereses***, la conversión en crédito participativo o subordinado, acciones o participaciones sociales***, o en cualquier otro instrumento de características o rango distintos de aquellos que tuviese el crédito originario, la modificación o extinción de las garantías, personales o reales, que garanticen el crédito, el cambio en la persona del deudor o la modificación de la ley aplicable al crédito."*

El siguiente precepto relevante es el importantísimo art. 631 TRLC, que regula cómo funciona la necesaria participación de los socios en la ejecución de los PR que impliquen la autorización de la Junta General.

> *"**Decisión de los socios sobre la aprobación del plan.***
>
> *1. Cuando el plan de reestructuración **contenga medidas que requieran el acuerdo de los socios de la sociedad deudora,** se estará a lo establecido para el tipo legal que corresponda.*
>
> *2. En el caso de las **sociedades de capital**, serán aplicables las reglas generales con las siguientes especialidades:*
>
> *1.ª Entre la convocatoria y la fecha prevista de celebración de la junta general deberá existir un plazo de **diez** días, salvo que se trate de sociedades con acciones admitidas a negociación en un mercado regulado, en cuyo caso el plazo será de veintiún días.*
>
> *2.ª Si la junta no se hubiese celebrado con anterioridad a la fecha de solicitud de la homologación del plan, se podrá celebrar **después** siempre que hubiera sido convocada antes de esa fecha o el mismo día de presentación de la solicitud.*
>
> *Si la junta no hubiera sido previa o simultáneamente convocada, el solicitante de la homologación **podrá instar del juez** que en la resolución de la admisión a trámite de la homologación convoque a la junta para su celebración en el plazo mencionado.*
>
> *Si la junta no hubiera sido convocada, no llegase a constituirse, o no aprobara en todos sus términos el plan de reestructuración propuesto como máximo en el plazo de los diez o veintiún días desde la admisión a trámite de la solicitud de homologación, el plan se entenderá rechazado por los socios. Hasta que transcurran esos plazos, el juez no adoptará resolución alguna sobre la homologación.*
>
> *3.ª En la convocatoria de la junta, el orden del día se limitará exclusivamente a la aprobación o al rechazo del plan en todos sus términos, **sin que se puedan incluir** o proponer otros asuntos. El derecho de información del*

socio se ejercerá exclusivamente respecto a este punto del orden del día, incluso si se trata de una sociedad cotizada.

4.ª El acuerdo se adoptará con el quórum y por la mayoría legal ***ordinarios****, cualquiera que sea su contenido, sin que resulten aplicables los quórums o las mayorías estatutarias reforzadas que pudieran ser de aplicación a la aprobación del plan y a los actos u operaciones que deban llevarse a cabo en su ejecución.*

5.ª El acuerdo de la junta que apruebe el plan de reestructuración ***será impugnable exclusivamente*** *por el cauce y en el plazo previstos para la impugnación u oposición a la homologación. En el caso de que la junta se haya celebrado con posterioridad a la solicitud de homologación del plan, el plazo de impugnación comenzará para los socios en el momento en que se hubiese celebrado la junta. Las impugnaciones del acuerdo de la junta se acumularán a la impugnación u oposición al plan por parte de los acreedores, si las hubiese, y se tramitarán como cuestión incidental de previo pronunciamiento.*

3. Salvo por lo que respecta a la formación de la voluntad social de conformidad con lo previsto en este Artículo, cualquier operación societaria que prevea el plan deberá ajustarse a la legislación societaria aplicable. En particular, en el caso de que el plan prevea una ***modificación estructural****, los acreedores a los que afecte el plan no tendrán los derechos de tutela individual reconocidos en el libro primero del Real Decreto-ley 5/2023, de 28 de junio, por el que se adoptan y prorrogan determinadas medidas de respuesta a las consecuencias económicas y sociales de la Guerra de Ucrania, de apoyo a la reconstrucción de la isla de La Palma y a otras situaciones de vulnerabilidad; de transposición de Directivas de la Unión Europea en materia de modificaciones estructurales de sociedades mercantiles y conciliación de la vida familiar y la vida profesional de los progenitores y los cuidadores; y de ejecución y cumplimiento del Derecho de la Unión Europea.*

4. ***Cuando se solicite la homologación de un plan de reestructuración en estado de insolvencia actual o inminente de la sociedad deudora, los socios no tendrán derecho de preferencia en la suscripción de nuevas acciones o en la asunción de las nuevas participaciones, en particular cuando el plan prevea una reducción del capital social a cero o por debajo de la cifra mínima legal y simultáneamente el aumento del capital."***

Por lo que respecta a la operación acordeón, este precepto es importante por tres cosas. La primera, porque reconoce expresamente que una operación acordeón puede ser objeto de un PR. En segundo lugar, porque cuando la insolvencia sea actual o inminente, nos dice que los socios no tendrán derecho de preferencia, es decir, que se les puede "excluir" de la sociedad. En tercer lugar, porque el quorum y mayorías serán siempre los ordinarios[116].

Sin embargo, haríamos mal en pensar que ya sabemos todo sobre cómo funciona la operación acordeón en los PR. Sobre todo, porque, como demuestra el caso CELSA, salvo que el acordeón forme parte de un acuerdo entre acreedores y socio mayoritario, es muy difícil que los socios de la sociedad acepten de buen grado ser "expulsados" de la sociedad al imponérseles un acordeón sin derecho de preferencia. Por ello mismo, para que esta figura pueda tener verdadera utilidad práctica, debe ser posible imponerla sin el consentimiento de los socios. Y esto es precisamente lo que hace el art. 640. 2. TRLC, cuando dice:

> *"2. Si el deudor fuera una persona jurídica, la homologación del plan de reestructuración requerirá que haya sido aprobado por los socios legalmente responsables de las deudas sociales.* ***En caso de que estos socios no existieran, y el plan contuviera medidas que requieran acuerdo de la junta de socios, el plan de reestructuración se podrá homologar aunque no haya sido aprobado por los socios si la sociedad se encuentra en situación de insolvencia actual o inminente****."*

Es decir, **si la insolvencia es actual o inminente, se puede homologar un plan de reestructuración que contenga una operación acordeón, incluso aunque la junta de la sociedad afectada lo haya rechazado.**

Otra norma muy importante para la efectiva ejecución en la práctica de lo que señala el art. 640. 2. TRLC es el art. 650. 2. TRLC, que dice:

> *"2. Cuando el plan contuviera medidas que requirieran acuerdo de junta o asamblea de socios y esta no las hubiera acordado,* ***los administradores de la sociedad y, si no lo hicieren, quien designe el juez a propuesta de cualquier acreedor legitimado, tendrán las facultades precisas para llevar a cabo los actos necesarios para su ejecución****, así como para las modificaciones estatutarias que sean precisas. En estos casos, el auto de homologación será título suficiente para la inscripción en el Regis-*

[116] En el ejemplo que estamos poniendo, también será importante el art. 632 TRLC, ya que permitirá la consideración como vencidos, líquidos y exigibles de los créditos cuya conversión en acciones sea parte de la operación acordeón utilizada como ejemplo.

tro mercantil de las modificaciones estatutarias contenidas en el plan de reestructuración."

Como vemos, esta norma permite que el auto de homologación contenga los pronunciamientos necesarios para que los administradores o (ante la posibilidad de que los administradores, actuando en contra de su diligencia y, por tanto, negligentemente, se nieguen a hacerlo), las personas que designe el Juez, puedan realizar los actos de ejecución para efectividad de estas medidas.

Esta conclusión sin duda supone una revolución de la manera en que tradicionalmente se ha entendido la operación acordeón, pero responde a esa distinta filosofía no tan contractualista que tienen los PR en nuestro Derecho. Si la empresa es insolvente, y la propiedad de los socios vale 0 o negativo, no parece un "tabú" que un PF pueda ser aprobado incluso en contra de la voluntad de ese "propietario de nada".

La pregunta que nosotros queremos plantear es: ¿Se puede hacer algo parecido en vía de convenio de acreedores? Todos instintivamente podemos pensar que no, pero como veremos la regulación legal no es tan clara en este sentido como inicialmente pudiera pensarse. Si el acordeón es apoyado por los socios mayoritarios, incluso aunque implique su salida de la sociedad (por ejemplo, porque les permita refinanciar sus avales o salvar algunas empresas de su grupo de hecho o de derecho), no parece que haya problema alguno en aceptar esta medida. Pero, ¿y contra los socios mayoritarios? Veamos ahora lo que dice el TRLC al respecto.

Según el art. 315 TRLC, nada impide que los acreedores que representen al menos 1/5 del pasivo presenten una propuesta de convenio de forma independiente del deudor. Según el art. 317. 2. TRLC, más allá de las prohibiciones legales, no existe un *numerus clausus* de cuáles pueden ser los contenidos de un convenio concursal.

Además, el art. 328 TRLC literalmente reconoce la posibilidad de convertir créditos en acciones o participaciones.

"Propuesta de convenio con conversión de créditos en acciones o participaciones sociales.

1. La conversión de créditos en acciones o participaciones sociales, con o sin prima, **<u>podrá realizarse aunque los créditos a compensar no sean líquidos, no estén vencidos o no sean exigibles.</u>**

> *2. Para la adopción por la junta general de socios del acuerdo de aumentar el capital social por conversión de créditos concursales en acciones o participaciones de la sociedad concursada* ***no será necesaria la mayoría reforzada establecida por la ley o por los estatutos sociales."***

De este precepto, sin embargo, **aunque se favorece la adopción del acuerdo, rebajando quórums y mayorías, no se desprende que se pueda acordar sin acuerdo de junta.**

Sin embargo, tenemos todavía el art. 399 bis TRLC, que dice:

> ***"Aumento del capital en ejecución de convenio.***
>
> *1.* ***Si el convenio en que se hubiera previsto la conversión de créditos concursales en acciones o participaciones de la sociedad deudora fuera aprobado por el juez, los administradores de la sociedad estarán facultados para aumentar el capital social en la medida necesaria para la conversión de los créditos, sin necesidad de acuerdo de la junta general de socios. En la suscripción de las nuevas acciones o en la asunción de las nuevas participaciones los socios no tendrán derecho de preferencia.***
>
> *2. Aunque los estatutos sociales contengan cláusulas limitativas de la libre transmisibilidad de las acciones, las nuevas que se emitan en ejecución del convenio serán libremente transmisibles por actos inter vivos hasta que transcurran diez años a contar desde la inscripción del aumento del capital en el registro mercantil. Las nuevas participaciones sociales que se creen en ejecución del convenio serán libremente transmisibles hasta que transcurran diez años a contar desde la inscripción del aumento del capital en el registro mercantil."*

Esta norma parece contradictoria con el art. 328 TRLC, porque mientras dicho artículo dice que debe ser necesario un acuerdo de junta el art. 399 bis TRLC dice que basta con que los administradores aumenten el capital sin necesidad de acuerdo de junta.

No es fácil resolver esta antinomia, pero aquí es donde, a pesar del diferente origen y filosofía de ambas instituciones, **puede ser muy útil la analogía con los PR.** Nótese el paralelismo que existe entre el 399 bis TRLC y el art. 650. 2. TRLC. Por ello entendemos que la recta intelección de la norma conlleva que nada impide que los acreedores de la sociedad propongan incluso sin acuerdo del deudor una operación acordeón sin derecho de suscripción preferente para los actuales socios de la sociedad (cfr. por analogía art. 631. 4. TRLC).

Es cierto que, frente a dicha propuesta, según el art. 346 TRLC el concursado podría siempre torpedear la propuesta solicitando la liquidación. Pero, como se puede observar analógicamente con lo que dice el art. 650. 2. TRLC, **la competencia para tomar esa decisión sería de los administradores de la sociedad concursada y la gran pregunta es si un administrador es diligente negándose a aprobar una operación acordeón incluso en contra de la voluntad de los socios de la sociedad e incluso aunque ello implique que dejen de ser socios de la sociedad. ¿Cuál es la diligencia/lealtad exigible a ese administrador?**

Aunque reconocemos que la idea es muy innovadora, siguiendo la estela de los PR (cfr. art. 650 TRLC) y acordándonos de que los administradores sociales **deben desobedecer las instrucciones que reciban de la Junta que no consideren legales (cfr. art. 236. 2 TRLSC), entendemos que, dado que los socios tienen una sociedad que vale 0 o negativo, debe ser exigible al administrador aceptar los convenios con acordeón que sean mejores para la viabilidad de la empresa. Y, en caso contrario, debería poder entablarse una acción social de responsabilidad frente a ellos por parte del Administrador Concursal (cfr. art. 131 TRLC).**

Por ello mismo, si se presenta dicho convenio por los acreedores, y realmente es la solución que maximice el interés de los acreedores (cfr. art. 383. 6. TRLC), **el administrador de la sociedad no debería "vetar" el convenio pidiendo la liquidación (cfr. art. 340 TRLC) y, si se obtienen las suficientes mayorías y es aprobado por el Juez, debería proceder a ejecutarlo sin necesidad de acuerdo de la junta.**

Somos conscientes de que esta solución es bastante radical en sus efectos, y obviamente habrá que estar al caso concreto para que el administrador de la sociedad pueda tener el confort de que no vetar el convenio propuesto por los acreedores es aquello que le impone su diligencia y lealtad como administrador. Pero, aunque suene algo radical, el administrador se va a enfrentar con la disyuntiva de una posible acción de responsabilidad por la Administración Concursal o por los socios afectados por la operación acordeón. Incluso, aplicando por analogía lo que dice el art. 650. 2. TRLC **se podría pensar que los acreedores prevean que el convenio y/o la sentencia de aprobación de convenio prevean que una persona distinta del administrador sea la que ejecute la operación acordeón.**

Estamos convencidos de que esta propuesta es, por lo menos, planteable e, incluso, razonablemente defendible. En todo caso, somos conscientes de que deberá ser objeto de un análisis más detallado que el meramente preliminar que hemos hecho en estas breves páginas. Pero animamos a la doctrina, la práctica y la jurisprudencia si se le presentan casos así a que hagan un análisis flexible y alineado con los vientos de cambios que los PR han traído al Derecho de insolvencias, y así permitan extrapolar algunas de sus soluciones al convenio de acreedores. Eso sí, siempre que, como en el caso que nos sucede, los textos legales permitan defenderlo y no sea una interpretación manifiestamente *contra legem*.

28. CUESTIONES GENERALES SOBRE LA EXONERACIÓN DEL PASIVO INSATISFECHO Y EL CONCURSO SIN MASA DE PERSONA FÍSICA

LAURA MATILLA MAHIQUES
Abogada
Doctora en Derecho mercantil UA
Profesora asociada de Derecho Mercantil en la Universidad Europea de Valencia y en la Universidad de Alicante

SUMARIO: I. INTRODUCCIÓN: EL CONCURSO SIN MASA COMO PROCEDIMIENTO TRANSVERSAL A LOS LIBROS I Y III TRLC. II. CUESTIONES PROBLEMÁTICAS SOBRE LA TRAMITACIÓN DEL CONCURSO SIN MASA DE PERSONA JURÍDICA Y DE PERSONA NATURAL. III. LA EXONERACIÓN DEL PASIVO EN LA DIRECTIVA (UE) 2019/1023, DEL PARLAMENTO EUROPEO Y DEL CONSEJO, DE 20 DE JUNIO DE 2019. IV. LA TRANSPOSICIÓN DE LA DIRECTIVA (UE) 2019/1023 AL TRLC EN MATERIA DE EXONERACIÓN DEL PASIVO INSATISFECHO. V. JURISPRUDENCIA RECIENTE SOBRE EXCEPCIONES A LA EXONERACIÓN. VI. BIBLIOGRAFÍA.

I. INTRODUCCIÓN: EL CONCURSO SIN MASA COMO PROCEDIMIENTO TRANSVERSAL A LOS LIBROS I Y III TRLC

Ha de ser obligado punto de partida para este trabajo el afirmar que uno de los tres pilares de la Directiva (UE) 2019/1023, del Parlamento Europeo y del Consejo, de 20 de junio de 2019, es aumentar la eficiencia de los procedimientos de insolvencia; pero, sorprendentemente, únicamente le dedica a este objetivo una única línea en el Considerando (1), último inciso, y en el art. 25 b), que se enmarca dentro de los preceptos referidos a la especialización judicial a los fines de una tramitación rápida de los procedimientos, y a la garantía de formación e intercambio de buenas prácticas de los Administradores concursales, su supervisión, su remuneración y la utilización de medios electrónicos de comunicación.

Si damos un salto en el tiempo, podemos afrontar ya el análisis de la transposición de la Directiva (UE) 2019/1023, que se realizó mediante dos normas, la primera, una Ley orgánica, de reforma de la LOPJ, que reformó las competencias de los Juzgados de lo Mercantil, la LO 7/2022, de 27 de julio, que volvió a residenciar en los Juzgados de lo Mercantil la competencia objetiva para el concurso de persona natural, con independencia de su condición de empresario o no; y la segunda, (2ª) la Ley 16/2022, de 5 de septiembre, de reforma del TRLC, en el que se acomete una profunda reforma de nuestro Derecho de la insolvencia, como es sabido, implementando las reformas necesarias, exigidas por la norma comunitaria, sobre reestructuración, exoneración de deudas y mejora de la eficiencia de los procedimientos de insolvencia, tal y como venimos comentando.

Desde la perspectiva de la norma de transposición, no albergamos duda alguna al respecto de que el concurso sin masa, regulado en los nuevos artículos 37 bis a 37 quinquies TRLC, puede ubicarse en el pilar sobre mejora de la eficiencia de los procedimientos de insolvencia. Ello es lo que se declara en el apartado VI del Preámbulo de la Ley 16/2022. Y también, que esta novedosa regulación encuentra su antecedente en los arts. 470 a 472 TRLC 2020 (*concurso express*, apartado VI del Preámbulo de la Ley 16/2022). Pero hemos de precisar que, si bien concurso sin masa ha venido a sustituir al extinto *concurso express*, pero con importantísimas diferencias en cuanto a la conclusión del concurso, que no es inmediata, al no realizarse en el mismo auto de declaración de concurso sin masa.

Aunque no es ningún procedimiento concursal, como veremos, asimilable al que todos conocemos, pues puede finalizar sin ni siquiera aperturar ninguna sección; ni tampoco puede considerarse como ninguna especialidad del procedimiento, el legislador ha configurado en la Ley 16/2022 el procedimiento de concurso sin masa como un procedimiento transversal a los Libros I y II del TRLC, ya que:

1º.- La situación de concurso sin masa es de apreciación judicial, por referencia a las cuatro circunstancias de hecho reflejadas en el art. 37 bis TRLC. Consecuentemente, la solicitud de declaración de concurso no vincula al Juez, que puede apreciar que se trata de un concurso sin masa y como tal, declararlo. Así se expresa el apartado VI del Preámbulo de la norma y el art. 37 ter.1 TRLC 2022.

2º.- Los arts. 37 bis a quinquies TRLC se ubican el Título I del Libro Primero TRLC, y su Capítulo V, titulado "*Del auto de declaración de concurso*", del que es su Sección 4ª, la última de las referidas al auto de declaración de concurso (1ª), su notificación (2ª) y publicidad (3ª).

3º.- Las microempresas, en los términos en que se definen en el Libro tercero, puedan solicitar la declaración de concurso sin masa más allá del 1 de enero de 2023 (fecha de entrada en vigor del Libro Tercero), pues la decisión por la tramitación del concurso sin masa es por la apreciación judicial de las circunstancias del art. 37 bis TRLC, letras a) a d), que es aplicable por virtud del art. 689 TRLC, que establece como regulación supletoria lo establecido en los Libros primero y segundo.

Como primera valoración podemos concluir sobre este procedimiento *sui generis*, que

- 1ª.- Al menos, y a diferencia con la regulación anterior, se clarifica en el nuevo art. 37 bis TRLC qué es un concurso sin masa, mediante una relación ejemplificativa no acumulativa: (a) inexistencia de bienes; (b) desproporción entre el coste de realización y el valor de los bienes; (c) los bienes libres de cargas valen menos que su realización; y (d) los gravámenes superan el valor de mercado de los bienes.
- 2ª.- Se establece una tramitación coherente (art. 37 ter TRLC, apartados 1 y 3), con publicidad (incluso para los trabajadores) y audiencia de los acreedores, que, a la vista de la publicación en el RPC del concurso sin masa, tienen la posibilidad de "*contratar*" un administrador concursal para que ejercite acciones rescisorias o de responsabilidad social o calificar culpablemente el concurso.
- 3ª.- Por su masiva utilización, y las facilidades de tramitación, se ha convertido en la "*puerta de entrada natural*" hacia la exoneración del pasivo insatisfecho-EPI (arts. 486 a 502 TRLC), en concursos de persona natural sin masa, empresarios o no, en los que no se haya dado esa petición de nombramiento de administrador concursal por los acreedores legitimados (apartado 2 del art. 37 ter TRLC).
- 4ª.- En la actualidad, y dada su habitualidad, se revela como el recurso concursal habitual para todas aquellas empresas con-

cursadas con forma societaria que, careciendo de activo, hayan cesado su actividad, carezcan de trabajadores, y no hubieran ni siquiera contemplado la reestructuración, ni una liquidación societaria tras adoptar acuerdo de disolución.

Debemos fijar nuestra atención ahora en sus particulares trámites. Presentada la solicitud de declaración de concurso sin masa, el Juez debe dictar un auto declarándolo, si se revelan las circunstancias del art. 37 bis TRLC, antes comentadas, y reguladas en sus apartados a) a d).

Ahora bien, ese auto únicamente declarará el concurso sin masa, y sin más pronunciamientos, publicará en el Registro Público Concursal el pasivo que se deduzca de la documentación. Surgen dudas acerca del alcance del pronunciamiento, de si la declaración de concurso sin masa contiene todos los efectos *ex lege*, o no. Lo cual tiene una transcendental importancia en materia de suspensión de ejecuciones, como posteriormente comentaremos.

Publicado en legal forma el auto de declaración de concurso sin masa, el legislador ha optado por la "*externalización*" del control de las circunstancias concurrentes en el concurso sin masa, pues desplaza sobre los acreedores que titulen, al menos, el 5% del pasivo, la carga procesal de peticionar, en el plazo de quince días, a contar del siguiente de la publicación, interesar el nombramiento de administrador concursal, asumiendo los honorarios que el Juez fije, libérrimamente, para que emita informe razonado y documentado sobre si (1) existen indicios de la realización de actos rescindibles; (2) se dan indicios para el ejercicio de acción social de responsabilidad; y (3) se evidencian indicios para la calificación culpable (art. 37 ter TRLC).

El juez del concurso, mediante el denominado *auto complementario* (art. 37 quinquies TRLC) deberá nombrar a ese administrador concursal (art. 37 quater TRLC), si así se lo solicitan los acreedores legitimados. No tiene opción de hacer cosa distinta, se trata de un mandato imperativo.

Como ya hemos dicho, la carga procesal de los acreedores peticionarios incluye el hacerse cargo de los honorarios del administrador concursal que fije el juez, para emitir informe sobre la posibilidad de continuación del procedimiento, si se considera que es viable el ejercicio de esas acciones; lo que deberá ejercer o, si no, lo harán los acreedores mediante legitimación subsidiaria, bajo régimen de acciones subsidiario en materia de costas y gastos. En esta fase preliminar, el AC más bien asemeja sus cometidos a los de un perito experto para la emisión de un dictamen, pero el *nomen iuris* es el de administrador concursal. Por lo que se sujeta a su régimen jurídico, en relación al resto de funciones compatibles con el procedimiento, y su responsabilidad.

En cuanto a la designación del administrador concursal, ésta se realizará conforme a las normas de la Ley concursal vigentes en 2011, al no haberse promulgado la norma reglamentaria que regule el ejercicio de la profesión, tal y como dispone la Disposición transitoria quinta de la Ley 16/2022, de 5 de septiembre.

Si el informe que emite el administrador concursal designado es favorable a la posibilidad de ejercicio de esas acciones, el Juez tiene que dictar auto complementario y continuar el procedimiento conforme a ley; pero directamente con la apertura de la fase de liquidación, que será simultánea a la fase común (arts. 30 y 37 quinquies TRLC). Si el informe es desfavorable, nada establece la Ley, aunque es lógico pensar que no se continuará con el concurso, y se concluirá atendiendo a las particularidades del concurso sin masa y/o del concurso de persona natural.

II. CUESTIONES PROBLEMÁTICAS SOBRE LA TRAMITACIÓN DEL CONCURSO SIN MASA DE PERSONA JURÍDICA Y DE PERSONA NATURAL

Es tiempo de concluir y objetar sobre la regulación del concurso sin masa, y las necesidades de reforma que reclama, ante su deficiente concepción legislativa, que se deduce, en primer lugar, de su encaje sistemático, constituyendo una excepción —que se ha constituido en norma general— en materia de proceso concursal. Y en segundo término, de su deficiente o inexistente encaje transitorio, en especial, con la *absurda* pervivencia del concurso consecutivo conforme al régimen transitorio de la Ley 16/2022. Surge la duda de si el mediador concursal podría solicitar un concurso sin masa, en vez de solicitar un concurso consecutivo, a tenor del régimen transitorio.

Dado que no se contempla la posibilidad de solicitar un concurso sin masa por persona distinta del deudor

Al margen de esa concreta problemática, el efecto transversal de la regulación del concurso sin masa exige el análisis de todos los concursos voluntarios de acreedores con carácter previo a su admisión, a través del *prisma* de los arts. 37 bis a 37 quinquies TRLC, a fin de determinar si estamos o no ante un concurso sin masa, por concurrencia de las circunstancias prevenidas en los apartados a) a d) del art. 37 bis TRLC. Descartado esta concurrencia de circunstancias, puede declararse el concurso voluntario, o aperturarse el procedimiento especial de microempresa, si procede, a tenor de lo determinado en el art. 682 TRLC.

Como primera crítica, puede decirse que nada se establece al respecto del proceder del Juez del concurso si no se solicita el nombramiento de administrador concursal tras publicar el auto de declaración de concurso con el pasivo en el Registro público concursal; es claro que el concurso debería archivarse, pero se han olvidado de decirlo; y nada se establece como causa de conclusión en el art. 465 TRLC, reformado por la Ley 16/2022. Ello ha llevado a los Juzgados de lo mercantil a la aplicación analógica de la causa de conclusión por insuficiencia de masa del ordinal 7º del art. 465 TRLC, a fin de evitar la perpetuación de problemas en el Registro de la Propiedad y Mercantil, por la titularidad de activos a favor de los declarados en concurso sin masa, ya sean personas naturales o jurídicas.

Al hilo de esta problemática, ha de criticarse igualmente, que el legislador nada dispuso en materia de disolución de la persona jurídica en supuestos en los que no se interese el nombramiento de Administrador concursal y no se aperture la liquidación de la sociedad, lo que supone un desajuste irresoluble con el art. 361 TRLSC; y también, una posible responsabilidad individual de los administradores por no proceder a la liquidación del patrimonio existente, que no se resuelve tampoco por la aplicación analógica de la causa del ordinal 7º del art. 465 TRLC antes comentada ya.

La opción por la conclusión del concurso ex art. 465 TRLC, ordinal 7º, mediante su aplicación analógica, permite la aplicación, sin restricciones, del art. 485 TRLC, y así, puede ordenarse el cierre provisional de la hoja abierta a esa persona jurídica en el Registro Mercantil (o de Cooperativas), una vez firme la resolución que acuerde la conclusión del concurso. Transcurrido un año a contar de la orden de cierre provisional, el registrador Mercantil o el Director del Registro de Cooperativas, acordará a la cancelación de la inscripción de la persona jurídica, con el cierre definitivo de la hoja.

Esta opción por la posible conclusión del concurso sin masa, para el caso de que no se haya dictado Auto complementario, aplicando analógicamente el ordinal 7° del art. 465 TRLC —o tras el dictado del auto complementario, apreciada cualquier otra causa de conclusión liquidatoria o con insuficiencia de masa ex art. 465 TRLC, ordinales 6° o 7°— y no por archivar el concurso sin masa con un auto de archivo procesal, esquiva la creación de entidades "*zombis*", sin concluir, y sin posible disolución y liquidación societaria (arts. 360 y ss TRLSC). En cualquier caso, quedaría incólume la jurisprudencia sobre la personalidad jurídica prorrogada o residual para aquellas relaciones jurídicas pendientes de concluir (SSTS 20 de marzo y 5 de julio de 2013, y 24 de mayo de 2017).

No obstante, esta problemática resulta chocante el régimen establecido para las microempresas en el art. 720.2 TRLC, en el que se dispone que en el auto de conclusión del procedimiento especial de liquidación del deudor persona jurídica, el juez ordenará la cancelación de la hoja abierta en el registro, con cierre definitivo.

Como tercera objeción a la regulación, ha de decirse que la asunción previa de honorarios del administrador concursal por los acreedores que, titulando el 5% del pasivo, se encuentren legitimados para solicitar su designación, desincentivará —ya lo ha hecho en la práctica— las peticiones de nombramiento del citado profesional. Si a ello sumamos que tampoco se establece cuál será la remuneración del Administrador concursal, los nombramientos se reducirán, con toda seguridad, a la mínima expresión, ante tanta incertidumbre. Tampoco se establece qué ocurre si se retribuye el informe del AC si es desfavorable a apreciar la posibilidad de ejercicio de acciones de reintegración, de responsabilidad, o la calificación culpable del concurso; y si, en tal caso, se archiva o no el procedimiento. Algunos autores, como SENENT MARTÍNEZ sostienen que debería considerarse, de no haberse retribuido por quien peticionó su nombramiento, como un crédito contra la masa, al beneficiar a toda la masa pasiva.

La cuarta objeción a la regulación, es que no se establece legalmente ninguna vía de oposición incidental a la continuación del proceso con el nombramiento del administrador concursal; únicamente un recurso de reposición (art. 546 TRLC), cuya poca o nula utilidad se evidencia con la imperatividad de la designación de administrador concursal, ante el mandato imperativo del art. 37 quater TRLC en el dictado de auto complementario, al disponer que el juez "*procederá al nombramiento*" de administrador concursal si se lo solicitan acreedor/es que titulen el 5% del pasivo.

La quinta objeción que puede plantearse es la imposibilidad de acumulación de los concursos sin masa de cónyuges, parejas no casadas inscritas en registros, o socios responsables de las deudas de una sociedad, ya que nada se establece en los referidos preceptos que permita la aplicación del art. 41 TRLC. Quizás sea una excepción acertada, habida cuenta de la corta duración de estos procedimientos. Pero cuando se tramite un concurso ordinario, o un procedimiento especial de microempresa de uno de los socios, de la pareja o del cónyuge del deudor, la ley no resuelve si se puede acumular o no, o si se puede acudir a la tramitación coordinada del art. 42 TRLC. No nos surgen dudas a la posibilidad de solicitud conjunta de la declaración de concurso sin masa, a tenor del art. 38 TRLC, que se ha consolidado en la práctica judicial.

La última —y gran— objeción a la regulación del concurso sin masa viene referida a los efectos del primer auto a dictarse en este procedimiento, el de auto de declaración de concurso sin masa (art. 37 bis TRLC, que permite, al menos, las siguientes opciones interpretativas.

Así, una primera interpretación, como opción favorable a la plenitud de efectos del auto de declaración de concurso sin masa, es que despliega todos los efectos legales del auto de declaración de concurso (ordinario), ya que el auto inicial declara un concurso de acreedores, sin limitación alguna, con todos sus efectos *ex* lege, conforme sostienen REBOLLO DÍAZ/AUGONE VERNET. En apoyo de esta tesis interpretativa, se recurre al tenor literal del art. 37 ter.1 TRLC, en el que se establece que "*el juez dictará auto declarando el concurso de acreedores*". Ese inciso no dice "auto inicial declarando el concurso de acreedores sin masa", anunciando una posible limitación de efectos. Es decir, estamos ante una declaración de concurso plena, con todos los efectos del Título III (arts. 105 a 191 TRLC). Un problema irresoluble que se presenta ante esta opción interpretativa es que el procedimiento es totalmente incompatible con la tramitación de un ERE concursal (arts. 169 a 191 TRLC. Y que el Fondo de Garantía Salarial puede denegar prestaciones, al no darse nombramiento de administrador concursal, ni aprobación de textos definitivos que reconozcan los créditos laborales, como entre la doctrina más autorizada afirma COBO SÁNCHEZ.

La opción interpretativa contraria, que sostiene los limitados efectos del auto de declaración de concurso sin masa, y la reserva de los demás efectos legales de la declaración de concurso al auto complementario del art. 37 quinquies TRLC, se fundamenta en que este precepto establece en su apartado 1, que si del informe del AC nombrado a petición del 5% de los acreedores, se apreciare por el Juez la existencia de indicios a que se refiere el art. 37 ter, *"el juez dictará auto complementario con los demás pronunciamientos de la declaración de concurso y apertura de la fase de liquidación de la masa activa"*, lo que evidencia que la declaración del auto inicial se limita a declarar un concurso sin masa, sin más pronunciamientos que el de ordenar la publicación del pasivo declarado por el deudor (art. 37 ter TRLC apartado 1); reservando el resto de efectos al auto complementario.

III. LA EXONERACIÓN DEL PASIVO EN LA DIRECTIVA (UE) 2019/1023, DEL PARLAMENTO EUROPEO Y DEL CONSEJO, DE 20 DE JUNIO DE 2019

Como hemos dicho, el empleo —masivo— de la solicitud de concurso sin masa de persona natural, ha evidenciado que este procedimiento es la puerta de entrada natural hacia la exoneración del pasivo insatisfecho.

Con carácter previo a realizar el análisis de la regulación actual de la exoneración del pasivo insatisfecho —arts. 486 a 502 TRLC 2022—, debemos preguntarnos —y responder a la cuestión— acerca de si la Directiva (UE) 2019/1023, del Parlamento Europeo y del Consejo, de 20 de junio de 2019, contiene una declaración normativa sobre la plena exoneración de deudas.

La Directiva relaciona la plena exoneración de deudas con el "sobreendeudamiento" de personas naturales, y conmina a los EEMM para decidir la forma de acceso a la exoneración, siempre a solicitud del deudor (Considerando 73).

Por ello, todo procedimiento que incluya plan de pagos, ejecución de activos o una combinación de ambos debe prever la opción de una exoneración de deudas. Por ello, los Estados miembros deben garantizar que al menos uno de dichos procedimientos ofrezca al empresario insolvente la oportunidad de lograr la plena exoneración de deudas dentro de un plazo que no sea superior a tres años (Considerando 75).

La plena exoneración de deudas —o el fin de las inhabilitaciones— tras un periodo no superior a tres años, no son adecuados en todas las circunstancias (…) debiendo establecer dichas excepciones en casos en que el deudor sea deshonesto o haya actuado de mala fe. En los casos en los que los empresarios no disfruten de una presunción de honestidad y buena fe en virtud del Derecho nacional, la carga de la prueba de su honestidad y buena fe no debe dificultarles innecesariamente iniciar el procedimiento, ni hacerlo costoso (Considerando 78).

La Exposición de motivos de la Ley 16/2022, de 5 de septiembre, en su apartado IV, declara que la nueva normativa prescinde del sustantivo «beneficio» en su propia definición, y se opta por la exoneración del pasivo insatisfecho como institución; como derecho del deudor insolvente. Hay que hacer una precisión: se brinda la segunda oportunidad solo al deudor insolvente, actual o inminente; no al sobreendeudado, si no es insolvente.

Según dos recientes Autos del Tribunal Constitucional, de 6 de noviembre de 2023, la Disposición transitoria primera de la Ley 16/2022, de 5 de septiembre, apartado 3, en su ordinal 6º, es ajustada a los dictados de la Carta Magna en cuanto a su aplicación de la nueva regulación de la exoneración nuevo EPI a concursos ya iniciados.

Y en materia de exoneración del crédito público, la respuesta del TJUE a la primera de las cuestiones prejudiciales planteadas por la Secc. 8ª de la Ilma. Audiencia Provincial de Alicante, en Sentencia de 11 de abril de 2024, resuelve en cierta la cuestión que nos hemos planteado en un inicio: es posible que no se de una exoneración plena de deudas, que no se encuentra contemplada en la Directiva (UE) 2019/1023, si la exclusión de la exoneración de una naturaleza de crédito, como el crédito público, se encuentra justificada en la norma de transposición.

La Sección 8ª de la Ilma. Audiencia Provincial de Alicante había planteado dos cuestiones prejudiciales al Tribunal de Justicia de la Unión Europea, acerca de la exclusión del crédito público en el régimen de concesión del beneficio de exoneración del pasivo insatisfecho en el Texto Refundido de la Ley Concursal, aprobado por RD-Legislativo 1/2020, de 5 de mayo (en adelante, TRLC 2020), norma anterior a la de transposición de la Directiva (UE) 2019/1023, del Parlamento Europeo y del Consejo, sobre marcos de reestructuración preventiva, exoneración de deudas e inhabilitaciones, y sobre medidas para aumentar la eficiencia de los procedimientos de reestructuración, insolvencia y exoneración de deudas, y por la que se modifica la Directiva (UE) 2017/1132 (Directiva sobre reestructuración e insolvencia).

En concreto, la Audiencia Provincial de Alicante, y su Sección 8ª, especializada en materia mercantil, se planteó la posible colisión entre la "plena exoneración de deudas" que se propugna a lo largo y ancho del texto de la Directiva UE 2019/1023, y el TRLC 2020, que no excluye el crédito público de la exoneración (arts. 491.1 y 497.1 TRLC 2020); y, si, por ello, es posible realizar una interpretación conforme a la Directiva, que permita la exoneración de todo crédito público.

Para ello, planteó sus dudas acerca de la correcta interpretación del art. 23.4 de la Directiva UE 2019/1023, en la redacción originaria y la posteriormente conferida tras la corrección de errores, sobre "excepciones" a la exoneración de deudas por clases de créditos, al respecto de si contiene una relación de créditos de cerrada (numerus clausus) de créditos a exonerar —entre los que no se encuentra el crédito público, y por tanto, sería exonerable y, ello, imperativo para todos los Estados miembros, al tiempo de transponer la norma a su ordenamiento y antes de ello, obligados a legislar mediante una interpretación conforme a la norma comunitaria; o, por el contrario, es numerus apertus, por lo que sería una relación meramente ejemplificativa, que, al no contener ningún mandato imperativo y cerrado, permitiría la exoneración de otro tipo de créditos, como el público.

Igualmente, la Audiencia Provincial preguntó al TJUE, en forma expresa, acerca de si era posible aplicar esa interpretación conforme a la Directiva a las normas dictadas en el periodo de su transposición; y, por último, si la falta de justificación en el TRLC 2020 acerca de la exclusión de la exoneración del crédito público, compromete o perjudica la consecución de los previstos en la Directiva UE 2019/1023.

En definitiva, se planteó la compatibilidad del TRLC 2020 con la Directiva UE 2019/1023, en los más amplios términos, y sobre la base de propugnar una interpretación conforme frente a una norma nacional promulgada durante el plazo de transposición de la Directiva UE 2019/1023; además de plantear dudas interpretativas sobre un concreto precepto de la Directiva UE 2019/1023 —el artículo 23.4— que bien puede ser extrapolable para interpretar la norma que transpuso la directiva-la Ley 16/2022, de 5 de septiembre, de reforma del TRLC 2020-, limitando nuevamente la exoneración del crédito público (art. 489.1.5º TRLC 2022), aunque esta vez ya únicamente, en forma cuantitativa, en la forma prevista en ese precepto.

La respuesta del TJUE ha resuelto la duda prejudicial, declarando que la relación de categorías específicas de créditos que pueden excluirse del mecanismo de exoneración total de deudas no tiene carácter exhaustivo, y que los Estados miembros tienen la facultad de excluir de la exoneración de deudas categorías específicas de créditos distintas de las enumeradas en esa relación, siempre que dicha exclusión esté debidamente justificada con arreglo al Derecho nacional.

En cuanto a la cuestión de si el TRLC aprobado mediante el Real Decreto Legislativo 1/2020 puede comprometer gravemente, tras la expiración del plazo de transposición de la Directiva, la realización del objetivo perseguido por esta, el Tribunal de Justicia señala en su Sentencia de 11 de abril de 2024 que es la Audiencia Provincial de Alicante quien debe evaluarlo. No obstante, el TJUE le indica al tribunal español que el legislador español cumplió la obligación de justificar esta exclusión tras la expiración del plazo de transposición de la Directiva en el preámbulo de la Ley 16/2022, de reforma del texto refundido de la Ley Concursal, cuyo objetivo es garantizar la transposición de aquella.

Por otra parte, al ser pertinente este preámbulo para interpretar las disposiciones legales españolas, la falta de justificación, en particular, en la versión del TRLC aplicable al litigio sustanciado ante la Audiencia Provincial de Alicante, no compromete gravemente, tras la expiración del plazo de transposición de la Directiva, la realización del objetivo perseguido por esta. Así pues, el hecho de que los órganos jurisdiccionales nacionales hayan interpretado una normativa nacional aplicable a hechos que se produjeron después de la fecha de entrada en vigor de la Directiva, pero antes de que expirara el plazo de transposición de esta, en el sentido de que la exclusión de la exoneración de deudas de los créditos de Derecho público no está debidamente justificada en la mencionada normativa no compromete gravemente, tras la expiración de dicho plazo, la realización del objetivo perseguido por la Directiva.

Quedan por resolver otras cuestiones prejudiciales planteadas por Juzgados unipersonales, ya acerca de la limitación cuantitativa de la exoneración del crédito público, o sobre la nueva configuración del deudor de buena fe, a través de los requisitos de acceso a la exoneración previstos en el art. 487 TRLC —especialmente relacionados también con el crédito público; pero mucho nos tememos que se vislumbra una respuesta en la línea expuesta, ya que la más reciente STJUE de 8 de mayo de 2024, en la que se da respuesta a una cuestión prejudicial planteada por la Audiencia de Oporto, Portugal, sigue manteniendo su doctrina de la "*debida justificación*" en la exoneración de determinada clase de créditos, que no exige su constancia expresa en la norma de transposición de la Directiva, sino que puede desprenderse del procedimiento de elaboración de la norma, o figurar en otras disposiciones del Derecho nacional.

IV. LA TRANSPOSICIÓN DE LA DIRECTIVA (UE) 2019/1023 AL TRLC EN MATERIA DE EXONERACIÓN DEL PASIVO INSATISFECHO

Para abordar esta materia, nos vemos obligados a hacer una breve reseña del sistema anterior a la Ley 16/2022, pues hay que recordar que pivotaba acerca de una idea central: no era posible la exoneración sin previa liquidación del patrimonio del deudor. Así, el deudor de buena fe, que pretendiera obtener el beneficio de exoneración del pasivo insatisfecho, se veía obligado a realizar la totalidad de su patrimonio embargable para pagar a sus acreedores, salvo bienes y/o derechos carentes de valor, o gravados con garantía real de valor inferior al importe de la deuda garantizada.

Ahora bien, la realización de la masa activa no siempre implicaba la apertura de la liquidación, cuando el concurso era insuficiente para afrontar el pago de créditos contra la masa, apreciada ab initio (art. 472 TRLC), o sobrevenidamente en fase común.

Liquidada la masa activa, la exoneración podía producirse a través de dos vías —un régimen general, y un régimen con plan de pagos— que no eran alternativas u opcionales para el deudor, sino que dependían del grado de satisfacción de los créditos que había podido realizarse tras la liquidación: el deudor se veía arrastrado a una u otra vía en función de su capacidad de pago. Así, bajo el régimen general, si se había satisfecho un umbral mínimo —los créditos privilegiados, los créditos contra la masa, y si no había intentado un AEP, pudiendo hacerlo, un 25% de los créditos ordinarios— la exoneración se acordaba de forma definitiva, sin exigirse más esfuerzo al deudor de buena fe; y el beneficio de la exoneración del pasivo insatisfecho —BEPI— abarcaba la totalidad de los créditos exonerables que no se hubieren abonado a esa fecha. La exoneración mediante plan de pagos exigía al deudor, por 5 años, abonar, además de los créditos no exonerables, la parte no exonerada de los créditos exonerables con arreglo al plan de pagos, conforme a su capacidad económica. Transcurrido ese plazo, si no se había revocado, la exoneración provisional pasaba a ser definitiva.

El sistema introducido por la Ley 16/2022, de 5 de septiembre, de transposición de la Directiva (UE) 2019/1023, ofrece un panorama totalmente distinto, pues ya no se obliga al deudor a escoger por una vía u otra de conformidad con su capacidad de pago, sino que tiene libertad para elegir entre varias vías para alcanzar la exoneración definitiva.

Y no son dos vías, sino tres (3) las posibles para alcanzar la EPI (art. 486 TRLC 2022), a saber:

1ª.- La exoneración con plan de pagos, sin previa liquidación de la masa activa, al declararse un concurso con activos de relevancia económica (arts. 486.1º y 495-500 TRLC 2022). Es una vía no liquidativa, pues no exige la previa liquidación del patrimonio del deudor, y supone la existencia de bienes de una cierta entidad, para que el deudor se exija cumplir con el plan de pagos, por lo que se plantean dudas acerca de si es compatible con un previo concurso sin masa (en sentido de apreciar esa incompatibilidad, las SSAP Valencia, Secc. 9ª, de 26 de septiembre de 2023, núm. 568/2023, y 8 de mayo de 2024, núm. 33/2024).

No obstante, a pesar de esta interpretación, ha de decirse que no se trata de un criterio mayoritario en la jurisprudencia, y que la Ley no impone esa interpretación. Así, estimo que no hay impedimento legal expreso a solicitar el EPI por la vía del plan de pagos, puesto que el apartado 2 del art. 37 ter TRLC dispone que "2. En caso de que, dentro de plazo, ningún legitimado hubiera formulado esa solicitud [nombramiento AC por 5% pasivo, apartado 1 art. 37 ter LOPJ] el deudor que fuera persona natural podrá presentar solicitud de exoneración del pasivo insatisfecho [sin que se especifique que lo sea por la vía del plan de pagos, o por la vía del art. 501.1 TRLC, en el que se establece que el concursado "podrá" presentar solicitud de EPI, sin que determine una vía u otra. Y tampoco en circunstancias de insuficiencia sobrevenida, pues el apartado 2 del art. 501 TRLC tampoco dispone una vía u otra, por lo que no se excluye la del plan de pagos; además, establece las mismas reglas que para las situaciones del apartado 1 del art. 501 TRLC, que tampoco excluye la solicitud de EPI por la vía del plan de pagos.

La exoneración por la vía del plan de pagos, es, como decimos, una solución no liquidativa de la insolvencia, equiparable al convenio de acreedores, al plan de reestructuración o al procedimiento de continuación de microempresarios que sean persona natural, pero con la diferencia de que no exige sometimiento previo a los acreedores para su aprobación, que pueden impugnarlo (mediante incidente concursal) si no supera la prueba del interés superior de los acreedores (art. 498 bis.1.1ºTRLC 2022): recibir lo mismo en comparación con una solución liquidativa (arts. 654, 383 y 689 TRLC en sede de reestructuración, convenio y plan de continuación de microempresas); aunque al mismo nivel que por las otras causas de los ordinales

2º a 5º que establecen motivos sobre pago durante el plan, o decisión porcentual de los acreedores en contra, o la concurrencia de las excepciones del art. 487 TRLC. Y siendo el efecto de la impugnación, el que se revoque la exoneración, no que el acreedor impugnante no se vea afectado por el plan, a diferencia de la reestructuración.

El plan de pagos de la legislación anterior era un *plus* a la liquidación; ahora se evita la liquidación. Y en el plan de pagos actual, la clave no es la capacidad del deudor, sino el valor de los activos relevantes que no se quieren liquidar, que no se ha realizado, y que debe reportar a los acreedores la misma satisfacción de sus créditos que una eventual liquidación concursal (regla del mayor interés de los acreedores). La exoneración será provisional durante el plan de pagos, y definitiva a su término (3/5 años).

2ª.- La exoneración con liquidación de la masa activa, realizada en la fase de liquidación y se solicita la conclusión por finalización de la liquidación (art. 486 2º TRLC 2022). Esta vía presupone un concurso de acreedores con activos liquidables, y nombramiento de administrador concursal.

3ª.- La exoneración sin liquidación de la masa activa, o exoneración liquidativa meramente formal, no material, que se da en estas concretas dos situaciones (art. 486.2º TRLC): (1) por haber sido declarado el concurso sin masa (arts. 37 bis a 37 quater TRLC 2022, y arts. 501-502 TRLC 2022); y (2) por apreciarse insuficiencia de la masa apreciada en forma sobrevenida en el concurso (art. 486.2º y arts. 501-502 TRLC 2022). Es un concurso con activos insuficientes para atender los créditos contra la masa.

No obstante, la opción por una u otra vía no soluciona los problemas de liquidación de la sociedad de gananciales, en supuestos de concurso de persona casada; así, pueden contemplarse tres escenarios; el primero, el concurso ordinario de persona natural, no plantea ninguna contradicción, pues esa coordinación se da a través del art. 125 TRLC. Un segundo escenario, el del concurso sin masa con EPI sujeto a plan de pagos, puede darse esa coordinación con el art. 125 TRLC, pero deberá solicitarse expresamente. Por último, un tercer escenario, cual sería el concurso sin masa con EPI no liquidativo del art. 501 TRLC: aquí sí que no hay coordinación posible, pues no hay liquidación. Pero entiendo que no es de aplicación el art. 125 TRLC, ante la conclusión del concurso, sino que la disolución será voluntaria notarial, o contenciosa judicial ante los Juzgados de Primera Instancia o de Familia. El problema de esta solución surge cuando se solicita durante el término de quince días para el dictado de auto complementario del art. 37 ter 1 TRLC. Personalmente estimo que el procedimiento establecido para el concurso sin masa no liquidativo no permite desarrollar ninguna pieza separada de disolución y liquidación de la sociedad conyugal, aunque se preconice la plenitud de efectos legales del auto de declaración de concurso sin masa.

De otro orden de cosas, ha de decirse que la reforma de la Ley 16/2022 ha conllevado igualmente una reformulación del concepto normativo del deudor de buena fe, desechando la interpretación jurisprudencial anterior (SSTS 150/2019, de 13 de marzo, y 381/2019, de 2 de julio), pues se establecen excepciones y prohibiciones para el acceso a la exoneración del pasivo, y no tanto una definición de deudor de buena fe; aunque se comparta con el criterio jurisprudencial citado, que no es un concepto vinculado al art. 7.1 CC, sino anudado al cumplimiento de los requisitos exigidos en el anterior art. 178 LC, y actual régimen de excepciones a la EPI del art. 487 TRLC.

Esta opción del legislador se separa en cierta manera de los conceptos manejados en el Considerando 78 de la Directiva (UE) 2019/1023, que habla de "*deudor deshonesto o que haya actuado de mala fe*". Aunque no es menos cierto que el art. 23.1 de la norma comunitaria remite a la legislación nacional la definición de actuación deshonesta o de mala fe. Por lo que se plantea la duda de si ya no estamos ante un concepto propio del Derecho de la UE, sino de los Derechos propios de cada Estado miembro.

En tal sentido, FERNÁNDEZ PÉREZ ha declarado que "*La principal novedad que aporta en este sentido la Directiva 2019/1023, sobre marcos de reestructuración preventiva es que no se encorseta al juez con reglas rígidas, sino que podrá atender a las circunstancias del caso concreto*". La citada autora sigue a CUENA CASAS, que sostiene un concepto valorativo de la buena fe, que se contrapone al modelo normativo, en el que la buena fe es un requisito para la obtención de la EPI y está sujeto a valoración judicial con base en unos criterios objetivos. Esta autora enfatiza afirmando que "*La clave es otorgar un margen de maniobra al juez para que pueda ajustarse a las circunstancias del caso concreto. Es decir, se establecen unos requisitos de acceso objetivos (o hechos impeditivos para la obtención de la exoneración) y, además la buena fe que es objeto de valoración judicial en el caso concreto".*

Para terminar con este apartado, ha de hacerse una referencia, aunque brevemente, a la compleja exoneración del pasivo insatisfecho de los microempresarios.

La exoneración, tras el procedimiento de liquidación de microempresas, ha de ser con liquidación del patrimonio, pues así lo dispone el art. 715 TRLC 2022. Patrimonio tanto empresarial, como personal del microempresario.

Y, conceptualmente, la exoneración no es posible cuando se aprueba el plan de continuación, ya que éste engloba todo el activo y el pasivo del deudor, empresarial y personal, deudas comerciales y de consumo, y hace las veces de plan de pagos.

La paradoja surge cuando se frustra el plan de continuación, puesto que el art. 700 TRLC no determina que la exoneración sea por la vía liquidativa, sino que se articule conforme a lo dispuesto en el libro primero; por ello, perfectamente se podría acudir a un plan de pagos si se solicita antes de la apertura de la liquidación (art. 699 bis TRLC 2022).

Y este plan podría ser liquidativo aunque no al 100% (art. 496 TRLC), ya sea de patrimonio empresarial o personal, o de ambos.

La clave estará en el diseño de un plan de pagos diferente al plan de continuación rechazado. Esta posibilidad concede una verdadera "segunda oportunidad" dentro del procedimiento de continuación. Si no fuese así, sería cercenar posibilidades de exoneración al empresario en actividad, frente al que ha cesado la actividad.

V. JURISPRUDENCIA RECIENTE SOBRE EXCEPCIONES A LA EXONERACIÓN

En un trabajo de esta naturaleza, se convierte en tarea irrealizable examinar la abundantísima jurisprudencia sobre esta materia tan novedosa.

Nos centraremos en recientes pronunciamientos relativos a cuestiones problemáticas de mucho interés.

La primera es la relativa a la problemática de la vivienda habitual en el concurso de persona natural, y la aplicación del art. 492 bis TRLC a situaciones en las que la exoneración no se ha solicitado por la vía del plan de pagos.

Sostengo de la exclusiva aplicación del art. 492 bis TRLC a la EPI mediante plan de pagos, pues se hace referencia a éste en el propio apartado 2: "*... cuantía pendiente de pago cuando se presenta el plan.*"; de lo que se deduce que no puede aplicarse a la EPI no liquidatoria, pues daría lugar a efectos perniciosos.

La afectación de la exoneración lo es a la cuantía pendiente de pago por el concursado, con independencia de que ya se haya adquirido mediante préstamo con garantía hipotecaria, sea con carácter ganancial o en proindiviso por los cónyuges o pareja estable inscrita. Ello que determina que el cónyuge no concursado no se favorece de la exoneración en tanto no sea declarado en concurso. Así lo dispone el art. 491 TRLC. Lo que determina una más que posible contradicción con el tenor literal del art. 251.2 TRLC por la falta de afectación, puesto que en el citado precepto se dispone que "*2. En caso de concurso de persona casada en régimen de gananciales o cualquier otro de comunidad de bienes, los créditos contra el cónyuge del concursado, que sean, además, créditos de responsabilidad de la sociedad o comunidad conyugal, quedarán de derecho integrados en la masa pasiva*".

Los argumentos para la inaplicabilidad, como ya hemos dicho, nos las proporciona el tenor literal del art. 492 bis TRL, pues habla de "*las deudas con garantía real cuya cuantía pendiente de pago cuando se presenta el plan exceda del valor de la garantía...*". Ello es sostenido, entre la doctrina más autorizada, por FACHAL NOGUER, CUENA CASAS y SENDRA ALBIÑANA.

En tal sentido, señalamos el muy elaborado auto del Juzgado de lo Mercantil núm. 2 de Santander, de 6 de noviembre de 2023, en el que se examina el art. 492 bis TRLC, sobre los efectos de la exoneración sobre las deudas con garantía real (aun estando sistemáticamente entre las normas comunes), declarando que establece reglas distintas para los itinerarios de liquidación y de plan de pagos. Y solo en el caso del plan de pagos (art. 492 bis 2 TRLC) dispone que cuando antes de su aprobación no se hubiera ejecutado la garantía real, y la cuantía pendiente exceda del valor de la garantía calculada según los arts. 272 y ss TRLC (libro V del título I TRLC sobre la masa pasiva) establece una reestructuración de la deuda, recalculando las cuotas sobre la parte de deuda que no supere el valor de la garantía (la parte no exonerable); la parte que exceda (exonerable) se sujeta al plan y se exonerará en la porción no satisfecha.

Consecuentemente, y siguiendo el referido criterio, la lógica de la norma no puede ser otra que la siguiente: si la cuantía pendiente de pago fuera inferior al valor de la garantía, sería en su totalidad no exonerable; si la garantía se hubiera ejecutado antes de la exoneración en caso de liquidación (o de la aprobación del plan de pagos), "solo se exonerará la deuda remanente (art. 492 bis 1 TRLC), pero en todo caso (art. 492 bis 3 TRLC) de llegar a ejecutarse la garantía, decaería cualquier exoneración si resultara producto suficiente para satisfacer la deuda exonerada. De manera que la renconfiguración o recálculo de la cuota solo opera mientras el plan de pagos esté vigente (incluyendo la porción exonerable por superar el valor de la garantía, que en parte habrá de satisfacerse con sujeción al mismo.

No obstante, también hay argumentos para la aplicabilidad del art. 492 bis TRLC al concurso liquidatorio (ya sea una liquidación efectiva, o puramente nominal): y el principal y más definitorio es el de su ubicación sistemática, que se localiza dentro de los efectos de la exoneración, Subsección 3ª, Secc. 1ª, dedicada al ámbito de aplicación, del Cap. II, de la Exoneración del pasivo insatisfecho. En tal sentido se pronuncian GARCÍA OREJUDO/RAFÍ ROIG; criterio sobre el que no se pronuncian los Acuerdos de Unificación de criterios en Derecho concursal de los Juzgados Mercantiles de Barcelona, de diciembre de 2023.

Tendrá que ser la jurisprudencia la que determine finalmente la aplicabilidad o no del art. 492 bis TRLC a todo supuesto de exoneración del pasivo insatisfecho.

Recientemente se ha avivado la polémica acerca del endeudamiento culposo, esto es, la interpretación del ordinal 6º del art. 487.1 TRLC, y la apreciación judicial de las circunstancias concurrentes respecto de la aplicación o no de la excepción, sin perjuicio de la prejudicialidad civil o penal (apartado 2 del art. 487 TRLC). Ha de recordarse que la norma dispone que no podrá obtener la EPI el deudor que se encuentre en alguna de las circunstancias siguientes:

"*6º Cuando haya proporcionado información falsa o engañosa o se haya comportado de forma temeraria o negligente al tiempo de contraer endeudamiento o de evacuar sus obligaciones, incluso sin que ello haya merecido sentencia de calificación del concurso como culpable. Para determinar la concurrencia de esta circunstancia el juez deberá valorar:*

a) La información patrimonial suministrada por el deudor al acreedor antes de la concesión del préstamo a los efectos de la evaluación de la solvencia patrimonial.

b) El nivel social y profesional del deudor.

c) Las circunstancias personales del sobreendeudamiento.

d) En caso de empresarios, si el deudor utilizó herramientas de alerta temprana puestas a su disposición por las Administraciones públicas".

Y que conforme al apartado 2 del art. 487 TRLC, en su segundo párrafo, "En relación con el supuesto contemplado en el número 6º del apartado anterior, corresponderá al juez del concurso la apreciación de las circunstancias concurrentes respecto de la aplicación o no de la excepción, sin perjuicio de la prejudicialidad civil o penal".

La reciente Sentencia de la Secc. 8ª de la Ilma. Audiencia Provincial de Alicante, núm. 235/2024, de 3 de mayo de 2024, confirmando en grado de apelación la dictada por el JM núm. 4 de Alicante en 5 de septiembre de 2023, que corresponde a los acreedores que son entidades financieras, al tiempo de evaluar la solvencia del consumidor, y por su acceso a los ficheros del solvencia patrimonial, "(…) *la obligación de corroborar la información facilitada por el deudor antes de la concesión de cualquier operación financiera para conjurar el riesgo de que esa información sea falsa o engañosa*", y no pretender imputar al deudor tal conducta, en sede concursal; y que "*las entidades financieras podrían evitar situaciones de endeudamiento si cumplieran rigurosamente con la obligación de evaluar previamente la solvencia del cliente que solicita un préstamo, impuesta por el art. 18 de la Orden EHA/2899/2011, de 28 de octubre (…).* La sentencia de instancia declaró que en modo alguno podía deducirse ninguna carrera hacia el endeudamiento, desplazando la prueba hacia la parte demandante, al declarar que "*(…) la demandante no prueba más que al tiempo de solicitar el préstamo aún no había impagado nada (certificado ASNEF es de impagados); no solicitó certificado CIRBE al tiempo de estudiar la concesión del préstamo, por lo que se infringió el art. 18 de la Orden EHA/2899/2011, de 28 de octubre, de transparencia y protección al cliente de servicios bancarios, que regula la "Evaluación de la solvencia en el préstamo responsable", que exige consultar el historial crediticio del deudor en la central de información de riesgos del Banco de España (CIRBE), con carácter previo a la concesión del préstamo. Y no lo pidió por tratarse de un préstamo rápido, en un mercado muy competitivo, en el que la celeridad en la concesión lo es todo. Por lo que, si fue negligente, no puede exigir ninguna evaluación de la temeridad del consumidor*".

Consecuentemente con la anterior doctrina, la carga de la prueba del endeudamiento irresponsable o negligente, se desplaza hacia quien lo afirma, el acreedor, financiero o no, que deberá demostrar que el deudor concursado fue temerario en la asunción de préstamos en nivel tal que le llevaron a la insolvencia. Máxime cuando al deudor persona natural no empresario, y al empresario que se encuentra enmarcado en el Libro tercero del TRLC, les está vedada la vía de la reestructuración.

En tal sentido se pronuncia la Sentencia del JM 4 de Alicante, de 14 de mayo de 2024, al declarar que "*4º.- Y desde esa perspectiva, corresponde al acreedor demostrar el relato del sobreendeudamiento temerario o negligente, por exigirlo el propio principio de distribución de la carga probatoria ex art. 217 LEC. 5º.- La temeridad o negligencia, en el supuesto que nos ocupa, es identificada por el demandante con la falta de justificación de la aplicación o destino de las cantidades de dinero obtenidas de los distintos acreedores financieros. Ofrecido un relato contrafactual por el concursado, identificando el sobreendeudamiento, con la perentoria necesidad de pagar tratamientos médicos y psicológicos no cubiertos por la Seguridad Social, así como la asunción de todos ellos por el concursado —atendida la frágil situación laboral de su esposa—, quedaría sin efecto y desvirtuado ese relato de la demandante. 6º.- Esta conclusión, lejos de ser simplista, es coherente con la distribución de la carga de la prueba que establece el art. 217 LEC, en el marco de un proceso dispositivo y bajo el principio de alegación ex parte; y mucho más con el preámbulo de la Ley 16/2022, de 5 de septiembre, que recomienda el huir, en esta materia, de la apelación a «patrones de conducta vagos o sin suficiente concreción, o cuya prueba imponga una carga diabólica al deudor»*.

En cuanto a la valoración de las circunstancias determinadas en el ordinal 6º del art. 487, la antecitada resolución igualmente tuvo ocasión de pronunciarse en los siguientes términos, siempre estimando la privilegiada posición de las entidades financieras en materia de concesión de créditos y análisis de riesgos: «7º.- En cuanto a la valoración de las tres circunstancias del ordinal 6º del apartado 1 del art. 487 TRLC, comenzaremos con la primera, la contemplada en el apartado a), cual es "La información patrimonial suministrada por el deudor al acreedor antes de la concesión del préstamo a los efectos de la evaluación de la solvencia patrimonial". La valoración de esta primera circunstancia no puede realizarse sin la necesaria colaboración de las entidades acreedores, quienes son quien tiene en su poder esa información. Dado que no ha comparecido ningún otro acreedor, y que la entidad demandante nada aporta acerca de la información patrimonial que le fue dada antes de concertar las tres operaciones de préstamo suscritas con el hoy demandado, no puede pronunciarse este tribunal de otra forma que no sea la de desechar esta circunstancia, por ausencia probatoria total por quien tiene la carga de hacerlo, la entidad demandante. 8º.- En cuanto a la valoración de la segunda circunstancia, cual es la del apartado b), "El nivel social y profesional del deudor", ha de decirse que el nivel profesional del deudor —Magistrado de carrera y profesor universitario— perfectamente le permite conocer su situación de sobreendeudamiento; pero también le permite conocer la posibilidad de alcanzar una refinanciación privada de la deuda, reunificándola en uno o dos préstamos, al poder ofrecer un bien inmueble como garantía, y ser titular de ingresos recurrentes nada despreciables. Y su nivel social el que le ha llevado, sin duda, a endeudarse para poder acudir a la medicina privada para intentar mejorar la salud mental de su hija, ante las dificultades propias de los tratamientos en hospitales públicos, como las listas de espera, o la escasez de profesionales especializados. 9º.- Por último, en cuanto al apartado c) "Las circunstancias personales del sobreendeudamiento", entendemos que debe ser valorado a la luz de los anteriores: la deuda sin garantía hipotecaria es elevada, tiene su causa en la necesidad de atender gastos médicos, si bien es elevada, no es infinita; y, por ello, de posible refinanciación. La imposibilidad legal de acudir a una reestructuración de la deuda, le ha llevado obligatoriamente a la solicitud de declaración de concurso, ante la imposibilidad de atender todas las cuotas de los once préstamos personales concertados, además de la cuota de la hipoteca. Ciertamente, el escenario financiero era complicado, pero no imposible de refinanciar. De ahí que, desde la perspectiva de los ingresos recurrentes, y de la titularidad de un bien inmueble, las circunstancias del sobreendeudamiento hayan de ser contempladas como asumibles, a pesar de partir de un difícil inicial equilibrio financiero.

Otra cuestión polémica, o más bien, que ha ocasionado mucha litigiosidad, es la calificación del crédito concursal de determinados acreedores, a los efectos de la EPI. Dos son los casos más recurrentes: el primero, la calificación del crédito público de entidades distintas a la AEAT y TGSS; y el segundo, la calificación concursal del crédito financiero garantizado con reserva de dominio.

En cuanto al crédito de Ayuntamientos, Diputaciones Provinciales y Forales, y Comunidades Autónomas, se ha discutido si el referido crédito debe incluirse dentro de los límites de exoneración del crédito público del ordinal 5° del art. 489 TRLC. El legislador nacional, al trasponer la Directiva 2019/1023, mediante la Ley 16/2022, optó por establecer créditos exonerables y créditos no exonerables, al regular la extensión de la exoneración en el art. 489 TRLC. Considerando créditos exonerables los no relacionados en los ocho ordinales del apartado 1 del art. 489, entre los que se encuentran los créditos de Derecho público (ordinal 5°), que se identifican con los siguientes: "5°.- Las deudas por créditos de Derecho público. No obstante, las deudas para cuya gestión recaudatoria resulte competente la Agencia Estatal de Administración Tributaria podrán exonerarse hasta un importe máximo de diez mil euros por deudor; para los primeros cinco mil euros, la exoneración será íntegra, y a partir de esa cifra la exoneración alcanzará el cincuenta por ciento de la deuda hasta el máximo indicado. Asimismo, las deudas por créditos en seguridad social podrán exonerarse por el mismo importe y en las mismas condiciones. El importe exonerado, hasta el citado límite, se aplicará en orden inverso al de prelación legalmente establecido en esta ley y, dentro de cada clase, en función de su antigüedad".

Atendiendo al citado ordinal 5°, y a la capacidad de gestión y recaudación de las Agencias Tributarias de entidades locales, ayuntamientos y Diputaciones Provinciales, en materia de créditos públicos propios, el crédito así insinuado y titulado frente al concursado, es, a todas luces, no exonerable. En tal sentido, la SJM 4 de Alicante de 11 de septiembre de 2023.

Resta realizar una mención a la calificación concursal del crédito de las entidades financieras de vehículos automóviles, que cuentan con reserva de dominio. En tal sentido, la SJM nº 2 de Murcia de 22 de marzo de 2023, en la que se razona sosteniendo la interpretación restrictiva que la Ley 16/2022 de 5 de septiembre ha realizado del art. 23 de la Directiva (UE) 2019/1023, del Parlamento Europeo y del Consejo, de 20 de junio de 2019, en la transposición de la referida norma, que permitía excluir la exoneración de "deudas garantizadas", y las ha limitado a las "deudas con garantía real". Una interpretación extensiva del art. 489.1.8º TRLC, en tanto que norma de transposición, sería contraria al espíritu del art. 23 de la Directiva (UE) 2019/1023. El preámbulo de la Ley 16/2022 habla de "deudas que gocen de garantía real".

En el mismo sentido se pronuncia la SJM 4 de Alicante, de 20 de noviembre de 2023, que declaró que no consideraba como no exonerable el crédito del financiador de la venta a plazos de bien mueble, a los efectos del art. 489.1.8º TRLC, al no tratarse de ninguna garantía real, pronunciándose en los siguientes términos: "*12. Estimo, por todo ello, con total convicción, que la reserva de dominio no es una garantía real ni en el sentido del art. 489.1.8º TRLC, ni en sentido propio, sino que es un pacto —con posible reflejo registral en el ámbito de los bienes muebles vendidos a plazos, bajo la Ley 28/1998, de 13 de julio, —en la concepción determinada por la jurisprudencia mayoritaria—, por el que se sujeta el contrato de compraventa a una condición suspensiva, en virtud de la cual, el pago del precio por el comprador es la condición de la que depende la adquisición de la cosa ya entregada. Ciertamente, es innegable su función garantista; que bien explica el tratamiento concursal específico que se dedica a las acciones de recuperación del crédito el propio TRLC en su artículo 150, similar al de las ejecuciones de garantías reales (art. 149 TRLC). Pero no es menos cierto que el pacto de reserva de dominio no cumple íntegramente con lo exigido doctrinal y jurisprudencialmente a todo derecho real de garantía para su caracterización como tal, a saber: 1º.- la atribución de un poder directo sobre el bien afectado, ejercitable frente a todos, pudiendo instar, en caso de incumplimiento de la obligación asegurada, la enajenación forzosa del objeto sobre el que recae, para con el precio obtenido, satisfacer la deuda garantizada; 2º.- su accesoriedad, pues nacen para garantizar el cumplimiento de la obligación asegurada, no pudiendo existir por sí mismos (art. 1857.1 Cc), siguiendo la suerte de aquélla: si se extingue o es declarada nula, la garantía también quedará sin efecto; de igual manera, la transmisión del crédito comporta la del derecho que lo garantiza (arts. 1212 y 1528 Cc); 3º.- su condición de derecho limitado sobre cosa ajena, siendo que el objeto sobre el que se impone la garantía puede ser del deudor o de un tercero, pero no del acreedor; y 4º.- la facultad que confiere destinada a asegurar el crédito mediante el ius distrahendi o facultad de realización del valor y, a veces, el derecho de preferencia del crédito asegurado sobre los demás créditos de otros acreedores del deudor"*. Todo ello, sin perjuicio de que el acreedor, de no abonarse voluntariamente las cuotas del préstamo por el concursado, por la exoneración del crédito, no impedirá la recuperación del bien por el financiador mediante el ejercicio de las acciones previstas en el art. 250.1.11º LEC, que, como es sabido, son acciones encaminadas a obtener la inmediata entrega del bien al financiador en el lugar indicado en el contrato, previa declaración de resolución de éste.

VI. BIBLIOGRAFÍA

COBO SÁNCHEZ, A. *Manual práctico del Fondo de Garantía Salarial*, ed. Ediciones DF, Barcelona 2023.

CUENA CASAS, M. en la obra colectiva *La exoneración del pasivo insatisfecho en el concurso de acreedores de persona física,* con FERNÁNDEZ SEIJO, J. Mª, Ed. Aranzadi, Cizur Menor, Navarra, 2023.

Comentarios al art. 492 bis TRLC, en la obra colectiva *Comentario a la Ley Concursal*, dirigidos por PULGAR EZQUERRA, J. y coordinados por GUTIÉRREZ GILSANZ, A./MEGÍAS LÓPEZ, J./ RECAMÁN GRAÑA, E., Ed. La Ley, 3ª Edición, Madrid 2023, Tomo I

FACHAL NOGUER, N. en *Ejecuciones y garantías reales en la reforma de la Ley concursal*, Ed. Francis Lefebvre, Madrid 2024.

FERNÁNDEZ PÉREZ, N. en sus comentarios a los artículos 486 a 502 TRLC, en la obra colectiva *Derecho concursal y preconcursal*, dirigidos por GALLEGO SÁNCHEZ, E., Ed. Tirant lo blanch, Valencia 2022.

FORTEA GORBE, J. L, en la obra colectiva *Derecho concursal y preconcursal,* dirigidos por GALLEGO SÁNCHEZ, E., Ed. Tirant lo blanch, Valencia 2022, Tomo I.

GARCÍA OREJUDO, R. N /RAFÍ ROIG, F-X, obra en coautoría *La exoneración del pasivo insatisfecho,* Tirant lo Blanch, Valencia, 2023.

SENDRA ALBIÑANA, A., *El nuevo régimen de segunda oportunidad,* Ed. La Ley, Madrid 2023.

SENENT MARTÍNEZ, S., en su comentario al art. 37 quinquies, en la obra colectiva *Comentario a la Ley Concursal*, dirigidos por PULGAR EZQUERRA, J. y coordinados por GUTIÉRREZ GILSANZ, A./MEGÍAS LÓPEZ, J./ RECAMÁN GRAÑA, E., Ed. La Ley, 3ª Edición, Madrid 2023.

REBOLLO DÍAZ, P./AUGONE VERNET, A., en la obra en coautoría *El concurso de acreedores de la persona natural no empresaria*, Ed. Librería Bosch S.L, Barcelona, 2023.

29. ACCIÓN INDIVIDUAL DE RESPONSABILIDAD TRAS UN CONCURSO SIN MASA CON ACTIVOS: ANÁLISIS JURISPRUDENCIAL

JAUME MARTI MIRAVALLS
Departamento de Derecho Mercantil "Manuel Broseta Pont" de la Universidad de Valencia

SUMARIO: I. INTRODUCCIÓN. II. RÉGIMEN JURÍDICO DEL CONCURSO SIN MASA Y EXISTENCIA DE ACTIVOS. III. LA ACCIÓN INDIVIDUAL DE RESPONSABILIDAD Y SU EQUIPARACIÓN A LA DOCTRINA DEL CIERRE DE HECHO. IV. CONCLUSIONES. V. BIBLIOGRAFÍA.

I. INTRODUCCIÓN

La finalidad del presente trabajo es analizar cuándo y en qué condiciones es viable el ejercicio de una acción individual de responsabilidad frente a los administradores tras un concurso sin masa, en el que el deudor persona jurídica cuenta con activo, pero no se realizan actuaciones liquidatorias del patrimonio social. Como es sabido, que sea un concurso sin masa en modo alguno significa que no haya patrimonio que liquidar y distribuir entre los acreedores, lo que impone sobre los antiguos administradores sociales un determinado comportamiento en el marco de su deber de diligencia que, bajo determinadas circunstancias, les puede generar responsabilidad por la vía de la acción individual ex artículo 241 del Real Decreto Legislativo 1/2010, de 2 de julio, por el que se aprueba el texto refundido de la Ley de Sociedades de Capital —LSC—[117].

---

117 Sobre la acción individual de responsabilidad, monográficamente, SALDAÑA VILLOLDO, B., *La acción individual de responsabilidad: su significación en el sistema de responsabilidad de los administradores sociales (estudio jurisprudencial)*, Tirant, 2009; y MARÍN DE LA BÁRCENA GARCIMARTÍN, F., *La acción individual de responsabilidad frente a los administradores de sociedades de capital*, Marcial Pons, 2005.

Se trata de una cuestión de gran relevancia práctica que plantea no pocas dudas jurídicas y que se asienta sobre la regla de que los administradores o liquidadores de la sociedad deben hacer un uso "responsable" de la denominada "personalidad jurídica residual" hasta la completa extinción de todas sus relaciones jurídicas[118].

Para ello hemos dividido el trabajo en dos grandes partes. En la primera tratamos de exponer cómo la conclusión de un concurso sin masa, pero con activos, no libera a los administradores sociales de sus deberes legales. Éstos, ahora convertidos en liquidadores, deberán proceder a agotar el patrimonio del deudor pagando a los acreedores hasta donde alcanzare el producto líquido de los bienes. No hacerlo, como veremos en la segunda parte, permite a los acreedores —bajo determinadas circunstancias— el ejercicio de la acción individual de responsabilidad frente a los administradores-liquidadores, aplicando la doctrina jurisprudencial sobre el cierre de facto de la actividad.

La cuestión adquirió especial notoriedad en el ámbito profesional a partir de la Sentencia núm. 128/2023, del Juzgado de lo Mercantil núm. 6 de Madrid, de 8 de septiembre. La singularidad del asunto —al que luego nos referiremos— contribuyó a la popularidad de la resolución. Si bien, esta Sentencia viene precedida por otras, del mismo juzgado, como la núm. 122/2023, de 6 septiembre; o las de 5 septiembre o de 3 mayo 2022; por el Auto de 10 abril 2019 del Juzgado de lo Mercantil núm. 2 de Pontevedra; y, sobre todo, por la Sentencia núm. 115/2018, de 27 diciembre, del Juzgado de lo Mercantil núm. 1 de Oviedo.

II. RÉGIMEN JURÍDICO DEL CONCURSO SIN MASA Y EXISTENCIA DE ACTIVOS

Como es sabido, el concurso sin masa se regula en los artículos 37 bis a 37 quinquies del Real Decreto Legislativo 1/2020, de 5 de mayo, por el que se aprueba el texto refundido de la Ley Concursal —TRLC—, tras la reforma operada por la Ley 16/2022, de 5 de

118 Véase, VAQUER MARTÍN, J., "La alargada sombra del concurso ya concluido sobre las acciones de la deudora frente a terceros", en *Revista General de Insolvencias & Reestructuraciones*, Nº. 12, 2024, págs. 469-480.

septiembre. En lo que interesa, se considera que existe concurso sin masa cuando concurran los supuestos siguientes por este orden: a) El concursado carezca de bienes y derechos que sean legalmente embargables; b) El coste de realización de los bienes y derechos del concursado fuera manifiestamente desproporcionado respecto al previsible valor venal; c) Los bienes y derechos del concursado libres de cargas fueran de valor inferior al previsible coste del procedimiento; d) Los gravámenes y las cargas existentes sobre los bienes y derechos del concursado lo sean por importe superior al valor de mercado de esos bienes y derechos. Por tanto, la conclusión de concurso sin masa no comporta necesariamente la ausencia de bienes en el deudor y, por ello, en algunos casos, se plantean una serie de cuestiones relacionadas con la gestión de los activos existentes y los derechos de los acreedores[119].

Como gráficamente señala la Sentencia núm. 115/2018, de 27 diciembre, del Juzgado de lo Mercantil núm. 1 de Oviedo, tras analizar las diferentes reformas legislativas: “el auto de declaración-conclusión no supone tampoco liberar de toda responsabilidad al administrador hacia el futuro… El corte abrupto del concurso que nos permitió la reforma de 2011 nos introdujo en un terreno hasta entonces desconocido, al habilitar vías de conclusión del concurso que no necesariamente iban precedidas de la liquidación total del patrimonio del deudor. Extinción registral y extinción material se disocian a partir de entonces. Aquel triple escenario tiene como común denominador el cierre en falso del concurso, con un patrimonio en fase terminal precisado de un status jurídico. Entre las diversas soluciones que se ofrecieron… la doctrina jurisprudencial y registral ha terminado por reconocer una suerte de existencia vampírica de la sociedad, encarnada en la liquidación societaria”.

En efecto, respecto de la personalidad jurídica residual, como —unificando doctrina— declaró la Sentencia del Tribunal Supremo,

---

119 Sobre el concurso sin masa, entre otros, MOLINA PLA, M., “El concurso sin masa”, en *La Ley Insolvencia: Revista profesional de Derecho Concursal y Paraconcursal*, N°. 17 (enero-marzo), 2023; MUÑOZ PAREDES, A., “El concurso sin masa: unas palabras más”, en *Diario La Ley*, N° 10198, 2022; ídem. “Ars moriendi: la conclusión del concurso sin masa en la sociedad de capital”, en *Diario La Ley*, N° 10226, 2023.

de 24 de mayo de 2017: "no debe privarse a los acreedores de la posibilidad de dirigirse directamente contra la sociedad, bajo la representación de su liquidador, para reclamar judicialmente el crédito... Dicho de otro modo, a estos meros efectos de completar las operaciones de liquidación, está latente la personalidad de la sociedad, quien tendrá capacidad para ser parte como demandada, y podrá estar representada por la liquidadora, en cuanto que la reclamación guarda relación con labores de liquidación que se advierte están pendientes". En el mismo sentido, el Auto de la Audiencia Provincial de Valencia, de 19 de junio de 2017, tras reconocer que la sociedad extinta por razón de la declaración concursal y simultánea conclusión sin liquidación patrimonial conserva su personalidad civil, afirma que: "En definitiva, la extinción de la persona jurídica no ha de suponer un obstáculo, como sostiene la recurrente, para iniciar ejecuciones contra la concursada o para cerrar acuerdos dirigidos a la liquidación de todo el haber social. Los administradores o liquidadores de la sociedad deberán hacer un uso responsable de esa personalidad jurídica residual hasta la completa extinción de todas sus relaciones jurídicas".

En este contexto, dos cuestiones —de la máxima trascendencia práctica— que se plantean son quién debe realizar las gestiones de liquidación de los activos existentes y bajo qué régimen de prelación de créditos. En relación con la primera cuestión, la Resolución de la DGRN, de 10 de marzo de 2017, precisamente en un supuesto de declaración-conclusión del art. 176 bis. 4 LC, atribuye la representación de la sociedad en este contexto a los liquidadores (antiguos administradores), una vez producida su conversión en los términos del artículo 376.1 LSC[120]. Es decir, al último administrador con cargo inscrito que, ahora, adquiere la condición de liquidador de la sociedad. En efecto, como estableció esta resolución: "En esta situación, con la sociedad disuelta, sin que se haya efectuado por el juez del concurso el nombramiento de administrador concursal y habiendo cesado las limitaciones a las facultades del deudor, la situación es equiparable a

120 "Salvo disposición contraria de los estatutos o, en su defecto, en caso de nombramiento de los liquidadores por la junta general de socios que acuerde la disolución de la sociedad, quienes fueren administradores al tiempo de la disolución de la sociedad quedarán convertidos en liquidadores".

aquellas en que la junta social no ha designado liquidador alguno, lo que por otra parte en este caso no podría efectuarse ya que la sociedad se ha extinguido en sede concursal. La consecuencia ha de ser, por tanto, la conversión automática de los anteriores administradores en liquidadores de forma que el último administrador con cargo inscrito sea quien, actuando como liquidador, mantenga su poder de representación, si bien limitado, como sucede con la personalidad de la sociedad, a las operaciones de liquidación. Para ello, deberá proceder conforme a la regulación establecida en la Ley de Sociedades de Capital, ya que concluido el concurso cesa la aplicación de los preceptos de la Ley Concursal a la enajenación de los bienes sociales para el pago de deudas de los acreedores hasta donde sea posible, teniendo en cuenta que, acreditada en sede concursal la insuficiencia del activo, el procedimiento de liquidación concluirá sin lograr alcanzar plenamente la finalidad solutoria, no planteándose cuestión alguna en cuanto al cierre registral, pues el juez del concurso ya lo acordó en su auto. Todo ello con sujeción al régimen de responsabilidad del 397 de la Ley de Sociedades de Capital y sin perjuicio de la posibilidad de que tanto los socios como los acreedores puedan conforme a las normas generales ejercitar cuantas acciones les asistan en defensa de sus intereses".

Por tanto, como hemos indicado, la conclusión del concurso no supone liberar de toda responsabilidad al administrador hacia el futuro, quién ahora como liquidador tiene el deber —y, por tanto, asume la responsabilidad— de realizar diligentemente los actos necesarios para liquidar el patrimonio de la sociedad deudora y satisfacer los derechos de crédito de los acreedores. Ello significa que, en los casos de conclusión de concurso sin masa, pero con bienes, el comportamiento exigible al administrador no se agota con la presentación en plazo del concurso, sino que, tras su conclusión, requiere de una "facere" consistente en la ordenada liquidación de los activos. Se trata de un comportamiento exigible a los administradores en el marco del deber de diligencia ex artículo 225 LSC[121]. En caso contra-

---

[121] "1. Los administradores deberán desempeñar el cargo y cumplir los deberes impuestos por las leyes y los estatutos con la diligencia de un ordenado empresario, teniendo en cuenta la naturaleza del cargo y las funciones atribuidas a cada uno de ellos; y subordinar, en todo caso, su interés particular al interés de la

rio, la jurisprudencia equipara el comportamiento del administrador en esta sede al del "cierre de hecho" y, por tanto, le puede generar responsabilidad.

Como declara el Auto núm. 44/2016 de la Audiencia Provincial de Madrid, de 14 marzo: "... Esto no supone desprotección alguna para los acreedores, que dispondrán de los cauces de protección establecidos en la legislación ordinaria, incluso aunque se hubiera acordado la extinción de la sociedad (sentencia TS de 20 de marzo de 2013). El liquidador o liquidadores continuarán como tales y deberán seguir representando a la sociedad mientras surjan obligaciones pendientes o sobrevenidas, máxime cuando la inscripción de cancelación en el Registro Mercantil no tiene efecto constitutivo sino meramente declarativo".

En este punto es donde surge la segunda gran cuestión: ¿cuál es el régimen de prelación de créditos que debe seguir el ahora liquidador de la sociedad? Y la jurisprudencia es bastante clara al respecto: no puede ser el régimen concursal, porque el concurso ya ha concluido; pero tampoco puede ser el propio de liquidación societaria (por orden de vencimiento); por lo que acertadamente se acude al régimen previsto en el Código Civil para los casos de concurrencia de una pluralidad de acreedores sobre un patrimonio insuficiente (artículos 1.921 y siguientes). Así, el liquidador diligente, agotadas las relaciones jurídicas activas y pasivas, habrá consumado el proceso de liquidación societaria, sin que tenga ya que otorgar la escritura pública de extinción al haberla acordado previamente el juez del concurso y liberándose de cualquier responsabilidad por daños. De esta forma, como estableció la Sentencia núm. 115/2018, de 27 diciembre, del Juzgado de lo Mercantil núm. 1 de Oviedo: "consumimos el ciclo vital de la sociedad: formalmente, el Registrador, por mandato del juez del concurso, habrá inscrito la extinción y procedido a extender el acta de defunción registral; materialmente, el liquidador habrá reclamado créditos, vendido bienes, representado a la sociedad en

---

empresa; 2. Los administradores deberán tener la dedicación adecuada y adoptarán las medidas precisas para la buena dirección y el control de la sociedad; 3. En el desempeño de sus funciones, el administrador tiene el deber de exigir y el derecho de recabar de la sociedad la información adecuada y necesaria que le sirva para el cumplimiento de sus obligaciones".

procedimientos declarativos y ejecuciones y, finalmente, pagado a los acreedores hasta donde alcanzare el producto líquido de los bienes".

Y ello es así porque, en una liquidación societaria ordinaria, la cancelación de los asientos registrales es consecuencia de la inscripción de la escritura pública de extinción de la sociedad en el Registro Mercantil[122]; pero si continuaron las operaciones liquidatorias a fin de agotar todas las relaciones jurídicas de la sociedad tras la conclusión del concurso por insuficiencia de masa, la cancelación de la inscripción en los registros públicos habrá tenido lugar en virtud de mandamiento que contenga testimonio del auto de conclusión de concurso.

En resumen, la conclusión de un concurso sin masa, pero en el que la sociedad deudora cuenta con activos, no libera a los administradores de sus deberes legales. Éstos, ahora convertidos en liquidadores, deberán proceder a agotar el patrimonio del deudor pagado a los acreedores hasta donde alcanzare el producto líquido de los bienes. Pero no bajo el régimen de prelación de créditos concursal ni societario, sino por el régimen general del Código civil respecto de las preferencias del crédito. En este contexto, la conclusión de un concurso sin masa no perjudica completamente a los acreedores, sino que éstos disponen de diferentes cauces de protección. Y, entre ellos, destaca la acción individual de responsabilidad frente a los administradores-liquidadores que no se liquidaron los bienes del deudor perjudicando la posición de los acreedores. Y ello porque, como ahora veremos, este comportamiento omisivo se equipara con el del "cierre de hecho" de la sociedad, aplicándose la doctrina del Tribunal Supremo al respecto.

---

[122] Artículo 396 TRLSC: "1. La escritura pública de extinción se inscribirá en el Registro Mercantil; 2. En la inscripción se transcribirá el balance final de liquidación y se hará constar la identidad de los socios y el valor de la cuota de liquidación que hubiere correspondido a cada uno de ellos, y se expresará que quedan cancelados todos los asientos relativos a la sociedad; 3. Los liquidadores depositarán en el Registro Mercantil los libros y documentos de la sociedad extinguida".

III. LA ACCIÓN INDIVIDUAL DE RESPONSABILIDAD Y SU EQUIPARACIÓN A LA DOCTRINA DEL CIERRE DE HECHO

Como es sabido, tanto el administrador como el liquidador deben actuar con la diligencia de un ordenado empresario —artículos 225 y 375.2 LSC[123]— lo que ha llevado a la jurisprudencia de instancia, en los casos como el aquí analizado, a aplicar la doctrina sobre la responsabilidad por "cierre de facto" recogida, entre otras, en la ya clásica Sentencia núm. 472/2016, de 13 julio, del Pleno de Sala de lo Civil del Tribunal Supremo[124].

En ella se empieza recordado la doctrina del Tribunal Supremo sobre la naturaleza de la acción individual de responsabilidad por daños frente a los administradores: "Esta Sala viene entendiendo que la acción individual de responsabilidad de los administradores supone una especial aplicación de responsabilidad extracontractual integrada en un marco societario, que cuenta con una regulación propia... Se trata de una responsabilidad por "ilícito orgánico", entendida como la contraída en el desempeño de sus funciones del cargo".

Ahora bien, conviene recordar que, por regla general, cuando un tercero acreedor sufre un daño consecuencia de la imposibilidad de cobro de sus créditos se considera que dicho perjuicio es "indirecto", como consecuencia de la disminución del patrimonio de la sociedad, por lo que, en esos casos lo adecuado es la acción social cuya finalidad

---

123 "Serán de aplicación a los liquidadores las normas establecidas para los administradores que no se opongan a lo dispuesto en este capítulo".

124 Sobre la acción individual en supuestos de cierre de facto de la sociedad, entre otros, NAVARRO MORALES, A., "La acción individual de responsabilidad de los administradores como consecuencia del "persianazo" o cierre de facto de una sociedad, en Deberes de los administradores de las sociedades de capital, 2023, págs. 853-873; ARIAS VARONA, J., "Acción individual en los casos de cierre de hecho de sociedades y carga de la prueba", en *Estudios sobre órganos de las sociedades de capital,* Vol. 1, Tomo 1, 2017, págs. 1227-1256; ESTEBAN VELASCO, G., "Cierre de hecho de la empresa, impago de deuda social y acción individual de responsabilidad. A propósito de la jurisprudencia reciente", en *Derecho de sociedades y de los mercados financieros,* 2018; y, más antiguo, SALDAÑA VILLOLDO, B., "La acción individual de responsabilidad en el marco de la crisis disolutoria y concursal de la sociedad de capital: especial referencia al cierre de hecho", en *Revista de Derecho Mercantil,* N° 274, 2009, págs. 1329-1368.

es la reintegración del patrimonio social (ex art. 240 LSC[125]). Como estableció la Sentencia núm. 253/2016, de 18 de abril, del Tribunal Supremo: "que no puede recurrirse indiscriminadamente a la vía de la responsabilidad individual de los administradores por cualquier incumplimiento contractual. De otro modo supondría contrariar los principios fundamentales de las sociedades de capital, como son la personalidad jurídica de las mismas, su autonomía patrimonial y su exclusiva responsabilidad por las deudas sociales, u olvidar el principio de que los contratos sólo producen efecto entre las partes que los otorgan, como proclama el art. 1257 CC".

Pero, en determinados casos, se justifica el ejercicio de la acción individual cuando puede acreditarse que ha habido un daño directo en el patrimonio del acreedor. Como estableció la Sentencia del Tribunal Supremo núm. 150/2017, de 2 de marzo: "la jurisprudencia del Tribunal Supremo ha considerado, en determinados supuestos, que la imposibilidad del cobro de sus créditos por los acreedores sociales es un daño directo imputable a los administradores sociales. Pero para ello es preciso que concurran circunstancias muy excepcionales y cualificadas: sociedades que por la realización de embargos han quedado sin bienes y han desaparecido de hecho, pese a lo cual los administradores, en su nombre, han seguido contrayendo créditos; concertación de servicios económicos por importe muy elevado justo antes de la desaparición de la empresa; desaparición de facto de la sociedad con actuación de los administradores que ha impedido directamente la satisfacción de los créditos de los acreedores; vaciamiento patrimonial fraudulento en beneficio o de los administradores o de sociedades o personas con ellos vinculados que imposibilitan directamente el cobro de los créditos contra la sociedad, etc".

En efecto, el Tribunal Supremo ha admitido que se ejercite la acción individual de responsabilidad para solicitar la indemnización del daño que suponía para un acreedor el impago de sus créditos como consecuencia del cierre de facto de la actividad empresarial de la sociedad, por ejemplo, en la Sentencia núm. 261/2007, de 14 de

---

125 "Los acreedores de la sociedad podrán ejercitar la acción social de responsabilidad contra los administradores cuando no haya sido ejercitada por la sociedad o sus socios, siempre que el patrimonio social resulte insuficiente para la satisfacción de sus créditos".

marzo. Ahora bien, en todo caso, deben acreditarse los presupuestos de la acción que, como proclama la Sentencia del Tribunal Supremo núm. 253/2016, de 18 de abril, son: "i) un comportamiento activo o pasivo de los administradores; ii) que tal comportamiento sea imputable al órgano de administración en cuanto tal; iii) que la conducta del administrador sea antijurídica por infringir la Ley, los estatutos o no ajustarse al estándar o patrón de diligencia exigible a un ordenado empresario y a un representante leal; iv) que la conducta antijurídica, culposa o negligente, sea susceptible de producir un daño; (v) el daño que se infiere debe ser directo al tercero que contrata, sin necesidad de lesionar los intereses de la sociedad; y (v) la relación de causalidad entre la conducta antijurídica del administrador y el daño directo ocasionado al tercero (SSTS 131/2016, de 3 de marzo; 396/2013, de 20 de junio; 15 de octubre de 2013; 395/2012, de 18 de junio; 312/2010, de 1 de junio; y 667/2009, de 23 de octubre, entre otras)".

En este contexto, y para ajustar de forma más adecuada el ejercicio de la acción individual en estos casos de cierre de hecho, resulta conveniente realizar algunas matizaciones en relación con el daño directo y la relación de causalidad. A ello se refiere la citada Sentencia del Pleno núm. 472/2016, de 13 julio: "De acuerdo con la reseñada distinción lógica, para que el ilícito orgánico que supone el cierre de hecho (incumplimiento de los deberes de disolución y liquidación de la sociedad) pueda dar lugar a una acción individual es preciso que el daño ocasionado sea directo al acreedor que la ejercita. Esto es: es necesario que el ilícito orgánico incida directamente en la insatisfacción del crédito. En este contexto... para que pueda imputarse al administrador el impago de una deuda social, como daño ocasionado directamente a la acreedora demandante, debe existir un incumplimiento nítido de un deber legal al que pueda anudarse de forma directa el impago de la deuda social. Es indudable que el incumplimiento de los deberes legales relativos a la disolución de la sociedad y a su liquidación, constituye un ilícito orgánico grave del administrador y, en su caso, del liquidador. Pero, para que prospere la acción individual en estos casos, no basta con que la sociedad hubiera estado en causa de disolución y no hubiera sido formalmente disuelta, sino que es preciso acreditar algo más, que de haberse realizado la correcta disolución y liquidación sí hubiera sido posible al acreedor hacerse cobro de su crédito, total o parcialmente. Dicho de otro modo, más general, que el cierre de hecho impidió el pago del crédito (...) esto exige del acreedor social que ejercite la acción individual frente al administrador un mínimo esfuerzo argumentativo, sin perjuicio de trasladarle a los administradores las consecuencias de la carga de la prueba de la situación patrimonial de la sociedad en cada momento (sentencia 253/2016, de 18 de abril)".

Por tanto, para la estimación de la acción no sólo procede acreditar el comportamiento negligente del administrador o liquidador, consistente en no proceder a la liquidación del patrimonio del deudor, sino también acreditar que, en caso de haberse actuado diligentemente y procedido a la liquidación, el acreedor demandante hubiera podido cobrar su crédito, total o parcialmente. De modo que, con ello, el daño adquiere la condición de directo, porque el comportamiento negligente del administrador es lo que impidió el pago —aunque sea parcial— del crédito reclamado, aconteciendo —por tanto— un ilícito orgánico, un daño directo al acreedor y un vínculo causal entre uno y otro.

Pues bien, sobre los cimientos de esta doctrina se ha construido por la jurisprudencia de instancia la viabilidad de la acción individual de responsabilidad en los casos de conclusión del concurso sin masa, pero con activos, en los que los administradores-liquidadores no procedieron a liquidar los bienes existentes[126].

Así, en la Sentencia núm. 128/2023, del Juzgado de lo Mercantil núm. 6 de Madrid, de 8 de septiembre, se estimó la acción con la siguiente argumentación: "En relación la acción de responsabilidad individual por daño causado por los administradores sociales por conductas contrarias a la Ley, a los estatutos o a la diligencia exigida por el cargo [art. 236 y 241 LSC] procede desestimar la misma, por la cercanía temporal existente entre el nacimiento de la deuda [marzo a mayo de 2019-] y la situación de insolvencia y solicitud preconcursal concursal [—marzo de 2019 y junio de 2019, respectivamente—], lo que permite excluir la relación de causalidad propia de esta clase de

---

[126] Sobre ello, entre otros, MUÑOZ PAREDES, A., "La persecución del incumplimiento de deberes liquidatorios por medio de la acción individual", en *Estudios de la insolvencia del País Vasco,* 2023, págs. 367-390.

responsabilidad. Puede afirmarse que, dada la situación de pluralidad de acreedores e insuficiencia de activos para atender la totalidad de los créditos, la diligente actuación del órgano de administración no hubiera determinado el pago total o parcial del crédito reclamado. (...) Ahora bien, si lo dicho permite excluir la responsabilidad de los administradores por razón de no proceder a una ordenada liquidación societaria de los activos, aún en insolvencia, de modo previo a la comunicación de negociaciones de marzo de 2019 y la solicitud de concurso de junio de 2019, no puede afirmarse lo mismo respecto al incumplimiento de los demandados del deber de proceder a una ordenada liquidación de los activos en sede societaria, una vez concluido el concurso sin operación de liquidación de activos ninguna; por lo que presentando la deudora (...) unos activos no corrientes y corrientes de 24 millones de euros a 31.12.2017, se desconoce el destino dado a los mismos por los demandados tras la declaración y conclusión exprés. (...) La ausencia de actuaciones liquidativas en el seno del concurso provoca el nacimiento en el órgano de administración de un especial deber de diligencia en acometer una ordenada liquidación societaria de los activos [—que sea un concurso sin masa en modo alguno significa que no haya patrimonio que liquidar y distribuir entre los acreedores, si bien fuera de un concurso cuyos gastos no se pueden asumir—]; por lo que no realizadas por los administradores demandados, desde enero de 2020 en adelante, tales actuaciones liquidativas, deben responder por el cauce de la acción individual; estimando este tribunal que la presencia de unos activos de 24 millones de euros a fecha del balance de 31.10.2018 permiten afirmar la relación de causalidad entre dicha conducta omisiva y el impago total o parcial del crédito".

También se estima la acción en la Sentencia núm. 115/2018, de 27 diciembre, del Juzgado de lo Mercantil núm. 1 de Oviedo: "Pues bien, en el caso de autos, se ha desoído el contenido del auto y no consta que el administrador haya verificado acto liquidatorio alguno, siquiera meramente formal, lo que redunda en la impresión de que la solicitud de concurso tan solo perseguía un fin profiláctico, de mera apariencia de corrección formal frente a terceros. (...) Con esos activos, que parecen haberse volatilizado entre el cierre de 2014 y la solicitud de concurso, hemos de presumir, según la citada jurisprudencia, que de haberse realizado la correcta disolución y liquidación sí hubiera sido posible al acreedor hacerse cobro de su crédito, total o parcialmente. (…) Correspondía al actor, en aplicación de la meritada doctrina jurisprudencial, explicar el destino de los activos que él mismo consignó en las cuentas anuales; no habiéndolo hecho así, procede el acogimiento de la acción principal".

En cambio, en aplicación también de la doctrina sobre la acción individual por cierre de facto a los casos de no liquidación tras el concurso sin masa, las Sentencias del Juzgado de lo Mercantil núm. 6 de Madrid, de 6 septiembre y de 5 de septiembre de 2022, desestiman la demanda porque: "puede afirmarse que concluido el proceso concursal con bienes no realizados renacerá el deber legal de la administración social de proceder a la final liquidación de los activos y pago a los acreedores, pero no puede sostenerse [—en la presente causa—] la presencia de la necesaria relación de causalidad entre aquel incumplimiento o ilícito orgánico y el pago total o parcial del crédito de la demandante atendiendo a la prelación del Código Civil". Por tanto, no sólo deben acreditarse los presupuestos de la acción, sino que, en estos casos, deberá hacerse un esfuerzo probatorio para acreditar que, de haberse actuado diligente el acreedor hubiera visto satisfecho en todo o parte su crédito.

IV. CONCLUSIONES

Primera: La conclusión de un concurso sin masa, pero con activos, no libera a los administradores sociales de sus deberes legales. Los administradores o liquidadores de la sociedad deberán hacer un uso responsable de la personalidad jurídica residual hasta la completa extinción de todas sus relaciones jurídicas, procediendo a agotar el patrimonio del deudor pagado a los acreedores hasta donde alcanzare el producto líquido de los bienes, siguiendo el orden de preferencias del crédito del Código civil, no el de la normativa concursal ni societaria.

Segunda: No proceder a actuar de este modo, liquidando los activos y pagando conforme las reglas del Código civil, permite a los acreedores el ejercicio de la acción individual de responsabilidad; si bien, la acción sólo será estimada —por aplicación de la doctrina generada para la acción individual en el ámbito del cierre de facto de la actividad societaria— si se acredita que de haberse realizado la correcta liquidación sí hubiera sido posible al acreedor cobrar su crédito, total o parcialmente. En caso contrario, aunque se den los presupuestos, la acción será desestimada.

V. BIBLIOGRAFÍA

ARIAS VARONA, J., "Acción individual en los casos de cierre de hecho de sociedades y carga de la prueba", en *Estudios sobre órganos de las sociedades de capital,* Vol. 1, Tomo 1, 2017, págs. 1227-1256

ESTEBAN VELASCO, G., "Cierre de hecho de la empresa, impago de deuda social y acción individual de responsabilidad. A propósito de la jurisprudencia reciente", en *Derecho de sociedades y de los mercados financieros,* 2018,

MARÍN DE LA BÁRCENA GARCIMARTÍN, F., *La acción individual de responsabilidad frente a los administradores de sociedades de capital,* Marcial Pons, 2005

MOLINA PLA, M., "El concurso sin masa", en *La Ley Insolvencia: Revista profesional de Derecho Concursal y Paraconcursal,* N°. 17 (enero-marzo), 2023

MUÑOZ PAREDES, A., "Ars moriendi: la conclusión del concurso sin masa en la sociedad de capital", en *Diario La Ley,* N° 10226, 2023

MUÑOZ PAREDES, A., "El concurso sin masa: unas palabras más", en *Diario La Ley,* N° 10198, 2022

MUÑOZ PAREDES, A., "La persecución del incumplimiento de deberes liquidatorios por medio de la acción individual", en *Estudios de la insolvencia del País Vasco,* 2023, págs. 367-390

NAVARRO MORALES, A., "La acción individual de responsabilidad de los administradores como consecuencia del "persianazo" o cierre de facto de una sociedad, en Deberes de los administradores de las sociedades de capital, 2023, págs. 853-873

SALDAÑA VILLOLDO, B., "La acción individual de responsabilidad en el marco de la crisis disolutoria y concursal de la sociedad de capital: especial referencia al cierre de hecho", en *Revista de Derecho Mercantil,* N° 274, 2009, págs. 1329-1368

SALDAÑA VILLOLDO, B., *La acción individual de responsabilidad: su significación en el sistema de responsabilidad de los administradores sociales (estudio jurisprudencial),* Tirant, 2009

VAQUER MARTÍN, J., "La alargada sombra del concurso ya concluido sobre las acciones de la deudora frente a terceros", en *Revista General de Insolvencias & Reestructuraciones,* N°. 12, 2024, págs. 469-480.

30. ALGUNAS CUESTIONES SOBRE EL CONCURSO SIN MASA Y LA EXONERACIÓN DE PASIVO INSATISFECHO A LA LUZ DE LA UNIFICACIÓN DE CRITERIOS DE LOS JUECES DE LO MERCANTIL DE BARCELONA[127]

JOSÉ CARLOS GONZÁLEZ VÁZQUEZ
Socio Director de Reestructuraciones e Insolvencias (CECA MAGÁN Abogados)
Profesor Titular de Derecho Mercantil (UCM)

I. UN POCO DE HISTORIA: LA INSUFICIENCIA DE MASA COMO PRESUPUESTO DEL CONCURSO (DE 2003 A 2022)

Desde la misma promulgación de la Ley 22/2003, de 9 de julio, Concursal se planteó la duda sobre la consideración de la sufi-

---

127 Este trabajo tiene su origen en la participación en la 5ª Sesión del Curso Presencial Encuentros Tirant en Materia Concursal y Societaria, dirigido por los magistrados D. José Luis Fortea y D. Jacinto Talents, en su segunda edición, que se celebró el pasado 22 de marzo de 2024, bajo el título "Concurso sin masa, procedimiento especial de microempresa y exoneración de pasivo insatisfecho (II)", en la que participé junto a los magistrados de los Juzgados Mercantiles nº 6 y nº 7 de Barcelona, D. César Suárez y Don Raúl García Orejudo.

ciencia de masa activa —al menos, para atender a los propios gastos del procedimiento— como presupuesto de la declaración del concurso, al no mencionarse expresamente como tal presupuesto sino exclusivamente su insuficiencia como causa de conclusión del mismo.

Así, un sector doctrinal y jurisprudencial vino a considerar que, si el Juez constataba —de la documentación aportada con la solicitud de concurso— que la masa era insuficiente incluso para atender a los gastos derivados del propio procedimiento, no debía éste ser declarado[128].

Por el contrario, otro sector doctrinal y jurisprudencial no menos relevante, consideró que la tutela judicial exigía una comprobación seria que asegurase la realidad de dicha inexistencia de masa, así como la imposibilidad de reintegrarla mediante la responsabilidad de terceros o el ejercicio de acciones de reintegración, todo lo cual resulta imposible verificarlo en el momento previo a la declaración del concurso, por lo que se imponía en todo caso su declaración, aunque luego fuera clausurado tras dicha comprobación con las garantías necesarias[129].

No fue hasta 2011[130] que el legislador intervino para intentar dar respuesta a esta aparente laguna legal y a la inseguridad jurídica derivada de tan distintas interpretaciones jurisprudenciales, optando por una solución un tanto ecléctica, al desdoblar la causa de conclusión del procedimiento por inexistencia de bienes y derechos en dos distintas, siendo una de ellas «*la insuficiencia de masa activa para satisfacer los créditos contra la masa*» (actualmente recogida en el art. 465.7º TRLC), pero permitiendo que pudiera concluirse el procedimiento en el mismo Auto de declaración de concurso, cuando el Juez «apre*cie de manera evidente que la masa activa presumiblemente será insuficiente para la satisfacción de los posibles gastos del procedimiento y, además, que no es previsible el ejercicio de acciones de reintegración o*

128 Entre otras, AAAP La Coruña 26.03.2009 y 25.02.2011, AAP Santa Cruz de Tenerife, Sección 4ª, 10.03.2010 o AAP Pontevedra, Sección 1ª, 29.04.2009.

129 Así, AAP Sevilla, Sección 5ª, 29.03.2005; AAP Barcelona, Sección 15ª, 05.05.2008; AAP Madrid, Sección 28ª, 11.02.2011, entre otros.

130 Ley 38/2011, de 10 de octubre, de reforma de la Ley 22/2003, de 9 de julio, Concursal.

de responsabilidad de terceros, ni la calificación del concurso como culpable» (art. 470 TRLC, hoy derogado), dando carta de naturaleza a lo que se denominó desde entonces coloquialmente como «concurso express».

En definitiva, esta normativa venía a dejar en manos del juzgador la decisión discrecional de si, ante un concurso aparentemente sin masa y donde en la propia solicitud de concurso voluntario se alegara dicha insuficiencia de masa y se solicitase su simultánea conclusión en el propio auto de declaración, dictar auto en ese sentido —lo que equivalía, desde el punto de vista práctico, a no tramitar realmente un procedimiento concursal como tal y, en el caso de personas jurídicas, extinguirlas y ordenar su cancelación registral sin más trámites— o, por el contrario, dictar un auto de declaración, por así decirlo "normal", con todos sus pronunciamientos, nombrando un administrador concursal a fin de que emita su correspondiente informe y, en su caso, que fuera éste el que solicitase su conclusión por inexistencia de masa, debiendo para ello argumentar la imposibilidad de ejercer acciones de reintegración concursal, que el concurso previsiblemente sería calificado como fortuito y que tampoco era previsible poder ejercer acciones de responsabilidad que pudiesen servir como medidas eficaces para otorgar alguna satisfacción a los acreedores.

Esa solución legislativa, no obstante, no se libró de las críticas doctrinales puesto que, en realidad, no permitía detectar la mayoría de los casos en que se había llegado a esa situación de forma fraudulenta o con grave negligencia por parte del deudor o sus administradores/liquidadores ya que el juez, en el momento de dictar el auto de declaración, no dispone de más información que la proporcionada por el propio deudor que, obviamente, será siempre parcial de forma que nunca aportará indicios que permitan dudar de su diligencia o que apunten hacia la culpabilidad del concurso, que pongan de manifiesto la realización de actos perjudiciales para la masa o que, de algún otro modo, señale hacia la responsabilidad de terceros (fundamentalmente, de los administradores sociales) que pudiera servir para atacar otros patrimonios con los que dar alguna satisfacción a sus acreedores.

Y esta era, resumidamente, la situación hasta que entró en vigor reforma de 2022[131], ha cual venido a modificar de forma muy relevante el régimen de estos concursos sin masa, en varios aspectos, aunque aparentemente la intención del legislador fuera exclusivamente recoger en el texto legal lo que la jurisprudencia había venido estableciendo al respecto durante la década anterior.

II. LA REGULACIÓN DEL CONCURSO SIN MASA INTRODUCIDA POR LA LEY 16/2022

En efecto, no fueron pocos los que recibieron de forma positiva la reforma del «concurso express»[132], dado que parecía que podría acabar con el cierto automatismo en que había acabado por convertirse la aplicación de la reforma de 2011, puesto que en muy escasas ocasiones —seguramente por la dificultad que representaba para el juez justificar el nombramiento de un administrador concursal e iniciar la tramitación del procedimiento que posiblemente terminara sin poder atender ni siquiera al pago de los créditos contra la masa— se venía ejerciendo la facultad discrecional de no concluir el concurso en el propio auto de declaración, de forma que a la postre se terminaba concluyendo sin control alguno de la verdadera situa-

131 Ley 16/2022, de 5 de septiembre, de reforma del texto refundido de la Ley Concursal, aprobado por el Real Decreto Legislativo 1/2020, de 5 de mayo, para la transposición de la Directiva (UE) 2019/1023 del Parlamento Europeo y del Consejo, de 20 de junio de 2019, sobre marcos de reestructuración preventiva, exoneración de deudas e inhabilitaciones, y sobre medidas para aumentar la eficiencia de los procedimientos de reestructuración, insolvencia y exoneración de deudas, y por la que se modifica la Directiva (UE) 2017/1132 del Parlamento Europeo y del Consejo, sobre determinados aspectos del Derecho de sociedades (Directiva sobre reestructuración e insolvencia).

132 Debo reconocerlo, yo mismo entre ellos, cfr. GONZÁLEZ VÁZQUEZ, J. C., *Píldoras sobre la reforma del texto refundido de la ley concursal (Ley 16/2022). Análisis crítico con enfoque práctico*, Ed. Tirant Lo Blanc, Valencia, 2023, pág. 175 (publicada como Píldora en LinkedIn el 24 de octubre de 2022), donde afirmamos que se trataba de "*un cambio significativo de régimen que, en términos generales, debemos considerar positivo, sin perjuicio de alguna deficiencia técnica*".

ción económico-financiera del deudor y, sobre todo, de las causas que había llevado a esa situación tan dañosa para sus acreedores[133].

Han sido varios, y de calado, los cambios que ha traído esta última reforma y que exponemos de forma sumaria a continuación.

En primer lugar, introdujo una definición del propio concepto de concurso «sin masa» a los efectos de aplicación del nuevo régimen legal previsto en los arts. 37 bis y ss. del TRLC, recogiendo esencialmente los supuestos que había venido estableciendo la jurisprudencia y que, como es sabido, no se limitaban a la completa inexistencia de bienes y derechos. Así, se establece que se considerará «concurso sin masa» cuando concurra cualquiera de las siguientes situaciones (arts. 37 bis y ter TRLC)[134]:

a) El concursado carezca de bienes y derechos que sean legalmente embargables.

b) El coste de realización de los bienes y derechos del concursado fuera manifiestamente desproporcionado respecto al previsible valor venal.

c) Los bienes y derechos del concursado libres de cargas fueran de valor inferior al previsible coste del procedimiento.

d) Los gravámenes y las cargas existentes sobre los bienes y derechos del concursado lo sean por importe superior al valor de mercado de esos bienes y derechos.

En segundo lugar —esta era la "gran esperanza blanca" para acabar con el automatismo anterior, tan criticado—, ya no se puede con-

---

133 Este temor a la posibilidad de un mayor control, de hecho, se vio reflejado también en la práctica con un incremento desmesurado de solicitudes de concurso sin masa en los meses previos a la entrada en vigor de la Ley 16/2022, como también apuntamos en su momento, GONZÁLEZ VÁZQUEZ, J. C., *op. cit.*, pág. 176.

134 Y eso a pesar de que el art. 37 bis TRLC pudiera llevar a entender que se deben dar de forma cumulativa al decir que "concurran los supuestos siguientes por este orden", lo que ciertamente carecería de sentido y se encarga de desmentir a continuación el art. 37 ter TRLC. En este sentido, MUÑOZ PAREDES, A., "El concurso sin masa: *sunt lacrimae rerum*", *Diario La Ley*, nº 10158, 26 de octubre de 2022, pág. 6, quien apunta como no se ha incluido el supuesto de que todos los bienes y derechos se encuentren embargados por la AEAT o la TGSS y no sean necesarios para la actividad,

cluir el concurso en el propio Auto de declaración[135] sino que, en los supuestos antes mencionados, simplemente se abrirá un período de alegaciones para que los acreedores que representen al menos del 5% de la masa pasiva, y a su costa, soliciten el nombramiento de un administrador concursal para realizar un informe razonado y documentado sobre si existen indicios suficientes de que el concurso puede ser declarado culpable o es previsible el ejercicio de acciones de reintegración o de la acción social responsabilidad en el caso de personas jurídicas, concluyéndose en caso de que no se produzca dicha solicitud o de que el informe sea negativo (cfr. arts. 37 ter a 37 quinquies TRLC).

En caso de que se solicite por acreedor o acreedores legitimados[136], el juez dictará un segundo Auto procediendo a su nombramiento, fijando la retribución del administrador concursal por dicho encargo y concediendo el plazo de un mes para su evacuación (art. 37 quater.1 TRLC), estando el deudor obligado a facilitar de inmediato toda la información que le sea requerida por el administrador concursal para la elaboración de su informe (art. 37 quater.2 TRLC).

Al margen de algún otro defecto de técnica jurídica en el que no nos detendremos por razones de espacio[137], resultaba llamativo que

---

135 Pero tampoco podía ya declararse directamente con todos sus efectos, nombrando administrador concursal, si el juez lo considerara conveniente, terminando así con la facultad discrecional de que gozaba hasta ese momento el juez del concurso que, aunque poco utilizada en la práctica —como hemos apuntado—, sí que implicaba un cierto riesgo que cumplía seguramente una función de prevención general para no "arriesgarse" con actuaciones claramente perjudiciales para los acreedores en fechas cercanas a la solicitud del concurso.

136 Tampoco resuelve el legislador qué sucede en caso de que existirán varias solicitudes distintas, apuntándose a que, a efectos de soportar el coste de la retribución, se podría aplicar analógicamente la solución jurisprudencial establecida para el caso de concurrencia de varias solicitudes de concurso necesario en cuanto a privilegio del acreedor instante o bien al reparto a prorrata entre todos los solicitantes, aunque con solidaridad externa (Así, (MUÑOZ PAREDES, A., *op. cit.*, pág. 10).

137 Como, por ejemplo, establecer qué efectos produce cada uno de los autos que se dicte de los que corresponden a todo auto de declaración del concurso *ex* art. 32 TRLC, si cabe o no recurso contra el primer auto de declaración por parte de los acreedores para discutir la propia calificación del concurso como sin masa (y, en su caso, qué tipo de recurso) o por parte del deudor si se declarase el concurso por el juzgado en forma ordinaria y no como concurso sin masa,

no se estableciera regla alguna respecto a cómo determinar dicha retribución[138], lo que ha llevado en la práctica a distintas interpretaciones como, por ejemplo:

a) conforme al arancel —un mes de la fase común— con un mínimo de 300 euros[139];

b) cuantía a tanto alzado[140];

c) tarifa horaria conforme a unos baremos y cálculo de horas (10)[141];

d) conforme a las normas para los peritos judiciales (art. 342.3 LEC)[142].

En todo caso, lo que sí parece que se está imponiendo de forma generalizada es la obligada consignación del importe establecido y su entrega al administrador concursal con carácter previo a la realización del informe, de manera que si no se produce dicha consignación se considerará que queda relevado del encargo, así como que, si se abona, el plazo del mes para realizarlo comenzará desde su pago[143].

---

o la complicada situación práctica en que se deja a los trabajadores, al no existir administrador concursal que pueda certificar sus créditos ante el FOGASA, abocándoles a la obtención de una declaración judicial de insolvencia ante la jurisdicción social, con las dilaciones derivadas de dicha alternativa. Cfr. MUÑOZ PAREDES, A., "El concurso sin masa: unas palabras más", *Diario La Ley*, nº 10194, 22 de diciembre de 2022, *in toto.*

138 GONZÁLEZ VÁZQUEZ, J. C., *op. cit.*, pág. 178, donde ya criticábamos este olvido del legislador y apuntábamos como un posible criterio el fijarla en un determinado porcentaje de los honorarios que corresponderían por la fase común del concurso.

139 Acuerdo 1/2022 de 25 de octubre de 2020 del Tribunal de Instancia Mercantil de Sevilla.

140 AJMER núm. 2 La Coruña 14.04.2023. También, MUÑOZ PAREDEZ, A., *op. cit.*, pág. 9.

141 AJMER núm. 2 Valencia 25.10.2022, AJMER núm. 4 Valencia 3.11.2023.

142 AJMER núm. 5 Barcelona 17.03.2023, AJMER núm. 1 La Coruña 25.10.2023, AJMER núm. 3 La Coruña 01.2024. Esta es seguramente la que parece más razonable dada la naturaleza de la función atribuida en esta fase inicial al administrador concursal.

143 AJMER núm. 6 Madrid 6.03.2023, AJMER núm. 1 La Coruña 25.10.2023, AJMER núm. 3 La Coruña 01.2024. En este sentido, MUÑOZ PAREDES, *op. cit.*, págs. 10 y 11.

Si el informe fuera favorable (en el sentido de considerar que sí existen indicios suficientes), el juez dictará un tercer auto complementario con los demás pronunciamientos propios de toda declaración de concurso con simultánea apertura de la fase de liquidación de la masa activa[144], continuando el procedimiento conforme al TRLC (art. 37 quinquies.1 TRLC)[145], debiendo el administrador concursal ejercitar las acciones correspondientes en el plazo de dos meses a contar desde la presentación de su informe (art. 37 quinquies.2 TRLC), otorgando legitimación subsidiaria a los acreedores solicitantes del nombramiento en caso contrario durante los dos meses siguientes, con el régimen ya conocido sobre gastos y costas, establecido en supuestos similares[146], a pesar de haber acreditado sobradamente el nulo incentivo que representa para el ejercicio tempestivo de dichas acciones en interés del concurso[147]. Es más, ni siquiera se prevé que se resarza a los acreedores, en caso de éxito de las acciones ejercitadas —sea por el administrador concursal o por ellos mismos— del gasto inicial que debió asumir para conseguir el nombramiento de administrador concursal por la emisión de su informe[148], lo que carece de justificación y es un obstáculo, sin duda, adicional

144 De ahí que haya sido calificado como concurso sin masa "trifásico", pues frente al único auto de declaración y conclusión en unidad de acto se unen ahora hasta 3 posibles autos para concluir un concurso sin masa y, en todo caso, serán como mínimo dos: uno de apertura y otro de conclusión. Cfr. MUÑOZ PAREDES, A., *op. cit.*, págs. 5 y 6.

145 Cfr. AJMER núm. 1 Alicante 15.05.2023.

146 Es decir, si se obtuviera algún importe a favor de la masa activa, podrán los acreedores resarcirse de sus gastos y costas hasta el importe de los obtenido, dedicándose el resto al pago de los créditos contra la masa y concursales conforme a su respectiva prelación legal.

147 Donde ya lo criticamos en GONZÁLEZ VÁZQUEZ, J. C., *op. cit.*, pág. 179, por su escaso "incentivo" para los acreedores "*ya que, asumen todo el riesgo y no obtienen ningún beneficio directo: si pierden asumirán los gastos y previsiblemente una eventual condena en costas y, en cambio, si ganan, en el mejor de los casos, se quedan como estaban (ya que se les reintegrarán todos los gastos y costas) pero no tendrán ninguna preferencia de cobro de sus créditos sobre el eventual excedente obtenido. La consecuencia previsible, por ello, será que nunca interpondrán dichas acciones por sí mismos, puesto que es lo más racional tras un simple análisis de coste-beneficio*".

148 En efecto, ese gasto abonado lo será a fondo perdido. En este sentido, MUÑOZ PAREDEs, A., *op. cit.*, pág. 10.

para que funcione en la práctica este nuevo régimen del concurso "express" o sin masa, como ya anunciamos en su momento[149].

Curiosamente, el legislador se olvidó de establecer expresamente qué sucede en el caso de que ningún acreedor opte por asumir ese coste y solicitar el nombramiento —que es, en la práctica, el supuesto más habitual—, ni en el caso de que el informe sea negativo (es decir, que se concluya que no hay indicios suficientes)[150]. Obviamente, la solución en ambos casos, por aplicación analógica del art. 465.7° TRLC, sólo puede ser la conclusión del concurso mediante Auto, ordenando el cierre provisional de la hoja registral, en caso de persona jurídica, para su cancelación definitiva transcurrido un año desde dicho cierre[151], sin que quepa recurso alguno contra dicho Auto de conclusión (art. 481.1 TRLC)[152].

En definitiva, a la postre —al igual que sucedía ya desde 2011— la suficiencia de masa no es, en sentido estricto, un presupuesto del concurso, en el sentido de que no es un requisito imprescindible para su declaración, pero, en la práctica se puede alcanzar el mismo efecto si, tras el auto que lo declara, ningún acreedor decide asumir el coste del nombramiento de administrador concursal a los efectos señalados o si, tras su nombramiento el informe concluyera que no existen indicios suficientes, en un claro intento del legislador de evitar el denominado «concurso del concurso», pero con el agravante de que ahora los jueces han quedado atados de pies y manos aun en los casos en que pudieran intuir una actuación fraudulenta del deu-

---

149 GONZÁLEZ VÁZQUEZ, J. C., *op. cit.*, págs. 179 y 180, ya decíamos que "*debería haberse previsto, por un lado, la devolución de los honorarios del administrador concursal inicialmente satisfechos por los acreedores con cargo a cualquier cantidad que se obtenga a favor de la masa activa y, por otro lado, un privilegio legal para esos acreedores especialmente diligentes para el cobro con cargo al excedente neto —tras el pago de honorarios, gastos y costa— que podría fijarse en un porcentaje sobre su crédito o sobre dicho excedente o, incluso, una combinación de ambos (por ejemplo, un 50% del excedente pero limitado al 50% del nominal de sus créditos)*"

150 Subrayó tempranamente esta deficiencia, MUÑOZ PAREDES, A. *op. cit.*, pág. 8, apuntando igualmente la única solución posible ante la alternativa sencillamente absurda de "dejar el concurso en vía muerta".

151 Así, AJMER núm. 1 Barcelona 20.12.2022, AJMER núm. 1 Valladolid 10.05.2023, AJMER núm. 2 de Valencia 31.07.2023, AJMER núm. 4 Valencia 19.01.2024.

152 Cfr. en ese sentido, AAP Valencia, Sección 9ª, 7.11.2023.

dor o sus administradores a la luz de la documentación presentada, no pudiendo proceder al nombramiento discrecional de administrador concursal cuando lo consideren oportuno o conveniente en interés del concurso.

III. EL RESULTADO PRÁCTICO DEL NUEVO MODELO DEL CONCURSO SIN MASA, EN COMBINACIÓN CON LA EXONERACIÓN DE PASIVO INSATISFECHO

Esta nueva regulación del «concurso sin masa» ha demostrado muy rápidamente su absoluta disfuncionalidad en la práctica, mucho más allá de lo que inicialmente se podía quizá esperar[153]. En efecto, lejos de corregir los defectos del automatismo en la apertura y conclusión simultánea del concurso a que abocaba el régimen introducido en 2011, el nuevo marco regulatorio ha empeorado más, si cabe, la situación, al eliminar la facultad discrecional que, con anterioridad, tenían los juzgados de nombrar administrador concursal si lo consideraban conveniente para analizar las causas y circunstancias de la ausencia de masa activa.

En efecto, como hemos expuesto en otro lugar[154], "*el incremento exponencial de este tipo de concursos —con la correlativa disminución de los concursos con masa— acredita que, en la práctica, se está optando por la liquidación de hecho —y sin control alguno— del patrimonio del deudor insolvente, para poder así presentar un concurso sin masa en la fundada experiencia de que nadie solicitará el nombramiento de administrador concursal (por ignorancia de la declaración, por no alcanzar el importe de pasivo*

153 En efecto, Cfr. GONZÁLEZ VÁZQUEZ, J. C., *op. cit.*, pág. 180, donde ya apuntamos como "*las deficiencias apuntadas llevan o no a un uso limitado o residual de esta opción por parte de los acreedores concursales*", pero lo que entonces no alcanzamos a imaginar es lo que ha desencadenado este nuevo régimen legal, convirtiéndose en un auténtico "coladero" para la conclusión de concursos de acreedores de empresas con masa, pero liquidadas de hecho previamente para poder acogerse a la definición legal y escapar así de cualquier control judicial sobre las causas de la insolvencia.

154 GONZÁLEZ VÁZQUEZ, J. C., "Capítulo IV. La Declaración de Concurso", en AA.VV., *Manual de Derecho Concursal*, dir. por J. Pulgar, Ed. Wolters Kluwer, Madrid, 5ª Ed., 2024, págs. 256.

suficiente para tener legitimación activa, por lo limitado del plazo de reacción, por el coste que implica, por la ausencia de incentivos para asumirlo, etc.), obteniendo así una rápida conclusión sin riesgo real de calificación culpable, ejercicio de acciones de reintegración o exigencia alguna de responsabilidad".

Basta echar un vistazo a las estadísticas que facilitan tanto el Consejo General del Poder Judicial como el Colegio de Registradores de España para comprobar el crecimiento exponencial de concursos durante 2023[155] y el primer trimestre de 2024[156]. En efecto, frente a un total de unos 18.892 concursos de acreedores en 2021, en 2022 se declararon un total de 27.632[157] y en 2023 se alcanzó la cifra de 44.443, lo que significa prácticamente duplicar la cifra del año anterior. En el primer trimestre de 2024 el incremento ha sido del 41,1% respecto al mismo período del año anterior.

Pero para entender realmente esos datos y sus causas conviene descender al análisis de los distintos tipos de concursos de acreedores. Y así se observa que ese enorme incremento, en primer lugar, se viene experimentando precisamente desde la entrada en vigor de la reforma introducida por la Ley 16/2022, lo que apunta a una más que evidente relación causa-efecto entre la reforma legal y dicho incremento exponencial del número de concursos.

En segundo lugar, se confirma que dicho crecimiento se concentra, esencialmente, en los concursos de personas físicas[158] —con la intención de obtener a continuación la exoneración de pasivo insatisfecho— puesto que suponen el 82,01% de los concursos presentados en 2023 según el INE y, dentro de ese grupo, de forma muy mayoritaria se trata de personas naturales consumidores o no em-

---

155 https://www.poderjudicial.es/cgpj/es/Poder-Judicial/En-Portada/Los-concursos-presentados-ante-los-organos-judiciales-en-2023-aumentaron-un-52-9-por-ciento-respecto-al-ano-anterior

156 https://www.poderjudicial.es/cgpj/es/Poder-Judicial/En-Portada/Los-concursos-presentados-en-los-organos-judiciales-durante-el-primer-trimestre-de-2024-aumentan-un-41-1---con-respecto-al-ano-anterior-#:~:text=junio%20de%202024-,Los%20concursos%20presentados%20en%20los%20%C3%B3rganos%20judiciales%20durante%20el%20primer,con%20respecto%20al%20a%C3%B1o%20anterior&text=Los%20%C3%B3rganos%20judiciales%20registraron%20durante,el%20mismo%20periodo%20de%202023.

157 Frente a un total de 18.892 en 2021, 13.541 en 2020 y 12.031 en 2019.

158 Un total de 36.996 en 2023, 20.688 en 2022, 13.518 en 2021 y 8.507 en 2020.

presarios que se incrementó un 114,2% respecto del año anterior[159], mientras que el número de concursos de estos últimos, incluso, ha descendido[160].

Y, en tercer lugar, se confirma igualmente que, tanto por lo que se refiere a los concursos de personas naturales como a los de personas jurídicas, la inmensa mayoría de ellos se presentan como concursos sin masa, buscando su inmediata conclusión sin nombramiento de administrador concursal y, por ello, sin que se analicen las causas que han llevado a esa situación ni, por tanto, sin que se depuren las eventuales responsabilidades derivadas de un comportamiento negligente o doloso del deudor o de sus administradores o liquidadores, en el caso de personas jurídicas. Y, como era ciertamente previsible por las razones que ya hemos expuesto (ignorancia, escaso plazo, desembolso a fondo perdido, escaso incentivo en caso de que se reintegre la masa de una u otra forma, etc.), la práctica ha puesto de manifiesto el carácter ciertamente residual del ejercicio de la facultad concedida a los acreedores para solicitar el nombramiento de administrador concursal, y más aún de los casos en que, tras el informe positivo, se llega a declarar el concurso con todos sus pronunciamientos, apertura de la liquidación y de la pieza de calificación.

Esta tendencia se viene confirmando igualmente en 2024, donde el incremento del 41,1% antes mencionado se debe básicamente al aumento de los concursos de personas naturales no empresarios, que fue del 52,2%, y en mucha menor medida de los concursos de personas jurídicas, que crecieron un 23,9%, mientras que disminuyeron un 24%, los concursos de personas naturales empresarios.

Igualmente, se confirma la absoluta preponderancia de los concursos sin masa, no sólo de personas físicas sino también en los de personas jurídicas, de forma el número de concursos de acreedores

---

159 Siendo 33.268 en 2023, 15.529 en 2022,10.006 en 2021 y 6.874 en 2020.

160 La razón de este descenso es, seguramente, también regulatoria: el nefasto procedimiento especial de microempresas al que se ve abocado el empresario persona física y el muy deficiente funcionamiento de las plataformas electrónicas que debían haberse implementado para su tramitación, hacen que se opte directamente por el "persianazo", es decir, por el cierre y liquidación de hecho, ante la ausencia de incentivos para entrar en el "agujero" negro del Libro Tercero del TRLC.

que se tramitan realmente siguiendo en su integridad el esquema legalmente previsto en el Libro Primero del TRLC es realmente escaso y, desde luego, una situación absoluta excepcional en comparación con el número de procedimientos de insolvencia que se tramitan en los países de nuestro entorno, cualquiera que sea el dato que se utilice para dicha comparación (número de habitantes, producto interior bruto, etc.).

En definitiva, el resultado práctico de la reforma introducida por la Ley 16/2022 respecto del concurso de acreedores —a pesar de los cientos de artículos modificados o de nueva redacción para buscar su mayor eficiencia y la mayor satisfacción de los acreedores— se puede resumir de forma gráfica en que de los más de 600 artículos que conforman el Libro Primero del TRLC, en realidad, apenas se vienen aplicando desde dicha reforma unos 30 en la inmensa mayoría de los supuestos: los 4 que regulan el concurso sin masa y los 27 que regulan la exoneración del pasivo insatisfecho[161].

Este más que insatisfactorio resultado al que nos ha llevado la reforma de 2022 en relación con el concurso de acreedores, está provocando que los juzgados de lo mercantil, que son quienes de forma más evidente (y dramática) están comprobando (y sufriendo directamente) esta deriva indeseada e indeseable, fomentada en buena medida por ciertas plataformas que vienen "publicitando" lo aparentemente fácil que resulta para toda persona natural librarse de un plumazo de todas sus deudas —no pocas veces de forma engañosa[162] y con un asesoramiento jurídico, cuanto menos, mejorable— hayan empezado a reaccionar frente a casos de evidente abuso o utilización fraudulenta de la letal combinación del régimen jurídico del concurso sin masa y la exoneración del pasivo insatisfecho[163].

---

161 En realidad, son menos, puesto que los 12 artículos dedicados a la exoneración a través de la aprobación de un plan de pagos (arts. 495 a 500 bis TRLC), casi no están teniendo aplicación práctica, en buena medida por su compleja y deficiente regulación, como ya pronosticamos algunos, GONZÁLEZ VÁZQUEZ, J. C., *Píldoras sobre la reforma…*, *cit.*, pág. 352.

162 Sin advertir que hay deudas no exonerables (especialmente, el crédito de derecho público) o diciendo que se puede obtener en un par de meses y cualquier persona natural, por ejemplo.

163 En efecto, el peligro viene de cuando la exoneración no viene precedida de un verdadero proceso concursal donde, por un lado, se hayan liquidado los bienes

IV. ALGUNAS OBSERVACIONES O COMENTARIOS A LA LUZ DE LOS ACUERDOS DE UNIFICACIÓN DE CRITERIOS EN DERECHO CONCURSAL DE LOS JUZGADOS DE LO MERCANTIL DE BARCELONA

Dentro de este contexto, someramente expuesto en el apartado anterior, aparecieron, en diciembre de 2023, los Acuerdos de unificación de criterios en Derecho concursal de los Juzgados de lo Mercantil de Barcelona, los que —como no podía ser de otra forma— abordaron, entre otras materias, tanto la cuestión del concurso sin masa de la persona física (y del microempresario sin masa) como la de la exoneración de pasivo insatisfecho, intentando, por un lado, dar respuesta a algunos de los interrogantes que genera la deficiente regulación introducida por la Ley 16/2022 y, por otro, unificar ciertos criterios interpretativos para poner cierto coto a las prácticas más descaradas o fraudulentas que se vienen constatando dentro de la avalancha de concursos sin masa de persona física.

Muchos de ellos, a mi juicio, deben ser aplaudidos porque apuntan a una interpretación más que razonable y que viene a cubrir algunas de las lagunas más evidentes del régimen legal, introduciendo

---

y derechos del deudor para dar satisfacción de los acreedores en la medida de lo posible y, por otro, se haya comprobado que no hay conducta reprochable por parte de dicho deudor y, por tanto, que merece esa segunda oportunidad por ser un deudor de buena fe. Al plantearse desde el inicio como concurso sin masa, no se nombra administrador concursal, ni hay liquidación ni pieza de calificación —salvo que se solicite nombramiento de administrador concursal y su informe sea positivo—, de forma que se accede directamente a la exoneración de pasivo insatisfecho sin verdadera verificación, objetiva y por tercero independiente, de la condición de deudor de buena fe de la persona física concursada. Así se han producido en la práctica casos muy llamativos donde, por ejemplo, una persona donó todos los bienes recibidos por herencia de su padre —en la que figuraban varios inmuebles, sin cargas o con cargas por debajo de su valor de mercado— a su madre, a fin de poder presentar a continuación un concurso sin masa y solicitar la exoneración de varias deudas contraídas con entidades de crédito o, incluso, casos donde directamente se ha solicitado el concurso sin masa con la finalidad de obtener la exoneración por una persona que ostentaba varios inmuebles inscritos a su nombre en el Registro de la Propiedad, circunstancia advertida gracias a que el juzgado decidió dictar auto de declaración de concurso completo, nombrando administrador concursal, a pesar de que aparentemente parecía que encajaba en la definición del art. 37 bis TRLC.

una buena dosis de seguridad jurídica. No obstante, hay otros que, en nuestra opinión, son más discutibles o, incluso, difícilmente compatibles con la regulación vigente, sin perjuicio de su mayor o menor acierto desde una perspectiva de "*lege ferenda*".

IV.1. Criterios razonables de interpretación

Muchos de los criterios fijados deben ser aplaudidos abiertamente, pues introducen certeza y seguridad jurídica en aspectos que el legislador no ha contemplado y que han venido generando interpretaciones contradictorias por los juzgados de lo mercantil al aplicar esa treintena de preceptos introducidos por la Ley 16/2022 y que —como hemos explicado— son casi los únicos que se vienen aplicando en la mayoría de los concursos de acreedores declarados desde su entrada en vigor.

Así, por ejemplo, compartimos la interpretación de que en los supuestos de microempresas *ex* art. 685 TRLC en los que concurra cualquiera de las situaciones que el art. 37 bis TRLC califica como de concurso sin masa, ante la evidente laguna del Libro Tercero del TRLC sobre la tramitación del procedimiento especial de microempresas "sin masa", debería tramitarse por el cauce del art. 37 bis y siguientes del TRLC, por aplicación del art. 689.1 TRLC[164].

---

164 Postura que, no obstante, no es seguida por otros Juzgados de lo Mercantil, como varios de los de Madrid que lo declaran como procedimiento especial de liquidación de microempresas y le dan una tramitación distinta. Cfr. AJMER nº 1 de Madrid de 6 de junio de 2024, que entiende que, a pesar de la laguna legislativa, "*de la regulación del Libro III parece deducirse la voluntad legal de recoger en el procedimiento especial todos los supuestos en que puede encontrarse el deudor. Así, la regulación del Libro III alude a una situación de posible insuficiencia, como por ejemplo en el art. 706.4 TRLC, y como causa específica de conclusión conforme el art. 720.1.3º TRLC, una vez se haya comprobado la insuficiencia de masa activa. Asimismo, se debe tener en cuenta el diferente régimen de notificación y publicidad del auto de declaración de concurso al amparo del Libro I, conforme los arts. 33 y 34 TRLC; especialmente la publicación en el B.O.E. y en el T.E.J.U. En cambio, el auto de apertura del procedimiento especial tiene un régimen de publicidad más limitado, por cuanto únicamente se prevé su publicación en el Registro Público Concursal, conforme el art. 692.3 TRLC, de especial importancia respecto de los acreedores que no consten en el listado aportado por el solicitante.*

Por tanto, debe conjugarse la eventual protección a los acreedores a efectos de que pudieran intervenir en los términos legalmente previstos y formular oposición y la conclusión del pro-

Igualmente, nos parece muy acertada la "recomendación"[165] de que el deudor solicite el nombramiento de administrador concursal —a pesar de que se trate de un procedimiento especial de microempresa sin masa— cuando existan contratos de trabajo en vigor, a fin de que se proceda a la extinción de los mismos y, sobre todo, para que se puedan emitir las certificaciones de los créditos laborales para su posterior reclamación al FOGASA.

Y, finalmente, también nos parece acertada y muy conveniente la posibilidad que se apunta de que el Auto de declaración del concurso sin masa pueda contener una exigencia de publicidad adicional, de conformidad con los arts. 35 y 135 TRLC, consistente en el requerimiento al concursado de que proceda a comunicar ese primer auto de declaración con el llamamiento a los acreedores a que, si lo consideran conveniente a sus intereses, soliciten el nombramiento de un administrador concursal a su costa, de forma directa e individualizada a sus acreedores a través de correo electrónico disponible, de forma análoga a lo previsto en el art. 692 bis.1 TRLC.

No deja de ser discutible esta aplicación analógica de sentido inverso entre el Libro Tercero y el Primero, pero lo que resulta indiscutible es la facultad prevista en el art. 35.2 TRLC de que, "*en el mismo auto de declaración del concurso o en resolución posterior, el juez, de oficio o a instancia de interesado, podrá acordar cualquier publicidad complementaria*

---

cedimiento, de forma que se proceda a su simplificación, lo que supone la innecesariedad de proceder a la apertura del procedimiento especial de liquidación.

Por ello, de conformidad con lo expuesto, y en relación con el art. 719.1 TRLC, a efectos de comprobar la insuficiencia de la masa, procede conceder un plazo de diez días desde la publicación de la presente resolución al efecto de poder formular oposición a la conclusión del procedimiento especial; ello deberá hacerse valer mediante formulario normalizado junto con las alegaciones y documentos probatorios que se consideren pertinentes. Transcurrido dicho plazo sin que se haya formulado oposición, se procederá a la conclusión del procedimiento especial conforme el art. 720.1.3 TRLC".

165 El entrecomillado viene motivado porque, tras calificarlo como de "una buena práctica", se añade que la pasividad u omisión en la extinción de los contratos de trabajo será considerado como un comportamiento negligente o temerario *ex* art. 487.61 TRLC a los efectos de denegar una posible exoneración de pasivo insatisfecho, de tratarse de una persona natural y, en el supuesto de personas jurídicas, se advierte de la posible responsabilidad de los administradores ex art. 241 TRLSC, lo que le convierte en algo más que una mera recomendación o una mera buena práctica.

que considere imprescindible para la efectiva difusión del concurso de acreedores" y resulta evidente, como ya hemos apuntado, que uno de los factores de la escasa utilización de la facultad conferida a los acreedores por el art. 37 er.1 TRLC es precisamente el desconocimiento de que se ha declarado y con ese carácter, de forma que ni siquiera llegan a tener la oportunidad de valorar la conveniencia o no de ejercer dicha facultad, por lo que no parece descabellado que, ante esa solicitud de concurso sin masa, se le pida al deudor que proceda a ponerlo en conocimiento de sus acreedores, en un ejercicio de transparencia y buena fe que, por ello, no puede considerarse desproporcionado o carente de base legal.

En caso de que se establezca en el auto de declaración del concurso sin masa esta exigencia de publicidad adicional, parece evidente que el plazo previsto en el art. 37 ter.1 TRLC deberá contar desde el envío de dicha comunicación telemática (que, suponemos, deberá realizarse con copia al Letrado de la Administración de Justicia por analogía con el citado art. 692 bis TRLC), mientras que para el resto de acreedores de los que no se conozca su dirección de email, el diez a quo de dicho plazo será el de la publicación en el Registro Público concursal.

Sin embargo, esta exigencia adicional no evita que el deudor decida no cumplirla, al menos respecto de los acreedores que considere más "activos" o beligerantes, precisamente para evitar que soliciten el nombramiento de administrador concursal, sin que el Juzgado pueda saber si esa falta de comunicación a algunos acreedores se debe al desconocimiento de su dirección electrónica o a un comportamiento desleal o de mala fe del deudor. Igualmente, tampoco quedan claras cuales serían las consecuencias del incumplimiento del deber de realizar dicha comunicación directa e individualizada, sea general o respecto de algunos acreedores. Si fuera generalizada parece que el Juzgado podrá requerirle de nuevo para que la efectúe, otorgándole un plazo para ello y, quizá, advirtiéndole de que, en caso de reiterar su incumplimiento, será considerado como una falta de colaboración a efectos de concurso culpable, procediendo a declarar el concurso con todos sus efectos ante la presencia de dicha presunción de culpabilidad, lo que, el caso de personas físicas conllevará la denegación de la exoneración de pasivo insatisfecho (cfr. art. 135 en relación con el art. 442.2º TRLC).

Igualmente, nos parece acertado el criterio respecto a la fijación de la retribución del administrador concursal por la realización del informe previsto en el art. 37 quater.1 TRLC, entre los distintos que ha barajado la jurisprudencia y que hemos expuesto en el apartado II anterior: aplicación supletoria de la LEC y, en particular, del art. 342 LEC para la liquidación de fondos por los peritos judiciales, de forma que el administrador concursal designado solicitará en los 3 días siguientes la correspondiente provisión que deberá ser aceptada por el acreedor o acreedores solicitantes en los 3 días siguientes, considerándose, en caso contrario, que ha desistido de la solicitud, condicionándose igualmente la emisión del informe a la previa consignación del importe establecido en la cuenta de Depósitos y Consignaciones del Juzgado.

Aunque no lo dice expresamente el criterio —quizá por falta de acuerdo entre los Jueces[166]—, nos parece igualmente indudable que dicha retribución no es parte de la retribución que, en su caso, le pudiera corresponder posteriormente en el supuesto de que se dicte el tercer auto con todo el resto de pronunciamientos previstos en el art. 32 TRLC y, por ello, tampoco dicha retribución tiene la consideración de crédito contra la masa, por lo que no podrá ser solicitado su reembolso con cargo a la misma por el acreedor solicitante.

También nos parece más que razonable que la exoneración de los créditos derivados de contratos de leasing o de compraventa de bienes muebles a plazos con reserva de dominio, se condicione a la previa devolución de los bienes al acreedor, puesto que los mismos no le pertenecen y, tras la exoneración y resolución de dichos contratos, el deudor carece de título legítimo para mantener la posesión y uso de los mismos. De nuevo aquí, vemos un supuesto no previsto expresamente por el legislador pero que, conforme a los principios

---

166 En efecto, estos Criterios de los Jueces de lo Mercantil de Barcelona son valiosos no sólo por lo que dicen, sino también por lo que callan. En efecto, no parece temerario concluir que algunos de sus silencios —especialmente cuando afectan a cuestiones que sí son objeto de tratamiento en otros aspectos o cuestiones— están poniendo de manifiesto una falta de acuerdo suficiente como para ser incorporados al texto finalmente aprobado en diciembre de 2023 y, posiblemente, uno de ellos sea el referente a si los honorarios percibidos por el informe, se deben o no restar posteriormente de los que le correspondan por aplicación del arancel en caso de continuación del concurso con plenos efectos.

que informan la institución de la exoneración de pasivo insatisfecho, parece una cuestión de mínima buena fe por parte del deudor que es incapaz de seguir atendiendo los pagos derivados de los citados contratos.

Finalmente, también parecen razonables otros criterios de menor relevancia, sobre el alcance de la exoneración, la oposición a la misma o el plazo de impugnación del plan de pagos que viene a introducir cierta claridad en la interpretación de algunos concretos preceptos legales (art. 492 ter, art. 498 bis.1, etc.).

IV.2. Criterios más discutibles a la luz de la normativa vigente

La primera cuestión que nos parece discutible de los citados Criterios es, precisamente, el primero de ellos, porque, a nuestro juicio, va mucho más allá de una mera fijación de un criterio interpretativo, al imponer de forma obligatoria que, con la solicitud de concurso sin masa, se acompañe como Anexo un formulario muy detallado de información, que se incorpora a dichos criterios, además de los documentos exigidos por el art. 7 TRLC, advirtiéndose expresamente que "*la omisión de la información requerida o proporcionar información falsa o inexacta puede ser considerado una falta de colaboración del concursado que comporte la imposibilidad de obtener la exoneración de pasivo insatisfecho (arts. 135 y 487.5º del TRLC)*".

Entendemos perfectamente las razones que subyacen a esta exigencia, que enlazan con el panorama que, de forma somera, hemos expuesto en el apartado III anterior, y los abusos que se están observando en la práctica diaria de nuestros Juzgados. Pero, a nuestro juicio, esa deplorable situación, consecuencia directa de las deficiencias de nuestro ordenamiento jurídico, no pueden ser suplidas con exigencias de nuestros Tribunales que no vienen amparadas en una norma legal, sin que corresponda a nuestros jueces y Tribunales suplir con pseudolegislación — aun encubierta como meros criterios de interpretación— en la que se imponga nuevas obligaciones a los deudores insolventes (y las consecuencias de su incumplimiento) que el legislador no ha impuesto, pudiendo hacerlo.

Lo que nos corresponde a los operadores jurídicos (jueces, magistrados, abogados, administradores concursales) y a la doctrina científica es, por un lado, criticar esas carencias y deficiencias técnicas y denunciar las perniciosas consecuencias que de las mismas se derivan y, por otro lado, hacer propuestas de reforma legal que puedan solventar dichas deficiencias y problemas previamente detectados, pero nunca podemos pretender suplir o asumir la labor que corresponde a otro poder del Estado (el poder legislativo), precisamente por el respecto al Estado de Derecho y a la separación de poderes.

De hecho, el legislador de 2022 ha venido a introducir numerosos formularios, tanto en el inefable Libro Tercero, como en algún otro lugar del TRLC (cfr. art. 684.1 TRLC), pero siempre de forma expresa y en norma con rango formal de Ley. Por ello, no resulta admisible, a nuestro juicio, que un juez o un conjunto de jueces de un determinado partido judicial pueda elaborar un formulario de obligada presentación por los justiciables en sus juzgados y Tribunales. Por otro lado, a nuestro juicio, la consecuencia de la posible imposibilidad de obtención de la exoneración de pasivo insatisfecho ya viene cubierta por el art. 444.4º TRLC que, con carácter general, ya establece como presunción iuris et de iure de concurso culpable que "*el deudor hubiera cometido inexactitud grave en cualquiera de los documentos acompañados a la solicitud de declaración de concurso o presentados durante la tramitación del procedimiento, o hubiera acompañado o presentado documentos falsos*".

En segundo lugar, tampoco compartimos la interpretación que se realiza en torno a la consideración de "concurso con masa" al supuesto en que, aun concurriendo alguna de las circunstancias previstas en el art. 37 bis TRLC, el deudor persona física cuente con ingresos recurrentes que podrían resultar embargables, considerando que, en esos supuestos, resulta exigible que el mismo realice "*un esfuerzo razonable de pago de los créditos exonerables, a través de un plan de pagos*".

Conscientes de que la elección entre la liquidación y la presentación de un plan de pagos, como alternativas legales para la obtención de la exoneración del pasivo insatisfecho, es una decisión libre de cada deudor al solicitarla, sin que se imponga ni se prefiera o incentive por el legislador una u otra opción, los criterios sólo establecen que "*el deudor tendrá la posibilidad de presentar... un plan de pagos para acceder a la exoneración*" —lo que no deja de ser una obviedad., pero añadiendo a continuación que si, en esas circunstancias, el deudor elige la liquidación, "*el juez del concurso valorará en cada caso la posibilidad de liquidar los ingresos recurrentes que se encuentren por encima del mínimo inembargable, estableciendo una liquidación mensual de la parte embargable para el pago de los créditos exonerables durante un plazo determinado*".

Y aquí es donde, de nuevo, consideramos que el Acuerdo de los Jueces de lo Mercantil de Barcelona adopta una postura que, a nuestro juicio, resulta incompatible con nuestro derecho positivo por varias razones.

En primer lugar, porque los salarios o ingresos futuros no son masa activa computable como tal en el momento de la declaración del concurso, por lo que no puede considerarse por esa mera circunstancia como un "concurso con masa" a los efectos de negar la aplicación de los arts. 37 bis y siguientes del TRLC.

En efecto, una cosa es que —como es sabido— durante el concurso se integrarán en la masa activa todo lo que el deudor "*adquiera hasta la conclusión del procedimiento*" (art. 192.1 TRLC) y otra muy distinta que se puedan ya considerar como créditos integrados en dicha masa activa unos créditos que es posible —o, incluso, probable— que se lleguen a generar en el futuro pero que a la fecha de la declaración del concurso no existen puesto que depende su nacimiento del cumplimiento de contratos bilaterales con obligaciones recíprocas para ambas partes (sean laborales o mercantiles), de forma que si no se trabaja o no se presta el servicio o se entrega la mercancía no nacerá el crédito a favor del deudor.

En este sentido, no podemos olvidar que el trabajo es un derecho, pero nunca un deber por lo que no se puede obligar a nadie a trabajar, ni siquiera para pagar las deudas a sus acreedores (no caben ya, en nuestro ordenamiento, los trabajos forzados).

En segundo lugar, esa posibilidad de imponer una "liquidación mensual" de la parte inembargable de los ingresos recurrentes y futuros del deudor no deja de ser una especie de plan de pagos impuesto contra la voluntad del deudor que, legítimamente, ha optado por la vía de la liquidación como forma de acceder a la exoneración del pasivo insatisfecho.

El ordenamiento exige que el deudor persona física, en ese caso, salga del concurso sin nada —sin activo alguno o sólo con bienes y derechos inembargables, de valor venal inferior al coste de su realización, o con gravámenes por importe superior a su valor de mercado— pero, lógicamente, también sin deudas, para posibilitar su "*fresh start*", su segunda oportunidad. Por tanto, obligarle a tener que seguir pagando a sus deudores después de liquidar toda su masa activa o constatado que carece de ella, simplemente porque tiene unos previsibles ingresos futuros es ir derechamente en contra de la filosofía o principios que informan la institución de la exoneración de pasivo insatisfecho, ya que se le impone a deudor el seguir trabajando para sus acreedores concursales, en lugar de empezar de cero desde ese momento[167].

Y eso sin entrar en otros problemas prácticos de aplicación, como establecer el número de meses durante el que se puede prolongar esa "liquidación mensual", que iría derechamente en contra de los plazos legales máximos de la fase de liquidación, so pena de obtener en caso contrario un retorno para los acreedores muy poco significativo, cuando no ridículo.

Tampoco compartimos la exigencia de que se deba partir del valor hipotecario que figure en la escritura pública, en los supuestos del art. 37 bis d) TRLC, a menos de que se aporte una tasación oficial ECO[168], ya que no se establece así en el mencionado precepto, pudiendo haberlo hecho —como sucede, por ejemplo, en el art. 273.1.1° TRLC—, de forma que el valor de mercado deberá poder acreditarse por cualquier medio de prueba, siempre que resulte razonable y suficientemente justificado.

---

167 Entendemos perfectamente el posible escándalo que puede producir que alguien con un salario mensual de, por ejemplo, 4.000 euros, quiera acogerse a la exoneración de pasivo insatisfecho pero no podemos olvidar que eso sólo será posible si ha liquidado todo su patrimonio para pagar a sus acreedores o si no tiene masa activa alguna con el que darles satisfacción. En esas circunstancias, a nuestro juicio, no puede denegársele la exoneración ni tampoco imponerle para obtenerla que deba presentar un plan de pagos o, en caso contrario, se lo va a imponer el juzgado por la vía de una "liquidación mensual".

168 Es decir, ajustada a la Orden EC0/805/2003, de 27 de marzo, emitida por tasador homologado por el Banco de España.

V. A MODO DE CONCLUSIÓN

La nueva regulación introducida por la Ley 16/2022 en torno al atormentado problema de la suficiencia de masa como presupuesto del concurso de acreedores y, en particular, el régimen jurídico del concurso sin masa, al combinarse con la aplicación de la exoneración de pasivo insatisfecho ha traído como consecuencia indeseada el incremento exponencial de los concursos sin masa, tanto de personas jurídicas como de personas físicas, por la casi certeza de que el mismo concluirá sin que se designe administrador concursal y, por ello, sin que nadie analice las causas de la insolvencia ni se depuren responsabilidades por los actos u omisiones que hayan podido perjudicar a la masa o, en general, a los acreedores del deudor.

Ello ha facilitado la obtención generalizada de la exoneración de pasivo insatisfecho que, al combinarse con la previa solicitud de declaración de concurso sin masa, igualmente permite obtener la misma sin que realmente se ha verificado la condición de acreedor de buena fe del deudor, que es la piedra angular sobre la que se construye esta institución.

Esta desagradable realidad es fácilmente comprobable con los datos estadísticos sobre los concursos de acreedores desde la entrada en vigor de la Ley 16/2022 y con los muchos supuestos de abuso y utilización fraudulenta de esa legal combinación (concurso sin masa y exoneración de pasivo insatisfecho), lo que ha llevado a algunos juzgados a intentar imponer algunos límites o restricciones a esos abusos con determinadas interpretaciones de la normativa, bien intencionadas pero, el algún caso discutibles desde una perspectiva de "*lege data*".

Entre estas interpretaciones que han intentado introducir un mayor grado de certeza y seguridad jurídica, así como evitar o limitar los abusos y actuaciones fraudulentas merece destacarse los criterios adoptados en diciembre de 2023 por los Jueces de lo Mercantil de Barcelona, la mayoría de ellos muy razonables y acertados, si bien discrepamos de la compatibilidad de algunos de ellos con la normativa vigente, a pesar de compartir la intención o finalidad que subyace a los mismos, en el sentido de intentar suplir las múltiples deficiencias de los escasos 30 artículos del Libro Primero que en la actualidad de aplican en la mayoría de los concursos de acreedores de los más de 600 que integran la regulación del concurso de acreedores.

31. LA LIQUIDACIÓN CONSECUTIVA AL ARCHIVO DEL CONCURSO SIN MASA: EL BLOQUEO SOCIETARIO

ALFONSO MUÑOZ PAREDES
Magistrado de la Audiencia Provincial de Madrid, Sección 28ª
Especialista en los asuntos propios de los órganos de lo mercantil

SUMARIO: I. TODO TIEMPO PASADO FUE MEJOR: LA LEY 22/2003. II. TRES ERAN TRES Y NINGUNA ERA BUENA: LA LEY 38/2011. III. LA FAMILIA (SOCIETARIA) Y UNO MÁS. IV. LOS PROBLEMAS CRECEN: EL BLOQUEO SOCIETARIO.

I. TODO TIEMPO PASADO FUE MEJOR: LA LEY 22/2003

Nacida en tiempos de bonanza, la Ley concursal de 2003 no contemplaba la existencia o suficiencia de masa como presupuesto de declaración del concurso. Se limitaba a prever en su art. 176 LC, entre las causas de conclusión, *"la inexistencia de bienes y derechos del concursado"* (art. 176.1.4º LC). Ello obligaba a que la liquidación concursal fuera absoluta, hasta alcanzar la inexistencia de bienes liquidables.

El liquidador concursal debía justificar al juez el agotamiento físico y jurídico de la fase de liquidación para obtener de éste el mandamiento de cancelación. El art. 178 LC cerraba el círculo disponiendo que la resolución judicial que declarara la conclusión *"acordará su extinción y dispondrá el cierre de su hoja de inscripción en los registros públicos que corresponda"*. La solución concursal no difería en exceso de la societaria: el liquidador societario, una vez aprobado el balance final de liquidación y pagadas las deudas y, en su caso, la cuota de liquidación, otorgaba la escritura de extinción, cuya inscripción producía la cancelación de todos los asientos relativos a la sociedad (art. 396.2 LSC).

En suma, en el tiempo que medió entre la Ley 22/2033 y la Ley 38/2011 la liquidación, societaria o concursal, siempre era previa a la cancelación registral de la hoja societaria.

II. TRES ERAN TRES Y NINGUNA ERA BUENA: LA LEY 38/2011

Hija de la crisis, la Ley 38/2011 introdujo tres novedades con respecto a la Ley 22/2003:

a) La **declaración-conclusión** del art. 176 *bis*.4 LC, como especie de concurso nonato:

> *«4. También podrá acordarse la conclusión por insuficiencia de masa en el mismo auto de declaración de concurso cuando el juez aprecie de manera evidente que el patrimonio del concursado no será presumiblemente suficiente para la satisfacción de los previsibles créditos contra la masa del procedimiento ni es previsible el ejercicio de acción de reintegración, de impugnación o de responsabilidad de terceros».*

b) La **conclusión anticipada por insuficiencia de masa activa para pagar los créditos contra la masa** (art. 176 *bis LC*):

> *«1. Desde la declaración del concurso procederá la conclusión por insuficiencia de la masa activa cuando, no siendo previsible el ejercicio de acción de reintegración, de impugnación o de responsabilidad de terceros ni la calificación del concurso como culpable, el patrimonio del concursado no sea presumiblemente suficiente para la satisfacción de los créditos contra la masa, salvo que el juez considere que estas cantidades estén garantizadas por un tercero de manera suficiente».*

c) La **liquidación concursal interrupta o inconclusa.** De la "inexistencia" se pasó a la mera "insuficiencia", que se medía en comparación con los créditos contra la masa; si la masa, con ser insuficiente, alcanzaba para pagar éstos, la causa a invocar no sería la insuficiencia sino el fin de la liquidación, que también se entendía alcanzado si tan solo sobraban bienes desprovistos de valor de mercado o cuyo coste de realización fuera manifiestamente desproporcionado respecto de su previsible valor venal (art. 152.3 LC).

El art. 176.1 LC pasó a recoger, como causa propia de conclusión, la firmeza del auto que declarase finalizada la fase de liquidación (nº 2º), que adquiría autonomía frente a la causa 3ª (antes 4ª), que contemplaba la insuficiencia (antes inexistencia) de masa activa.

Este triple escenario tenía como común denominador el cierre en falso del concurso, situándonos en un terreno hasta entonces inexplorado, con un patrimonio en fase terminal precisado de *status* jurídico.

III. LA FAMILIA (SOCIETARIA) Y UNO MÁS

La DGRN ya se había enfrentado hace años, con la promulgación del TRLSA de 22 de Diciembre de 1989 a una situación similar; la DT 6.ª disponía que *«[s]i antes del 31 de diciembre de 1995 las sociedades anónimas no hubieran presentado en el Registro Mercantil la escritura o escrituras en las que consten el acuerdo de aumentar el capital social hasta el mínimo legal, la suscripción total de las acciones emitidas y el desembolso de una cuarta parte, por lo menos, del valor de cada una de sus acciones, quedarán disueltas de pleno derecho, cancelando inmediatamente de oficio el Registrador los asientos correspondientes a la sociedad disuelta. No obstante la cancelación, subsistirá la responsabilidad personal y solidaria de administradores, gerentes, directores generales y liquidadores por las deudas contraídas o que se contraigan en nombre de la sociedad»*.

La DGRN aclaró entonces (*vid.* por todas, Resolución de 11 de Diciembre de 1996) que *«la cancelación de los asientos registrales de una sociedad es una mera fórmula de mecánica registral que tiene por objetivo consignar una determinada vicisitud de la sociedad (...) pero que no implica la efectiva extinción de su personalidad jurídica, la cual no se produce hasta el agotamiento de todas las relaciones jurídicas que la sociedad entablara [cfr. 274.1, 277.2 y 280, a) de la Ley de Sociedades Anónimas, 121 y 123 de la Ley de Sociedades de Responsabilidad Limitada y 228 del Código Civil y la disposición transitoria sexta.2 de la Ley de Sociedades Anónimas] y, en consecuencia, tal cancelación no puede invocarse como obstáculo a la práctica de eventuales asientos posteriores que la subsistencia de la personalidad jurídica implique»*.

Con base en esa doctrina, el Tribunal Supremo, no sin ciertas vacilaciones (STS de 25 de julio de 2012) terminó por reconocer (sentencia de 20 de marzo de 2013), una suerte de existencia *post mortem* de la sociedad, con el liquidador como guía y la liquidación societaria como camino a seguir.

La STS de 24 de mayo de 2017 concluye que *«no debe privarse a los acreedores de la posibilidad de dirigirse directamente contra la sociedad, bajo la representación de su liquidador, para reclamar judicialmente el crédi-*

to, sobre todo cuando, en atención a la naturaleza del crédito, se precisa su previa declaración. Dicho de otro modo, a estos meros efectos de completar las operaciones de liquidación, está latente la personalidad de la sociedad, quien tendrá capacidad para ser parte como demandada, y podrá estar representada por la liquidadora, en cuanto que la reclamación guarda relación con labores de liquidación que se advierte están pendientes. Además, el art. 400 LSC atribuye esta representación a los (antiguos) liquidadores para la formalización de actos jurídicos en nombre de la sociedad, tras su cancelación.».

La DGRN en dos resoluciones de 10 de marzo de 2017, dictadas en otros tantos casos de declaración-conclusión del art. 176 *bis*.4, en el que había bienes, pero insuficientes para justificar la apertura del concurso, concluyó que:

> *i.- "[E]sto no significa que se produzca una extinción, vía condonación, de las deudas de la sociedad, ni que los bienes que permanezcan a nombre de la sociedad pasen a ser «res nullius».*
>
> *ii.- "En esta situación, con la sociedad disuelta, sin que se haya efectuado por el juez del concurso el nombramiento de administrador concursal y habiendo cesado las limitaciones a las facultades del deudor, la situación es equiparable a aquellas en que la junta social no ha designado liquidador alguno, lo que por otra parte en este caso no podría efectuarse ya que la sociedad se ha extinguido en sede concursal. La consecuencia ha de ser, por tanto, la conversión automática de los anteriores administradores en liquidadores de forma que el último administrador con cargo inscrito sea quien, actuando como liquidador, mantenga su poder de representación, si bien limitado, como sucede con la personalidad de la sociedad, a las operaciones de liquidación.*
>
> *Para ello deberá proceder conforme a la regulación establecida en la Ley de Sociedades de Capital, ya que concluido el concurso cesa la aplicación de los preceptos de la Ley Concursal, a la enajenación de los bienes sociales para el pago de deudas de los acreedores hasta donde sea posible, teniendo en cuenta que, acreditada en sede concursal la insuficiencia del activo, el procedimiento de liquidación concluirá sin lograr alcanzar plenamente la finalidad solutoria, no planteándose cuestión alguna en cuanto al cierre registral, pues el juez del concurso ya lo acordó en su auto."*

Si la sociedad ya había iniciado la liquidación societaria antes de declararse y concluirse el concurso, la liquidación debía proseguirse por los liquidadores ya nombrados (AJM nº 1 de Oviedo de 13 de febrero de 2015). Tampoco nada obstaba a que los socios, en junta, nombraran liquidador (Res. DGRN de 30 de agosto de 2017).

El mandato de extinción del juez del concurso y su inscripción registral tenía escasa trascendencia sustantiva: la sociedad conservaba una personalidad jurídica prorrogada o residual, con capacidad procesal activa y pasiva. Para horror de los mercantilistas, en la declaración-conclusión la sociedad se extinguía *per saltum*, sin previa causa de disolución; y como no había sido concursalmente liquidada, debía serlo societariamente. De forma paradójica, la liquidación societaria, que tenía la suficiencia para pagar a todos los acreedores como presupuesto expreso (art. 395 LSC) acababa acogiendo de residuo los supuestos de más absoluta insuficiencia.

El RDL 1/2020, de 5 de mayo, no alteró, en lo sustancial, el panorama. Ya fuera la insuficiencia inicial (art. 470) o posterior (art. 473), la conclusión del concurso seguía incluyendo el mandato de extinción (art. 485).

Tampoco la Ley 16/2022 supone una alteración de aquella doctrina jurisprudencial y registral, limitándose el legislador a dividir en dos la muerte registral, con un cierre provisional seguido al año de un cierre definitivo de la hoja. Eso sí, el juez del concurso ya no extingue formalmente la sociedad. Tendrá que ser el liquidador el que otorgue ante notario la escritura de extinción, si bien habrá que excusarle de la manifestación (que le impone la LSC) de que ha pagado a todos los acreedores o consignado su importe.

IV. LOS PROBLEMAS CRECEN: EL BLOQUEO SOCIETARIO

Pero paso previo al otorgamiento de la escritura de extinción es la aprobación del balance final de liquidación. Y aquí encallan muchas sociedades. Los socios, divididos en facciones paritarias enfrentadas, no consiguen alcanzar un acuerdo. ¿Qué puede hacer el liquidador? ¿Qué vía —si alguna— les queda a los socios? La sociedad no puede concursar, pues ha sido repudiada por el juez del concurso; tampoco puede disolverse por parálisis de la junta, pues ya está en una fase posterior, la liquidación.

En efecto, la Ley de Sociedades de Capital solo da solución al bloqueo preliquidatorio, no al postliquidatorio. Cuando el bloqueo no precede a la disolución y es causa de la misma, sino que aparece o persiste ya abierta la liquidación societaria e impide, bien nombrar liquidador, bien aprobar el balance final de liquidación, paso previo y necesario a que el liquidador otorgue la escritura de extinción y complete el ciclo vital societario obteniendo del Registro la cancelación de la inscripción, ¿qué hacemos?

Ciertamente, el Tribunal Supremo —sentencia de 30 de mayo de 2007— nos permite nombrar un liquidador judicial cuando el bloqueo impide nombrar a uno perteneciente a las facciones enfrentadas. Sin embargo, la presencia de un liquidador judicial, aunque reduce las reticencias de los socios, no excluye que éstos impidan la aprobación del balance final de liquidación; en la práctica, el enfrentamiento es de tal entidad que basta que un sector vote a favor para que el otro lo haga en contra. Para esta eventualidad, la ley no arbitra ninguna solución.

El art. 390 LSC impone al liquidador, una vez agotadas las operaciones liquidatorias, la obligación de someter a la censura de la junta el balance final, un informe completo sobre dichas operaciones y, en su caso, un proyecto de división del activo resultante entre los socios. La ley solo contempla la posibilidad de impugnar el acuerdo aprobatorio del balance, reduciendo la legitimación a los socios que no hubieran votado a favor; pero nada dice de la posibilidad de impugnar el acuerdo desestimatorio ni, como es el caso, la falta de acuerdo por empate.

No han faltado intentos de evitar la impugnación mediante la inscripción *per saltum* (sin acuerdo previo) de la escritura de extinción. La SJM nº 1 de Palma de Mallorca de 28 de abril de 2022 resuelve una impugnación de calificación negativa del registrador en un caso de inexistencia de acuerdo. El objeto del proceso era la impugnación de la calificación denegando la inscripción por defectos de la escritura de liquidación. La sociedad había sido disuelta por auto del Juzgado de lo Mercantil nº 2 de Palma, que había procedido a designar liquidador judicial. Concluidas las operaciones de liquidación, el liquidador sometió a la aprobación de la junta general el balance final, un informe completo sobre las operaciones de liquidación y un proyecto de división entre los socios del activo resultante, resultando un empate. Ante tal situación, el liquidador decide dejar transcurrir el plazo de dos meses previsto en el artículo 390.2 LSC para la impugnación y otorga ante notario escritura pública de extinción de la sociedad. Presentada al registro para su inscripción, el registrador resuelve no practicar la inscripción solicitada, aduciendo que *"las operaciones tendentes a la liquidación de la sociedad han de ser aprobadas por la junta general"* y, a falta de aprobación por parte de ésta, *"la voluntad social habrá de ser sustituida por el juez"*. La sociedad decide impugnar ante el juez mercantil la calificación negativa arguyendo que, pese a que no se ha aprobado en junta general el balance final, no existe discrepancia entre los socios puesto que ninguno de ellos ha impugnado judicialmente el acuerdo negativo e, incluso, han hecho suya la cuota de liquidación, salvo un socio titular del 0.03% del capital social cuya cuota de liquidación se haya consignada en una notaría de Formentera; este socio, además, no estaría legitimado para impugnar al no representar individualmente al menos el uno por ciento del capital social (art. 206.1 LSC). Por tanto, razona la sociedad, si los socios que representan el 99,97% del capital se han aquietado a las operaciones de liquidación, han cobrado su cuota de liquidación y dejado expirar el plazo de caducidad de dos meses para impugnar el acuerdo, no concurriría el defecto señalado por el registrador puesto que el acuerdo de liquidación no podría ser impugnable. El juez de lo mercantil, aunque reconocer compartir *"la visión práctica del impugnante"*, resalta que falta en la ley una previsión específica para estos supuestos e invita a los socios a la reflexión (*"sin perjuicio de volver a someter el asunto a junta general")* o a la impugnación del acuerdo "negativo" a fin de obtener del juez la aprobación de balance y proyecto:

> *"Para que tal planteamiento fuera aceptable, debiera existir un mecanismo que, en caso de no alcanzarse la mayoría ordinaria o simple legalmente prevista en los artículos 198 y 201 LSC, tal rendición de cuentas sometiendo a debate un balance final de liquidación adquiriera la condición de acuerdo. Y, sin embargo, tal posibilidad no se advierte en nuestro ordenamiento jurídico.*
>
> *No debe dejarse de lado, que aunque el artículo 390.2 LSC sólo haga referencia a la posibilidad de impugnar "el acuerdo aprobatorio" del balance final y el proyecto de división, el requisito que debe contener la escritura pública que debe inscribirse en el Registro y que, por tanto, el Registrador en su función calificadora debe controlar, es que haya "transcurrido el plazo para la impugnación del acuerdo de aprobación del balance final sin que se hayan formulado impugnaciones o que ha alcanzado firmeza la sentencia que las hubiera resuelto".*
>
> *Es requisito, por tanto, que haya un acuerdo aprobatorio. Y acuerdo social solo es el que es alcanzado por la junta como órgano soberano*

de la sociedad o, en su defecto, por sustitución de la voluntad social por el juez.

En nuestro Derecho, a diferencia del Derecho comparado, por ejemplo, el Derecho alemán, no existe la posibilidad que el presidente de la junta en atención a la posición del minoritario que impida alcanzar un acuerdo lo considere desleal y prescinda de el para así proclamar la aprobación del acuerdo. En nuestro ordenamiento, si no se alcanza las mayorías ordinarias o reforzadas legalmente previstas para cada tipo de acuerdo, tendremos un acuerdo, pero este será negativo, no aprobatorio. Y, por tanto, para que conste un acuerdo aprobatorio del balance final que de conformidad con lo previsto en el artículo 395.1a) LSC debe contener la escritura púbica (sic.) de extinción y que debe controlar el Registrador Mercantil, en caso de no haberse alcanzado la mayoría legalmente prevista y el acuerdo fuera negativo, deberá impugnarse por las causas prevista en el artículo 204 LSC. Todo ello, sin perjuicio de volver a someter el asunto a junta general y aprobarse el balance final."

La Audiencia Provincial de La Coruña (sec. 4ª) ha dictado dos sentencias favorables a que sea el juez quien apruebe el balance de liquidación cuando se haya revelado imposible que lo hagan los socios. El primer caso se afrontó en la sentencia de 26 de febrero de 2010. El liquidador judicial había presentado a la junta el proyecto de división del activo resultante, sin que se alcanzara acuerdo alguno por la existencia de bloques paritarios. Tres de los socios impugnan la falta de acuerdo y aunque el juzgado rechaza su demanda, la Audiencia la acoge en alzada; para la Sala *"sería un dislate que no se pudieran aprobar las operaciones liquidatorias, si esa confrontación entre los socios persiste durante la realización de las precitadas actuaciones, de manera tal que no se puedan aprobar el balance final ni el proyecto de liquidación, cercenando con ello el derecho fundamental del socio a participar en el patrimonio resultante de la liquidación"*, por lo que accede a su pretensión bajo el argumento de que si la ley permite la impugnación del acuerdo aprobatorio, es *"evidente que tal impugnación judicial es también factible cuando el acuerdo no se puede aprobar por los enfrentamientos entre los socios cotitulares del 50% del capital social, so pena de privarles de su tutela judicial efectiva"*, de modo que *"en casos como los expuestos de bloqueo social (...) cabe imponer una resolución judicial, que obvie abusos y dilaciones carentes de justificación."*

Como corolario, estima el recurso y declara que:

"(1°) Procede la aprobación del Balance Final de Liquidación (...) y el Proyecto de División del Activo resultante, presentado por el liquidador Judicial (...) y (2°) Se procederá por el Liquidador Judicial a llevar a efecto los actos jurídicos necesarios para culminar las mentadas operaciones liquidatorias conforme a lo establecido en las leyes (...)."

El segundo caso de la AP de La Coruña es la sentencia de 1 de abril de 2022. La sociedad en litigio tenía el capital social dividido en parte iguales entre dos socios. Ante la imposibilidad de alcanzar acuerdo alguno, la misma había sido disuelta por el Juzgado de lo Mercantil n° 1 de La Coruña, que nombró liquidadora a una de los socios. Como era previsible, la situación de bloqueo continuó tras la disolución de la sociedad y la socia-liquidadora promueve demanda solicitando la aprobación judicial de las cuentas por ella formuladas correspondientes a los ejercicios de 2013 a 2016, ambos incluidos, así como la del balance final de la liquidación y la propuesta de reparto del haber social, pretensiones, ambas, que son acogidas en sus propios términos por la sentencia del Juzgado de lo Mercantil n° 2 de La Coruña de fecha 30 de julio de 2019. En el fallo el juez decide estimar la demanda *"y en consecuencia debo aprobar y apruebo:*

1. Las cuentas anuales de los ejercicios 2013 a 2016, ambos inclusive.
2. El balance final de liquidación y la propuesta de reparto del haber social formulada por la liquidadora."

La sociedad, representada por el otro socio, recurre argumentando que *(i)* la demanda no debió ser admitida por carecer de respaldo en nuestro ordenamiento jurídico, en el que la aprobación de las cuentas, la del balance final y la de la propuesta de distribución es competencia exclusiva de la junta general y no puede ser suplida por una tercero; que *(ii)* es improcedente la interpretación de la sentencia que asimila la pretensión de la demandante a la de una impugnación de acuerdos sociales; y que *(iii)* el acuerdo es inexistente.

La Audiencia desestima el recurso. Respalda, en primer lugar, la admisibilidad de la demanda, pues las causas de inadmisión son tasadas en nuestro ordenamiento (*cfr.* art. 403 LEC) y la liquidadora interesaba una clase de tutela de las previstas en el art. 5 LEC. En segundo término, reconoce que *"el enfoque que hace la sentencia apelada de la cuestión litigiosa —la asimilación de la acción ejercitada a la de impugnación de acuerdos sociales, considerando que el resultado de la vota-*

ción (...) equivale a la existencia de un acuerdo negativo impugnable— es discutible y ni siquiera había sido sugerido en la demanda", pero superando cualquier tacha de incongruencia, manifiesta que *"esa misma línea argumental es la más comúnmente utilizada para alcanzar el resultado pretendido"*, aunque la cita se agota en su anterior sentencia de 26 de febrero de 2010 y la SJM nº 13 de Madrid de 23 de marzo de 2021, a la que luego nos referiremos.

La Audiencia confirma la resolución de instancia, en la que, recordemos, el juez, por sí y ante sí, decidió aprobar las cuentas anuales de cuatro ejercicios, el balance final de liquidación y el proyecto de reparto del activo residual entre los socios. Es decir, algo bien alejado de los supuestos binarios en que, tradicionalmente, se ha venido admitiendo por nuestros tribunales la sustitución por el juez de la voluntad social siempre y cuando una de las posibilidades (precisamente la que da lugar a un acuerdo desestimatorio) venga impuesta legal o estatutariamente (SAP de Barcelona, sec. 15ª, de 7 de mayo de 2014). Las posibilidades aquí eran casi infinitas y ninguna predeterminado por la ley o los estatutos; en abstracto, todas las posibilidades eran igualmente válidas: aprobar las cuentas, pero no el balance ni el proyecto; repudiar las primeras pero no los segundos; aprobar unas cuentas sí y otras no; rechazar alguna partida de las cuentas a fin de que, una vez corregidas, se volvieran a someter a la junta; y, en fin, cualquier permutación de estos factores. La Audiencia, sin duda consciente de que esta es una debilidad de su razonamiento, viene a asimilar el caso, sin decirlo, a un supuesto de acuerdo binario (aprobar o rechazar) y, además, en el que único sentido posible del voto era el afirmativo, pues el socio *"[n]inguna objeción, por otra parte, señaló en el acto de la junta que se refiriese concretamente a la forma de registrar las operaciones de los últimos cuatro ejercicios, a la observancia de los principios contables y los que legalmente presiden la confección de las cuentas anuales, a las operaciones de liquidación realizadas, a su resumen en el balance final o a la propuesta de reparto del haber social resultante."*

En suma, lo que hace el juez con el refrendo de la Audiencia es considerar que el socio, al votar en contra, hizo un "ejercicio abusivo del derecho de voto" lo que le lleva, bien por supresión hipotética del voto ilegítimo, bien por su sustitución por el voto debido, a aprobar el acuerdo y no meramente a considerarlo aprobado por la junta. El matiz dialéctico es importante, porque en el primer supuesto el juez crea el acuerdo (pronunciamiento constitutivo) y en el segundo solo lo declara.

La SJM nº 13 de Madrid de 23 de marzo de 2021 se orienta en la misma dirección. De nuevo dos socios enfrentados por mitad, lo que les impide aprobar el balance de liquidación y el proyecto de reparto de la cuota de liquidación, pues el socio-liquidador vota a favor y la consocia, su exesposa, repetidamente (en varias juntas) en contra, alegando una infracción del derecho de información.

El socio liquidador demanda a la sociedad en impugnación del acuerdo, solicitando que se declare su nulidad *"al no haberse podido aprobar por un ejercicio abusivo de su derecho por parte de la otra socia, impidiéndole, de manera injustificada, extinguir la sociedad y poder cobrar su cuota de participación en el haber social."*

La juez comienza reconociendo que:

> *"lo habitual es que las acciones de impugnación versen sobre acuerdos sociales positivos, cuya nulidad pretende que se dejen sin efecto. Sin embargo, puede suceder que, en ocasiones, la mayoría haya aprobado justamente no aprobar ese acuerdo, surgiendo la duda de si es posible o no su impugnación. Aunque en origen había una gran discusión doctrinal y jurisprudencial acerca del tema, el TS ya ha concluido que sí, que es posible impugnar un acuerdo social negativo porque refleja una voluntad social, máxime si despliega efectos o consecuencias jurídicas para la mercantil. Por el contrario, no serían impugnables aquellos acuerdos sociales inexistentes, bien porque se eliminaron del orden del día o porque tenían una finalidad meramente informativa, sin sometidos a la votación de los socios.*
>
> *En el caso de autos, nos encontramos ante un acuerdo negativo, debido al bloqueo social que existe en el órgano socia de la demandada, al ser cada uno de los socios titular de un 50% del capital social y mantener un enfrentamiento manifiesto a lo largo de los años. "*

A continuación, la juez examina los requisitos legales que debe cumplir el informe de liquidación y concluye que *"el mismo cumple perfectamente tales requisitos. De hecho, la demandada no discute que el balance refleja la imagen fiel."*. Y ante ello se pregunta: "*¿Por qué no votó entonces a favor del acuerdo?*".

La pregunta no es retórica, sino que la propia juez ofrece la respuesta:

> *"Del examen de la documental obrante en autos, así como del contenido de la petición de información, se observa, aun cuando la demandada lo niega, que el hecho de votar en contra se debe a una desconfianza en cuanto a la labor y gestión realizada por el liquidador, más concretamente, si éste ha podido vender los activos por debajo del valor de mercado, circunstancias que, de ser así, podrían justificar el ejercicio de otras acciones legales como la acción social de responsabilidad, pero no bloquear la aprobación de un balance final, cuyo objetivo es mucho más limitado como es reflejar las operaciones liquidatorias realizadas hasta el momento."*

Finalmente, tras destacar que las múltiples solicitudes de información de la socia obedecen a una estrategia de injustificada de bloqueo y que el balance final de situación, el informe final de liquidación y el proyecto de reparto del haber social, reflejan una imagen completa y veraz de las operaciones de liquidación, satisfaciendo tanto el contenido del art. 390 TRLSC como el derecho de información del socio, acuerda *"declarar la nulidad del acuerdo negativo aprobado en la junta impugnada, al tener su origen o causa en una actitud obstruccionista por parte de la socia Doña Leticia, contraria a la buena fe, cuya finalidad no es otra que, instrumentalizar el derecho de información para fines espurios, como es bloquear la liquidación, la extinción de la sociedad e impedir al otro socio, en última instancia, sin justa causa, que pueda cobrar la cuota de liquidación que le corresponde."*

Como cierre de su argumentación, la juez enfrenta en el fundamento de derecho quinto los efectos de la nulidad del acuerdo, para aseverar que, si bien el efecto inmediato es la pérdida de eficacia del mismo, *"como en este caso, el acuerdo que se impugna es negativo, tal pronunciamiento judicial resultaría estéril y no colmaría la tutela judicial del actor no se colma (sic.), máxime cuando está probado que, de dejarse esa decisión a una futura junta, volveríamos al mismo punto de partida (…) al votar cada socio en sentido contrario. Por ello, habida cuenta que de la prueba practicada se infiere que el balance final de liquidación y el proyecto de reparto del haber social reflejan la imagen fiel de la compañía, contienen un análisis exhaustivo de las operaciones de liquidación practicadas por el liquidador desde que se aprobó la disolución, me llevan a aprobar dicho informe. Dicha conclusión no se ve alterada por el hecho de que ese informe se haya tenido que ir actualizando a lo largo de estos dos últimos años de contienda judicial."*

El fallo es del tenor siguiente:

"Declaro la nulidad del acuerdo segundo, adoptado durante la junta general de socios celebrada el día 17 de julio de 2019.

En consecuencia, apruebo el balance final, el informe completo sobre las operaciones de liquidación y el proyecto de división, del activo resultante, entre los socios, presentada a la junta general ese mismo día 17 de julio de 2019."

De la mera lectura de lo transcrito se desprende que es el órgano judicial quien aprueba el balance final, el informe completo sobre las operaciones de liquidación y el proyecto de división, del activo resultante. Es el juez y no la junta quien aprueba tales documentos; ni siquiera a efectos dialécticos podríamos entender que es la junta la que aprueba por boca del juez, pues los documentos que se sometieron a la censura de los socios son distintos de los que el juez reconoce aprobar.

La sentencia fue revocada por la SAP de Madrid, sec. 28ª, de 24 de junio de 2022. Reconoce la Sala que la cuestión es "pantanosa" y efectúa un recorrido por la doctrina y la jurisprudencia para razonar:

i.- "Con carácter general, no apreciamos obstáculos para considerar que podrían ser susceptibles de impugnación aquellos acuerdos negativos que pueden identificarse con un acuerdo positivo pero de contenido negativo. Tanto da rechazar una propuesta de cambio de domicilio social (acuerdo negativo) que aprobar un acuerdo consistente en no modificar el domicilio social (acuerdo positivo de contenido negativo o de no hacer)."

ii.- No consideramos que puedan impugnarse acuerdos negativos por los que se rechaza determinada propuesta cuando la propuesta no aprobada no es la única alternativa posible que pudiera ser valorada y aprobada por los socios, pues de otra forma el juez supliría la voluntad social con grave quebranto de las competencias de un órgano social. Se trata de acuerdos discrecionales en tanto que dependen de la libérrima voluntad de los socios, o sea, de una decisión estrictamente política que atiene exclusivamente al gusto o a la conveniencia de cada votante.

iii.- "No se trata solo de que no pueda imponerse judicialmente determinada decisión a los socios, entre varias alternativas, sino que el acuerdo no es susceptible de impugnación. Carece de sentido sostener la impugnación de un acuerdo negativo para eventualmente dejarlo sin efecto, porque tal declaración no produciría efecto alguno al no poder el juez suplir la voluntad de la junta".

iv.- "Sí consideramos posible la impugnación de los acuerdos negativos cuando la propuesta rechazada sea un imperativo legal o estatutario y no se prevea otro cauce específico para exigir su cumplimiento".

Tras estas reflexiones de carácter general, baja al caso concreto sometido a revisión y concluye que:

> *i.- "[L] aprobación de una concreta y determinada propuesta de liquidación venga impuesta por la ley o los estatutos y, en consecuencia, su rechazo o falta de aprobación no es susceptible de impugnación."*
>
> *ii.- "[L]a norma (por referencia al art. 390 LSC) no parece contemplar la posibilidad de impugnar la decisión de la junta por la que se rechace la propuesta de aprobar el balance final de liquidación y sí solo el acuerdo aprobatorio del balance final.*
>
> *iii.- "Además, el precepto establece un norma específica de legitimación en tanto que solo puede impugnar el acuerdo aprobatorio el socio que hubiera votado en contra, por lo que, de admitirse, la impugnación del eventual acuerdo negativo solo podría impugnarse por el socio que hubiera votado a favor y en el caso de autos, aunque el demandante es socio y votó a favor, presenta la demanda expresamente en su condición no de socio sino de liquidador de la sociedad hasta el punto de interesar la aclaración de la sentencia dictada en la instancia precedente para que así se hiciera constar, a lo que se accedió."*
>
> *iv.- "[L]a impugnación del acuerdo tampoco podría sostenerse en la lesión del interés social en la modalidad de acuerdo abusivo que es en lo que se fundamentaba la demanda de impugnación.*
>
> *En la hipótesis objeto de autos en que se rechaza la propuesta sometida a la junta al obtener el voto favorable del 50% del capital social y en contra de la otra mitad, no cabe sostener que el eventual acuerdo negativo se impone por una inexistente mayoría en interés propio y en contra de la minoría también inexistente."*
>
> *v.- "En realidad, de admitirse la impugnación del acuerdo, lo que rechazamos, solo podría sostenerse en su carácter ilegal por actuar el socio que votó en contra del acuerdo con infracción de la (sic.) reglas de la buena fe o con abuso de derecho (artículo 7 del Código Civil) de modo que no se computara su voto y el acuerdo pudiera entenderse adoptado por el voto del otro socio titular del 50% del capital social.*
>
> *En esta hipótesis tampoco podría haber prosperado la demanda en tanto que no puede considerarse que el socio discrepante actuara de mala fe o con abuso de derecho cuando consideramos que se infringió su derecho de información. Esto es, el eventual e inexistente acuerdo aprobatorio tendría que ser declarado nulo por infracción del derecho de información del socio que votó en contra."*

En suma, ¿qué opción —si alguna— nos queda? Pues ya lo advierto, ninguna buena. Hemos de retorcer la ley para dar fin a la liquidación. Dejo, como epílogo, mi solución (AJM nº 1 de Oviedo, entre muchos, de 18 de marzo de 2015), que al menos en mi personal experiencia, ha sido satisfactoria.

"TERCERO.- Desarrollo del proceso liquidatorio.

La vertiente judicial de una liquidación societaria está huérfana de regulación en nuestro Derecho. Dos son las opciones que caben ante el silencio del legislador: limitarse a acordar la disolución social y el nombramiento de liquidador (entendiendo que la liquidación debe verificarse de forma extrajudicial, abandonándola a su suerte) o tutelar el proceso de liquidación. El problema de la primera de las vías es que no es de esperar que, producida la disolución, como en este caso, por desavenencias internas entre socios, las mismas vayan a desaparecer de forma espontánea, lo que a buen seguro frustrará el proceso liquidatorio, que concluirá por judicializarse. Por ello el criterio de este Juzgado en el pasado era iniciar un proceso de ejecución tras el dictado de la sentencia de disolución —que podía instarse por cualquiera de los bandos enfrentados y sin que existiera condena en costas derivadas de la ejecución— y en el que se procedía, como primer hito, al nombramiento de liquidador. Al articularse la intervención judicial a medio de un expediente de jurisdicción voluntaria en el que, además, ya se procede por imperativo legal al nombramiento de liquidador, carece de sentido obligar a las partes a promover la ejecución del presente auto, dilatando el proceso liquidatorio e incurriendo en mayores gastos procesales.

Por ello la tutela judicial del devenir liquidatorio se llevará a cabo en este mismo expediente, debiendo presentar el liquidador judicial, en el plazo de tres meses a contar desde la fecha, un inventario y un balance de la sociedad con referencia a la fecha en que se acuerda la disolución. El desarrollo de la liquidación se sujetará a las reglas de los arts. 383 y siguientes de la LSC, con la singularidad de que el balance final de liquidación no se someterá a la censura de la Junta, por hallarse paralizada sin atisbos de que recupere su funcionalidad, sino que se presentará al Juzgado; del mismo se dará traslado por 10 días a las partes para impugnación, aplicando analógicamente las normas de la LEC (art. 787) sobre división judicial de patrimonios, resolviendo el juez por sentencia las discrepancias existentes, susceptible de recurso de apelación. El deber periódico de información se cumplirá mediante la presentación de informes trimestrales ante este Juzgado. Se exime al liquidador judicial de la obligación de formular cuentas, en el entendimiento de que la presentación de los balances inicial y final y los informes trimestrales, unida a la publicidad registral de la liquidación, cumplen sobradamente los fines informativos de las cuentas. Agotado el proceso liquidatorio, no será preciso el otorgamiento de escritura pública de extinción de la sociedad, procediéndose, de oficio, a librar mandamiento a tal fin al Registro Mercantil."

32. EL PROCEDIMIENTO ESPECIAL PARA MICROEMPRESAS

JACINTO TALENS SEGUÍ
Magistrado-Juez de lo Mercantil núm. 2 de Valencia
Especialista en los asuntos propios de los órganos de lo mercantil

I. INTRODUCCIÓN

El procedimiento de micropymes supone una de las novedades de la Ley 16/2022 de 5 de septiembre y responde a la exigencia de la Directiva de buscar una tramitación más rápida, sencilla y accesible.

La configuración de este procedimiento parte de una tramitación a través de plataformas, tanto para la presentación, como para la liquidación y resto de trámites.

Su entrada en vigor se produjo a día de 1 de enero de 2023, resultando que la realidad es que las plataformas no están funcionando como se esperaba, y particularmente la plataforma de solitud, pues la de liquidación todavía no está en funcionamiento, lo que hace que, todavía, en la práctica se estén aplicando las previsiones del Libro I TRLC.

II. PROCEDIMIENTO ESPECIAL MICROPYMES

II.1. Estructura y sistemática

Ubicación sistemática: Libro III Arts. 685 a 720 TRLC.

Estructura:

- Título I Disposiciones generales. (Arts. 685 a 696 TRLC)
- Título II Del procedimiento de continuación. (Arts. 697 a 704 TRLC)
- Título III Del procedimiento de liquidación. (Arts. 705 a 720)

II.2. Ámbito de aplicación

– Se aplica a personas naturales o jurídicas que lleven a cabo una actividad empresarial o profesional en que concurran los siguientes presupuestos (Art. 685-1 TRLC):

- Haber empleado a menos de 10 trabajadores, o el número de horas de trabajo realizadas por el conjunto de la plantilla sea igual o inferior al que habría correspondido a menos de 10 trabajadores a tiempo completo.
- Volumen de negocio anual inferior a 700.000€ o un pasivo inferior a 350.000€ según las últimas cuentas cerradas en el ejercicio anterior a la presentación de la solicitud (en el Proyecto se hablaba de volumen de negocio anual inferior a 2.000.000€ o un pasivo inferior a 2.000.000€, en aplicación del Reglamento UE 651/2014), según las últimas cuentas cerradas en el ejercicio anterior a la presentación de la solicitud.
- Situación de probabilidad de insolvencia, insolvencia inminente o actual.

– El hecho de que se hable de *"actividad empresarial o profesional"* hace que el procedimiento no sea de aplicación para los trabajadores por cuenta ajena o funcionarios públicos, a los que se les aplicaría el trámite del Libro I.

– Si la entidad formase parte de un grupo, los criterios fijados en el apartado anterior se computarán en base consolidada (Art. 685.2 TRLC).

– Afecta a todos los bienes, salvo los inembargables (Art. 685.3 TRLC).

– Afecta a todos los acreedores, salvo a los acreedores públicos en caso de probabilidad de insolvencia (Art. 685-4 TRLC).

– El procedimiento especial para microempresas podrá tramitarse como procedimiento de continuación o como procedimiento de liquidación con o sin transmisión de la empresa en funcionamiento (Art. 685.5 TRLC).

II.3. Presupuestos

Se requiere que el deudor se halle en cualquiera de estas tres situaciones:

– Probabilidad de insolvencia (Art. 584.2 TRLC): *"[…] cuando sea objetivamente previsible que, de no alcanzarse un plan de reestructuración, el deudor no podrá cumplir regularmente sus obligaciones que venzan en los próximos dos años."*

– Insolvencia inminente (Art. 2.3 TRLC): *"[…] el deudor que prevea que dentro de los tres meses siguientes no podrá cumplir regular y puntualmente sus obligaciones."*

– Insolvencia actual (Art. 2.4 TRLC): *"[…] el deudor que no puede cumplir regularmente sus obligaciones exigibles."*

II.4. Solicitud del procedimiento

– El deudor tiene el deber legal de solicitar la apertura del procedimiento especial dentro de los 2 meses siguientes a la fecha en que hubiere conocido o debido conocer el estado de insolvencia actual, aplicándose las presunciones del Art. 2-4 TRLC (Art. 686.2 TRLC).

– Si el 85% del pasivo es crédito publico, se abre el procedimiento en liquidación (Art. 686.4 TRLC).

– Si el procedimiento en liquidación sin transmisión de empresa en funcionamiento requiere estado de insolvencia actual o inminente (Art. 686.3 TRLC).

Toda esta información se rellena en el formulario normalizado.

II.5. Especialidades del procedimiento

– Actos de procesales telemáticos (Art. 687.1 TRLC): Comparecencias, declaraciones, vistas y, en general, todos los actos procesales del procedimiento.

– Actos de comunicación por medios electrónicos cumplimentación de los formularios normalizados que en su caso exija la ley (Art. 687.2 TRLC)

– Resoluciones orales, y documentación por medio de soporte audiovisual (Art. 687.3 TRLC):

- Resoluciones distintas de sentencia: se documentarán con expresión del fallo y motivación sucinta de aquellas resoluciones.
- Sentencias: Se hará expresión de las pretensiones de las partes, las pruebas propuestas y practicadas y, en su caso, de los hechos probados a resultas de las mismas, haciendo constar las razones y fundamentos legales del fallo que haya de dictarse, con expresión concreta de las normas jurídicas aplicables al caso

– Cuando la sentencia pueda ser recurrida, se dará traslado a las partes personadas de copia de la grabación original, en la notificación de la resolución, junto con el testimonio del texto redactado sucintamente, o bien se les dará acceso electrónico a la grabación original.

– No cabe recurso contra las sentencias y autos, salvo excepciones del Libro III (Art. 687.4 TRLC).

– Contra los decretos del letrado de la Administración de Justicia podrá interponerse recurso directo de revisión (Art. 687.4 TRLC).

– El plazo para recurrir comenzará a contar desde que se notificase a la parte la resolución dictada mediante el traslado de copia de la grabación original o el acceso electrónico a la misma, junto con el testimonio del texto redactado (Art. 687.5 TRLC).

– Los recursos no tienen efectos suspensivos (Art. 687.5 TRLC).

– El deudor y acreedores precisan de abogado y procurador (en el Proyecto no era preceptiva su intervención) (Art. 687.6 TRLC).

– Calificación culpable por datos inexactos en los formularios de la solicitud o en los documentos acompañados a los mismos presentados durante la tramitación del procedimiento especial (Art. 688.1 TRLC):

- Se entenderá que se incurre en inexactitud grave cuando el importe total de un ejercicio, del pasivo o el del activo o el de los ingresos o el de los gastos fuese realmente superior o inferior al 20% del consignado en el formulario, siempre que suponga un importe de al menos 10.000 euros (Art. 688.2 TRLC).

– Si el juez, las partes o, en su caso, la administración concursal, apreciaran la posible existencia de un hecho que ofrezca apariencia de delito no perseguible únicamente a instancia de persona agraviada, se acordará poner a disposición del Ministerio Fiscal el expediente judicial electrónico, por si hubiere lugar al ejercicio de la acción penal (Art. 688.2 TRLC).

– Régimen supletorio de los Libros I y II (Art. 689.1 TRLC)

– Nombramiento de AC, en defecto de acuerdo entre los acreedores y el deudor, y su retribución Libro I (Art. 689.2 TRLC),

II.6. Negociación y apertura del procedimiento especial

II.6.1. Generalidades de a negociación y apertura del procedimiento especial

– Se puede efectuar la comunicación de apertura de negociaciones con la finalidad de acordar un plan de continuación o una liquidación con transmisión de empresa en funcionamiento en el marco de un procedimiento especial (Art. 690.1 TRLC).

– El deudor debe de hallarse en probabilidad de insolvencia, insolvencia inminente o insolvencia actual (Art. 690.1 TRLC).

– La comunicación será por medios electrónicos mediante formulario normalizado (Art. 690.2 TRLC).

– Es de aplicación las previsiones de los Arts. 583 a 610 TRLC, pero con unas especialidades (Art. 690.3 TRLC):

- Las referencias al concurso de acreedores se entenderán hechas al procedimiento especial de este libro tercero.
- No será preceptivo el nombramiento de experto en el periodo de negociaciones abierto a solicitud del deudor.
- Los efectos de la comunicación de apertura de negociaciones no podrán prorrogarse.

– La suspensión de ejecuciones no podrá afectar en ningún caso a los acreedores públicos (Art. 690.4 TRLC).

– En el caso de bienes necesarios para la continuidad de la actividad empresarial o profesional del deudor:

- Iniciado el procedimiento de ejecución, se podrá suspender exclusivamente en la fase de realización o enajenación por el juez que esté conociendo del mismo.
- Cuando la ejecución sea extrajudicial, la suspensión la podrá ordenar el juez ante el que se haya presentado la comunicación, exclusivamente en la fase de realización o enajenación.
- La suspensión decaerá perdiendo toda su eficacia una vez transcurridos 3 meses desde el día de la comunicación, quedando sin efectos la suspensión, sin que sea preciso dictar resolución judicial alguna o, en su caso, acto alguno por LAJ.

– Durante el periodo de negociaciones y hasta que transcurran 3 meses desde la fecha de la comunicación no se admitirán a trámite las solicitudes de procedimiento especial presentadas por otros legitimados distintos del deudor; y las presentadas antes de la comunicación que no hubieran sido admitidas a trámite quedarán en suspenso (Art. 690.5 TRLC).

– Las solicitudes suspendidas y las que se presenten una vez transcurridos los 3 meses del periodo de negociaciones se proveerán dentro de los 5 días hábiles siguientes a la expiración del plazo sin que el deudor hubiera solicitado la apertura del procedimiento especial (Art. 690.6 TRLC).

– Transcurridos los 3 meses del periodo de negociaciones, el deudor que se encuentre en situación de insolvencia actual deberá solicitar la apertura del procedimiento especial dentro de los cinco días hábiles siguientes (Art. 690.7 TRLC).

– Mientras estén en vigor los efectos de la comunicación, quedará en suspenso el deber legal de acordar la disolución por existir pérdidas que dejen reducido el patrimonio neto a una cantidad inferior a la mitad del capital social (Art. 690.8 TRLC).

II.6.2. Solicitud de apertura del procedimiento especial por el deudor

– Forma:

- Mediante formulario normalizado, debiendo de actuar el deudor asistido de abogado (Art. 691.1 TRLC).
- Presentación y tramitación electrónica bien a través de la sede judicial electrónica, bien en las notarías u oficinas del registro mercantil o cámaras de comercio que hayan asumido tales funciones (Art. 691.2 TRLC).
- Si el deudor no disponga de los medios tecnológicos necesarios para acceder a la sede judicial electrónica, las notarías, las oficinas del registro mercantil o las cámaras de comercio que hayan asumido tal función podrán prestar el servicio que resulte necesario, el cual tendrá carácter gratuito, a los efectos de facilitar la presentación electrónica del formulario (Art. 691.2 TRLC).
- Las personas especialmente habilitadas deberán comprobar la identidad del solicitante y, en su caso, la representación que ostenten (Art. 691.2 TRLC).

– Contenido: El formulario formalizado deberá de estar íntegramente cumplimentado con los siguientes extremos (Art. 691.3 TRLC):

"1.º Identificación del deudor, incluida la localización de su domicilio, de su centro principal de intereses y de cualquier otro establecimiento.

2.º Breve memoria explicativa que justifique la solicitud, que incluya una descripción de la situación económica, de la situación de los trabajadores, y una descripción de las causas y del alcance de las dificultades financieras, incluyendo el tipo de insolvencia en que el deudor alega encontrarse.

3.º Si el deudor fuera persona casada, indicará en la memoria la identidad del cónyuge, con expresión del régimen económico del matrimonio.

4.º Elección del procedimiento de continuación o del procedimiento de liquidación, y, en este último supuesto, si se prevé la transmisión de la empresa en funcionamiento.

5.º Elección de alguno de los módulos regulados en el capítulo IV del título II o en el capítulo II del título III de este libro tercero.

6.º El activo, con valoración de cada partida, y el pasivo, con identificación individualizada de cada acreedor, de la cuantía de cada crédito, de su naturaleza concursal y de si está o no vencido, incluyéndose de manera separada los créditos litigiosos.

7.º Enumeración y detalles de los contratos pendientes de ejecución.

8.º Enumeración de posibles contingencias susceptibles de afectar al valor de la empresa.

9.º Si el deudor fuera empleador, el número de trabajadores con expresión del centro de trabajo al que estuvieran afectados, y la identidad de los integrantes del órgano de representación de los mismos si los hubiera, con expresión de la dirección electrónica de cada uno de ellos."

– <u>Deudor persona jurídica</u>: la competencia para solicitar la apertura del procedimiento especial corresponderá al órgano de administración (Art. 691.4 TRLC).

– <u>Plazo</u> (Art. 691.5 TRLC):

- Un mes, una vez transcurridos los tres meses de incumplimiento en el pago a que se refiere el artículo 2.4.5.ºTRLC, por formulario normalizado presentado y tramitado electrónicamente bien a través de la sede judicial electrónica, bien en las notarías u oficinas del registro mercantil.
- De no solicitarse el procedimiento en el plazo anterior, las quitas y esperas que resulten de la aprobación del plan de continuación no afectarán a los créditos tributarios y de seguridad social.

– Se debe comunicar la apertura del procedimiento a la AEAT y TGSSoc en 72 horas acompañando de un documento de reconocimiento de deuda actualizado a la fecha, produciendo el incumplimiento de esta comunicación que no le sea de aplicación el plan de continuación a la AEAT y a la TGSSoc (Art. 691 bis TRLC).

II.6.3. Solicitud de apertura del procedimiento especial por acreedores u otros legitimados

– Legitimación: acreedores o los socios personalmente responsables de las deudas del deudor que se encuentre en estado de insolvencia actual (Art. 691 *"ter"* 1 TRLC).

– Forma: Formulario normalizado (Art. 691 *"ter"* 1 TRLC).

– Contenido: El formulario, deberá entregar por medios electrónicos los documentos justificativos necesarios, y tener el siguiente contenido (Art. 691 *"ter"* 2 y 3 TRLC):

"1.º Identificación completa del solicitante y del deudor cuyo procedimiento especial se solicita, debiendo incluirse preceptivamente una dirección de correo electrónico a efectos de la práctica de comunicaciones durante la tramitación del procedimiento.

2.º Breve memoria explicativa que justifique la solicitud, que incluya, en su caso, una descripción del crédito que ostente frente al deudor, y una justificación explicativa de la situación de insolvencia actual con alegación del hecho o hechos externos reveladores de acuerdo con el libro primero.

3.º Elección de un procedimiento de continuación o de un procedimiento de liquidación.

4.º Elección de alguno de los módulos regulados en el capítulo IV del título II o en el capítulo II del título III de este libro tercero."

– Debe de aportar copias, y se le puede pedir subsanación (Art. 691 *"ter"* 3 TRLC).

– Si se presenta por un solo acreedor, se prevén una seria de especialidades (Art. 691 "quinquines" 3 TRLC):

- El LAJ notifica la solicitud al deudor, para que en el plazo de cinco días hábiles desde la notificación, realice una de las siguientes actuaciones:

"1.º Acepte la solicitud y presente el formulario normalizado de apertura del procedimiento especial, acompañando la documentación necesaria. La

falta de actuación por el deudor debidamente notificado se entenderá como aceptación de la solicitud.

2.º Cuando la solicitud del acreedor o del socio personalmente responsable sea de apertura del procedimiento especial de continuación, rechace tal posibilidad y solicite la apertura del procedimiento especial de liquidación. Esta solicitud del deudor abrirá de manera automática el procedimiento especial de liquidación siempre que haya sido debidamente presentada y concurran los requisitos legales.

3.º Cuando la solicitud del acreedor o del socio personalmente responsable sea de apertura de un procedimiento especial de liquidación, rechace tal posibilidad y solicite la apertura del procedimiento especial de continuación. Esta solicitud del deudor abrirá de manera automática el procedimiento especial de continuación siempre que haya sido debidamente presentada y concurran los requisitos legales.

4.º En caso de no encontrarse en situación de insolvencia actual, se oponga a la apertura del procedimiento especial presentando el formulario normalizado, y alegando y probando la solvencia actual. En este supuesto, el deudor podrá solicitar una ampliación de plazo por otros cinco días hábiles."

Cabe oposición por el deudor:

– (RG) Motivos:

- Falta de legitimación del solicitante;
- La inexistencia del hecho externo revelador del estado de insolvencia en que se fundamente la solicitud; o
- No encontrarse o ya no se encuentra en estado de insolvencia actual.

– (Ex) No cabe oposición:

- Si la solicitud presentada por el acreedor se fundara en la existencia de un título por el cual se hubiera despachado ejecución o apremio sin que del embargo hubieran resultado bienes libres conocidos bastantes para el pago;
- Si la solicitud presentada por el acreedor se fundara en la existencia de embargos por ejecuciones pendientes que afecten de una manera general al patrimonio del deudor;
- Si la solicitud presentada por el acreedor se fundara en la falta de pago de obligaciones tributarias exigibles durante los 3 me-

ses anteriores a la solicitud de apertura del procedimiento especial de liquidación, de pago de cuotas de la seguridad social y demás conceptos de reclamación conjunta durante el mismo periodo o de pago de salarios e indemnizaciones derivadas de las relaciones de trabajo correspondientes a las tres últimas mensualidades

II.6.4. Tramitación

II.6.4.1. Tramitación general

– Competencia: El Juez que correspondería en caso de concurso de acreedores, tanto para e procedimiento como sus incidentes (Art. 691 *"quater"* 1 TRLC).

– Tramitación:

- La solicitud será repartida y remitida a la oficina judicial que corresponda el mismo día de la presentación o el siguiente día hábil (Art. 691 *"quater"* 2 TRLC).
- En el mismo día o, si no fuera posible, en el siguiente hábil al del reparto, el LAJ examinará la solicitud y comprobará el cumplimiento de todos los requisitos legales. Cuando estime que la solicitud es completa, la tendrá por efectuada por decreto con efectos desde la fecha de presentación (Art. 691 *"quater"* 3 TRLC).
- Cabe subsanación de en caso de defectos (Art. 691 *"quater"* 4 TRLC).
    - Si se subsana, se tiene por efectuada la solicitud.
    - Si no se subsana: Dación en cuenta al Juez para resolver sobre la admisión.

II.6.4.2. Especialidad de tramitación en caso de un solo acreedor

– Presentada la solicitud (Art. 691 *"quinquines"* 5 TRLC):

- El LAJ examinará la solicitud del deudor y, una vez comprobado que dicha solicitud o, en su caso, la oposición, se han presentado en tiempo y forma, las tendrá por presentadas.

- Si la solicitud o la oposición no cumplen con los requisitos formales, el LAJ lo notificará al solicitante, que tendrá un plazo de tres días hábiles para modificar la solicitud.

– Oposición del deudor (Art. 691 *"quinquines"* 5 TRLC):

- El juez podrá convocar al deudor y al acreedor que ha instado el procedimiento a una vista.
- Celebración dentro de los cinco días siguientes, y resolverá al final de la misma o dentro del plazo máximo de tres días hábiles.
- Si no considera necesaria la celebración de la vista, la resolución deberá dictarse dentro de los diez días siguientes a la presentación de la solicitud.

II.6.5. Resolución, notificación y publicidad registral

– Se resuelve por auto dentro de los dos días hábiles siguientes a la admisión a trámite de la solicitud (Art. 692-1 TRLC), que indicará:

- La identificación del deudor.
- El tipo de procedimiento especial, y, en su caso, mención de los distintos módulos seleccionados por el solicitante.
- Deberá especificar si, conforme a la documentación e información facilitada en el formulario, el procedimiento especial se declara sobre la base de probabilidad de insolvencia, insolvencia inminente o insolvencia actual.
- Indicará el fundamento de su competencia judicial internacional, indicando si es un procedimiento principal o territorial.

– Cabe impugnación de la competencia (Art. 692-3 TRLC):

- Legitimación:
  - o El deudor o
  - o Cualquier acreedor.
- Trámite: Declinatoria.
- Plazo: 10 días a contar desde la publicación en el Registro público concursal de la resolución de apertura del procedimiento especial.

– Notificación: El LAJ notificará el auto al deudor y, en su caso, al acreedor solicitante, y lo remitirá al Registro público concursal (Art. 692-4 TRLC).

– Comunicación a acreedores:

- La dirige el deudor, tanto si ha hecho el la solicitud como si la ha hecho un acreedor o socio responsable, de forma electrónica a los acreedores incluidos en su solicitud de cuya dirección electrónica tenga constancia, y simultáneamente al LAJ (Art. 692 bis 1 y 2 TRLC).
- Se les tiene que permitir el acceso a toda la documentación presentada en el juzgado.
- Si el deudor sea persona casada, la comunicación se hará también al cónyuge (Art. 692 bis 1 TRLC).
- Cuando el procedimiento especial hubiese sido declarado a solicitud de un acreedor o de un socio personalmente responsable, el deudor dirigirá a los acreedores la comunicación a que se refiere este apartado (Art. 692 bis 1 TRLC).

– Publicidad registral: La apertura del procedimiento especial será inscrita en el Registro Público Concursal y en los registros de personas y bienes conforme a las reglas del libro primero (Art. 692 bis 3 y 4 TRLC).

II.6.6. Elección y conversión del procedimiento especial

– Legitimación: El deudor como los acreedores solicitantes podrán optar entre un procedimiento especial de liquidación o uno de continuación (Art. 693.1 TRLC):

- Los acreedores cuyos créditos representen más de la mitad del pasivo podrán, en cualquier momento, solicitar la conversión del procedimiento de continuación en uno de liquidación sin necesidad de justificación adicional, siempre que el deudor se encuentre en insolvencia actual (Art. 693.2 TRLC).
- Los acreedores cuyos créditos representen un 25% del pasivo podrán, en cualquier momento, solicitar la conversión de un procedimiento de continuación en uno de liquidación cuan-

do, objetivamente, no exista la posibilidad de continuación de la actividad en el corto y medio plazo (Art. 693.3 TRLC).

– Forma: Por medio de formulario normalizado (Art. 693.4 TRLC).

– Tramitación (Art. 693.4 TRLC):

- Recibida la solicitud y comprobada la cuantía del pasivo en virtud de la documentación disponible, el LAJ notificará la solicitud al deudor y al resto de los acreedores.
- Oposición:
    - o Legitimación: el deudor y los acreedores.
    - o Plazo: 3 días hábiles desde la notificación.
    - o Motivos: Lista cerrada
- La insuficiencia de la cuantía del pasivo instante de la conversión;
- La insuficiencia del pasivo o la posibilidad objetiva de continuación; y
- El deudor no se encuentra en estado de insolvencia actual (solo el deudor).
    - o Se tiene que adjuntar la documentación que consideren oportuna.
    - o Puede convocarse una vista por el Juez.

– Resolución (Art. 693.5 TRLC):

- Falta de oposición: Auto transcurridos los tres días sin que se haya producido oposición.
- Oposición:
    - o Sin vista, el juez resolverá dentro de los cinco días hábiles siguientes a la recepción de la oposición.
    - o Con vista: El juez resolverá en el acto de la vista o en los tres días hábiles siguientes. Si no considera necesaria la vista, el juez resolverá dentro de los cinco días hábiles siguientes a la recepción de la oposición.
- El juez rechazará la conversión si no se han alcanzado las mayorías requeridas del pasivo o, si se acredita objetivamente la posibilidad de continuación de la actividad a corto y medio

plazo, y, en ambos casos, cuando quede acreditado que el deudor no se encuentra en estado de insolvencia actual (Art. 693.6 TRLC).

- La apertura del procedimiento especial de liquidación se realizará mediante auto (Art. 693.7 TRLC).

II.6.7. Efectos de la apertura del procedimiento especial

II.6.7.1. Efectos generales

– El deudor mantendrá las facultades de administración y disposición sobre su patrimonio, aunque solo podrá realizar aquellos actos de disposición que tengan por objeto la continuación de la actividad empresarial o profesional, siempre que se ajusten a las condiciones normales de mercado (Art. 694.1 TRLC).

– Las facultades de administración y disposición podrán ser sometidas a las limitaciones establecidas en el capítulo IV del título II o en el capítulo II del título III de este libro tercero (Art. 694.2 TRLC).

– No podrán ser rescindidas las compensaciones de créditos producidas en el marco de un contrato de cuenta corriente o de financiación del circulante, en el marco de la actividad empresarial o profesional ordinaria, en los tres meses anteriores al comienzo del procedimiento especial, salvo supuesto de fraude (Art. 694.4 TRLC).

– La paralización de las ejecuciones judiciales o extrajudiciales sobre los bienes y derechos del deudor, con independencia de si la ejecución se había ya iniciado o no en el momento de la solicitud y de la condición del crédito o del acreedor (Art. 694.4 TRLC).

– La suspensión de las ejecuciones no afectará a los créditos con garantía real, sin perjuicio de que el deudor lo solicite de acuerdo con los supuestos que así lo permitan en este libro tercero (Art. 694.4 TRLC).

– No se suspenderán las ejecuciones de los créditos que no se vean afectados por el plan de continuación (Art. 694.4 TRLC).

– No se suspenderá la ejecución de los créditos públicos que tengan la calificación de privilegiados de acuerdo con las reglas generales ni, en todo caso, de los porcentajes de las cuotas de la seguridad social cuyo abono corresponda a la empresa por contingencias comunes y contingencias profesionales ni a los porcentajes de la cuota del trabajador que se refieran a contingencias comunes o accidentes de trabajo y enfermedad profesional (Art. 694.4 TRLC).

II.6.7.2. Efectos especiales

– Empresa en funcionamiento:

- En el procedimiento especial de continuación y en el procedimiento de liquidación con transmisión de la empresa en funcionamiento se aplicarán, con las especialidades establecidas en este libro, las reglas de los Arts. 156 a 159 TRLC en materia de efectos sobre los contratos (Art. 694 bis 1 TRLC).
- La apertura del procedimiento de continuación:
  - o No afectará a los contratos con obligaciones recíprocas pendientes de cumplimiento, teniéndose por no puestas las cláusulas contractuales que prevean la suspensión, modificación, resolución o terminación anticipada del contrato por el mero motivo de (Art. 694 bis 2 TRLC):

    "1.º La presentación de la solicitud de apertura o su admisión a trámite.

    2.º La solicitud de suspensión general o singular de acciones y procedimientos ejecutivos.

    3.º Cualquier otra circunstancia análoga o directamente relacionada con las anteriores."
  - o Implicará la suspensión del deber legal de acordar la disolución por pérdidas cualificadas en tanto se tramita (Art. 694 bis 3 TRLC).
- La apertura de la liquidación (Art. 694 bis 4 TRLC).:
  - o No afectará a los contratos pendientes de ejecución por ambas partes.
  - o No serán válidas las cláusulas que permitan la resolución anticipada en caso de liquidación, en tanto exista la posibilidad de transmisión de la empresa en funcionamiento y no se haya producido un incumplimiento del contrato, posterior o anterior al inicio del procedimiento especial de liquidación.

– Sin empresa en funcionamiento:

- No hay transmisión de empresa en funcionamiento (Art. 694 ter 1 TRLC):
  - o Cuando así lo determine el deudor en la solicitud de apertura de la liquidación.
  - o Cuando así se desprenda del contenido del plan de liquidación.
  - o Cuando así lo determine el juez tras las alegaciones realizadas al plan de liquidación por los acreedores.
- Efectos de la liquidación:
  - o Se producirá el vencimiento anticipado de los créditos aplazados y la conversión en dinero de aquellos que consistan en otras prestaciones (Art. 694 ter 2 TRLC).
  - o Se produce la disolución de la sociedad (Art. 694 ter 3 TRLC).
  - o En caso de sustitución de la deudora por un administrador concursal, los administradores y liquidadores podrán desarrollar las funciones de representación de la deudora necesarias para defender sus derechos en el seno del procedimiento especial de liquidación (Art. 694 ter 3 TRLC).
  - o Deudor deudor persona natural producirá los efectos específicos en relación con los alimentos y la disolución de la sociedad conyugal previstos en el libro primero (Art. 694 ter 4 TRLC).

II.7. Acciones rescisorias y de responsabilidad

– Los acreedores y los socios personalmente responsables de las deudas del deudor podrán comunicar mediante formulario normalizado en el plazo de 30 días cualquier información que pueda resultar relevante a los efectos del posible ejercicio de acciones rescisorias contra actos realizados por el deudor (Art. 695.1 y 2 TRLC).

– En el plazo de 45 días los cuyos créditos representen al menos el 20% del pasivo total podrán solicitar el nombramiento de un experto en la reestructuración o un administrador concursal a los efectos del ejercicio de acciones rescisorias (Art. 695.3 TRLC).

– Los acreedores que representen el 50% del pasivo se pueden oponer, salvo que los solicitantes asuman el coste (Art. 695.3 TRLC).

– Si ya hubiera un experto en la reestructuración o un administrador concursal en el procedimiento especial, acreedores que representen al menos el diez por ciento del pasivo total podrán solicitar del mismo el ejercicio de la acción rescisoria, y en caso de negativa ejercitarla transcurrido 15 días (Art. 695.4 TRLC).

– La acción no suspenderá el procedimiento especial (Art. 695.5 TRLC).

– La acción solo se puede instar en caso de insolvencia actual, puede ser objeto de cesión a un tercero y, en caso de procedimiento especial de continuación, su ejercicio puede incluirse en el plan de continuación (Art. 695.6 y 7 TRLC).

– El mismo régimen se aplica a las acciones de responsabilidad contra los administradores, liquidadores o auditores de la sociedad deudora cuando se dirijan a exigir responsabilidad civil (Art. 696 TRLC).

II.8. Procedimiento de continuación

II.8.1. Procedimiento de continuación: Presentación y tramitación

- Presentación: 10 días hábiles siguientes a la solicitud (Art. 697-1)
- Tramitación:
  - Presentación de propuesta y admisión por el LAJ si cumple todos los requisitos (Art. 697 bis -1)
  - Si falta requisitos se da plazo de subsanación (Art. 697 bis -1)
  - Admitida a tramite la solicitud se comunicará de forma electrónica a los acreedores (Art. 697 bis TRLC)
  - La falta de comunicación o comunicación extemporánea del deudor a los acreedores constituirá causa de conversión del procedimiento en uno de liquidación, que se declarará por el juez de oficio o a instancia del deudor o de los acreedores (Art. 697 bis 3 TRLC).

- En caso de que se haya presentado más de una propuesta, se tramitara en primer lugar la presentada por el deudor, y, entre las presentadas por los acreedores, atendiendo al orden temporal de presentación (Art. 697 bis -4).

II.8.2. Procedimiento de continuación: Contenido

• El contenido se recoge en el Art. 697 ter) 1 TRLC:

1° Relación nominal y cuantía de los créditos afectados por el plan.

2° Los efectos sobre los créditos, que podrán ser tanto quitas como esperas, una combinación de ambas, su conversión en prestamos participativos o su capitalización; si el plan va a afectar los derechos de los socios, el valor nominal de sus acciones o participaciones sociales.

3° La agrupación de cada uno de los créditos en clases, que se conformarán de acuerdo con su valor económico, reflejado por la graduación de los créditos en el concurso de acreedores, según el libro primero de esta ley.

4° Un plan de pagos, que incluya con detalle las cuantías y los plazos durante toda la duración del plan de continuación.

5° Los efectos sobre los contratos con obligaciones recíprocas pendientes de cumplimiento que, en su caso, vayan a quedar afectados por el plan.

6.° Una descripción justificada de los medios con los que propone cumplir con la propuesta, incluyendo las fuentes de financiación proyectadas.

7° Garantías con que cuente la ejecución del plan, cuando resulte aplicable.

8° Una descripción justificada de las medidas de reestructuración operativa que prevé el plan, la duración, en su caso, de las medidas, y los flujos de caja estimados, que deberá estar relacionada con el plan de pagos.

9° Una memoria que explique las condiciones necesarias para el éxito del plan de reestructuración y las razones por las que ofrece una perspectiva razonable de garantizar la viabilidad de la empresa en el medio plazo.

10º Las medidas de información y consulta con los trabajadores que, de conformidad con la ley aplicable, se hayan adoptado o se vayan a adoptar.

II.8.3. Procedimiento de continuación: Votación

– Trámite escrito (Art. 697 quater 1 TRLC)

– Caben alegaciones en 15 días aportando la documentación justificativa que consideren oportuno (Art. 697 quater 2 TRLC)

– Las alegaciones podrán tener por objeto cualquier parte del contenido del plan de continuación, incluidas las referidas a la cuantía, características y naturaleza de los créditos afectados por el plan (Art. 697 quater 3 TRLC)

– La no presentación de alegaciones por parte de un acreedor en relación con la cuantía, características y naturaleza de su crédito, o con la clase a que ha sido asignado se entenderá como aceptación tácita e impedirá la impugnación posterior (Art. 697 quater 4 TRLC)

– Los no incluidos puede pedir la inclusión en 20 días por medio de presentación electrónica el correspondiente formulario normalizado (Art. 697 quater 5 TRLC)

– Transcurrido el plazo sin alegaciones respecto de los créditos se abrirá el periodo de votación, que durará 15 días hábiles contados a partir de la comunicación electrónica los acreedores de dicho comienzo, haciéndose la votación se realizará por medio del formulario normalizado (Art. 697 quater 6 TRLC)

– Si se hubieran presentado alegaciones relativas al valor de los medios con los que se propone cumplir con la propuesta que tuvieran objetivamente entidad suficiente para influir el sentido del voto, el juez podrá suspender el comienzo del periodo de votación cuando así ha sido solicitado por el acreedor impugnante, dándose por el LAJ al juez para que este, en el plazo máximo de 15 días hábiles, decida mediante auto (Art. 697 quater 6 y 7 TRLC).

– Transcurrido el plazo de votación, el letrado de la Administración de Justicia certificará el resultado y lo notificará electrónicamente al deudor y los acreedores (Art. 697 quater 9 TRLC).

– Transcurridos 15 días hábiles sin que se hayan resuelto las alegaciones formuladas o la insinuación de nuevos créditos, y habiéndose alcanzado la mayoría suficiente el letrado de la Administración de Justicia aprobará provisionalmente el plan de continuación (Art. 697 quinquines 1 TRLC).

– En caso de aprobación provisional del plan, continuará la tramitación de las actuaciones, pero no podrán realizarse aquellas que perjudiquen el derecho de los acreedores cuyas alegaciones estuviesen pendientes de resolución (Art. 697 quinquines 2 TRLC).

– Sino se alcanzan las mayorías no se aprueba el plan (Art. 697 quinquines 3 TRLC).

II.8.4. Procedimiento de continuación: Aprobación

• Aprobación:

– Tiene que se consentido por el deudor o por la Junta se afecta a derechos sociales cuando el plan lo hayan propuesto los acreedores (Art. 698.1 TRLC)

– Cualquier crédito, incluidos los créditos contingentes y sometidos a condición, puede ser afectado por el plan de continuación, salvo (Art. 698.3 TRLC):

- o Créditos por alimentos
- o Los créditos derivados de daños extracontractuales
- o Los créditos derivados de relaciones laborales distintas de las del personal de alta dirección
- o Los créditos públicos, la parte que deba calificarse como privilegiada.
- o Los porcentajes de las cuotas de la seguridad social cuyo abono corresponda a la empresa por contingencias comunes y contingencias profesionales ni los porcentajes de la cuota obrera que se refieran a contingencias comunes o accidentes de trabajo y enfermedad profesional

– Todo titular de un crédito afectado tendrá derecho al voto por el nominal de su crédito, computándose cada crédito por el principal más los recargos e intereses vencidos (Art. 698.4 TRLC)

– La votación se realizará según la división por clases prevista en la propuesta de plan de continuación, y si un acreedor no vota se computa su voto a favor de plan (Art. 698.7 y 8 TRLC)

– El plan se considerará aprobado por una clase de créditos afectados si hubiera votado a favor la mayoría del pasivo correspondiente a esa clase, y en el caso de los acreedores con garantía real por 2/3 (Art. 698.9 TRLC)

– El plan se considerará aprobado cuando haya sido aprobado por todas las clases de créditos, o, al menos por (Art. 698.10 TRLC):

1.º Una mayoría simple de las clases, siempre que al menos una de ellas sea una clase de créditos con privilegio especial o general; o, en su defecto, por

2.º Una clase que, de acuerdo con la clasificación de créditos del concurso de acreedores, puede razonablemente presumirse que hubiese recibido algún pago tras una valoración del deudor como empresa en funcionamiento.

II.8.5. Procedimiento de continuación: Homologación y publicidad

• Homologación:

– Los acreedores, el deudor o los acreedores titulares de créditos afectados por el plan podrán solicitar por medio de formulario normalizado, que el juez se pronuncie sobre la homologación del plan dentro de los diez días hábiles siguientes a la notificación de la certificación del resultado favorable a la aprobación en el procedimiento escrito (Art. 698 bis 1 y 4 TRLC)

– Si transcurrido el plazo de 10 días desde la aprobación sin que se solicite la homologación se entenderá homologado tácitamente, salvo que la aprobación del plan se haya conseguido con una mayoría del pasivo cuyo voto se ha considerado positivo por ausencia de voto (Art. 698 bis 2 y 3 TRLC).

– El juez podrá solicitar un informe de un experto de la reestructuración sobre el valor del deudor como empresa en funcionamiento cuando lo considere necesario, y, en todo caso, cuando una clase de acreedores afectados por el plan haya votado en contra, teniendo 20 días para resolver (Art. 698 bis 5 TRLC)

– El juez procederá a homologar el plan siempre que se cumplan cumulativamente los siguientes requisitos (Art. 698 bis 6 TRLC):

1º Que el deudor se encuentre en probabilidad de insolvencia, insolvencia inminente o actual y el plan ofrezca una perspectiva razonable de asegurar la viabilidad de la empresa en el corto y medio plazo.

2º Se hayan observado los requisitos procesales y se hayan alcanzado las mayorías necesarias previstas para el procedimiento especial de continuación.

3º Que los créditos dentro de la misma clase sean tratados de forma paritaria.

4º Que el plan supere la prueba del interés superior de los acreedores, de acuerdo con las reglas del libro segundo.

5º Que, en el caso de que el plan no haya sido aprobado por una clase de acreedores, el plan sea justo y equitativo.

6º Cuando se haya concedido o se vaya a conceder financiación al deudor en virtud del plan de continuación, que dicha financiación sea necesaria para asegurar la viabilidad de la empresa y no perjudique injustificadamente los intereses de los acreedores.

7º Se hayan observado los requisitos y efectos previstos en este libro respecto de los acreedores públicos y el deudor se encuentre al corriente en el pago de las deudas tributarias y de seguridad social devengadas que hayan surgido con posterioridad a la solicitud de apertura del procedimiento especial de continuación.

• Publicidad:

El auto de homologación del plan de continuación se publicará de inmediato en el Registro público concursal (Art. 698 ter TRLC).

II.8.6. Procedimiento de continuación: Impugnación

– Ante la AP dentro de los 15 días siguientes a la publicación del auto en el Registro público concursal. - Sin efecto suspensivo (Art. 698 quater 1 y 2 TRLC)

– Legitimación: Los titulares de créditos afectados que hayan votado en contra del plan y por los acreedores públicos (Art. 698 quater 1 TRLC)

– Se establece protección de la financiación interina y de la nueva financiación (Art. 698 quiquines TRLC).

– Clasificación de créditos conforme al Libro I TRLC.

– La financiación concedida antes de la apertura del procedimiento especial se considere interina, será necesario que el plan de continuación haya sido aprobado o que se haya enajenado la unidad productiva.

II.8.7. Procedimiento de continuación: Cumplimiento, frustración e incumplimiento

• Cumplimiento (Art. 699 TRLC):

– Se considerará cumplido, sin necesidad de ulterior trámite, cuando, pasados 30 días naturales del plazo del último pago previsto, ningún acreedor hubiera solicitado la declaración de incumplimiento, declarándose mediante auto, de oficio o a solicitud del deudor.

• Frustración:

– La falta de aprobación, el rechazo de la homologación por el juez, la estimación de la impugnación de la homologación, o el incumplimiento del plan de continuación determinarán la apertura del procedimiento especial de liquidación, siempre que el deudor se encuentre en insolvencia actual (Art. 699 bis 1, 2, 3, y 4 TRLC).

– Cuando, en el procedimiento especial de continuación, se hubiese nombrado a un experto en la reestructuración, la terminación del procedimiento de continuación implicará su cese automático (Art. 699 bis 5 TRLC).

– El deudor podrá impugnar el auto de apertura de la liquidación por medio de formulario normalizado en el plazo de 5 días alegando que no se encuentra en insolvencia actual, y sin efectos suspensivos (Art. 699 bis 6 y 7).

• Incumplimiento (Art. 699 ter TRLC):

– Cualquier acreedor que estime incumplido el plan de continuación en relación con su crédito podrá solicitar la declaración de incumplimiento durante el plazo de 2 meses desde que se produjo, por medio de formulario normalizado.

– La falta de pago en tiempo y forma o el incumplimiento de cualquier obligación establecida en el plan en favor del acreedor solicitante de la declaración de incumplimiento será prueba de dicho incumplimiento.

– Recibida la solicitud, el juez podrá convocar al deudor y a los acreedores que considere a una vista, que deberá celebrarse dentro de los diez días hábiles siguientes a la presentación del formulario normalizado y resolverá oralmente al final de la misma o dentro de los cinco días hábiles siguientes, declarando incumplido el plan y abierto el procedimiento especial de liquidación o, en caso de que no se considere probado el incumplimiento, rechazando la solicitud.

– En caso de que se declare el incumplimiento del plan resultarán de aplicación los artículos sobre los efectos de la declaración de incumplimiento y sobre los actos realizados en ejecución del convenio del libro primero.

– También determinará la apertura del procedimiento especial de liquidación, en todo caso, que el deudor no se encuentre al corriente en el cumplimiento de las obligaciones tributarias o frente a la Seguridad Social impuestas por las disposiciones vigentes, siempre que su devengo sea posterior al auto de apertura del procedimiento especial.

II.9. Procedimiento de liquidación

II.9.1. Procedimiento de liquidación: apertura

– Siempre el deudor no se encuentre al corriente en el cumplimiento de las obligaciones tributarias o frente a la Seguridad Social impuestas por las disposiciones vigentes, siempre que su devengo sea posterior al auto de apertura del procedimiento especial (Art. 699 quater TRLC).

– Siempre que lo solicite el deudor o el acreedor que haya solicitado el procedimiento especial (Art. 705 TRLC)

II.9.2. Procedimiento de liquidación: Publicidad y efectos

– Se publica en el RPC y se inscribirá en los registros de personas y bienes (Arts. 692 bis 3 y 705.3 TRLC)

– Se entenderá que el procedimiento de liquidación se realiza sin transmisión de la empresa en funcionamiento cuando así lo determine el deudor en la solicitud de apertura de la liquidación, cuando así se desprenda del contenido del plan de liquidación, o cuando así lo determine el juez tras las alegaciones realizadas al plan de liquidación por los acreedores (Art. 694 ter 1 TRLC).

– La apertura de la liquidación producirá el vencimiento anticipado de los créditos aplazados y la conversión en dinero de aquellos que consistan en otras prestaciones (Art. 694 ter 2 TRLC).

– La apertura de la liquidación supone la disolución de la sociedad, pero si hubiera AC los administradores y liquidadores podrán desarrollar las funciones de representación de la deudora necesarias para defender sus derechos en el seno del procedimiento especial de liquidación (Art. 694 ter 3 TRLC).

– La apertura de la liquidación del deudor persona natural producirá los efectos específicos en relación con los alimentos y la disolución de la sociedad conyugal previstos en el libro primero (Art. 242, 413 y 489 TRLC)

II.9.3. Procedimiento de liquidación: Determinación de los créditos y el inventario en la liquidación

• La determinación de los créditos y el inventario en la liquidación (Art. 706 TRLC):

– En los veinte días hábiles siguientes a la apertura del procedimiento especial de liquidación, cualquier acreedor puede presentar por medios electrónicos, a través de formulario normalizado, alegaciones en relación con la cuantía, características y naturaleza de su crédito, o respecto del inventario de la masa activa.

– Transcurrido dicho plazo, tanto los créditos sobre los que no se hayan realizado alegaciones como las partidas del inventario no impugnadas se considerarán definitivos.

– Dentro del mismo plazo y de la misma forma cualquier persona que tenga un crédito contra el deudor podrá solicitar la inclusión del mismo en el procedimiento especial de liquidación. La solicitud incluirá la identificación del acreedor, con la aportación de una dirección de correo electrónico, así como todos los datos relevantes relativos al crédito, incluyendo su concepto, cuantía, fechas de adquisición y vencimiento, características y clasificación que se pretenda. Si se invocare un privilegio especial, se indicarán los bienes o derechos a que afecte y, en su caso, los datos registrales. A la solicitud se acompañará copia del título o de los documentos relativos al crédito.

– En el plazo de cinco días hábiles desde la recepción de la solicitud, y tras comprobar el cumplimiento de los requisitos legales, el LAJ tendrá por presentada la solicitud, pudiendo el deudor y, en su caso, la AC, podrán presentar alegaciones sobre modificación de crédito o del inventario o sobre insinuación de nuevo crédito mediante formulario normalizado dentro del plazo de cinco días.

– El juez podrá convocar una vista que habrá de celebrarse dentro de los 10 días siguientes a la finalización del plazo para alegaciones del deudor o de la AC, pero si el deudor es persona jurídica y no existe duda objetiva de que el activo no será suficiente para satisfacer, ni siquiera parcialmente, el crédito que se insinúa o cuya modificación se pretende, el juez no convocará vista ni realizará trámite ulterior alguno.

– El juez decidirá mediante auto sobre la solicitud de inclusión o modificación en el plazo de 15 días hábiles desde que finalizó el plazo de alegaciones.

II.9.4. Procedimiento de liquidación: Tramitación la liquidación

• Tramitación de la liquidación (Art. 707 TRLC):

– El deudor deberá señalar su disposición para liquidar el activo o solicitará el nombramiento de un administrador concursal.

– El plan de liquidación debe de presentarse en el plazo de 20 días.

– El plan de liquidación deberá exponer los tiempos y la forma prevista para la liquidación del activo, la valoración de la empresa o de las unidades productivas realizada por un AC, o experto designado al efecto.

– El plan de liquidación se comunicará por medios electrónicos mediante formulario normalizado por el deudor, o por el AC a los acreedores dentro del mismo día o el primer día hábil siguiente, con copia al LAJ.

– En el plazo de 10 días se pueden formular observaciones y propuestas de modificación.

– En plazo de 10 días el deudor o la AC puede modificar el plan.

– Los acreedores pueden impugnar el plan.

– El auto que apruebe el plan no es recurrible.

II.9.5. Procedimiento de liquidación: Modificación del por la liquidación

• Modificación del por la liquidación (Art. 707 bis TRLC):

– Se puede pedir en cualquier momento.

– La propuesta se hace por medio de formulario normalizado.

– Se aprueba por auto, no recurrible.

– Ejecución de las operaciones de liquidación (Art. 708 TRLC).

– Se ejecuta de forma inmediata tras la propuesta de las operaciones no impugnadas.

– Las enajenaciones se harán por medio de sistema de plataforma electrónica.

– Plazo de las operaciones 3 meses.

– Se entenderá como título inscribible el certificado generado electrónicamente por el sistema.

– Los informes de liquidación serán mensuales y se se comunicarán electrónicamente mediante formulario normalizado a los acreedores y al deudor, en su caso, así como al LAJ (Art. 709).

II.9.6. Procedimiento de liquidación: Venta de unidad productiva

• Venta de unidad productiva (Art. 710 TRLC):

– Regla general. Venta directa

– Por defecto. Subasta

– El precio de adjudicación de la subasta no podrá, en ningún caso, ser inferior a la suma del valor de los bienes y derechos del deudor incluidos en el inventario.

– Si hubiera varias ofertas el deudor o AC, oídos los representantes de los trabajadores, presentarán un informe al juez, con propuesta de resolución, para que este resuelva.

– También podrá presentarse una oferta de adquisición por medio de pre-pack (Art. 224 bis TRLC).

– El deudor y AC disponen de 3 meses para hacer efectivo los créditos contra terceros (Art. 711).

– La transmisión de los créditos a un tercero., si el descuento es mayor del treinta por ciento del valor nominal actualizado será necesario presentar al menos tres ofertas por el crédito, debiendo ser al menos una de ellas de entidades financieras o de entidades de reconocida trayectoria en el mercado secundario del crédito.

– El deudor o el AC del procedimiento especial podrán ceder el crédito o el conjunto de créditos que representen al menos el veinte por ciento del total del valor de la masa activa a un tercero, para que este gestione su cobro. La remuneración del cesionario consistirá en un porcentaje de la cantidad recuperada. Cuantos gastos y costas generen el recobro se entenderán incluidas en la remuneración del cesionario. La diferencia entre la cuantía cobrada y la retribución del cesionario se distribuirá entre los acreedores según quedará establecido en el procedimiento especial de liquidación. El pago lo realizará el cesionario, previa deducción de la comisión de cobro. Cada mes, el cesionario deberá informar a los acreedores del deudor con créditos aun insatisfechos del estado de la recuperación del crédito.

II.9.7. Procedimiento de liquidación: Medidas que pueden adoptarse en la liquidación

• Medidas que pueden adoptarse en la liquidación (Art. 712):

– El deudor podrá solicitar la suspensión de las ejecuciones judiciales o extrajudiciales sobre los bienes y derechos necesarios para la actividad empresarial o profesional que deriven del incumplimiento de un crédito con garantía real, en caso de transmisión de unidad productiva en funcionamiento.

– La solicitud de suspensión se realizará mediante formulario normalizado, que se publicará en el Registro público concursal, y notificará electrónicamente al acreedor y al juzgado o a la autoridad que estuviese conociendo de la ejecución.

– La suspensión de la ejecución se mantendrá hasta el momento en que se compruebe objetivamente que la empresa no se transmitirá en funcionamiento y en todo caso transcurridos tres meses desde el decreto en que se tenga por efectuada la solicitud.

– Transcurridos esos tres meses, la suspensión se levantará de manera automática.

– Se puede pedir el nombramiento de AC, cuya retribución se fijará pactada entre el deudor y los acreedores de mayor pasivo, corriendo a cargo del solicitante.

– Si no hay acuerdo se aplicará el Reglamento.

– También cabe la posibilidad de nombrar a un experto para la valoración de unidad productiva.

II.10. Calificación abreviada del procedimiento especial

• Apertura (Art. 716):

– 60 días naturales siguientes a la apertura de la liquidación, los acreedores que representen al menos el 10%del pasivo y los socios personalmente responsables de las deudas podrán solicitar la apertura de la calificación abreviada de manera justificada por medio de formulario normalizado, donde puede incluir el nombramiento de AC.

– Si el deudor hubiera cometido inexactitud grave en cualquiera de los formularios normalizados remitidos o en los documentos que los acompañen, o cuando hubiera acompañado o presentado documentos falsos, la apertura de la calificación abreviada podrá ser instada por cualquier acreedor.

– Recibida la solicitud, el LAJ, en el plazo de tres días hábiles, una vez comprobado el cumplimiento de los requisitos legales, notificará a las partes la apertura de la calificación abreviada.

• Tramitación (Art. 717):

– La AC, en el plazo de quince días hábiles desde la apertura del procedimiento abreviado presentará un informe razonado y documentado sobre los hechos relevantes para la calificación del procedimiento especial de liquidación, con propuesta de resolución.

– En el mismo plazo, los acreedores que representen, al menos el 10% del pasivo, y en todo caso los acreedores públicos podrán presentar informe razonado y documentado sobre los hechos relevantes para la calificación del procedimiento especial de liquidación, con propuesta de resolución.

– Si la AC propusiera la calificación del procedimiento especial de liquidación como culpable, el informe expresará la identidad de las personas a las que deba afectar la calificación y la de las que hayan de ser consideradas cómplices, justificando la causa, así como la determinación de los daños y perjuicios que, en su caso, se hayan causado por las personas anteriores y las demás pretensiones que se consideren procedentes conforme a lo previsto por la ley.

– Si el informe de la AC califica el procedimiento especial de liquidación como fortuito, el juez, sin más trámites, ordenará, mediante auto, el archivo de las actuaciones a menos que alguno de los acreedores públicos hubiera presentado informe calificando el concurso como culpable. Contra el auto que ordene el archivo de las actuaciones no cabrá recurso alguno.

– Si el informe de la administración concursal o el informe de alguno de los acreedores públicos calificaran el procedimiento especial de liquidación como culpable, se dará traslado del informe al deudor y a todas las demás personas que, según el informe, pudieran ser afectadas por la calificación o declaradas cómplices, a fin de que, en plazo de quince días hábiles, acepten o se opongan a la calificación como culpable. La oposición se realizará mediante escrito de impugnación del informe de la administración concursal, que será firmado por abogado.

– El juez podrá convocar a las partes a una vista, en un plazo no superior a cinco días, que excepcionalmente podrá ser una vista ordinaria cuando se considere necesario para la práctica de propuestas. En el plazo de diez días hábiles tras la vista y en todo caso dentro de los veinte días siguientes a la presentación de los escritos de oposición, el juez dictará sentencia.

II.11. Conclusión de concurso

• Causas:

1º Cuando se considere cumplido el plan de continuación de acuerdo con el este libro tercero. Contra el auto de conclusión del procedimiento especial podrá interponerse recurso de reposición por los acreedores que consideren incumplido el plan.

2º Una vez liquidados los bienes y derechos de la masa activa, aplicado lo obtenido en la liquidación a la satisfacción de los créditos, y presentado el informe regulado en el artículo anterior sin que se hubiese formulado oposición dentro de plazo, o, habiéndose formulado, el juez hubiera resuelto desfavorablemente.

3º Cuando se compruebe la insuficiencia de la masa activa para satisfacer créditos contra la masa. Si los bienes de un deudor no se hubieran liquidado íntegramente, se mantendrá en la plataforma, que continuará realizando pagos periódicos a los acreedores a medida que se vayan produciendo las ventas de los activos, de acuerdo con las reglas generales del libro primero y conforme a la lista final de créditos insatisfechos aportada a la plataforma por el deudor o por el administrador concursal en el momento de conclusión del procedimiento especial de liquidación. Los gastos necesarios para la conservación de estos bienes se satisfarán también con cargo al producto obtenido de la venta de activos.

4º Cuando se compruebe el pago o consignación de la totalidad de los créditos reconocidos o la íntegra satisfacción de los acreedores por cualquier otro medio, o el desistimiento o la renuncia de la totalidad de los acreedores.

- En el auto de conclusión del procedimiento especial de liquidación del deudor persona jurídica el juez ordenará la cancelación de la hoja abierta a esa persona jurídica en el registro público en el que figure inscrita, con cierre definitivo de la hoja.

- Tras la conclusión del procedimiento especial del deudor persona natural, cesarán las limitaciones sobre las facultades de administración y de disposición sobre aquel, salvo las que, en su caso, se contengan en la sentencia de calificación abreviada, y el deudor seguirá siendo responsable del pago de los créditos insatisfechos, salvo que obtenga la exoneración del pasivo insatisfecho.»